Willibald Bösen

# GALILÄA
*als Lebensraum und Wirkungsfeld Jesu*

Eine zeitgeschichtliche
und theologische Untersuchung

Herder Freiburg · Basel · Wien

Meinem väterlichen Freund und Lehrer
HERRN PASTOR FRANZ ALTMEYER (†)
in Dankbarkeit gewidmet

Umschlagbild: Erich Lessing

Zweite Auflage

Alle Rechte vorbehalten – Printed in Germany
© Verlag Herder Freiburg im Breisgau 1985
Herstellung: Freiburger Graphische Betriebe 1990
ISBN 3-451-20320-0

# Inhalt

Vorwort . . . . . . . . . . . . . . . . . . . . . . . . . . . . . . . . . 9
Vorbemerkungen . . . . . . . . . . . . . . . . . . . . . . . . . . . 11

## I. Das Land zur Zeit Jesu . . . . . . . . . . . . . . . . . . . 13

1.     Zum Namen . . . . . . . . . . . . . . . . . . . . . . . . . . 13
1.1.   Zum Wortbefund: Galilaea (lat.) – Galilaia (griech.) – galil (hebr.) . . 13
1.2.   Auf der Suche nach der Wortbedeutung . . . . . . . . . . . . . 15
1.2.1. „galil" als „Kreis" – „Bezirk" . . . . . . . . . . . . . . . . . . 15
1.2.2. „galil" als alte Landschaftsbezeichnung . . . . . . . . . . . . . 15

2.     Ein kleines Land . . . . . . . . . . . . . . . . . . . . . . . . 18
2.1.   Seine Grenzen – Versuch einer Rekonstruktion . . . . . . . . . . 20
2.1.1. Die Grenze im Osten . . . . . . . . . . . . . . . . . . . . . . 21
2.1.2. Die Grenze im Norden . . . . . . . . . . . . . . . . . . . . . 22
2.1.3. Die Grenze im Westen . . . . . . . . . . . . . . . . . . . . . 23
2.1.4. Die Grenze im Süden . . . . . . . . . . . . . . . . . . . . . . 23
2.1.5. Das Ergebnis . . . . . . . . . . . . . . . . . . . . . . . . . . 25
2.2.   Vierzig Kilometer im Durchmesser . . . . . . . . . . . . . . . 28

3.     Die drei für das Neue Testament wichtigen Landschaften . . . . . 32
3.1.   Untergaliläa – ein Hügelland mit eingelagerten Ebenen . . . . . . 34
3.2.   Obergaliläa – ein unwegsames Bergland . . . . . . . . . . . . . 37
3.3.   Am See Gennesaret – im Einbruchgraben 200 m unter Null . . . . 39

4.     „Bebaut in seiner ganzen Ausdehnung" (Bell III 3, 3) . . . . . . . 44
4.1.   Günstige Bedingungen . . . . . . . . . . . . . . . . . . . . . 44
4.1.1. Fruchtbarer Boden . . . . . . . . . . . . . . . . . . . . . . . 45
4.1.2. Trockene Sommer – regenreiche Winter . . . . . . . . . . . . . 46
4.1.3. Zwischen 13° und 22° Celsius . . . . . . . . . . . . . . . . . 48
4.2.   Vielfältiger Ertrag . . . . . . . . . . . . . . . . . . . . . . . 48
4.2.1. Weizen im Überfluß . . . . . . . . . . . . . . . . . . . . . . 49
4.2.2. Ein klassisches Olivenland . . . . . . . . . . . . . . . . . . . 50
4.2.3. Trauben und Wein . . . . . . . . . . . . . . . . . . . . . . . 52

| Exkurs: | Das geographische Galiläa im Spiegel der Gleichnisse | 54 |
|---|---|---|
| 5. | Übersät mit Dörfern und Städten | 57 |
| 5.1. | Sepphoris in Untergaliläa – die erste der zwei Hauptstädte | 60 |
| 5.1.1. | Zur Lage der Stadt | 61 |
| 5.1.2. | Geschichtlicher Überblick | 62 |
| 5.1.3. | Die Stadt zur Zeit Jesu | 62 |
| 5.1.4. | Bevölkerung aus Juden und Heiden | 67 |
| Exkurs: | Sepphoris und Jesus | 69 |
| 1. | *In Sepphoris zu Hause?* | 70 |
| 2. | *Ohne Erfolg* | 72 |
| 5.2. | Kafarnaum – eine bescheidene Mittelstadt am Nordufer des Sees Gennesaret | 75 |
| 5.2.1. | Zur Lage der Stadt | 76 |
| 5.2.2. | Die Stadt zur Zeit Jesu | 77 |
| Exkurs: | Kafarnaum und Jesus | 83 |
| 1. | *Eine feste Beziehung* | 83 |
| 2. | *Früher Kontakt* | 87 |
| 3. | *Ein Ort von besonderer Bedeutung* | 90 |
| 3.1. | *Ein gelegentliches Zuhause* | 90 |
| 3.2. | *Ein Zentrum messianischen Wirkens* | 92 |
| 4. | *Eine Stadt der Enttäuschung* | 94 |
| 5.3. | Nazaret – ein unbedeutendes Dorf in den südgaliläischen Bergen | 97 |
| 5.3.1. | Abseits des großen Verkehrs | 98 |
| 5.3.1.1. | ... und doch dem Zeitgeschehen nah | 99 |
| 5.3.1.2. | ... und doch nicht der Welt entrückt | 100 |
| 5.3.2. | Geschichtslos, aber nicht ohne Geschichte | 100 |
| 5.3.3. | Fern jeder Idylle | 103 |
| 5.3.3.1. | Eine Hangsiedlung am Nebi Sa'in mit nur wenigen Einwohnern | 103 |
| 5.3.3.2. | Ein gesichtsloses Dorf aus Höhlen und Kalksteinquadern | 105 |
| Exkurs: | Nazaret und Jesus | 110 |
| 1. | *Fest mit Nazaret verbunden* | 110 |
| 1.1 | *Jesus aus Nazaret* | 111 |
| 1.2. | *Jesus der Nazarener* | 113 |
| 1.3. | *Jesus der Nazoräer* | 115 |
| 1.4. | *Ein deutliches Ergebnis* | 117 |
| 2. | *... aber nur wenige historische Details* | 117 |
| 2.1. | *Nazaret im Schatten von Betlehem* | 118 |
| 2.2. | *Die sog. „verborgenen" Jahre oder Jahrzehnte des Schweigens* | 121 |
| 2.2.1. | *Der zwölfjährige Jesus im Tempel (Lk 2, 41–52)* | 122 |
| 2.2.2. | *„Ist dieser nicht der Bauhandwerker...?" (Mk 6, 3 a)* | 124 |
| 2.2.3. | *„... und ein Bruder des Jakobus und Joses und Judas und Simon?" (Mk 6, 3 b)* | 127 |

| | | |
|---|---|---|
| 2.3 | Die „Zäsur" | 133 |
| 2.3.1. | Bei Johannes dem Täufer | 133 |
| 2.3.2. | „Im 15. Regierungsjahr des Kaisers Tiberius" (Lk 3, 1) | 135 |
| 2.4. | Von den Nazaretanern abgelehnt (Mk 6, 1–6 a / Mt 13, 54–58 / Lk 4, 16–30) | 137 |
| 2.4.1. | Auf der Suche nach dem „frühen" Text | 138 |
| 2.4.1.1. | Drei Erzählungen, aber nur eine Tradition | 138 |
| 2.4.1.2. | Von Mk 6, 1–6 a zur vormarkinischen Tradition | 142 |
| 2.4.2. | Der „frühe" Text in der historischen Rückfrage | 144 |

## II. Das Land und seine Menschen um die Zeitenwende ........ 146

| | | |
|---|---|---|
| 1. | Die ethnische Situation | 146 |
| 1.1. | 1200 Jahre im Überblick | 146 |
| 1.2. | Die Galiläer zur Zeit Jesu | 148 |
| 2. | Die politische Situation | 149 |
| 2.1. | Unter der Herrschaft des Herodes I. (37–4 vChr) | 150 |
| 2.2. | Als Tetrarchie des Herodes Antipas (4 vChr–39 nChr) | 154 |
| 2.2.1. | Ein neues „Profil" | 156 |
| 2.2.2. | Unter direktem hellenistischem Einfluß | 157 |
| 2.2.3. | Von strenger, aber nicht tyrannischer Hand regiert | 158 |
| 2.3. | Die Widerstandskämpfer | 160 |
| 2.3.1. | Von Hiskia über Judas und seine Söhne zu Eleazar ben Jair | 160 |
| 2.3.2. | Ein radikal-theologisches Programm mit sozial-revolutionärem Zug | 163 |

**Exkurs:** Jesus und die Zeloten .......... 165

| | | |
|---|---|---|
| 3. | Die wirtschaftliche und soziale Situation | 172 |
| 3.1. | Die wichtigsten Möglichkeiten der Existenzsicherung | 172 |
| 3.1.1. | Die Landwirtschaft als Haupterwerbsquelle | 173 |
| 3.1.2. | Der See Gennesaret – von einmaliger wirtschaftlicher Bedeutung | 175 |
| 3.1.3. | Das Handwerk – ein nur bescheidener Wirtschaftsfaktor | 178 |
| 3.1.4. | Der Handel – ein nur schmaler Bereich wirtschaftlicher Tätigkeit | 180 |
| 3.2. | Eine dreistufige „Sozialpyramide" | 181 |
| 3.2.1. | Die vornehme Oberschicht – eine reiche Minderheit | 181 |
| 3.2.2. | Die breite Mittelschicht | 186 |
| 3.2.3. | Die soziale Unterschicht – die Armen | 187 |

**Exkurs:** Die Gleichnisse als Spiegel der sozialen Wirklichkeit ........ 189

| | | |
|---|---|---|
| 1. | Eine Vielzahl von „Figuren" | 189 |
| 1.1. | Der δοῦλος (doũlos), der Sklave | 190 |
| 1.2. | Der οἰκοδεσπότης (oikodespótaes), der Gutsherr | 192 |
| 1.3. | Der κύριος (kýrios), der Herr | 192 |
| 1.4. | Der πλούσιος (ploúsios), der Reiche | 193 |
| 1.5. | Der οἰκονόμος (oikonómos), der Verwalter | 194 |
| 1.6. | Der παῖς (paĩs), der Sklave | 195 |
| 1.7. | Der πτωχός (ptōchós), der Bettelarme | 196 |
| 1.8. | Der ἔμπορος (émporos), der Großhändler | 196 |

| | | |
|---|---|---|
| 1.9. | Der δανειστής (daneistáes), der Geldverleiher | 197 |
| 1.10. | Der ἐπίτροπος (epítropos), der Verwalter | 197 |
| 1.11. | Der γεωργός (geōrgós), der Kleinpächter | 198 |
| 1.12. | Der θεριστής (theristáes), der Schnitter | 199 |
| 1.13. | Der μίσθιος (místhios), der Tagelöhner | 199 |
| 1.14. | Der τελώνης (telōnaes), der Abgabenpächter oder Angestellte des Abgabenpächters | 200 |
| 2. | Mit der sozialen Wirklichkeit der Zeit vertraut | 200 |
| 4. | Die religiöse Situation | 203 |
| 4.1. | Die Synagoge als wesentliche Einrichtung für das religiöse Leben Galiläas | 206 |
| 4.1.1. | Vom Ursprung bis zur Zeitenwende | 206 |
| 4.1.2. | Die Synagoge des 1. nachchristlichen Jahrhunderts | 208 |
| 4.1.3. | Ein Synagogengottesdienst zur Zeit Jesu | 212 |
| 4.1.3.1. | Skizze seines Verlaufs | 212 |
| 4.1.3.2. | Wichtige Einzelelemente | 215 |
| 4.1.3.2.1. | Das Sch<sup>e</sup>ma | 216 |
| | a) Die Tefillim – die Gebetsriemen | 217 |
| | b) Die Mesusa | 218 |
| | c) Die Zizijot – die Schaufäden oder Quasten | 220 |
| 4.1.3.2.2. | Das Sch<sup>e</sup>mone-Esre | 221 |

**Exkurs:** Jesus und die Synagoge . . . . . . . . . . 224

| | | |
|---|---|---|
| 1. | Die Synagoge als Ort des Wirkens Jesu | 225 |
| 1.1. | Ein unbestreitbarer Tatbestand | 225 |
| 1.2. | Nur ein Wirkort neben anderen | 229 |
| 1.3. | Ein früh gefährdeter Wirkort | 230 |
| 2. | Ein authentischer Hintergrund | 234 |
| 3. | Die Lehre als Schwerpunkt des synagogalen Wirkens Jesu | 236 |
| 3.1. | Ein doppelter Akzent | 236 |
| 3.2. | „Lehre in Vollmacht" (Mk 1, 27) | 239 |
| 4. | Konkretisierung des Wortes durch die Tat | 243 |
| 4.2. | In Verbindung mit Jerusalem | 245 |
| 4.2.1. | ... durch die Tempelsteuer | 245 |
| 4.2.2. | ... durch die Wallfahrten | 247 |
| 4.2.2.1. | Die Verpflichtung | 248 |
| 4.2.2.1.1. | „Dreimal im Jahr" | 250 |
| 4.2.2.1.2. | „... alle deine Männer" | 251 |
| 4.2.2.2. | Auf dem Weg von Galiläa nach Jerusalem | 252 |
| 4.2.2.2.1. | Die Reiserouten | 252 |
| 4.2.2.2.2. | Unterwegs | 256 |
| 4.2.2.3. | Am Ziel | 258 |
| 4.2.2.4. | Die Rückkehr | 261 |

**Exkurs:** In der Spannung zwischen GALILÄA und JERUSALEM – GALILÄA und JERUSALEM (nach dem Markus-Evangelium) . . . . . . . . 262

1. GALILÄA – die Heimat des Evangeliums . . . . . . . . . . . . . . . . . 265
2. JERUSALEM – die Stadt der Feindschaft . . . . . . . . . . . . . . . . 268
3. Von GALILÄA hinauf nach JERUSALEM . . . . . . . . . . . . . . . 269
4. ... und zurück nach GALILÄA . . . . . . . . . . . . . . . . . . . . . . 271

Literatur . . . . . . . . . . . . . . . . . . . . . . . . . . . . . . . . . . . . . . . . . 275
Abkürzungen . . . . . . . . . . . . . . . . . . . . . . . . . . . . . . . . . . . . . 287
Mediennachweis . . . . . . . . . . . . . . . . . . . . . . . . . . . . . . . . . . . 287

# Vorwort

Vorliegende zeitgeschichtliche und theologische Untersuchung über das Galiläa Jesu wurde im Sommersemester 1982 vom Fachbereich 21 der Westfälischen Wilhelms-Universität Münster als Habilitationsschrift angenommen; für die Drucklegung wurde sie vor allem in den Exkursen überarbeitet.

Initiiert wurde die Arbeit durch die Begegnung mit dem Heiligen Land im Rahmen zahlreicher Israelreisen. Begleitet hat sie von ihren ersten Anfängen an mit seinem fachkundigen Rat, ob in Fragen der Zeitgeschichte oder der Theologie, Prof. Dr. Detlev Dormeyer (Universität Münster). Ihm sei an dieser Stelle für zahllose Gespräche und Anregungen gedankt. An manch kritischem Punkt sicherte erst sein aufmunterndes Wort die Fortführung der Arbeit.

Dank auch schulde ich Schwester Itha Holz (Schmidt-College, Jerusalem) und Fr. Willibrord Geiger OSB (Dormitio Abtei, Jerusalem) für ihre Hilfe in Fragen der Literatur. Bereitwilligst haben beide meinen Wünschen entsprochen und Buchhandlungen und Bibliotheken in Jerusalem nach galiläaspezifischem Material durchsucht.

Frau Gordana Köllner, Kunsterzieherin am Gymnasium in Uetersen (Schleswig-Holstein), verdanke ich zahlreiche der in den Text eingestreuten Zeichnungen.

Zeichnerisch auch unterstützten mich Frl. stud. design Renate Kettler (Bielefeld) und H. stud. paed. Olaf R. Blaschke (Bielefeld). Ihnen allen sei an dieser Stelle herzlich gedankt.

Ein Wort des Dankes sei hier auch dem Erzbischof von Paderborn, Herrn Dr. Johannes J. Degenhardt, gesagt, der mir spontan einen großzügigen Druckkostenzuschuß zukommen ließ.

Ein letztes Danke gilt meiner Frau, Inge Bösen. Nicht allein, daß sie mir einen weitgehend ungestörten Freiraum verschaffte, der für das Gelingen einer Arbeit notwendig ist, hat sie darüber hinaus die meisten Karten und Skizzen angefertigt und alle Schreib- und Korrekturarbeiten übernommen. Unendlich geduldig und bescheiden zeigte sich in dieser Zeit unser Sohn Bernd. Seine Eltern danken ihm herzlich!

Bielefeld, im Januar 1985 *Willibald Bösen*

# Vorbemerkungen

> „Ein geschichtliches Ereignis gewinnt an Lebendigkeit, wenn man die Landschaft, in der es sich abgespielt hat, in die Betrachtung einbezieht. Aber nicht nur die Landschaft ist von Bedeutung. Die Menschen der Zeit, ihre Regierungsformen, ihre Kunst, ihr Handel und Wandel, ihre Überzeugungen und ihre Vorurteile, ihr Glauben und ihr Aberglauben, das alles ist von gleicher Wichtigkeit, wenn man einen historischen Vorgang vollständig verstehen will."[1]
>
> Peter Bamm

## Zur Relevanz des Themas

Galiläa steht im Schatten von Jerusalem, vor 2000 Jahren wie auch heute. Damals schon besuchte man zuerst die Heilige Stadt, ehe man – wenn überhaupt – nach Norden pilgerte[2]; und auch heute reist man nach Israel mit zielgerichtetem Blick auf Jerusalem. Literarisch füllen die Titel über Jerusalem ganze Bibliotheken, für Galiläa beginnt man sich erst allmählich stärker zu interessieren. Dabei ist die Berglandschaft nördlich der Jesreel-Ebene mit dem See Gennesaret im Osten für die Christenheit von nicht geringer Bedeutung: Alle vier Evangelien sind voll galiläischer Spuren; in Galiläa liegt Nazaret, die „Heimatstadt" Jesu, hier auch ist Kafarnaum zu suchen, das Zentrum jesuanischer Verkündigung. Weit stärker als von Jerusalem ist Jesus von Galiläa geprägt; wer ihn verstehen will, muß in Galiläa mit seiner Reise beginnen.

## Zum Ziel der Arbeit

Ausgehend von der Beobachtung, daß, „um Jesus zu verstehen, ... die Kenntnis des zeitgeschichtlichen Judentums unentbehrlich"[3] ist und daß, wer die Geschichte oder den Schauplatz der Bibel außer acht läßt, ernstlich Gefahr läuft, „das Verständnis des Themas zu verfehlen und nicht mehr die Wirkung der Hammerschläge wahrzunehmen, unter denen es dargeboten wird"[4], verfolgt die Arbeit ein doppeltes Ziel: Zum einen möchte sie die mannigfaltigen Informationen über das Galiläa der Zeitenwende zusammentragen und zu einem ganzheitlichen Bild zusammenfügen. Zum anderen versucht sie, die biblischen Texte auf dem bereitgestellten realkundlichen Hintergrund neu zum Sprechen zu bringen. Zweifellos ist die Interpretation der Evangelien im Kontext neutestamentlicher Zeitgeschichte und Realienkunde nicht neu; die meisten Evangelienkommentare gehen diesen Weg. Diejenigen, die ihm in ganzer Konsequenz folgen, machen immer wieder aufs neue deutlich, wie sich das

---

[1] Zit. nach *Pax*, Die heiligen Stätten. Auf den Spuren Jesu, Tel Aviv 1970, S. 7.
[2] Vgl. *Donner*, Pilgerfahrt ins Heilige Land, Stuttgart 1979.
[3] *Flusser*, Jesus, S. 11.
[4] *Baly*, Geographisches Handbuch zur Bibel, S. 9.

Bild Jesu im Kontext realkundlicher Bezüge vervollständigt und verlebendigt. In der Tat ist uns in der Zeitgeschichte im weitesten Sinn und in der seit 1948 in Israel blühenden Archäologie eine neue Quelle der Information gegeben[5]. Sie darf in verschiedener Weise genutzt werden, sei es als Ergänzung biblischer Texte, sei es – dort, wo jene schweigen – als ein eigenständiger Ausgangspunkt für neue, verantwortete Hypothesen. Von verantworteten Hypothesen, und nur von diesen, lebt nicht nur die Wissenschaft, sondern auch unser Jesusbild. Ein Jesusbild, das sich nur auf gesicherte Fakten stützen wollte, bliebe leb- und farblos, wäre ein Torso.

**Zum Aufbau der Arbeit**
Aus dem doppelten Ziel der Arbeit ergibt sich ihr doppelter Schwerpunkt, ein *realkundlicher* über das Land (I) und seine Menschen (II) und ein *biblischer* über Jesus und seinen Bezug zu ebendiesem Hintergrund. Beide Schwerpunkte werden nun aber nicht, wie vielleicht erwartet, nacheinander, in zwei voneinander getrennten Teilen vorgestellt, sondern in der Weise eng miteinander in Beziehung gesetzt, daß der biblische Aspekt in eigenen, von den realkundlichen Untersuchungen zwar getrennten, ihnen aber unmittelbar nachfolgenden Exkursen behandelt wird. In dieser Anordnung wirken die zeitgeschichtlichen Informationen tatsächlich wie ein Spiegel, in dessen „Glanz", zuweilen hell und leuchtend, manchmal aber auch vielfach gebrochen und unscharf, mancher biblische Text sich wie von selbst erhellt.

**Zu den Adressaten**
Angefertigt im Fachbereich 21 der ehemaligen Pädagogischen Hochschule Westfalen-Lippe Abteilung Münster, sieht sich die Arbeit neben der Fachwissenschaft im gleichen Maße der Didaktik verpflichtet. Nicht allein, daß im Hochschulbereich „die Didaktik des akademischen Unterrichts"[6] vieles zu wünschen übrigläßt; immer drückender auch wird nach Jahrzehnten der exegetischen Forschung die Last einer nur mangelhaft geglückten Weitergabe wichtiger Ergebnisse bis in Fachkreise hinein. Ein kostbarer, von den Fachwissenschaften mühsam gehobener Schatz verbirgt sich für eine von Berufspflichten geplagte Mehrzahl von Theologen hinter der Barriere dicker, im Detail erstickender Fachbücher. Dieser Schwierigkeit sucht die Arbeit mit Blick auf Studenten, Priester, Lehrer, Katecheten, theologisch interessierte Laien und auch Israelreisende durch zahlreiche, das Wort erläuternde Medien in Gestalt von Karten, Zeichnungen, Querschnitten, Diagrammen, Textaufrissen zu begegnen. Um daneben auch dem fachwissenschaftlichen Anspruch zu genügen, kann auf Belege und Hinweise nicht verzichtet werden. Die Literatur ist zu allen in der Arbeit angesprochenen Themen immens, in den Angaben kann der Übersicht wegen jeweils nur die wichtigere und leichter zugängliche aufgeführt werden.

---

[5] Vgl. *Klaiber*, Archäologie im Neuen Testament, in: ZNW 72 (1981), S. 195–215.
[6] *Ders.*, ebd., S. 202.

# I. Das Land zur Zeit Jesu

## 1. Zum Namen

Ein günstiger Ausgangspunkt für die Beschreibung eines Landes ist sein Name. Im Namen liegt gerne – vor allem im biblischen Bereich – eine erste Charakterisierung impliziert; denn anders als wir heute „be-namt" der frühe Mensch mit Blick auf Wesen und Eigenschaft[1].

Allein, geben einzelne Länder ihren Namensinhalt unmittelbar zu erkennen (wie z. B. Palästina = Land der Philister[2]; Judäa = Land der Juden[3]; Samaria = Berg des Semer[4]), verschließen sich andere in ihrer Bedeutung. Dazu gehört auch Galiläa. Seine Deutung darf erst nach einer vorsichtigen Textanalyse gewagt werden.

### 1.1 Zum Wortbefund: Galilaea (lat.) – Galilaia (griech.) – galil (hebr.)

„Galilaea"[5] schreiben die Römer, „Galilaia" die Griechen[6] – ein unauffälliges „i" signalisiert einen unterschiedlichen Sprachraum, die Abwandlung ist lautgerecht[7]. Höheres Alter von beiden besitzt das griechische „Galilaia". Erstmals begegnet es in der Septuaginta (LXX), der griechischen Übersetzung des Alten Testamentes aus dem 3. Jh vChr, und das gleich 20mal (vgl. M 1: 2. Spalte). Doch helfen dem, der über die griechische Form hinaus der Wurzel des Namens nachspürt, nur sechs Texte weiter, da allein sie ein Äquivalent im hebräischen Alten Testament haben (vgl. M 1: 3. Spalte). Die restlichen 14 Texte (7–20) sind jüngeren Datums und liegen nur griechisch vor[8]. Damit reduziert sich die für die Untersuchung wichtige Textbasis um mehr als Zweidrittel.

Die 6 verbleibenden hebräischen Texte lassen sich traditionsgeschichtlich drei Gruppen zuordnen: 1. dem deuteronomistischen (Jos 20,7; 21,32; 1 Kön 9,11; 2 Kön 15,29); 2. dem chronistischen Geschichts-

---

[1] Vgl. *Bietenhard* in: BHHW II, Sp. 1284–86 (Lit.).
[2] Vgl. *Klaer* in: BHHW III, Sp. 1365f.
[3] Vgl. *Nauck* in: BHHW II, Sp. 901.
[4] Vgl. 1 Kön 16,24.
[5] Zur Etymologie vgl. *Alt*, Kleine Schriften II, S. 363–374; *Noth*, Die Welt des Alten Testaments, S. 53f; *Strack/Billerbeck* I, S. 153; *Rengstorf* in: BHHW I, Sp. 510ff (Lit.); *Völkel* in: EWNT I, Sp. 559ff (Lit.); *Bertram/Klauser* in: RAC VIII, Sp. 796–821; *Bauer*, Wörterbuch, Sp. 298; *Aharoni*, Das Land der Bibel, S. 109.
[6] „Galilaia" (griech.) findet sich im Neuen Testament insgesamt 62mal: Mt 16mal; Mk 12mal; Lk 14mal; Joh 17mal und Apg 3mal; in der Briefliteratur kommt es nicht vor.
[7] Vgl. *Alt*, aaO., S. 363.
[8] 1 Makk, Judit und Tobit gehören zur Gruppe der alttestamentlichen Apokryphen. Als solche liegt ihre Entstehungszeit zwischen 200 und 100 vChr.

GALILÄA im Alten Testament (ein Überblick)

| | | | LXX (griech.) | AT (hebr.) |
|---|---|---|---|---|
| 1) Jos | 20,7 : | Man weihte (als Asylstadt) Kedes in Galiläa im Gebirge Naphtali. | ἐν τῇ Γαλιλαίᾳ<br>ἐν τῷ ὄρει τῷ Νεφθαλι | בְּגָלִיל<br>(ba-galil) |
| 2) | 21,32: | ... vom Stamme Naphtali die Zufluchtsstadt Kedes in Galiläa .. | Καδες ἐν τῇ Γαλιλαίᾳ | בְּגָלִיל<br>(ba-galil) |
| 3) 1 Chr | 6,61: | ... vom Stamme Naphtali Kedes in Galiläa ... | Κεδες ἐν τῇ Γαλιλαία | בְּגָלִיל<br>(ba-galil) |
| 4) 1 Kön | 9,11: | Da gab der König Salomo dem Hiram zwanzig Städte im Lande Galiläa. | ἐν τῇ γῇ τῇ Γαλιλαίᾳ | בְּאֶרֶץ הַגָּלִיל<br>(bᵉerez ha-galil) |
| 5) 2 Kön | 15,29: | .. Tiglatpileser eroberte Galiläa, das ganze Land Naphtali. | τὴν Γαλιλαίαν, πᾶσαν γῆν Νεφθαλι | הַגָּלִילָה<br>(ha-galilah) |
| 6) Jes | 8,23: | .. In der Zukunft aber wird er das Gebiet jens. des Jordan, das Galiläa der Völker, zu Ehren bringen. | Γαλιλαία τῶν ἐθνῶν | גְּלִיל הַגּוֹיִם<br>(gᵉlil ha-gojim) |
| 7) 1 Makk | 5,14: | .. aus Galiläa .. | ἐκ τῆς Γαλιλαίας | |
| 8) | 5,15: | .. ganz Galiläa der Heiden | πᾶσαν Γ. ἀλλοφύλων | |
| 9) | 5,17: | .. in Galiläa .. | ἐν τῇ Γαλιλαία | |
| 10) | 5,20: | .. nach Galiläa .. | εἰς τὴν Γαλιλαίαν | |
| 11) | 5,21: | .. nach Galiläa .. | εἰς τὴν Γαλιλαίαν | |
| 12) | 5,23: | .. aus Galiläa .. | ἐκ τῆς Γαλιλαίας | ohne hebr. Äquivalent |
| 13) | 5,55: | .. in Galiläa .. | ἐν τῇ Γαλιλαίᾳ | |
| 14) | 10,30: | .. von Galiläa .. | ἀπὸ Γαλιλαίας | |
| 15) | 11,63: | .. Kedes in Galiläa .. | Κηδες ἐν τῇ Γαλιλαίᾳ | |
| 16) | 12,47: | .. in Galiläa .. | ἐν τῇ Γαλιλαίᾳ | |
| 17) | 12,49: | .. nach Galiläa .. | εἰς τὴν Γαλιλαίαν | |
| 18) Judit | 1,8 : | .. das obere Galiläa .. | τὴν ἄνω Γαλιλαίαν | |
| 19) | 15,5 : | .. in Galiläa .. | ἐν τῇ Γαλιλαίᾳ | |
| 20) Tob | 1,2 : | .. in Galiläa .. | ἐν τῇ Γαλιλαίᾳ | |

M 1

werk (1 Chr 6,61) und 3. der prophetischen Tradition (Jes 8,23). Mit Recht darf man vermuten, daß alle drei Gruppen in den für den Zusammenhang wichtigen Textteilen altes Material überliefern[9]. Nach Alt stammen die Belege in den Königsbüchern schwerlich erst von den Verfassern, „sondern aus den von diese(n) benutzten Vorlagen", d. h. für 2 Kön 15,29 „wohl aus dem 8. Jahrhundert, 1 Kön 9,11 wahrscheinlich aus noch früherer Zeit"[10]. Altes Material auch dürfte in Jos und 1 Chr verarbeitet sein[11].

Lautet das hebräische Äquivalent für das griechische „Galilaia" in Jos 20,7; 21,32; 1 Chr 6,61 und 1 Kön 9,11 „galil", schreibt 2 Kön 15,29 „galilah", Jes 8,23 – in der Position eines status constructus – „gᵉlil". Trotz des relativ schmalen Textfundamentes deutet alles auf *galil* als *hebräische Wurzel* hin[12]; für Alt ist hier „auf je-

---

[9] Auch die beiden Geschichtswerke, deren Endredaktion erst nach dem Exil (586–538 vChr) anzusetzen ist, sind alt (vgl. *Groß*, Kleine Bibelkunde zum Alten Testament, S. 36 f 46–50).

[10] *Alt*, aaO., S. 365 Anm. 1.
[11] Vgl. *Groß*, aaO., S. 46–50.
[12] Vgl. *Alt*, aaO., S. 364.

den Fall ... im Hebräischen die Wurzel des Namens Galiläa erreicht; an Entlehnung aus einer anderen Sprache zu denken, ... besteht kein Anlaß"[13].

## 1.2 Auf der Suche nach der Wortbedeutung

Obwohl in seiner Sprachwurzel erkannt, ist der Name „Galiläa" „bis jetzt nicht befriedigend erklärt"[14]. Die Diskussion schwankt zwischen „galil" in der Bedeutung von „Kreis, Bezirk" und „galil" als alter Landschaftsbezeichnung. Welchem der beiden der Vorzug zu geben ist, sei im folgenden untersucht.

### 1.2.1 „galil" als „Kreis" – „Bezirk"

„Der Name ‚Galiläa'", so vermutet J. Schmid erstaunlich sicher, „zuerst bezeugt bei Is 8, 23 LXX, ist die griechische Wiedergabe des hebräischen galil (‚Kreis', ‚Bezirk' ...)"[15]. In die gleiche Richtung, wenn auch vorsichtiger, schaut Gnilka: „... wahrscheinlich (sc. ist Galiläa) von hebräischem galil (= Kreis) abzuleiten"[16]. Tatsächlich können beide diese ihre Erklärung lexikalisch gut absichern, tatsächlich gibt es „galil" in der zuverlässigen Bedeutung von „Kreis, Bezirk"[17]. Daß dieses lexikalisch erfaßte „galil" jedoch kaum mit unserem, in obigen Texten ausgewiesenen identisch sein kann, beweist bereits eine einfache Ersetzungsprobe, bei der nichts anderes zu tun ist, als konsequent „galil" mit „Kreis, Bezirk" auszutauschen. Denn – so bleibt zu schlußfolgern – wenn „Galiläa" wirklich – wie von Schmid, Gnilka u. a. vorgeschlagen – von „galil" in der Bedeutung von „Kreis", „Bezirk" abzuleiten ist, muß eine Ersetzung möglich und vor allen Dingen sinnvoll sein.

Dieses so einfache, nichtsdestoweniger überzeugende Experiment glückt jedoch allein in Jes 8, 23, dem interessanterweise vermutlich jüngsten Text: Sein „g$^e$lil der Völker" gewinnt in der Übersetzung von „Kreis/Bezirk der Völker" auf dem Hintergrund der Ereignisse des 8. Jhs v Chr, näherhin der assyrischen Kolonisation, in deren Zug Galiläa von einem Völkergemisch bewohnt wird (vgl. II, 1.1), einen akzeptablen Sinn. Kaum verständlich dagegen sind die durch Ersetzung gewonnenen Wendungen in den übrigen fünf Texten: „Kedes im Kreis/Bezirk" (Jos 20, 7; 21, 32 und 1 Chr 6, 61), „im Land des Kreises/Bezirkes" (1 Kön 9, 11) und „Kreis/Bezirk, das Land Naphtali" (2 Kön 15, 29). Im Gegenteil, in allen fünf Fällen wird deutlicher als zuvor, daß es sich bei „galil" offensichtlich um einen nicht mehr zu übersetzenden Terminus technicus, um einen Eigennamen handelt.

### 1.2.2 „galil" als alte Landschaftsbezeichnung

Der Nachweis von „galil" als eines Terminus technicus bzw. eines – in seiner Grundbedeutung allerdings nicht mehr zu erschließenden – Eigennamens gelingt überzeugend. Auszugehen ist dabei von der drei-

---

[13] Ebd.
[14] *Rengstorf*, aaO., Sp. 510.
[15] *J. Schmid*, Das Evangelium nach Markus, S. 28. Unverständlich bleibt, wie Schmid zu dem Urteil findet, Galiläa werde „zuerst bei Is 8, 23 LXX" bezeugt.
[16] *Gnilka*, Markus I, S. 69 f.
[17] Vgl. *Baumgartner*, Hebräisches und Aramäisches Lexikon zum Alten Testament, ³1967, S. 185.

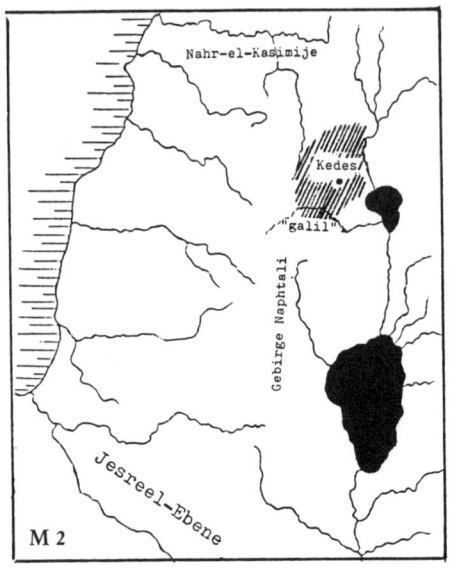

M 2

fach belegten Formulierung „Kedes im Galil" (Jos 20, 7; 21, 32; 1 Chr 6, 61), die wie eine feste Wendung klingt und sich nach dem Zeugnis von Tob 1, 2 und 1 Makk 11, 63 (vgl. M 1: 15. und 20. Text) bis in die frühen Jahrhunderte hinein erhält.

a) Deutlich konzentriert sich in der „Formel" alles Interesse auf „Kedes". Sieben Kilometer nordwestlich des Hule-Sees gelegen (vgl. M 2), kommt es in der Frühzeit der Geschichte Israels zusammen mit Hebron und Sichem als Asyl- und Zufluchtsstadt zu Ehren. In sie jeweils kann sich nach Dtn 19 ein Totschläger[18] auf der Flucht vor den Bluträchern zurückziehen, dort ist er geschützt.

Für „galil" ist der „Formel" zunächst einmal nur so viel zu entnehmen, daß es – wie auch Kedes – als Name zu verstehen ist, und zwar – analog unserem Brauch, die Lage eines Ortes durch eine zusätzliche Angabe zu präzisieren (vgl. Münster in Westfalen; Münster in Bayern; Münster in Oberhessen usw.) – als Name für das *Umland der Stadt*.

Auf die Frage, welches Umland genauerhin gemeint sein könnte, das unmittelbare oder das weitere, scheint Jos 20, 7 zu antworten. Denn im Unterschied zu Jos 21, 32 und 1 Chr 6, 61 beschränkt sich dieser Text nicht auf das formelhafte „Kedes im galil", sondern ergänzt es um die Ortsangabe „im Gebirge Naphtali". Im Kontext mit den beiden vorausgehenden Angaben scheint sie einen kleineren Kreis mit der Stadt „Kedes" als Mittelpunkt und dem „galil" als ihrer näheren Umgebung ausdehnen zu wollen in jenes Gebiet hinein, in dem der Stamm Naphtali lebt. Für das uns interessierende „galil" wäre aus dem Text festzuhalten, daß es anfangs nur einen bestimmten, vermutlich kleineren Teil im Osten des westjordanischen Gebirges, näherhin *die Umgebung von Kedes*, bezeichnet.

b) Ein weiter gefaßtes Verständnis dagegen verrät 1 Kön 9, 11, ein Text, der zum gleichen Geschichtswerk wie Jos 20, 7 gehört. Da solche Zusammengehörigkeit aber nicht notwendig Harmonisierung bis in Textdetails bedeutet, kann diese Beobachtung bei der nachfolgenden Analyse unberücksichtigt bleiben. Vielmehr ist davon auszugehen, daß sich in 1 Kön 9, 11 eine von Jos 20, 7 unabhängige, alte Information erhalten hat, in der sich Zeitverhältnisse spiegeln.

Die Situation, auf die der Text Bezug nimmt, spielt zur Zeit Salomos, des 3. Königs von Israel (ca. 965–926 vChr)[19]. Ihn hatte Hiram, der König von Tyrus, mit Zedern- und Zypressenholz wie mit Gold für den Tempel und den königlichen Palast in Jerusalem unterstützt. Da Salomo aber nicht in der Lage war, nach 20 Jahren die Rückzahlung vertragsgemäß zu leisten, verpfändete er seinem Gläubiger „zwanzig Städte im Lande des ‚galil'. Und Hiram kam herüber, um sich die Städte anzusehen, die Salomo ihm abgetreten hatte. Und er sagte: ‚Was sind das für Städte, die du mir da abgetreten hast, mein Bruder?' Darum nannte man die Landschaft ‚Kabul' bis auf den heutigen Tag" (1 Kön 9, 11–13).

An Informationen für die Bedeutungs-

---

[18] Nach Dtn 19, 4 war als Totschläger derjenige anzusehen, der jemanden „unabsichtlich und ohne ihm von früher her feind zu sein", erschlagen hatte.

[19] Vgl. *Gunneweg*, Geschichte Israels bis Bar Kochba, S. 82–88.

analyse von „galil" ist neben der Erwähnung von 20 Städten vor allem der Hinweis auf die Landschaft Kabul wichtig. Während aus ersterer zu entnehmen ist, daß es sich bei der verpfändeten Landschaft um ein weites Gebiet gehandelt haben muß, ist uns in letzterem ein konkreter Orientierungspunkt gegeben; denn „Kabul" oder „Chabulon" liegt – wie wir aus Josephus (Bell III 3,1) erfahren[20] – im Nordwesten Untergaliläas (vgl. M 3). Damit weitet sich die Perspektive beträchtlich: „galil", in Jos 20,7 noch der Name für das Umland um die Asylstadt Kedes, bezeichnet unter Salomo bereits das *Bergland Obergaliläas wie Teile Untergaliläas*[21].

c) Bereits *das ganze Gebiet zwischen Jesreel-Ebene im Süden und Nahr-el-Kasimije im Norden* scheint in Jes 8,23, dem traditionsgeschichtlich vermutlich jüngsten der sechs Texte, angesprochen zu sein. Jedenfalls meint Jesaja, als er unter dem Eindruck der assyrischen Kolonisation[22] verheißt, daß Gott in der Zukunft „die Meeresstraße und das Gebiet jenseits des Jordan, den ‚galil' der Heiden, zu Ehren bringen wird" (Jes 8,23), kaum nur einzelne Landschaftsteile im nördlichen Bergland.

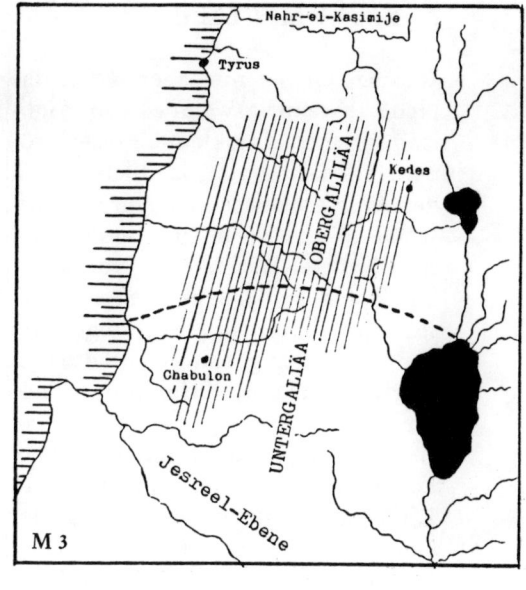

Um das Ergebnis unserer Untersuchung zusammenzufassen: In der Frage der Namensbedeutung von Galiläa war zwischen zwei Thesen zu entscheiden, einer ersten, die Galiläa von dem lexikalisch erfaßten „galil" in der Bedeutung von „Kreis, Bezirk" ableiten möchte, und jener anderen, die in „galil" eine Landschaftsbezeichnung vermutet. Die Analyse der sechs relevanten Texte macht es wahrscheinlich, „daß hag-galil eine – in ihrer Wortbedeutung nicht mehr sicher zu erklärende – Landschaftsbezeichnung zunächst vielleicht für einen bestimmten Teil und dann für das Ganze des nördlichsten Teiles des westjordanischen Gebirges gewesen ist"[23].

---

[20] Chabulon erwähnt *Josephus* auch in seiner Vita 43; dort stellt er es als „ein Dorf im Gebiete von Ptolemais" bzw. als eines der „galiläischen Dörfer in der Nähe von Ptolemais" vor, dem späteren Akko.

[21] Vgl. *Baly*, Geographisches Handbuch, S. 72.
[22] Vgl. *Gunneweg*, aaO., S. 103–106.
[23] *Noth*, Die Welt des Alten Testaments, S. 54.

## 2. Ein kleines Land

Welches Gebiet nun aber meint das Neue Testament, wenn es von „Galiläa" spricht? Eine kleinere oder größere Landschaft im nördlichen Teil des westjordanischen Gebirges zwischen Jesreel-Ebene im Süden und dem Nahr-el-Kasimije im Norden? – Die Evangelien erwecken einen zwiespältigen Eindruck: Die geringe Zahl der namentlich genannten Städte und Dörfer (Nazaret, Kafarnaum, Chorazin und Kana; vgl. M 46) läßt an eine überschaubare Region denken. Die Rede von „ganz Galiläa" (Mk 1,39; Mt 4,23; vgl. Mk 1,28), der häufige Hinweis auf bedrängende Menschenmassen (Mk 3,7.8; 6,2; Lk 6,17; 8,37), die Charakterisierung Jesu als eines unermüdlich und rastlos Wandernden[1] suggerieren dagegen die Vorstellung von einem ausgedehnten und umfassenden Territorium. Welche der beiden Vorstellungen kommt der Wirklichkeit am nächsten?

Wer in der Frage der Grenzziehung Galiläas von den *Evangelien* eine Antwort erwartet, wird enttäuscht. Die Evangelisten verfolgen – um es gleich zu Beginn unmißverständlich zu betonen – keine geographischen Interessen; ihnen fehlen weitgehend geographische und chronologische Detailinformationen und auch Vorstellungen.

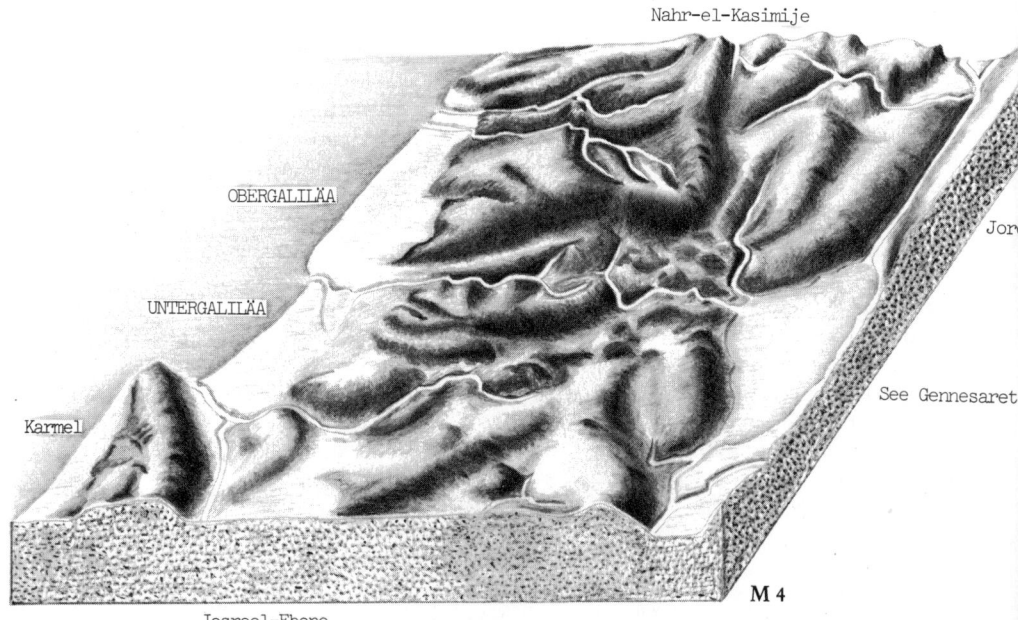

M 4

Nordteil des westjordanischen Gebirges zwischen Jesreel-Ebene im Süden und Nahr-el-Kasimije (Litani-Fluß) im Norden

---

[1] In 9 von 16 Kapiteln zeichnet Markus Jesus auf der Wanderung durch Galiläa und Umgebung (vgl. Mk 1,14 – 9,50). – Vgl. den Exkurs „In der Spannung zwischen Galiläa und Jerusalem".

– Obwohl *Markus* elf von zwölf „Galiläa"-Stellen selber redigiert[2], bleiben die Grenzen Galiläas „fließend und unabsehbar"[3].

– Um zu zeigen, wie wenig *Lukas* „keine selbständige Kenntnis der palästinischen Geographie besitzt"[4], genügt es, auf Lk 17,11[5] zu verweisen, wo davon berichtet wird, daß Jesus auf seiner Wanderung nach Jerusalem „quer durch Samaria und Galiläa" zieht. Offenbar denkt der dritte Evangelist sich „Galiläa und Judäa nebeneinanderliegend mit gemeinsamer Grenze, Samaria nördlich davon (vgl. Apg 15,3f), so daß einer, der von Galiläa nach Jerusalem geht, sich parallel zur samaritanischen Südgrenze bewegt (vgl. Lk 17,11)"[6].

– *Matthäus*, obwohl vermutlich Judenchrist[7], gibt an keiner Stelle seines Evangeliums zu erkennen, daß er sich im Lande auskennt. In großer Treue folgt er in seinem Evangelienentwurf der markinischen Vorlage[8].

– Das *Johannes*evangelium schließlich, ganz anders angelegt als seine synoptischen Vorgänger[9], verfügt zwar über eine Reihe interessanter Lokaltraditionen (Kana, Samaria, Jerusalem)[10], kann aber in der Frage der Grenzziehung Galiläas nicht weiterhelfen[11].

Die Quellenlage ist erwartungsgemäß nicht günstig. Wer auch schon interessiert sich um die Zeitenwende für die Grenzen Galiläas im nördlichen Westpalästina! Der einzige, an dem die Forschung sich festmachen kann, ist *Flavius Josephus* (37–100/110 nChr), ein Jerusalemer Priestersohn, der durch seine vier Bücher[12] „der wichtigste Zeuge für die Vorgänge in Palästina im ersten vorchristlichen und ersten nachchristlichen Jahrhundert"[13] wird. Daß er seine Quellen wenig sorgfältig und auch tendenziös bearbeitet[14], mindert zwar den Zeugniswert seiner Schriften, stellt ihn aber nicht grundsätzlich in Frage. Trotz mancher Ungenauigkeiten, Widersprüche und Übertreibungen bleibt sein Werk von unschätzbarem Wert, und das selbst dann, wenn man möglicherweise wie Laqueur zu dem Urteil kommt, der Mensch Josephus sei „charakterlos, skrupellos, verlogen"[15].

---

[2] Vgl. Mk 1,9.14.16.28.39; 3,7; 7,11; 9,30; 14,28; 15,41 und 16,7; allein 6,21 fand der Evangelist in der Tradition vor. – Vgl. *Marxsen*, Einleitung in das Neue Testament, S. 124; *Gnilka*, Markus I, S. 69f; *Kasting*, Die Anfänge der urchristlichen Mission, S. 82ff u. a. – Vgl. Exkurs „In der Spannung zwischen Galiläa und Jerusalem".

[3] *Schenke*, Studien zur Passionsgeschichte des Markus, S. 453.

[4] *Schneider*, Lukas I, S. 32.

[5] Vgl. *Schneider*, Lukas II, S. 351; *Conzelmann*, Mitte der Zeit, S. 21ff.

[6] *Löning*, Lukas – Theologe der von Gott geführten Heilsgeschichte, in: *J. Schreiner* (Hrsg.), Gestalt und Anspruch des Neuen Testaments, S. 210.

[7] Vgl. *Schweizer*, Matthäus, S. 4f.

[8] Vgl. *ders.*, aaO., S. 1f.

[9] Vgl. Exkurs „In der Spannung zwischen Galiläa und Jerusalem".

[10] Vgl. *Kundsin*, Topologische Überlieferungsstoffe im Johannes-Evangelium, Göttingen 1925.

[11] Vgl. *Blank*, Johannes 4/1a, S. 34 196 322 u. ö.

[12] Die vier Bücher umfassen a) eine Biographie (Vita); b) einen Bericht über die Ereignisse von Antiochus IV. bis zur Eroberung und Zerstörung Jerusalems und des Tempels im Jahr 70 nChr (De bello Judaico); c) eine Geschichte Israels von der Schöpfung bis zum 1. Jh nChr (Antiquitates Judaicae) und d) eine Schrift, die sich mit den Vorwürfen des Antisemiten Apion auseinandersetzt (Contra Apionem). Zu Josephus vgl. *Stauffer* in: BHHW II, Sp. 890 (Lit.); *Freyne*, Galilee, S. 241–245.

[13] *Lohse*, Umwelt des Neuen Testaments, S. 102.

[14] Im Mittelpunkt seiner Laudatio stehen a) das jüdische Volk, b) die eigene Person und c) die flavischen Schutzherren Vespasian und Titus.

[15] *Laqueur*, Der jüdische Historiker Flavius Josephus, 1920 (zit. in: BHHW II, Sp. 890).

## 2.1 Seine Grenzen – Versuch einer Rekonstruktion

Bei der Suche nach geeigneten Grenzangaben für das uns interessierende Galiläa der Zeitenwende, die Heimat Jesu, stößt man in Bell III 3, 1 auf ein Kapitel, in dem alles Notwendige zusammengetragen zu sein scheint:

> 1 Galiläa besteht aus zwei Teilen, die das Ober- und das Unterland genannt werden, und ist von Phönikien und Syrien umgeben.
> 2 Gegen *Westen* wird es begrenzt von Ptolemais und seinem Gebiet sowie vom Karmel, dem einst galiläischen, jetzt aber tyrischen Gebirge, an dem die Reiterstadt Gaba liegt, so genannt, weil sich hier die von König Herodes aus dem Dienst entlassenen Reiter angesiedelt hatten.
> 3 Im *Süden* zieht es sich längs Samaria und Skythopolis bis zum Jordan.
> 4 Gegen *Osten* stößt es an die Bezirke von Hippos und Gadara, ferner die Gaulanitis und das Königreich des Agrippa;
> 5 im *Norden* endlich schließt sich Tyrus und sein Gebiet an.
> 6 *Untergaliläa* erstreckt sich der Länge nach von Tiberias bis Chabulon unweit des Küstenstriches von Ptolemais, und der Breite nach von dem Dorfe Xaloth in der großen Ebene bis Bersabe.
> 7 Hier beginnt sich *Obergaliläa* auszubreiten bis zu dem Dorf Baka an der tyrischen Grenze, während die Länge des Oberlandes von Thella, einem Dorf am Jordan, bis Mero reicht.   (*Josephus, Bell III 3, 1*)

Die sieben Sätze sind leicht überschaubar und gut gegliedert: Nach einem allgemeinen Überblick über die Landschaften und das Umland Galiläas im 1. Satz folgt in den Sätzen 2–5 die Bestimmung der Grenzen im Westen, Süden, Osten und Norden; dem 6. und 7. Satz schließlich fällt es zu, über die Ausdehnung der beiden galiläischen Landschaften, ihre Länge und Breite, zu informieren[16].

Für den, der über keine weiteren Angaben verfügt, sind diese sieben Sätze überaus wertvoll, enthalten sie doch eine ganze Reihe wichtiger Orientierungspunkte. Dennoch gerät in Verlegenheit, wer anhand dieser Daten eine Karte zu zeichnen versucht. Die Schwierigkeit entsteht dadurch, daß Josephus hier in Bell III 3, 1 zwar für alle vier Himmelsrichtungen „Grenzpunkte" benennt, diese aber in der Mehrzahl so allgemein hält, daß sie eine exakte Grenzziehung nicht erlauben. Dennoch soll die Rekonstruktion einer Galiläakarte zur Zeit Jesu gewagt sein. Der Schwierigkeit der zu allgemeinen Josephschen Informationen wird auf eine doppelte Weise zu begegnen versucht: Einmal durch die Identifizierung konkreter galiläischer Grenzorte, die im Josephschen Gesamtwerk nicht fehlen dürften; zum anderen durch die Bereitstellung einer Landschaftskarte (M 5)[17]. Letztere ist deshalb von Vorteil, weil durch Jahrhunderte hindurch physikalische Gegebenheiten wie Berge, Täler und Seen gerne als

---

[16] Eine Rekonstruktion des „Galilaea bei Josephus" versucht *Oehler* (Die Ortschaften und Grenzen Galiläas nach Josephus, in: ZDPV 28 [1905], S. 1–26 und S. 49–74), allerdings nur teilweise erfolgreich. Nichtsdestoweniger ist die Oehlersche Karte (S. 64) für unseren eigenen Rekonstruktionsversuch von großem Wert.

[17] Erstellt in Anlehnung an „Die natürlichen Landschaften Galiläas", in: ZDPV 27 (1904), Tafel II.

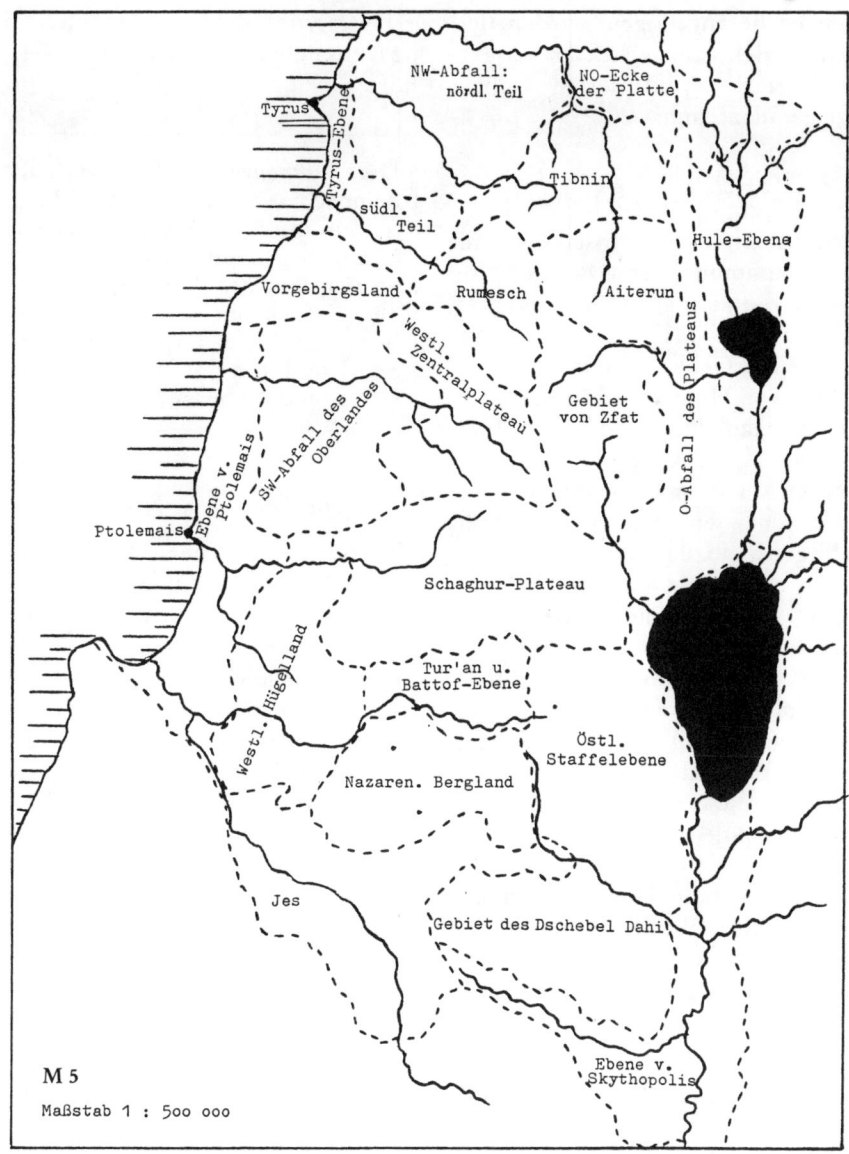

## Die natürlichen Landschaften Nordpalästinas

Das nördliche Palästina zwischen Samaria im Süden und dem Nahr-el-Kasimije im Norden, dem Mittelmeer im Westen und dem Jordan im Osten zerfällt in rund 22 natürliche Landschaften (Ebenen, Gebirgszüge, Gebirgsabfälle, Gebirgsplatten und Plateaus). Sie zu ordnen will nicht gelingen, verteilen sie sich doch in bunter Folge, einmal in nördlich-südlich, einmal in östlich-westlich gerichteter Ausstreckung.

Die für die Bibel zweifellos wichtigste Landschaft ist das nazarenische Bergland südlich der Tur'an- und Battof-Ebene, nördlich der großen Jesreel-Ebene. An seinem unteren Rand liegt das um die Zeitenwende vergessene Nazaret, das durch Jesus ins Rampenlicht der Weltöffentlichkeit rückt.

Grenzen herangezogen wurden und noch werden, solche sich im geographisch stark strukturierten Galiläa aber geradezu anboten.

### 2.1.1 Die Grenze im Osten

Beginnen wir – gegen Josephus – mit der Bestimmung der *Ostgrenze;* sie bereitet die geringsten Schwierigkeiten, obwohl Bell III 3, 1 auch hier nur allgemeine Gebiete, näherhin „die Bezirke von Hippos und Gadara, ferner die Gaulanitis und das Königreich des Agrippa", nennt. Während alle vier Regionen auf drei Seiten, im Norden, Osten und Süden, nicht mehr genau abzugrenzen sind, verfügen sie im Westen dagegen über eine sichere, weil natürliche Grenze: So stoßen das Königreich des Agrippa[18] (28 – ca. 94 nChr) und die Gaulanitis[19], beide im Nordosten gelegen, an den Hule-See, den Oberlauf des Jordan und den nordöstlichen Teil des Sees Gennesaret; das restliche Ostufer des Sees nach Süden hin bildet in vermutlich ganzer Länge die Grenze des Stadtgebietes von Hippos[20], der aus dem See ausfließende Jordan in seinem Oberlauf die Grenze des Stadtgebietes von Gadara[21], das mit Hippos zusammen zur Dekapolis[22] gehörte.

> Die *Ostgrenze* Galiläas verläuft demnach in strenger Südrichtung mitten durch den palästinischen Grabenbruch und orientiert sich an den von der Natur geschaffenen Gegebenheiten der beiden Seen, des Hule- und Gennesaret-Sees, und des Jordan in seinem Ober- und Unterlauf.

### 2.1.2 Die Grenze im Norden

Zur *Nordgrenze* bemerkt Josephus überaus knapp: „Im Norden (sc. Galiläas) schließt sich Tyrus und sein Gebiet an" (Bell III 3, 1).

Daß sich dieses Gebiet von Tyrus nicht auf die unmittelbare Umgebung der Stadt beschränkt, sondern – analog den Verhältnissen in der Dekapolis – ein weiteres Umland mit zahlreichen Dörfern und Weilern umfaßt, ist Ant XIII 5, 6 und Bell IV 2, 3 zu entnehmen, wo Kedasa (= Kedes oder Kades)[23] als tyrischer Ort identifiziert wird. Kedasa aber lag landein-

---

[18] Für *Josephus* ist „das Königreich des Agrippa" „ein Sammelname für die nordöstlichen Landschaften Palästinas, die noch die Grenze Galiläas berührten" (*Oehler,* Ortschaften, S. 68). Ihr Mittelpunkt war Cäsarea Philippi (Banjas), das einst Philippus, Bruder und Nachbar des Herodes Antipas, als Residenz seiner Tetrarchie hatte erbauen lassen. – Nach Mk 8, 27 par Mt 16, 13 (Lk beseitigt die Ortsangabe; vgl. Lk 9, 18) wandert Jesus mit seinen Jüngern „in die Dörfer bei Cäsarea Philippi".
[19] Diese heute als Golan bekannte Landschaft nordöstlich des Sees Gennesaret bildete den Übergang zum Königreich des Agrippa.
[20] Die Stadt Hippos selber lag auf einem schmalen Grat von 370 m Tiberias, der zweiten Residenz des Herodes Antipas, gegenüber.

[21] Gadara, 10 km südöstlich des Sees Gennesaret auf der Südseite des Jarmuk gelegen, „kann sich" – nach *Hegermann* – „bis an das Seeufer erstreckt haben" (in: BHHW I, Sp. 508).
[22] Von einem Besuch Jesu in der Dekapolis berichtet Markus (und in seiner Folge auch Matthäus; Lukas erzählt in 8, 26 ff zwar von einer Fahrt „in das Gebiet der Gerasener", gibt aber nicht zu erkennen, ob er es als das Zehnstädtegebiet identifiziert) an zwei Stellen, in 5, 1–20 par Mt und 7, 31. Ob es sich hierbei jedoch um eine historische Reminiszenz oder um ein späteres theologisches Interpretament handelt (s. Heidenmission), muß hier offenbleiben.
[23] Kedasa ist identisch mit dem aus dem Alten Testament bekannten Kedes-Naphthali, das nach Jos 19, 37; 20, 7 zu den sog. festen Städten

wärts, also nicht unmittelbar an der Grenze, andererseits aber auch wiederum nicht so weit im Landesinnern, daß es sich den Angriffen der Galiläer, mit denen es „in ständiger Feindschaft und Fehde" (Bell IV 2, 3) lebte, entziehen konnte[24]. Ein weiterer Orientierungspunkt ist uns in Gischala gegeben; obwohl nur 15 km südwestlich von Kedasa gelegen, gehörte es bereits zu Obergaliläa (Bell II 21, 1; IV 2, 1; Vita 10). Folglich verlief die Nordgrenze, westlich des Hule-Sees beginnend, in geringer Entfernung von dem tyrischen Kedasa und dem obergaliläischen Gischala[25] in ost-westlicher Richtung, wandte sich dann aber schon bald nach Süden. Zu dieser Grenzführung zwingt vor allem Meroth (= Mero), ein Dorf am Fuße des Dschebel Dschermak (1200 m), das Josephus (Bell III 3, 1) als den westlichsten Punkt des Oberlandes vorstellt, Thella am Jordan gegenüber, das aber nicht mehr zu identifizieren ist.

Über den weiteren Verlauf der Grenze kann man nur spekulieren[26]. Da Grenzen gerne physikalischen Gegebenheiten folgen, bleibt zu vermuten, daß die Heider-Berggruppe, die sich mit ihren Bergzügen (1073 m; 1049 m) in westlicher Richtung erstreckt, den weiteren Grenzverlauf bestimmte. Damit stimmt überein, daß Bersabe den nördlichsten Punkt Untergaliläas bildete (vgl. Bell III 3, 1).

Anders als die Ostgrenze verläuft die *Nordgrenze* nicht gradlinig von Osten nach Westen, sondern in zwei stufenweise verschobenen Abschnitten, einem ersten auf der Höhe des Hule-Sees, den das Gebirge schon bald nach Süden zwingt, und einem zweiten, südlicheren, der sich entlang der Heider-Berggruppe nach Westen hin bewegt.

### 2.1.3 Die Grenze im Westen

Gegen *Westen* wird Galiläa nach Bell III 3, 1 begrenzt von „Ptolemais und seinem Gebiet sowie vom Karmel". Wiederum ist die Angabe so weit gefaßt, daß sie ohne ergänzende Informationen wertlos ist. Doch Josephus gibt sie uns in Bell II 10, 2 und III 3, 1: Nach Bell II 10, 2 erstreckt sich das Gebiet von Ptolemais[27] zwischen der Tyrischen Leiter im Norden und dem Karmel im Süden; im Osten reicht es – in einer Entfernung von 60 Stadien (= 11–12 km) – bis zum westlichen Hügelland. Im westlichen Hügelland aber liegt eben jenes Chabulon, das nach Bell III 3, 1 den westlichsten Punkt Untergaliläas bildet. Was im Westen also Galiläa vom Meer trennt, ist alles andere als ein eng in sich geschlossenes Stadtgebiet, sondern vielmehr eine lang gezogene Ebene, die sich – wie auf der Landschaftskarte zu erkennen (vgl. M 5) –

---

in Galiläa gehört, das in Ri 4, 6.9.10 im Zusammenhang mit Barak und Debora erwähnt, das im 8. Jh vChr von dem assyrischen König Tiglatpileser erobert (vgl. 2 Kön 15, 29) wird.
[24] Vgl. auf diesem Hintergrund Mk 7, 24, wo der Evangelist von einer Reise Jesu „in das Gebiet von Tyrus" erzählt. Vorauszusetzen ist also keineswegs eine Reise bis in Stadtnähe; ty-

risches Gebiet beginnt bereits nordwestlich des Hule-Sees und nördlich von Gischala.
[25] Zu Gischala vgl. *Oehler*, Ortschaften, S. 25 f; *Freyne*, Galilee, S. 238–240.
[26] *Oehler* in: ZDPV 28 (1905), Tafel I, läßt in seinem Kartenentwurf diesen Abschnitt offen.
[27] Vgl. *Schürer*, Geschichte II, S. 141–150.

in einer Breite von ca. 12 km vor dem Bergland ausbreitet[28].

> Galiläa bleibt demnach im Westen auf das Bergland beschränkt; die *Westgrenze* verläuft – vermutlich in enger Anlehnung an die physikalischen Gegebenheiten – in meridionaler Richtung von Norden nach Süden

### 2.1.4 Die Grenze im Süden

Die größten Schwierigkeiten bereitet den Kartographen die *Südgrenze*. Während Abel[29], Aharoni/Avi-Yonah (s.u.) u.a. sie, analog der Westgrenze, an den Rand des südgaliläischen Gebirges verlegen, verschieben Grollenberg (s.u.), Negenman (s.u.) u.a. sie weiter nach Süden, einmal in die Mitte, einmal an den unteren Rand der großen Jesreel-Ebene[30]. Josephus scheint beiden Parteien recht geben zu wollen: Im 3. Satz seiner Beschreibung in Bell III 3,1 spricht er davon, daß Galiläa sich im Süden „längs von Samaria und Skythopolis bis zum Jordan" hinzieht, also weit nach Süden hinunterragt; im 6. Satz dagegen nennt er Xaloth, ein kleines Dorf am Abhang des südgaliläischen Berglandes, den südlichsten Punkt Galiläas.

Gemäß seiner Methode, „besser ... von Ortschaften als den festen Punkten"[31] und nicht von den allgemeinen Angaben in Bell III 3,1 auszugehen, sucht Oehler die verzwickte Frage durch die Identifizierung galiläischer Städte und Dörfer an der „Großen Ebene" zu entscheiden: Von Südwesten nach Südosten fortschreitend, stößt er auf Simonias (Vita 24), Jafa (Bell II 20,6; III 7,31), Xaloth (Bell III 3,1) und auf Dabaritta (Bell II 21,3; Vita 62)[32].

Alle vier Orte, von Josephus deutlich als galiläische Orte ausgewiesen, ziehen sich in strenger West-Ost-Richtung am Rande des südgaliläischen Berglandes hin. Da sich das ihnen zugehörige Territorium kaum weit in die Ebene erstreckte, liegt es nahe, die Südgrenze eng an die Berggrenze anzulehnen (vgl. M 6).

Im Südosten zwingt das Stadtgebiet von Skythopolis (Bell I 2,7; 6,5; 7,7; IV 8,2)[33], das seinem Wohlstand nach zu urteilen ein großes Umland besaß, dazu, die Grenze nach Norden hin zu verschieben. Vermutlich folgte sie hier dem Flüßchen El-Biré, das in südöstlicher Richtung dem Jordan zufließt[34]. Erst bei dieser Grenzziehung auch erhält die Angabe des Josephus über Gadara als Ostgrenze (vgl. Bell III 3,1) ihren Sinn.

---

[28] Vgl. *Bertram/Klauser*, Galilaea, Sp. 797: „Im Westen reichte das Gebiet von G. bis an die Abhänge des galiläischen Berglandes entlang der Küstenebene."

[29] Nach *Abel*, Géographie de la Palestine II, stellt die große Jesreel-Ebene, sonst gerne dem Galiläa des Antipas zugerechnet, ein selbständiges Gebiet dar, welches das Stadtgebiet von Skythopolis nach Westen hin bis zur Ebene von Ptolemais fortsetzt. Als unabhängiges Territorium trennt sie Galiläa von Samaria.

[30] *Bertram/Klauser*, aaO., Sp. 797, vermerken ausdrücklich, daß Galiläa im Süden die Ebene Jesreel einschloß.

[31] *Oehler*, Ortschaften, S. 2.

[32] Zu den vier Orten vgl. *Oehler*, aaO., S. 3–6.

[33] Vgl. zu Skythopolis *Oehler*, aaO., S. 67; *Schürer*, Geschichte II, S. 170–173.

[34] Gegen *Oehler*, aaO., S. 67, der die Südostgrenze in nordöstlicher Richtung dem Jordan zulaufen läßt.

Die Zeichnung zeigt, vom Berg Tabor aus in Westrichtung gesehen, einen Teil der tellerflachen Jesreel-Ebene und das aus ihr herauswachsende südgaliläische Bergland, nach dem zentral gelegenen Nazaret auch nazarenisches Bergland genannt. Der Kontrast zwischen Ebene und Bergland unterstützt auf seine Art die These von dem Gebirgszug als südlicher Grenze. – Im Vordergrund, am Fuße des Tabor, breitet sich das Dörfchen Dabaritta aus. An ihm vorbei verlief ehemals die berühmte Via Maris.

In Abweichung von zahlreichen Karten, die Galiläa unmittelbar an Samaria angrenzen lassen, bleibt zu vermuten, daß die galiläische *Südgrenze* sich – wie bereits die drei übrigen Grenzen – stark an die physikalischen Gegebenheiten anlehnte, in ihrem westlichen Teil an das südgaliläische Bergland, im östlichen an den Fluß El-Biré.

## 2.1.5 Das Ergebnis

Ein massiger Unterteil, der das gesamte untergaliläische Bergland zusammen mit dem See Gennesaret im Osten umfaßt, erweitert sich im Nordosten gewissermaßen um eine in spitzen Enden auslaufende Halbinsel.

Wird man auch in einzelnen Streckenverläufen, speziell im Bereich der

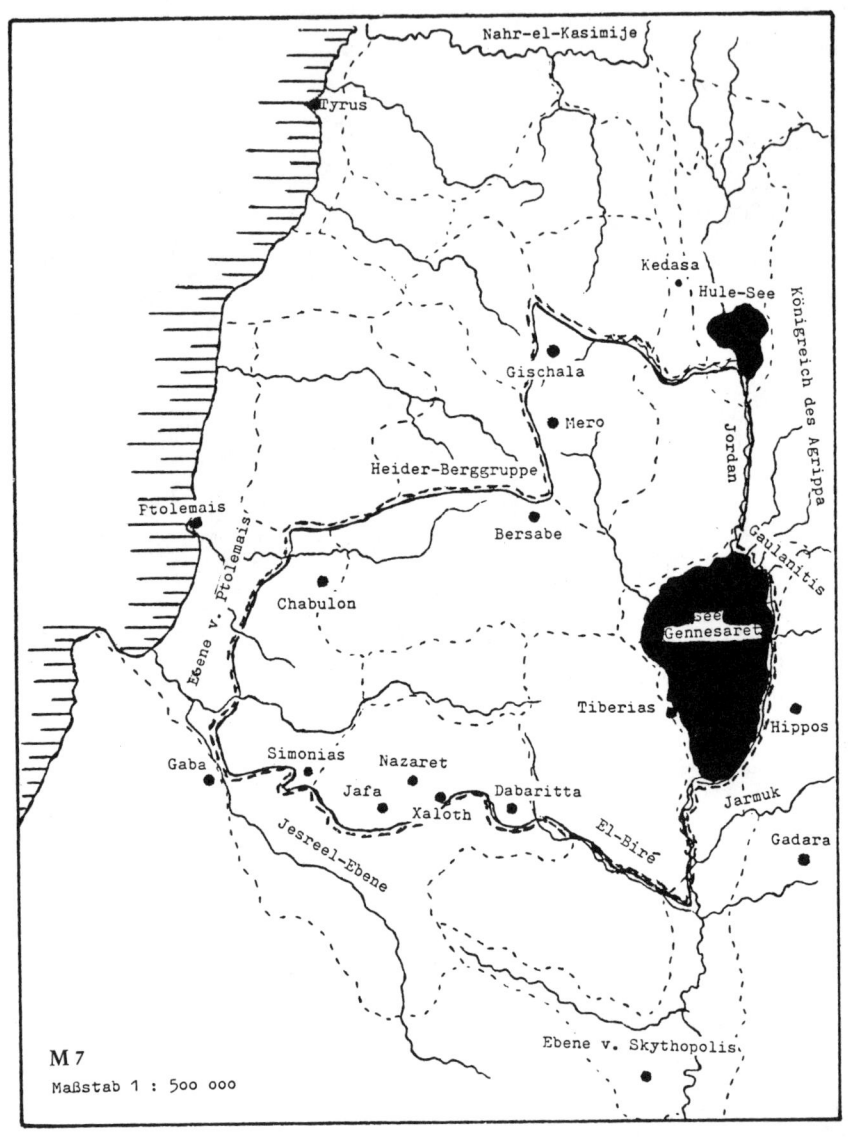

Nord- und der Südgrenze, mit Abweichungen zu rechnen haben, so berechtigt doch die Tatsache der doppelten, sich ergänzenden Grenzbestimmungskriterien, der Angaben des Josephus *und* der galiläischen Landschaftsstruktur, zu der Hoffnung, daß die Skizze dem Lande nahekommt, in dem Jesus lebte.

Sie soll im folgenden als Grundlage aller weiteren Untersuchungen dienen.

In welcher Verlegenheit sich die biblischen Kartographen im Falle des neutestamentlichen Galiläa befinden, zeigen exemplarisch die Entwürfe dreier Bibel-Atlanten[35], die – berücksichtigt man die Daten ihrer Drucklegung – fast drei Jahrzehnte abdecken. Keine der drei Karten stimmt mit der anderen überein, jede unterscheidet sich in spezifischen Details. – Versuchen wir auf dem Hintergrund obigen Rekonstruktionsversuches eine Bewertung!

1. Zu Grollenbergs Entwurf von ³1959, der 1975 in „Kleiner Bildatlas zur Bibel", S. 146, unverändert abgedruckt wurde, gibt es kritische Anmerkungen zum gesamten Grenzverlauf:
Gegen den hier gemachten Vorschlag reichte die *Ostgrenze* Galiläas wahrscheinlich nicht nur bis zur Südspitze des Sees Gennesaret, sondern bis zur Mündung des Flüßchens El-Biré in den Jordan weiter südlich. – Vor allem physikalische Gegebenheiten sprechen gegen die strenge Ausrichtung der *Nordgrenze* von Osten nach Westen. – Größte Bedenken sind bei der *Südgrenze* anzumelden, die zunächst – dem Karmelgebirge folgend – nach Südosten verläuft, sich dann aber, ab der Landesmitte, unter Mißachtung der physikalischen Struktur (ihr entgegen stellen sich hier das Gebiet des Dschebel Dahi und die östliche Staffelebene) steil nach Nordosten wendet, um am Südende des Sees Gennesaret an die Ostgrenze anzubinden. – Durch die Erweiterungen im Norden (Einbezug des westlichen Zentralplateaus und des Südwestabfalls) wie auch im Süden (Eingliederung der Jesreel-Ebene) gewinnt Galiläa eine Größe, die ihm in neutestamentlicher Zeit schwerlich zukommt.

2. Anlaß zur kritischen Nachfrage gibt auch Negenmans Galiläa-Rekonstruktion:
Die geringe Abweichung der *Nordgrenze* in ihrer westlichen Hälfte wird der landschaftlichen Struktur Obergaliläas nicht gerecht und bleibt in dieser Linienführung unverständlich. – Die physikali-

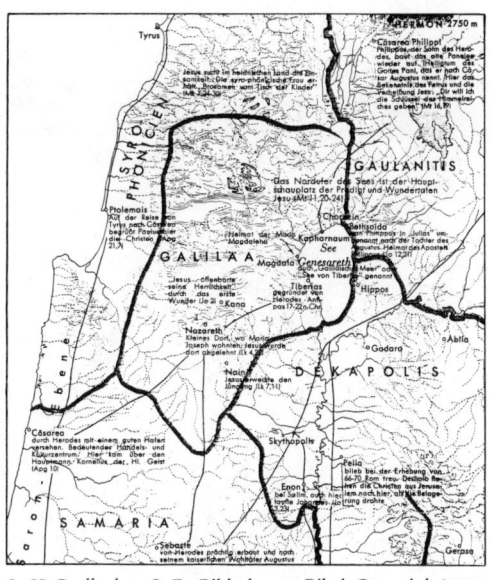

*L. H. Grollenberg* O. P., Bildatlas zur Bibel, Gütersloh ³1959.

schen Gegebenheiten mißachtet auch die *Südgrenze* in ihrer östlichen Hälfte, indem sie sich ab der Landesmitte nach Nordosten wendet. – Die *Ostgrenze* stimmt, sieht man von der Grenzführung durch die Mitte des Sees ab, mit unserem Entwurf überein; die *Westgrenze* differiert allein hinsichtlich ihrer Länge. – Obwohl gegenüber Grollenberg verbessert, bleibt aber auch dieser Entwurf vom Galiläa der Zeitenwende entfernt.

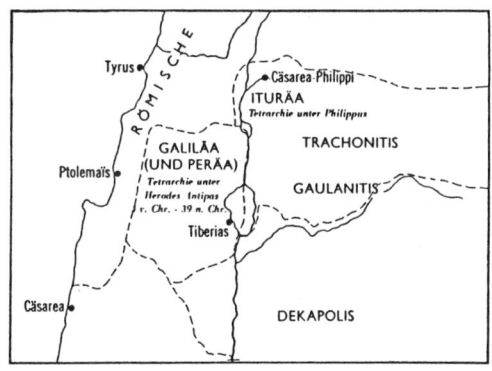

*J. H. Negenman,* Großer Bildatlas zur Bibel, Gütersloh 1969.

---

[35] 1. *L. H. Grollenberg* O.P., Bildatlas zur Bibel, Gütersloh ³1959;
2. *J. H Negenman,* Großer Bildatlas zur Bibel, Gütersloh 1969.
3. *Y. Aharoni / M. Avi-Yonah,* The modern Bible Atlas (Revised edition), London 1979.

3. Ein eigenes, bisher unbekanntes Gesicht zeigt die von Aharoni/Avi-Yonah vorgelegte Galiläa-Karte (1979). Von den beiden anderen Entwürfen unterscheidet sie sich insbesondere durch Veränderungen im Norden und im Süden. Die *Nordgrenze* hat ihre starre Ost-West-Richtung zugunsten eines stufenartigen Verlaufs nach Westen hin aufgegeben; die *Südgrenze* verläuft – den Umrissen des südgaliläischen Berglandes und nicht mehr des Karmels folgend – fast bis zum Jordan hin in südöstlicher Richtung (unerklärlich bleibt allein, warum sie sich in ihrem letzten Zipfel noch nach Nordosten wendet). Damit deckt sich dieser Entwurf, sieht man von Unterschieden im Detail wie z. B. im Südosten und auch im Nordosten ab, in seiner Grundkonzeption mit unserer Rekonstruktion. Da ihm kein erklärender Text beigegeben ist, bleibt sein Grenzverlauf unbegründet. Aufgrund des Ergebnisses aber darf man vermuten, daß physikalische Überlegungen bei seiner Planung mit im Hintergrund standen[36].

*Y. Aharoni / M. Avi-Yonah,* The modern Bible Atlas (Revised edition), London 1979.

## 2.2 Vierzig Kilometer im Durchmesser

Das herodianische Galiläa, in dem Jesus lebt und wirkt, ist ein kleines Land. Intuitiv, ohne über exakte Zahlen zu verfügen, erkennt Josephus, daß es „der Größe nach hinter Peräa" (Bell III 3,3) steht. Verschieden ansetzenden Berechnungen zufolge schwankt seine Landfläche zwischen 1400 und 1600 qkm: Die von Schwöbel[37] markierten acht galiläischen Landschaften bedecken zusammen eine Fläche von etwa 1570 qkm. – Nach Ben-David umfassen die Grenzen Galiläas „nicht mehr als 150 000 Hektar (= 1500 qkm) Ackerboden"[38]. Stimmt die Josephsche Information, daß Galiläa „in seiner ganzen Ausdehnung kultiviert" (Bell III 3,3) ist – und dafür sprechen die wirtschaftlichen und sozialen Verhältnisse der Zeit (vgl. II, 3) –, vergrößert sich sein Flächeninhalt nur noch unbedeutend um wenige Quadratkilometer unbebauten Landes. – „Rund 2000 qkm"[39] umfaßt Galiläa nach Bertram/Klauser, doch ist diese Zahl um mindestens 320 qkm, um die Fläche der Jesreel-Ebene nämlich[40], zu

---

[36] Dem Entwurf von *Aharoni/Avi-Yonah* kommen die Kartenvorschläge von *Wright/Filson/Schlatter* in „Kleiner historischer Bibelatlas", Stuttgart ⁶1978, und von *Rowley* in „Atlas zur Bibel", Wuppertal 1980, nahe. Daß hier aber nicht erst die Gegenwart klarer sieht, der Entwurf von *Abel,* Géographie de la Palestine, Bd. II, Paris 1933.
[37] Vgl. ZDPV 27 (1904), Tafel III.
[38] *Ben-David,* Talmudische Ökonomie, S. 48.
[39] *Bertram/Klauser,* aaO., Sp. 797.
[40] Vgl. *Schwöbel* in: ZDPV 27 (1904), Tafel II.

reduzieren, die beide der Landschaft im Norden zurechnen.

Wie winzig sich das Land selbst bei einer maximalen Größe von ca. 1600 qkm ausnimmt, verdeutlicht ein Vergleich mit deutschen Bundesländern:

| | |
|---|---|
| Bayern | 70 500 qkm |
| Niedersachsen | 47 400 qkm |
| Nordrhein-Westfalen | 34 000 qkm |
| Rheinland-Pfalz | 19 800 qkm |
| Saarland | 2 600 qkm |
| | **1 600 qkm Galiläa** |
| Hamburg | 747 qkm |
| Bremen | 403 qkm |

Die Gegenüberstellung zeigt, daß Galiläa seinen Platz nur unter den kleineren Bundesländern finden könnte. Selbst das kleine Saarland ist noch um 1000 qkm größer, und Hamburg müßte seine Fläche nur verdoppeln, um etwa gleich groß zu sein.

Überträgt man – um die Anschaulichkeit weiter zu vergrößern – die inzwischen bekannten Konturen Galiläas auf ein ebenfalls bekanntes Ballungszentrum in Deutschland, auf das Rhein-Main-Gebiet beispielsweise, frappiert das Ergebnis: Die Grenzen Galiläas umschließen lediglich das Städtedreieck Frankfurt/Offenbach – Wiesbaden – Darmstadt (vgl. M 8). Vollends erhellt die Winzigkeit der palästinischen Landschaft bei ihrem Übertrag in eine Deutschlandkarte (vgl. M 9). Was sich auf allen biblischen Karten als großflächiges Bergland ausnimmt, erweist sich bei einem Vergleich mit vertrauter Geographie als ein winziges Etwas.

In Zahlen konkretisiert, beträgt die Entfernung von der *West-* bis zur *Ost*grenze 35–40 km (Luftlinie), von der *Süd*grenze bis zum äußersten Punkt an der *Nord*grenze 50–55 km

Galiläa oder das Städtedreieck „Frankfurt/Offenbach – Wiesbaden – Darmstadt"

M 8

Galiläa innerhalb der Grenzen der BRD

M 9

Entfernungen von Nazaret und Kafarnaum aus, zwei für die Evangelien wichtigen Orte

| Nazaret | – Sepphoris | 6 km |
|---|---|---|
| | – Jafia (= Jafa) | 3 km |
| | – Kana | 12 km |
| | – Chabulon | 23 km |
| | – Tiberias | 31 km |
| | – Kafarnaum | 46 km |
| | – Nain | 15 km |
| | – Skythopolis | 40 km |
| | – Ptolemais (= Akko) | 51 km |
| | – Jerusalem | 135 km |
| Kafarnaum | – Nazaret | 46 km |
| | – Gennesaret | 8 km |
| | – Magdala | 10 km |
| | – Tiberias | 16 km |
| | – Betsaida | 4 km |
| | – Chorazin | 2 km |
| | – Zfat (= Safed) | 26 km |
| | – Gischala | 39 km |
| | – Skythopolis | 55 km |
| | – Jerusalem | 174 km |

(Luftlinie). Diese Werte bestätigen Bertram/Klauser: „Das politische G. des Zeitgenossen Jesu, des Herodes Antipas (4 vC./39 nC.), mißt von W nach O nur etwa 30–40 km und von S nach N etwa 50 km ..."[41]

Zweifellos darf man die genannten Strecken nicht mit den Augen eines Autofahrers sehen, der 30 bis 60 km in staufreien Zeiten in nur wenigen Minuten zurücklegt. Im alten Palästina mußten alle Entfernungen meist zu Fuß und meist auf schlechten, steinigen Wegen bewältigt werden. Selten nur minderte ein Esel als Reittier die vielfältigen Strapazen. Und dennoch wird man behaupten dürfen, daß gute Wanderer in dem kleinen Galiläa von jedem Punkt aus jeden anderen Punkt in spätestens zwei bis drei Tagen erreichten (vgl. M. 10)[42]. Zum einen war der Mensch in damaliger Zeit im Wandern geübt. „Tagesmärsche"[43] von 30 bis 40 km stellten nichts Außergewöhnliches dar[44]; Mekh. Ex 16, 13 57a und b Pes 93b denken gar an 60 km[45]. Zum anderen wußte man als Landeskundiger um Saumpfade, die dadurch, daß sie Hindernisse wie Berge und Flüsse nicht auf Kosten eines Umweges umgingen, sondern direkt überwanden, die Entfernungen verkürzten und schneller zum Ziel führten.

---

[41] *Bertram/Klauser*, aaO., Sp. 797.
[42] Die angegebenen Entfernungen, entnommen *Vilnay*, The Guide to Israel, berücksichtigen das heutige Wegesystem, dürften sich von den biblischen aber kaum unterscheiden, da Straßen und Wege ihren Verlauf nur selten ändern.
[43] „Tagesreise" ist ein in der Bibel häufig genanntes (vgl. Gen 30, 36; 31, 23; Ex 3, 18 u. ö.; Lk 2, 44), aber wenig genaues Wegemaß.
[44] Nach Josephus (Vita 52) benötigte ein Wanderer für die Strecke Galiläa–Jerusalem (ca. 100 km) drei Tage, was eine Durchschnittsleistung von etwas mehr als 30 km pro Tag ergibt.
[45] Vgl. *Bardtke* in: BHHW III, Sp. 1927.

Galiläa war ein kleines, überschaubares Land – nicht nur für uns heute, die wir mit Stunden und Minuten rechnen, sondern auch für die Menschen der Zeitenwende, für die die „Tagesreise" die Maßeinheit war.

Aus der geographischen Enge Galiläas ergibt sich für das Wirken Jesu an wahrscheinlichen Konsequenzen, daß Jesus ...

1. nicht nur die wenigen, von den Evangelien genannten Orte (Kafarnaum, Chorazin, Nazaret und Kana), sondern alle drei galiläischen Landschaften predigend und heilend durchwandert. Für das Schweigen der Überlieferung sind verschiedene Gründe verantwortlich, außer dem Desinteresse der tradierenden Gemeinden an konkreten Örtlichkeiten die Eliminierung vorgegebener Angaben aus redaktionellen Überlegungen[46] wie auch die Unkenntnis der späteren Evangelisten in Sachen Palästina (vgl. Markus und Lukas)[47].

2. wie von der markinischen Tradition angezeigt, das umliegende Ausland besucht. Abstecher in das Städtegebiet von Tyrus und Sidon im Nordwesten (Mk 7,24.31), nach Betsaida (Mk 8,22; Lk 9,10) und in die Dörfer von Cäsarea Philippi (Mk 8,27) in der Tetrarchie des Philippus wie auch in die Dekapolis im Osten des Sees Gennesaret (Mk 5,1.20; 7,31) bieten sich direkt an. Über die Motive dieser Reisen in das mehrheitlich heidnische Umland kann man allerdings nur spekulieren: vielleicht, daß Jesus mit seinen Jüngern allein sein will (Mk 3,7; 4,34); vielleicht auch, daß er dort an seiner Botschaft Interessierte, die ihm „aus Judäa, aus Jerusalem und Idumäa, aus dem Gebiet jenseits des Jordan und aus der Gegend von Tyrus und Sidon in Scharen" (Mk 3,7f) nachreisten, besuchen will; kaum aber, um unter den Heiden zu werben, da er sich allein „zu den verlorenen Schafen des Hauses Israel" (Mt 10,5; 15,24) gesandt weiß[48].

3. tatsächlich, wie von der synoptischen und johanneischen Tradition bestätigt, in Galiläa nur kurz wirkt. Nach einem Jahr bereits (Synoptiker), spätestens aber nach 2–3 Jahren (Johannes) sind die drei Landschaften mit der Reich-Gottes-Botschaft bekannt gemacht und in die Entscheidung entlassen (vgl. Exkurs „Kafarnaum und Jesus").

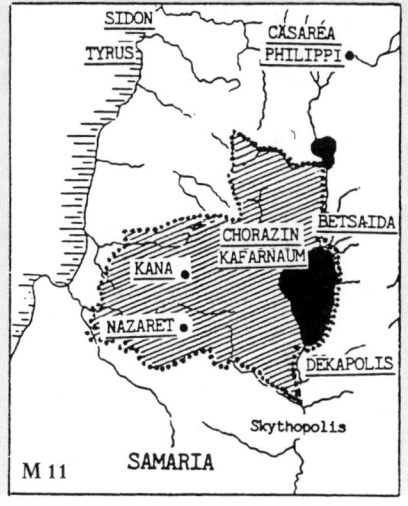

M 11

---

[46] Markus beispielsweise subsumiert unter „Kafarnaum" in Mk 1,21 mehrere Perikopen, die ehemals vielleicht eine eigene Ortsangabe enthielten.

[47] Vgl. I, 2.
[48] Vgl. *Blank,* Jesus von Nazareth, S. 38.

# 3. Die drei für das Neue Testament wichtigen Landschaften

Geographisch[1] gehört das kleine Galiläa mit den Konturen einer ruhenden Katze zum nördlichen Teil des im Libanon beginnenden und bis zur Negev-Wüste reichenden westjordanischen Gebirges[2].

Seine Eigenständigkeit unterstreichen physikalisch deutliche Grenzen: der Nahr-el-Kasimije im Norden[3], die Jesreel-Ebene im Süden[4], der Jordangraben im Osten und das Mittelmeer im Westen. Aus der Vogel-

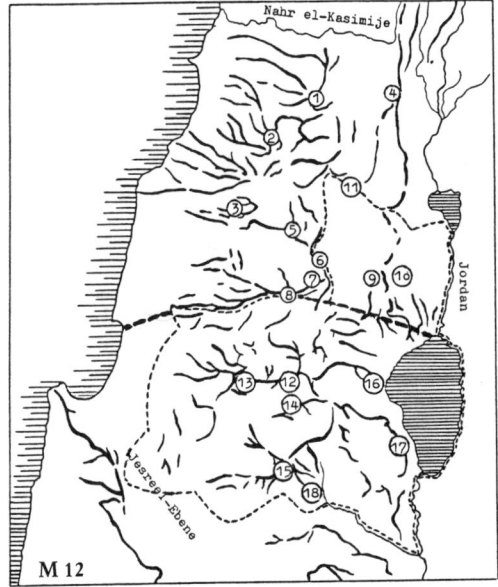

M 12

| Berggipfel in Unter- und Obergaliläa | |
|---|---|
| 1. Dschebel Dschamle | 800 m |
| 2. Rās Umm Kabr | 715 m |
| 3. Tell Belāt | 616 m |
| 4. Dschebel Hunīn | 900 m |
| 5. Dschebel Adātir | 1006 m |
| 6. Dschebel Dschermak | 1200 m |
| 7. Dschebel el-Arūs | 1073 m |
| 8. Dschebel Heider | 1049 m |
| 9. Dschebel Safed | 838 m |
| 10. Dschebel Kan'an | 842 m |
| 11. Dschebel el-Asi | 940 m |
| 12. Rās Krūmān | 554 m |
| 13. Dschebel ed-Dēdebe | 543 m |
| 14. Dschebel Tur'ān | 541 m |
| 15. Dschebel el-Sih | 560 m |
| 16. Karn Hattin | 316 m |
| 17. Dschebel el-Menāra | 294 m |
| 18. Tabor | 588 m |

---

[1] In einer theologisch orientierten Untersuchung ist der geographische Aspekt nur insoweit von Interesse, als er das Neue Testament tangiert. Es wird daher in diesem Kapitel auf geographische Details verzichtet, sie können an anderer Stelle nachgelesen werden; verzichtet werden darf dagegen nicht im Interesse eines besseren Verstehens der Evangelien auf die geographischen Konturen des Landes, in dem Jesus vornehmlich lebte und wirkte. – Zur Geographie Galiläas vgl. *Guthe,* Galiläa, in: *Riehm* (Hrsg.), Handwörterbuch des Biblischen Altertums I, ³1890, S. 336–344; *Buhl,* Geographie des Alten Palästina, 1896, S. 27–31; *Schwöbel,* Die Verkehrswege und Ansiedlungen Galiläas in ihrer Abhängigkeit von den natürlichen Bedingungen, 1904, S. 1–151, bes. S. 4–27; *Hölscher,* Landes- und Volkskunde, Leipzig 1907; *Koeppel,* Palästina. Die Landschaft in Karten und Bildern, 1930; *Abel,* Géographie de la Pa-lestine I und II, 1933; *Noth,* Die Welt des Alten Testaments, 1962, S. 8–21; *Richter,* Historische Entwicklung und junger Wandel der Agrarlandschaft Israels, dargestellt insbesondere am Beispiel Nordgaliläas, 1969; *Donner,* Einführung in die Biblische Landes- und Altertumskunde, 1976, S. 15–35; *Freyne,* Galilee from Alexander the Great to Hadrian (323 B.C.E. to 135 C.E.), 1980, bes. S. 9–21; *Karmon,* Israel. Eine geographische Landeskunde, 1983, bes. S. 140–154; *Aharoni,* Das Land der Bibel, 1983, S. 27–29.

[2] Vgl. *Noth,* aaO., S. 15–19; *Donner,* aaO., S. 29–35 (Lit.); *Aharoni,* aaO., S. 27.

[3] Der Nahr-el-Kasimije heißt in seinem oberen, in Nord-Süd-Richtung verlaufenden Teil Litani, der heute im Libanon die Grenze zwischen den christlichen Maroniten im Süden und den Moslems im Norden bildet.

[4] Zur Jesreel-Ebene vgl. *Noth,* aaO., S. 21;

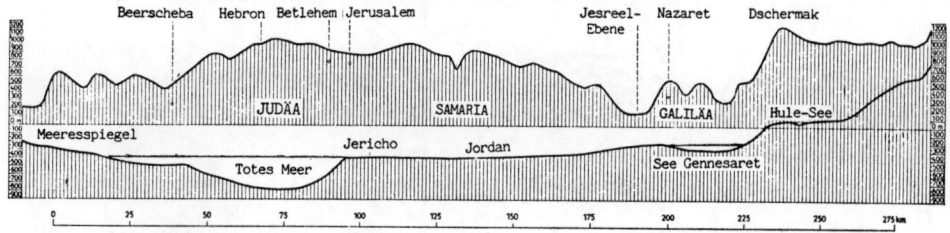

**M 13**

Längsschnitt durch die biblischen Landschaften von Süden (Negev) nach Norden (Galiläa), einmal auf der Höhe des Scheitels des westjordanischen Gebirges (oben), einmal durch den Jordangraben (unten).

perspektive besehen, bietet es dem Betrachter ein Gewirr größerer und kleinerer Bergzüge und Höhen, die sich über die ganze Landschaft verteilen (vgl. M 12)[5]. Das Bild differenziert sich erst bei näherem Zusehen: Während die Berggipfel im südlichen Teil nur eine durchschnittliche Höhe von 300–600 m zeigen, nie aber die 600-m-Marke übersteigen (vgl. 12. bis 18. Berggipfel), bewegen sich die nördlichen Höhen zwischen 600 und 1200 m (vgl. 1. bis 11. Berggipfel)[6]. Die Natur selbst hat diesen Gebirgsteil in zwei Hälften gegliedert, eine niedrigere südliche und eine höhere nördliche Hälfte[7]; beide trennt eine mächtige Verwerfungslinie, die ungefähr auf der Höhe Ptolemais–Nordende des Sees Gennesaret verläuft (vgl. M 12). Deutlich wird der Unterschied zwischen Norden und Süden im Längsschnitt (vgl. M 13): Wie zwei Kamelhöcker erhebt sich der südliche Teil in Fortsetzung des judäischen und samaritanischen Gebirges aus der Jesreel-Ebene; seine Höhen bleiben – wie im Profil gut zu erkennen – unter dem Kamm des westjordanischen Gebirges. Dieses Niveau erreicht erst wiederum die nördliche Hälfte, die sich – steil aufragend – wie ein massiver Block unmittelbar anschließt und mit ihren durchschnittlich 1000-m-Höhen die „Vorstufe" zum libanesischen Hochgebirge (2000–3000 m) bildet.

Für den Zusammenhang sind nur *drei* Teile des Berglandes von Interesse:

– einmal die südliche Hälfte, auch „*Unterland*" oder „*Untergaliläa*" (vgl. Bell III 3,1) genannt, die deshalb von besonderem Reiz ist, weil sie zur engeren Heimat Jesu gehört;
– des weiteren ein Teil nordöstlich der Verwerfungsböschung, von Josephus als „*Obergaliläa*" vorgestellt (vgl. Bell III 3,1), der wie eine „Halbinsel" in das fast ganz von Tyrus besetzte Gebiet hineinragt. Obwohl er von den Evangelien nie erwähnt wird, darf von ihm dennoch nicht abgesehen werden, da er nicht nur einen Einblick in eine vom Süden abweichende Landschaft ermöglicht, sondern zumindest auch als geographische „Kulisse" des Wirkens Jesu gesehen werden muß;
– und schließlich die *Landschaft um den See Gennesaret*, die in ihrem nördlichen Teil als Wirkzentrum Jesu für das Neue Testament besondere Bedeutung hat.

---

*Donner,* aaO., S. 30f; *Karmon,* aaO., S. 153ff.
[5] Die Karte wurde erarbeitet in Anlehnung an *Abel,* Géographie de la Palestine I, Carte III und IV.

[6] Vgl. *Schwöbel,* aaO., S. 5; *Noth,* aaO., S. 18; *Karmon,* aaO., S. 147.
[7] Vgl. *Richter,* aaO., S. 103f; *Aharoni,* aaO., S. 27.

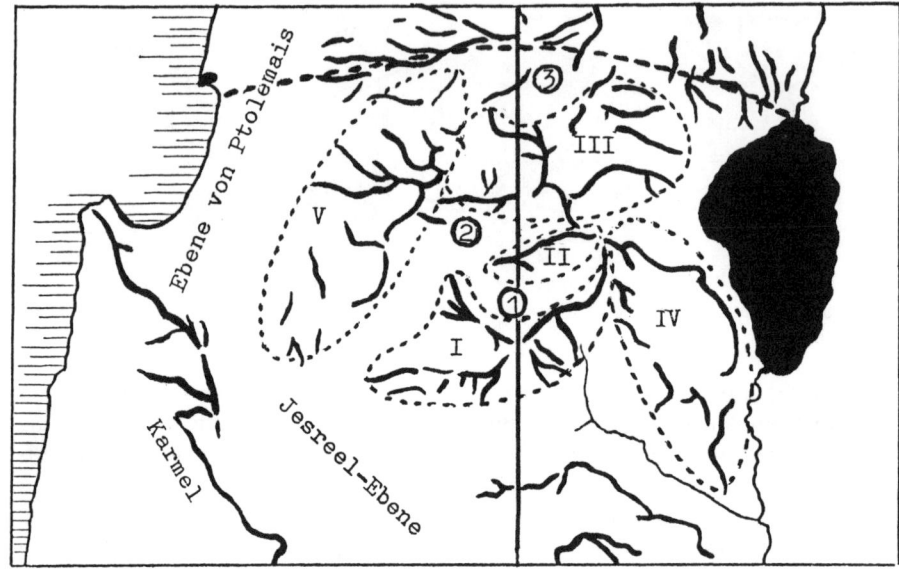

M 14

## 3.1 Untergaliläa – ein Hügelland mit eingelagerten Ebenen

Untergaliläa[8], das sich in einer Breite von etwa 40 km zwischen der Jesreel-Ebene im Süden und der Verwerfungsböschung im Norden erstreckt (vgl. M 14), ist geologisch recht kompliziert. Gegenüber dem massigen Obergaliläa zeigt sich seine Gebirgsscholle – auf der physikalischen Karte (vgl. M 14) gut an dem Gewirr der Höhenlinien zu erkennen – stärker in Stücke zertrümmert. Aus ihr ragen fünf Bergzüge heraus: I. Nazarenisches Bergland; II. Tur'an-Gebirge; III. das Schaghur-Plateau; IV. der Höhenzug von Lubije und V. Westliches Hügelland[9]. In sie ein-

Untergaliläa
– mit seinen Gebirgszügen:
  I. Nazarenisches Bergland
 II. Tur'an-Gebirge
III. Schaghur-Plateau
 IV. Höhenzug von Lubije
  V. Westliches Hügelland

– mit seinen Ebenen:
1. Tur'an-Ebene
2. Battof-Ebene
3. Rame-Ebene

Die Grenze zwischen Unter- und Obergaliläa markiert die gestrichelte Ost-West-Linie, die Nord-Süd-Linie dagegen will anzeigen, an welchen Punkten Untergaliläas der spätere Längsschnitt ansetzt.

gelagert sind zahlreiche beckenförmige Talmulden, deren größte – 1. Tur'an-Ebene; 2. Battof-Ebene und 3. Rame-Ebene[10] – von Osten

---

[8] Zur Geographie Untergaliläas vgl. insbesondere *Buhl*, aaO., S. 27–29; *Baly*, Geographisches Handbuch, S. 47 f; *Hölscher*, aaO., S. 39 f; *Schwöbel*, aaO., S. 4 ff, 9 ff; *Freyne*, aaO., S. 10–12; *Karmon*, aaO., S. 147–152; *Aharoni*, aaO., S. 28.

[9] Vgl. *Karmon*, aaO., S. 149.
[10] *Aharoni*, aaO., S. 28, kennt vier größere Täler, die Untergaliläa von Osten nach Westen durchziehen: das Tal von Bet-Kerem (es-Saġur), das Tal von Sahnīn, das Tal von Netofa (Sahl el-Battōf) und das Tal von Tur'ān.

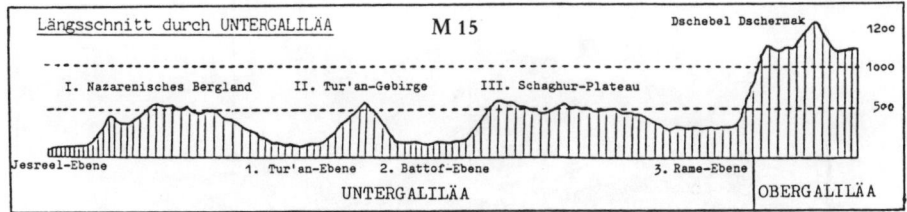

nach Westen verlaufen und nach Norden hin terrassenförmig[11] aufeinanderfolgen (vgl. M 15)[12].

– Als erster der drei Bergzüge steigt im Süden aus der Jesreel-Ebene, benannt nach dem in seiner Mitte liegenden Nazaret, das *nazarenische Bergland* (I) empor. Im Durchschnitt erreicht es eine Höhe von 500 m; sein höchster Berg ist der Dschebel el-Sih mit 560 m. Wie abrupt und steil es zur südlichen Ebene hin abfällt, zeigt ein Blick auf den Nazaret vorgelagerten „Absturzberg"[13] (M 16; vgl. auch M 6). Schützend erhebt er sich vor und über Jesu Heimatdorf, das man um die Zeitenwende von Süden her nur über einen steinigen und steil ansteigenden Pfad erreichen konnte.

Mit dem nazarenischen Bergland verbun-

Blick aus der Jesreel-Ebene nach Norden auf den Absturzberg (rechts), hinter dem sich Nazaret in einer Talmulde verbirgt. Deutlich ist die Schlucht zu erkennen, durch die man um die Zeitenwende nach Nazaret von Süden her aufstieg.

---

[11] Deutlicher noch als im Längsschnitt wird die terrassenartige Aufeinanderfolge durch die entsprechenden Höhenzahlen: Jesreel-Ebene: 0–100 m; Tur'an- und Battof-Ebene: 100–200 m; Rame-Ebene: 300–400 m (vgl. *Schwöbel*, aaO., S. 10).
[12] Der Längsschnitt berücksichtigt die in M 14 eingezeichnete N-S-Linie.
[13] Zum „Absturzberg" vgl. *Kopp*, Die Heiligen Stätten, S. 122 f.

Die Jesreel-Ebene mit dem Berg Tabor im Mittelpunkt, vom Südrand des nazarenischen Berglandes aus gesehen. Den niedrigen Sattel zwischen Tabor und Bergland (links) nutzte die Via Maris als Paß.

den wird im Südosten, nur 10 km Luftlinie von Nazaret entfernt, durch einen niedrigen Sattel der Tabor (588 m)[14]. In dem hügelreichen Galiläa zählt er nicht nur zu den markantesten Geländepunkten[15], sondern aufgrund seiner fast vollkommenen Halbkugelform[16] auch zu den schönsten Bergen. Wer ihn gesehen hat, versteht leicht, warum die Tradition gerade ihn als Ort der Verklärung (Mk 9,2–10 parr) gewählt hat. Zu seinen und des Berglands Füßen öffnet sich die Jesreel-Ebene nach Südwesten hin in ihrer ganzen Weite (vgl. M 17).

– Parallel zur Jesreel-Ebene verläuft im Norden des nazarenischen Berglandes, wiederum in strenger Ost-West-Richtung, eine große längliche Talebene, die aber in ihrer östlichen Hälfte durch die *Berge von Tur'an* (II) in zwei Ebenen geteilt wird, in eine kleinere südliche, die *Tur'an-Ebene* (1), und eine größere nördliche, die *Battof-Ebene*[17] (2). Letztere (vgl. M 18), von Josephus auch die „große Ebene von Asochis" (Ant XIII 12,4) genannt, ist die größte untergaliläische Ebene, ein weites, wellenförmiges Tafelland, das aber, da es sich nur nach Westen hin entwässern kann, in seinem Ostteil zur Versumpfung neigt. Nichtsdestoweniger ist die Battof-Ebene um die Zeitenwende die Weizenkammer Galiläas, über einen beachtlichen Teil von ihr verfügen Großgrundbesitzer (vgl. II, 3.2.1). – Im Osten riegelt beide Ebenen der Höhenzug von *Lubije* (IV) ab, ein hoher Bergrücken, der zum Westufer des Sees Gennesaret parallel verläuft und zum See hin steil abfällt.

– In Parallele zu dem Bergland von Nazaret (I) und den Tur'an-Bergen (II) erhebt sich aus der Battof-Ebene als dritter Gebirgszug das *Schaghur-Plateau* (III) mit Höhen von durchschnittlich 400 bis 600 m. In es eingelagert sind ebenfalls zahlreiche kleine fruchtbare Talsenken. –

---

[14] Zum Tabor vgl. *Kopp*, aaO., S. 299–306; *Kroll*, Auf den Spuren Jesu, bes. S. 351–356 (Reg.); *Murphy-O'Connor*, Das Heilige Land, S. 351–354.
[15] *Aharoni*, aaO., S. 28.
[16] Vgl. *Karmon*, aaO., S. 149.
[17] Die Battof-Ebene, auch Tal von Bet Netofa genannt, ist mit 15 km Länge und 3 km Breite die größte der untergaliläischen Ebenen (vgl. *Karmon*, aaO., S. 149).

Blick auf die Battof-Ebene, von Süden her gesehen, mit den sie im Norden abschließenden Bergen des Schaghur-Plateaus.

Dem Plateau schließt sich nach Norden hin als letzte große untergaliläische Ebene die *Rame-Ebene* (3) an. Im Westen durch ein hohes Hügelland (V) von der Ebene von Ptolemais getrennt und ostwärts in eine zerklüftete Landschaft auslaufend, wird sie im Norden von den fast senkrecht aufsteigenden Bergen Obergaliläas mit dem Dschebel Dschermak als ihrem höchsten (1200 m) abgeriegelt.

Untergaliläa ist – um die erste der drei galiläischen Landschaften zusammenfassend zu charakterisieren – ein Land, für das Berge und Hügel zwischen 300 und 600 m, aber auch Ebenen und Talsenken typisch sind, kleine mit einer durchschnittlichen Weite von 1–3 km, große wie die Battof-Ebene mit 15 km Länge und 3 km Breite[18]. Da die Täler durch Quertäler miteinander verbunden sind, ist die ganze Region leicht zugänglich. „Daher herrschen seit jeher außerordentlich günstige Bedingungen für Siedlung und Verkehr"[19]. Untergaliläa ist der am dichtesten besiedelte Teil des nördlichen Palästina[20], verkehrsmäßig wird es zur „Landbrücke"[21] zwischen den damaligen Großmächten, Mesopotamien im Osten und Ägypten im Südwesten[22].

### 3.2 Obergaliläa – ein unwegsames Bergland

„Der schönste Teil von ganz Palästina"[23] ist nach Schwöbel Obergaliläa[24]. Auf allen vier Seiten von der Natur scharf begrenzt (im Westen vom Mittelmeer, im Norden vom Nahr-el-Kasimije, im Osten vom

---

[18] Vgl. *Schwöbel*, aaO., S. 5; *Karmon*, aaO., S. 147 149.
[19] *Karmon*, aaO., S. 147.
[20] Vgl. *Schwöbel*, aaO., S. 47–56; *Noth*, aaO., S. 18; *Karmon*, aaO., S. 149.
[21] *Aharoni*, aaO., S. 43.
[22] Vgl. *Schwöbel*, aaO., S. 57–88; *Freyne*, aaO., S. 11 f; *Karmon*, aaO., S. 147; *Aharoni*, aaO., S. 28 43–63.
[23] *Schwöbel*, aaO., S. 6.
[24] Zur Geographie Obergaliläas vgl. *Buhl*, Geographie, S. 29 f; *Hölscher*, aaO., S. 40 ff; *Schwöbel*, aaO., S. 6 ff 80 ff; *Freyne*, aaO., S. 12 f; *Karmon*, aaO., S. 140–146.

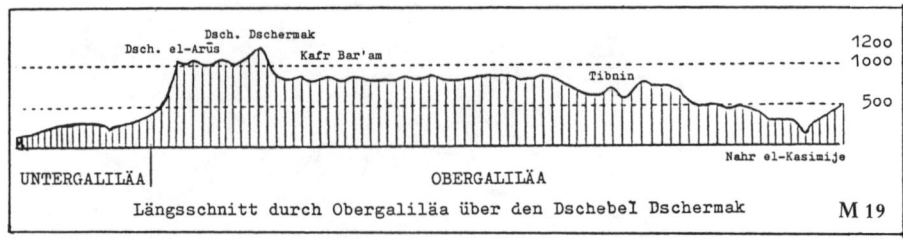

Längsschnitt durch Obergaliläa über den Dschebel Dschermak   M 19

Jordangraben und im Süden von der Rame-Ebene), erhebt es sich in der Gestalt einer fast viereckigen, von Randgebirgen eingeschlossenen massigen Tafel (vgl. M 19) bis zu 600 m über das südliche Untergaliläa. Mit diesem gemeinsam ist ihm im Innern „a maze of valleys, gorges, basins, ridges and isolated peaks"[25], ein Gewirr von Bergketten und einzelnen Bergen, zwischen denen sich aber nur selten Täler zu ausgedehnten Ebenen verbreitern können. Seine schwierige Topographie, nach Karmon „die komplizierteste ... aller natürlichen Landschaften Israels"[26], erschwert eine Gliederung, allein im Osten, in dem uns interessierenden Teil, ist die Situation überschaubarer. Ihn bestimmt ein hoher zusammenhängender Bergzug, der Dschebel Hunīn, der sich in strenger Richtung von Norden nach Süden zieht (vgl. Nr. 4 in M 12) und zum Jordan hin bis zu 700 m abfällt[27]. Die beiden bekannten Gipfel in seiner südlichen Hälfte sind der Dschebel Safed (838 m) und sein Zwilling, der Dschebel Kan'an (842 m) (vgl. M 20).

In zwei von ihnen ausgehenden kleinen Hochebenen liegen Meron (Bell II 2,6) und Gischala (Bell IV 2,1; II 21,1; Vita 10)[28], zwei bedeutende obergaliläische Orte, die nach Josephus bereits in neutestamentlicher Zeit existieren, von den Evangelien jedoch nicht erwähnt werden.

Gegenüber Untergaliläa mit seinen relativ niedrigen Bergen und seinen in Ost-West-Richtung gestreckten Tälern ist das Gebirgsplateau von Obergaliläa verkehrs- und kommunikationsfeindlich[29]. Durch seine Steilhänge, seinen Schluchtenreichtum und sein Gewirr von engen Tälern wirkt es „wie eine natürliche Fe-

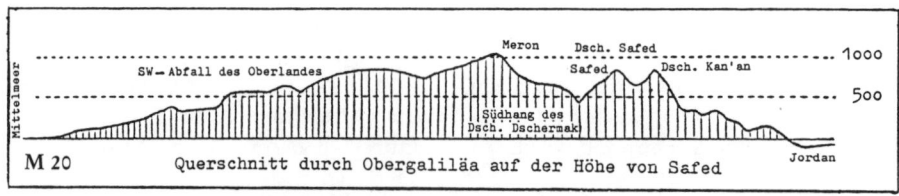

M 20   Querschnitt durch Obergaliläa auf der Höhe von Safed

---

[25] *Freyne*, aaO., S. 12.
[26] *Karmon*, aaO., S. 140.
[27] Vgl. ebd.
[28] Aus Gischala stammt dem hl. Hieronymus zufolge die Familie des hl. Paulus. Von Gischala wandert sie nach Tarsus in Zilizien aus, wo Paulus dann geboren wird und aufwächst (Apg 21,39; 22,3).
[29] Vgl. *Freyne*, aaO., S. 13; *Karmon*, aaO., S. 140; *Aharoni*, aaO., S. 28.

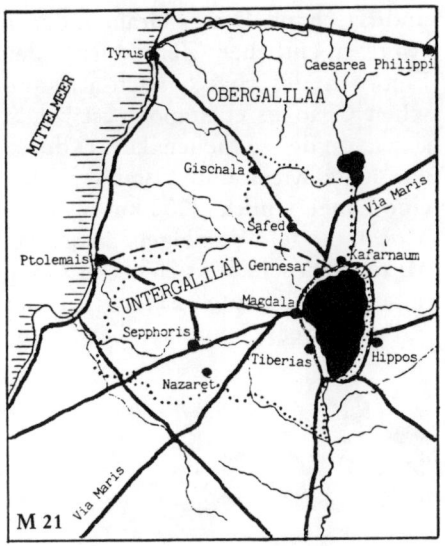

M 21

**Die wichtigsten Wege und Straßen in Unter- und Obergaliläa um die Zeitenwende**

Zeigt sich Untergaliläa (beachte Markierung) verkehrsmäßig relativ gut erschlossen, wird Obergaliläa lediglich von einer einzigen Straße in diagonaler Richtung von Tyrus im Nordwesten über Gischala und Safed nach Gennesar im Südosten durchquert. Zwei weitere Straßen, die von Tyrus ihren Ausgang nehmen, umgehen das zerklüftete Felsenmassiv jeweils am Rand, die westliche an der Mittelmeerküste entlang in Richtung Ptolemais, die nördliche, dem Nahr-el-Kasimije folgend, in Richtung Cäsarea Philippi.

stung"[30], die die großen Karawanenstraßen[31] (vgl. M 21) meiden. Sie umgehen es am Ostrand (wie z. B. die Via Maris[32], die sich, nachdem sie den Jordan südlich des Hule-Sees über die „Brücke der Jakobstöchter" überquert hat, auf halber Höhe des östlichen Bergabhangs nach Süden bewegt) oder im günstigeren Norden (wie die Verbindung zwischen Cäsarea Philippi und Tyrus, die dem niedrigeren Nordabfall folgt)[33]. Sein geologisch ungegliedertes, in der Frühzeit dicht bewaldetes[34] Innere durchquert nur ein einziger nennenswerter Binnenweg, der Tyrus im Nordwesten über Gischala und an Safed vorbei mit dem See Gennesaret im Südosten verbindet[35]. Durch seine Verkehrsfeindlichkeit ist das Land „wie geschaffen für Tiftler und Sektierer, ein Land aber auch für Freiheit und Unabhängigkeit liebende Männer"[36]. Gischala hoch oben im Norden ergibt sich im Jüdischen Aufstand (66–70 nChr) den Römern als letzter Punkt Galiläas (Bell IV 2, 1 ff).

### 3.3 Am See Gennesaret – im Einbruchgraben 200 m unter Null

Am vertrautesten von allen drei galiläischen Landschaften ist dem Leser der Evangelien die Region am See Gennesaret[37]. Mit ihr, „der anmutig-

---

[30] *Schwöbel*, aaO., S. 80.
[31] Zu den Straßen und Wegen in Unter- und Obergaliläa vgl. bes. *Schwöbel*, aaO., S. 57–88; *Ben-David*, Talmudische Ökonomie, S. 265–269; *Aharoni*, aaO., S. 43–63. – Einen Überblick über die von Josephus genannten Straßen gibt *Oehler*, Ortschaften, S. 70 ff.
[32] Zur Via Maris vgl. *Karmon*, aaO., S. 8; *Aharoni*, aaO., S. 23 50–54.
[33] Vgl. *Freyne*, aaO., S. 13.
[34] Vgl. *Karmon*, aaO., S. 141; *Aharoni*, aaO., S. 28.

[35] Vgl. *Aharoni*, aaO., S. 63; vgl. hierzu Karte 228 in: *Aharoni/Avi-Yonah*, The modern Bible Atlas, S. 144.
[36] *Schwöbel*, aaO., S. 82. – Vgl. auch *Freyne*, aaO., S. 13.
[37] Zum See Gennesaret vgl. *Buhl*, aaO., S. 35 ff; *Dalman*, Orte und Wege Jesu, S. 128–141; *Mertens*, aaO., S. 444; *Gerber* in: BHHW III, Sp. 1754 f (Lit.); *Karmon*, aaO., S. 126–139; *Aharoni*, aaO., S. 33 f.

sten des ganzen Landes"[38], verbinden sich Erinnerungen an die bekannten Perikopen der Jüngerberufung (Mk 1, 16–20 parr), der Sturmstillung (Mk 4, 35–41 parr), des Seewandels (Mk 6, 45–52 par Mt), des reichen Fischfangs (Lk 5, 1–11) u. a.

Der See liegt im palästinischen Einbruchgraben zwischen den Horsten des nördlichen Westjordanlandes und Baschans. Dieser Graben, der in vorgeschichtlicher Zeit durch den Einbruch des sog. Syrisch-afrikanischen Grabens entstanden ist[41], läßt sich „von der südlichen Türkei durch das Rote Meer und Ostafrika über eine Länge von ca. 7000 km bis nach Mocambique"[42] verfolgen. In seinem Mittelstück senkt er sich bis zu 793 m unter Null im Toten Meer[43]; auf der Höhe des Sees Gennesaret beträgt die

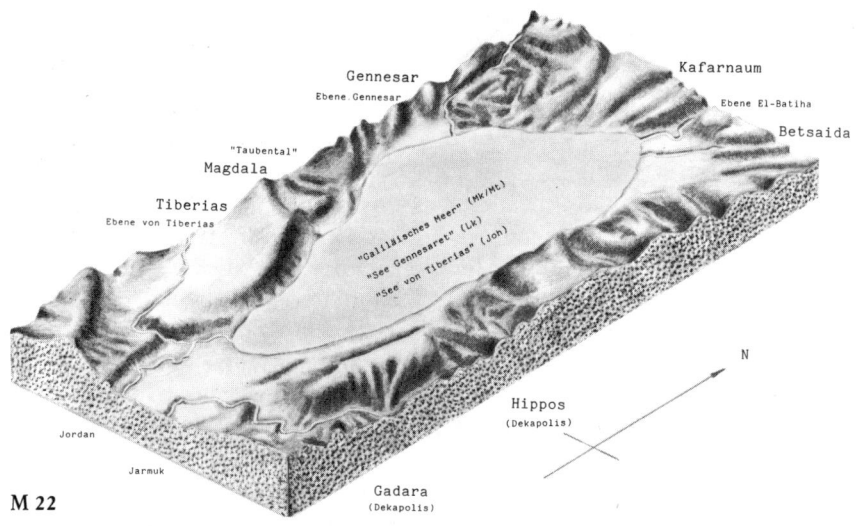

M 22

Den See, „das Auge Galiläas"[39], erwähnen alle vier Evangelien: *Markus* (und in seiner Folge auch *Matthäus*) nennt ihn in allen seinen Texten, 18mal, „Galiläisches Meer" (Mk 1, 16; 2, 13; 3, 7 u. ö.), während *Lukas* „See Gennesaret" (Lk 5, 1.2; 8, 22.23.33) neben dem einfachen „Meer" (Lk 17, 2.6; 21, 25) bevorzugt und *Johannes* in buntem Wechsel „Meer" (Joh 6, 16.17.18.19.22.25), „Galiläisches Meer von Tiberias" (Joh 6, 1) und „Meer von Tiberias" (Joh 21, 1) schreibt. Die Namensvielfalt des Neuen Testamentes, die noch durch das alttestamentliche „jam Kinnēreth" (Num 34, 11; Jos 12, 3 und 13, 27) erweitert wird, zeigt, daß der See weder in der frühen noch in der neutestamentlichen Zeit einen festen „natürlichen" Namen[40] hat; man benennt ihn entweder nach der Landschaft „Galiläa" oder nach der jeweils bedeutendsten Stadt an seinem Ufer – nach dem alten Kinnēreth ( = Gennesar) im Nordwesten oder der neuen galiläischen Hauptstadt Tiberias im Südwesten.

---

[38] *Ben-Chorin,* Bruder Jesus, S. 42.
[39] *Hausrath,* Neutestamentliche Zeitgeschichte I, S. 4.
[40] Zum Namen des Sees vgl. *Strack/Billerbeck* I, S. 184 f; *Noth,* aaO., S. 49 f.
[41] Vgl. *Koeppel,* aaO., S. 35 (dort Skizze); *Noth,* aaO., S. 12–15; *Karmon,* aaO., S. 18 126–139; *Aharoni,* aaO., S. 32 ff.
[42] *Karmon,* aaO., S. 4.
[43] Vgl. *Buhl,* aaO., S. 35.

M 23

Die El-Batiha-Ebene vom westlich ansteigenden Bergland Obergaliläas aus: Auf dieser Höhe etwa zog sich die Via Maris am Fuß des obergaliläischen Gebirges entlang, hier auch lag Chorazin, die dritte der von Jesus verfluchten Städte (vgl. Mt 11,20f par Lk). Der Jordan im Vordergrund bildete zur Zeit Jesu die Grenze zwischen der Tetrachie des Antipas und der des Philippus.

Depression ‚nur' 200–250 m unter Null. Der See, der sein Wasser in der Hauptsache vom Jordan erhält, ist rund 20 km lang, ca. 11 km breit und erreicht eine Tiefe von 49 m. Mit 170 qkm Wasserfläche mißt er ein Drittel des Bodensees (538 qkm). An seinen beiden Langseiten im Osten und Westen treten die Berge nahe[44] ans Ufer heran und ragen „wie gleichmäßig hohe Wände"[45] empor. Allein im Norden und Nordwesten und überall dort, wo ein Wadi die Steilwand durchbricht, gibt es Buchten und Ebenen (vgl. M 22):

– Fruchtbar, aber wenig gesund ist um die Zeitenwende die *Ebene el-Batiha* im Mündungsgebiet des Jordan, die der Fluß in vielfach gewundenem Lauf durchströmt und durch Schwemmland ständig nach Süden hin ausweitet. Hier, auf dem heute versumpften Ostufer (vgl. M 23), lag das Fischerdorf *Betsaida*[46], in dessen Nähe Philippus, der dritte der Herodessöhne (vgl. II, 2.1), Betsaida-Julias erbaut (Bell II 9,1; III 10,7). Von beiden Städten, die um die Zeitenwende beträchtliche Ausmaße gehabt haben dürften, sind nur wenige Reste erhalten. Ruinenfelder ähnlich denen von Chorazin und Kafarnaum sucht man vergebens. Es ist, als sei alle Pracht im Sumpf versunken[47].

---

[44] Am Ostrand des Sees sind die Berge etwa 0,1–1 km vom Seeufer entfernt, am Westrand sogar weniger (vgl. *Karmon*, aaO., S. 134).
[45] *Dalman*, aaO., S. 129.
[46] Vgl. *Enslin* in: BHHW I, Sp. 234 (Lit.).
[47] In einer Studie mit dem Titel „Wo lag Betsaida?", in: Das Heilige Land 2/3 (1982), S. 25–31, sucht P. Bargil *Pixner* OSB, Mönch der Dormitio in Jerusalem und ein ausgezeichneter Kenner des Heiligen Landes, nachzuweisen, daß sich in Et-Tell, ein vom See fast 2 km entfernter Ruinenhügel, „tatsächlich das lang gesuchte Betsaida befunden haben muß" (S. 26).

Die Zeichnung schaut vom See Gennesaret aus nach Westen auf die kleine Ebene, in der sich um die Zeitenwende Magdala ausbreitete, und auf das „Taubental", das auf beiden Seiten von höhlenreichen Felswänden flankiert wird; im Hintergrund erheben sich die „Hörner von Hattim", die durch die vernichtende Niederlage des Kreuzfahrerheeres im Jahre 1187 zu unrühmlicher Berühmtheit gelangten.

Betsaida gehört zu den wenigen Örtlichkeiten, deren Namen sich in den Evangelien erhalten haben:
- Aus ihm stammen das Brüderpaar Simon und Andreas und Philippus (Joh 1,44); alle drei zählen offenbar zu den ersten Jüngern Jesu (Mk 1,16–18; Joh 1,40f.43–51).
- Hier heilt Jesus nach Mk 8,22–26 einen Blinden.
- Hierher will Jesus sich nach Lk 9,10 mit seinen Jüngern zurückziehen, um mit ihnen allein zu sein.
- Über Betsaida schließlich spricht Jesus – wie auch über Chorazin und Kafarnaum – sein „Wehe dir!" (Mt 11,20ff par Lk), was darauf hindeutet, daß die Stadt ein bevorzugter Wirkort Jesu gewesen sein muß (vgl. Exkurs „Kafarnaum und Jesus").

– Auf dem Ostufer südlich der Ebene el-Batiha gibt es weitere kleine Buchten und Ebenen. Wieweit sie besiedelt waren, ist nicht näher bekannt; sicherlich aber darf man – wie auch die Existenz des israelischen Kibbuz En Gev beweist – mit kleineren Ansiedlungen rechnen. In der Nähe der Ruinen von Kursi jedenfalls lassen sich „Spuren eines Dorfes aus römischer Zeit mit einem kleinen Hafen und einer Mole"[48] ausmachen. Schwierigkeiten jedoch bereitet der Versuch, das Gergesa aus Mk 5,1 hier am Ostufer zu lokalisieren[49].
– Von Josephus hoch gepriesen (vgl. Bell III 10,8), erstreckt sich im Nordwesten des Sees die kleine dreieckige *Ebene el-Ghuwer* (= Gennesar)[50], die aufgrund ihres Schwemmlandbodens und ausreichender Quellen außerordentlich fruchtbar ist (vgl. I, 4.2). Verständlich, daß sich hier auf einer Hügelkuppe, die Ebene

---

[48] *Murphy-O'Connor,* Das Heilige Land, S. 282.
[49] Vgl. *ders.,* aaO., S. 281f.
[50] Zur Gennesar-Ebene vgl. *Rengstorf* in: BHHW I, Sp. 546f (Lit.).

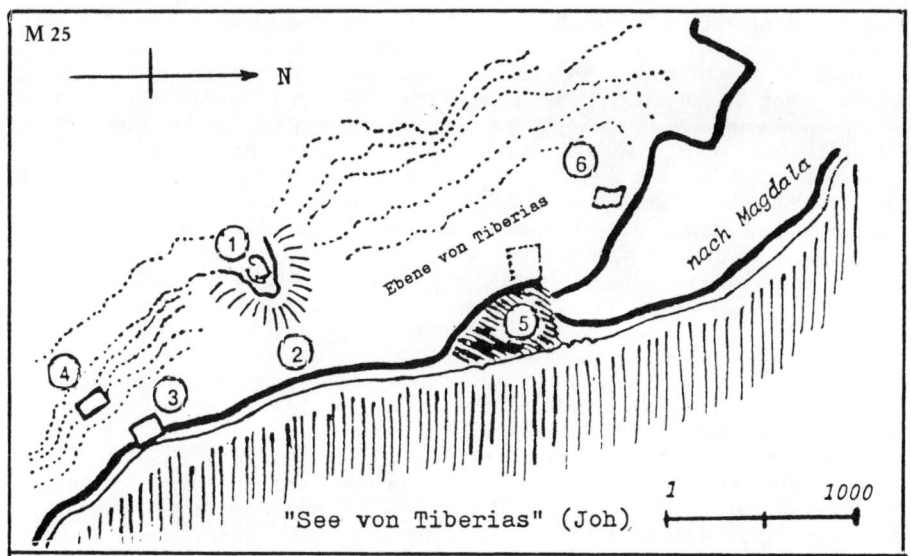

**Tiberias** 1 = Burgberg des Herodes Antipas; 2 = Stadt des 1. Jh nChr; 3 = Thermalquellen und Synagoge, = Hammat bei Tiberias; 4 = Grab Rabbi Meirs; 5 = Kreuzfahrerstadt; 6 = Grab des Maimonides.

überschauend, schon in der Frühzeit eine bedeutende Stadt entwickelt, Kinnéreth mit Namen[51], nach der der See „jam Kinnéreth" (Num 31,11; Jos 12,3; 13,27) genannt wird. Zur Zeit Jesu hat Kinnéreth, das nun Gennesar (Mk 6,53 und Mt 14,34) heißt, seine Bedeutung an das nur wenig südlicher liegende *Magdala*[52] verloren. Magdalas Namen tragen Fischdelikatessen bis nach Rom hin (vgl. II, 3.1.2). In Magdala biegt die von Norden kommende Via Maris nach Westen ab und ersteigt durch das *Wadi el-Hamam* ( = Taubental)[53] das westgaliläische Bergland. Von hier aus kann man sich aber auch nach Süden wenden, um auf der Küstenstraße *Tiberias* oder *Skythopolis* zu erreichen.

Es bleibt zu vermuten, daß *Jesus* Magdala passiert, sei es, daß er auf seinem Weg von Nazaret nach Kafarnaum (Entfernung ca. 46 km) diesen Abstieg zum See Gennesaret wählt, sei es, daß er vom Täufer her kommend über die Küstenstraße dem Nordwesten des Sees zustrebt. Die Evangelien übergehen mit konsequentem Schweigen alle Fragen der Kontaktnahme, überein-

---

[51] Zu Kinnéreth vgl. *Dalman,* aaO., S. 139f.
[52] Zu Magdala vgl. *Dalman,* aaO., S. 134ff; *Kopp,* aaO., S. 248; *Saunders* in: BHHW II, Sp. 1121; *Kroll,* aaO., S. 278ff (Reg.).
[53] Die Höhlen in den Steilwänden des „Taubentales", die nach der Beschreibung des Josephus (Bell I 16,4) nur über ganz schmale Pfade zu erreichen waren, dienten seit der Eroberung des Landes durch die Römer im Jahre 63 vChr vor allem Freiheits- und Widerstandskämpfern (Josephus nennt sie verächtlich „Räuber") als Versteck und Unterschlupf. Um sich ihrer in diesen unzugänglichen Höhlen zu bemächtigen, entwickelte Herodes, als er sich mit ihnen zu Beginn seiner Regierung um 38 vChr auseinandersetzen mußte, einen teuflischen Plan: „Er (Herodes) befahl, die stärksten seiner Leute in Kästen bis zu den Höhlenöffnungen hinabzulassen. Diese töteten die Räuber mit ihren Familien, indem sie Feuerbrände auf die schleuderten, die sich zur Wehr setzten. Gern hätte Herodes einige von ihnen lebend in seine Gewalt bekommen und ließ sie daher durch einen Herold auffordern herauszukommen. Niemand aber ergab sich freiwillig, und von denen, die überwältigt wurden, zogen viele den Tod der Gefangenschaft vor" (Bell I 16,4; vgl. Ant XIV 15,5).

stimmend überliefern aber alle vier den Namen von Maria Magdalena (Mk 15,40 parr; 15,47 parr; 16,1 parr; Lk 8,2; Joh 19,25; 20,1.11.18). Zusammen mit anderen Frauen folgt sie Jesus (Lk 8,1–3) von Galiläa nach Jerusalem, hält bei ihm unter dem Kreuze aus, als die Jünger aus Angst geflohen sind (Mk 15,40f parr), und wird am Ostermorgen zum entscheidenden Zeugen des leeren Grabes (Mk 16,1–8 parr; Joh 20,1).

– In einer letzten Ebene von nur geringer Breite (vgl. M 25) im Südwesten des Sees erbaut Antipas in den Jahren 18/20 nChr seine neue Hauptstadt, die er zu Ehren seines kaiserlichen Herrn und Freundes Tiberius (14–37 nChr) *Tiberias*[54] (Ant XVIII 2,3) nennt. Mit angelockt haben mögen ihn die heißen Quellen von Hammat in unmittelbarer Nachbarschaft, denen man heilende Wirkung zuschreibt (vgl. Bell II 21,6). Der baulustige Tetrarch stattet seine neue Residenz mit einer Rennbahn und einem prächtigen, mit Tierbildern geschmückten Palast aus (Bell 21,6; Vita 17 und 64). Da die Stadt über einem antiken Friedhof angelegt wird, weigern sich die Juden anfangs, dort zu wohnen; Antipas sieht sich daher gezwungen, zwangsweise zu besiedeln bzw. auf sozialschwache Bevölkerungsschichten zurückzugreifen (Ant XVIII 2,3). Tiberias, obwohl die jüngste unter den neutestamentlichen Städten am See, hat sich bis heute als einzige erhalten. Von Betsaida, Kafarnaum, Chorazin, Gennesar und Magdala zeugen nur noch mehr oder weniger bedeutsame Ruinen.

Von den vier Evangelisten erwähnt allein Johannes Tiberias mit Namen, allerdings nur indirekt in der Formel „See von Tiberias" (Joh 6,1 und 21,1). Zur Frage, ob *Jesus* die Stadt besucht und in ihr gewirkt hat, vgl. den Exkurs „Sepphoris und Jesus".

## 4. „Bebaut in seiner ganzen Ausdehnung" (Bell III 3,3)

Mit der physikalischen Beschreibung der drei galiläischen Landschaften hat sich unsere Vorstellung von dem Land bereits verdeutlicht. Aber noch sind es nur erste Konturen, noch fehlt den Umrissen die Farbe. Sind sie angetan mit dem gelblichgrauen „Kleid" der Wüste – oder mit dem verbrannten der Steppe? – oder aber mit dem vielfarbigen des Kulturlandes?

Zu einem ersten Eindruck verhilft wiederum Josephus. In einer begeisterten Beschreibung charakterisiert er Galiläa als „üppig und weidenreich, mit Bäumen aller Art bepflanzt, und so ergiebig, daß es auch den Trägsten zur Landarbeit anregt. So kommt es, daß das ganze Land von seinen Bewohnern bebaut ist und kein Teil brachliegt" (Bell III 3,2). Von Peräa, der zweiten Hälfte der herodianischen Tetrarchie, unterscheidet es sich dadurch, daß es „in seiner ganzen Ausdehnung bebaut und reich an fruchttragenden Gewächsen" (Bell III 3,3) ist.

### 4.1 Günstige Bedingungen

Mag Josephus auch im Detail übertreiben, dem Kern seiner Beschreibung aber darf man glauben: Das Galiläa der Zeitenwende ist ein fruchtbares Land. Einer umfassenden Kultivierung kommen sowohl günstige *geologische* (Böden) als auch *klimatische* (Temperatur und Niederschläge) Bedingungen entgegen. „The soil and climate of Galilee make

---

[54] Zu Tiberias vgl. *Schürer*, Geschichte II, S. 216–221; *Dalman*, aaO., S. 195f; *Kopp*, aaO., S. 278ff; *Enslin* in: BHHW III, Sp. 1982f; *Kaminka*, Studien zur Geschichte Galiläas, S. 9–29; *Avi-Yonah* IV, S. 1171–1177; *Freyne*, aaO., S. 129–134.

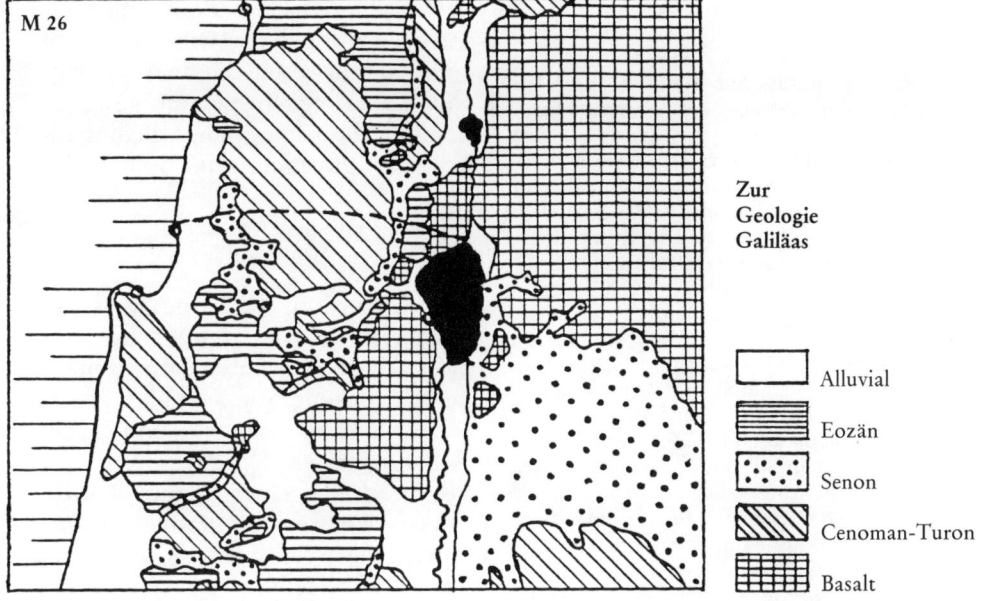

M 26

Zur Geologie Galiläas

- Alluvial
- Eozän
- Senon
- Cenoman-Turon
- Basalt

it by far the most fertile and productive region of the country."[1]

### 4.1.1 Fruchtbarer Boden

Die geologische Karte[2] weist für Galiläa wenigstens fünf unterschiedliche Bodenarten aus (vgl. M 26):

(1) Den Hauptbestand der Gebirge bilden die Schichten der oberen Kreide (vor 20 Mill. Jahren): Cenoman-Turon und Senon[3]. Der *cenomane Kalkstein*[4], in der Hauptsache ein Oberflächengestein, findet sich im südlichen Teil des nazarenischen Berglandes, des nördlichen Untergaliläa und in weiten Teilen Obergaliläas; er ist nach Baly „der wichtigste aller palästinischen Felsen"[5]. Seine Erde, die aufgrund ihres Eisengehaltes eine tiefrotbraune Farbe hat und deshalb auch „Terra rossa" genannt wird, gehört zu den fruchtbarsten Böden im Gebirgsland, ist aber wegen ihrer geringen Tiefe schwer zu bearbeiten. Sie eignet sich besonders für den Getreideanbau.

(2) Das über dem Cenoman-Turon lagernde *Senon*[6] (die oberste Schicht der Kreideformation) bedeckt Teile des östlichen Berglandes von Nazaret, des westlichen Hügellandes und Teile im Osten Obergaliläas. Diese weiche, im allgemeinen blendend weiße Kreide, deren Böden weißlich-grau bis gelblich-braun schimmern, ist leicht zu bearbeiten; auf ihr gedeihen besonders Obst, Wein, Körnerfrüchte und Gemüse.

(3) Das der Kreidezeit nachfolgende Tertiär (vor 10 Mill. Jahren) hat in seiner

---

[1] *Freyne*, Galilee from Alexander the Great to Hadrian, 1980, S. 15.
[2] Zur Geologie Palästinas, insbesondere Galiläas vgl. *Koeppel*, Palästina, S. 20–34 (dort, S. 34, eine „Geologische Uhr" von *Hennig*); *Noth*, Die Welt des Alten Testaments, S. 37–39; *Donner*, Einführung in die biblische Landes- und Altertumskunde, S. 15–20 (Lit.); *Richter*, Historische Entwicklung und junger Wandel der Agrarlandschaft Israels, S. 26ff; *Karmon*, Israel, S. 3–18, 32ff; Atlas of Israel, II/3 und III/1-4 (Lit.).
[3] Vgl. *Koeppel*, aaO., S. 34 („Geologische Uhr"), und *Donner*, aaO., S. 16 (Darstellung der Schichtenfolge).
[4] Vgl. *Noth*, aaO., S. 38; *Karmon*, aaO., S. 33 86; *Aharoni*, aaO., S. 29.
[5] *Baly*, Geographisches Handbuch, S. 49.
[6] Vgl. *Noth*, aaO., S. 38; *Karmon*, aaO., S. 143.

untersten Schicht das *Eozän*[7], einen weißen, manchmal auch grauen Kalkstein, hervorgebracht. In Palästina findet es sich in der judäischen Schefela (zwischen judäischem Gebirge und Philisterebene) und im westlichen Hügelland Galiläas. Verglichen mit dem reichen Cenoman, ist es wenig fruchtbar, wirtschaftlich also uninteressant. Wie heute dürfte es auch in biblischer Zeit mit einem hinderlichen Maquis bewachsen gewesen sein.

(4) In die Zeit des Tertiärs auch fallen die *Basaltergüsse*[8], die den ganzen Südostteil des galiläischen Gebirges wie die Barriere nördlich des Sees Gennesaret (die Gegend um Kafarnaum und Chorazin) bedecken. In der Farbe der „Terra rossa" ähnlich, wenn auch etwas dunkler, ist die Basalterde ein idealer Ackerboden, dessen Bearbeitung allerdings oft durch große und harte Felsblöcke erschwert wird[9]. Für Bäume ungeeignet, gedeiht auf ihm vorzüglich der Weizen[10].

(5) Mit *Alluvialboden*[11], einem Boden von großer Mächtigkeit und Fruchtbarkeit, haben sich in einer letzten Ablagerungsperiode die Ebenen und Becken gefüllt, die noch einmal vom Meer überschwemmt wurden. Außer den großen Ebenen rings um das Bergland (die Ebene von Ptolemais im Westen, die Jesreel-Ebene im Süden und die nördliche und südliche Jordansenke im Osten) sind davon im Innern vor allem einige Verwerfungsbecken wie die Tur'an- und die Battof-Ebene betroffen. Der Schwemmlandboden ist fruchtbar und eignet sich besonders für den Anbau von Weizen, Gerste, Hirse, Mais und Gemüse[12].

Fünf verschiedene Erdschichten, z. T. in der Kreidezeit (vor 20 Mill. Jahren), z. T. im späteren Tertiär (vor 10 Mill. Jahren) entstanden, bedecken Galiläa zu unterschiedlichen Teilen. Wenigstens vier von ihnen sind fruchtbar, allein das Eozän im Südwesten Untergaliläas widersetzt sich einer intensiveren landwirtschaftlichen Nutzung. Insgesamt gesehen, könnten die geologischen Bedingungen nicht günstiger sein.

### 4.1.2 Trockene Sommer – regenreiche Winter

Das Klima[13] in Palästina wird gekennzeichnet durch den Wechsel von zwei scharf getrennten Jahreszeiten, durch trockene Sommer und regenreiche Winter. Dies verdeutlicht ein Regendiagramm (M 27), in dem die Niederschläge eines ganzen Jahres, exakt verteilt auf die jeweiligen Monate, für vier verschiedene, über ganz Palästina verteilte Orte verzeichnet sind[14]. Von Norden bis Süden zeigt sich das gleiche Bild: Vier Monaten (November, Dezember, Januar und Februar) mit – je nach Ortslage – relativ hohen Niederschlägen stehen vier gänzlich regenfreie Monate (Juni, Juli, August und September) gegenüber; die übrigen vier Monate, meist März, April und Mai zu Jahresbeginn und Oktober am Jahresende, bilden mit nur geringen Regenmengen jeweils den Übergang.

*Galiläa* macht hier keine Ausnahme; sowohl das Regendiagramm Nazarets[15] in Untergaliläa als auch das des Har Kenaan (= Dschebel Kan'an) in Obergaliläa bestätigen das allgemeine Bild: Nach vier Monaten Trockenheit fällt der erste Regen (Frühre-

---

[7] Vgl. *Noth*, ebd.
[8] Vgl. *ders.*, aaO., S. 38f; *Karmon*, aaO., S. 150.
[9] Vgl. *Baly*, aaO., S. 38.
[10] Vgl. *Karmon*, aaO., S. 150.
[11] Vgl. *Noth*, aaO., S. 39; *Richter*, aaO., S. 28; *Karmon*, aaO., S. 34; *Aharoni*, aaO., S. 33.
[12] Vgl. *Richter*, aaO., S. 28f.

[13] Zum Klima in Palästina vgl. *Noth*, aaO., S. 25–30; *Donner*, aaO., S. 36–38 (Lit.); *Koeppel*, aaO., S. 40f; *Richter*, aaO., S. 30ff; *Karmon*, aaO., S. 19–31.
[14] Zum Diagramm vgl. Atlas of Israel, IV/1–3 (Lit.).
[15] Exakte Angaben zu Nazaret in: *Koeppel*, aaO., S. 40.

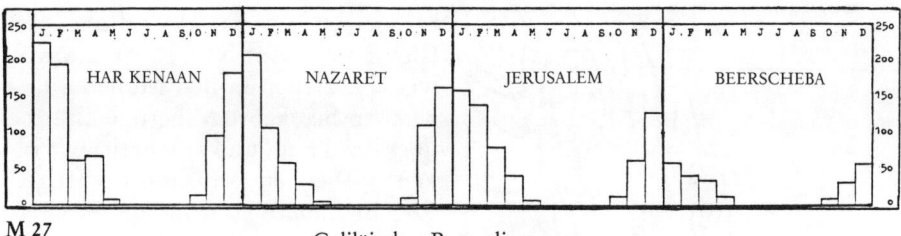

M 27  Galiläisches Regendiagramm.

gen) Ende Oktober, der letzte (der Spätregen) in Nazaret bereits im März, auf dem 842 m hohen Har Kenaan allerdings erst im Mai.

Zur Niederschlagsmenge gibt eine Regenkarte[16] ein Doppeltes zu erkennen (vgl. M 28): Die Niederschläge nehmen ab a) von Norden nach Süden und b) von Westen nach Osten. Um diese doppelte Beobachtung an *Galiläa* zu konkretisieren: Während im gebirgigen Obergaliläa die durchschnittliche Jahresregenmenge bis auf 1100 mm ansteigt, beträgt sie im tiefer gelegenen Untergaliläa nur noch 600 mm.

Die gleiche Bewegung ist in der West-Ost-Richtung zu beobachten: Vor dem Jordangraben biegen alle Markierungen im großen Bogen nach Norden ab und wenden sich erst wieder über dem Ostjordanplateau nach Süden. Gegenüber dem Hochland, ob im Westen oder im Osten, sinkt im Einbruchgraben die Jahresregenmenge deutlich ab, dennoch werden für Tiberias, das sich im Regenschatten des westgaliläischen Hügellandes, hinter einer bis zu 500 m hohen Bergwand, verbirgt, immerhin noch 442 mm nachgewiesen, das sind nur 200 mm weniger als für Nazaret (639 mm) und nur 300 mm weniger als für den Har Kenaan (728 mm)[17]. Tiberias am See Gennesaret, Nazaret in Untergaliläa, Har Kenaan in Obergaliläa – die drei Orte zeigen, daß jede der drei galiläischen Landschaften ihre eigene Niederschlagsmenge hat. Daß keine von ihnen Grund zur Klage hat, zeigt ein Vergleich mit Moskau (530 mm), Berlin (580 mm) und Rom (800 mm)[18]. Am meisten erstaunt im Gegenüber zu sehen, daß Nazaret eine höhere Regenmenge als Berlin und Moskau aufweist. Allerdings darf nicht übersehen werden, daß sich diese Menge nicht wie in Europa auf das ganze Jahr verteilt, sondern in nur durchschnittlich 40 bis 60 Tagen[19] fällt.

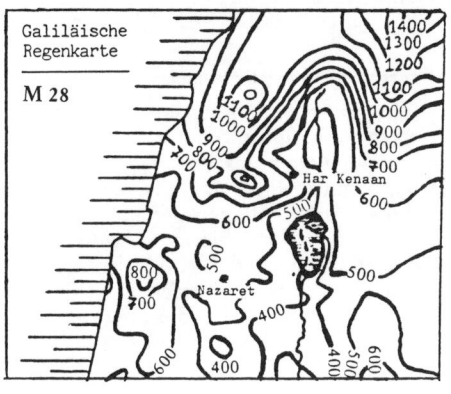

---

[16] Vgl. Atlas of Israel, IV/2.
[17] Vgl. *Karmon*, aaO., S. 29.
[18] Zu den Angaben vgl. *Kroll*, Auf den Spuren Jesu, S. 40.

[19] Vgl. *Koeppel*, aaO., S. 40; *Karmon*, aaO., S. 29.

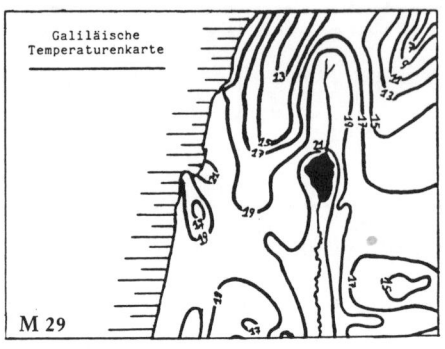

M 29

### 4.1.3 Zwischen 13° und 22° Celsius

Eine der Regenkarte diametral entgegengesetzte Bewegung zeigt die galiläische Temperaturenkarte (vgl. M 29[20]): Liegt die durchschnittliche Jahrestemperatur in dem so niederschlagsreichen Obergaliläa „nur" zwischen 13° und 15° C, steigt sie in dem regenärmeren Untergaliläa auf 17° bis 19° C und erreicht am See Gennesaret mit 21° C ihr Maximum[21]. Das zu beobachtende Temperaturgefälle entspricht exakt dem physikalischen. Es scheint die Kurzformel erlaubt zu sein: je höher die Erhebung, desto niedriger die Temperatur, und umgekehrt.

Sinkt das Thermometer am See Gennesaret auch nie, in Untergaliläa nur selten unter Null, sind die Winter dennoch kalt und unangenehm. Im Unterschied zum obergaliläischen Norden fällt Schnee hier nur selten, ist aber keineswegs ungewöhnlich. Josephus weiß zu berichten, daß Herodes im Jahre 40 vChr „in heftigem Schneegestöber" vor Sepphoris ankommt und die Stadt mit leichter Mühe einnimmt, da die Besatzung bei seinem Anmarsch geflohen ist (Bell I 16, 2; Ant XIV 15, 4). Normalerweise ziehen in den Monaten Dezember bis Februar heftige Stürme über das Land, und regenreiche Wolken gießen in wolkenbruchartigen Regenschauern unbändige Wassermassen aus. Da ist es schon wichtig, daß ein Haus, soll es nicht einstürzen, auf Fels und nicht auf Sand gebaut ist (vgl. Mt 7, 24–27).

Wenn im März und April dann die Temperaturen wieder ansteigen, überzieht sich ganz Palästina mit einem bunten Blütenteppich. Das in der Sommerhitze verbrannte Land verwandelt sich im Frühling in einen paradiesischen Garten.

### 4.2 Vielfältiger Ertrag

Über das, was in Galiläa angebaut wird, äußert sich Josephus in nur wenigen allgemeinen Bemerkungen: In Bell III 3, 2 charakterisiert er das Land als „üppig und weidenreich" und „mit Bäumen aller Art bepflanzt"; in Bell III 3, 3 als „reich an fruchttragenden Gewächsen". Allein bei der Beschreibung der Fruchtbarkeit der Gennesar-Ebene im Nordwesten des Sees Gennesaret fließt er förmlich über:

„Ihr *Boden* ist so fett, daß *jede Pflanze* wachsen kann, und die Bewohner haben ihn auch mit *allen möglichen Arten* bepflanzt, zumal das ausgezeichnete *Klima* zum Gedeihen der *verschiedensten Gewächsarten* beiträgt. *Nußbäume*, die am meisten der Kühle bedürfen, wachsen dort in großer Menge ebenso wie *Palmen*, die nur in der Hitze gedeihen; nahe bei ihnen stehen *Feigen- und Ölbäume*, denen eine gemäßigte Natur mehr zusagt ... Der Boden bringt *die*

---

[20] Angefertigt in Anlehnung an *Orni/Efrat*, Geography of Israel.
[21] *Ashbel* (zit. in: *Karmon*, aaO., S. 30) errechnet für Israel ca. 3200 Stunden mit klarem Sonnenschein; das sind 80% des Gesamtpotentials von ca. 4000 Tagesstunden (zum Vergleich Manchester: 900 Stunden; Greenwich: 1500 Stunden; Hochgebirgsschweiz: 2200 Stunden).

*verschiedensten Obstsorten* nicht bloß einmal im Jahr, sondern fortwährend hervor. So liefert er die königlichen Früchte, *Weintrauben und Feigen,* zehn Monate lang ohne Unterbrechung, während die übrigen Früchte das ganze Jahr hindurch mit jenen reif werden. Zu dem *milden Klima* gesellt sich die Bewässerung durch eine *sehr kräftige Quelle* ..." (Bell III 10, 8).

Trifft die Beschreibung die Wirklichkeit, handelt es sich hier in der Tat – wie Josephus formuliert – um „einen Wettstreit der Natur" (Bell III 10, 8), in dem die vier Jahreszeiten die ganzjährig günstige Trias von fruchtbarem Boden, Wasserreichtum und mildem Klima (Josephus hebt jede einzelne der drei Bedingungen hervor) eigenwillig und einander überbietend nützen.

Doch ist diese kleine, nur 6 × 2 km große Ebene am See Gennesaret nur ein winziger Fleck in dem größeren Galiläa. Dieses hat die Natur, wie die Untersuchung der landwirtschaftlichen Bedingungen zeigt, zwar nicht vernachlässigt (auch es verfügt in weiten Teilen über fruchtbaren Boden und zu bestimmten Zeiten des Jahres über genügend Wasser und Sonne), aber doch auch nicht so begünstigt, daß es sich mit der Gennesar-Ebene messen könnte. Die Vielfalt seiner Früchte ist geringer und die Ernte insgesamt bescheidener. In der Hauptsache pflanzt man *Weizen, Weintrauben* und *Oliven* an (vgl. M 30)[22]. Wie eng diese drei im israelitischen Denken miteinander verbunden sind, zeigen zahlreiche Belege in den alttestamentlichen Schriften (vgl. Gen 27,28.37; Dtn 7,13; 11,14; 12,17; 14,23; 18,4; 28,51; 33,28; Ps 4,7; 104,15; Jes 36,17 u. ö.).

Baly sieht in den drei Erzeugnissen ein allgemeines Modell, das jeder Stamm in Anpassung an sein ihm zur Verfügung stehendes Land modifiziert[23].

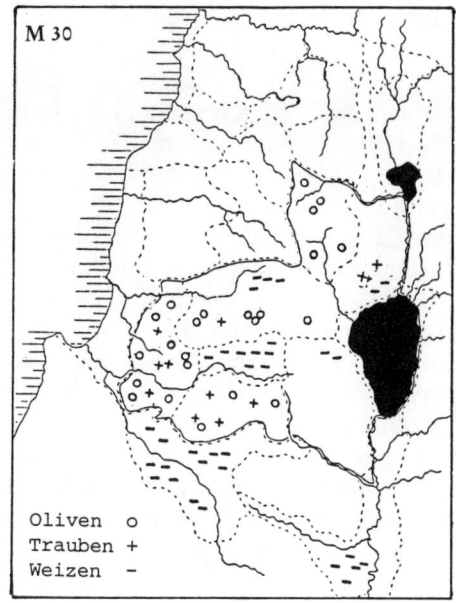

Oliven o
Trauben +
Weizen –

**Wirtschaftskarte Galiläas**

– Oliven
vor allem in Obergaliläa
und westlichem Untergaliläa

– Trauben
insbesondere im westlichen Untergaliläa

– Weizen
in den untergaliläischen
Ebenen (Rame-, Battof-
und Jesreel-Ebene) wie in
der Gegend von Kafarnaum
und Chorazin nordwestlich
des Sees Gennesaret.

### 4.2.1 Weizen im Überfluß

Getreidebau[24] war seit frühester Zeit[25] „der wichtigste landwirtschaftliche Produktionszweig"[26]; nicht ohne Grund nennt das Alte Testament Palästina an wenigstens acht Stellen ein Land des Weizens und der

---

[22] Vgl. *Ben-David,* Talmudische Ökonomie, S. 39; *Baly,* aaO., Karte V; *Richter,* aaO., S. 27 58 60; *Karmon,* aaO., S. 38 44.
[23] *Baly,* aaO., S. 77.
[24] Zum Getreidebau vgl. *Klausner,* Jesus von Nazareth, S. 231 f; *Schwöbel,* aaO., S. 34–47; *Ben-David,* aaO., S. 99–107; *Kapelrud* in: BHHW III, Sp. 2159; Atlas of Israel, XII/1–6.
[25] Vgl. *Karmon,* aaO., S. 38.
[26] *Ben-David,* aaO., S. 99.

Gerste (vgl. Dtn 8,8; 2 Sam 17,28; Jes 28,25; Jer 41,8; Ez 4,9; Joel 1,11; Rut 2,23 und 2 Chr 2,14). Mit Getreideprodukten, vornehmlich mit Weizenbrot, dem in normalen Zeiten täglichen Brot[27], deckte man die Hälfte des Kalorienbedarfs[28].

Als „Kornkammern"[29] des Landes galten die großen und die zahlreichen kleinen westjordanischen Ebenen, die mit fruchtbarem Schwemmlandboden bedeckt sind: Neben der *Jesreel-Ebene*[30], die aber nur mit ihren nördlichen Randgebieten zum herodianischen Galiläa gehörte (vgl. I, 2.1.4), dominierten die *Tur'an*- und die *Battof-Ebene*[31]. Berühmt war aber auch der Weizen aus dem *Tal von Arbel* in der östlichen Staffelebene Untergaliläas[32] sowie aus der Gegend von *Chorazin* und *Kafarnaum* im Norden des Sees Gennesaret[33].

Die überlieferten Angaben über die Erträge muß man, so warnt Ben-David, „mit größter Vorsicht" aufnehmen, „da sie meistens nur allegorisch gemeint und phantasievoll übertrieben sind"[34]. Die sieben Ähren auf einem Halm in Gen 41,22 sind „wohl ein Ergebnis der Legende"[35], und auch Jesu Hinweis im „Gleichnis vom vierfachen Acker" (Mk 4,1–9 parr) auf eine 30fache, 60fache, ja sogar 100fache Ernte will allegorisch verstanden sein[36]. Realistischer klingt, wenn Jesus Sirach (geschrieben um 180 v Chr) eine siebenfältige Ernte als normal ansieht[37]. Tatsächlich schwankte das Verhältnis von Aussaat und Ernte nach Ben-David zwischen 1:3,75 bis 1:7,5[38]; unabhängig davon sieht Klausner im 5fachen des gewöhnlichen Maßes den Normalertrag[39].

Zusammen mit Oliven, Wein und Fischen gehörte der Weizen zu den wichtigsten Exportgütern Galiläas, Abnehmer waren von alters her das benachbarte Tyrus und Sidon (vgl. 1 Kön 5,25; 2 Chr 2,14; Ez 27,17)[40].

### 4.2.2 Ein klassisches Olivenland

Ganz Palästina war reich an Olivenbäumen[41] (vgl. Dtn 28,40), „das eigentliche Olivenland aber war Galiläa"[42]. Nach einem rabbinischen Spruch, der von Rabbi Eleazar Ben Schimon um 180 n Chr überliefert wird, ist es „leichter, eine ganze Le-

---

[27] Vgl. *Ben-David*, aaO., S. 101; *Rogge* in: BHHW I, Sp. 274: Gerstenbrot war in später Zeit Kost der Armen.
[28] Vgl. *Ben-David*, aaO., S. 99.
[29] *Schwöbel*, aaO., S. 37.
[30] Vgl. *Kapelrud*, aaO., Sp. 2159.
[31] Vgl. *Baly*, aaO., S. 77.
[32] Vgl. *Klausner*, aaO., S. 231f; *Leipoldt/Grundmann*, Umwelt des Christentums I, S. 180.
[33] Vgl. *Klausner*, ebd.
[34] *Ben-David*, aaO., S. 103.
[35] *Kapelrud*, aaO., Sp. 2159. – Abb. einer mehrarmigen Ähre in *Rienecker*, Lexikon zur Bibel, Sp. 1522.
[36] So *Ben-David*, aaO., S. 103, anders mit Jülicher, Linnemann *Gnilka*, Markus I, S. 159: „Beachtet man, daß die Zahlenangaben auf das einzelne Korn und nicht den Gesamtertrag des besäten Ackers zu beziehen sind, bleiben sie im Bereich des Realistischen und Möglichen."
[37] Vgl. Sir 7,3: „Säe nicht auf dem Acker der Ungerechtigkeit, so wirst du sie nicht siebenfältig ernten."
[38] Vgl. *Ben-David*, aaO., S. 104.
[39] Vgl. *Klausner*, aaO., S. 232.
[40] Vgl. *Ben-Sasson*, Geschichte des jüdischen Volkes I, S. 332.
[41] Zum Ölbaum vgl. *Bauer*, Volksleben im Lande der Bibel, S. 137–141; *Noth*, aaO., S. 33; *Rienecker*, aaO., Sp. 1011–13; *Segelberg* in: BHHW II, Sp. 1337–39 (Lit.); *Ben-David*, aaO., S. 111–115.
[42] *Ben-Sasson*, aaO., S. 332; vgl. *Bauer*, aaO., S. 137–146; *Karmon*, aaO., S. 149.

gion in Galiläa zu erhalten vom Ertrag der Oliven als ein einziges Kind großzuziehen im (übrigen) Lande Israel"[43].

Durch Anzahl und Fruchtbarkeit seiner Ölbäume zeichnete sich der galiläische Stamm Aser aus, der im *westlichen Hügelland* siedelte. Von ihm heißt es schon im Mosesegen: „Aser sei gesegnet unter den Söhnen; er sei angenehm seinen Brüdern und tauche seinen Fuß in Öl" (Dtn 33, 24). – Ertragreiche Ölbaumplantagen in *Obergaliläa* bestätigt Josephus: Johannes von Gischala, ein Zelotenführer (Bell II 21, 1), verdient zu Beginn des Jüdischen Krieges durch den Verkauf „großer Mengen Öl in Mangel leidende Gebiete ... eine Unsumme Geldes" (Bell II 21, 2)[44], mit dem er die Mauern seiner Heimatstadt wieder aufbaut. – Berühmt auch waren die Ölbaumhaine von *Sepphoris*[45], von *Meron* und *Thekoa*[46].

Nicht daß der Ölbaum in Galiläa besonders günstige Bedingungen gefunden hätte; in Samaria und Judäa waren sie nicht schlechter, aber auch kaum besser. Da sehr anspruchslos[47], wächst er in allen Teilen Palästinas – bevorzugt aber auf Bergen und an Hängen[48], auf Kalkböden wie auf Basalt[49]. Mit seinen Wurzeln dringt er tief in die Felsspalten ein, warum Dtn 32, 13 ihn rühmt: „Er gibt Öl aus harten Steinen."

Während für die palästinischen Fellachen der Weinstock wie eine zarte Dame nach ständiger Pflege und Aufmerksamkeit verlangt und der Feigenbaum einer abgehärteten Bäuerin gleich schon bei wenig sorgfältiger Behandlung Frucht trägt, ist der Ölbaum „ein auch in der Wildnis und bei langer Vernachlässigung noch arbeitsames Beduinenweib"[50]. Einzig, daß er keine anderen Pflanzen, weder Weinreben noch Feigenbäume, in seiner Nähe duldet[51]. „Mit seinen Wurzeln und Zweigen beherrscht er Erdreich und Luftraum."[52] Der immergrüne Baum (Ps 52, 10), jeder einzelne durch seinen grauen, rissigen und knorrigen Stamm ein unverwechselbares Individuum, wächst nur äußerst langsam[53], erreicht aber ein hohes Alter und bleibt dabei fruchtbar[54]. Bis zur ersten Ernte dauert es meist zehn Jahre, erst gegen dreißig bringt er vollen Ertrag – im Durchschnitt etwa 25 Liter, nicht selten selbst 50–60 Liter Öl[55].

Neben Brot und Wein gehören die Oliven zu den wichtigsten Nahrungsmitteln (Num 18, 12; Spr 21, 17.20; Ez 16, 13; Ps 104, 14.15; Klgl 2, 12); nach Berechnungen von Ben-David deckten sie 14% der täglichen Kalo-

---

[43] Bereschith Rabba 20 (42^b). – Vgl. *Richter*, aaO., S. 61 ff.
[44] *Ben-David*, aaO., S. 111 f, errechnet einen achtfachen Gewinn.
[45] Vgl. *ders.*, aaO., S. 112.
[46] Vgl. *Klausner*, aaO., S. 233.
[47] Vgl. *Bauer*, aaO., S. 137.
[48] Vgl. *Noth*, aaO., S. 33; *Rienecker*, aaO., Sp. 1012; *Karmon*, aaO., S. 96.
[49] Vgl. *Rienecker*, aaO., Sp. 1012; *Segelberg*, aaO., Sp. 1338.
[50] *Bauer*, aaO., S. 138.
[51] Vgl. *ders.*, aaO., S. 139.
[52] Ebd.
[53] Vgl. *ders.*, aaO., S. 138.
[54] Vgl. *Rienecker*, aaO., Sp. 1012.
[55] Vgl. *Bauer*, aaO., S. 141; *Herz*, Großgrundbesitz in Palästina im Zeitalter Jesu, S. 100; *Jeremias*, Die Gleichnisse Jesu, S. 121 f; *Ben-David*, aaO., S. 112.

rienmenge[56]. – Olivenöl[57] diente zur Körperpflege[58] (Lk 7,46) und als Heilmittel[59] zur Behandlung von Wunden (Mk 6,13; 10,34); ferner war es das gebräuchlichste Beleuchtungsmaterial[60] (Mt 25,3.4.8). – Olivenholz wird für Tischlerzwecke hochgeschätzt[61]. – Da Juden in der Diaspora das von Nichtjuden gepreßte Öl verboten war, wurde palästinisch-galiläisches Öl zu einem wichtigen Ausfuhrgut (vgl. Bell II 21,2; Vita 13)[62].

### 4.2.3 Trauben und Wein

Welch außerordentliche Bedeutung dem Wein[63] im Judentum zukommt, zeigt bereits die Wortstatistik[64]: Im einzelnen schreiben die alttestamentlichen Schriften Weintrauben 3mal; Weinstock 47mal; Weinberg 85mal; Wein 175mal. Letzteren rühmt Ps 104 zusammen mit Öl und Brot: „... daß der Wein erfreue des Menschen Herz, daß seine Gestalt schön werde vom Öl und daß das Brot des Menschen Herz stärke!" (V. 15)[65]
Kanaan, in das die israelitischen Stämme im 13. Jh v Chr einwanderten, war altes Weinbauland (Num 13,24), „schon um 1450 v Chr Weinkammer Ägyptens"[66]. Hauptanbaugebiete waren Judäa, vor allem die Gegend um Hebron[67], und die Scharon-Ebene zwischen Joppe und dem Karmel[68]. Als Anbaugebiete in *Galiläa* nennt Josephus allein die *Gennesar-Ebene* (Bell III 10,8), eine Notiz in den Zenon-Papyri, die allerdings aus dem 3. vorchristlichen Jahrhundert stammt (261–258 v Chr), ein Landgut in dem galiläischen *Beth-Anath*[69], dessen Lokalisierung jedoch Schwierigkeiten bereitet. Während Abel und Albright den Ort 19 km östlich von Ptolemais an der Straße nach Safed suchen, plädiert Alt für die Battof-Ebene als geographischen Raum[70]. Hier zu entscheiden ist kaum mehr möglich; es muß genügen, daß das Landgut, von dem man bereits lange vor der Zeitenwende Wein nach Ägypten exportiert, nach beiden Vermutungen im mittleren Untergaliläa zu suchen ist.

Daß die Quellen über den Weinanbau in *Galiläa* nur dünn fließen, darf nicht verwundern, erlaubte die wirt-

---

[56] Vgl. *Bauer*, aaO., S. 141 173f; *Ben-David*, aaO., S. 113.
[57] Vgl. *Segelberg* in: BHHW II, Sp. 1336f.
[58] Vgl. *Bauer*, aaO., S. 141; *Rienecker*, aaO., Sp. 1013; *Ben-David*, aaO., S. 113.
[59] Vgl. *Bauer*, aaO., S. 141; *Ben-David*, aaO., S. 113.
[60] Vgl. *Bauer*, aaO., S. 141; *Rienecker*, aaO., Sp. 1013; *Ben-David*, aaO., S. 114.
[61] Vgl. *Segelberg*, aaO., Sp. 1338.
[62] Vgl. *Bertram/Klauser*, Galiläa, Sp. 807; *Ben-Sasson*, aaO., S. 332; *Ben-David*, aaO., S. 111f; *Karmon*, aaO., S. 41.
[63] Zum Weinbau vgl. *Bauer*, aaO., S. 131–136; *Noth*, aaO., S. 33; *Rienecker*, aaO., Sp. 1517–19; *Fohrer* in: BHHW III, Sp. 2149–52; *Ben-David*, aaO., S. 107–111.
[64] Vgl. Zürcher Bibel-Konkordanz III, 1973, S. 575–579. Noch zahlreicher sind die Nennungen in der Mischna und Tosephta (vgl. *Ben-David*, aaO., S. 108).
[65] Die Bedeutung der Weinrebe neben Weizen und Oliven betonen *Rienecker*, aaO., Sp. 1519; *Richter*, aaO., S. 63; *Ben-David*, aaO., S. 107; *Karmon*, aaO., S. 44.
[66] *Fohrer*, aaO., Sp. 2151.
[67] Vgl. *ders.*, ebd.; *Richter*, aaO., S. 63.
[68] Vgl. *Ben-David*, aaO., S. 108.
[69] Vgl. *Herz*, Großgrundbesitz, S. 106ff. – Der Notiz zufolge erhält der Finanzminister des ägyptischen Königs Ptolemaios II. Philadelphos (285–246 v Chr) von diesem galiläischen Landgut Weizen und Wein.
[70] Zur Diskussion vgl. *Rienecker*, aaO., Sp. 218f; *Alt*, Megiddo im Übergang, in: Kleine Schriften I, S. 262 Anm. 1.

schaftliche Situation doch nur den Großgrundbesitzern (vgl. II, 3.2.1) eine monokulturelle Bewirtschaftung; die Mehrzahl der Kleinbauern sah sich genötigt, Weintrauben in kleineren, ja kleinsten Parzellen[71], z. T. inmitten von Obstgärten und anderen Kulturen anzubauen[72]. Da man vornehmlich auf die terrassierten Berghänge auswich[73], um die Ebenen für Weizen und Gerste freizuhalten, bot Galiläa mit seinen Hügeln und Bergen in fast allen seinen Landschaften, sofern die Bewässerung gesichert war, ideale Bedingungen. Vor allem auf den vulkanischen Böden im Norden des Sees Gennesaret konnte ein ausgezeichneter Wein produziert werden[74]. Mit Ben-David darf man daher annehmen, „daß jeder Bauer seinen eigenen Wein zog"[75].

Einen Teil der Trauben aß man direkt vom Weinstock oder trocknete sie zu Rosinen[76], den größten Teil aber kelterte man und ließ ihn zu Wein gären[77]. Der Wein aber, neben Brot und Öl ein Hauptnahrungsmittel[78], ist aus dem jüdischen Ritual nicht wegzudenken: „Im Kultus brachte man bei vielen Gelegenheiten W. als Trankopfer dar (Ex 23,38–41 Lv 23,13 Num 15,2ff), trank ihn beim Gemeinschaftsmahl vor Gott (Dt 14,26), beim Sabbatbeginn und Passamahl (Jub 49,6 Mk 14,25 Mischn. Pes. X, 1)"[79].

Jesus sagen seine Gegner nach, er sei „ein Fresser und Weintrinker" (Lk 7,34: ἄνθρωπος φάγος καὶ οἰνοπότης / ánthrōpos phágos kaì oinopótaes). Der Vorwurf hat Gewicht und kann leicht mißverstanden werden. Dies muß auch schon die Urgemeinde gespürt haben, denn nur so erklärt sich, daß sie die „Hetzformel" nicht einfach übergeht, sondern im Evangelium festschreibt. Wahr an dem Vorwurf wird sein, daß Jesus tatsächlich oft an Festmählern teilnimmt, an solchen mit Pharisäern wie auch mit Zöllnern und Sündern (vgl. Lk 7,36ff; 11,37ff; 14,1ff – Lk 5,27ff; 15,1ff)[80]. Sicherlich wird man daraus schließen dürfen, daß der Prophet aus Nazaret kein düsterer Asket ist wie Johannes der Täufer und die Essener und Rechabiter, die sich des Weingenusses strikte enthalten. Doch sieht zu kurz, wer sich mit dieser Interpretation begnügt; denn die eigentliche Motivation, die Jesus bei diesem Tun leitet, ist eine theologische. Zum einen ist für ihn ein festliches Mahl „mit abgelagerten Weinen und markig-fetten Speisen" (Jes 25,6) ein Abbild des himmlischen Endzeitmahles (vgl. Lk 13,26; 14,15–24); zum anderen will seine Teilnahme als prophetische Zeichenhandlung[81] verstanden werden, durch die er seine und Gottes Solidarität mit den sozial und religiös Deklassierten der jüdischen Gesellschaft in ebenso anschaulicher wie provozierender Weise zum Ausdruck bringt. Hinter der Formel „Fresser und Weinsäufer" verbirgt sich ein theologisches Programm, keineswegs nur eine hedonistische Lebenseinstellung.

---

[71] Nach *Ben-David*, aaO., S. 109, gab es Kleinst-Weinberge mit einer Fläche von nur etwa 20qm.
[72] Vgl. *Fohrer*, aaO., Sp. 2150f; *Grundmann*, Markus, S. 239: „Die Weinberge enthalten nicht nur Weinstöcke, sondern auch Obstbäume ..., sogar mitunter Getreide" (vgl. Lk 13,6).
[73] Vgl. *Bauer*, aaO., S. 131; *Fohrer*, aaO., Sp. 2151.
[74] Vgl. *Karmon*, aaO., S. 135.

[75] *Ben-David*, aaO., S. 109.
[76] Vgl. *Bauer*, aaO., S. 134ff.
[77] Vgl. *Fohrer*, aaO., Sp. 2149f.
[78] Vgl. *ders.*, aaO., Sp. 2150; *Ben-David*, aaO., S. 107.
[79] Vgl. *Fohrer*, aaO., Sp. 2150.
[80] Vgl. *Bösen*, Jesusmahl – Eucharistisches Mahl – Endzeitmahl, S. 78–108.
[81] Vgl. *Trautmann*, Zeichenhafte Handlungen Jesu, S. 132–166.

# Exkurs:
## Das geographische Galiläa im Spiegel der Gleichnisse

Einer Beschreibung der Geographie und Geologie, des Klimas und der Landwirtschaft, mag sie auch noch so skizzenhaft ausfallen, bringt der Theologe zunächst einmal wenig Sympathie entgegen. Sein Interesse an dieser Seite des Themas erwacht erst in dem Augenblick, wenn ihm aufgeht, daß diese so untheologischen Informationen wider Erwarten doch jesusrelevant sind. Faßbar wird dieser Bezug vor allem in Jesu Gleichnissen, von denen uns die drei synoptischen Evangelien[1] etwa vierzig überliefern.

In der Frage der Authentizität ist nach wie vor dem Urteil von Jeremias zuzustimmen, daß uns in den Gleichnissen „ein Stück Urgestein der Überlieferung"[2] zukommt, auf dem wir besonders fest stehen[3]. Mit dazu beitrugen außer der Memorierkunst der Juden, die nach Flusser damals „Meister des Memorierens"[4] mit einer ausgeprägten Mnemotechnik[5] waren, die Gleichnisse selber durch einen schlichten Stil[6], eine schmucklose Erzählweise[7] und durch einen fast schematisch stilisierten Modellcharakter[8]. Zwar kommt es auch bei ihnen in einem langen Traditionsprozeß, in dem die Texte nicht nur aus dem Aramäischen[9] ins Griechische übersetzt, sondern zum Teil auch inhaltlich an ein neues Milieu mit neuen Adressaten angepaßt werden, zu teilweise tiefgreifenden Abwandlungen und Veränderungen[10], ja selbst zu Neubildungen[11]; aufs Ganze gesehen, aber handelt es sich bei den Gleichnissen um eine Überlieferung von hoher Qualität. Dies bestätigen Forscher mit Rang und Namen wie Jeremias (s. o.), Jülicher[12], Dahl[13], Conzelmann[14], ja selbst Flusser, den seine Studien über die rabbinischen und jesuanischen Gleichnisse als in besonderer Weise kompetent ausweisen. Für ihn zeugt es vom Verantwortungsgefühl der Bearbeiter, „daß es Gleichnisse Jesu gibt, die in ihrem Inhalt und in ihrer ursprünglichen Vortragsweise ziemlich treu erhalten sind"[15].

Liest man die von den Synoptikern überlieferten Gleichnisse mit von der Geographie geweiteten Augen, stellt man überrascht vielfältige Beziehungen fest. Sie in ihrer ganzen Breite zu veranschaulichen, sucht untenstehende Tabelle, die – obiger geographischer Skizze folgend – den wichtigsten Ergebnissen über die Geographie und Geologie, das Klima und die Landwirtschaft Galiläas in der linken Hälfte die entsprechenden Motive aus den Gleichnissen Jesu rechts zuordnet (vgl. M 31 a. b. c):

---

[1] Johannes kennt die literarische Gattung der Gleichnisse nicht (vgl. *Blank,* Johannes 4/1 a, S. 33).
[2] *Jeremias,* Die Gleichnisse Jesu, S. 9.
[3] Vgl. ebd.
[4] *Flusser,* Die rabbinischen Gleichnisse und der Gleichniserzähler Jesus, S. 288.
[5] Vgl. ebd.
[6] Zur Struktur der Gleichnisse vgl. *Eichholz,* Gleichnisse der Evangelien, S. 17–38; *Flusser,* aaO., S. 31–49, hier S. 288f.
[7] Vgl. *Flusser,* ebd.
[8] Vgl. *ders.,* aaO., S. 38.
[9] *Flusser* behauptet demgegenüber, daß es nur hebräische, keine aramäischen Gleichnisse gibt (vgl. S. 18). „Es gibt auch sonst kaum überzeugende Argumente für das Aramäische als Verkündigungssprache Jesu!" (aaO., S. 18).
[10] Zur Überlieferungsgeschichte der Gleichnisse vgl. *Eichholz,* aaO., S. 39–52.
[11] Exemplarisch sei verwiesen auf das Gleichnis von den bösen Winzern (Mk 12, 1–12 par Mt/Lk), das eine Mehrzahl von Exegeten für eine nachösterliche Gemeindebildung hält (vgl. *Blank, Kümmel, Lohmeyer, Schweizer, Gnilka* u. a.; zur Diskussion vgl. *Gnilka,* Markus II, S. 141–150).
[12] *Jülicher,* Die Gleichnisreden Jesu I, S. 11: „Wir finden keinen Grund, die Echtheit der evangelischen Parabeln überhaupt in Abrede

| I. GALILÄA in seinen Landschaften | | Mt | Mk | Lk |
|---|---|---|---|---|
| - UNTERGALILÄA -<br>ein Hügelland mit<br>eingelagerten<br>Ebenen<br>- OBERGALILÄA -<br>ein unwegsames<br>Bergland<br>- Am SEE GENNESARET -<br>im Einbruchgraben<br>2oo m unter Null<br>(vgl. I. 3.) | - Eine Stadt, die auf dem Berge liegt,<br>kann nicht verborgen bleiben.<br>- Kein Vater gibt seinem Sohn eine<br>Schlange, wenn er um einen Fisch<br>bittet.<br>- Man wirft ein Netz ins Meer, um Fische<br>aller Art zu fangen. Am Ende aber lesen<br>die Fischer die guten Fische aus, die<br>schlechten werfen sie weg. | 5,14<br><br>7,1o<br><br><br>13,47f | -<br><br>-<br><br><br>- | -<br><br>11,11<br><br><br>-<br><br><br>M 31 a |

| II. GALILÄA in seinen physikalisch-klimatischen Bedingungen | | Mt | Mk | Lk |
|---|---|---|---|---|
| - Fruchtbarer<br>Boden<br>(vgl. I. 4.1.1.) | - Im Mittelpunkt des Gleichnisses vom Sä-<br>mann steht ein Feld mit vierfachem<br>Boden - mit festgetretenem Weg, felsi-<br>gem Boden mit wenig Erde, Erde mit<br>Dornen und Disteln und gutem Boden. | 13,1-9 | 4,1-9 | 8,4-8 |
| - Trockene<br>Sommer -<br>regenreiche<br>Winter<br>(vgl. I. 4.1.2.) | - Wolken im Westen zeigen Regen an;<br>wenn der Südwind weht, wird es heiß.<br>- Ein Haus auf dem Felsen bleibt unbe-<br>rührt von den Wassermassen eines<br>Wolkenbruchs und von dem Toben der<br>Stürme; ein Haus auf Sand stürzt da-<br>gegen ein und wird völlig zerstört. | -<br><br>7,24-27 | -<br><br>- | 12,54f<br><br>6,47-49<br><br><br>M 31 b |

Die Übersicht zeigt einen Bezug von wenigstens 18 Gleichnissen zum geographischen Galiläa, und zwar zu allen drei Schwerpunkten – zu seiner Landschaft (I), zu Boden und Klima (II), zu seinen landwirtschaftlichen Produkten (III). Trotz aller Unschärfen vor allem in Block I und II zeigt sich eine Spiegelung von solcher Deutlichkeit, daß es erlaubt scheint, Galiläa als *die* Motivquelle anzusehen, aus der Jesus schöpft, der er den Hintergrund für viele seiner Gleichnisse entnimmt.

Wenn nicht zwei Beobachtungen diese und ähnliche Vermutungen einzuschränken nötigten: Nicht nur, daß die Mehrzahl der oben aufgelisteten Motive auch in *außergaliläischen Landschaften* zu finden ist[16]. Ein anderer Teil auch könnte seinen Ursprung in der *Gleichnistradition* haben[17]; denn daß Jesus als nur einer von vielen Gleichniserzählern[18],

zu stellen; im Gegenteil wir sehen uns genötigt, ihnen eine relative Authentie zuzusprechen; fast ohne Ausnahmen haben sie einen echten, auf Jesus selber zurückgehenden Kern."
[13] *Dahl* in: RGG³ II, Sp. 1618: „Im allgemeinen besteht ... darüber Einigkeit, daß der Grundbestand der Gleichnisse zu den am zuverlässigsten überlieferten Worten Jesu gehört."
[14] Vgl. *Conzelmann* in: RGG³ III, Sp. 623: Formbeobachtungen sichern „vor allem die Echtheit des Kernbestandes der Gleichnisse".

[15] *Flusser*, aaO., S. 310.
[16] Typisch galiläisch ist allein das Fisch-Motiv (Mt 13,47 f); die Stadt auf dem Berge (Mt 5,14), Olivenhaine (Lk 16,1–8), Feigenbäume (Mk 13,28 parr; Lk 13,6–9) finden sich in gleicher Häufigkeit auch in Samaria; Weizenfelder (Mk 4,27 f; Mt 13,24–30) gibt es ebenfalls in Judäa.
[17] Vgl. *Flusser*, aaO., S. 26 ff.
[18] Vgl. *Flusser*, aaO., S. 14–19; *Linnemann*, Gleichnisse Jesu, S. 7.

III. GALILÄA in seinen landwirtschaftlichen Produkten

| | | Mt | Mk | Lk |
|---|---|---|---|---|
| Weizen (vgl. I. 4.2.1.) | - Der Same keimt und wächst von selbst heran. Die Erde bringt zuerst den Halm, dann die Ähre, dann das volle Korn in der Ähre. | - | 4,27f | - |
| | - Unkraut und Weizen muß man zusammen aufwachsen lassen. Erst bei der Ernte wird das Unkraut gesammelt, in Bündel gebunden und verbrannt, den Weizen aber bringt man in die Scheune. | 13,24-30 | - | - |
| | - Eine gute (Getreide)Ernte veranlaßt einen Bauern, seine alten Scheunen abzureißen und größere zu bauen. | - | 12,16-21 | - |
| Oliven (vgl. I. 4.2.2.) | - Im Gleichnis vom klugen Verwalter werden Öl und Weizen als Schulden genannt, durch deren Verminderung sich der Verwalter Freunde zu schaffen sucht. | - | - | 16,1-8 |
| Trauben und Wein (vgl. I. 4.2.3.) | - Neuen Wein füllt man nicht in alte Schläuche. | 9,17 | 2,22 | 5,7 |
| | - Der Weinberg als Kulisse im Gleichnis von den bösen Winzern. | 21,33-46 | 12,1-12 | 20,9-19 |
| | - Der Weinberg als Kulisse im Gleichnis von den Arbeitern im Weinberg. | 20,1-16 | - | - |
| | - Von Dornen erntet man keine Trauben und von Disteln keine Feigen. Ein guter Baum bringt gute Frucht, ein schlechter schlechte. | 7,16-20 | - | 6,43-46 |
| Feigen | - Wenn die Zweige des Feigenbaums saftig werden und seine Blätter treiben, ist der Sommer nahe. | 24,32 | 13,28 | 21,30 |
| | - Einem Feigenbaum, den sein Besitzer umhauen lassen will, weil er schon drei Jahre lang keine Früchte bringt, will der Gärtner noch in der Weise eine Chance geben, daß er um ihn herum den Boden aufgräbt und düngt. | - | - | 13,6-9 |
| Senfkorn | - Ein winziges Senfkorn wächst zur kräftigen Staude heran. | 13,31f | 4,30-32 | 13,19f |
| Lilien/Gras | - Die Lilien des Feldes und auch das so wertlos erscheinende Gras sind prächtig gekleidet. | 6,28-30 | - | 12,27f |

M 31 c

wenn auch als einer ihrer vorzüglichsten gedacht werden muß[19], ist gegen Jeremias[20] nicht mehr anzuzweifeln. Beide Beobachtungen verbieten gegen allen tabellarischen Augenschein, Galiläa als einzige, nicht aber als wichtige Motivquelle anzusehen. Da eine weitere Präzisierung kaum mehr gelingt, empfiehlt es sich, weiterhin nicht vom galiläischen, sondern vom palästinischen Kolorit der jesuanischen Gleichnisse zu sprechen[21].

---

[19] Vgl. *Flusser,* aaO., S. 284: „Der Mensch Jesus ist ja ein ganz vorzüglicher Gleichniserzähler gewesen" (vgl. auch S. 303 und 311); *Ben-Chorin,* Das Jesus-Bild im modernen Judentum, S. 165: „Wiewohl sich zu den Gleichnissen und Sprüchen Jesu talmudische Parallelen unschwer aufzeigen lassen, zeichnen sich die Gleichnisse Jesu doch durch ihre besondere Prägnanz aus."

[20] *Jeremias* (Gleichnisse, S. 9) konnte noch behaupten: „Jesu Gleichnisse sind ... etwas völlig Neues."

Ein anderes aber belegt das in der Tabelle ausgewiesene Material, sei es nun in Galiläa, in Samaria oder in Judäa gewonnen, hinreichend: daß Jesus seine Umgebung mit aufmerksamem und scharfem Blick beobachtet. Mag es sich bei der Unterscheidung von Halm, Ähre und vollem Korn in der Ähre (Mk 4,28) auch um „die selbstverständlichste Sache aus der ländlichen Welt"[22] handeln, mag die Differenz von winzigem Senfkorn und späterer Senfstaude (Mk 4,30–32) auch durchaus augenfällig sein[23] und ist es auch mehr als einsichtig, mit der Vernichtung des Unkrauts bis zur Ernte hin zu warten (Mt 13,24–30) – letztlich jedoch nimmt alle diese und andere Selbstverständlichkeiten nur der wahr, der zuzuschauen vermag und auch zuzuschauen bereit ist. Mit Haenchen wird man daher formulieren dürfen, daß Jesus „die Natur und das Leben des Menschen mit offenen Augen"[24] sah; daß er „nicht blind, von den Scheuklappen einer eschatologischen Idee gegen alles andere abgeschlossen, durch das Land"[25] wanderte.

## 5. Übersät mit Dörfern und Städten

Galiläa war um die Zeitenwende dicht besiedelt. Will man Josephus (Vita 45) glauben, zählte das Land damals nicht weniger als 204 Dörfer und Städte, von denen nach Bell III 3,2 „selbst das kleinste Dorf über 15 000 Einwohner" hatte. Danach hätte die Gesamtbevölkerung bereits in ihrer unteren Grenze die Drei-Millionen-Marke überschritten, vier Millionen wären als Obergrenze anzuvisieren. Übereinstimmend ist man der Meinung, daß der jüdische Historiker hier maßlos übertreibt[1]; Bauer faßt seine Kritik in der Bemerkung zusammen: „... Daß dies absurder Schwindel ist, weiß man, auch ohne eine ortskundige Fachgröße wie E. W. G. Mastermann ... darüber zu befragen".[2]

Ist die Josephsche Zahlenangabe auch als Übertreibung zurückzuweisen, dürfte an ihr dennoch so viel richtig sein, daß das Land „stets dichter bewohnt war als das übrige Palästina"[3]. Als Hauptgrund nennt der jüdische Historiker – und hier sieht er wohl richtig – „die Fruchtbarkeit des Bodens" (Bell III 3,2). Sie zog die Menschen, den Dolmen nach zu schließen, schon in frühester Zeit aus den klimatisch ungesünderen und für feindliche Angriffe offenen Ebenen des Westens, Südens und Ostens hinauf ins Bergland, hielt sie fest bzw. führte sie in einer wechselvollen Geschichte durch die Jahrhunderte immer wieder zurück[4].
Für Galiläas Blütezeit um die Zeitenwende nimmt Schwöbel[5] – in Anleh-

---

[21] Vgl. *Blank*, Das Reich Gottes; *Eichholz*, aaO., S. 12 30 u. ö.; *Jeremias*, aaO., S. 9 17 u. ö.
[22] *Gnilka*, Markus I, S. 184.
[23] Vgl. *Lohmann* in: BHHW III, Sp. 1771; *Jeremias*, aaO., S. 100.
[24] *Haenchen*, Der Weg Jesu, S. 185.   [25] Ebd.
[1] Vgl. *Haag*, Bibel-Lexikon, Sp. 510; *Riehm*, Handwörterbuch I, S. 473; *Schwöbel*, Verkehrswege, S. 37: „Wenn Josephus von 204 Städten in Galiläa redet, von denen die kleinste über 15 000 Einwohner gezählt habe, so ist dies gewiß eine seiner vielen Übertreibungen."
[2] *Bauer*, Jesus der Galiläer, S. 98f.
[3] *Schwöbel*, aaO., S. 47.
[4] Vgl. *ders.*, aaO., S. 94.
[5] Vgl. *ders.*, aaO., S. 47.

nung an Socin[6] – etwa 120 Einwohner pro qkm als Dichtezahl an (zum Vergleich sei auf Ägypten, die am dichtesten besiedelte Provinz des Römischen Reiches, mit 200 oder höchstens 280 Menschen pro qkm hingewiesen[7]). Multipliziert man 120 mit der oben errechneten Gesamtfläche von 1600 qkm, ergibt sich eine Gesamtbevölkerung von 192 000 Menschen. – Zu einem anderen, aber nicht grundsätzlich abweichenden Ergebnis führt eine zweite Berechnung, die von realistischen 150 000 ha Ackerboden in Galiläa ausgeht[8]. Zieht man für den in der herodianischen Tetrarchie vorauszusetzenden Großgrundbesitz (vgl. II, 3.2.1) wenigstens 10 000 ha[9] ab und verteilt die verbleibenden 140 000 ha auf bäuerliche Kleinbetriebe mit dem damals üblichen Besitzanteil von 7 ha pro Familie[10], ergibt sich die Gesamtzahl von etwa 20 000 kleinbäuerlichen Unternehmen. Legt man weiter für jedes von diesen – wie für die damalige Zeit nachweisbar – eine Kopfzahl von durchschnittlich 6–9 Personen zugrunde[11], erhält man eine bäuerliche Bevölkerungsschicht in der Größenordnung von 120 000–180 000, nach Ben-David „höchstens 200 000–225 000 Bewohnern"[12]. Ihnen sind nun aber außer Beamten und Soldaten noch Händler, Handwerker und Fischer hinzuzuzählen. Vor allem ist die Zahl der Fischer nicht zu unterschätzen, das gesamte nördliche und westliche Ufer des Sees ist dicht besiedelt (vgl. II, 3.1.2)[13]. Hochgerechnet dürfte die Gesamtzahl der Nicht-Bauern, der Beamten, Soldaten, Handwerker, Händler und Fischer also, zwischen 50 000 und 100 000 betragen. Mit den Bauern ergibt sich eine Gesamtbevölkerung von 200 000 bis 300 000 Menschen, ein realistisches Ergebnis, das sich dem von Ben-David für ganz Palästina errechneten von 1 bis 1,25 Millionen[14] gut einpaßt.

200 000 bis 300 000 Menschen in einem nur 1600 qkm großen Gebiet sind beachtlich. Zwar mag es eine liebevolle, aus der Begeisterung erwachsene Übertreibung im Stil des Josephus sein, wenn der Autor von „Galilee in the time of Christ"[15] schreibt, daß Galiläa sich damals aus der Vogelschau fast wie ein großes Häusermeer ausgenommen habe, in dem die vielen großen und kleinen Siedlungen in dem kleinen Land fast bis zur Verschmelzung ineinander übergingen, im Kern aber trifft die Beschreibung die Wirklichkeit. Einen Eindruck von der Siedlungsdichte im Untergaliläa der Zeitenwende vermittelt eine Karte von Reicke[16], die in einem Ausschnitt von 23 auf 29 km nicht weniger als 48 Dörfer und Städte verzeichnet (M 32)[17]. Erst auf diesem,

---

[6] Socin in: Enc. Bibl. § 21.
[7] Vgl. Ben-David, Talmudische Ökonomie, S. 46.     [8] Vgl. Ben-David, aaO., S. 48.
[9] Aufgrund des Fehlens jedes Zahlenmaterials kann der Großgrundbesitz nur geschätzt werden; 10 000 ha dürften eher zuwenig als zuviel sein.     [10] Vgl. Ben-David, aaO., S. 44.
[11] Vgl. ders., aaO., S. 44ff.
[12] Vgl. ders., aaO., S. 48.
[13] Nach Bell II 21, 4 zählt Magdala 40 000 Einwohner, eine Zahl, die ebenfalls als Übertreibung zu bewerten ist, nichtsdestoweniger die Dichte der Bevölkerung beweist.
[14] Vgl. Ben-David, aaO., S. 46.
[15] Merill, Galilee in the time of Christ, 1891; zitiert nach Schwöbel, Verkehrswege, S. 37.
[16] BHHW II, Sp. 1293f.
[17] Avi-Yonah, Geschichte der Juden im Zeitalter des Talmud, S. 19, kann zwar nicht die 204 Dörfer und Städte des Josephus bestätigen, doch gelingt es ihm, nicht weniger als 63 jüdische Gemeinden vor 70 n Chr zu identifizieren.

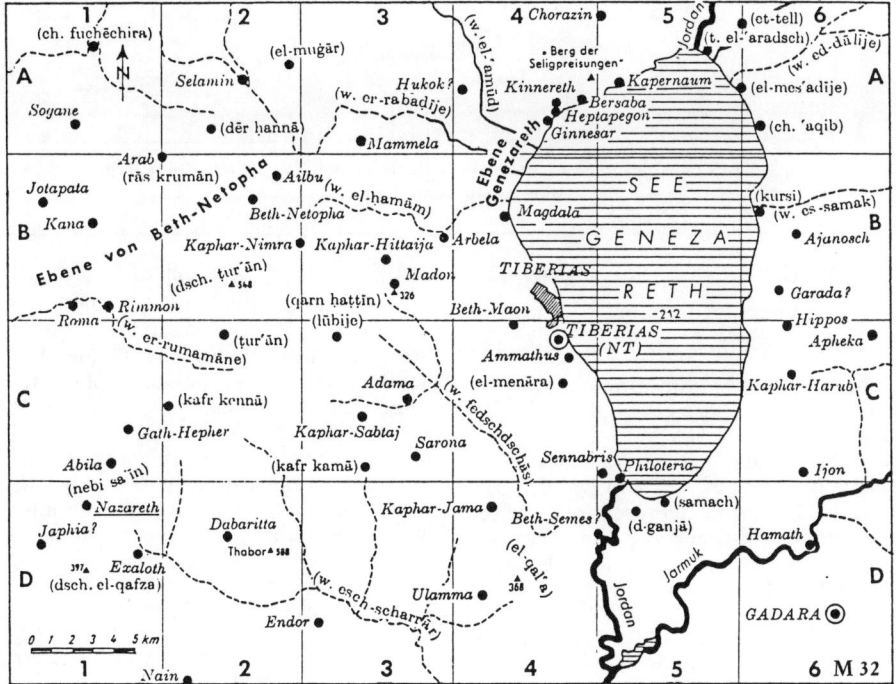

**Untergaliläa und die Landschaft am See Gennesaret um die Zeitenwende**
Die Karte verzeichnet 48 Ortschaften, Dörfer und Städte; acht von ihnen finden sich in den Evangelien erwähnt: Kana, Nazaret und Nain auf einer westlichen (vgl. 1/2), Chorazin, Kafarnaum, Kinnéret (= Gennesar), Magdala und Tiberias auf einer östlichen Linie (vgl. 4/5). Warum sich ihre Namen erhalten haben, andere dagegen vergessen wurden, ist eine schwierige Frage, auf die es nicht nur eine Antwort gibt.

der historischen Wirklichkeit angenäherten Hintergrund wird die Kargheit der Evangelien bewußt, die an galiläischen Ortsnamen insgesamt nur sieben überliefern, neben Nazaret und Kana in Untergaliläa allein noch Kafarnaum, Chorazin, Gennesar, Magdala und Tiberias im Einbruchgraben des Sees Gennesaret (vgl. M 46)[18].
Schwerpunkte galiläischer Besiedlung lagen am fischreichen See Gennesaret und im klimatisch günstigen Westen des Unterlandes[19]; im Oberland fehlten wegen der Abgeschlossenheit und Verkehrsfeindlichkeit des Gebirges größere Ortschaften[20], doch boten die engen und tiefen Täler, aber auch die Gipfel und Höhenrücken der Berge Dörfern günstige Bedingungen[21], neben einem fruchtbaren Boden und Wasserreichtum vor allem Schutz vor Feinden. Wie überhaupt infolge der überwiegend

---

[18] Zwei weitere Orte, Betsaida am Nordufer des Sees Gennesaret (s. o.) und Nain in der Jesreel-Ebene (Lk 7, 11), liegen zwar im näheren Umland von Galiläa, gehören ihm aber nicht mehr zu.

[19] Vgl. *Schwöbel*, aaO., S. 94 f und 112–114.
[20] Vgl. *ders.*, aaO., S. 103.
[21] Den Siedlungsbedingungen widmet *Schwöbel*, aaO., S. 143 f, einen weiten Raum.

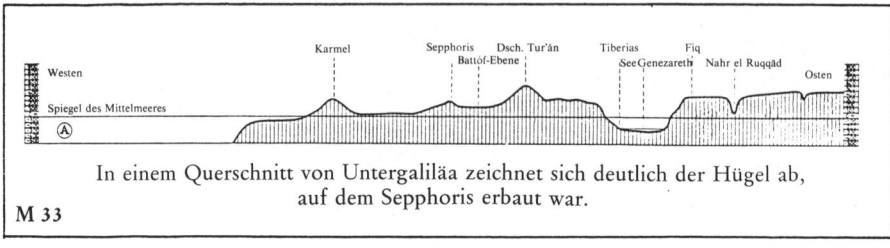

In einem Querschnitt von Untergaliläa zeichnet sich deutlich der Hügel ab, auf dem Sepphoris erbaut war.

M 33

landwirtschaftlichen Beschäftigung der Bevölkerung kleinere Siedlungen vorherrschten[22].

– Mehrheitlich wohnte man in *Dörfern* mit etwa 400 bis 600 Einwohnern; Weiler und Einzelsiedlungen waren, weil zu gefährdet, selten[23]. Ein typisches Dorf dürfte Nazaret gewesen sein (vgl. I, 5.3).
– Den Dörfern übergeordnet waren *Landstädte*[24], bedeutsame und weniger bedeutsame. Entsprechend ihrer Einwohnerzahl unterteilt Ben-David sie in vier Gruppen, in Städte mit a) 600–1000 Einwohnern; b) 1000–1600 Einwohnern; c) 1600–2500 Einwohnern und d) 2500–7500 Einwohnern[25]. Das Kafarnaum Jesu dürfte der zweiten oder dritten Gruppe zugehört haben (vgl. I, 5.2).
– Die Landstädte unterstanden ihrerseits wiederum sog. *Großstädten.* Von jenen unterschieden sie sich außer durch eine höhere Einwohnerzahl (10000–60000 Einwohner)[26] vor allem durch öffentliche und kulturelle Einrichtungen wie Behörden, Banken, Theater, Hippodrom[27]. Das Galiläa Jesu zählte nur drei solcher Großstädte, außer dem wirtschaftlich bedeutsamen Magdala und dem politisch wichtigen Sepphoris das spät gegründete Tiberias.
Anklänge an eine Differenzierung wenigstens zwischen Dorf und Landstadt finden sich auch in den Evangelien: Überaus häufig (insgesamt 82mal) schreiben sie πόλις/pólis (Stadt), seltener dagegen (nur 26mal) κώμη/kōmae (Dorf); Mk 1,38 weiß von einer κωμοπόλις/kōmopólis, das Luther mit „Stadt", die Einheitsübersetzung mit „Dorf" übersetzt. Gegen Schürer[28], der im markinischen κωμοπόλις/kōmopólis eine besondere Kategorie von Orten sieht, vermutet Alt[29] eher eine sekundäre Textentstellung. Wie willkürlich man tatsächlich die Terminologie gebrauchte, zeigt beispielhaft Lk 2,4, das Betlehem πόλις Δαυίδ/pólis Davíd nennt, während Joh 7,42 von κώμη/kōmae spricht.

Im folgenden soll nun durch die Darstellung des großstädtischen *Sepphoris,* des landstädtischen *Kafarnaum* und des dörflichen *Nazaret* ein Stück der geographischen Umwelt Jesu weiter konkretisiert werden.

### 5.1 Sepphoris in Untergaliläa – die erste der zwei Hauptstädte

Nach einer späten Tradition aus dem 3. Jh nChr hat Sepphoris[30], abzuleiten von dem aramäischen „sippori" (=Vogel), seinen Namen erhalten, weil es einem Vogel gleich auf einem Berggipfel „sitzt"[31].
In unserem Bemühen um seine Rekonstruktion in dem uns interessierenden Zeitraum des 1. Jhs nChr können wir zu-

---

[22] Vgl. *Avi-Yonah,* aaO., S. 19: „Die Juden Galiläas waren nicht in ein paar Großstädten konzentriert, sondern bildeten eine auf großen Flächen seßhafte Landbevölkerung." – Nach *Ben-Sasson,* Geschichte des jüdischen Volkes I, S. 321, war gegen Ende des Zweiten Tempels „die dörfliche Struktur für viele Juden noch immer das Grundmuster der Besiedlung".
[23] Vgl. *Schwöbel,* aaO., S. 91.

[24] Vgl. *Ben-David,* aaO., S. 48–57.
[25] Vgl. *ders.,* aaO., S. 49.
[26] Vgl. *ders.,* aaO., S. 52.
[27] Vgl. ebd.
[28] Vgl. *Schürer,* Geschichte II, S. 227.
[29] Vgl. *Alt,* Die Stätten des Wirkens Jesu in Galiläa, S. 437 Anm. 1.
[30] Zu Sepphoris vgl. *Schürer,* aaO., II, S. 209–213; *Dalman,* Orte und Wege Jesu, bes. S.

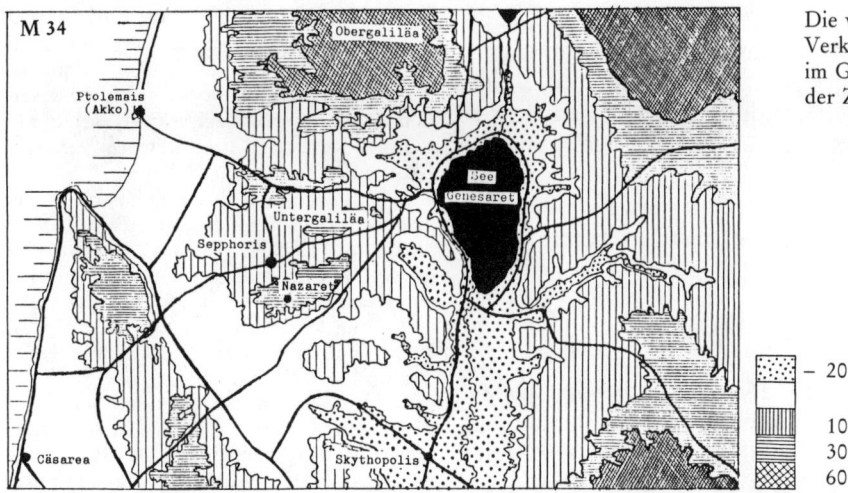

Die wichtigsten Verkehrswege im Galiläa der Zeitenwende

rückgreifen auf Josephus und einige wenige rabbinische Quellen, aber auch auf (leider nur bescheidene) archäologische Ausgrabungen.

5.1.1 Zur Lage der Stadt

Sepphoris, von etwa 3 v Chr bis 18/20 n Chr Hauptstadt von Galiläa und Residenz des Herodes Antipas, lag, „umgeben von vielen Dörfern, ... im Herzen" (Vita 65) des galiläischen Unterlandes, am unteren Rand der Battof-Ebene, fünf Kilometer nordwestlich von Nazaret, ziemlich genau in der Mitte zwischen Mittelmeer und See Gennesaret (vgl. M 33). Verkehrsmäßig war es an zwei wichtige Straßen angebunden, 1. an die Via Maris, die „Autobahn" der Antike, durch eine von Südwesten nach Nordosten verlaufende Direktverbindung; 2. an die für den galiläischen Auslandsexport (vgl. II, 3.1.4) entscheidende Route zwischen dem See Gennesaret im Osten und der syrophönizischen Hafenstadt Ptolemais im Westen über eine Querverbindung nach Norden (vgl. M 34)[32].

Die Hügellage verlieh der Stadt eine natürliche Sicherheit (Bell III 2,4), darüber hinaus aber auch eine gute und angenehme, wenn auch etwas kühle Luft, die Kranke vor allem aus den Ebenen und dem Grabenbruch mit ihrem heißen und dumpfen Sommerklima zur Erholung anlockte[33].

Die ganze Umgebung von Sepphoris wurde als furchtbar gerühmt: Nach den Rabbinen floß das Land in einem

---

85 ff 108 f und 120 f; *Klein*, Beiträge, bes. S. 26–41; *Schwank*, Das Theater von Sepphoris, S. 199–206; *Avi-Yonah/Stern*, Sepphoris, in: Encyclopedia IV, S. 1051–55 (Lit.); *Freyne*, Galilee, S. 122–128.

[31] Vgl. *Klein*, aaO., S. 26.

[32] Zu den Straßen Galiläas zur Zeit Jesu vgl. *Oehler*, Ortschaften, S. 70; *Schwöbel*, aaO., S. 57–88; *Ben-David*, aaO., S. 265–269; *Aharoni*, Das Land der Bibel, S. 43–63. – Die Karte wurde in Anlehnung an *Baly*, Geographisches Handbuch, Karte X, gezeichnet. Die Untersuchungen zum Straßensystem in Galiläa stimmen nur teilweise überein; selbst im Verlauf der Via Maris weichen die Darstellungen voneinander ab. Aus der Vielzahl der Angebote wurde obige Karte ausgewählt, an ihr orientieren sich nachfolgende Untersuchungen.

[33] Vgl. *Klein*, aaO., S. 27.

Umkreis von 16 Meilen um die Stadt von Milch und Honig[34]. Wahrscheinlich gehörten große Teile der zu Füßen liegenden Battof-Ebene dem Herrscherhaus bzw. Großgrundbesitzern (vgl. II, 3.2.1), die Stadt war „from the start ... a Jewish aristocratic city in the heart of fertile Galilee"[35].

5.1.2 Geschichtlicher Überblick

Sepphoris zählt nicht zu den Orten Palästinas mit großer Geschichte; das von den Anfängen bis zur Zeitenwende Wichtige läßt sich in wenigen Punkten auflisten:

– Eine frühe Besiedlung des untergaliläischen Hügels zeigt die Entdeckung einer Grabanlage aus der Eisenzeit (von ca. 1200–1000 v Chr) an[36]; im Alten Testament wird Sepphoris nicht erwähnt.
– Ihre herausragende Bedeutung als Verwaltungszentrum von ganz Galiläa in der hasmonäischen Zeit (Ant XII 12,5) behält die Stadt auch nach der Eroberung Palästinas durch Pompejus im Jahre 63 v Chr[37]; um 57–55 v Chr richtet Gabinius in ihr eines seiner fünf „Synedrien" ein (Bell I 8,5).
– Als Herodes (vgl. II, 2.1) um 40 v Chr, von Rom als „König der Juden" zurückgekehrt, auf einem Eroberungszug nach Galiläa kommt, erreicht er Sepphoris in einem heftigen Schneegestöber; da die Besatzung geflohen ist, kann er die Stadt ohne Mühe einnehmen und „seine vom Unwetter mitgenommenen Soldaten mit den reichlich vorhandenen Lebensmitteln versorgen" (Bell I 16,2).
– Aus einem fast 40jährigen Dunkel der Geschichte erhebt sich Sepphoris erst wieder beim Tod des Herodes im Jahre 4 v Chr: Unter Judas dem Galiläer, dem Sohn des Hiskia, den Herodes noch als Statthalter von Galiläa 47 v Chr hatte hinrichten lassen (Bell I 10,5), wird es zum Zentrum des Widerstandes (vgl. II, 2.3). Als solches wird es von Varus[38], dem römischen Statthalter von Syrien, und seinen Soldaten niedergebrannt; seine Bewohner werden in die Sklaverei verkauft (Ant XVII 10,9; Bell II 5,1).
– Mit der Teilung des Reiches unter die drei Herodessöhne (Bell II 6,3) fällt Sepphoris an Herodes Antipas (4 v Chr – 39 n Chr). Dieser macht es, wahrscheinlich aus strategischen Gründen, bis zur Neugründung von Tiberias im Jahre 17/18 n Chr (Bell II 9,1) zur Hauptstadt seiner Tetrarchie. Die Zerstörung durch Varus gibt ihm Gelegenheit, die neue Stadt von ca. 2 v Chr bis etwa 8/10 n Chr so aufzubauen, daß sie nach Josephus als „Zierde von ganz Galiläa" (Ant XVIII 2,1) gilt.
– Obwohl von Josephus als dem Organisator des Widerstandes in Galiläa zusätzlich stark befestigt (Bell III 4,1), stellt sich die Stadt im Jüdischen Krieg (66–70 n Chr) auf die Seite der Römer. Als römischer Kampfbeobachter wird Josephus später die Einwohner von Sepphoris „die einzigen friedlich gesinnten Bürger dieser Provinz" (Bell III 2,4) nennen.

5.1.3 Die Stadt zur Zeit Jesu

Die Hoffnung auf exakte, archäologisch verifizierte Daten im Falle von Sepphoris ist gering, da Israel, bei seinen archäologischen Untersuchungen immer auf der Suche nach der eigenen Identität, sich bisher am sepphorinischen Hügel wenig interessiert zeigte. Dennoch läßt sich anhand literarischer und archäologischer Zeugnisse ein ungefähres Bild von der ehemaligen galiläischen Hauptstadt zeichnen.

a) Die Stadt, die von einer *Mauer* umgeben und mit Toren versehen war (Vita 65. 67), hatte ihren Mittelpunkt in einer festen *Burg* (Vita 67) auf der Höhe des Hügels (vgl. M 36). Von ihr haben sich bis heute Reste in

---

[34] Vgl. Meg. 6ª, Keth. 111ᵇ.
[35] *Freyne*, aaO., S. 128.
[36] Vgl. *Avi-Yonah/Stern*, Sepphoris, S. 1051.
[37] Vgl. *Reicke,* Neutestamentliche Zeitgeschichte, S. 61 ff.
[38] Gemeint ist Quinctilius Varus, der durch die Schlacht im Teutoburger Wald im Jahre 9 n Chr unrühmlich bekannt wurde.

einem viereckigen, stumpfen Turm erhalten (vgl. M 35), dessen Mauerwerk in seiner nordöstlichen Partie aus herodianischer Zeit stammt. Auf Herodes I. (37–4 v Chr) weist eindeutig die Kantenbearbeitung an einigen Dutzend Quadern hin, die die gleiche ist, die man auch an der Umfassungsmauer des Jerusalemer Tempelbezirks, hier vor allem an der Südostecke, der sog. „Zinne des Tempels", und an der Westmauer, der sog. „Klagemauer", beobachten kann. Die nur wenige Meter aufragenden Reste lassen einen mächtigen und imposanten Gebäudekomplex erahnen.

b) Von Herodes Antipas sicherlich wieder aufgebaut wurden, soweit von Varus und seinen Truppen zerstört, die *Zeughäuser* für die Lagerung von Waffen (Ant XVII 10, 5; Bell II 4, 1), die *Bank* (Ant XVII 10, 5) und das *Gericht* (Bell I 8, 5). Talmudische Quellen erwähnen zwei *Märkte*, einen oberen und einen unteren Markt[39].

c) Ein beeindruckendes Zeugnis hellenistischer Kultur, ein *römisches Theater*, förderte eine von Juli bis September 1931 von der Universität Michigan durchgeführte Grabung zutage[40]. Die Überraschung war um so größer, als Josephus es in keinem seiner zahlreichen Texte über Sepphoris erwähnt. Der Bauherr ist nicht mehr mit Sicherheit festzustellen. Vieles spricht für Herodes Antipas, ausgeschlossen wird auch nicht, daß Herodes I. es anlegen ließ[41].

M 35

Der herodianisch-türkische „Turm", den der Besucher heute auf dem Gipfel des Hügels von Sepphoris vorfindet.
Deutlich sind in seiner nordöstlichen Ecke die Quader mit der für die herodianische Zeit typischen Kantenbearbeitung zu erkennen.

Die von der amerikanischen Expedition freigelegten Teile des Theaterkomplexes gibt gut Höhenkarte M 36 zu erkennen; Waterman, der Ausgrabungsleiter, ergänzte sie mit Hilfe anderer Grundrißzeichnungen zu einem wahrscheinlichen Ganzen (M 37). Mit einer Größe von 37 m im Durchmesser, die 4000–5000 Sitzplätze ermöglichte, beanspruchte die Anlage – bei einer maximalen Hügellänge von nur etwa 200 m und einer maximalen Hügelbreite von etwa 100 m – einen beachtlichen Teil des für die Stadt notwendigen Berggeländes. Man wird daher in ihm weniger eine „königlich"-private als eine öffentliche Bühne sehen dürfen, die den musischen Künsten wie aber auch der politischen Belehrung diente.
Das sepphorinische Theater lehnte sich – unter geschickter Ausnutzung des abfallenden Geländes – am nordöstlichen Steilabhang des galiläischen Hügels an. Zwei horizontale Umgänge teilten sein Halbrund in drei rangartige, vertikale Aufgänge in mehrere keilförmige Abschnitte[42]; offenbar rechnet Waterman

[39] Belege in: *Klein*, aaO., S. 31 Anm. 5.
[40] *L. Waterman*, Preliminary Report of the University of Michigan Excavations at Sepphoris, Palestine, in 1931, Ann Arbor University of Michigan Press 1937, S. 18. – Ein zweispaltiger Forschungsbericht in: *Avi-Yonah/*

*Stern*, Sepphoris, S. 1053 (Lit.).
[41] Vgl. *Waterman* in: Excavations at Sepphoris, 1937, bes. S. 29 Anm. 51.
[42] Zum römischen Theater vgl. *Kößling*, Theater, in: Lexikon der Antike, S. 566.

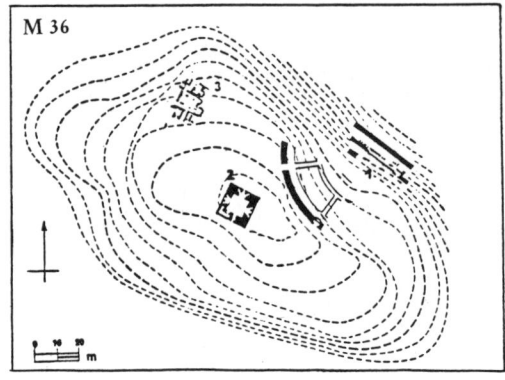

**Der Hügel von Sepphoris** in seiner Höhenschichtung (Höhenkarte); die Höhenringe lassen einen Steilabfall vor allem im Südwesten und im Nordosten erkennen.
Der Hügel bewahrt archäologisch interessante Reste:
1. Ruinen eines römischen Theaters;
2. herodianisches Mauerwerk;
3. Reste einer von den Kreuzfahrern erbauten Basilika.

mit unterirdischen Zugängen (s. die Öffnungen im 2. Rang). – Das Theater besaß eine halbrunde Orchestra (kreisrund war sie in griechischen Anlagen), die zum Zuschauerraum hin durch eine Steinbrüstung abgetrennt war, auf deren mit Marmor belegtem Boden die Sessel für den herrscherlichen Besuch standen. – Zur Ebene hin begrenzte den Halbkreis aus Zuschauerraum (Cavea) und Orchestra ein vermutlich mehrgeschossiges, an beiden Seiten vorragendes Bühnengebäude, die sog. Scaena, die in ihrer dem Publikum zugewandten Front mit Säulen und Gemälden geschmückt war. – Vor ihr erstreckte sich, etwa 1,50 m über dem Niveau der Orchestra, die Bühne in Gestalt eines hölzernen Bretterbodens. Zugänglich war sie durch Türen in der Skenenwand und in den beiden Seitengebäuden wie auch über Stufen von der Orchestra her.
Das Angebot der in Sepphoris zu vermutenden Darbietungen reichte von klassi-

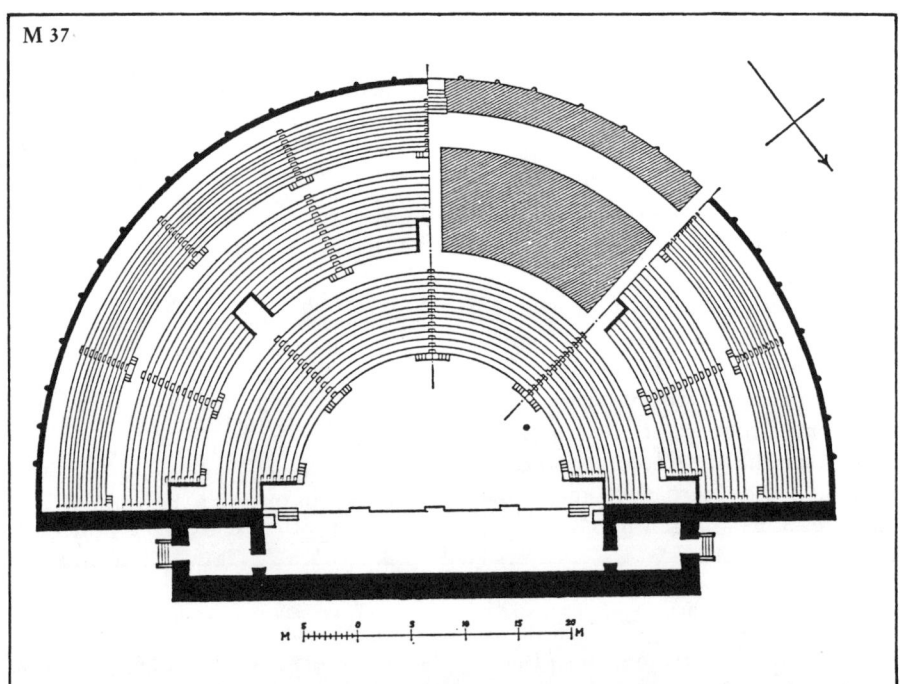

Ergänzter Grundriß des Theaters von Sepphoris (nach L. Waterman).

schen Dramen über zeitgenössische Stücke in damaligem Griechisch, der Koiné[43], bis zu Pantomimen[44]. Als Zuschauer war nicht nur der Hof mit seiner Beamtenschaft, sondern das ganze Volk der Stadt und des Umlandes, Juden wie Heiden, geladen; „zu den Aufführungen hatten selbst Kinder Zutritt, Sklaven jedoch allenfalls bedingt"[45]. Der Besuch war unentgeltlich.

d) Obwohl archäologisch erst für das 4. Jh nChr[46], literarisch allerdings schon für das 2. Jh n Chr bezeugt[47], ist dennoch davon auszugehen, daß es in Sepphoris vor 70 n Chr nicht nur eine *Synagoge* gab[48]. Dafür sprechen zum einen, daß – wie gleich unten zu belegen – „the population was Jewish"[49], zum anderen, daß die Existenz von Synagogen um die Zeitenwende für jede Stadt mit jüdischer Bevölkerung gesichert scheint (vgl. II, 4.1.1).

e) Mit Wasser versorgte sich die Stadt aus einer *Quelle* und aus *Brunnen*[50], vermutlich auch aus *Zisternen*[51]. Die rabbinischen Angaben ergänzt die Archäologie durch den Nachweis eines sorgfältig ausgebauten Wassersystems im Osten, eines Aquäduktes, welches teilweise auf einem gemauerten Untergrund, teilweise als Tunnel in den Felsen gehauen war[52].

In der *Zusammenschau* betrachtet, glich Sepphoris nach seinem Wiederaufbau durch Antipas den hellenistischen Städten in der nahen Dekapolis: dem nur etwa 40 km entfernten Skythopolis, dem gleich nah gelegenen Hippos, dem beiden benachbarten Gadara und den übrigen Städten des hellenistischen Städteverbandes[53]. Vermutlich war in der galiläischen Hauptstadt aufgrund des nicht sehr großen Hügels, der die Maße vorgab, alles etwas kleiner und bescheidener, auch fehlten sicherlich heidnische Tempel und Kultstätten, in der Konzeption aber stimmte sie, da von einem Liebhaber und Förderer der hellenistischen Kultur erbaut, mit jenen überein.

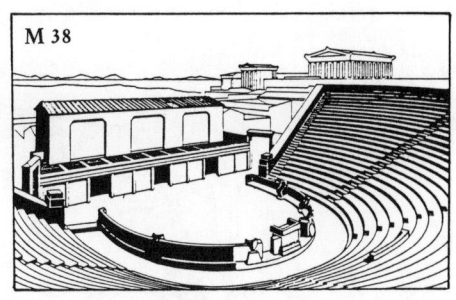

M 38

Zu einer konkreteren Vorstellung der Anlage von Sepphoris verhilft trotz einiger Differenzen (s. z.B. die nicht von der Orchestra abgehobene Bühne) die isometrische Darstellung des Theaters von Priene (aus: K. Papaioannou, Griechische Kunst, Freiburg ²1973, S. 572), einer „hellenist. Kleinstadt" (Heres, in: Lexikon der Antike, S. 450) im ionischen Kleinasien.

---

[43] Nach *Schwank*, Das Theater von Sepphoris, S. 204, verhielt sich die sog. Koiné zum klassischen Griechisch wie das heutige Amerikanisch zum Englischen.
[44] Vgl. *Kempinski/Avi-Yonah*, Syrien – Palästina II, S. 168; *Schwank*, aaO., S. 202 ff.
[45] *Kößling*, Theater, in: Lexikon der Antike, S. 566.
[46] Vgl. *Hüttenmeister/Reeg*, Die antiken Synagogen in Israel I, S. 418.
[47] Belege in: *Klein*, aaO., S. 32 Anm. 4; *Krauss*, Synagogale Altertümer, S. 210 f.
[48] Vgl. *Dalman*, Jesus – Jeschua, S. 3.
[49] *Freyne*, Galilee, S. 123.
[50] Belege in *Klein*, aaO., S 32 Anm. 1 und 3.
[51] Vgl. den Höhlen- u. Zisternenreichtum im benachbarten Nazaret.
[52] *Avi-Yonah/Stern*, Sepphoris, S. 1053; *Freyne*, aaO., S. 124.
[53] Zu den hellenistischen Städten der Dekapolis vgl. *Schürer*, Geschichte II, S. 94–222.

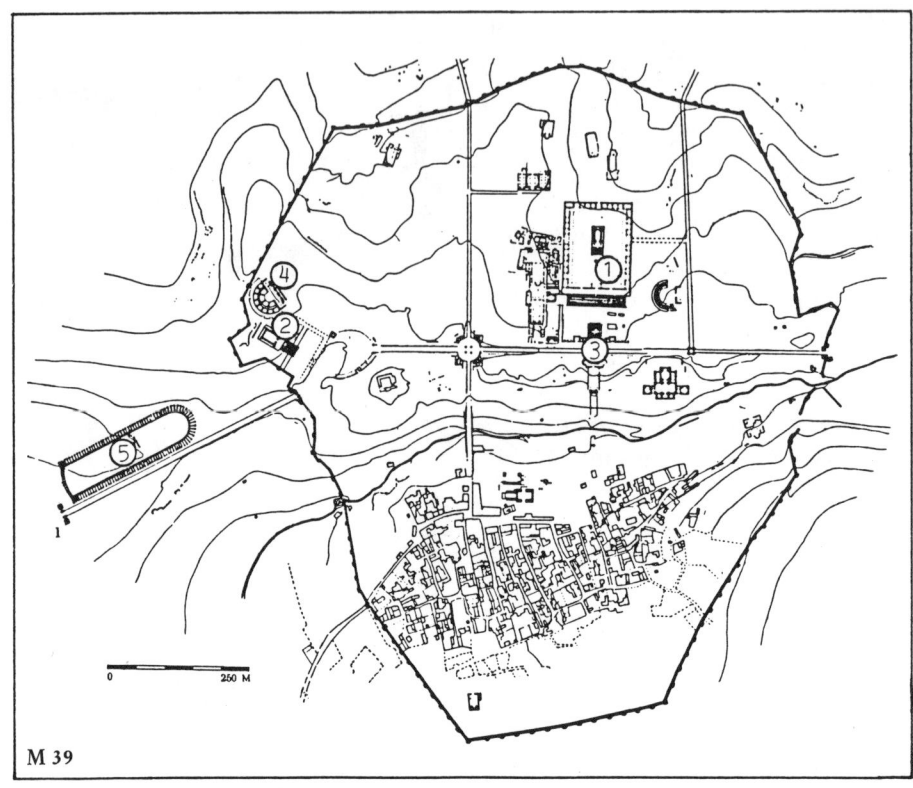

**Gerasa,** 55 km südöstlich des Sees Gennesaret im Ostjordanland, ist in neutestamentlicher Zeit ein bedeutender Handelsplatz. Im 1. und 2. Jh n Chr wird es mit eindrucksvollen Beispielen hellenistischer Städtebaukunst ausgestattet, u. a. mit zwei gewaltigen Tempelanlagen (1 und 2), einer prachtvollen Säulenstraße (3), einem Theater für ca. 4500 Zuschauer (4) und einem Stadion (5).

Wie hellenistische Städte angelegt waren, läßt sich gut an Gerasa, dem heute vielbesuchten Djerasch in Jordanien, demonstrieren[54]. In jahrzehntelangen Ausgrabungskampagnen hat die Archäologie den gerasinischen Stadtplan freigelegt (vgl. M 39) und uns in ihm wertvolle Informationen über hellenistische Architektur und Baukunst an die Hand gegeben: Eine weitgezogene Stadtmauer umschließt im Süden die alte, semitische Siedlung mit ihrem undurchsichtigen Gewirr von Gassen und Hütten, im Norden, durch einen Fluß getrennt, das „moderne" Viertel. Ein breiter, von mächtigen Säulen gefaßter Cardo durchzieht es von Westen nach Osten, ebenso gerade Seitenstraßen erschließen es nach Norden und teilweise auch nach Süden hin. Den alles beherrschenden Artemistempel in der Mitte umgeben auf allen vier Seiten Tempel, Theater und Foren; die sie offenlassenden Zwischenräume füllten vermutlich, heute nur mehr in wenigen Ansätzen erkennbar, prunkvolle Villen reicher Bürger. Einer faszinierenden Pracht in der Nordhälfte steht semitische Armut in der Südhälfte gegenüber, der Gegensatz könnte nicht größer sein.

In gleicher Weise auch dürfte die Stadtmauer von Sepphoris zwei „Welten" umschlossen haben, eine

---

[54] Zu Gerasa vgl. *Andreae,* Römische Kunst, S. 592f; *Kroll,* Auf den Spuren Jesu, S. 343f (Reg.).

enge, schmutzige, ungeordnete in den Randzonen der Stadt, heutigen Slums vergleichbar, und eine großzügig geplante, von kunstverzierten Gebäuden besetzte auf dem Gipfel des Hügels, von dem aus sich dem Besucher heute noch der gleiche faszinierende Rundblick bietet wie den Menschen vor 2000 Jahren.

### 5.1.4 Bevölkerung aus Juden und Heiden

Doch wenn auch zweifellos hellenistisch in seiner Anlage, wie hellenistisch aber war Sepphoris in seinen Bewohnern?
Die Frage wird unterschiedlich beantwortet: Daß die untergaliläische Hauptstadt wie auch Tiberias „einen starken Prozentsatz heidnischer Bevölkerung"[55] aufwies, sucht Bauer in seinem Beitrag „Jesus der Galiläer"[56] nachzuweisen; zusammenfassend spricht er gar von dem „halbheidnischen Sepphoris"[57], das von einer „synkretistische(n) Umwelt"[58] umgeben wurde. In die gleiche Richtung auch schauen Kopp und Wilhelm: Für ersteren hatten Sepphoris und Tiberias in den Tagen Jesu „ein wesentlich hellenistisch-heidnisches Gepräge"[59], nach letzterem war „die Bevölkerung ... zur Zeit des NT vorwiegend hellenistisch"[60]. – Ihnen und anderen stehen Forscher wie Klein, Schürer, Alt, Ben-Sasson und Freyne entgegen: Daß „der überwiegende Teil der zahlreichen Bewohner von Sepphoris ... Juden"[61] waren, entnimmt Klein rabbinischen Quellen. Schürer kommt zu dem Ergebnis, daß im herodianischen Sepphoris die Bevölkerung zwar „nicht mehr eine rein jüdische", aber doch noch „eine vorwiegend jüdische"[62] war. Nach Alt gelingt es Antipas zwar nicht, „den neuen Städten eine einigermaßen einheitliche Bevölkerung zu geben", doch bildeten die Israeliten „nicht nur in der Gesamtbevölkerung der neuen Städte, sondern auch in ihrer Bürgerschaft die Mehrheit"[63]. Für Ben-Sasson schließlich waren „ohne Zweifel ... die Juden in der Überzahl"[64], für Freyne „there is no question that the population was Jewish"[65].
Wie ist hier zu entscheiden? – Eine Antwort fällt nicht leicht, aufs Ganze gesehen aber spricht mehr für eine jüdische als für eine heidnische Majorität in Sepphoris.

– Ein Argument, das selten nur gewürdigt wird, nichtsdestoweniger schwerwiegt, macht sich im Charakter des galiläisch-peräischen Tetrarchen fest. Jesus nennt ihn in einem als authentisch anzusehenden Wort in Lk 13, 32[66] treffend einen „Fuchs" – der Fuchs aber ist im Judentum zugleich Symbol für Niedrigkeit und Schläue[67]. Seine Schläue bestätigt Antipas seinerseits durch eine Politik, die ihm erlaubt, offenbar ohne größere Schwierigkeiten länger als vier Jahrzehnte (von 4 v Chr – 39 n Chr) über ein rebellisches (s. Zeloten), hoch empfindliches

---

[55] *Bauer,* Jesus der Galiläer, in: *Bauer,* Aufsätze und kleine Schriften, S. 92.
[56] *Ders.,* aaO., S. 91–108.
[57] *Ders.,* aaO., S. 102.
[58] *Ders.,* aaO., S. 105.
[59] *Kopp,* Die Heiligen Stätten, S. 214.
[60] *Wilhelm* in: BHHW III, Sp. 1772.
[61] *Klein,* Geographie und Geschichte Galiläas, S. 35.
[62] *Schürer,* aaO. II, S. 210 und Anm. 494.
[63] *Alt,* Kleine Schriften II, S. 433.
[64] *Ben-Sasson,* Geschichte des jüdischen Volkes I, S. 324.
[65] *Freyne,* aaO., S. 123.
[66] Vgl. *Schneider,* Lukas II, S. 308 f; *Grundmann,* Lukas, S. 287 f.
[67] *Strack/Billerbeck* II, S. 200.

Galiläa zu herrschen. Um die für diese Politik unerläßliche Gunst seiner Untertanen zu gewinnen, reist er zu den Wallfahrtsfesten nach Jerusalem (vgl. Lk 23,7); verzichtet er darauf, Münzen mit seinem Bildnis prägen zu lassen[68]; vermittelt er in einem Streit der Juden mit Pilatus, der im Herodespalast zu Jerusalem goldene Kaiserbilder aufstellen wollte[69]. Und diesen Vorschuß an Sympathie, den er für eine beruhigte und beruhigende Regentschaft über dieses unruhige Land dringend benötigte, sollte er dadurch gefährden, daß er Sepphoris, eine kleine Stadt mit nur 15000–22000 Einwohnern[70], zu einer heidnischen Metropole machte, nicht etwa aus praktischen und politischen Gründen, sondern eher aus Gründen des Prestiges und des Ansehens? – Eine solch unkluge, weil weithin provozierende Aktion paßt nicht zu der von Jesus und der aktuellen Politik bestätigten Schläue des Tetrarchen. Auf den Versuch einer Majorisierung der heidnischen Bevölkerung in der Landeshauptstadt hätte das von Freiheitsrausch und Fremdenhaß gepackte Galiläa erwartungsgemäß mit Aufstand reagiert; von einem solchen während der Regierungszeit des Antipas hören wir jedoch nichts.
– Daß die Hellenisten selbst in dem nur mit Schwierigkeiten besiedelten Tiberias schwach vertreten waren, erschließt Alt[71] aus der Tatsache ihrer Ausmordung durch die Mehrheit der Bevölkerung im Jahre 67 n Chr zu Beginn des Jüdischen Krieges (vgl. Vita 12). Bauer[72], der in den Bauwerken heidnischen Stils (vgl. Vita 65 ff) und in der hellenistischen Verfassung der Stadt (Bell II 21,3 und Vita 27) ein Indiz für einen starken heidnischen Bevölkerungsanteil sieht, ist zu entgegnen, daß selbst Jerusalem im 1. Jh nChr in hellenistischem Glanze erstrahlte[73], nichtsdestoweniger das Zentrum des Judentums war.

– Selbst die Tatsache, daß Sepphoris sich im Jüdischen Krieg (66–70 n Chr) auf die Seite der Römer stellt und seinen Bürgern jede Hilfeleistung für das belagerte Jerusalem verbietet – eine Tatsache, die Bauer[74] als wichtigen Hinweis auf einen größeren Anteil von Heiden in der Stadt wertet –, verliert viel von ihrer Beweiskraft, vergegenwärtigt man sich erst die Situation, aus der heraus die Stadt sich für diese Zurückhaltung entschied. Mochten inzwischen auch 70 Jahre vergangen sein, seitdem die Truppen des Varus im Jahre 4 v Chr die Stadt niedergebrannt und die Bevölkerung in die Sklaverei verkauft hatten (Ant XVII 10,9; Bell II 5,1), die Erinnerung an die Katastrophe war dennoch wachgeblieben. Wenn man sich heute für die Römer entschied, so geschah es aus der begründeten Angst vor der Grausamkeit römischer Sanktionen. Schürer sieht daher richtig, wenn er die Ereignisse aus dem Jahre 4 v Chr als „Wendepunkt in der Geschichte"[75] von Sepphoris bezeichnet. Aus dem Schicksal ihrer Vorfahren hatten die Sepphoriner gelernt sich anzupassen. Wieweit diese Römerfreundlichkeit allerdings echt und überzeugt war, ist eine andere Frage; dem politischen Beobachter jedenfalls genügte sie.
– Und schließlich noch eine letzte positive Beobachtung: Sepphoris war – wie Büchler in seiner Untersuchung über „Die Priester und der Kultus im letzten Jahrzehnt des jerusalemischen Tempels"[76] nachweisen kann – die einzige Stadt außerhalb Judäas, in der mit Sicherheit bereits vor dem Schicksalsdatum 70 n Chr Priester, besonders von vornehmer Herkunft, gewohnt haben[77], und zwar „in engerem Zusammenschluß" und „in großer Zahl"[78]. Daß sie trotz der Entfernung von etwa 140 km, die es allein zur Erledigung des Tempeldienstes in Jerusalem zweimal im Jahr zu überwinden galt (vgl.

---

[68] Vgl. *Reicke,* aaO., S. 92.
[69] Vgl. *ders.,* aaO., S. 92 u. S. 141.
[70] Vgl. *Ben-David,* aaO., S. 52.
[71] Vgl. *Alt,* aaO. II, S. 433 Anm. 4.
[72] Vgl. *Bauer,* Jesus der Galiläer, S. 92.
[73] Vgl. hierzu *Mazar,* Der Berg des Herrn, bes. S. 70–80, und *Otto,* Jerusalem – die Geschichte der Heiligen Stadt, bes. S. 127–173.
[74] Vgl. *Bauer,* aaO., S. 92.
[75] *Schürer,* aaO. II, S. 210.
[76] *Büchler,* Die Priester und der Kultus im letzten Jahrzehnt des jerusalemischen Tempels, Wien 1895.
[77] Vgl. *Klein,* aaO., S. 4.
[78] *Ders.,* aaO., S. 5.

II, 4.2.2.2), im Norden aushielten und nicht umsiedelten, läßt auf eine, weil von einer jüdischen Mehrheit getragen, religiös günstige Umgebung schließen.

Tatsächlich also wird man Sepphoris von den hellenistischen Städten der Dekapolis unterscheiden müssen: Während in jenen das nichtjüdische Element überwog, stellte es in ihm eine Minderheit dar. Nach der Wirkung dieser Minderheit gefragt, wird man differenzieren müssen: Manche mag sie zur verschärften Gesetzesobservanz angeregt, manche aber auch dem Väterglauben entfremdet haben. Man darf vermuten, daß das hellenistische Wesen insgesamt „mehr die äußeren Formen als den inneren Gehalt des Lebens bestimmte"[79].

## Exkurs:
## Sepphoris und Jesus

An Sepphoris fließen die Pilger- und Touristenströme im Israel der Gegenwart vorbei. Da die Evangelien den Namen der Stadt nicht erwähnen, existiert sie für die Mehrzahl der Christen nicht; nur selten einmal fragt jemand nach. Auch der israelische Guide winkt müde ab: Zum einen sei der Zufahrtsweg zum ehemaligen Stadthügel mit dem Dorf Zippori an seinem Fuße schmal und schlecht, zum anderen könnten die wenigen Funde, näherhin die Reste einer mittelalterlichen Basilika am Nordrand, die vom Unkraut überwucherten Ausgrabungen des Herodestheaters am Nordostabhang und der herodianisch-türkische Befestigungsturm auf dem Gipfel, mit anderen archäologischen Lokalitäten nicht konkurrieren; der Abstecher lohne sich nicht. Gelingt es wider jedes Erwarten dann doch einmal die doppelte Front des Desinteresses zu überwinden und bis zur Höhe des Hügels vorzudringen, ist die Begeisterung über die einmalige Rundsicht allenthalben groß. Allgemein fasziniert ist man stets von dem Ausblick nach Süden, wo in einer Luftlinienentfernung von nur etwa 3–4 km die ersten Häuser von Nazaret über dem Rand des Nebi Sa'in hervorschauen und zum Greifen nahe heranrücken. Dort, etwas tiefer am Berghang, hat Jesus gelebt, dreißig und mehr Jahre, während sich hier auf dem Hügel eine moderne Stadt mit allen wichtigen Einrichtungen einer Hauptstadt ausbreitete. Zuerst noch ist man unter dem Eindruck des bisher Unbekannten stumm, dann aber sprudeln die Fragen: Wieweit kannte Jesus die Stadt? Waren ihm die Märkte, das Gericht, das Zeughaus und die anderen öffentlichen Bauten vertraut? Hat er das Theater besucht? Wie viele Sprachen verstand bzw. sprach er? Ist er Antipas begegnet? ... Und denkt man an die Zeit seines Auftretens: Hat Jesus in Sepphoris gewirkt? Hat er hier wie in Kafarnaum und anderen Städten Galiläas gepredigt und Wunder getan? – Einmal angestachelt, verführt die Phantasie zu mannigfachen Spekulationen und kühnen Gedankenkonstruktionen. Doch was davon hat eine Chance auf Wahrscheinlichkeit? – Da die Evangelien schweigen, bleibt nur die Möglichkeit der indirekten Erschließung. Sie aber gleicht einem Gehen auf glattem Parkett, auf dem zu Fall kommt, wer sich nicht übervorsichtig bewegt.

---

[79] *Alt*, Kleine Schriften II, S. 343.

Zurückzuweisen sind daher alle spezielleren Fragen wie z. B. die in der Überschrift des Beitrags von Schwank „Das Theater von Sepphoris und die Jugendjahre Jesu"[1] anklingenden; sie bleiben notwendig in Vermutungen und ungesicherten Behauptungen stecken[2]. Erlaubt dagegen scheint die Rückfrage nach Aspekten, für die die Evangelien in ihrem breiten Material wenigstens so viele „Stützen" bieten, daß auf ihnen als Fundament ein „Antwortgebäude" wenn auch nur in Umrissen errichtet werden darf. Dies scheint der Fall bei der Frage, ob Jesus Sepphoris besucht, wie auch bei der anderen, ob er in ihm seine Reich-Gottes-Botschaft verkündet und durch Wunder konkretisiert.

## 1. In Sepphoris zu Hause?

Die Vorstellung, daß Jesus Sepphoris besucht, auf seinen Märkten herumwandert, seine Gebäude bewundert, ist für viele so fremd, daß sie sie als unerlaubt zurückweisen. Gottes Sohn – so hat man es in der Schule gelernt – lebt verborgen in Nazaret, bis er nach etwa drei Jahrzehnten zum Täufer an den Jordan aufbricht und anschließend Galiläa mit seiner Reich-Gottes-Predigt durchzieht. Sepphoris, die nahe, prächtige Hauptstadt mit der Residenz des Tetrarchen auf der Bergeshöhe, dürfte ihn kaum interessiert, sein Lebensstil ihn gar abgestoßen haben. Nein, zwischen Sepphoris und Jesus gibt es keine Verbindung! Die Evangelien bestätigen dies durch ihr Schweigen.

Tatsächlich erwähnen die vier Evangelien, wie bereits vermerkt, Sepphoris kein einziges Mal. „Doch sowie wir um seine Existenz wissen, fällt auf manchen Text neues Licht"[3]:

– So z. B. auf das Gleichnis vom anvertrauten Geld (Mt 25,14–30/Lk 19,12–27), in dem der von der Reise zurückgekehrte Herr dem dritten der Diener vorwirft: „Hättest du mein Geld (τὸ ἀργύριον / tò argýrion) wenigstens zum Bankier (ὁ τραπεζίτης / ho trapezítaes) gebracht, dann hätte ich es bei meiner Rückkehr mit Zinsen (ὁ τόκος / ho tókos) zurückerhalten" (Mt 25,27 par Lk 19,23)[4].

Die Parabel, deren Traditionsgeschichte umstritten ist[5], ist nach Jeremias[6], Smith[7] und Dodd[8] ein ursprüngliches Jesus-Gleichnis; „sehr wohl auf Jesus zurückgehen"[9] kann sie auch nach Schweizer.

Geld gegen Zins an Volksgenossen zu verleihen, ist dem Juden nach Dtn 23,20 verboten – der Gerechte borgt nicht gegen Zins, heißt es in Ps 15,5 –, doch lokkert sich dieses biblische Verbot spätestens seit der Berührung mit dem Hellenismus, der ein gut funktionierendes Bankwesen kennt[10]. Im hellenistischen Ägypten gibt es ein „Netz öffentlicher Banken über das ganze Land"[11]; aus Rom

---

[1] In: erbe und auftrag 52 (1976), S. 199–206.
[2] Ungesichert ist z. B. die Behauptung, daß Jesu Jugendjahre „geprägt (wurden) von den Eindrücken, die er in der nahen, noch alleinigen Hauptstadt des ‚Königs' und Landesherrn empfing" (S. 202).
[3] *Schwank*, Das Theater von Sepphoris und die Jugendjahre Jesu, S. 205.
[4] Wie *Schulz*, Q, S. 292, und *Polag*, Fragmenta Q, S. 82, nachweisen, bietet Matthäus in Mt 25,27 par Lk 19,23 die ursprünglichere Form.
[5] *Hoffmann*, Studien, S. 48f; *Schulz*, Q, S. 288–298, u. a. sehen sie als der Logienquelle entstammend an; nach *Schneider*, Lukas II, S. 379, benutzen Matthäus und Lukas verschiedene Quellen, die allerdings eine gemeinsame Grundlage haben müssen.
[6] Vgl. *Jeremias*, Gleichnisse Jesu, S. 42.
[7] Vgl. *Smith*, Jesus, S. 168.
[8] *Dodd*, Parables, S. 151f.
[9] *Schweizer*, Matthäus, S. 309.
[10] Vgl. Lexikon der Alten Welt, Sp. 432.
[11] Ebd.

wird „in der römischen Kaiserzeit ... im ganzen Reich das System kleiner Privatbanken übernommen"[12]. Depositengeschäfte speziell besorgen „schon die ältesten Banken"[13]. Solchem massiven Einfluß kann auch das jüdische Palästina nicht widerstehen. So verwundert es denn auch nicht allzusehr, daß rabbinischen Quellen zufolge „selbst der Tempel von Jerusalem verzinste Darlehen"[14] gibt. Doch was dem frommen Jerusalem recht ist, dürfte dem „hellenistischen" Sepphoris billig sein: Als Hauptstadt eines vom Hellenismus geprägten Fürsten fordert es geradezu die Einrichtung von Banken und bankähnlichen Instituten. Jesus hat demnach „drei Jahrzehnte lang Zeit, in Sepphoris den Umgang mit Geld kennenzulernen"[15]. Aus der Nähe kann er beobachten, wie man es dem Bankier überläßt und später mit Zinsen wieder abholt. Damit erhält ein jesusfremd wirkendes Wort einen konkreten, erhellenden Hintergrund: Als mögliches „Erfahrungsfeld" tut sich Sepphoris auf, Sepphoris mit seinen Banken und Geldinstituten.

– Im Lichtkegel von Sepphoris verlebendigt sich auch das Gleichnis[16] vom rechtzeitigen Ausgleich, das Matthäus (5, 25 f) und Lukas (12, 58 f) überliefern, im Wortlaut zwar mit manchen Abweichungen, im Inhalt aber wesentlich übereinstimmend. Wie Jülicher[17] vermutet auch Jeremias[18] in ihm ein Gleichnis des historischen Jesus, bei dem sich – wie oft im Zuge der urgemeindlichen Anpassung – der Akzent vom Eschatologischen auf das Paränetische verlagert[19]. Für den Zusammenhang interessant ist der Text deshalb, weil Jesus sich in ihm vertraut zeigt mit den Gepflogenheiten vor Gericht: Daß man sich mit dem Prozeßgegner (ὁ ἀντίδικος / ho antídikos) auf den Weg (ἐν τῇ ὁδῷ / en táe hodō) zum Richter macht (Mt 5, 25 / Lk 12, 58); daß der Richter (ὁ κριτής / ho kritaés) den Verurteilten dem Gerichtsdiener (ὁ ὑπηρέτης / ho hypaerétes) übergibt; daß dieser ihn ins Gefängnis (ἡ φυλακή / hae phylakáe) wirft (Mt 5, 26 / Lk 12, 58)[20]. Eine Szene alltäglicher Rechtspraxis, die offensichtlich allgemein bekannt ist!

Um die Zeitenwende ist die Rechtspflege im jüdischen Raum gut entwickelt[21]. Das Synedrium in Jerusalem hat Gabinius dadurch entlastet, daß er in den Jahren 57–55 v Chr vier weitere „Gerichtshöfe" einsetzt, und zwar in Jericho, Gadara, Amath und in Sepphoris (Ant XIV 5, 4). Für kleinere Vergehen besitzt „jedes formal bestehende Gemeinwesen ... sein eigenes Gericht"[22], das in seinem Strafmaß aber nur bis zur Verabreichung von höchstens 39 Peitschenhieben gehen kann. Dem Hinweis auf das Gefängnis in Mt 5, 26 / Lk 12, 58 ist somit zu entnehmen, daß Jesus offensichtlich an die Stadt als Gerichtsort denkt.

Identifiziert man diese Stadt mit Sepphoris, gewinnt das Bild von den beiden Kontrahenten, die auf dem Weg zum Richter sind (Mt 5, 25 / Lk 12, 58), klarere Konturen. „Ist das nicht" – so fragt Schwank mit sicherem Unterton – „der Weg vom naheliegenden Nazaret hier herüber in die Gerichtsstadt?"[23] Tatsächlich wird Jesus in

---

[12] Ebd.   [13] Ebd.
[14] *De Vaux,* Das Alte Testament und seine Lebensordnungen I, S. 275. – Vgl. auch *Strack/Billerbeck* I, S. 973.
[15] *Schwank,* aaO., S. 206.
[16] Während Mt 5, 25 f par Lk 12, 58 f für *Hoffmann* (aaO., S. 41) und für *Schulz* (Q, S. 421–424) ein Gleichnis ist, spricht *Schürmann* (Eschatologie und Liebesdienst in der Verkündigung Jesu, in: Ursprung und Gestalt. Erörterungen zum Neuen Testament, S. 279–298) von „Mahngleichnis" (S. 283), *Schneider* (Lukas II, S. 295) von einem fortentwickelten Bildwort.
[17] Vgl. *Jülicher,* Die Gleichnisreden Jesu II, S. 245.

[18] Vgl. *Jeremias,* aaO., S. 28 f 121. – Anders *Schulz,* Q, S. 424 Anm. 153.
[19] *Jeremias,* aaO., S. 29.
[20] Mt 5, 25 ist gegenüber Lk 12, 58 ursprünglicher (vgl. *Schulz,* Q, S. 121; *Grundmann,* Lukas, S. 272); nach *Hoffmann,* Studien, S. 41, steht die lukanische Form Q näher als die matthäische.
[21] Vgl. hierzu *De Vaux,* Das Alte Testament und seine Lebensordnungen I, Kap. X: Recht und Justiz, S. 230–263; *Scharbert* in: LThK VIII, Sp. 1053 f; *Daniel-Rops,* Die Umwelt Jesu, S. 166–170.
[22] *Daniel-Rops,* aaO., S. 166.
[23] *Schwank,* aaO., S. 205.

den drei Jahrzehnten seines Lebens in dem kleinen Nazaret oft beobachten können, wie man sich streitet und – da unfähig zur Versöhnung aus eigener Kraft – den Richter in Sepphoris aufsucht, um ihn entscheiden zu lassen. Doch seine Entscheidung birgt Überraschungen in sich: Zuweilen endet der Prozeß damit, daß einer der beiden Kontrahenten ins Gefängnis geworfen wird.

In der Tat gewinnen beide Texte[24] mit Sepphoris im Hintergrund an Farbe und Leben. Doch dürfen sie auch als Beweise dafür herangezogen werden, daß Jesus die Stadt besucht, daß er sie als „Informationsquelle" nutzt? – Als Beweise in direktem Sinne wohl kaum! Denn wie die jeweils nur kurze Aufblendung des historischen Hintergrunds sowohl des Bank- als auch des Rechtswesens deutlich macht, sind beide Bereiche im Galiläa der Zeitenwende so gut entwickelt, daß die für sie spezifische Terminologie Jesus auf vielen „Kanälen" zugekommen sein kann. Doch wenn auch nicht als Beweise, dann aber wenigstens als aussagestarke Hinweise! Zusammen mit der Fülle anderer Motive in den Gleichnissen[25] charakterisieren die Bank- und Gerichtsmotive Jesus als einen Menschen mit grundsätzlich offenem Horizont, mit wachen Sinnen für seine Umwelt, mit feinem Gespür für die ihm begegnenden Menschen. Zu ihm will ganz und gar nicht passen, daß er sich drei Jahrzehnte lang – als Kind, als Jugendlicher, als Erwachsener – im Talkessel von Nazaret verborgen, daß er Sepphoris nur aus der Ferne, vom Nebi Sa'in aus, betrachtet haben soll. Tatsächlich ist „kein Grund ... ersichtlich, warum der Jesus von Nazaret, der später im Asklepios-Serapis-Heiligtum am Teich Betesda in Jerusalem einen Kranken heilt (Joh 5, 2), in Sepphoris nicht ohne Bedenken aus und ein gegangen sein sollte"[26]. Nicht recht überzeugen will dagegen die Vermutung Schwanks, daß er sich in ihm „als Bürger von Nazaret zu Hause gefühlt hat"[27], setzt dies doch eine innere Beziehung voraus, die man schwerlich erwarten darf.

Von dieser Basis aus, die trotz einer nur indirekten Bezeugung gesichert scheint, dürfen wir nun einen Schritt weitergehen und fragen, ob Jesus in Sepphoris auch *wirkt,* ob er wie in Kafarnaum beispielsweise die Synagoge aufsucht und seine Reich-Gottes-Botschaft in Wort und Tat verkündet.

## 2. Ohne Erfolg

Wiederum oder auch noch ist die Basis, von der wir ausgehen dürfen, nur das Schweigen der Evangelien, aber ein Schweigen, das schwer wiegt, das nicht als zufällig angesehen werden darf, handelt es sich bei Sepphoris doch nicht um ein unbedeutendes galiläisches Dorf, dessen Namen die Überlieferung wie so viele andere

---

[24] Von Mt 22, 1–14, wo davon die Rede ist, daß „ein König ein Festmahl rüstet und von überallher Leute dazu einlädt" (*Schwank,* aaO., S. 205), muß abgesehen werden, weil es sich bei der für den Zusammenhang brauchbaren matthäischen Fassung um eine spätere Allegorie handelt (vgl. *Jeremias,* aaO., S. 44 f 48 f 117 ff; *Linnemann,* Gleichnisse Jesu, S. 86–95); die ursprünglichere Fassung, die nur von einem Festmahl berichtet, überliefert Lukas (Lk 14, 15 ff).
[25] Vgl. die Exkurse „Das geographische Galiläa im Spiegel der Gleichnisse" und „Die Gleichnisse als Spiegel der sozialen Wirklichkeit".
[26] *Schwank,* aaO., S. 202.
[27] Ebd.

leicht und schnell vergessen konnte[28], sondern um die langjährige Hauptstadt, die auf die Tradition attraktiv wirken mußte. Sicherlich hätte man gerne auf Erzählungen mit Sepphoris im Mittelpunkt verwiesen, hätte es solche gegeben. Aber es gab sie offensichtlich nicht, die Überlieferung hatte nie welche gebildet. Der Erklärungen hierfür gibt es nur zwei: 1) Entweder schwieg man so beharrlich, weil Jesus *nie* in Sepphoris wirkte; in diesem Falle gab es *nichts* zu berichten. 2) Oder aber man schwieg, weil Jesus *ohne Erfolg* in der Stadt wirkte; in diesem Falle gab es *nichts Positives* zu berichten. An Positivem allein aber war man interessiert, da Negativerlebnisse irritieren und verunsichern; also schwieg man lieber. Welcher der beiden möglichen Erklärungen zu folgen ist, ist nicht leicht und schnell zu entscheiden. Zu einer Antwort, die allerdings nur Wahrscheinlichkeitscharakter hat, tragen gleichermaßen die Evangelien und die Zeitgeschichte bei.

1) Die Evangelien schweigen, weil Jesus *nie* in Sepphoris gewirkt hat. Sein Fernbleiben entschuldigen – wie es scheint – plausible Gründe: a) Als ehemalige Residenz des Antipas beherbergt die Stadt vermutlich noch eine starke Beamtenschaft, die gefährlich werden kann. b) Zusammen mit Tiberias bildet Sepphoris trotz seiner mehrheitlich jüdischen Bevölkerung einen Stützpunkt des Hellenismus; Jesus aber fühlt sich, wie Matthäus das jesuanische Programm in Mt 10,5f und 15,24 richtig zusammenfaßt[29], nur zu „den verlorenen Schafen des Hauses Israel" gesandt. – Prüfen wir beide Argumente im einzelnen!

a) Antipas residiert zur Zeit des Wirkens Jesu um 28–30 n Chr in Tiberias, wo er sich einen prachtvollen Palast hat erbauen lassen; mit Sepphoris verbunden sein dürfte er, wenn wir auch nichts davon hören, durch eine starke und treu ergebene Beamtenschaft, die die Evangelien unter dem Titel „Herodianer" (Mk 3,6; 12,13; Mt 22,16) kennen. Trotzdem ist die Gefahr einer Verhaftung hier kaum viel größer als sonstwo in Galiläa; denn Spitzel und Soldaten gibt es überall im Land. Mag Antipas sich auch weniger diktatorisch als sein Vater Herodes zeigen (II, 2.2.3), einen Pardon kennt aber auch er nicht, sobald es um politische Ruhe und Sicherheit geht. Aufrührer und Störenfriede entgehen ihm selbst an entlegenen Landesgrenzen nicht: Johannes den Täufer läßt er weit unten im Süden Peräas verhaften. Um Jesu habhaft zu werden, so darf man zusammenfassen, braucht er nicht darauf zu warten, bis Jesus nach Sepphoris kommt; im grenznahen Kafarnaum ist er seiner nicht weniger sicher.

b) Die Frage der ethnischen Zusammensetzung in Sepphoris ist umstritten (s. o.); vieles spricht jedoch dafür, daß die Mehrheit seiner Bevölkerung aus Juden besteht.
Trifft es auch zu, daß die Großstädte Tiberias, Sepphoris und Magdala Zentren heidnisch-hellenistischer Kultur darstellen, so beschränkt sich der Einfluß des Hellenismus jedoch nicht allein auf sie. Aufgrund der Insellage Galiläas sind die Menschen geradezu gezwungen, sowohl in den Randgebieten als auch im Landesinnern in engem Kontakt mit Heiden zu leben. „Wer damals" – so Bauer – „am See Genezareth oder sonstwo in Galiläa unter freiem Himmel das Wort ergriff, war gar nicht imstande, heidnische Zuhörer auszuschließen"[30]. Speziell Kafarnaum, das

---

[28] In der Überlieferung von Ortsnamen sind die Evangelien zurückhaltend (vgl. I, 2.2; I, 5 und den Exkurs „Kafarnaum und Jesus", bes. 3).
[29] Während *Schniewind*, Matthäus, S. 128, es als möglich ansieht, „unser Wort in den Zusammenhang des Erdenlebens Jesu zu stellen", lokalisiert *Schweizer*, Matthäus, S. 152, es in eine streng judenchristliche Gemeinde.
[30] *Bauer*, Jesus der Galiläer, S. 102.

Jesus zu seinem Wirkmittelpunkt macht (s. u.), steht aufgrund seiner Lage an einer Nebenstraße der Via Maris und in der Nähe der Grenze zur halbheidnischen Tetrarchie des Philippus in puncto Heidenkontakt Sepphoris nicht nach. Zwar wird man davon auszugehen haben, daß Jesus bei seiner „Mission" einzig Israel im Auge hat[31], gesichert scheint aber ebenso, daß er Heiden ohne Vorurteile begegnet[32]. Den evangelischen Texten darf man wenigstens so viel entnehmen, daß er „mit seinen Jüngern auch einmal heidnisches Gebiet durchwanderte, ... freilich nicht zu dem Zweck ausgedehnten Wirkens"[33] (vgl. Mk 5,1ff; 7,24–37)[34], daß er selbst heidnischem Bitten um Heilung entspricht wie im Falle des römischen Hauptmanns von Kafarnaum (Mt 8,5–13 / Lk 7,1–10; vgl. Joh 4,46–54) und der Syrophönizierin (Mk 7,24–30 par Mt). Nach Ostern hätte sich die junge Gemeinde den Heiden kaum so schnell geöffnet, wie die Paulusbriefe und die Apostelgeschichte bezeugen, wenn nicht der vorösterliche Jesus sich grundsätzlich offen gezeigt hätte.

Damit ist auch das zweite Argument entkräftet: Ebensowenig wie eine starke Beamtenschaft und ihre Spitzel dürften Jesus Heiden und hellenistische Kultur zurückgehalten haben, nach Sepphoris zu gehen und dort seine Botschaft vom Reiche Gottes vorzutragen.

2) Die Evangelien schweigen, weil Jesus *ohne Erfolg* in Sepphoris gewirkt hat. Die These enthält zwei Aspekte; zu überprüfen bleiben a) die Wahrscheinlichkeit des jesuanischen Wirkens in Sepphoris überhaupt, b) die Wahrscheinlichkeit des erfolglosen Wirkens.

a) Jesu Auftreten in Sepphoris legt sich aufgrund geographischer und theologischer Überlegungen nahe. Galiläa ist ein kleines Land, das von jedem Punkt aus in zwei bis drei Tagen durchquert werden kann. Selbst bei einer minimalen Wirkzeit von nur einem Jahr (vgl. Synoptiker) hat Jesus Gelegenheit, den letzten Winkel aufzusuchen. Daß er sich tatsächlich in allen vier Himmelsrichtungen bewegt, ist den wenigen Ortsangaben noch zu entnehmen, die die Evangelien überliefern. Für den Zusammenhang sind vor allem jene beiden Traditionen wichtig, die Nazaret (vgl. Mk 6,1–6a) und Kana (vgl. Joh 2,1ff; 4,46ff) als Wirkorte bestätigen; denn Nazaret liegt nur etwa 6 km, Kana ca. 14 km von Sepphoris entfernt. Jesus hat sich demnach in unmittelbarer Nähe der ehemaligen Hauptstadt aufgehalten. Ihr fernzubleiben gibt es, wie wir oben gesehen haben, keinen triftigen Grund. Im Gegenteil, will er sich und seinem Programm, soweit es in Texten wie Mk 2,17; Lk 19,10; Mt 10,5 und 15,24 seinen Ausdruck findet, nicht untreu werden, darf er an ihr nicht vorbeigehen. Sicherlich, das Land ist in jener Zeit voll von „Verlorenen", von Armen und Kranken, von sozial und religiös Deklassierten; mehrheitlich aber sammeln sie sich, weil die Aussichten auf Arbeit, Unterhalt und Unterkunft günstiger sind, in den Städten. So wird auch Sepphoris mit seinen etwa 20 000 Einwohnern von Armen im weitesten Sinn überquellen. An ihnen vorüberzuziehen, ohne sie mit dem neuen Heilsangebot konfrontiert zu haben, machte Jesus unglaubwürdig – nicht allein in den Augen der Sepphorianer.

b) Verständlicherweise ist die urgemeindliche Überlieferung vor allem an Erzählungen interessiert, die Jesus als erfolgreichen Prediger und Wundertäter schildern[35]. Dennoch aber ist sie ehrlich

---

[31] Vgl. *Bornkamm,* Jesus von Nazareth, S. 71; *Blank,* Jesus von Nazareth, S. 137.
[32] Vgl. *Schnackenburg,* Gottes Herrschaft und Reich, S. 68.
[33] *Blank,* aaO., S. 38.
[34] Zu Mk 7,31 vgl. *Lang,* „Über Sidon mitten ins Gebiet der Dekapolis". Geographie und Theologie in Markus 7,31, in: ZDPV 94 (1978), S. 145–160.
[35] Im Zuge der Ausgestaltung eines überzeugenden „Jesusbildes" kommt es teilweise sogar zu unwirklichen Übertreibungen: Markus z. B. erweckt in den ersten 9 Kapiteln seines Evangeliums den Eindruck einer umfassenden Jesusbewegung (vgl. Mk 1,28.33f.38f.40; 2,1b.12b.13; 3,7–11 u.ö.), die in der dargestellten Form kaum der historischen Realität entsprechen dürfte (vgl. die Exkurse „Kafarnaum und Jesus", bes. 4, und „In der Spannung zwischen Galiläa und Jerusalem", bes. 1).

genug, auch negative Erinnerungen nicht zu unterschlagen. So berichtet sie vom Mißerfolg Jesu in Nazaret (Mk 6, 1–6 a), desgleichen von Jesu Enttäuschungen über Kafarnaum und das ihm benachbarte Chorazin und Betsaida (Mt 11, 20 ff / Lk 10, 12 ff). Beide Texte stehen für viele andere, die nie geschrieben wurden, weil sie bestätigen müßten, daß Jesus nicht überall auf gleich großen Glauben stößt.

Ein Mißerfolg Jesu in Sepphoris ist demnach nichts Außergewöhnliches, zur Wahrscheinlichkeit wird er gar angesichts der Nähe Nazarets. „Was kann aus Nazaret schon Gutes kommen?" (Joh 1, 46), fragt voller Ironie Natanael aus dem entfernteren Kana. Um wieviel höher ist die Barriere des Vorurteils im nahen Sepphoris! Sie steht der nazarenischen in nichts nach. „Und er konnte dort kein Wunder tun ... Und er wunderte sich über ihren Unglauben" (Mk 6, 5 a. 6 a), mit diesen Worten schließt die Perikope über Jesu Auftritt in Nazaret, die gleichen Worte wären denkbar am Ende einer Erzählung von Jesu Besuch in Sepphoris.

Wir fragten danach, ob Jesus in Sepphoris gewirkt hat. Am Ende unserer Überlegungen, die sich auf geographische wie evangelische Beobachtungen stützen, fällt unsere Antwort klarer als erwartet aus: Gegen das Schweigen der Evangelien[36] läßt sich wahrscheinlich machen, daß Jesus in Sepphoris gewirkt, daß er dort aber ohne Erfolg gewirkt hat. Mit Blick auf die galiläischen Großstädte insgesamt, auf Tiberias, Sepphoris und Magdala-Tarichea, argumentiert Bauer engagiert in der gleichen Richtung: „Sollte der Nazarethaner wirklich niemals in Sepphoris gepredigt und geheilt, sollte Jesus zwar Kapernaum besucht haben, an Tiberias und Tarichea aber grundsätzlich immer vorübergefahren sein? Das hat doch geringe Wahrscheinlichkeit für sich. Es will uns vielmehr so vorkommen, als habe er in der Stadt keinen Anklang gefunden."[37] Tatsächlich wird man im Bild des historischen Jesus die Züge des Mißerfolges, der Ablehnung, ja der Anfeindung viel stärker ausziehen dürfen, als die Evangelien es zu erlauben scheinen. Hier Genaueres zu wissen wäre tröstlich und hilfreich – besonders für alle, die im Dienste der Verkündigung stehen.

## 5.2 Kafarnaum – eine bescheidene Mittelstadt am Nordufer des Sees Gennesaret

Kafarnaum[1] oder auch Kapernaum[2] geht auf das hebräische Kaf/Kafr/Kfr-Nahum zurück und wird gemeinhin mit „Dorf des Nahum" übersetzt. Wer sich hinter Nahum verbirgt, ist nicht bekannt. Die Quellen, die in ihm den gleichnamigen alttestamentlichen Propheten aus dem 7. Jh. vChr erkennen wollen, datieren aus dem Mittelalter[3], haben somit ge-

---

[36] Für *Alt*, Kleine Schriften II, S. 438, wird durch das Schweigen der Evangelien „nicht die Möglichkeit ganz ausgeschlossen, daß er (sc. Jesus) sie (sc. die galiläischen Großstädte) gelegentlich, wenn auch wahrscheinlich nur vorübergehend, besucht hat".

[37] *Bauer*, aaO., S. 106.

[1] Zu Kafarnaum vgl. *Dalman*, Orte und Wege Jesu, S. 199–207; *Kopp*, Die Heiligen Stätten, S. 215–230; *Negev*, Archäologisches Lexikon zur Bibel, S. 204–206; *Loffreda*, Ein Besuch in Kapharnaum, Jerusalem 1978; *Kroll*, Auf den Spuren Jesu, 1979 (Reg.); *Murphy-O'Connor*, Das Heilige Land, S. 208–211; *Foerster*, Notes on Recent Excavations at Capernaum, in: L. I. Levine, Ancient Synagogues Revealed, 1981, S. 57–59; *Bagatti*, Capharnaum, in: MB 27 (1983), S. 8–16 (Lit.).

[2] Beide Formen begegnen in den Evangelien, der Unterschied liegt in den verschiedenen Handschriften begründet. Während der Codex Alexandrinus „Kapernaum" schreibt, bieten Sinaiticus und Vaticanus „Kafarnaum". Welches von beiden richtiger ist, hilft das hebräische „Kafr-Nahum" entscheiden.

[3] Vgl. *Kroll*, aaO., S. 271.

ringe Beweiskraft. Neben den Evangelien hilft uns bei der Rückfrage nach der Stadt Jesu vor allem die Archäologie, die in den Franziskanern ausgezeichnete Forscher gefunden hat.

### 5.2.1 Zur Lage der Stadt

Kafarnaum ist im 1. vorchristlichen Jahrhundert ein unbedeutendes Dorf am Nordwestufer des Sees Gennesaret, nur 3–4 km von der Jordanmündung entfernt, an einer Nebenstraße der Via Maris gelegen[4], die nördlich von Gennesar (Tell el-Oreme) abzweigt und dann, dem Ufer in geringer Entfernung folgend, an Kafarnaum vorbei in Richtung Betsaida und von dort aus nach Damaskus im Nordosten verläuft (M 40). Die Bedeutung der Siedlung wächst, als sie im Jahre 4 vChr zum Grenzort zwischen dem von Herodes Antipas regierten Galiläa und den von Philippus verwalteten Gebieten östlich des Jordan wird. In dieser Zeit dürfte sie – zur Erhebung der auf Import- und Exportwaren ruhenden Abgaben[5] – das von den Evangelien erwähnte Zollamt erhalten, an dem Jesus nach Mk 2, 13–17 parr etwa 25 Jahre später den Zöllner Levi[6] findet und in seine Nachfolge ruft; hier auch könnten die Anfänge der kleinen römischen Besatzung (Kopp spricht „von etwa hundert Mann"[7]) mit jenem Hauptmann zu suchen sein, von dem es in Lk 7, 1–10 (vgl. Mt 8, 5–13; Joh 4, 46–53) heißt, daß er den Juden wohlgesonnen war und ihnen die

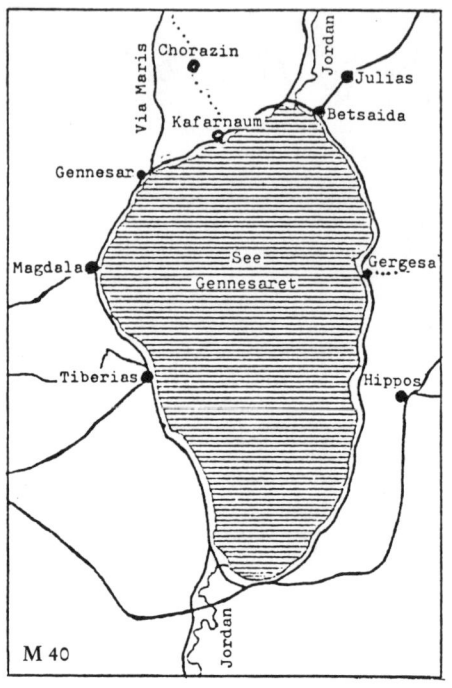

Synagoge erbaut hat. – Die ehemals einsame Uferstraße belebt sich vollends, als Philippus im Jahre 4–2 vChr nördlich von Betsaida die Stadt Julias (Et Tell) erbaut (Bell II 9,1; Ant XVIII 2, 1) und damit notwendig die Verkehrssituation im nordöstlichen Gebiet des Jordan verbessert. Kafarnaum profitiert von beiden Maßnahmen in der Weise, daß Bewohner der neuen Stadt seinen Markt frequentieren, daß Ost-West- wie auch West-Ost-Reisende, die nach dem Ausbau der Straßen im Bereich der Tetrarchie des Philippus verstärkt die Abkürzung der Via Maris nutzen, hier ra-

---

[4] Vgl. *Schwöbel,* Verkehrswege, S. 67 f; *Ben-David,* Talmudische Ökonomie, S. 268; *Aharoni,* Land der Bibel, S. 23. – An der Via Maris unmittelbar lokalisieren Kafarnaum *Reicke,* Neutestamentliche Zeitgeschichte, und *Riesner,* Jesus als Lehrer, S. 208.

[5] Zu Fragen des Zolls vgl. II, 3.2.1 (Lit.).

[6] Vgl. II, 3.2.1 und den Exkurs, „Die Gleichnisse als Spiegel der sozialen Wirklichkeit", bes. 9.

[7] *Kopp,* aaO., S. 215. Die Angabe macht sich offenbar an dem Begriff des ἑκατόναρχος/hekatónarchos aus Mt 8,5 par Lk 7,2 fest.

sten, einkaufen und ihre Landesprodukte gegen galiläische Erzeugnisse eintauschen, z. B. Seide und Gewürze aus dem syrischen Damaskus gegen Dörrfisch aus Kafarnaum und Früchte aus der Gennesar-Ebene. – Von Kafarnaum aus kann man schließlich bequem ans Ostufer in das Gebiet der Dekapolis übersetzen[8]. Große Bedeutung scheint dem Hafen jedoch nicht zuzukommen; vermutlich dient er vornehmlich den Fischern der Stadt als Ausgangspunkt ihrer Fangfahrten.

### 5.2.2 Die Stadt zur Zeit Jesu

Als Jesus zwischen 28 und 30 nChr an das Nordufer des Sees kommt (s. u.), ist Kafarnaum zwar eine geschäftige, aber immer noch kleine und unbedeutende Stadt, die sich auf einem schmalen Uferstreifen zwischen dem See und dem allmählich aufsteigenden Hügelland ausbreitet (vgl. M 41). Vermessungen von 1971 ergeben zwar eine Siedlungsfläche von beachtlichen Dimensionen, etwas mehr als 1500 m in der Länge und 250 m in der Breite[9], doch handelt es sich bei diesen Angaben um Zahlen aus der Glanzzeit der Stadt nach dem 4. Jh. „Nach dem 4. Jahrhundert stieg der Lebensstandard in Kapharnaum merklich"[10]. In jener Zeit auch dürfte die prachtvolle Synagoge entstanden sein, deren Ruinen wir noch heute bewundern können[11]. Um die Zeitenwende jedoch ist die Situation eine andere.

a) Wie die Ausgrabungen der letzten Jahre, vor allem die von Herbst 1969 bis 1970[12] zeigen, ist Kafarnaum *schachbrettartig* angelegt. Sog. „Wohninseln" (s. u.) geben ihm sein charakteristisches Gepräge. – Obwohl als Grenzstadt von nicht geringer Bedeutung, besitzt die Stadt keinerlei *Befestigungsanlagen*[13]. Nirgends finden sich Spuren einer Stadtmauer oder sonstiger Verteidigungseinrichtungen. Eine durchgehende archäologische Schichtenfolge wie auch zahlreiche Münzfunde deuten darauf hin, daß man sich aus allen Kampfhandlungen des 1. und 2. Jüdischen Aufstandes gegen die Römer (66–70 nChr / 132–135 nChr) herausgehalten zu haben scheint[14]. – An öffentlichen Bauten besitzt die Siedlung eine *Zollstation* (Mk 2,13–17 parr), eine kleine *Kaserne* für vielleicht 100 römische Soldaten (Lk 7,1–10) und eine *Synagoge,* die seit 1978 nicht mehr nur durch die Evangelien (s. u.), sondern auch durch archäologische Ausgrabungen belegt wird[15]. Gemäß dem „‚Gesetz von der Konstanz des heiligen Ortes'"[16] er-

---

[8] *Schalit,* König Herodes, S. 295, vermutet, daß die Stadt Hippos (Tiberias gegenüber) einen Hafen an der Mündung des Wadi Fiq in den Gennesaretsee besaß. Allerdings finden sich für diese Vermutung weder literarische noch archäologische Spuren. Dafür, daß es ihn tatsächlich gab, spricht einzig „eine dringende Notwendigkeit" (ebd., Anm. 538).
[9] Vgl. *Loffreda,* aaO., S. 23.
[10] *Ders.,* aaO., S. 22.
[11] Vgl. *Hüttenmeister/Reeg,* Die antiken Synagogen in Israel I, S. 260–270 (Lit.).
[12] Chronologische Übersicht über die Ausgrabungen in Kafarnaum in: *Loffreda,* aaO., S. 10 f.

[13] Vgl. *Dalman,* aaO., S. 149 f; *Loffreda,* aaO., S. 20.
[14] Vgl. *Loffreda,* ebd.
[15] Vgl. La Terre Sainte 7/8 (1981), S. 198; *Loffreda,* Ceramica ellenistico-romana nel sottosuolo della sinagoga di Cafarnao, in: *G. C. Bottini,* Studia Hierosylimitana III, Jerusalem 1982, S. 273–312; *Corbo,* Resti della sinagoga del primo secolo a Cafarnao, in: ebd., S. 313–357; *Bagatti,* aaO., S. 8–16; *Strange-Shanks,* Synagogue Where Jesus Preached Found at Capernaum, in: BAR 9 (1983), S. 24–31.
[16] *Riesner,* Die Synagoge von Kafarnaum, in: BuK 3 (1984), S. 137.

Die Zeichnung zeigt in einer Draufsicht das Ruinenfeld von Kafarnaum, wie es sich dem Besucher heute präsentiert: Rechts im Bild die „rekonstruierte" Synagoge aus dem 4./5. Jahrhundert nChr; links, zum See hin, deutlich an den Achtecken zu erkennen, das sog. „Petrushaus"; zwischen beiden in der Mitte die „Wohninsel II". In einem kleinen Wäldchen versteckt sich das Kloster der Franziskaner, die das Gelände 1894 Beduinen abkauften und so für die archäologische Untersuchung sicherten. Die freigelegten Ausgrabungen und Funde sind das Ergebnis von wenigstens acht Kampagnen.

hebt sie sich auf dem Platz der von den Franziskanern wieder aufgebauten neuen Synagoge des 4./5. Jhs nChr. Wie Scherben- und Münzfunde zeigen, wurde sie irgendwann um die Zeitenwende auf den Fundamenten von Wohnhäusern aus dem 2./1. Jh vChr errichtet, im Unterschied zum heutigen Gebäude nicht aus Kalkstein, sondern aus gleichmäßig behauenen Basaltquadern. Wie jenes ist sie nach Süden in Richtung Jerusalem orientiert, wie bei jenem gliedern zwei Säulenreihen die Halle in drei Schiffe. – Daß keine für hellenistische Städte typischen Bauwerke wie Bäder, Säulenhallen, Theater und Stadien gefunden wurden, bestätigt die Stadt als *jüdische* Siedlung. – Da aus dem schwarzen Basalt der Umgebung erbaut, wirkt Kafarnaum düster und wenig einladend. Mertens schätzt die Zahl seiner Einwohner um die Zeitenwende auf „vielleicht tausend bis zweitausend"[17]. Bei ihnen dürfte es sich hauptsächlich um arme *Fischer, Händler* und *Handwerker* handeln. Bagatti charakterisiert das Kafarnaum der Zeitenwende als „un village modeste"[18].

b) Von den archäologischen Freilegungen ist für unseren Zusammenhang vor allem jener Ruinenkomplex interessant, der im Norden von der Synagoge[19], im Süden von einem Oktogon, dem „Petrushaus"[20], eingerahmt wird (s. M 42). Während beide, Synagoge sowohl als auch Oktogon, in ihrer offengelegten Bausubstanz bis ins 4./5. Jh nChr zurückreichen, tritt uns hier im mittleren Ruinenfeld die Zeit Jesu unmittelbar gegenüber:

Vor uns breitet sich ein fast quadratischer, in sich geschlossener Wohnkomplex von etwa 500 qm (20 m auf 25 m) aus[21]. Dadurch, daß er auf allen vier Seiten von Straßen begrenzt wird, wirkt er wie eine „Insel", weshalb man auch gerne von „Wohninsel" spricht. Zutritt ins Innere ermöglichten fünf Eingänge, die – da mit Schwellen versehen (vgl. M 43) – mit Türen verschlossen werden konnten.

Das Innere der „Wohninsel" bildete ein schwer durchschaubares Gewirr von Häusern und Höfen (vgl. M 44), die aber durch offene Durchgänge miteinander verbunden waren. Außen- und Innenwände, teilweise noch bis zu 1 m erhalten, zeigen eine primitive und auf armselige Materialien angewiesene Bautechnik: Auf ungenügenden Fundamenten hatte man einfach unbehauene Basaltbrocken aus der Umgebung aufeinander geschichtet und mit Sand, Erde und kleineren Steinen verfugt. Die etwa 3 m hohen Mauern waren zu schwach, um das Gewicht eines Gewölbes zu tragen, auf dem man einen zweiten Stock hätte errichten können. Wie Funde von Astwerk und Verputz vermuten lassen, hatten alle Häuser ein Flachdach aus einem Geflecht aus Reisig und Lehm[22], wie man es heute noch in der Jordanebene sehen kann, wo es nur selten regnet. Zu ihm führten Treppen hinauf, von denen sich Reste noch an mehreren Stellen in den kleinen Höfen finden[23].

Im Innern zeigten die Räume unverputzte, rohe Wände. Ihr Boden bestand entweder aus festgestampftem Lehm oder aus grobem Pflaster. Licht erhielten sie durch die Tür, seltener durch ein kleines, roh gestaltetes Fenster.

Aus der Tatsache, daß fast jeder Hof seinen eigenen Ofen hatte, darf man schließen, daß die Bewohner, obwohl auf engem und offenem Raum zusammengepfercht, dennoch in einer gewissen Trennung und Unabhängigkeit lebten. Murphy-O'Connor schätzt ihre Zahl auf etwa 15 Familien mit ca. 100 Personen[24], was bei 500 qm einen Wohnraum von 5 qm pro Person ergibt. Nahezuliegen scheint, daß es sich bei einer solchen Wohngemeinschaft um eine Großfamilie mit patriarchalischer Ordnung handelte, die gleich dem heutigen israelischen Kibbuz als Lebens- und Arbeitsgemeinschaft funktionierte. Von den Fischern des Sees Gennesaret wissen wir, daß sie genossen-

---

[17] *Mertens,* Kleines Handbuch der Bibelkunde, S. 463.
[18] *Bagatti,* aaO., S. 9.
[19] Vgl. *Loffreda,* aaO., S. 46–52; *Murphy-O'Connor,* aaO., S. 211 f; *Bagatti,* aaO., S. 12–15.
[20] Vgl. *Loffreda,* aaO., S. 28–44; *Murphy-O'Connor,* aaO., S. 209–211 (mit einer Darstellung der drei Entwicklungsstufen); *Bagatti,* aaO., S. 11 f.
[21] Zum folgenden vgl. *Loffreda,* aaO., S. 23–25; *Murphy-O'Connor,* aaO., S. 211; *Bagatti,* aaO., S. 8–15.
[22] Zur Dachkonstruktion des palästinischen Hauses vgl. *Ribbany,* Morgenländische Sitten im Leben Jesu, S. 116 f; *Knierim* in: BHHW I, Sp. 311; *Noth,* Die Welt des Alten Testaments, S. 139 f.
[23] Das Flachdach diente vielerlei Zwecken: Hier trocknete und lagerte man Getreide, Früchte und andere Nahrungsmittel; hierher zog man sich im Sommer zum Schlafen zurück (vgl. 1 Sam 9,25); auf das Dach stieg man, um im Falle der Trauer und der Not zu klagen (vgl. Jes 15,3; Jer 48,38); von den Dächern sollten die Apostel ihre Botschaft verkünden (Mt 10,27); bei der großen Katastrophe am Ende der Zeiten sollte, wer auf dem Dach weilte, nicht erst ins Haus hinuntersteigen, sondern gleich auf die Straße oder über die Nachbarhäuser fliehen, auf denen man nach Josephus (Ant XIII 5,3) ganze Straßen entlanggehen konnte.
[24] Vgl. *Murphy-O'Connor,* aaO., S. 211.

I. Die heute freigelegten Fundamente der **Synagoge** von Kafarnaum sind jüngeren Datums, Ende 4./Anfang 5. Jh nChr. Sie lassen eine zweiteilige Anlage erkennen, die eine dreischiffige Gebetshalle im Westen und einen trapezförmigen Hof im Osten umfaßte. Die Synagoge selber hatte möglicherweise ein zweites Stockwerk, das den Frauen als Empore diente. Der Hof im Osten mit einer Säulenhalle mag vor allem im Sommer als Ort der Gemeindeversammlung und der Schule genutzt worden sein. Jesus hat diese Synagoge mit Sicherheit nicht gesehen. Möglich erscheint lediglich, daß a) der Jesus bekannte Bau sich auf gleichem bzw. nahegelegenem Platze erhob (religiöse Gebäude verlegt man bis heute nur ungern) und b) aufgefundenes Baumaterial eventuell von jenem Bau übernommen wurde, welcher mit der Synagoge identisch sein könnte, in der Jesus lehrte und heilte.

II. „Wohninsel II"

III. Das sog. „**Petrushaus**" zeigt eine interessante Baugeschichte: a) In seinen Anfängen reicht der Wohnkomplex, eine sog. „Wohninsel" (s. o.), bis ins 1. vorchristliche Jh zurück. Aufgefundene Angelhaken deuten auf Fischer als Bewohner hin. – b) Eine auffällige Ausschmückung erfährt eines der ärmlichen Häuser der Wohnanlage zwischen 50 und 100 nChr. Seine grobbehauenen Wände werden verputzt, sein Boden erhält mehrmals einen Kalkbelag. In dem abgefallenen Putz finden sich Hunderte von Stücken mit dekorativen Motiven, Symbolen und Monogrammen und 131 Inschriften. Sie erwähnen mehrmals Jesus; er wird „Christus", „Herr", „Höchster" und „Gott" genannt. Mindestens zweimal erscheint der Name des Petrus. Alles deutet auf einen sakralen Versammlungsraum, eine frühchristliche „Hauskirche", hin. – c) Den Höhepunkt ihrer

M 42

Ausgestaltung erfährt die „Wohninsel" im 5. Jh nChr. Über den Fundamenten der Privathäuser entsteht eine achteckige Kirche mit Baptisterium. Der Rest eines Fußbodenmosaiks zeugt von einem prachtvollen Bau.

schaftlich organisiert waren, zum einen, weil die Anschaffung von Booten und Netzen die Finanzmöglichkeiten eines einzelnen überstieg, zum anderen, weil die erfolgreicheren Fangtechniken Teamarbeit erforderten (vgl. II, 3.1.2).
Der Idylle auf dem Papier nimmt das Klima im Grabenbruch des Sees ihren letzten Hauch: Boten die kleinen Höfe und Räume im Winter nur ungenügenden Schutz vor Kälte, Nässe und Wind, drohte man in ihrer Enge im Sommer mit seiner feuchtwarmen Luft und seinen Temperaturen über 40 Grad im Schatten zu ersticken[25]. Dalman, ein Kenner des Landes, nennt das Klima am See erbarmungslos[26], nach Kopp bedrückt im Sommer „die Hitze Körper und Geist"[27].
Für uns heute sind die freigelegten Ruinen von unschätzbarem Wert: „Les maisons retrouvées reflètent le milieu ambiant qu'a connu le Seigneur."[28]

---

[25] Vgl. *Dalman*, aaO., S. 131.
[26] Vgl. ebd.
[27] *Kopp*, aaO., S. 212.
[28] *Bagatti*, aaO., S. 11.

**Eingang zu einer „Wohninsel" mit Resten einer Getreidemühle im Vordergrund**

Exakt bearbeitete Türfassungen und -schwellen deuten darauf hin, daß die Zugänge von den vier Straßen bzw. Gassen her – im Unterschied zu den inneren – verriegelt werden konnten.

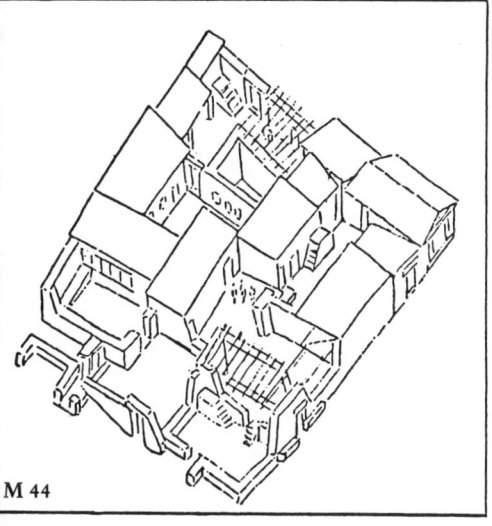

**Isometrische Ansicht der „Wohninsel II"**

Teilweise noch bis zu 1 m emporragende Mauerreste und zahlreiche Fundstücke erlauben, „Wohninsel II" modellhaft in ihrer äußeren Gestalt zu rekonstruieren. Wie im Orient üblich, öffnete sie sich nach innen: Kleine Häuser teilten sich den Grundriß von etwa 500 m² mit Ställen für Kleinvieh und engen Höfen; Treppen zeigen an, daß man auch das Dach nutzte.

Auf dem Hintergrund des Ruinenfeldes von Kafarnaum, insbesondere dem der „Wohninsel II", gewinnen viele Perikopen der Evangelien neues Leben und eine bisher unbekannte Anschaulichkeit. Erläutert seien hier beispielhaft nur zwei Texte, von denen vor allem der erste bis zu den Ausgrabungen in der „Heimatstadt" Jesu (Mt 9,1) keine befriedigende Erklärung fand:

– Seine ersten Jünger findet Jesus nach den Synoptikern (vgl. Mk 1, 16–20 parr diff Joh 1, 35–51) unter den Fischern des Sees Gennesaret. Markus erzählt, daß Jesus – am See entlanggehend – Petrus und Andreas anspricht mit den Worten: „Kommt und folgt mir nach!" (V. 17), und „sogleich ließen sie ihre Netze liegen und folgten ihm" (V. 17). Das gleiche wiederholt sich wenig später bei Jakobus und Johannes. Auch sie lassen kurzerhand „ihren Vater Zebedäus mit seinen Tagelöhnern im Boot zurück" (V. 20) und folgen Jesus.

Ob und wieweit der Text die historische Situation spiegelt, braucht hier nicht im einzelnen untersucht zu werden. Aufmerksam gemacht sei allein auf die für den Zusammenhang wichtige Tatsache, die nicht bestritten werden kann, daß Menschen – ob spontan oder nach langem Überlegen, sei dahingestellt – ihre Familien, im Fall des Petrus mit Sicherheit nicht nur die Großfamilie, sondern Frau und Kinder, verlassen und einem Propheten folgen. Wie nur können sie, fragt sich jeder nüchtern Denkende, einen solchen Schritt vor ihren Angehörigen verantworten? Wie nur kann Jesus seinerseits eine solche, die Familie hintanstellende Entscheidung akzeptieren? – Die Fragen geben Rätsel auf, die sich aus den vorhandenen Texten nicht mehr lösen lassen; sie ein wenig erhellen jedoch dürften die archäologischen Ausgrabungen von Kafarnaum, hier konkret die Entdeckung der „Wohninsel". Trifft unsere Vermutung zu, daß sie, wie die Räumlichkeiten nahelegen, eine Großfamilie beherbergte, die in enger Gemeinschaft miteinander lebte und arbeitete, bedeutet das Ausscheiden eines einzelnen aus der Produktions- und Lebensgemeinschaft nicht unbedingt den Ruin der Zurückbleibenden. Zwar mußte sich die Familie aufgrund des Ausfalls einer Arbeitskraft einschränken, ihre Existenz jedoch war nicht gefährdet, lebte man doch aus gemeinschaftlichen Einkünften, die in Großfamilien selbst dann zur Verfügung gestanden haben dürften, wenn sich ein Mitglied ohne Einverständnis des Clans nach außerhalb zurückzog oder diesen Clan verließ. Die Jünger wußten demnach ihre engere Familie, d. h. Frau und Kinder, versorgt; mehr noch, berücksichtigt man die Bedeutung Kafarnaums als Wirkzentrum Jesu mit gelegentlichen Besuchen zu Hause (vgl. die Heilung der Schwiegermutter des Petrus in Mk 1, 29–31), wußten sie die Familien gar hinter ihrer Entscheidung der Nachfolge. Welche Motive sie bewegte, wird uns auf immer verschlossen bleiben. Daß sich hinter ihrem Schritt auch konkrete und realistische Hoffnungen verbargen, geht aus Texten wie Mk 10, 35–48 hervor, wo Jakobus und Johannes um die besten Plätze im erwarteten Königreich Jesu bitten, wie auch aus Apg 1, 6, wo die in Jerusalem versammelten Jünger den Auferstandenen nach dem Zeitpunkt der Wiederherstellung des Reiches fragen. Wie es scheint, hatten einzelne Jesus bis zuletzt nicht verstanden.

– Nach Mk 2, 1 ist Jesus von einer Predigtwanderung nach Kafarnaum zurückgekehrt. Als man von seiner Anwesenheit hört, versammeln sich so viele Menschen, „daß nicht einmal mehr vor der Tür Platz war" (Mk 2, 2). Vier Männern, die einen Gelähmten zu ihm bringen möchten, wegen der Menschenmenge aber nicht bis zu ihm vordringen können, gelingt der Zugang über das Dach (Mk 2, 4). Auf dem Hintergrund der in Kafarnaum freigelegten „Wohninsel" wird die Szene anschaulich: In den das Viertel umgebenden Gassen stauen sich die Menschen und suchen durch die wenigen Eingänge ins Innere vorzudringen. Mitten im Gewühl vier Männer, die auf einer sperrigen Tragbahre einen Gelähmten transportieren. Als sie endlich nach dem Passieren von mehreren Innenhöfen vor dem Haus stehen, in dem Jesus sich aufhält, gibt es kein Weiterkommen mehr. Angetrieben von der Not und dem Wunsch des Kranken nach Heilung, steigt man auf das Flachdach, bricht es auf und läßt den Kranken zu Jesus hinab.[29]

Bedenken gegen ein wörtliches Verstehen von Mk 2, 4 erheben Schweizer, Kertelge, Gnilka u. a. Ist „ein Durchbrechen des Daches" für Schweizer fraglich, „während das Haus von Leuten gestoßen voll ist"[30], führen Kertelge[31] und Gnilka[32] zusammen mit Bultmann[33] das Abdecken des Daches auf ein exorzistisches Motiv zurück: Man will den Krankheitsdämon hintergehen. „Er soll den regulären Eingang des Hauses nicht kennen, um nicht zurückkehren zu können"[34].

---

[29] In Ant XIV 15, 12 erzählt Josephus, daß Herodes in Jericho die Dächer von Häusern aufgraben läßt, um darinnen verschanzte Soldaten zu ergreifen.
[30] *Schweizer*, Markus, S. 33.
[31] Vgl. *Kertelge*, Wunder, S. 77.
[32] Vgl. *Gnilka*, Markus I, S. 97 ff.
[33] Vgl. *Bultmann*, Geschichte, S. 237.
[34] *Gnilka*, aaO., S. 97.

## Exkurs: Kafarnaum und Jesus

Tell-Hum, das biblische Kafarnaum, gehört zu den Höhepunkten einer jeden biblisch orientierten Israelreise. Wie an nur wenigen anderen Orten noch laden die ausgezeichneten, für das Neue Testament bedeutsamen Ruinen dazu ein, die Bibel zur Hand zu nehmen und die vielen Perikopen zu lesen, die laut biblischer Ortsangabe hier spielen – eine Perikope nach der anderen[1]. Viele Bibelleser mag solche unkritische Lektüre zufriedenstellen, in anderen dagegen, die um die besondere Problematik des Historischen in den Evangelien wissen, wird sie Fragen wachrufen – Fragen wie die nach der tatsächlichen Beziehung Jesu zu Kafarnaum, nach Jesu erstem Kontakt mit der Stadt, nach der Bedeutung der Stadt für Jesus und seine Reich-Gottes-Botschaft ... Ihnen zu antworten versucht nachfolgende Analyse auf der Basis der historisch-kritischen Methode. Daß sie in ihrem Bemühen um Klärung und Sicherung diesen oder jenen Zug des evangelischen „Kafarnaumbildes" korrigiert, mag man als schmerzlich empfinden, doch im Hinblick auf ein historisch gesicherteres „Bild" akzeptieren.

## 1. Eine feste Beziehung

„Kafarnaum"[2] erwähnen alle vier Evangelien (Mt: 4mal; Mk: 3mal; Lk: 4mal; Joh: 5mal), die Überlieferung in ihrer Breite verdeutlicht die synoptische Übersicht[3] auf S. 84.

Obwohl eine solch breite Textbasis selbst von größten Skeptikern kaum zu erschüttern ist, soll dennoch nicht auf eine kritische Durchleuchtung der 16 Texte verzichtet werden. Zu prüfen ist in einer traditions- und redaktionsgeschichtlichen Untersuchung, a) wie viele dieser Texte der Tradition, wie viele der Redaktion der Evangelisten zuzurechnen sind; b) welche der bekannten biblischen Traditionen als „Namensträger" in Frage kommen.

1) Der erste zu untersuchende Text findet sich in Mt 4,13, wo Matthäus als einziger der Synoptiker Jesu Ortswechsel von Nazaret nach *Kafarnaum* betont. Stilbeobachtungen[4] wie auch das nachfolgende Reflexionszitat[5] aus Jes 8,23 – 9,1 deuten auf den ersten Evangelisten als Redaktor hin[6].

2) „Wenn du in *Kafarnaum* so große Dinge getan hast, wie wir gehört haben, dann tu sie auch hier in deiner Heimat!" (Lk 4,23b). Der harte und an dieser Stelle völlig unberechtigte Vorwurf, mit dem Jesus seine Zuhörer in der Synagoge von Nazaret gegen sich aufbringt, ist – wie die ganze Predigt in Lk 4,21–27 – mit großer

---

[1] Vgl. z. B. *Willam*, Das Leben Jesu im Lande und Volke Israel, ³1934, S. 123–168; *Lebreton*, Jesus Christus – Leben und Lehre, 1952, S. 73–100.
[2] Der hier anvisierte historische Aspekt wird im Zuge der form- und redaktionsgeschichtlichen Forschungen in den Evangelienkommentaren nur kurz oder überhaupt nicht angesprochen. Wir bewegen uns also – wie bereits bei Sepphoris – auf wenig begangenem „Boden".
[3] Besser als die sonst übliche Aufzählung von Textstellen informiert nachfolgende synoptische Übersicht. Nicht allein, daß sie die Breite der Überlieferung anschaulicher macht, verhilft sie auch zu einem ersten Einblick in die Traditionsverhältnisse, die allerdings noch im Einzelfall anhand einer „Vollsynopse" überprüft werden müssen.
[4] Vgl. *Schweizer*, Matthäus, S. 37.
[5] Zur Rolle der sog. Reflexionszitate im Matthäusevangelium vgl. *Schweizer*, Matthäus, S. 10f; *Nellessen*, Das Kind und seine Mutter, S. 35–49; *Kümmel*, Einleitung, S. 81ff.
[6] Vgl. *Schweizer*, Matthäus, S. 37: „V. 13 ist matthäischer Stil und wohl von ihm selbst hier eingefügt worden."

Kafarnaum in den Evangelien

| | Mt | Mk | Lk | Joh |
|---|---|---|---|---|
| 1) | 4,13 (mt R)<br>Jesus verläßt Nazaret und nimmt Wohnung in Kafarnaum. | | | |
| 2) | | | 4,23 (lk R)<br>Jesus verweist in seiner Predigt in Nazaret auf sein künftiges Wunderwirken in Kafarnaum. | |
| 3) | | 1,21 (vormk T)<br>Jesus zieht in Kafarnaum ein und lehrt an den Sabbaten in der Synagoge. | 4,31 (mk T)<br>Jesus kommt nach Kafarnaum, einer Stadt Galiläas, hinab und lehrt an den Sabbaten. | 2,12<br>Nach dem Wunder in Kana geht Jesus mit Mutter, Brüdern und Jüngern nach Kafarnaum und bleibt dort einige Tage. |
| 4) | Vgl. 9,1-8<br>Jesus kommt in "seine Stadt" und heilt einen Gichtbrüchigen. | 2,1-12 (vormk T)<br>Jesus kommt "wieder nach Kafarnaum" und heilt einen Gichtbrüchigen. | Vgl. 5,17-26<br>Jesus heilt an einem nicht näher bezeichneten Ort einen Gichtbrüchigen. | |
| 5) | | 9,33 (mk R)<br>Kafarnaum als Ort des Rangstreites. | | |
| 6) | 8,5-13 (Q)<br>In Kafarnaum heilt Jesus den Knecht eines römischen Hauptmanns. | | 7,1-10 (Q)<br>In Kafarnaum heilt Jesus den Knecht eines römischen Hauptmanns. | 4,46-53<br>Jesus heilt in einer Fernheilung von Kana aus den Sohn eines königlichen Beamten. |
| 7) | 11,20-24 (Q)<br>Jesu Wehrufe über Chorazin, Betsaida und Kafarnaum. | | 10,13-15 (Q)<br>Jesu Wehrufe über Chorazin, Betsaida und Kafarnaum. | |
| 8) | 17,24-27 (mt R)<br>Kafarnaum als Ort der Tempelsteuerfrage. | | | |
| 9) | | | | 6,17.24.59<br>Nach der wunderbaren Speisung fahren die Jünger mit einem Boot nach Kafarnaum (V. 17); am nächsten Morgen folgt die Menge (V. 24). (V. 24). In der Synagoge von Kafarnaum hält Jesus die große euchar. Rede (V. 59). |

Wahrscheinlichkeit von Lukas redigiert[7]. Zu ihm angeregt wird der Evangelist durch den markinischen Hinweis auf „Machttaten, die durch seine Hände geschehen", in Mk 6,2. Dadurch aber, daß er mit der Nazaretperikope im Unterschied zu Markus Jesu Wirken eröffnet, ist er gezwungen, den ursprünglichen Hinweis auf geschehene Ereignisse zu einer Vorhersage kommender Ereignisse umzugestalten[8].

3) *Kafarnaum* erwähnt Markus, der äl-

---

[7] Zur Tradition und Redaktion in Lk 4,16–30 vgl. den Exkurs „Nazaret und Jesus" (2.4).

[8] Vgl. *Grundmann*, Lukas, S. 122.

teste Evangelist, zum erstenmal in Mk 1,21a par Lk 4,31: Jesus kommt in die Stadt, nachdem er am See die ersten Jünger gefunden hat (Mk 1,16–20). Die Ortsangabe wird allgemeinhin für traditionell gehalten; doch leitet sie nach Ernst den Exorzismus Mk 1,21–28 ein[9], gehört sie nach Gnilka, Pesch u. a. ursprünglich zur Perikope von der Heilung der Schwiegermutter des Petrus (Mk 1,29–31)[10], denn „Kafarnaum ist für die Bestimmung des Hauses des Simon notwendig, nicht für die Synagoge"[11]. Doch ob hier oder dort, für den Zusammenhang reicht es aus zu wissen, daß die Ortsangabe nicht erst von Markus eingebracht wird, sondern dem alten Textbestand zuzurechnen ist.

4) Nach *Kafarnaum*, das er nach Mk 1,35 „in aller Frühe, als es noch dunkel war", verlassen hatte, kehrt Jesus nach Mk 2,1 (vgl. Mt 9,1–8 / Lk 5,17–26) wieder zurück. Als die Menschen von seiner Ankunft erfahren, strömen sie zusammen und belagern das Haus, in dem er sich aufhält, derart, daß man einem Gelähmten nur durch das Abdecken des Daches Zugang zu ihm verschaffen kann. Die „einmalige Zudringlichkeit der naiven Bittsteller" weist nach Gnilka darauf hin, daß sich hier „eine historische Erinnerung aufbewahrt haben dürfte"[12]; die Ortsangabe Kafarnaum in V. 1 gehört wohl als fester Bestandteil zur Wundergeschichte dazu[13].

5) Von Markus redigiert sein dürfte *Kafarnaum* im dritten der markinischen Texte, in Mk 9,33; denn das, was Jesus zu dem die Jünger beschäftigenden Rangstreit sagt, könnte überall gesagt werden. Vermutlich lokalisiert der Evangelist die Szene in Kafarnaum als „dem bekanntesten Ort"[14].

6) Fest verbunden mit der Tradition ist *Kafarnaum* in Mt 8,5–13 / Lk 7,1–10, wo von der Heilung eines Hauptmannsknechtes erzählt wird. Obwohl sich Einleitung (vgl. Mt 8,5–7 par Lk 7,1–6) und Schluß (vgl. Mt 8,11–13 par Lk 7,10) beider Erzählungen voneinander unterscheiden, sichern doch die weitgehende, bis in sprachliche Einzelheiten reichende Übereinstimmung zwischen Mt 8,8–10 und Lk 7,6b–9 und die in beiden Evangelien gleiche Position der Perikope nach der Jüngerrede (Mt 5–7; Lk 6,20–49) ihre Zugehörigkeit zur Logienquelle Q. Die teilweise Differenz wie auch Übereinstimmung erklärt sich von selbst, wenn man mit Schweizer annimmt, daß „in Q... offenkundig nur der Dialog V. 8–10 (sc. Mt 8) überliefert (war), wohl mit einer überschriftartigen Angabe über die Krankheit des ‚Jungen' des ‚Hauptmanns von Kapernaum'"[15]. – Bestätigt wird die Ortsangabe auch durch Joh 4,46–54, dem zweiten „Zeichen" des Johannesevangeliums, dem „ohne Zweifel ... die synoptische Überlieferung vom Hauptmann aus Kapernaum"[16] zugrunde liegt. Kafarnaum bleibt erhalten, obwohl die Erzählung sich in anderen Details wie z. B. dem Bittsteller und der Person des Kranken verändert.

7) Der Q-Quelle auch gehören die Wehrufe Jesu über Chorazin, Betsaida und *Kafarnaum* an (Mt 11,20–24 / Lk 10,13–15). „Da die Überlieferung durch sie nicht entscheidend bestimmt ist"[17], ist mit Grundmann, Schneider[18], Mußner[19] gegen Bultmann[20] und andere[21] anzunehmen, daß sie wenigstens im Kern auf Jesus zurückgehen (s. u.).

8) Die Tempelsteuerperikope Mt 17,24–27 gehört zum matthäischen Sondergut, hat also weder bei Markus noch bei Lukas eine Parallele. Daß Matthäus in ihrer Ortsangabe *Kafarnaum* aber auf Markus zurückgreift, erklärt sich von selbst, verdeutlicht man sich erst die Posi-

---

[9] Vgl. *Ernst*, Markus, S. 62.
[10] Vgl. *Gnilka*, Markus I, S. 77; *Pesch*, Markus I, S. 117.
[11] *Gnilka*, aaO. I, S. 77.
[12] *Ders.*, aaO. I, S. 98.
[13] Vgl. ebd; *Pesch*, Markus I, S. 151: „... die Erwähnung Kafarnaums gehört wohl zur vormarkinischen Tradition".
[14] *Gnilka*, aaO. II, S. 55.
[15] *Schweizer*, Matthäus, S. 137.
[16] *Schulz*, Johannes, S. 79; vgl. *Blank*, Johannes 4/1a, S. 323 f.
[17] *Grundmann*, Lukas, S. 211.
[18] *Schneider*, Lukas I, S. 239.
[19] *Mußner*, Gab es eine ‚galiläische Krise'?, S. 244.
[20] *Bultmann*, Geschichte, S. 118.
[21] Zusammenstellung in: *Schulz*, Q, S. 362 Anm. 257.

tion von Mt 17, 24–27 im Markusrahmen, dem der Evangelist hier folgt. Eingeschoben in die markinische Folge von zweiter Leidensankündigung (Mk 9, 30–32 par Mt 17, 22–23) und Rangstreit der Jünger (Mk 9, 33–37 par Mt 18, 1–5), fehlt der Tempelsteuerperikope ein passender Einleitungsvers. Matthäus hilft sich kurzerhand in der Weise, daß er „Kafarnaum" und „Haus" aus Mk 9, 33 entnimmt und aus ihnen einen Rahmenvers gestaltet, den er seinem Sondergut voranstellt.

9) Das Johannesevangelium überliefert *Kafarnaum* insgesamt fünfmal, in Joh 2, 12; 4, 46; 6, 17.24.59. Für die Bewertung der Textsituation scheint nicht unwichtig, daß die drei ersten der fünf Stellen sich in johanneischen „Zeichen" finden:

– Joh 2, 12 berichtet davon, daß Jesus nach dem Weinwunder von Kana, dem ersten der sieben „Zeichen", mit seiner Mutter, seinen Brüdern und seinen Jüngern nach Kafarnaum kommt und dort einige Tage bleibt.

– Kafarnaum ist nach Joh 4, 46 der Ort, an dem der königliche Beamtensohn krank darniederliegt und von Jesus von Kana aus geheilt wird. Diese Fernheilung nennt Joh 4, 54 das zweite „Zeichen".

– Den dritten Text enthält das fünfte „Zeichen": Mit dem Boot auf dem Weg nach Kafarnaum (Joh 6, 17) sind die Jünger, als ihnen auf dem See Jesus begegnet (Joh 6, 16–21).

Ganz unabhängig davon, ob man mit Bultmann[22], Schnackenburg[23], Schulz[24] und Becker[25] eine „Zeichen-Quelle" (= Semaia-Quelle) postuliert oder einer solchen mit Blank[26] kritisch gegenübersteht, die dreimalige Nennung von Kafarnaum in den johanneischen „Zeichen" ist auffällig, zumal sie in Joh 2, 12 und 4, 46 offensichtlich – wie Kundsin scharfsinnig vermutet[27] – in Konkurrenz mit Kana und in Joh 2, 12 und 6, 17 in Unabhängigkeit von den Synoptikern und Q erfolgt. Kafarnaum ist demnach, so darf man schlie-ßen, fest in der johanneischen Tradition verankert. Was die beiden letzten Stellen, Joh 6, 24 und 59, betrifft, so spricht ihre Nähe zu Joh 6, 17 dafür, daß ein späterer Erzähler sie aus Gründen der inneren Verbindung redigiert und eingefügt hat.

Wie erwartet, hat die Analyse das Bild verändert: Die Textbasis ist schmäler geworden: Von den 16 Kafarnaum-Nennungen sind wenigstens 7–8 jüngeren Datums, d. h. sie wurden von den Evangelisten redigiert (vgl. Mt 4, 13; Lk 4, 23.31; Mk 9, 33; Mt 17, 24; Joh 6, 17.24.59). Ursprünglich in den Text „eingeschmolzen" gewesen sein dürfte „Kafarnaum" in wenigstens 7 Texten, die sich – und dies darf nicht übersehen werden – auf drei voneinander unabhängige, allgemein als alt bekannte Quellen verteilen: 1. auf die Logienquelle Q (Mt 8, 5–13 par Lk 7, 1–10; Mt 11, 20–24 par Lk 10, 13–15), 2. auf die markinische (Mk 1, 12; 2, 1) und 3. die johanneische Tradition (Joh 2, 12; 4, 46; 6, 17). Daß das matthäische[28] und insbesondere das lukanische Sondergut[29] (letzteres mit ca. 30% Textanteil am Evangelium[30]) Kafarnaum verschweigen, verwundert zwar, darf aber nicht irritieren. Speziell Lukas fügt sein umfangreiches Material aus dieser Quelle meist „en bloque" ein (vgl. Lk 6, 20 – 8, 3; 9, 51 – 19, 27)[31]. Es ist also nicht auszuschließen, daß er zum Zwecke der Einpassung die traditionelle Ortsangabe tilgte und durch eine dem Kontext angepaßte ersetzte. Aber auch

---

[22] *Bultmann* in: RGG ³III, Sp. 840–850.
[23] *Schnackenburg*, Johannes I, S. 59.
[24] Vgl. *Schulz*, Johannes, S. 45 u. ö.
[25] *Becker*, Johannes I, S. 112–120.
[26] *Blank*, Johannes 4/1a, S. 177.
[27] Vgl. *Kundsin*, Topologische Überlieferungsstoffe im Johannes-Evangelium, S. 23 f 30 ff.
[28] Vgl. *Kümmel*, Einleitung in das Neue Testament, S. 80.
[29] Vgl. *ders.*, aaO., S. 100 f.
[30] Vgl. ebd.
[31] Ebd.

ohne die matthäischen und lukanischen Sonderquellen ruht die Kafarnaum-Tradition auf festem Fundament, allein die Nazaretüberlieferung (s. u.) ist stärker. Kafarnaum ist – so darf man als Ergebnis der Textanalyse zusammenfassen – fest mit Jesus verbunden. Wie sich diese Beziehung im einzelnen darstellt, bleibt im folgenden zu untersuchen.

## 2. Früher Kontakt

*Wann* kommt Jesus nach Kafarnaum? – Die Frage ist zweifellos von geringem Gewicht, im Rahmen der historischen Rückfrage jedoch nicht uninteressant.

Glaubt man den Evangelien, besucht Jesus die Grenz- und Hafenstadt am Nordwestufer des Sees Gennesaret schon früh, übereinstimmend tradieren alle vier eine entsprechende Notiz jeweils in den ersten Perikopen (Mk 1,21; Mt 4,13; Lk 4,31 und Joh 2,12). Doch kommt Jesus nach *Markus* und *Lukas* im Zuge seiner Predigtwanderung durch Galiläa nach Kafarnaum, so nach *Matthäus* von Nazaret aus mit der erklärten Absicht, dort Wohnung zu nehmen. *Johannes* weiß gar von einer Wanderung Jesu mit Mutter, Brüdern und Jüngern von Kana her, einer Stadt im Norden Untergaliläas, die die Synoptiker nicht kennen (vgl. M 45).

Stimmen die vier Texte hinsichtlich ihrer Position jeweils am Evangelienanfang auch überein, differieren sie aber im Detail so sehr, daß jeder Harmonisierungsversuch scheitert. Welcher der vier Versionen ist dann aber, so bleibt sogleich zu fragen, zu folgen?

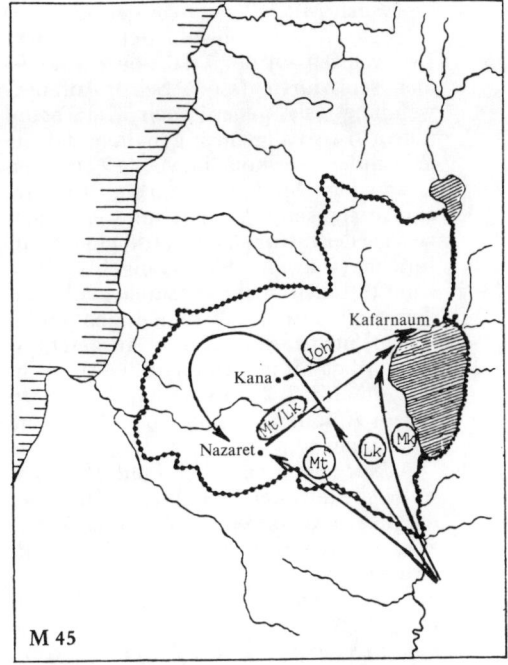

M 45

**Kafarnaum als Ziel vier unterschiedlicher Bewegungen**

*Mk:* Nach der Verhaftung des Täufers kehrt Jesus nach Galiläa zurück, verkündet das Evangelium Gottes, beruft die ersten Jünger am See Gennesaret und kommt mit ihnen nach Kafarnaum (Mk 1,14.16.21).

*Mt:* Nach der Verhaftung des Täufers kehrt Jesus nach Galiläa zurück. „Er verläßt Nazaret, um in Kafarnaum zu wohnen, das am See liegt, im Gebiet von Sebulon und Naftali" (Mt 4,12 f).

*Lk:* Jesus kehrt nach Galiläa zurück und lehrt hochgepriesen in den Synagogen. Nach einem erfolglosen Auftritt in der Synagoge von Nazaret „geht er hinab nach Kafarnaum, einer Stadt in Galiläa" (Lk 4,14f.16.31).

*Joh:* Nach der Hochzeit in Kana zieht Jesus „mit seiner Mutter, seinen Brüdern und seinen Jüngern nach Kafarnaum hinab" (Joh 2,12).

– Als sekundär auszuscheiden sind zunächst einmal Mt 4,13 und Lk 4,31: Lukas folgt in seinem Vers eindeutig der Markus-Vorlage (vgl. Mk 1,21), Matthäus redigiert seine Notiz – wie die Sprache und das Reflexionszitat beweisen – ebenso eindeutig in eigener Regie (s. o.).

– Auch Mk 1,21 ist von geringem historischem Wert, obwohl der Vers dem Evangelisten aus der Tradition zugekommen sein dürfte (s. o.). Seine Anfangswendung „sie gehen nach Kafarnaum hinein" ist so allgemein gehalten, daß sie jede andere Perikope in Mk 1–9 einleiten könnte (vgl. Mk 9,33). Markus bringt sie am Anfang seines Evangeliums ein, nicht weil sie der historischen Wirklichkeit entspricht (wieweit der Evangelist diese kennt, ist nicht mehr auszumachen), sondern weil sie sich gut seinem geographischen Entwurf einordnet[32]. Ausgeschlossen wird damit jedoch nicht die Möglichkeit, daß Mk 1,21 tatsächlich der historischen Anfangssituation in Kafarnaum entstammt.

– Nur verbindende Funktion hat wahrscheinlich auch Joh 2,12, in einer möglichen Semaia-Quelle als „Brücke" zum zweiten „Zeichen" (Joh 4,43–54)[33] und – ist man nicht bereit, eine solche anzunehmen – als Überleitung zur Tempelreinigungsperikope (Joh 2,13–22) in dem vom Evangelisten geschaffenen Kontext[34]. Zweifel an der Historizität seines Inhaltes ergeben sich vor allem von Texten wie Joh 7,3 ff und Mk 3,20–30 her, die glaubwürdig von einem gestörten Verhältnis der ganzen Familie Jesus gegenüber berichten[35]. Von dorther erklärt sich die Notiz vom harmonischen Familien-(um-)zug nach Kafarnaum in Joh 2,12 als nachösterliche Entschärfung bzw. Beseitigung eines peinlichen Zuges im vorösterlichen Jesusbild.

Damit ist der Befund aller vier Evangelien negativ, keiner der vier Texte will eine historische Aussage machen. Bleibt allein der Weg der indirekten Erschließung. Auszugehen ist dabei von der durch die Synoptiker und Johannes gesicherten Bemerkung, daß Jesus vom Täufer aus (ob vor oder nach dessen Einkerkerung, ist nicht mehr zu entscheiden) „nach Galiläa geht" (Mk 1,14 parr; Joh 1,43)[36]. Die Formulierung klingt recht allgemein, läßt sich aber bei genauerem Hinsehen präzisieren; denn Galiläa ist – wie oben aufgezeigt – eine nur kleine Landschaft, in der Jesus keinesfalls viele Gegenden offenstehen, in denen er mit seiner Heilsverkündigung beginnen kann:

– Offen steht ihm zweifellos sein Heimatdorf *Nazaret*, doch ist kaum damit zu rechnen, daß der Täuferschüler dorthin zurückkehrt. Seinen ehemaligen Mitbewohnern wird er sich erst stellen, wenn er Jünger um sich gesammelt und „Missionserfolge" aufzuweisen hat (Mk 6,1–6)[37]. Ganz und gar nicht überzeugen kann Ben-Chorin mit seiner Vermutung, „daß Jesus nach längerem Aufenthalt in der Wüste zunächst in seinen Heimatort Nazareth zurückkehrt, vermutlich um sich von den Strapazen dieses Wüstenaufenthaltes zu erholen"[38].

– Auszuschließen sind auch die galiläischen Großstädte *Tiberias, Magdala* und *Sepphoris*. Mit ihrer lärmenden Betriebsamkeit und ihrem vielfältigen Angebot an Eindrücken und Einflüssen bieten sie kaum eine für die Reich-Gottes-Botschaft angemessene Atmosphäre. In den Gleichnissen gibt Jesus deutlich seine Vorliebe für die ländliche Umwelt zu erkennen[39]. Doch so erklärlich Jesu Fernbleiben von der Großstadt am Anfang, so wenig verständlich erscheint es – wie die Evangelien durch ihr Schweigen nahelegen – in der späteren Wirkphase[40].

– Kaum in Frage auch kommt *Obergaliläa*. Aufgrund seiner physikalischen Struktur ist es nicht nur verkehrsfeindlich und dünn besiedelt; seine geographische Isolierung auch hat die Menschen verschlossener und weniger empfänglich für Neues gemacht (vgl. I, 3.2).

---

[32] Vgl. den Exkurs „In der Spannung zwischen Galiläa und Jerusalem".
[33] Vgl. *Becker*, Johannes I, S. 110.
[34] Vgl. *Blank*, Johannes 4/1a, S. 196.
[35] Vgl. den Exkurs „Nazaret und Jesus", bes. 2.2.3.
[36] Vgl. *Gnilka*, Markus I, S. 65.
[37] Vgl. *Haenchen*, Historie und Verkündigung, S. 159.
[38] *Ben-Chorin*, Bruder Jesus, S. 42.
[39] Vgl. den Exkurs „Das geographische Galiläa im Spiegel der Gleichnisse".
[40] Vgl. den Exkurs „Sepphoris und Jesus".

Bleiben als Wirkfelder für den Anfang allein der Norden Untergaliläas und das Nordufer des Sees Gennesaret. Von beiden verdient zweifelsohne das Seegebiet mit *Kafarnaum* als Zentrum den Vorzug:

– Als Handelsstadt an einer stark frequentierten Nebenstraße der Via Maris bietet Kafarnaum günstige Bedingungen für Begegnungen mit Menschen aus Dörfern und Städten der näheren und ferneren Umgebung. Kein Gebiet ist dichter besiedelt, keines günstiger zu erreichen zu Wasser und zu Lande als das Nordwestufer des Sees.

– Aufgrund seiner Lage an der Grenze mit starken Verbindungen zum Heidentum (s. Kafarnaum als Garnisonsstadt mit römischem Militär, als Handelsstadt mit Kontakten zu den heidnischen Umländern, als Grenzstadt an der halbheidnischen Tetrarchie des Philippus) beherbergt es Menschen in sich, die für die freimachende und revolutionäre Botschaft Jesu aufgeschlossener sein dürften als Bewohner anderer Gegenden Galiläas[41]. Die Empfehlung, die Juden aus Kafarnaum dem römischen Centurio geben (Lk 7,4–5), macht deutlich, „daß in dieser internationalen Stadt wechselseitige Freundschaftsbeziehungen und gegenseitige Hilfeleistung zwischen Juden und Heiden bestehen konnten"[42], woraus man aber keineswegs schließen darf, „daß alle trennenden Schranken gefallen wären"[43].

– Als Grenzort erlaubt es einen raschen Ortswechsel aus dem Einfluß- und Machtbereich des Antipas. Daß der Tetrarch trotz aller Positiva gegenüber seinem Vater Herodes und seinem Bruder Archelaos (vgl. II, 2.2) gefährlich werden kann, zeigt die Tatsache der Hinrichtung des Täufers (Mk 6,17–29; Ant XVIII 5,2). Die Erinnerung an Antipas als Gefahr für Jesus haben die Evangelien im Begriff der „Herodianer" (Mk 3,6; Mt 22,16) und auch in direkten Warnungen (Lk 13,31) bewahrt.

– Speziell dem untergaliläischen Kana gegenüber, das für Johannes offenbar Zentrum der galiläischen Wirksamkeit Jesu ist[44], besitzt Kafarnaum den Vorzug der größeren Entfernung zu Nazaret. Was sich an Vorurteilen (Mk 6,3; Joh 1,46) im Norden Untergaliläas rasch ausbreiten konnte, findet in den 46 km, die Nazaret von Kafarnaum trennen, eine natürliche Barriere, die den Lauf der Gerüchte zumindest hemmt.

Jesus wendet sich demnach – wenn nicht alles täuscht – auf seinem Rückweg vom Täufer in die Gegend von Kafarnaum und beginnt hier mit seiner Predigt. Dazu paßt, daß die Erstberufenen der Zwölf – Simon und Andreas (Mk 1,16–18; Joh 1,40ff), Jakobus und Johannes (Mk 1,19–20) – aus Kafarnaum stammen. Mk 1,16–20, die Berufungserzählung, läßt „bei aller Schemahaftigkeit"[45] dennoch einige historische Einzelheiten erkennen: außer den genannten Namen der vier Brüder ihren Beruf, ihre Beheimatung am See und die Tatsache ihrer Berufung durch Jesus[46]. Ihr Anschluß an ihn wird sich allerdings „allmählicher und verwickelter vollzogen haben"[47].

---

[41] Vgl. *Lebreton*, Jesus Christus – Leben und Lehre, S. 94.
[42] Ebd.
[43] Ebd.
[44] Vgl. *Kundsin*, aaO., S. 24 70.
[45] *Gnilka*, Markus I, S. 75.
[46] Vgl. ebd.; *Pesch*, Markus I, S. 113f.
[47] *Gnilka*, aaO., S. 75. – Vgl. auch *Reploh*, Markus-Lehrer der Gemeinde, S. 28.

# 3. Ein Ort von besonderer Bedeutung

Im Unterschied zu Johannes wartet Jesus nicht darauf, daß die Menschen zu ihm kommen, er selber geht auf sie zu. Predigend und heilend ist er rastlos unterwegs[48]. Wohin ihn der Weg führt, haben die Evangelien für die galiläische Wirkperiode in nur insgesamt zwölf Orts- und Gebietsangaben festgehalten (vgl. M 46). Marksteinen gleich stecken sie das Reisegebiet großflächig und in wichtigen Punkten ab. Keine Frage, daß wir das grobmaschige Netz mit vielen weiteren „Fäden" bzw. Verbindungen in allen vier Himmelsrichtungen „ausspinnen" dürfen. In größte Verlegenheit aber gerät, wer glaubt, die Reiserouten Jesu im einzelnen nachgehen zu können.

Insgesamt zwölf Namen von Landschaften, Städten und Dörfern, unter ihnen von herausragender Bedeutung einzig *Kafarnaum*. Von ihm glaubt Gnilka, daß es „ein besonderer Stützpunkt der Wirksamkeit Jesu gewesen sein muß"[49]; für Ernst ist „die Vermutung, daß Jesus dort während der Tätigkeit in Galiläa ein ‚Standquartier' gehabt hat, nicht abwegig"[50].

## 3.1 Ein gelegentliches Zuhause

„Jesus stieg in das Boot, fuhr über den See und kam in seine Stadt" (Mt 9,1). Matthäus hat den Vers selbst gestaltet, teils aus Angaben aus der vorangehenden Geschichte[51], teils aber auch, wenn nicht aus historischem Wissen, so doch im Gespür für die historische Wirklichkeit. Speziell in der Rückbewegung nach Kafarnaum wie auch im Begriff der ἴδια πόλις / idia pólis trifft er authentische Aspekte. ἴδια πόλις / idia pólis wird zuweilen in wörtlicher Übersetzung mit „seine eigene Stadt"[52], meist aber auch mit „seine Stadt"[53] wiedergegeben. Dabei denkt Schweizer an einen festen Wohnort[54], Billerbeck an „die Stadt, deren Bürger er war"[55], deren Vollbürgerschaft er durch einen Aufenthalt von zwölf Monaten erworben hatte[56].

Wie darf man sich diese Beziehung in concreto vorstellen? – Schwerlich ist mit Schweizer[57] und Kopp[58] aus Joh

**M 46**
Von den Evangelien genannte Orte und Gebiete, die Jesus während seines Wirkens in Galiläa aufsucht

---

[48] Zu Jesus als „Wanderprediger" vgl. den Exkurs „Jesus und die Synagoge", bes. 1.2.
[49] *Gnilka*, Markus I, S. 78.
[50] *Ernst*, Markus, S. 63. – Ein ‚Standquartier' Jesu während seiner Tätigkeit in Galiläa sieht in Kafarnaum auch *Blank*, Johannes 4/1a, S. 196.
[51] Vgl. *Schweizer*, Matthäus, S. 145.
[52] Vgl. *Schlatter*, Matthäus, S. 135.
[53] Beispielhaft sei nur auf die Einheitsübersetzung der Heiligen Schrift hingewiesen.
[54] Vgl. *Schweizer*, Matthäus, S. 145.
[55] *Strack/Billerbeck* I, S. 493 f.
[56] Vgl. ebd.
[57] Vgl. *Schweizer*, aaO., S. 37: „Nicht ganz ausgeschlossen ist, daß Jesus deswegen (sc. wegen seiner Verwerfung in Nazaret) mit seiner Familie nach Kapernaum zog (Joh 2,12), so

## Die "Kafarnaum-Gruppe" im Markus-Evangelium (Mk 1-16)

| Mk 1,16ff | Mk 3,13-19 | Mk 5,37ff | Mk 9,2ff | Mk 13 | Mk 14,32f |
|---|---|---|---|---|---|
| = Simon | 1. Simon Petrus | = Petrus | = Petrus | = Petrus | = Petrus |
| = Andreas | 2. Jakobus | = Jakobus | = Jakobus | = Jakobus | = Jakobus |
| = Jakobus | 3. Johannes | = Johannes | = Johannes | = Johannes | = Johannes |
| = Johannes | 4. Andreas | | | = Andreas | |
| | 5. Philippus | | | | |
| | 6. Bartholomäus | | | | |
| | 7. Matthäus | | | | |
| | 8. Thomas | | | | |
| | 9. Jakobus | | | | |
| | 1o. Thaddäus | | | | |
| | 11. Simon Kananäus | | | | |
| | 12. Judas Iskariot | | | | |

Die „Kafarnaum-Gruppe" innerhalb des Zwölferkreises

2,12; Mk 3,21 und Mk 6,3 auf einen Umzug der Familie Jesu von Nazaret nach Kafarnaum zu schließen. Nicht allein, daß Joh 2,12 sich als redaktioneller Verbindungsvers erweist (s. o.) und die Ablehnung in der Synagoge zu Nazaret (Mk 6,3), die Schweizer als Ursache des Familienumzuges sieht[59], kaum am Anfang des Wirkens Jesu anzusetzen ist, sondern eher später liegt (s. o.); dieser These steht auch das nicht zu bestreitende Faktum des gestörten Familienverhältnisses entgegen[60]. Nach Kafarnaum kommt Jesus – wie wir gesehen haben – wahrscheinlich auf dem Rückweg vom Täufer, allein, vielleicht auch mit Jüngern, kaum aber mit Familienangehörigen. Die Familie zieht nach Kafarnaum hinab, um den „Wahnsinnigen" (Mk 3,21) nach Nazaret zurückzuholen[61], nicht aber, um mit ihm im eigenen Haus zusammenzuwohnen.

Kafarnaum als „seine Stadt" meint anderes! Jesus ist, wie bereits mehrfach betont, in der kurzen Zeit seines Wirkens in Galiläa rastlos unterwegs zu den Menschen. Einen festen Ort, wo er wohnen könnte, hat er nicht. Seine Situation charakterisiert er in dem Q-Logion Mt 8,20 par Lk 9,58: „Die Füchse haben ihre Höhlen und die Vögel des Himmels ihre Nester, der Menschensohn aber hat nichts, wo er sein Haupt hinlegen kann." Nach Kafarnaum, in „seine Stadt", kommt er nur gelegentlich (Mk 2,1; 9,33; Mt 8,5; 9,1; 17,24), eine Bleibe findet er bei guten Freunden[62], bei Simon und Andreas, bei Jakobus und Johannes[63], kurz bei der „Kafar-

---

daß nur die (verheirateten) Schwestern in Nazareth blieben (Mk 6,3)."

[58] Im Anschluß an Joh 2,12 fragt *Kopp* (Die Heiligen Stätten, S. 212): „Wegen des nahen Osterfestes war der Aufenthalt (sc. in Kafarnaum) nur kurz. Warum dann dieser Umweg? Hatte die Familie Jesu Nazareth verlassen und in Kapharnaum ein neues Heim gegründet? Das würde diesen kurzen Besuch am ehesten erklären."

[59] Vgl. *Schweizer,* aaO., S. 37.

[60] Vgl. den Exkurs „Nazaret und Jesus", bes. 2.2.3.

[61] Vgl. *Kopp,* aaO., S. 214.

[62] Vgl. *Kopp,* aaO., S. 214 („Das Heim des Petrus war allem Anschein nach auch das Haus Jesu."); *Haenchen,* Der Weg Jesu, S. 109 (Jesus „war offensichtlich auf die Gastfreundlichkeit von solchen angewiesen, die ein Haus, Einkommen und Arbeit hatten.").

[63] *Reploh,* Markus – Lehrer der Gemeinde, S. 27–35.

naum-Gruppe". Sie bildet, wie ein Querschnitt durch das Markusevangelium zeigt (M 47), innerhalb des Zwölferkreises einen mächtigen „Block", der sich bis zum Ende hin durchhält:

In der offiziellen Zwölferliste[64], die Markus nur wenig später den Einzelberufungen folgen läßt (Mk 3,13ff), führen die beiden Brüderpaare in leicht verschobener Position den Zwölferkreis an; sie zeichnet Jesus mehrmals aus: Petrus, Jakobus und Johannes nimmt er als einzige der Gruppe bei der Totenerweckung der Jairustochter mit (Mk 5,37ff); als einzige dürfen sie ihn bei der Verklärung in endzeitlicher Herrlichkeit schauen (Mk 9,22ff); als einzige auch begleiten sie ihn in Getsemani in die Tiefe des Gartens und erleben ihn in seiner Todesangst (Mk 14,32f). Allen vieren aber hatte er zuvor auf dem Ölberg das Ende der Welt verheißen (Mk 13,3ff).

Die Gastlichkeit der Jüngerfamilien wird in den Evangelien nicht thematisiert, geschichtliche Erinnerungen dürften sich allein im Gastmahl des Levi (Mk 2,13–17 parr)[65] und in der Erzählung von der Heilung der Schwiegermutter des Petrus (Mk 1,29–31) erhalten haben; an konkreten Einzelheiten ist beiden Geschichten allerdings nichts zu entnehmen. Dagegen illustriert das Wie des Wohnens Jesu in „seiner Stadt" die Archäologie durch die Freilegung der für Kafarnaum typischen „Wohninseln". Im Modell und auf dem Papier entbehren sie nicht eines romantischen Zuges, in der Wirklichkeit des nordwestlichen Seeufers mit seinem tropischen Klima und seinen von schwarzen Basaltblöcken übersäten Feldern aber symbolisieren sie ein Leben in Armut, Enge, Hitze, Lärm, Schmutz und Gestank. Inmitten der die „Wohninsel" teilenden Großfamilie mit ihren 60 bis 100 Köpfen ist Jesus gezwungen, Platz zu suchen zwischen Mensch und Tier, in engen Höfen und kleinen Häusern, auf der Erde oder dem Dach des Hauses. Nichts in diesem antiken „Wohnblock" gehört ihm, in allem ist er auf Gastfreundschaft angewiesen. Daß sie ihm immer wieder gewährt wird, macht Kafarnaum zu „seiner Stadt", zu der es ihn immer wieder zurückzieht, von der er zu neuen Predigtwanderungen aufbricht.

### 3.2 Ein Zentrum messianischen Wirkens

In Kafarnaum ist Jesus „zu Hause", Kafarnaum macht er aber auch zu seiner „bevorzugte(n) Wirkungsstätte..., in der er gewohnt und zahlreiche Wunder getan hat"[66]. Bezeugt wird diese Bevorzugung „außer in Erzähltraditionen besonders im Wehe-Spruch aus der Q-Quelle (Mt 11,23 / Lk 10,15)"[67].

a) Der *Erzählkranz* um Kafarnaum ist weit und groß (s.o.), sein Umfang bleibt gegenüber dem anderer evangelischer Städte auch dann noch beachtlich, wenn man von den Perikopen absieht, die erst nachträglich „geortet" wurden wie Mk 9,33; Mt 17,24 und Joh 6,24.59. Nach Kafarnaum weist z.B. deutlich ...

– die Geschichte von der Heilung der Schwiegermutter des Petrus (Mk 1,29–31): Ihr Überlieferungswert dürfte „in ihrer Bindung an das Haus und die Familie Simons gesehen werden"[68]; die Erinnerung an Simon aber hat selbst die kirchliche Tradition im sog. „Petrushaus" (s.o.) bewahrt.

---

[64] Vgl. *ders., aaO.,* S. 35–50.
[65] Vgl. *Bösen,* Das Mahlmotiv bei Lukas, S. 272–278.
[66] *Schulz,* Q, S. 366.
[67] *Pesch,* Markus I, S. 120.
[68] *Gnilka,* Markus I, S. 84f.

- die Erzählung von der Heilung des Gelähmten (Mk 2, 1–10): Die in Kafarnaum freigelegten „Wohninseln" veranschaulichen die biblische Darstellung in einzigartiger Weise.
- die Erzählung von der Heilung des Hauptmannsknechtes (Mt 8, 5–13 par Lk) bzw. des Königssohnes (Joh 4, 46–53): Die Stationierung römischer Soldaten unter einem Centurio (Mt 8, 5 / Lk 7, 2) wird zwar nur vom Neuen Testament bezeugt, legt sich aber von der Grenzlage der Stadt her nahe.
- die Berufungsgeschichte des Levi (Mk 2, 13–17): Als Grenzstadt besaß Kafarnaum eine Zollstätte, die von Zöllnern verwaltet wurde.

b) Was den Erzähltraditionen an Beweiskraft fehlt, ergänzen die *Wehe-Sprüche* über die galiläischen Städte, die Matthäus und Lukas aus der Q-Quelle zukommen (Mt 11, 20–24 / Lk 10, 13–15). In der Rekonstruktion von Polag hatte der Text, „der der mt und lk Vorlage in ihrer Überlieferungsgeschichte zuletzt gemeinsam war"[69], folgenden Wortlaut:
„Weh dir, *Chorazin,*
weh dir, *Betsaida!*
Wenn in Tyrus und Sidon
geschehen wären die Machttaten,
die in euch geschehen sind,
schon längst wären sie in Sack und Asche umgekehrt.
Ja, Tyrus und Sidon
wird es erträglicher ergehen
am Tage des Gerichtes als euch.
Und du, *Kafarnaum,*
willst du bis zum Himmel erhoben sein?
Bis zur Hölle wirst du hinab müssen!"

In ihrer Ursprünglichkeit sind beide Drohworte heftig umstritten. Der Zahl derer, die in ihnen authentische Jesusworte sehen[70], steht eine gleich große Anzahl von Gegnern gegenüber[71], die sie als nachösterliche Gemeindebildung erklären: Am überzeugendsten in dieser Kontroverse klingt das Ergebnis von Schulz, das zwar nach einem Kompromiß aussieht, außer guten Argumenten aber auch die historische Wahrscheinlichkeit für sich hat. Eine Reihe von acht Beobachtungen[72] führt zu der Annahme, daß die beiden Drohworte „zur jüngeren Traditionsschicht von Q gehören"[73], daß sich aber speziell im Kafarnaum-Logion (Mt 11, 23 / Lk 10, 15) die redigierende Q-Gemeinde auf die historische Wirklichkeit, konkret auf Jesu Wirken in dieser Stadt, rückbezieht[74]. Der Be-

---

[69] *Polag,* Fragmente Q. Textheft zur Logienquelle, S. 46. Nach *Polag* bietet Lukas die ursprünglichere Form. Anders dagegen *Bultmann,* Geschichte, S. 118: „Wahrscheinlich ist die Form des Mt ursprünglicher als die des Lk."
[70] Nach *Trilling* (Fragen zur Geschichtlichkeit Jesu, S. 103) ist „alles an diesem Spruch ... ursprünglich", nach *Mußner* (Gab es eine ‚galiläische Krise'?, S. 244) kann an seiner Echtheit „nicht gut gezweifelt werden". *Schniewind* (Matthäus, S. 147) hält das Logion dadurch für fest „in der Überlieferung eingefügt, daß Chorazin (V. 21) sonst nirgends in den Evangelien vorkommt"; *Grundmann* (Lukas, S. 211) glaubt, daß die Worte deshalb auf Jesus zurückgehen können, „da die Überlieferung durch sie nicht entscheidend bestimmt ist". *Rengstorf* (Lukas, S. 135) schließlich spricht vom „hohe(n) Alter der hier verarbeiteten Überlieferung".
[71] Zusammenstellung in *Schulz,* Q, S. 362 Anm. 257. Grundlegend für diese Position ist das Urteil *Bultmanns:* „Auf jeden Fall handelt es sich um eine Gemeindebildung; denn die Worte blicken auf die abgeschlossene Wirksamkeit Jesu zurück und setzen den Mißerfolg der christlichen Predigt in Kapernaum voraus" (Geschichte, S. 118). – Zur Kritik vgl. *Schneider,* Lukas I, S. 239.
[72] Vgl. *Schulz,* Q, S. 362 f.   [73] Vgl. ebd.
[74] Vgl. *Schulz,* Q, S. 365 f, bes. auch Anm. 282.

griff der „Gemeindebildung" will also einschränkend verstanden sein, keinesfalls schließt er die Verwendung authentischen Materials aus.

Im Mittelpunkt der beiden Drohworte stehen die Städte Chorazin, Betsaida und Kafarnaum; alle drei liegen sie im Norden des Sees, nur wenige Kilometer voneinander entfernt. Spitzenfunktion in diesem Dreieck weist der Text eindeutig Kafarnaum zu: Während Jesus Chorazin und Betsaida in direktem Nacheinander und in gleichlautendem „Wehe" anspricht, wendet er sich Kafarnaum in einem eigenen, durch Endstellung betonten Zuspruch, „mit besonderem Schmerz"[75], „ohne ‚Wehe', aber in noch schärferer Form"[76], zu: „Und du, Kafarnaum...!"

Die Stadt denkt an „Erhöhung bis zum Himmel" am Ende der Zeit; die Formulierung in Frageform mindert den Grad der Erwartung nicht. Aufgrund welcher Tatsachen man sie erhofft, ist in der Auslegung umstritten[77]: Schweizer vermutet, daß „sich die Bewohner Kapernaums etwas darauf zugute taten, daß der bekannte Prophet Jesus bei ihnen zuhause war"[78]. Für Grundmann dagegen ist Kafarnaum „die durch Jesu Wirksamkeit erwählte und deshalb bis zum Himmel emporgehobene Stadt"[79]. Wahrscheinlich wird man beide Aspekte sehen müssen; doch erinnert man sich der „Machttaten" im ersten Drohwort gegen Chorazin und Betsaida (Mt 11,21 / Lk 10,13), legt sich aufgrund der Parallelisierung eine Akzentuierung des Wirkaspektes nahe: Kafarnaum fühlt sich „bis zum Himmel emporgehoben" durch Jesu Wirken, durch sein Reden und Tun. Nicht, daß seine Wunder hier größer, mächtiger, überzeugender wären! Die „Machttaten" von Chorazin und Betsaida stehen ihnen nicht nach, zwängen sie doch selbst die verstockten Heiden aus den verrufenen Hafenstädten Tyrus und Sidon in die Knie und ließen sie umkehren. Nein, nicht allein die Größe der Wunder zeichnet Kafarnaum aus! Was es bis zum Himmel erhebt, ist mehr: Jesus hat es zum *Mittelpunkt seines galiläischen Wirkens* gemacht: Nirgends sonst hat er eindrucksvoller gepredigt, nirgends sonst hat er mehr Wunder getan. „Das Höchste von allen galiläischen Städten erlebte Kapernaum."[80]

## 4. Eine Stadt der Enttäuschung

Das Ende Jesu in Kafarnaum kommentiert als einziger evangelischer Text der oben vorgestellte Wehe-Spruch in seiner zweiten Hälfte: „Bis zur Hölle wirst du hinab müssen!" (Mt 11,23b / Lk 10,15b). Das Urteil, das hier über Kafarnaum gefällt wird, ist vernichtend, unendlich schärfer als das über Chorazin und Betsaida wenige Zeilen zuvor (Mt

---

[75] *Schlatter,* Matthäus, S. 182.
[76] *Schulz,* Q, S. 365.
[77] Vgl. *ders.,* aaO., S. 365 Anm. 282.
[78] *Schweizer,* Matthäus, S. 173. – Ebenso *Schniewind,* Matthäus, S. 148: „Der Wortlaut unseres Spruches... klingt so, als wenn Kapernaum sich am jüngsten Tag rühmen wollte: bis zum Himmel muß ich erhoben werden, denn hier hat der Menschensohn gelebt..."
[79] *Grundmann,* Lukas, S. 211; vgl. auch *Schulz,* Q, S. 365f.
[80] *Schulz,* Q, S. 365. – Vgl. auch *Schniewind,* Matthäus, S. 148.

11, 22 / Lk 10, 14). Es setzt ein völliges Scheitern des Wirkens Jesu in Kafarnaum voraus.

In der literarkritischen Frage folgen wir auch hier Schulz: Es ist zwar „keineswegs mit einem Wort des historischen Jesus zu rechnen"[81], es ist aber auch nicht auszuschließen, daß die redigierende Q-Gemeinde – wie bereits bei der ‚Erhöhungs'-Aussage in Mt 11, 23 a / Lk 10, 15 a – auf konkrete Negativerfahrungen des historischen Jesus zurückgreift.

Wie oben aus der geographischen Situation Galiläas und dem Zeugnis der evangelischen Texte erschlossen, beginnt Jesus mit seiner Wort- und Tatverkündigung aller Wahrscheinlichkeit nach in Kafarnaum. Die Wirkung seiner Frohbotschaft auf die Menschen am See trifft Markus, wenn er – zweifellos in eher theologischer als historischer Absicht[82] – davon spricht, daß „die ganze Stadt" (ὅλη ἡ πόλις / hólae hae pólis) vor der Haustür wartet (Mk 1, 33), daß „alle" (πάντες / pántes) ihn suchen (Mk 1, 37), daß „so viele" (πολλοί / polloí) sich versammeln, daß „nicht einmal Platz vor der Tür" (Mk 2, 2) ist: Der Erfolg ist überwältigend; Jesu „Popularitätskurve" erklettert am Anfang höchste Höhen. Man ist begeistert von dem Rabbi, der so ganz anders predigt und die Schrift auslegt (Mk 1, 22–27)[83]; von dem Wundermann, der Kranke und Besessene heilt (Mk 1, 21–29; 1, 29–31; 1, 32–34 u. ö.); von dem Propheten, der vielleicht der Endzeitprophet ist (Lk 7, 10; Joh 6, 14 u. ö.); von dem Menschen, dessen Herz den Armen und Verlorenen gehört (Mk 2, 17; Lk 19, 10). Doch wie lange? – Die Texte schweigen. Zu vermuten bleibt, daß die Kurve früher oder später langsam, aber stetig abfällt: Nach einer Phase der anfänglichen *Begeisterung* folgt eine Phase der zunehmenden *Distanzierung;* die Phase der Distanzierung läuft aus in eine Phase der allgemeinen *Ablehnung* (vgl. M 48).

Zur Distanzierung dürften im einzelnen beigetragen haben...

a) *Jesu Umgang mit Zöllnern und Sündern,* zu denen auch öffentliche Dirnen zählen (Mk 2, 13 ff; Lk 7, 34 f; 7, 36 ff; 15, 1 f u. ö.). Was die Zöllner betrifft, so sind sie bei der Mehrheit der Bevölkerung als Blutsauger (vgl. Lk 19, 1–10) verhaßt[84]. Sündern, speziell Dirnen gegenüber hat sich die öffentliche Meinung bis heute nicht geändert; mit Fingern zeigt man auf die, die mit ihnen als dem Abschaum der Gesellschaft umgehen (Lk 7, 34 f par Mt; Lk 15, 1 f u. ö.).

b) *Jesu radikale Gesetzeskritik*[85]. Mag man ihr auch anfangs begeistert zugestimmt haben, ändert sich die Meinung spätestens in dem Augenblick, in dem man erkennt, daß sie das religiöse Leben nicht erleichtert, sondern durch ihre Radikalität sogar erschwert. So begrüßt man sicherlich seinen Protest gegen die pharisäische Sabbatkasuistik (Mk 1, 21 ff; 2, 23 ff u. ö.), die Reinheitsgebote (Mk 7, 1–23 u. ö.), die Zehntforderung (Mt 23, 23 f); Schwierigkeiten aber hat man mit seiner Forderung der Feindesliebe (Mt 5, 43–48), die konkret die Samaritaner mit einschließt (Lk 10, 25–37); der Absage an nicht nur mörderische, sondern bereits zürnende Gedanken (Mt 5, 21 ff); des stummen Erduldens von Ungerechtigkeit (Mt 5, 38 ff) usw. Vieles an seinen Forderungen ist so radikal, daß es „menschli-

---

[81] Vgl. *Schulz,* aaO., S. 362 Anm. 257.
[82] *Reploh,* Markus – Lehrer der Gemeinde, S. 38.
[83] Vgl. den Exkurs „Jesus und die Synagoge", bes. 3.2.
[84] Zu den Zöllnern vgl. II, 3.2.1 (Lit.) und den Exkurs „Die Gleichnisse als Spiegel der sozialen Wirklichkeit", bes. 1.14.
[85] Zur Frage des Gesetzesverständnisses Jesu vgl. den Exkurs „Jesus und die Synagoge", bes. 3.1 (Lit.).

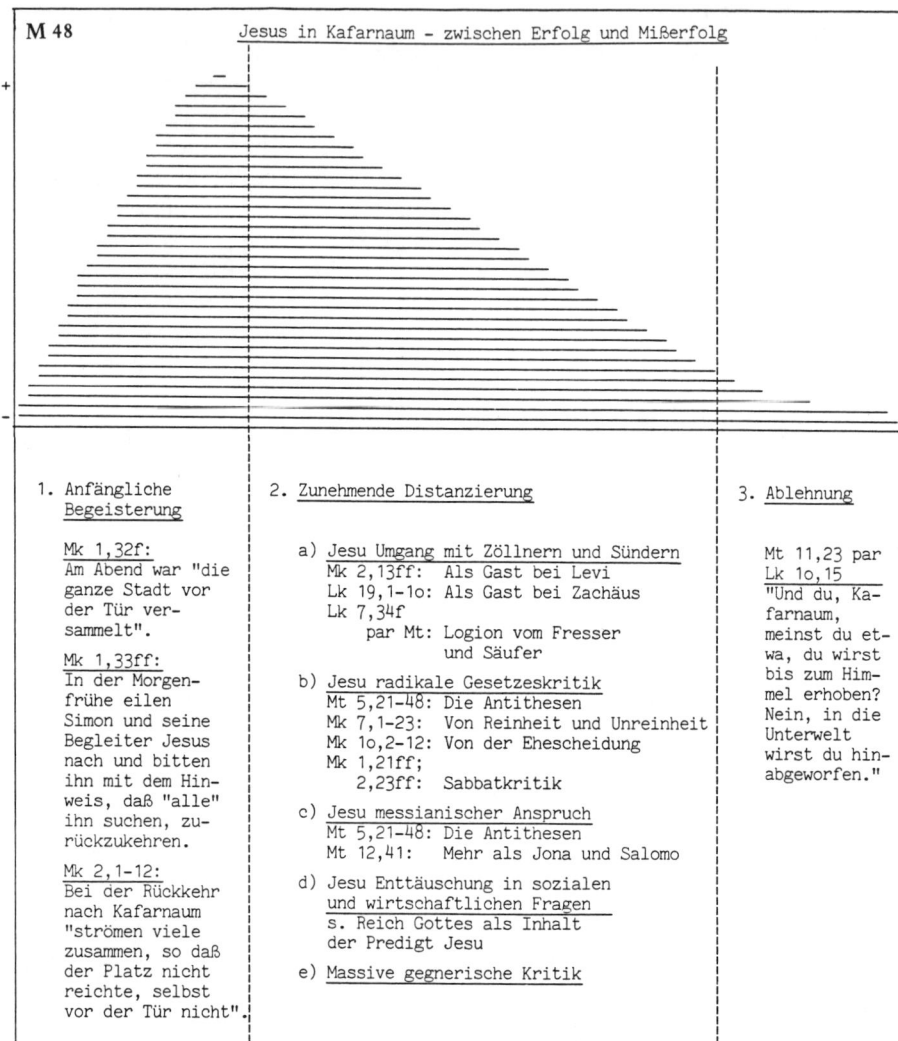

ches Maß wohl übersteigt"[86]; man wendet sich von ihm als einem Utopisten ab.

c) *Jesu messianischer Anspruch*[87]. Betroffen, schockiert, provoziert fühlen sich anfangs wahrscheinlich vor allem die Schriftkundigen, die Schriftgelehrten und Pharisäer, die mit geschulten Ohren den Unterschied zwischen seiner und ihrer Rede heraushören, während das Volk Jesu eigenverantwortliche Schriftauslegung als wohltuend empfindet (Mk 1,22.27)[88]. Als aber immer deutlicher wird, daß Jesus einen die Autorität des Mose in Frage stellenden Anspruch erhebt (Mt 5,21–48; Lk 11,32), disqualifiziert er sich für viele selbst; an Mose möchte man nicht gerüttelt sehen.

d) *Jesu Enttäuschung in sozialen und wirt-*

---

[86] *Ben-Chorin,* Bruder Jesus, S. 63.
[87] Vgl. *Frankemölle,* Jesus – Anspruch und Deutungen, 1979; *Schierse,* Christologie, 1979, S. 41–46; *Holtz,* Jesus aus Nazareth, 1981, S. 101–114; *Blank,* Der Jesus des Evangeliums, 1981.
[88] Vgl. den Exkurs „Jesus und die Synagoge", bes. 3.2 (Lit.).

*schaftlichen Fragen.* Angesichts der sozialen Not im Volke hatte jeder „Messias" oder „Prophet" die Masse der „kleinen", armen Leute zunächst einmal hinter sich[89], auch der Erfolg der Zeloten liegt nicht unwesentlich in ihrer Forderung nach sozialer Gerechtigkeit begründet (vgl. II, 2.3). Da aber Jesus seine Botschaft religiös und nicht sozial akzentuiert, verliert er für eine Mehrheit an Attraktivität.

e) *eine massive gegnerische Kritik,* die vor Verzerrungen, Entstellungen und Falschaussagen nicht zurückschreckt.

Diese und andere Beobachtungen, die zwar nicht kafarnaumspezifisch, aber dennoch für Kafarnaum relevant sind[90], berechtigen zu der Annahme, daß Jesus keine Chance hat, die Popularitätskurve in ihrer Anfangshöhe zu stabilisieren. Die „Schärfe" seiner Person und seiner Botschaft, auf die er selber im sog. „Schwertlogion" (Mt 10,34–36 par Lk 12,51–53)[91] aufmerksam macht, bewirkt fast notwendig ein Absinken. In welcher Richtung man der Kurve folgen darf, zeigen Polags[92] Untersuchungen der Logienquelle, die das in der Unheilsverheißung Mt 11,23b / Lk 10,15b vorausgesetzte Scheitern Jesu bestätigen: „Die Ablehnung durch das Volk" – so faßt Mußner das Ergebnis von Polags Analyse zusammen – „ist bereits vor dem Tod in Jerusalem ein Tatbestand"[93]. Jesus steht am Ende seiner Wort- und Tatverkündigung in Kafarnaum – wie in Galiläa – vor einer negativen Bilanz: Die Massen haben sich von ihm abgewandt – jeder einzelne hatte seine ganz persönlichen Gründe –, geblieben sind nur wenige Freunde. Kafarnaum, „seine Stadt" (Mt 9,1), wird zur Stadt bitterer und schmerzlicher Enttäuschung.

### 5.3 Nazaret – ein unbedeutendes Dorf in den südgaliläischen Bergen

Nazaret[1] (griech.: Ναζαρεθ; aram. wahrscheinlich: nas'rat oder nas'ra; arab.: en-nasira) wird gemeinhin von dem hebräischen „nasar" (= hüten, bewahren) abgeleitet und mit „Wächterin" und „Hüterin" übersetzt[2]. Diese Namensdeutung versteht nach Brunot, wer auf dem Gipfel des nordwestlich gelegenen Nebi Sa'in (488 m) steht und auf die Stadt hinunterschaut: „Elle surveille en effet un somptueux panorama qui englobe toute la Galilée."[3] – Einen Schritt weiter geht

---

[89] Wie wenig selbst die Jünger Jesus und seine Botschaft verstanden, zeigen Texte wie Mk 9,33–37; 10,35–45; Apg 1,6.
[90] Das Galiläa der Zeitenwende ist so klein, daß man schwerlich zwischen Schwierigkeiten differenzieren kann. Die Argumente, die man in Chorazin, Betsaida und anderswo in Galiläa gegen Jesus vorbringt, sind auch die Argumente, deren sich die Bevölkerung von Kafarnaum bedient.
[91] *Mußner,* Wege zum Selbstbewußtsein Jesu, in: BZ (NF) 12 (1968), S. 161–172, bes. S. 165ff; *Hoffmann,* Studien, S. 72ff (Lit.); *Schulz, Q,* S. 258–260 (Lit.).
[92] *Polag,* Die Christologie der Logienquelle, 1977.
[93] *Mußner,* Gab es eine ‚galiläische Krise'?, S. 243.
[1] Aus der überaus zahlreichen Literatur zu Nazaret (s. Zusammenstellung in: *Vogel,* Bibliography of Holy Land Sites, Compiled in Honor of Dr. Nelson Glueck, by Eleanor K. Vogel, Cincinnati 1971, S. 67, und in: ZDPV 90 [1974], S. 200 Anm. 68) seien hier nur einige wenige, leichter zugängliche Titel aufgeführt: *Dalman,* Orte und Wege Jesu, S. 61–88; *Kopp,* Die Heiligen Stätten, S. 86–183; *Kroll,* Auf den Spuren Jesu, S. 104–126; *Murphy-O'Connor,* Das Heilige Land, S. 319–324; *Bagatti,* Excavations in Nazareth, Jerusalem 1969; *Loffreda,* Nazareth à l'époque évangélique, in: MB 16 (1980), S. 10–15; *Livio,* Les fouilles chez les religieuses de Nazareth, in: MB 16 (1980), S. 28–36; *Brunot,* Nazareth an 1, in: MB 16 (1980), S. 41.
[2] Zur Etymologie vgl. *Dalman,* aaO., S. 61–66; *Strack/Billerbeck,* I, S. 92, *Saunders* in: BHHW II, Sp. 1291; *Loffreda,* aaO., S. 10.
[3] *Brunot,* aaO., S. 41.

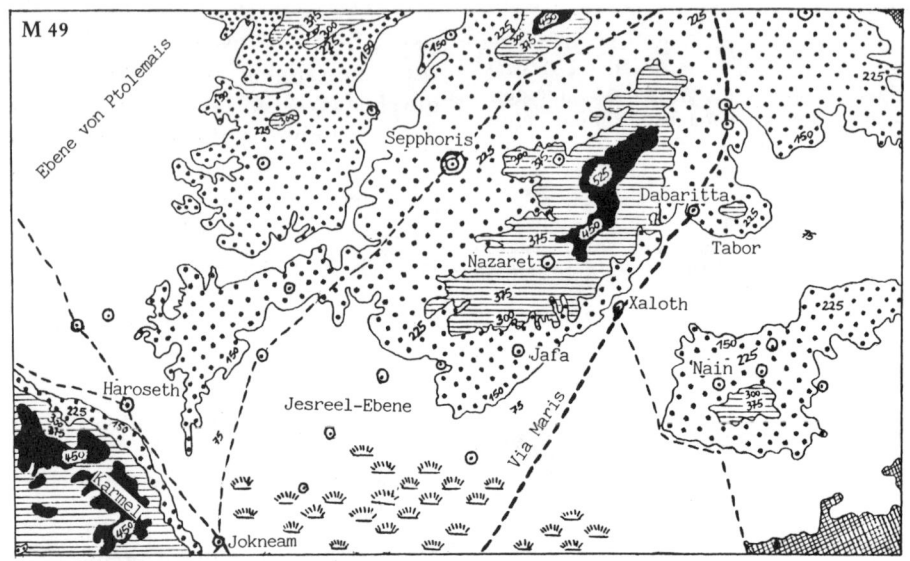

**Nazaret um die Zeitenwende** – abseits des großen Verkehrs und dennoch in seiner Nähe
An Nazaret vorbei laufen zwei wichtige Straßen: 1. die im ganzen Vorderen Orient bekannte Via Maris im Osten, über die der Verkehr von Ägypten nach Mesopotamien und umgekehrt fließt; 2. die Sepphoris tangierende Abzweigung im Westen, die das mittlere Untergaliläa an den Weltverkehr anbindet. Beider „Lärm" dringt auf direkten und indirekten Wegen hinauf in den Talkessel von Nazaret.

Saunders mit seiner Vermutung, „daß der Ort als Grenzbefestigung diente; man konnte von hier aus die ganze Jesreelebene überblicken"[4]. – Von einem „Grenzort" spricht auch Dalman, versteht ihn jedoch nur im Sinne einer „Grenzwarte"; denn Nazaret war „ein jüdisches Dorf ohne selbständige politische Bedeutung"[5]. Dies bestätigt seinerseits Josephus, der als Organisator des galiläischen Widerstandes gegen die Römer in seinem Bemühen um gesicherte Städte und Dörfer das nahegelegene Jafa befestigt (Bell III 7,31), Nazaret dagegen nicht einmal erwähnt.

### 5.3.1 Abseits des großen Verkehrs...

Nazaret liegt im Herzen des südgaliläischen Berglandes, auch nazarenisches Bergland genannt, zur Zeit Jesu abseits der großen alten Handelsstraßen (vgl. M 49). Die berühmte Via Maris, die direkteste Verbindung Mesopotamiens mit Ägypten[6], zog etwa 10 km im Osten vorbei und benutzte zum Aufstieg nach Untergaliläa die westliche Senke des Tabor[7]. Eine zweite wichtige Straße, die Sepphoris passierte, näherte sich wohl bis auf 5 km, lief aber dann in Richtung Südwesten dem Meer zu[8]. „Die wichtigsten Linien des großen Verkehrs" – so faßt Dalman zusammen – „berührten also Nazareth nicht unmittelbar"[9]. Bestätigend stellt Baly fest, daß „keine Straße durch Nazareth selbst"[10] führte.

---

[4] *Saunders,* aaO., Sp. 1291.
[5] *Dalman,* aaO., S. 68.
[6] Vgl. *Schwöbel,* Verkehrswege, in: ZDPV 27 (1904), S. 1–151, hier S. 67.
[7] Vgl. *Kopp,* aaO., S. 86.
[8] Vgl. *Baly,* Geographisches Handbuch, S. 125.    [9] *Dalman,* aaO., S. 69.
[10] *Baly,* aaO., S. 125.

## 5.3.1.1 ... und doch dem Zeitgeschehen nah

Wer das hochgelegene Nazaret in alter Zeit von Süden, der Jesreel-Ebene her, erreichen wollte, mußte in einem steilen und beschwerlichen Anstieg der westlichen Schlucht des Absturzberges folgen, die die winterlichen Regenmassen in den Felsen eingegraben hatten[11] (vgl. M 16); zu überwinden waren auf kurzer Strecke mindestens 250 m Höhenunterschied. Oben angekommen (vgl. M 50), öffnet sich ein kleiner Talkessel, den amphitheatrisch ansteigende Berge nach allen Seiten hin abschließen. Während im Westen, Osten und Süden die Erhebungen weniger scharf umrissen sind, erhebt sich im Norden ein west-

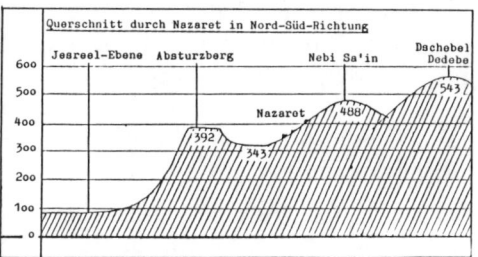

M 50

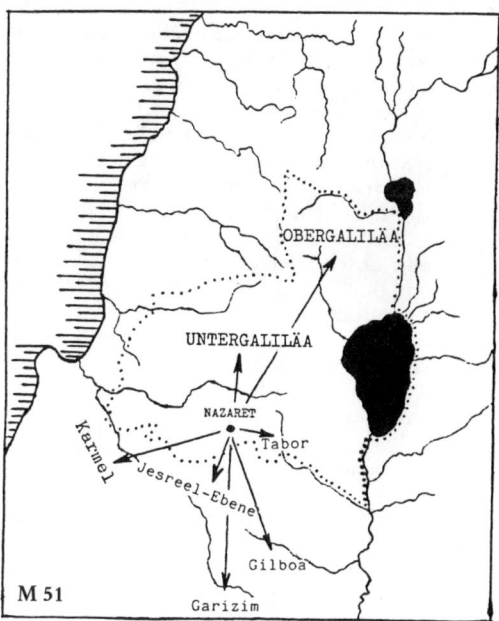

M 51

östlich verlaufender Höhenzug, der über Nazaret im Nebi Sa'in mit 488 m seine höchste Höhe erreicht, die die Nazaretaner übersteigen mußten, wenn sie nach Sepphoris wollten[12].

Vom Nebi Sa'in aus hat man bis heute eine freie Rundsicht in alle vier Himmelsrichtungen, „vor dem Betrachter liegt eine Karte der alttestamentlichen Geschichte"[13] (M 51). Bei klarer Sicht erkennt man[14] ...

... im *Norden* das Bergland von Unter- und Obergaliläa, das Freiheitskämpfern wie Hiskia aus Gamala und seinem Sohn Judas (Bell II 4,1), genannt der Galiläer (Bell II 8,1; Apg 5,37), Aktionsfeld und Versteck war.

... im *Osten* den Berg Tabor (588 m), der zusammen mit dem Hermon in Ps 89,13 besungen wird. Auf ihm lagerte Barak auf Geheiß der Richterin Debora (Ri 4).

... im *Südosten* das Gebirge Gilboa, wo Saul, der erste König Israels, verblutete (1 Sam 31,6).

... im *Süden* in der Ferne das Bergland Samaria mit dem heiligen Berg der Samaritaner, dem Garizim (881 m), auf dem man im 4. Jh vChr aus Protest gegen Jerusalem einen eigenen Tempel erbaut hatte.

... im *Süden* die Jesreel-Ebene, das klassische Schlachtfeld Palästinas:
– Hier schlug Barak den kanaanitischen Feldherrn Sisera (Ri 4).
– Hier besiegte Gideon die Midianiter (Ri 7).
– Hier tötete Pharao Necho 609 vChr König Joschija (2 Kön 23).

... im *Westen* den Bergrücken des Karmel, auf dem Elija gegen die Baalspriester kämpfte (1 Kön 18,20f), in dessen Höhlen auch Elischa wohnte (2 Kön 2ff).

---

[11] Vgl. *Dalman*, aaO., S. 70; *Kopp*, aaO., S. 86f.
[12] Vgl. *Kopp*, aaO., S. 86.
[13] *G. A. Smith*, zit. in: *Pearlman, M. / Yannai, Y.*, Historische Stätten im Heiligen Land, Wiesbaden, überarbeitete und erweiterte Ausgabe 1980, S. 79.
[14] Vgl. *Dalman*, aaO., S. 84–88.

### 5.3.1.2 ... und doch nicht der Welt entrückt

Zweifellos brachte die Lage im schützenden Talkessel eine gewisse Verborgenheit und Einsamkeit mit sich[15]. Ob man aber mit Kopp von einem „beschränkten, der Welt entrückten Lebensraum"[16] sprechen darf?

– Wenn Nazaret auch selber von keiner wichtigen Straße tangiert wurde, so darf jedoch nicht übersehen werden, daß der *Weltverkehr* in nur geringer Entfernung an ihm vorüberflutete und sich sowohl direkt in Handelsgütern, Kontakten, Informationen als auch indirekt in seinem Einfluß bemerkbar machte. Für Baly wuchs Jesus zwar „in einem kleinen Nest auf, abseits der großen Handelsstraßen, und doch waren sie alle in seiner Nähe"[17]. Im gleichen Sinne auch äußert sich Schwöbel, ein Forscher von nicht geringerer Kompetenz: Nazaret „lag keineswegs, wie man es so oft annimmt, zur Zeit Jesu ganz aus der Welt, sondern in nächster Nähe großer Heer- und Handelsstraßen, auf denen ein reiches Leben pulsierte"[18].
– Nur 4–5 km entfernt auch lag *Sepphoris*, die langjährige Hauptstadt des Landes, mit seinem doppelten Markt, seiner Bank, seinem Gericht, seinem Theater (vgl. I, 5.1).
– Und wer tatsächlich, wie Alt[19] vermutet, den allzu steilen Aufstieg zum Nebi Sa'in scheute, konnte sich nach Südwesten wenden; nach 2–3 km erreichte er *Jafa*, zur Zeit Jesu „ohne Zweifel die älteste und bedeutendste Siedlung in diesem Teil des Berglandes"[20], von dem die Gründung Nazarets aller Wahrscheinlichkeit nach ausgegangen war[21], zu dem Nazaret im Verhältnis eines Vorortes stand. Die Stadt erhob sich wie eine Wächterin über die Jesreel-Ebene auf einem strategisch günstigen Hügel am Südrand der galiläischen Berge. Ihre Erwähnung in den Verteilungslisten des Buches Josua (Jos 19,12) weist auf eine frühe Bedeutung hin[22].

Mit Sepphoris wie mit Jafa hatten die Nazaretaner engen Kontakt. Als „d'humbles agriculteurs et d'artisans"[23] waren sie darauf angewiesen, ihre landwirtschaftlichen und handwerklichen Produkte (Weintrauben, Oliven, Getreide und verschiedene Gemüse wie hölzerne Joche, Pflüge und Hausrat) in beiden Städten zu verkaufen, um im Gegenzug lebensnotwendige Waren einzutauschen bzw. einzukaufen. Und mit diesen selbstverständlich auch aktuelle Informationen aus Politik, Wirtschaft, Kultur und Religion. Die Märkte von Sepphoris und Jafa waren vielfältigste Umschlagplätze.

Gegen Kopp wird man daher mit Dalman „in jedem Fall... einen erweiterten Horizont"[24] der Menschen aus Nazaret annehmen dürfen.

### 5.3.2 Geschichtslos, aber nicht ohne Geschichte

Nazaret findet sich in literarischen Dokumenten so schwach bezeugt, daß Kritiker im 19. Jahrhundert seine Existenz zur Zeit Jesu leugneten[25]. Vergegenwärtigen wir uns die *Textsituation* im einzelnen:

– In der vorchristlichen Zeit ist das Schweigen absolut. Keine einzige heidnische oder jüdische Schrift, selbst nicht die Verteilungslisten in Jos 13–21, in denen den einzelnen Stämmen ihr Erbbesitz zu-

---

[15] Vgl. *Brunot*, aaO., S. 41.
[16] Vgl. *Kopp*, aaO., S. 86.
[17] *Baly*, aaO., S. 125.
[18] *Schwöbel*, aaO., S. 80.
[19] *Alt*, Kleine Schriften II, S. 441.
[20] *Ders.*, aaO., S. 443; vgl. *Kopp*, aaO., S. 87.
[21] Vgl. *Alt*, aaO., S. 443; *Mertens*, Kleines Handbuch der Bibelkunde, S. 468.
[22] Nach *Josephus* war Jafa zu Beginn des Jüdischen Krieges (66–70 nChr) eine schwer einnehmbare Stadt, die sowohl durch ihre von Natur aus günstige Lage als auch durch eine doppelte Ringmauer geschützt war, die aber dann doch im Jahr 67 nChr in einem dramatischen Kampf fällt (Bell III 7,31).
[23] *Loffreda*, aaO., S. 13.
[24] *Dalman*, aaO., S. 68.
[25] Zur Diskussion vgl. *Dalman*, aaO., S. 61f; *Brückner*, Das fünfte Evangelium, S. 29f; *Schwöbel*, aaO., S. 80.

gesprochen wird, erwähnt Nazaret direkt oder indirekt[26]. Doch darf dies angesichts seiner geographischen Situation nicht verwundern. Erklärend weist Dalman darauf hin, daß es „hunderte von alten palästinischen Ortslagen (gibt), deren Namen die alte Literatur nicht enthält"[27]. Selbst das so bedeutende Sepphoris bleibt in Jos 13-21 unerwähnt.
– Wider alles Erwarten hält dieses Schweigen – sieht man einmal von den Evangelien ab – weit über die Zeitenwende hinaus an:
● Selbst die beiden jüdischen Quellen, die sonst selten versagen, Josephus und der Talmud, lassen uns gänzlich im Stich[28].
● Ist diese Interesselosigkeit jüdischerseits immer noch verständlich, verstummt man angesichts des Schweigens der christlichen Dokumente. Erst 200 Jahre nach den Ereignissen finden sich erste Zeugnisse bei Julius Africanus († nach 240), Origenes († um 250) und bei dem Historiker Eusebius († 339)[29].

Die Textsituation ist in der Tat desolat. Daß zu einer radikalen Skepsis dennoch kein Anlaß besteht, zeigt die *Archäologie*[30]. Seit hundert Jahren etwa hilft sie die Lücke füllen, die das Schweigen der literarischen Zeugnisse bewußtgemacht hat; von Ausgrabung zu Ausgrabung vervollständigt sich das Bild. Um nur die wichtigsten Daten und Fakten zu notieren[31]:

– Erste Spuren menschlicher Präsenz im nazarenischen Talkessel, einige Tonvasen, die man in Gräbern fand, reichen zurück bis ans Ende des 3. Jahrtausends vChr.
– Ebenfalls Tonvasen, einige Alabastergefäße und ägyptische Skarabäen bezeugen die Gegenwart von Menschen für die Mittlere (2000-1550) und Frühe Bronzezeit (1550-1200).
– Von der Eisenperiode (1200-587) an wird die Südflanke des in Frage kommenden Hügels, der bisher für Gräber reserviert war, als Wohngebiet genutzt. Loffreda sieht diesen Traditionswechsel in der Veränderung der Bevölkerung begründet, um so mehr, als der Einzug israelitischer Stämme nach Palästina in der fraglichen Zeit erfolgt[32]. Möglich, daß neu eingewanderte Israeliten bisheriges Brauchtum ignorierten und sich auf dem ehemals von Gräbern belegten Hügel niederließen.
– Daß der Talkessel auch in den letzten Jahrhunderten vor der Zeitenwende besiedelt war, bezeugen Felsengräber vom Typ der Schiebestollen (hebr. Kokim; lat. loculi)[33], von denen es in den Kalksteinhängen rings um Nazaret nicht weniger als 18 gibt[34]. Nach Schwöbel sind solche Schiebestollengräber „die untrüglichen Anzeichen einer alten Ortslage"[35], nach Kopp seit etwa 200 vChr „die beliebteste Form der Bestattung bei den Juden"[36].

Damit ist die Kritik des 19. Jahrhunderts widerlegt, Nazaret schaut auf eine lange Geschichte zurück; Kleinfunde sichern eine kontinuierliche Besiedlung von etwa 2000 vChr an. Wann es als jüdisches Dorf entstand,

---

[26] Vgl. *Saunders,* aaO., Sp. 1291.
[27] *Dalman,* aaO., S. 64.
[28] Vgl. *Strack / Billerbeck* I, S. 92; *Saunders,* aaO., Sp. 1291.
[29] Vgl. *Thomsen,* Loca sancta, S. 92.
[30] Mit den Ausgrabungen in Nazaret verbinden sich berühmte Namen wie *Vlaminck, Senès, Viaud, Bagatti.* – Die für das Nazaret der Zeitenwende wichtigen archäologischen Ergebnisse finden sich zusammengetragen in: P. *Viaud,* Nazareth et ses deux églises de l'Annonciation et de Saint-Joseph, Paris 1910; B. *Bagatti,* Gli scavi di Nazaret, Vol. I: Dalle origini al secolo XII, Gerusalemme 1967; ders., Excavations in Nazareth, Jerusalem 1969; DBS VI, Sp. 318-333; EJ 12 (1972), S. 899-904.
[31] Vgl. dazu *Loffreda,* aaO., S. 10-11; *Livio,* aaO., S. 28-36; *Kopp,* aaO., S. 95.
[32] Vgl. *Loffreda,* aaO., S. 11.
[33] Zum Komplex der jüdischen Grabanlagen im allgemeinen und der Schiebestollengräber im besonderen vgl. *Kopp,* aaO., S. 87; *Bardtke,* Bibel, Spaten und Geschichte, S. 278; *Galling,* Biblisches Reallexikon, S. 122-129, bes. 128; *Nelis* in: *Haag,* Bibel-Lexikon, Sp. 638-642.
[34] Vgl. *Kopp,* aaO., S. 87; *Kroll,* aaO., S. 107.
[35] *Schwöbel,* aaO., S. 119.
[36] *Kopp,* aaO., S. 87.

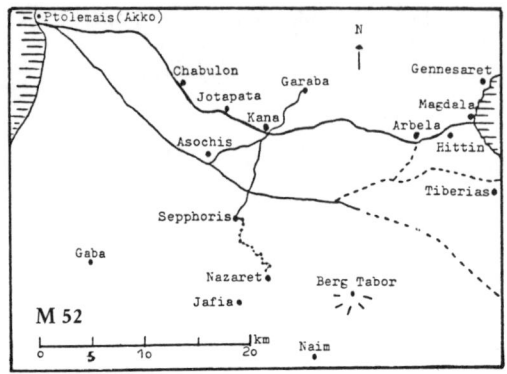

Der von dem vierten Evangelisten ausdrücklich als „Kana in Galiläa" (Joh 2,1.11; 4,46; 21,2) erwähnte Ort, in dem Jesus seine beiden ersten „Zeichen" (Joh 2,1–11: die Verwandlung von Wasser in Wein bei einer Hochzeit; Joh 4,43–54: die Fernheilung des Sohnes eines königlichen Beamten aus Kafarnaum) wirkte, ist aller Wahrscheinlichkeit nach mit *Chirbet Kana* am Nordrand der Battof-Ebene, 8 km nördlich von Sepphoris und 14 km nördlich von Nazaret, zu identifizieren (zu unterscheiden ist es von „*Kana im Stamme Aser*", wenige Kilometer südlich von Tyrus, und von *Kafr Kenna*, 6 km nordöstlich von Nazaret, das seit dem 16. Jh die Aufmerksamkeit der Pilger auf sich zieht und das biblische Chirbet Kana in Vergessenheit geraten läßt). Seine sichere Lage auf einem die Battof-Ebene beherrschenden Hügel (vgl. Sepphoris) wie auch seine verkehrsgünstige Position an der Hauptverkehrsverbindung zwischen Magdala/Tarichea am See Gennesaret und Ptolemais am Mittelmeer (bei Chirbet Kana ersteigt die Straße das westliche Hügelland und erreicht über Jotapata und Chabulon ihr Ziel im Westen) geben dem Ort eine Bedeutung, die die des kleinen abgelegenen Nazaret im südlichen Bergland bei weitem übertrifft. Die spontane Skepsis Natanaels (Joh 1,46) enthüllt das ganze Niveaugefälle zwischen beiden Orten.

ist unsicher, wenn auch die Beobachtung Loffredas ins 12. Jh vChr zurückweist. „Sicher hat Nazaret aber schon in den Jahrhunderten vor der Zeitenwende als jüdische Siedlung existiert"[37]. Daß literarische Zeugnisse es nicht erwähnen, ist nicht als Hinweis auf Nichtexistenz, sondern auf Bedeutungslosigkeit zu interpretieren. Für die erste Hälfte des 1. nachchristlichen Jahrhunderts bestätigt diese Wertung Joh 1,46, ein Text, der aufgrund seiner ungeschminkten Kritik als authentisch anzusehen ist. „Was kann aus Nazaret schon Gutes kommen?" hält Natanael spontan und mit deutlich spöttischem Unterton Philippus entgegen, als dieser ihn mit der freudigen Mitteilung überrascht, in Jesus, dem Sohn des Josef von Nazaret, den Messias gefunden zu haben. Im Munde des Natanael klingt das Urteil glaubwürdig, kommt er doch aus dem benachbarten Kana, das von Nazaret nur 14 km entfernt liegt[38] (vgl. M 52).

Für Kopp bringt das Zweifelswort Joh 1,46 zum Ausdruck, „daß durch das unbedeutende Nazareth kein Stück Geschichte ging und auch die Gegenwart nichts Großes und keine Größe aus ihm erwarten ließ"[39]. In gleichem Sinne urteilt Dalman; für ihn war Nazaret „in allen Beziehungen ein unbedeutender Ort"[40].

---

[37] *Kroll,* aaO., S. 107.
[38] Zu Kana vgl. *Dalman,* aaO., S. 108–114; *Kopp,* aaO., S. 86–92; *Bammel* in: BHHW II, Sp. 926; *R. M. Mackowski,* „Scholars' Qanah". A Re-examination of the Evidence in Favor of Khirbet-Qanah, in: BZ 2 (1979), S. 278–284.
[39] *Kopp,* aaO., S. 86.
[40] *Dalman,* aaO., S. 87.

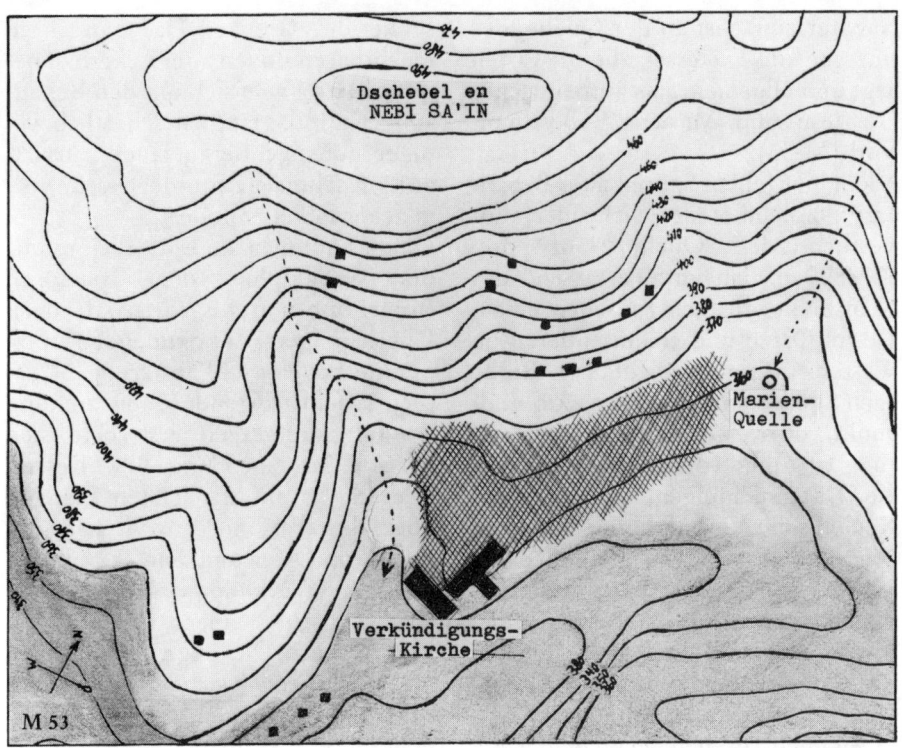

### 5.3.3 Fern jeder Idylle

Angeregt durch Matthäus und Lukas, die beide von der πόλις/pólis (Mt 2,23; Lk 1,26; 2,4.39; 4,29) sprechen[41], wird in vielen bei dem Namen Nazaret die Vorstellung einer kleinen, sauberen Stadt wach, die sich mit ihren weißgetünchten Häusern in angenehmer Südhanglage den Abhang eines der vielen galiläischen Berge hinaufzieht. Ein blauer Himmel und eine strahlende Sonne machen die Idylle perfekt.
Die Wirklichkeit zur Zeit Jesu sah anders aus, die Ausgrabungen insbesondere der letzten zwanzig Jahre verhelfen zu einem adäquateren Bild. Zwei Fragen gilt es vor allem zu beantworten, 1. die nach der *Lage* der Siedlung und 2. die nach ihrer *äußeren Gestalt*.

#### 5.3.3.1 Eine Hangsiedlung am Nebi Sa'in mit nur wenigen Einwohnern

a) Da für jede Besiedlung die Wasserversorgung zu den Hauptproblemen zählte[42], suchte man das alte

---

[41] Die Charakterisierung Nazarets als „pólis" geht auf die griechische Septuaginta zurück, die das hebr. 'ir', das sowohl „Dorf" als auch „Stadt" heißen kann, mit dem eindeutigen „pólis" = „Stadt" übersetzt. Matthäus und Lukas folgen und verwenden unterschiedslos „pólis" für jedes selbständige Gemeinwesen, gleichgültig, ob groß oder klein, so auch für Nazaret. „Bei der verschiedenen Bezeichnung einer Siedlung richtete man sich ... weniger nach der Größe und Befestigung als nach der Organisation, der Verfassung..." (*Schwöbel*, aaO., S. 93; vgl. auch *Kopp*, aaO., S. 89f, und *Alt*, aaO., S. 441). – Markus und Johannes charakterisieren Nazaret nicht näher.

[42] Zur Bedeutung des Wassers für eine Besiedlung vgl. *Schwöbel*, aaO., S. 112ff 143, und *Kroll*, aaO., S. 124.

Nazaret zunächst an der Quelle, der einzigen im Talkessel, die im Osten liegt und allgemein „als authentischer Ort Jesu und Mariens"[43] bestimmt wird (M 53).
Allein hier fehlen Spuren alter Bebauung[44]. Solche finden sich aber südwestlich der Quelle, auf drei 600–800 m langen Terrassen des Nebi Sa'in, die sich zwischen einem Tal im Osten und einem anderen im Westen in unterschiedlicher Breite nach Südwesten erstrecken. Am Endpunkt, dort, wo sich das Gelände zungenförmig vorschiebt, liegt, wie die Untersuchungen im Zuge des Neubaus der Verkündigungskirche in den Jahren von 1954–1966 nachgewiesen haben[45], das Zentrum der Besiedlung. Warum man die beiden Seitentäler mied und sich auf den Rücken der Bergzunge zurückzog, die doch weniger geschützt scheint, ist leicht einzusehen, wenn man weiß, daß sich durch beide Einschnitte im Winter mit seinen wolkenbruchartigen Niederschlägen „Ströme von Bergwasser"[46] ins Tal hinunterstürzen. Daß das Dorf nicht weiter nach Norden hin zum Gipfel „hinaufkletterte", findet seinen Grund in den zahlreichen Grabanlagen, die in der Mitte des Berges gefunden wurden; von ihnen mußte nach jüdischem Brauch jede Siedlung wenigstens 50 Ellen (= 25 m) entfernt bleiben[47]. Im Süden schließlich bildete die Talsenke die Grenze. Da man ihren fruchtbaren Boden zum Ackerbau benötigte, zog man sich mit den Behausungen auf das landwirtschaftlich weniger günstige Berggelände zurück, auf ein schmales, von der Natur vorgegebenes Felsenpodest.

Überschaut man am Ende die uns aus der Geographie, dem religiösen Brauchtum und aus wirtschaftlichen Überlegungen zukommenden Fixpunkte für eine Lokalisierung Nazarets, scheint folgende Grenzziehung erlaubt: Vermutlich erstreckte sich der alte Ort, eine Hang- bzw. Kesselsiedlung[48], „auf den ersten Hängen über der Talsohle"[49] zwischen der Quelle im Osten und dem Terrain der heutigen Verkündigungskirche im Westen auf einer Höhe von 350–380 m[50]. Die Enge der Grenzen macht es ziemlich sicher, daß das Nazaret der Zeitenwende „ein bescheidenes Dorf"[51], „un modeste village de montagne"[52], „(a) small and insignificant village"[53] war.

b) Doch was heißt dies in concreto? Wie viele Einwohner zählt dieses so bescheidene, kleine und unbedeutende Dorf? 50, 100, 150 oder mehr? Brunot hat den Mut, die Konturen exakter auszuziehen: „Nazareth comprenait une vingtaine de maisons, on peut calculer environ 150 personnes"[54]. Zur Begründung verweist er auf einige wenige Evangelientexte wie Mt 2, 18–25; Lk 1, 26–38; 1, 56;

---

[43] *Mertens,* aaO., S. 468. Vgl. auch *Kroll,* aaO., S. 124 127; *Kopp,* aaO., S. 107 u. a.
[44] Vgl. *Dalman,* aaO., S. 71.
[45] Vgl. *Kroll,* aaO., S. 107 f.
[46] *Schumacher* in: ZDPV 13 (1890), S. 233; vgl. auch *Schwöbel,* aaO., S. 125. – Vgl. I, 4.1.2: In Nazaret verteilt sich die Jahresregenmenge von 639 mm auf lediglich 50–60 Tage im Jahr.
[47] Vgl. *Kroll,* aaO., S. 107.

[48] Vgl. *Schwöbel,* aaO., S. 124 f.
[49] *Mertens,* aaO., S. 468.
[50] Diese Angabe orientiert sich an der Höhenkarte M 53.
[51] *Alt,* aaO., S. 441.
[52] *Loffreda,* aaO., S. 13.
[53] *Wilkinson,* Jerusalem as Jesus knew it, S. 15.
[54] *Brunot,* aaO., S. 41.

4; Mk 6,2. Eine historisch-kritische Exegese wird ihm hier kaum folgen können; die drei ersten dieser Stellen, die den kerygmatisch überladenen Kindheitsevangelien zugehören (Mt 1–2; Lk 1–2), sperren sich einer numerischen Auswertung, die beiden übrigen geben für ein Gesamtbild des zeitgenössischen Nazaret nur so viel her, daß das Dorf eine Synagoge besitzt. Geht man davon aus, daß eine solche nur sinnvoll ist, wenn – wie vorgeschrieben (s.u.) – wenigstens zehn Männer zusammenkommen können, um Gottesdienst zu feiern, darf man mit nicht weniger als 5–10 Familien, d.h. mit ca. 50–80 Personen, als Untergrenze rechnen[55]. Nach oben hin ergeben sich als Grenzpunkte das zur Verfügung stehende Ackerland im Tal und an den Hängen ringsum wie die Tatsache nur einer einzigen Wasserquelle. Beide Gegebenheiten in exakte Zahlen umzusetzen will jedoch nicht mehr gelingen; alle konkreteren Angaben bleiben notwendig Spekulation. Auf realistischem Boden jedoch dürfte man sich bewegen, wenn man mit Ben-David[56] die Einwohnerschaft Nazarets auf 50–400 schätzt, wobei man intuitiv kleineren Zahlen den Vorzug geben möchte.

5.3.3.2 Ein gesichtsloses Dorf aus Höhlen und Kalksteinquadern

Nazaret ist um die Zeitenwende aber nicht nur bescheiden in seinem Umfang, sondern auch in seiner äußeren Gestalt. Anhaltspunkte für eine Rekonstruktion liefern wiederum die Ausgrabungen der letzten 100 Jahre. Doch enttäuscht zunächst einmal das, was die Archäologie an Resten anzubieten hat. Mauern, Fundamente, Grundrisse, in Kafarnaum so zahlreich und von beeindruckender Anschaulichkeit, fehlen in Nazaret „presque complètement"[57]; „il ne reste absolument rien"[58]. Enttäuschung, bis sich die Gelegenheit zu einem Blick in die nazarenische „Unterwelt", in die als Fundamente ausgewiesenen Kalksteinfelsen auf dem vom Franziskanerkloster beherrschten Hügel findet[59]. Hier, im Felseninneren, hat sich, von den Jahrhunderten unberührt, ein Stück des alten und ältesten Dorfes erhalten: geräumige Grotten, die einen natürlich gewachsen, die anderen von Menschenhand aus dem weichen Kalksteinfelsen herausgehauen. Mit ihnen verbunden birnenkorbförmige Silos, mehrere Hundert an der Zahl, oft 5–6 in zwei oder drei Etagen übereinander. Und schließlich Zisternen, meist vergrößerte natürliche Grotten, in denen man Regenwasser, manchmal aber auch Wein und Öl speicherte. Ein Labyrinth aus verwinkelten Gängen, Luftschächten und Spalten, in dem nur ein Kundiger sich zurechtfindet (vgl. M 54).
Was ist dieser faszinierenden „Unterwelt", die zuweilen als Wohnsystem von Troglodyten, von Höhlenmenschen, vorgestellt wird[60], für das Nazaret Jesu zu entnehmen? – Trotz der

---

[55] Für *Kopp* (aaO., S. 95 Anm. 33) setzt die Synagoge „doch wenigstens einige Hundert Einwohner" voraus.
[56] Vgl. *Ben-David*, Talmudische Ökonomie, S. 49.
[57] *Loffreda*, aaO., S. 15.
[58] *Brunot*, aaO., S. 41.
[59] Zum Folgenden vgl. die in I, 5.3.2 genannte Literatur.
[60] Vgl. *Loffreda*, aaO., S. 10–15.

 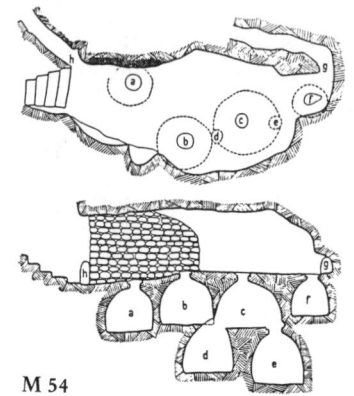

M 54

**Felshöhle in Nazaret**
*Links:* Blick von innen durch den Eingang nach draußen. In der Höhlenmitte Öffnung eines Silos, am linken Rand Löcher zur Aufnahme von Krügen. – *Rechts:* Felshöhle mit bienenkorbförmigen Silos in zwei Etagen übereinander – in der Draufsicht (oben) und im Querschnitt (unten).

nur geringen archäologischen Spuren über der Erde darf die Phantasie, die sich anschickt, die schmalen Terrassen des felsigen Sporns am Abhang des Nebi Sa'in zu besiedeln, bei der Rekonstruktion mit festen baulichen Formen und Elementen kombinierend spielen. Doch wie immer sie diese auch verteilt und anordnet, am Ende ergibt sich stets das Bild a) eines *profillosen* und b) eines *armen* Dorfes.

a) Wer nach steilem Anstieg aus der Jesreel-Ebene im Talkessel von Nazaret ankam und in dem ihn umgebenden Rund nach dem Ziel ausschaute, hatte Mühe, dieses kleine Dorf vor sich auszumachen. Heutigen arabischen Dörfern gleich, paßte es sich in Form und Farbe ganz der Landschaft an, so daß man seine Häuser, wie Schwöbel gut beobachtet, „oft erst in der Nähe als solche"[61] erkannte. Im Unterschied zu Sepphoris, Jafa, Kafarnaum und anderen größeren und reicheren Gemeinden fehlten ihm wohl gänzlich markante und herausragende Punkte, die das Auge hätten anziehen können. An öffentlichen Bauten besaß es wohl eine Synagoge. Zwar hat die Archäologie bisher vergeblich nach Spuren gesucht[62], doch besteht „bei der weiten Verbreitung von Synagogen in neutestamentlicher Zeit... kein prinzipieller Grund, die Aussagen der synoptischen Evangelien zu bezweifeln"[63] (vgl. Mk 6, 2 par Mt 13, 54; Lk 4, 16). Allerdings dürfte es sich bei dieser Synagoge lediglich um ein einfaches und bescheidenes Bethaus gehandelt haben[64], in seinem Äußeren und Inneren ganz dem dörflichen Standard angepaßt, der – wie im folgenden deutlich wird – von Armut bestimmt war.

b) Was sich – aus der Ferne betrach-

---

[61] *Schwöbel,* aaO., S. 147.
[62] Vgl. *Bagatti,* Excavations in Nazareth I, S. 23 25 233f und Pl. XI. Vgl. auch *Saller,* Ancient Synagogues, S. 70f.
[63] *Riesner,* Jesus als Lehrer, S. 222.
[64] Vgl. II, 4.1.2.

M 55
Eine als Wohnraum genutzte Naturhöhle.

tet – profil- und konturenlos über den terrassenförmig ansteigenden Abhang des Nebi Sa'in verteilte, gab sich in der Nähe als eine interessante Mischung aus Höhlenwohnungen und quader- bzw. würfelförmigen Häusern zu erkennen, beides ohne erkennbare Ordnung in-, über- und miteinander verschachtelt, wie Schwalbennester eng ans Gelände angeschmiegt.

aa) Verbreitet und bis in die Gegenwart hinein nachzuweisen[65], ist der Typ der *Wohnhöhle* (M 55). Die Natur gibt sie vor, zuweilen etwas tiefer im Berg gelegen, so daß man sie erst über Stufen oder am Ende eines Ganges erreicht, manchmal aber auch in der Gestalt von offenen Grotten, deren allzu große Öffnung man durch eine Mauer aus aufgeschichteten Steinen bis auf eine kleine Tür und eventuell eine Luke abschließt. Ihre Einrichtung ist bescheiden[66]: im Felsboden Löcher, große für Feuer, kleinere als Standorte für Krüge; in den Wänden Nischen, um Öllampen und Leuchter aufzustellen; in einer der Höhlen, der sog. „Küche der Jungfrau", ein kleiner Backofen mit einem Durchmesser von 1,30 m; ein Loch im Felsen neben ihm erlaubt, Kuchen oder Brot vor oder nach dem Backen abzulegen.

Zahlreiche Fragmente von herodianischen Lampen, bemalten Scherben, Platten mit zwei Henkeln und Krügen verschiedenster Form und Größe weisen auf die Jahrzehnte um die Zeitenwende zurück[67].

Zu einem konkreteren Einblick in eine solche Wohnhöhle verhilft eine Planskizze Dalmans, die der Forscher „vor Ort" in Jerusalem anfertigte[68] (M 56). Da sich Wohn- und Lebensgewohnheiten all-

---

[65] Dies bestätigt für das 19. Jh. noch *Tobler* (Nazareth in Palästina, S. 29): „... die abdachungen des Berges sind voller höhlen, die theils natürlich, theils in den Felsen gehauen sind. Naturhöhlen werden in der Kreideformazion nicht selten wahrgenommen." – Dort, in Anm. 5, weitere Belege.

[66] Zum Folgenden vgl. *Brunot*, aaO., S. 41; *Kroll*, aaO., S. 114 124.
[67] Vgl. *Brunot*, aaO., S. 41.
[68] Vgl. *Dalman*, Arbeit und Sitte in Palästina VII, S. 133.

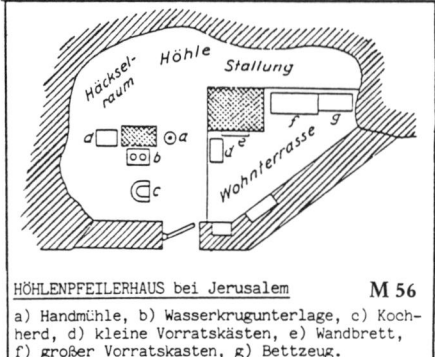

HÖHLENPFEILERHAUS bei Jerusalem   M 56
a) Handmühle, b) Wasserkrugunterlage, c) Kochherd, d) kleine Vorratskästen, e) Wandbrett, f) großer Vorratskasten, g) Bettzeug.

gemeinhin nur langsam verändern, darf man davon ausgehen, daß die Dokumentation die Situation des jesuanischen Nazaret trifft.

Nach der Dalmanschen Skizze zergliederte sich das Höhleninnere in drei Teile, zwei für die Menschen reservierte in der vorderen Hälfte, einen letzten, als Stallung genutzten im Höhlenhintergrund. Durch eine schmale Tür gelangte man zunächst zu ebener Erde in eine Art Küche mit einigen wenigen für die Essenszubereitung wichtigen Vorrichtungen wie einer Handmühle (a), einer Wasserkrugunterlage (b) und einem kleinen Vorratskasten (d). Die Kochstelle (c) lag, um den Rauchabzug zu erleichtern, in der Nähe der Türe. – Dem „Küchentrakt" gegenüber erstreckte sich nach rechts hin, 40–50 cm über dem Eingangsniveau, die sog. „Wohnterrasse". Hier, von den Tieren (meist Kleinvieh) nur durch einige wenige Kästen und den Stützpfeiler getrennt, verbrachte man die Nacht, hier hielt man sich während der heißen Mittagsstunden, aber auch bei schlechter Witterung auf. Geht man von den in damaliger Zeit üblichen Personenstandsverhältnissen aus, lebten hier, in enger Gemeinschaft mit dem wertvollen Hausvieh, mit Schafen, Ziegen, Eseln und Hühnern, in Rauch und Dunkelheit, die – außer durch die Türöffnung – nur durch winzige Öllämpchen erhellt wurde, wenigstens zehn Personen[69].

M 57   Eine nach vorne um einen „Vorbau" erweiterte Naturhöhle.

---

[69] Zur Nutzung von Höhlen als Wohnraum vgl. *Tobler*, Nazareth in Palästina, S. 29; *Bardtke*, Bibel, Spaten und Geschichte, S. 278; *Georgi*, Die heiligen Stätten nach Originalzeichnungen nach der Natur, S. 80.

bb) Kaum mehr Wohnkomfort, sicherlich aber mehr Platz, Luft und Licht bietet der zweite, für das Nazaret Jesu vorauszusetzende Haustyp, für den es nach Bardtke „immer noch in Palästina moderne Beispiele gibt"[70]. Auch er nutzt die von der Natur vorgegebene Höhle, jedoch lediglich in der Weise, daß er sie mit einem nach vorne hin erweiterten „Vorbau" kombiniert (M 57). Die Hanglage erlaubt keine großflächige Ausdehnung, und wenn dennoch notwendig, dann eher in der Länge als in der Breite. Übrig bleibt am Ende wohl stets ein phantasieloser Kubus, eingeschossig bloß, ein einziger großer Raum, in dem die Familie tagsüber eng zusammenlebt und – wie aus dem Gleichnis vom bittenden Freund zu entnehmen (Lk 11, 5–8) – in der Nacht gemeinsam schläft; es sei denn, man zieht sich auf das Flachdach zurück, das sommerliche „Wohnzimmer" in Palästina. Eine große Menge rot-, grün-, gelb- und weißfarbiger Fragmente läßt vermuten, daß man die Innenwände verputzte[71]. In der Kombination mit dem vorgebauten Haus übernehmen die angeschlossenen Grotten die Funktion von Vorratsräumen, die sich durch ein günstiges, angenehm kühles Klima[72] auszeichnen; „les substructions taillées dans le roc étaient simplement la partie complémentaire de la maison, dans le but de conserver les provisions"[73]. Hier, in bequemer Reichweite, lagern Getreide, Trockenfrüchte u. a. geschützt vor Feuchtigkeit und Feuer, hier sind sie gesichert vor Ratten und Dieben.

Um das Ergebnis unseres Rekonstruktionsversuches zusammenzufassen (vgl. M 58):

M 58

Das Nazaret der Zeitenwende, in dem Jesus als Kind spielte, als Jugendlicher lernte und als Erwachsener arbeitete, hat wenig mit der vertrauten und immer wieder aufpolierten Vorstellung vom sauberen, wohl geplanten und geordneten Bergdorf gemeinsam. Ein Stimmungsbild, in dem die Zeitenwende sich zu spiegeln scheint, gibt Tobler in seinem 1868 erschienenen Buch „Nazareth in Palästina": „Die gassen sind schmal, uneben, unregelmäßig und liegen ziemlich steil über einander. Ungepflastert, wie sie sind, belästigen sie in der regenzeit durch schmutz und un-

---

[70] *Bardtke*, aaO., S. 278; *Kroll*, aaO., S. 109: „Noch heute finden sich in Nazaret Wohnungen, die aus zwei Teilen bestehen: einem kleinen, an den Felshang gebauten Häuschen mit einem flachen Dach und dahinter eine in den Felsen gehauene Grotte."
[71] Vgl. *Brunot*, aaO., S. 41.
[72] *Schwöbel*, aaO., S. 94.
[73] *Loffreda*, aaO., S. 15.

rath und in der trockenen jahreszeit durch den staub."[74]

Hier, in solch wenig ansehnlicher Armut und Einfachheit und nicht in einer farbenreinen Bilderbuchlandschaft im Stil der Nazarenerkunst, hat Jesus gelebt. Wer ihn verstehen will, muß als erstes im Nazaret seiner Zeit einkehren.

## Exkurs: Nazaret und Jesus

Im Unterschied zu Kafarnaum, mit dem die Tradition eine Reihe einprägsamer Erzählungen verbindet, bleibt Nazaret in den Evangelien blaß und farblos. Gewiß, sein Name findet sich in ihnen nicht weniger häufig als der Kafarnaums; allein es fehlt ihm jene Atmosphäre, die es liebenswert und anziehend macht. Dies haben die Menschen schon früh gespürt; denn die Pilger der ersten Jahrhunderte[1] lassen das kleine Dorf in den südgaliläischen Bergen entweder ganz links liegen[2] oder aber besuchen es nur kurz auf der Durchreise[3]. Erst der Pilger von Piacenza um 570 weiß von wunderbaren Dingen in Nazaret zu berichten: von einem Blatt in der Synagoge, „auf das der Herr das ABC gesetzt hat"; von einem Balken in derselben Synagoge, auf dem er mit anderen Kindern saß, der von den Christen hochgehoben, von den Juden aber auf gar keine Weise bewegt werden konnte; von dem Haus der hl. Maria und ihren Kleidern, von denen viele Wohltaten ausgingen[4]. 500 Jahre braucht die Tradition, um die „Dürre" der Evangelien zu beleben und Nazaret für Pilger attraktiver zu machen, und das nicht nur für Pilger des Mittelalters. Vielleicht aus Verlegenheit, vielleicht aber auch im Wissen um die Volksseele, die zu allen Zeiten das Profane gerne mit Wunderbarem umkleidet, verlebendigt noch heute der arabische Guide seine Führung durch die Verkündigungskirche bis hin zu den Grotten unter der Josefskirche mit Geschichten aus den Apokryphen[5]; denn was den Evangelien zu Nazaret zu entnehmen ist, ist tatsächlich nicht nur wenig genug, sondern entspricht darüber hinaus auch nur selten dem Erwartungshorizont der Besucher.

## 1. Fest mit Nazaret verbunden

Hat Jesus in Nazaret gelebt? – Die Frage klingt zugleich provokativ und wie von weit hergeholt, doch wurde sie im 19. Jahrhundert diskutiert und negativ beantwortet[6]. Der Beweisgang war so überzeugend wie kurz-

---

[74] Tobler, aaO., S. 32 f.
[1] Vgl. hierzu *Donner,* Pilgerfahrt ins Heilige Land. Die ältesten Berichte christlicher Palästinapilger (4.–7. Jahrhundert), Stuttgart 1979.
[2] Unerwähnt bleibt Nazaret beispielsweise in den Berichten des Pilgers von Bordeaux (333) wie auch der Nonne Etheria (um 400). – Vgl. *Donner,* aaO., S. 36–137.
[3] Vgl. den Bericht des Hieronymus (404) über die Pilgerfahrt der Paula und ihrer Tochter Eustochium: „Darauf reiste sie (Paula) eilends nach Nazara, der Jugendstadt des Herrn, ferner nach Cana und Capharnaum..." (zit. nach *Donner,* aaO., S. 166).
[4] Vgl. *Donner,* aaO., S. 262 f.
[5] Vgl. insbesondere das armenische Kindheitsbuch und das arabische Kindheitsevangelium, in: Die apokryphen Evangelien des Neuen Testamentes, hrsg. von *Daniel-Rops,* S. 65–89.
[6] Vgl. oben 5.3.2.

schlüssig: Da Nazaret weder im Alten Testament noch von Josephus und Talmud erwähnt wird, kann es nicht existiert und auch nicht Jesus in sich beherbergt haben. Die Bezeichnung Jesus als Nazarener läßt sich auf eine bei Epiphanius[7] erwähnte vorchristliche Sekte zurückführen, deren Kultgott diesen Namen hatte. Durch den archäologischen Nachweis einer vielhundertjährigen Geschichte Nazarets um die Zeitenwende ist die Frage entschärft, mehr noch: Zu den wenigen Tatsachen um Jesus, die wir als historisch gesichert ansehen dürfen, zählt seine Herkunft aus Nazaret[8]. Für dieses kleine, vergessene Dorf in Südgaliläa spricht außer der Überlegung, daß die nachösterliche Gemeinde einen solch bedeutungslosen Ort im theologisch unbedeutsamen Galiläa nicht einfach erfunden haben kann, eine breite Textbasis in den Evangelien. Zu berücksichtigen gilt es in diesem Zusammenhang drei verschiedene Gruppen von Texten: 1. Texte, in denen *Nazaret* namentlich genannt wird; 2. Texte, die Jesus als *Nazarener* vorstellen, und 3. Texte, die Jesus einen *Nazoräer* nennen. Um einen besseren Einblick in die vielschichtige Überlieferung zu erhalten, empfiehlt sich eine getrennte Durchsicht.

## 1.1 Jesus aus Nazaret

Nazaret (Ναζαρά / Ναζαρέθ / Ναζαρέτ) findet sich in den vier Evangelien insgesamt elfmal, eine synoptische Überschau legt seine Verteilung offen (vgl. S. 112):

– Schwach ist die Tradition bei *Markus*, dem ältesten Evangelisten. Er erwähnt Nazaret lediglich einmal (Mk 1,9), spricht dafür aber an vier Stellen von dem „Nazarener" (s.u.). So gewährleistet er, daß „seine Vaterstadt" in Mk 6,1 auch ohne die Lukas-Parallele Lk 4,16 richtig identifiziert werden kann.
– Die Spur verdichtet sich bei *Matthäus*, der Nazaret in Unabhängigkeit von Markus dreimal nennt: Mt 2,23; 4,13 und 21,11. – Mt 2,23, der erste der drei Texte, findet sich in der sog. „Vorgeschichte", deren Entstehungsbedingungen (Herkunft, Alter, Autor) aber unbekannt sind[9]. – Von den beiden anderen Stellen geht Mt 4,13 wahrscheinlich – in Konsequenz von Mt 2,23 – auf matthäische Redaktion zurück[10], Mt 21,11 dagegen könnte einer eigenen Überlieferung entnommen sein[11].
– Mit fünf Belegen überliefert *Lukas* den Namen Nazarets am häufigsten, allerdings finden sich allein vier Texte (Lk 1,26; 2,4.39.51) in der von Matthäus unabhängigen „Vorgeschichte"[12]. – Der fünfte Text, Lk 4,16, dürfte – wie eine Analyse ergibt (s.u.) – vom dritten Evangelisten selbst eingetragen worden sein.
– Das *Johannes*evangelium, das jüngste der vier, erwähnt Nazaret gleich am Anfang, in Joh 1,45.46. Beide Texte, die mit erstaunlicher Unbefangenheit das für die nachösterliche Christologie wichtige Betlehem übergehen, gehören einer eigenen,

---

[7] Vgl. *Epiphanius* († 403 n Chr), Gegen die Häresien, Kap. 18 und 29 (zit. nach *Brückner,* Das fünfte Evangelium, S. 29).
[8] Feststehen nach *Trilling* (Fragen zur Geschichtlichkeit Jesu, S. 46–50), weil niemand ein Interesse an einer Erfindung haben konnte, 1. die Tatsache des Kreuzestodes Jesu; 2. der äußere Mißerfolg seiner Mission; 3. seine Herkunft aus Nazaret und 4. seine Taufe durch Johannes den Täufer im Jordan.
[9] Zur Literarkritik und Traditionsgeschichte der beiden „Vorgeschichten" bei Matthäus und Lukas vgl. *Nellessen,* Das Kind und seine Mutter, S. 17–21; *Knörzer,* Wir haben seinen Stern gesehen, S. 179f.
[10] Vgl. *Grundmann,* Matthäus, S. 104ff.
[11] Vgl. *ders.,* aaO., S. 448.
[12] Vgl. *Schürmann,* Lukas I, S. 140.

## Nazaret in den Evangelien

| Mt | Mk | Lk | Joh |
|---|---|---|---|
| | | **1,26** (lk V)<br>Der Engel Gabriel wird von Gott in eine Stadt in Galiläa mit Namen Nazaret gesandt. | |
| | | **2,4** (lk V)<br>Josef zieht von Galiläa aus der Stadt Nazaret nach Betlehem. | |
| **2,23** (mt V)<br>Von Ägypten kommend, weicht Josef in das Gebiet von Galiläa aus und nimmt Wohnung in Nazaret. | | **2,39** (lk V)<br>Nach der Erfüllung des Gesetzes kehren Maria und Josef in ihre Heimatstadt Nazaret zurück. | |
| | | **2,51** (lk V)<br>Der 12-jährige Jesus kehrt nach der Jerusalemwallfahrt mit seinen Eltern nach Nazaret zurück. | |
| | **1,9** (vormk T)<br>In jenen Tagen kommt Jesus von Nazaret in Galiläa zu Johannes und läßt sich von ihm taufen. | | |
| **4,13** (mt R)<br>Jesus verläßt Nazaret, um in Kafarnaum zu wohnen. | | | |
| Vgl. **13,53-58**<br>Jesus predigt in der Synagoge "seiner Vaterstadt". | Vgl. **6,1-6**<br>Jesus predigt in der Synagoge "seiner Vaterstadt". | **4,16-30** (lk R)<br>Jesus predigt in der Synagoge von Nazaret. | |
| **21,11** (SMt)<br>Pilger in Jerusalem zu Unkundigen: "Es ist der Prophet Jesus aus Nazaret!" | | | |
| | | | **1,45.46**<br>Philippus zu Natanael: "Wir haben den gefunden, von dem Mose im Gesetz und die Propheten geschrieben haben: Jesus, den Sohn Josefs aus Nazaret!" Natanael: "Was kann schon aus Nazaret Gutes kommen?" |

| Mt | Mk | Lk | Joh |
|---|---|---|---|
| | 1,24 (vormk T)<br>Ein Besessener in der Synagoge von Kafarnaum: "Was ist zwischen uns und dir, Jesus, du Nazarener?" | 4,34 (mk T)<br>Ein Besessener in der Synagoge von Kafarnaum: "Was ist zwischen uns und dir, Jesus, du Nazarener?" | |
| | 10,47 (vormk T)<br>Als der blinde Bartimäus hört, daß Jesus, der Nazarener, vorbeikommt, ruft er ... | (Vgl. par Lk 18,37: "Jesus, der Nazoräer ...") | |
| (Vgl. par Mt 26,69: ... Jesus, der Galiläer ...) | 14,66f (vormk T)<br>Eine Magd des Hohenpriesters zu Petrus: "Auch du warst bei dem Nazarener, dem Jesus!" | | |
| | 16,6 (vormk T)<br>Ein Jüngling am Grab zu den drei Frauen: "Jesus sucht ihr, den Nazarener ...?" | | |
| | | 24,19 (lk R)<br>Die Emmausjünger zu ihrem unkundigen Begleiter: "Das über Jesus, den Nazarener?" | |

den Synoptikern offensichtlich nicht bekannten, aber dennoch alten Tradition an[13].

Rückblickend erweist sich Nazaret fest in der evangelischen Überlieferung verwurzelt. Außer der markinischen Tradition, der stets besondere Bedeutung zukommt, bezeugen es die beiden traditionsgeschichtlich voneinander unabhängigen „Vorgeschichten" des Matthäus und des Lukas, eine Sonderquelle des Matthäus wie auch eine alte Traditionsschicht im Johannesevangelium, insgesamt also fünf eigenständige Überlieferungen, die zu negieren bzw. in Zweifel zu ziehen schwerfallen dürfte.

### 1.2 Jesus der Nazarener

Einen „Nazarener"[14] nennen Jesus allein Markus und Lukas, und zwar an insgesamt sechs Stellen:

– Geläufig ist die Bezeichnung vor allem *Markus*; seine vier Texte verteilen sich über das ganze Evangelium. Erinnert man sich, daß er Nazaret nur ein einziges Mal schreibt (1,9), erklärt sich von selbst, in welcher Richtung er Nazarener verstanden wissen will: Mit ihm sucht er ganz offensichtlich den Mangel in der ersten Textgruppe auszugleichen.
– *Lukas* folgt an der ersten seiner beiden Stellen (Lk 4,34) der markinischen Vorlage; in der Emmausperikope Lk 24,19, dem zweiten Text, könnte der Titel zwar von der lukanischen Sonderquelle überliefert worden sein, wahrscheinlicher je-

---

[13] Vgl. *Blank*, Johannes 4/1a, S. 158f.
[14] Vgl. *Schaeder* in: ThWNT IV, S. 879–884; *Rüger*, Miszellen, S. 257–263; *Delling* in: BHHW II, Sp. 1291.

| Name des Vaters zur Unterscheidung | Spitznamen als Erkennungshilfe | Ortsnamen als Beinamen |
|---|---|---|
| - Jakobus und Johannes, die Söhne des Zebedäus (Mk 1,19; 3,17; Joh 21,2) | - Jakobus und Johannes mit dem Beinamen "Donnerkeile" (Mk 3,17) | - Natanael aus Kana in Galiläa (Joh 21,2) |
| - Jakobus, der Sohn des Alphäus (Mk 3,18; Apg 1,13) | - Thomas mit dem Beinamen "Zwilling" (Joh 21,2 u.a.) | - Philippus, der aus dem galiläischen Betsaida stammt (Joh 12,21; 1,44) |
| - Simon, Sohn des Jona (Mt 16,17) | | - Lazarus von Betanien (Joh 11,1) |
| | | - Simon von Zyrene (Mk 15,21) |
| - Judas, der Sohn des Jakobus (Apg 1,13) | | - Josef von Arimathäa (Mk 15,43) |
| | M 59 | - Maria von Magdala (Mk 15,40.47; Joh 20,1) |

doch ist, daß er von Lukas in Erinnerung an Lk 4,34 hier eingetragen wurde[15].

„Nazarener" ist demnach ein nur von der markinischen Tradition verwendeter Beiname Jesu, dessen Bedeutung sich aus nachfolgender Übersicht von selbst ergibt (M 59):
Zur Unterscheidung von gleichnamigen Volksgenossen ist es im frühen Israel weit verbreitet, dem Rufnamen entweder den Namen des Vaters (1. Gruppe), eine Art „Spitznamen" (2. Gruppe) oder aber den Namen des Herkunftsortes (3. Gruppe) beizufügen; speziell „die Angabe der Herkunft spielt die Rolle unseres Familiennamens"[16]. Da „Jesus" oder „Jeschua", „Jehoschua", „Joschua" (= Jahwe ist Heil, Jahwe macht heil oder rettet) ein bei den Israeliten sehr beliebter Personenname ist[17], ergibt sich die Notwendigkeit einer näheren Bestimmung von selbst. Die dem Namen beigefügte Wendung „Nazarener" will demnach nicht mehr und nicht weniger besagen als „Bewohner von Nazaret" oder „aus Nazaret stammend"[18]. Als „Nazarener" ist Jesus – so Schürmann – schon vor seinem Aufbruch zum Täufer an den Jordan bekannt, „zumindest in der näheren Umgebung von Nazaret"[19].

---

[15] Zum Anteil lukanischer Redaktion in der Emmausperikope vgl. vor allem *Wanke*, Die Emmauserzählung. Eine redaktionsgeschichtliche Untersuchung zu Lk 24,13–35, Leipzig 1973.
[16] *Schweizer*, Markus, S. 20.
[17] Vgl. *Haag*, Bibel-Lexikon, Sp. 833; *Strack/Billerbeck* I, S. 63f. – *Josephus* erwähnt allein über ein Dutzend Personen, die den Namen „Jesus" tragen (vgl. Ant XI 3,10; 4,1: Jesus, Josedeks Sohn; Ant XI 7,1: Jesus, des Judas Sohn; Ant XV 9,3: Jesus, des Phabes Sohn; Ant XX 9,1: Jesus, des Damnaeus Sohn; Ant XX 10,1: Jesus, Josadaks Sohn; Ant XX 9,4; 9,7: Jesus, Gamaliels Sohn; Bell II 20,4: Jesus, des Sapphas Sohn; Bell II 21,3: Jesus, des Saphias Sohn; Bell III 9,7; 10,1; 10,5: Jesus, Sohn des Saphatos; Bell VI 8,3: Jesus, des Thebuthi Sohn; Bell VI 5,3: Jesus, des Ananos Sohn; Vita 35; 37: Jesus, der Schwager des Justus; Vita 40: Jesus, der Galiläer u.ö.).
[18] Vgl. *Léon-Dufour*, Wörterbuch zum Neuen Testament, S. 313.
[19] Vgl. *Schürmann*, Gottes Reich – Jesu Geschick, S. 25.

## Jesus der Nazoräer

| Mt | Mk | Lk | Joh |
|---|---|---|---|
| 2,23 (mt V) Josef nimmt Wohnung in Nazaret. So sollte das Prophetenwort in Erfüllung gehen: "Einen Nazoräer wird man ihn heißen!" | | | |
| | | 18,37 (SLk) Dem Blinden von Jericho sagt man: "Jesus, der Nazoräer, geht vorbei!" | |
| | | | 18,5.7 Jesus zu den Häschern: "Wen sucht ihr?" – Sie: "Jesus, den Nazoräer!" – Jesus ein zweites Mal: "Wen sucht ihr?" Sie: "Jesus, den Nazoräer!" |
| 26,71 (SMt o. mt R) Eine zweite Magd zu Petrus: "Der gehört auch zu Jesus, dem Nazoräer!" | | | |
| | | | 19,19 Kreuzesinschrift des Pilatus: "Jesus, der Nazoräer, der König der Juden!" |

### 1.3 Jesus der Nazoräer

Anklingend an Nazarener gibt es als dritte Bezeichnung für Jesus – und später auch für seine Anhänger (vgl. Apg 24,5) – in überraschender Häufigkeit (Evangelien: 6mal; Apostelgeschichte: 7mal) den Titel des Nazoräers[20]. Seine Etymologie ist umstritten; je nach der Ableitung erlaubt sie eine dreifache Auslegung:

1) Einen mit göttlicher Kraft begabten und von göttlichem Geist ergriffenen *Charismatiker*, einen „Nazir", meint Nazoräer, wenn man es in Anlehnung an Ri 13,5.7 LXX (vgl. 16,17) von dem hebräischen „nazir/n$^e$zir" (= ausgesondert, geweiht, heilig) herleitet. Als Gottgeweihter meidet der Nasir oder Nasiräer[21] das Scheren des Haupthaares (Ri 13,5; 1 Sam 1,11; Num 6,5.18), den Wein u. ä. (Am 2,12; Num 6,3f) und kultische Unreinheit (Num 6,7–12). Bekannte Nasiräer im Alten Testament sind Simson (Ri 13–16) und Samuel (1 Sam 1ff), Züge eines Nasiräers im Neuen Testament zeigt Johannes der Täufer (Lk 1,15; 7,33; Mt 11,18). – Anzeichen einer frühen Deutung Jesu in dieser Richtung könnte der seltene und altertümliche Jesustitel „Heiliger Gottes" in Mk 1,24 und Joh 6,69[22] sein.

2) Einen *Heilskönig* aus dem heilsgeschichtlich bedeutsamen Stamm des Isai, des Vaters Davids, meint Nazoräer, sieht man das hebräische „neser" (= Sproß, Schößling, Trieb) als sinngebende Wurzel an. Grundlegender Text für diese Deutung ist die Prophezeiung des Propheten Jesaja in Jes 11,1–16 mit ebendiesem „neser" in V. 1b. Gestützt wird sie

---

[20] Zu Nazoräer vgl. Reicke in: BHHW II, Sp. 1293 (Lit.); *Schmid* in: LThK VII, Sp. 854f; *Schaeder* in: ThWNT IV, S. 879–884.

[21] Vgl. *Delling* in: BHHW II, Sp. 1288f (Lit.).
[22] Vgl. *Schweizer*, Markus, S. 28.

durch Jes 8,23b – 9,6 und Jes 7,1–25[23]. Kein Prophet vorher oder nachher findet hoffnungsvollere Bilder. Kein Wunder also, daß die Urgemeinde, speziell die judenchristliche Gruppe in ihr, der an einer Verbindung Jesu mit dem Hause Isais und damit Davids gelegen ist (vgl. Joh 7,42; 1,1; Mt 2,5; 22,42; Lk 2,4.11; Röm 1,3 u. ö.), auf die jesuanische Prophezeiung zurückgreift (vgl. Mt 1,23; 4,15).

3) Schließlich legt sich aufgrund des Gleichklangs eine Verbindung von Nazoräer mit *Nazaret* nahe. Die unterschiedlichen Endungen „-äer" und „-ener" lassen sich vom Griechischen her erklären[24]. Schwierigkeiten bereitet allein das „o", das sich mit dem „a" von Nazaret nicht einfach harmonisieren läßt[25]. „Doch kann aus griechischen Schreibungen hebräischer Worte in der LXX... genügend erwiesen werden, daß die Ableitung des Titels N. (= Nazoräer) von dem Ortsnamen Nazaret (hebr. nos‎ʿrat) durchaus möglich ist"[26].

Überliefert wird Nazoräer von den drei jüngeren Evangelien (6mal) und der Apostelgeschichte (6mal); Markus kennt den Titel nicht. Vgl. dazu die Tabelle S. 115 oben.

Die Textsituation überrascht: Keiner der drei Evangelisten zeigt eine Abhängigkeit, jeder scheint einer eigenen Tradition zu folgen:

– Daß *Matthäus* den etymologisch schwierigen Terminus im Sinne einer Herkunftsbezeichnung verstanden wissen will, gibt er gleich im ersten seiner beiden Texte, in 2,23, zu erkennen, wo er nach der für ihn typischen Methode die Ansiedlung der Heiligen Familie in Nazaret mit einem sog. Reflexionszitat[27], hier mit einem unbekannten prophetischen „Nazoräerwort"[28], zu begründen sucht: Man wird Jesus einen Nazoräer heißen, weil er von Nazaret kommt. – In diese Richtung auch weist das Nazoräer in der Verleugnungsperikope: Im Munde der zweiten Magd (26,71) steht es in unmittelbarer Nachbarschaft zum „Galiläer" der ersten Magd (26,69), mit dem Matthäus das „Nazarener" in der markinischen Parallele (Mk 14,66) ersetzt.

– Nazoräer entspricht in den lukanischen Schriften vor allem der Terminologie der Apostelgeschichte (2,22; 3,6; 4,10; 6,14; 22,8; 26,9), im Evangelium steht es allein in Lk 18,37 (diff Mk 10,47) neben einem zweimaligen Nazarener in Lk 4,34 (par Mk 1,24) und 24,19 (lkR). Die Tatsache, daß *Lukas* bei der Auswahl wenig Konsequenz zeigt, deutet darauf hin, daß er Nazoräer als Wechselbegriff zu Nazarener versteht, und zwar wie dieses (s. o.) im Sinne einer einfachen Herkunftsbezeichnung.

– Der Schlüssel für die Bedeutung der drei Nazoräer-Texte im *Johannes*evangelium (18,5.7 und 19,19) dürfte in Joh 1,45f liegen, wo der Evangelist sich klar zu Nazaret bekennt.

Welche der drei oben erläuterten Bedeutungen nun haben die Evangelisten im Auge? – Sind auch die Bedeutungen eines „Charismatikers" wie auch „eines aus dem Hause Isais stammenden Heilskönigs" nicht auszuschließen (beide Vorstellungen konnten in der christologischen Diskussion vor allem der ersten Jahrzehnte nach Ostern hilfreich sein), so weist doch alles auf Nazaret als Bedeutungsträger hin. Ganz offensichtlich verstehen Matthäus, Lukas und Johannes Nazoräer als Synonym für Nazarener im Sinne einer Herkunftsbezeichnung. „Die Auffassung von

---

[23] Zu den jesuanischen Prophezeiungen Jes 7,1–25; 8,23b – 9,6 und 11,1–16 vgl. Koch, Die Profeten, I: Assyrische Zeit, S. 117–169, bes. S. 133–153.
[24] Vgl. *Delling*, aaO., Sp. 1291.
[25] Vgl. ebd.
[26] *Born* in: *Haag*, Bibel-Lexikon, Sp. 1220.

[27] Vgl. *Nellessen*, Das Kind und seine Mutter, S. 35–49 (Lit.); *Kümmel*, Einleitung, S. 81ff (Lit.).
[28] Daß der Evangelist die exakte Quelle selber nicht kennt, zeigt sein pauschaler Hinweis auf „die Propheten" (vgl. *Schweizer*, Matthäus, S. 20).

Ναζωραῖος als Wiedergabe von aram nāsrājā, abgeleitet vom Namen der Stadt Nazaret aram nasrat, ist" – so Schaeder am Ende seiner Begriffsanalyse – „sprachlich und sachlich unangreifbar."²⁹

**1.4 Ein deutliches Ergebnis**

Jesus ist mit Nazaret so eng verbunden wie mit keinem anderen Ort in Galiläa, Jesus ist zu Lebzeiten tatsächlich als „der Mann aus Nazaret" bekannt³⁰. Zu dieser Behauptung berechtigt die Analyse von 23 Einzeltexten, die sich auf mehrere, voneinander unabhängige Traditionsschichten verteilen. Ob „Jesus von Nazaret" oder „Jesus der Nazarener" oder auch „Jesus der Nazoräer" – alle drei Formulierungen zielen eindeutig in die Richtung von Nazaret. Dieses kleine Dorf über der Jesreel-Ebene ist um die Zeitenwende alles andere als ein leuchtender Stern, den man mit Stolz vorzeigen kann (vgl. Joh 1, 46). Wenn man sich dennoch zu ihm bekennt, und sei es auch nur in lockeren und – wie in der Formulierung des Nazoräers – in unscharfen Einzelbemerkungen, so nur deshalb, weil die Wirklichkeit dazu nötigt. Wie schwer dieses Bekenntnis fällt, in welche Verlegenheit es bringt, beweist ganz diskret Mt 2, 23, wo der erste Evangelist in der Diskussion mit der Synagoge ein nicht existierendes Prophetenwort zur Begründung heranzieht. Vielleicht auch ist der Titel des Nazoräers, der dritte unserer Untersuchung, in der Urchristenheit deshalb so beliebt³¹, wie die Apostelgeschichte und das Johannesevangelium beweisen, weil er im Unterschied zu den beiden anderen die Beziehung zu Nazaret weniger schnell zu erkennen gibt und auch andere Ableitungen zuläßt. Vielleicht! Jedenfalls ist die Kritik des 19. Jahrhunderts als blind zurückzuweisen, Nazaret gehört in unserem Jesusbild zu den wenigen ganz zuverlässigen und farbenreichen Mosaiksteinchen.

## 2. ... aber nur wenige historische Details

Wie winzig dieses Mosaiksteinchen in der Gestalt einer nüchternen These tatsächlich ist, erfährt erst vollends, wer sich darum bemüht, es schärfer zu konturieren und zu verlebendigen. Die Evangelien bieten nur wenige Texte mit Nazaret als geographischem Rahmen; was sie an Detailinformationen enthalten, ist z. T. widersprüchlich, z. T. unwahrscheinlich. Diesen Mangel haben alle Zeiten gleichermaßen empfunden und auszugleichen gesucht, die Frühzeit durch phantastische Apokryphen³², die Gegenwart durch z. T. ebenso phantasiereiche Jesusromane³³. Beiden Ansätzen kann hier nicht gefolgt werden. Im Rahmen einer historisch-kritischen Untersuchung darf es allein darum gehen, das biblische Material zusammenzustellen und auf seine Aussage hin zu prüfen.

---

²⁹ *Schaeder* in: ThWNT IV, S. 884.
³⁰ Vgl. *Delling* in: BHHW II, Sp. 1291.
³¹ Vgl. *Schneider*, Lukas II, S. 375.
³² Vgl. *Daniel-Rops* (Hrsg.), Die apokryphen Evangelien des Neuen Testaments, 1956.
³³ Vgl. z. B. *R. Aron*, Die verborgenen Jahre Jesu, 1962.

## 2.1 Nazaret im Schatten von Betlehem

Die ersten Texte, die es in diesem Zusammenhang zu befragen gilt, sind die sog. „Kindheitsevangelien" des Matthäus und Lukas (Mt 1–2; Lk 1–2)[34]. In der biblischen Verkündigung werden sie gerne harmonisierend wie aus einem Guß dargestellt: Verkündigung in Nazaret – Geburt Jesu in Betlehem – Besuch der Weisen – Flucht vor Herodes nach Ägypten – Rückkehr nach Nazaret. Daß beide aber speziell in puncto Nazaret vor historisch unlösbare Fragen stellen, veranschaulicht bereits eine nur skizzenhafte Synopse:

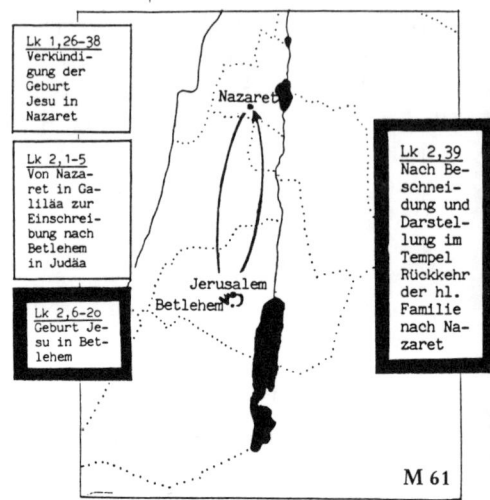

M 61

Nach *Matthäus* haben Maria und Josef „ganz offensichtlich ihren festen und dauernden Wohnsitz in Betlehem"[35]; in-

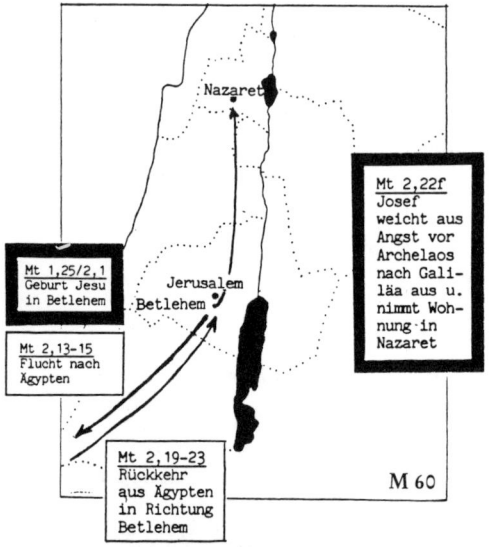

M 60

folgedessen entfällt in der matthäischen „Vorgeschichte" die lukanische Dramatik des heimatlosen und armen Kindes in der Krippe (Lk 2,7.12.16), die Magier finden Mutter und Kind in „dem Haus" (Mt 2,11), in ihrem Haus. So liegt es auch nahe, daß Josef von Ägypten aus nach Betlehem, seiner alten Heimat, zurückkehren will (2,21). Doch als er von der Schreckensherrschaft des Archelaos (4 vChr – 6 nChr) über Judäa, Samaria und Idumäa hört, wendet er sich nach Norden, in das Gebiet des Antipas, und nimmt in dem galiläischen Nazaret Wohnung (2,23). Zu dem Ort bestehen keine näheren Beziehungen, keiner der beiden Eltern scheint ihm verbunden; allein die Angst vor einem Tyrannen zwingt zum Ortswechsel, Nazaret wird zu einer Art Notheimat. Zudem sind seit der Geburt Jesu Jahre vergangen; geht man von 7 vChr als dem vermutlichen Geburtsjahr Jesu und 4/3 vChr als dem Datum der Rückkehr aus Ägypten aus, zählt Jesus wenigstens drei Jahre, als er zum erstenmal nach Nazaret kommt (vgl. M 60).

---

[34] Vgl. bes. *Schelkle*, Die Kindheitsgeschichte Jesu, in: Wort und Schrift, 1966, S. 59–75; *Laurentin*, Struktur und Theologie der lukanischen Kindheitsgeschichte, 1967; *Knörzer*, Wir haben seinen Stern gesehen. Die Kindheitsevangelien nach Lukas und Matthäus, 1967; *Schürmann*, Lukas I, 1969, S. 18–145 (Lit.); *Nellessen*, Das Kind und seine Mutter. Struktur und Verkündigung des 2. Kapitels im Matthäusevangelium, 1969; *Dignath*, Die lukanische Vorgeschichte, 1971; *Vögtle*, Die Genealogie Mt 1,2–16 und die matthäische Kindheitsgeschichte, in: Das Evangelium und die Evangelien. Beiträge zur Evangelienforschung, 1971, S. 57–102.

[35] *Holtz*, Jesus aus Nazaret, S. 48.

Ganz anders die Bewegung bei *Lukas*. Nach seiner Darstellung ist Nazaret Marias und auch Josefs „Heimatstadt" (2,39), in der die Geschichte Jesu mit der Verkündigung durch Gottes Engel beginnt. Ein Zensus zwingt sie, für kurze Zeit in das heilsgeschichtlich bedeutsame Betlehem überzusiedeln, wo gerade in dieser Zeit Jesus geboren wird (2,4.6 f). Von dort kehren sie gleich nach der Erfüllung der Gesetzesvorschriften (2,21–24.39) mit dem Kind in ihre „Heimatstadt" (V. 39) zurück. Nazaret–Betlehem–Nazaret ist nach Lukas eine in sich geschlossene Bewegung, die in Nazaret ihren Anfang nimmt, sich für wenige Wochen bis Betlehem ausweitet und schließlich wieder in Nazaret endet. Nach der lukanischen Darstellung ist Jesus erst 40 Tage alt, als seine Eltern mit ihm in ihr Heimatdorf zurückkehren (vgl. M 61).

Die Gegenüberstellung in Wort und Skizze veranschaulicht auf doppelte Weise, „daß die Darstellungen bei Lukas und Matthäus einander ausschließen"[36], daß die Unterschiede zwischen beiden zu groß sind, als daß man eine Harmonisierung wagen dürfte. Doch wenn kein harmonisierender Ausgleich, welcher der beiden Versionen ist dann aber zu folgen? Der matthäischen mit ihrer Charakterisierung Nazarets als „Notheimat", in der Jesus erst nach Jahren ankommt, oder aber der lukanischen, der zufolge Maria und Josef sich nach nur wenigen Tagen schon mit dem Kind auf den Weg in ihr Heimatdorf machen? – So enttäuschend das Ergebnis auch klingt: Keine der beiden Darstellungen kann befriedigen.

– Vor schwierige Fragen, die kaum noch restlos zu klären sind, stellt *Matthäus* den historisch Interessierten in vielen Details seiner Vorgeschichte. Als problematisch erweisen sich die Magier und ihr Stern (Mt 2,1–12), die Flucht Josefs und Marias mit dem Kind nach Ägypten (Mt 2,13–15), der Kindermord in Betlehem (Mt 2,16–18) und schließlich auch der für den Zusammenhang wichtige Ortswechsel der Heiligen Familie von Betlehem nach Nazaret (Mt 2,22)[37]. Allein die Angst vor Archelaos will als Motiv nicht überzeugen[38]; denn auch die neue Heimat Nazaret liegt im Herrschaftsgebiet eines Herodessohnes, des Herodes Antipas (vgl. II, 2.2), der zunächst einmal im gleichen negativen Schatten seines Vaters steht wie sein Bruder Archelaos. Ein Befehl im Traum muß denn schließlich auch den Umzug „in das Gebiet von Galiläa" veranlassen (Mt 2,22), damit sich – und es klingt wie nach einer letzten Beruhigung des Lesers – die Schrift erfülle, wobei auf ein bisher nicht identifiziertes Prophetenwort verwiesen wird (Mt 2,23)[39]. Nazaret – soviel wird deutlich – bereitet dem Evangelisten Schwierigkeiten; was er an Begründung für den Ortswechsel vorbringt, klingt theologisch, nicht aber historisch.

– Die *lukanische* Darstellung erweckt den Eindruck einer literarisch perfekten Konstruktion: Jede einzelne Bewegung ordnet sich exakt in den Kontext ein, die zeitliche Abfolge besticht. Bis auf den in Lk 2,1 genannten Zensus des Quirinius[40], der bis heute nicht befriedigend mit der Angabe Mt 2,1 und Lk 1,5 in Einklang zu bringen ist, nach der Jesus unter Herodes I. (37–4 vChr) geboren wird. Bei der jetzigen Quellenlage, die einen Zensus des Quirinius nur für das Jahr 6 nChr bestätigen kann, legt sich der Verdacht nahe, daß Lukas eine spätere Schätzung dazu benutzt, Maria und Josef in das heilsgeschichtlich bedeutsame Betlehem zu füh-

---

[36] *Holtz*, Jesus aus Nazaret, S. 48.
[37] Zu den einzelnen Perikopen vgl. bes. *Nellessen*, aaO., S. 113–125. Zusammenfassend bemerkt Nellessen zu Mt 2,1–18: „Der Bestand an historisch sicheren Fakten ist von geringem Umfang" (S. 124).
[38] Vgl. *Holtz*, aaO., S. 47 f.

[39] Vgl. *Nellessen*, aaO., S. 43 f.
[40] Zur Frage des Zensus vgl. *Trilling*, Fragen zur Geschichtlichkeit Jesu, S. 72–74; *Knörzer*, aaO., S. 139–141; *Schürmann*, Lukas I, S. 99–101; *Reuss* in: LThK VIII, Sp. 947; *Bammel* in: RGG V, S. 739; *Schneider*, Lukas I, S. 68 f (Lit. S. 64).

| | Nazaret in den vier Evangelien | | | | Betlehem in den vier Evangelien |
|---|---|---|---|---|---|
| | Jesus aus Nazaret | Jesus der Nazarener | Jesus der Nazoräer | | |
| Mk | 1 (mk T) | 4 (mk T) | – | Mk | |
| Mt | (mt VG) 3 (mt R) (mt T) | – | 2 (mt VG) (mt R) | Mt | 2,1 Als Jesus zur Zeit des Königs Herodes in Betlehem geboren worden war ...<br>2,5 Sie (die Weisen) antworteten ihm (Herodes): 'In Bethlehem, in Judäa ...'<br>2,6 "Du Betlehem im Gebiet von Juda ..." (Mi 5,1)'<br>2,8 Dann schickte Herodes die Weisen nach Betlehem<br>2,16 ... da ließ Herodes in Betlehem und der ganzen Umgebung alle Kinder ... töten. |
| Lk | 5 (lk VG) (lk R) | 2 (mk T) (lk R) | 1 (lk R) | Lk | 2,4 So zog auch Josef von der Stadt Nazaret in Galiläa hinauf nach Judäa in die Stadt Davids, die Betlehem heißt.<br>2,15 Die Hirten zueinander: "Kommt, wir gehen nach Betlehem, um das Ereignis zu sehen ..." |
| Joh | 2 (joh T) | – | 3 (joh T) | Joh | (7,42) Sagt nicht die Schrift: Der Messias kommt aus dem Geschlecht Davids und aus dem Dorf Betlehem, wo David lebte? |
| | 11 | 6 | 6 | | |
| | = 23: mk T/mt T/joh T/mt VG/lk VG | | | | = 7: 5. mt VG/2 lk VG |

M 62

ren, um so die Voraussetzung zu schaffen, daß Jesus dort geboren werden kann.

Auf dem Hintergrund dieser historisch problematischen Beobachtungen einerseits und des primär theologischen Charakters der beiden „Vorgeschichten" andererseits[41] „legt sich der Gedanke nahe, daß Jesus nicht nur in Nazareth aufgewachsen ist, sondern aus dieser Stadt stammt"[42]. Gestützt sieht diese These der Geburt Jesu in Nazaret heute eine Vielzahl von Exegeten aus beiden christlichen Lagern positiv durch eine breite Nazaret-, negativ durch eine schmale Betlehem-Tradition[43]:

– Wie fest Jesus tatsächlich mit *Nazaret* verbunden ist, beweisen 23 Einzeltexte aus 5 verschiedenen Quellenschichten, die, nachdem sie oben im einzelnen analysiert wurden, hier nur noch einmal im Überblick dargeboten werden (vgl. M 62).

– Daß *Betlehem* dagegen nur schwach bezeugt ist, zeigt eine andere Textübersicht (vgl. M 62): Die kleine Stadt in Judäa erwähnen in allen vier Evangelien lediglich 5 matthäische und 2 lukanische Texte, alle 7 auf die beiden „Vorgeschichten" verteilt, und damit auf zwei Traditionen, die in ihrem Überlieferungswert noch wenig scharf umrissen sind[44]. – Nicht die Spur eines Hinweises auf Betlehem findet sich bei Markus, dem ältesten Evangelisten. – Und Johannes gibt in Joh 7,42 zu erkennen, daß Jesus die an den Messias gestellte Bedingung der Herkunft aus Betlehem nicht erfüllt, weshalb die Menge seiner Anhänger sich spaltet[45]. Der Zeugniswert der sieben Belege scheint sich weiter durch die Beobachtung zu mindern, daß Betlehem durch Mi

---

[41] Vgl. *Schürmann,* aaO., S. 18–25; *Knörzer,* aaO., S. 13–21; *Nellessen,* aaO., S. 11–16 81–112.
[42] Vgl. *Leroy, Jesus,* S. 53.
[43] Zur Frage der Geburt Jesu in Betlehem oder Nazaret vgl. *Schürmann,* aaO., S. 103; *Nellessen,* aaO., S. 116f; *Hahn,* Christologische Hoheitstitel, S. 268–279; *Leroy,* aaO., S. 52f; *Strobel* in: EWNT I, Sp. 514f (Lit.); *Holtz,*

aaO., S. 47ff; *Becker,* Das Evangelium des Johannes I, S. 227f; *Blank,* Das Evangelium nach Johannes 4/1a, S. 158; *ders.,* Das Evangelium nach Johannes 4/1b, S. 102f.
[44] Zur Traditionsgeschichte der beiden Kindheitsevangelien vgl. bes. *Nellessen,* aaO., S. 29–57, und *Schürmann,* aaO., S. 140–145.
[45] Vgl. *Becker,* aaO., S. 277; *Blank,* Johannes 4/1b, S. 100–103.

5,1 theologisch stark befrachtet ist[46]. Unter der Voraussetzung, daß diese alttestamentliche Verheißung um die Zeitenwende lebendig ist, läßt sich nur zu gut verstehen, daß die frühe christliche Gemeinde in der Diskussion mit den jüdischen Gegnern Betlehem als Geburtsort Jesu erfindet, um in der Frage des jesuanischen Anspruchs überhaupt eine Chance zu haben.

Nun aber ist in der Exegese kein Argument so gut, daß es nicht auch als Gegenargument benutzt werden könnte:

– So läßt sich die Beziehung Jesu mit Nazaret, die in drei verschiedenartigen Beinamen zum Ausdruck kommt (s. o.), durch den Hinweis relativieren, daß „viele geschichtliche Persönlichkeiten... ihren Beinamen nach einer Stadt (haben), in der sie nicht geboren sind (z. B. ist Antonius von Padua in Lissabon geboren"[47].
– Findet sich die Betlehem-Tradition auch erst von Matthäus und Lukas, also erst relativ spät, rezipiert, kann es sich bei den sieben Belegen nichtsdestoweniger um alte Überlieferungen handeln, die von beiden Evangelisten lediglich aufgezeichnet, keineswegs aber erst „erfunden" werden.
– „Wäre die Betlehemgeburt wirklich von der christlichen Gemeinde" – so Nellessen – „oder von den Evangelisten konstruiert worden, so könnte man erwarten, daß der Geburtsort Jesu auch im weiteren Verlauf des Matthäus- und Lukasevangeliums einmal herangezogen würde, um die Rechtmäßigkeit des Anspruchs zu unterbauen. Matthäus und Lukas kommen aber nie mehr darauf zurück"[48].
– Zu der Prophezeiung des Propheten Micha (zw. 740 und 700 vChr) in Mi 5,1 bleibt anzumerken, daß nicht bekannt ist, wieweit die hier gemachte Betlehemweissagung im 1. Jh nChr verbreitet und als bedeutsam anerkannt ist[49]. Bei einer positiven Antwort bliebe weiter zu fragen, ob man Betlehem als Geburtsort angesichts zahlreicher, auf kleinste Schwachpunkte bedachter Gegner einfach erfinden konnte. In keinem der evangelischen Texte spiegelt sich auch nur von ferne der Vorwurf eines Betrugsversuches in dieser Richtung.

Die Argumente des Für und Wider ließen sich leicht vermehren, doch wem nützen sie? Solange die Diskussion nicht durch tiefere Einblicke in die Traditionsgeschichte, sei es der Nazaret-, sei es der Betlehem-Tradition, oder auch durch Funde anderer Art eine eindeutigere Basis gewinnt, wird man dem Urteil Leroys zustimmen müssen: „Klar entscheiden läßt sich die Frage (sc. der Herkunft Jesu) schwerlich."[50] Bis dahin bleiben *die Anfänge Jesu in Nazaret im Dunkel*, in jedem Fall aber reichen sie zurück bis in die frühe Kindheit.

## 2.2 Die sog. „verborgenen" Jahre oder Jahrzehnte des Schweigens

Die Nachrichten über Jesu Anfang sind – das hat bereits der nur kurze Einblick in die beiden Kindheitsevangelien gezeigt –, vom historischen Standpunkt aus gesehen, dürftig; noch dürftiger und dünner werden sie, wenn wir nach Jesu Kindheit, Jugend und Reife fragen. Lediglich eine einzige Erzählung im Lukasevangelium und einige wenige Notizen der markinischen Tradition gilt es zu berücksichtigen.

---

[46] *Klausner,* Jesus von Nazareth, S. 315f; *Leroy,* aaO., S. 53; *Becker,* aaO., S. 277f; *Blank,* Johannes 4/1a, S. 158.
[47] Vgl. *Nellessen,* aaO., S. 116.
[48] *Ders.,* aaO., S. 117.
[49] Vgl. ebd; *Schürmann,* aaO., S. 103.
[50] *Leroy,* aaO., S. 53.

## 2.2.1 Der zwölfjährige Jesus im Tempel (Lk 2, 41–52)

Die Perikope Lk 2, 41–52[51], die davon erzählt, wie Jesus als Zwölfjähriger mit seinen Eltern von Nazaret nach Jerusalem wallfahrtet, dort nach der Abreise der nazarenischen Pilgergruppe zurückbleibt und nach angstvollem Suchen von Maria und Josef im Tempel diskutierend zu Füßen von Schriftgelehrten gefunden wird, lief wahrscheinlich ursprünglich selbständig um[52] und kam dem dritten Evangelisten bereits im Kontext der übrigen fünf Kindheitserzählungen (Lk 1, 5–25; 1, 26–38; 1, 39–56; 1, 57–80 und 2, 1–40) zu[53]. Die Nichtbeachtung der jungfräulichen Lebensentstehung (V. 41.43.48) sowie die Verständnislosigkeit der Eltern (V. 48.50) erlauben nach Schürmann den Schluß „auf relativ hohes Alter"[54]; eine positive Haltung zum Gesetz (V. 41) wie auch die Tatsache, daß der Erzähler sich bestens in palästinensischen Sitten auskennt (V. 42.44), weisen auf palästinensisch-judenchristliche Hellenisten als Ursprungsmilieu hin[55]. Die Rekonstruktion der vorlukanischen Fassung will nicht mehr gelingen[56].
Wie historisch ist diese Erzählung? Was läßt sich ihr an geschichtlichen Informationen für unsere Rückfrage nach Jesu Leben in Nazaret entnehmen?

– Daß Lk 2, 41–52 *historische* Elemente enthält, kann nicht geleugnet werden (vgl. M 63). Allerdings darf auch nicht verschwiegen werden, daß es sich bei allen fünf Details um Historica allgemeingültigen Charakters handelt, die durch nichts einen spezifischen Jesusbezug zu erkennen geben[57]: 1) Tatsächlich entspricht es galiläischer Praxis um die Zeitenwende, wenigstens einmal im Jahr – und zwar vornehmlich zum Passafest – nach Jerusalem zu wallfahren, wie V. 41 einführt. 2) Tatsächlich pflegt man zum Zwecke der Gewöhnung Knaben schon weit vor dem verpflichtenden 13. Lebensjahr mit auf die beschwerliche Reise zu nehmen, was V. 42 voraussetzt. 3) Tatsächlich reist man aus Sicherheitsgründen in größeren Gruppen, meist in dorfgemeinschaftlichen Verbänden, worauf V. 44 hinweist. 4) Tatsächlich nötigt die Strecke von Galiläa nach Jerusalem mit ihren 100 bis 200 km zur Einteilung in Tagesstrecken, worauf V. 44 aufmerksam macht. 5) Zeitgenössisch ist schließlich auch der Hintergrund von V. 46: Tatsächlich erfolgt die Belehrung der Schriftgelehrten in Form von Disputationen, bei denen die Schüler inmitten der Lehrer auf dem Boden hocken und Fragen stellen.
– Ebenso ist aber auch nicht zu übersehen, daß Lk 2, 41–52 unter *theologischen* Vorzeichen steht. Deutlich lassen sich zwei Höhepunkte[58] ausmachen (vgl. M 63):
1) Der erste gipfelt im Erweis der Weisheit und Klugheit des im Tempel zurückgebliebenen (V. 43) Knaben Jesu: „Alle, die ihn hörten, waren erstaunt über sein Verständnis und über seine Antworten" (V. 47). Schon der Zwölfjährige erweist sich als der mit Weisheit (σύνεσις/sýnesis[59]) Erfüllte.
Die hier anklingenden Motive des verlorengegangenen und gelehrten Knaben

---

[51] Vgl. *Schürmann*, aaO., S. 132–140 (Lit.); *Laurentin*, Jésus au temple. Mystère de Pâques et foi de Marie en Luc 2, 48–50, EB, Paris 1966; ders., Struktur und Theologie der lukanischen Kindheitsgeschichte, Stuttgart 1967; *Schneider*, Lukas I, S. 73–76 (Lit.). – Zur Diskussion der historischen Frage vgl. *Pesch*, ‚Kind, warum hast du so an uns getan?' (Lk 2, 48), in: BZ 12 (1968), S. 245–248; *Steinmetz*, Jesu erste Wallfahrt nach Jerusalem, in: GuL 46 (1973), S. 60–64; *H. de Jonge*, Sonship, Wisdom, Infancy: Luke II. 41–51a, in: NTS 24 (1978), S. 317–354; *Riesner*, aaO., S. 233–236.
[52] Vgl. *Schürmann*, aaO., S. 139; *Knörzer*, aaO., S. 171.
[53] Vgl. *Schürmann*, ebd. [54] Ebd. [55] Ebd.
[56] Ders., aaO., S. 140. [57] Vgl. hierzu II, 4.2.2. [58] Vgl. *Schürmann*, aaO., S. 132 ff.
[59] Zum Verhältnis von σύνεσις/sýnesis und σοφία/sophía vgl. *ders.*, aaO., S. 135.

| | Der zwölfjährige Jesus im Tempel | | |
|---|---|---|---|
| LK 2,41-52 | | Historische Elemente | Theol.-christol. Akzentuierung |
| 41 Seine Eltern reisten jedes Jahr zum Passafest nach Jerusalem.<br>42 Als Jesus zwölf Jahre alt geworden war, zogen sie hinauf, wie es dem Festbrauch entsprach. | | 1) Jährliche Wallfahrt d. Galiläer n. Jerusalem<br>2) Gewöhnung der Knaben schon vor dem 13. Lebensjahr an das Wallfahrtsgebot | |
| 43 Nachdem die Festtage zu Ende waren, machten sie sich auf den Heimweg. Der junge Jesus aber blieb in Jerusalem, ohne daß seine Eltern es merkten.<br>44 Sie meinten, er sei irgendwo in der Pilgergruppe, und reisten eine Tagesstrecke weit; dann suchten sie ihn bei den Verwandten und Bekannten.<br>45 Als sie ihn nicht fanden, kehrten sie nach Jerusalem zurück und suchten ihn dort. | | 3/4)Reisen in Gruppen, meist in dorfgemeinschaftl. Verbänden, und in Tagesstrecken | |
| 46 Nach drei Tagen fanden sie ihn im Tempel, wie er mitten unter den Lehrern saß, ihnen zuhörte und Fragen stellte.<br>47 Alle, die ihn hörten, staunten über sein Verständnis und seine Antworten. | | 5) Belehrung der Schriftgelehrten in Form von Disputationen | 1. HÖHEPUNKT (V.46-47)<br>Jesus als der von Anfang mit Weisheit Erfüllte |
| 48 Als seine Eltern ihn sahen, gerieten sie außer sich, und seine Mutter sagte zu ihm: Kind, warum hast du uns das angetan? Dein Vater und ich suchen dich voller Angst.<br>49 Da sagte er zu ihnen: Wie konntet ihr mich suchen? Wußtet ihr nicht, daß ich in dem sein muß, was meines Vaters ist?<br>50 Doch sie verstanden nicht, was er damit meinte.<br>51 Dann kehrte er mit ihnen nach Nazaret zurück und war ihnen gehorsam. Seine Mutter bewahrte alle Begebenheiten in ihrem Herzen.<br>52 Jesus aber wuchs heran, und seine Weisheit nahm zu: Gott und die Menschen hatten Gefallen an ihm (1 Sam 2,26). | | | 2. HÖHEPUNKT (V.48-51)<br>Jesus als der mit dem Vater eng verbundene Sohn<br><br>M 63 |

sind in der damaligen Literatur weit verbreitet: Rabbi Elieser ben Hyrkanos entläuft als Junge seinem Vater und wird im Lehrhaus in Jerusalem beim Gesetzesstudium aufgefunden[60]. – Ähnliches berichtet die Buddhalegende von Siddhartha Gautama[61]. – Die Weisheit und Klugheit des jungen Mose wie auch seine eigene als Vierzehnjähriger rühmt in abstoßender Übertreibung Josephus (Ant II 9,6 und Vita 2). Entsprechendes berichtet Herodot von Kyros, Philostratus von Apollonius, Plutarch von Alexander dem Großen[62]. Auch wenn man mit Schürmann nicht bereit ist, Lk 2,41–52 in traditionsgeschichtlicher Abhängigkeit von solchen Parallelen zu sehen[63], ihren Einfluß wird man jedoch kaum ausschließen dürfen.

2) „Der eigentliche Höhepunkt aber ist die Offenbarung des Sohnesgehorsams Jesu"[64]. Auf Vorhaltungen seiner Mutter (V. 48) antwortet Jesus mit dem bedeutungsvollen Wort: „Wußtet ihr nicht, daß ich in dem sein muß, was meines Vaters ist?" (V. 49b). Zentraler Begriff in dieser vorwurfsvollen Frage ist außer dem heilsgeschichtlich bedeutsamen „Muß" das exklusive „mein Vater". Es ist „Zeichen einer besonderen Nähe zwischen Jesus und Gott"[65]; in ihm kommt „die Innigkeit (der) Gott-Hörigkeit Jesu"[66] zum Ausdruck. Dafür, daß es von Jesus in dieser

---

[60] Vgl. Knörzer, aaO., S. 172.
[61] Ebd.
[62] Belege in: Bultmann, Geschichte, S. 327; Knörzer, aaO., S. 171f.
[63] Vgl. Schürmann, aaO., S. 140.
[64] Schürmann, aaO., S. 133.
[65] Knörzer, aaO., S. 174.
[66] Schürmann, aaO., S. 136.

| Mt | Mk | Lk | Joh |
|---|---|---|---|
| 13,55<br>"Ist dieser nicht des Bauhandwerkers Sohn? Seine Mutter, heißt sie nicht Maria und seine Brüder Jakobus und Josef und Simon und Judas? Und seine Schwestern, sind sie nicht alle bei uns? ..." | 6,3a<br>"Ist dieser nicht der Bauhandwerker, der Sohn der Maria, und ein Bruder des Jakobus und Joses und Judas und Simon? Und sind nicht seine Schwester hier bei uns?" | 4,22b<br>"Ist dieser nicht ein Sohn Josefs?" | |

oder einer ähnlichen Formulierung gesprochen worden sein kann, sprechen nicht nur Logien wie Mt 11,27; 20,33; Mk 14,36; Joh 5,17f u. a., sondern auch Jesu einzigartiger Anspruch, wie er in seiner Reich-Gottes-Botschaft, seinen Sündenvergebungen (Mk 2,1–12), seiner Toraauslegung (Mt 5,21f.27f.31f.33f u.ö.) und auch noch andernorts sichtbar und greifbar wird. Nicht überzeugen will dagegen die Darstellung von dem Zwölfjährigen als Sprecher. Sie erklärt sich befriedigender aus der nachösterlichen Diskussion. In ihrem Ringen um die christologische, nicht um die biographische Frage legt die Gemeinde das „Vater-Wort" (V. 49) aus späterer Zeit bereits dem Zwölfjährigen in den Mund, um dadurch zu dokumentieren, daß Jesus auch schon als Heranwachsender um seine Gotteszugehörigkeit weiß.

Unsere Kurzanalyse läßt deutlich erkennen, daß der Autor unserer Erzählung theologisch-christologisch gewichtet. Die Historica haben nicht nur allgemeingültigen Charakter, sondern verteilen sich in der Hauptsache auch auf die Anfangsverse, wo ihnen von selbst nur Rahmenfunktion zukommt. Mag dieses oder jenes Detail auch vielleicht auf historischer Reminiszenz beruhen, für die Erzählung als Ganze legt sich eher eine negative Antwort nahe: „Die Erzählung vom zwölfjährigen Jesus im Tempel (Lk 2,41ff) ist vermutlich legendär"[67] und für unsere Rückfrage nach dem Leben Jesu in Nazaret unergiebig.

## 2.2.2 „Ist dieser nicht der Bauhandwerker...?" (Mk 6,3a)

Das nazarenische Dunkel durch einen schwachen Strahl erhellt Mk 6,3a, ein Halbvers, der von Matthäus – wie eine Synopse zeigt – fast unverändert übernommen, von Lukas dagegen so radikal zusammengestrichen wird, daß seine Identität fraglich erscheint (s. o.):
Bei diesem Text befinden wir uns, um K. L. Schmidt als Sprecher einer Mehrheit unter den Exegeten zu zitieren, „auf dem Boden bester Überlieferung"[68]. Nach Ernst wird hier „ein knapper Einblick in die private Geschichte Jesu vor dem öffentlichen Wirken gegeben"[69], nach Schmithals dürfte der Erzähler „authentische Nachrichten über Jesus und seine Familie weitergeben"[70].

---

[67] *Holtz*, aaO., S. 54; ebenso auch *Leroy*, aaO., S. 57; *De Jonge*, aaO., S. 317–354. – Positiver beurteilt die historische Frage im Anschluß an Laurentin *Riesner* (vgl. aaO., S. 236).
[68] *K. L. Schmidt*, Der Rahmen der Geschichte Jesu, S. 155. – Im gleichen Sinn äußern sich *Gnilka*, Markus 1, S. 228; *Pesch*, Markus I, S. 315; *Ernst*, Markus, S. 168; *Schmithals*, Markus I, S. 301.
[69] *Ernst*, Markus, S. 169.
[70] *Schmithals*, Markus I, S. 301.

M 64

Die erste dieser für den Zusammenhang wichtigen Informationen betrifft Jesu *Beruf*. Erstaunt und außer sich fragen die Nazaretaner nach Jesu Predigt: „Ist dieser nicht der τέκτων/téktōn?" (Mk 6,3a) bzw. „Ist dieser nicht der Sohn des τέκτων/téktōn?" (Mt 13,55). Einen größeren Anspruch auf Ursprünglichkeit darf, weil anstößiger, der erste Text, Mk 6,3a, erheben; Mt 13,55 weist auf spätere Abschwächung im Zuge der christologischen Reflexion hin[71].

Die Übersetzung von „téktōn" (lateinisch faber) bereitet Schwierigkeiten; welche Art des Handwerks gemeint ist, ist nicht mehr eindeutig festzustellen. Folgt man Justin, der nur hundert Jahre später in Palästina geboren wird († um 165 nChr), stellt ein „téktōn" wohl hauptsächlich hölzerne Pflüge und Joche her (Just., Tryph. 88) (M 64). – Dalman, ein gründlicher Kenner des Landes und seiner Sitten, vermutet in „téktōn" einen Holzarbeiter, der die Dachbalken der Häuser zurechthaut und -legt, daneben noch „den geringen Bedarf eines Dorfes von Holzwaren"[72] herstellt, wie z.B. Türen, Kästen, Gestelle und schließlich auch Pflüge und Joche. – An einen Handwerker, der Holz, Stein oder Eisen verarbeitet, denkt Kopp. „Ein Schreiner in unserem Sinn"[73] kann „téktōn" in dem holzarmen Land nicht sein; außerdem drangen und dringen Möbel wie Tische, Betten, Schränke, Stühle erst durch die Europäer ins Land ein[74]. Tatsächlich empfiehlt die geschichtliche Wirklichkeit eine umfassendere Übersetzung, die die Aspekte des Zimmermanns und des Stellmachers um die des Maurers ergänzt. Ein „téktōn" wäre demnach ein Bauhandwerker, der sich auf die Bearbeitung von Holz und Stein versteht[75], der „Maurer, Zimmermann, Wagner und Tischler in einem"[76] ist.

Die Information, daß Jesus Bauhandwerker war[77], ist zwar dürftig genug, läßt dennoch Raum für ernst zu nehmende Vermutungen. Daß er als solcher mit der Herstellung von Gegenständen aus Holz, wie Joche, Pflüge, Türen, Vorratskästen, befaßt war, ist oft genug gesehen worden (s.o.); wenig beachtet dagegen blieb bis-

---

[71] Vgl. *Gnilka,* Markus I, S. 231; *Schmidt,* aaO., S. 154f.
[72] *Dalman,* Orte und Wege Jesu, S. 79.
[73] *Kopp,* Die Heiligen Stätten, S. 113.
[74] Vgl. *ders.,* aaO., S. 114.
[75] Für Bauhandwerker plädieren *Gnilka,* Markus I, S. 231; *Schmithals,* Markus I, S. 301; *Bauer* (Wörterbuch, Sp. 1601) nennt Bauhandwerker vor Zimmermann und Schreiner.
[76] *M. Hengel,* Eigentum und Reichtum in der frühen Kirche, 1973, S. 34. Vgl. auch *Riesner,* aaO., S. 217–219.
[77] Ohne zur Spekulation über einen etwaigen geographischen Bezug anregen zu wollen, sei hier auf das Bildwort vom Haus auf dem Felsen (Mt 7,24ff par Lk) und auf das Logion vom leichten Joch (Mt 11,28ff) hingewiesen.

her die ebenfalls mit dem damaligen „téktōn" zu verbindende Fertigkeit der Steinbearbeitung. Sie einzubringen fanden sich gerade in dem höhlenreichen Nazaret vielfältige Möglichkeiten. Sei es, daß Grotten vergrößert und abgerundet, sei es, daß Zisternen abgedichtet, sei es, daß den Höhlen vorgebaute Häuser erneuert, verputzt, erweitert werden sollten. Bei allen diesen Arbeiten war neben handwerklichem Geschick auch Kraft gefordert, woraus sich für unser Jesusporträt ergibt: Der Bauhandwerker Jesus hat sein Brot – der Mehrzahl der Menschen seiner und unserer Zeit gleich – ganz im Banne des Fluches von Gen 3, 17–19 „unter Mühsal" verdient und „im Schweiße seines Angesichtes" gegessen. Ein Aspekt, der in den Evangelien gänzlich untergeht, in dem aber eine jesuanische Solidarität mit der Menschheit aller Zeiten aufleuchtet, die in ihrer Konsequenz zu durchdenken sich lohnt.

Und auch diese Kontur in unserem Jesusbild hat Anspruch auf Wahrscheinlichkeit: Das Nazaret der Zeitenwende war, wie wir gesehen haben, ein nur kleines Dorf mit maximal etwa 400 Einwohnern, das einem Bauhandwerker (vielleicht unter mehreren) kaum das ganze Jahr hindurch ausreichend Arbeit bieten konnte. Nimmt man noch die Überlegung hinzu, daß Jesus offenbar – wie weiter unten zu belegen – in einer Großfamilie lebte, nicht also nur für sich alleine verantwortlich war, kommt man nicht umhin anzunehmen, daß er um Arbeit in den umliegenden Dörfern und Städten nachsuchen mußte[78]. Speziell in Sepphoris, das nach seiner Zerstörung durch Varus ab 3 vChr von Herodes Antipas wiederaufgebaut und als Residenz mit glanzvollen öffentlichen und privaten Bauten ausgestaltet wurde, war das Angebot an Arbeit für die verschiedensten Handwerker wenigstens bis zum Umzug des Tetrarchen nach Tiberias im Jahre 18/20 nChr überreich. In dem benachbarten Jafa dürfte die Situation weniger günstig, in jedem Fall aber besser als in Nazaret selber gewesen sein.

Im Lichte eines Jesus „auf Montage"[79] erhellen sich wenigstens zwei Fragen, auf die die Evangelien selber keine Antwort geben:

– Im Zusammenhang mit Jesu Gleichnissen wird immer wieder die Fülle, die Lebensnähe und die Anschaulichkeit ihrer Motive und Figuren betont (vgl. Exkurse „Das geographische Galiläa im Spiegel der Gleichnisse" und „Jesus und die soziale Wirklichkeit seiner Zeit"), ohne daß jedoch die Frage ihrer Herkunft angesprochen würde. Sicherlich haben viele ihren Ursprung im engen Talkessel von Nazaret, viele aber auch, besonders viele Gleichnisfiguren, weisen über die Grenzen Nazarets hinaus. Wie kommen sie Jesus zu? – Die Frage beantwortet sich von selbst, macht man mit der Vorstellung eines arbeitsuchenden, zur Wanderschaft genötigten Jesus ernst. Auf dem Weg in die umliegenden Dörfer und Städte bietet sich ihm tausendfach Gelegenheit, über das Heimatdorf hinaus Menschen kennenzulernen, Erfahrungen zu machen, Bilder in sich aufzunehmen und sie wie in einem Reservoir zu speichern. In und außerhalb Nazarets Erlebtes und Gesehenes wird ihm zur Materialquelle für seine Gleichnisse, die er später auf seiner Predigtwanderung, vermutlich aber bereits früher, ausformuliert; denn nach Schürmann sind schwerlich alle Gleichnisse „erst in den wenigen Monaten auf den wenigen Quadratkilometern um Kafarnaum herum gefunden worden; sie waren gewiß keine genialen Augenblickseinfälle, sondern sind überlegt geprägte ‚Behaltsformen'"[80].

– Das verbreitete Schlagwort von den „verborgenen Jahren Jesu" assoziiert allgemeinhin ein Leben in mönchischer Zurückgezogenheit im stillen Haus in Nazaret und an den Berghängen ringsum, einzig angefüllt mit Schweigen, Meditation und Gebet. Die Vorstellung von Jesus als einem umherziehenden Bauhandwerker zwingt zur Korrektur dieses Bildes, keinesfalls nun aber in der Richtung, daß das Moment der äußeren Verborgenheit und Einsamkeit im Leben Jesu zu eliminieren wäre. Solchen Versuchen gegenüber ist zu betonen, daß Jesus das Alleinsein mit Gott liebt und in

---

[78] Vgl. *Schwank* in: erbe und auftrag, S. 202; *Riesner,* Jesus als Lehrer, S. 219 236.
[79] *Schürmann,* Gottes Reich, S. 25.
[80] *Ders.,* aaO., S. 29.

| "Brüder" und "Schwestern" Jesu in den neutestamentlichen Schriften | | | | |
|---|---|---|---|---|
| **1 Kor 9,5**<br>"Haben wir nicht das Recht, eine Schwester als Frau mitzunehmen, wie die übrigen Apostel und die Brüder des Herrn und wie Kephas?"<br><br>**Gal 1,19**<br>"Von den anderen Aposteln habe ich keinen gesehen, nur Jakobus, den Bruder des Herrn." | **Mk 3,21**<br>"Und als (das) die Seinigen hörten, gingen sie aus, ihn zu ergreifen; sie sagten nämlich: Von Sinnen ist er!"<br><br>**Mk 3,31-35 par Mt/Lk**<br>"Und es kommen seine Mutter und seine Brüder, und, draußen stehend, sandten sie zu ihm, ihn rufend ..." ... Und sie sagten ihm: "Siehe, deine Mutter und deine Brüder und deine Schwestern (sind) draußen ... Und er antwortete ihnen und sagte: 'Wer ist meine Mutter und die Brüder?'"<br><br>**Mk 6,3a par Mt/Lk**<br>"Ist dieser nicht der Zimmermann, der Sohn der Maria, und ein Bruder des Jakobus und Joses und Judas und Simon? Und sind nicht seine Schwestern hier bei uns?" | **Apg 1,14**<br>"Sie alle verharrten dort einmütig im Gebet, zusammen mit den Frauen und mit Maria, der Mutter Jesu, und mit seinen Brüdern." | **Joh 2,12**<br>"Danach (nach dem Wunder in Kana) zog er mit seiner Mutter, seinen Brüdern und seinen Jüngern nach Kafarnaum hinab."<br><br>**Joh 7,3.4.10**<br>"Da sagten seine Brüder zu ihm: 'Geh von hier weg ...!' ... Auch seine Brüder glaubten nämlich nicht an ihn ... Als aber seine Brüder zum Fest hinaufgegangen waren, zog auch er hinauf, jedoch nicht öffentlich, sondern heimlich." |

**M 65**

größtmöglichem Maße pflegt. In Hinweisen auf sein Sichzurückziehen zum Gebet in die Einsamkeit (Mk 1,35; 14,35; Lk 5,16; 9,18) zeigt die evangelische Überlieferung eine feste Gewohnheit an. Allerdings werden wir diesen Zug – wie es scheint – nicht mehr in der Ausschließlichkeit ausziehen dürfen, in der es gerne geschieht. Auf der historischen Ebene beinhalten die sog. „verborgenen Jahre" vielmehr ein Neben- und Ineinander von Eingebundensein in den Alltag und Einsamkeit, von harter körperlicher Arbeit und Gebet. Jesus ist dem Menschen nah geworden – tröstlich nah.

### 2.2.3 „... und ein Bruder des Jakobus und Joses und Judas und Simon...?" (Mk 6,3b)

Um einen ebenfalls winzigen, aber keineswegs unwichtigen „Mosaikstein" für ein historisches Jesusbild handelt es sich bei der markinisch-matthäischen Information über Brüder und Schwestern Jesu in Mk 6,3b. Während die Brüder mit Namen genannt werden – alle vier tragen Patriarchennamen, was „für eine fromme Gesinnung (der) Familie"[81] zeugt –, bleiben die Schwestern in Zahl und Namen im Dunkel. Der kurze Text gibt Gelegenheit, zwei interessanten, aber auch brisanten Fragen nachzugehen, a) der nach Jesu Beziehung zu seiner Familie und b) – durch Ben-Chorin angeregt – der nach Jesu Personenstand.

a) Mk 6,3b par Mt ist nicht der einzige Text, der von Brüdern Jesu weiß; er wird ergänzt durch sieben weitere Texte aus vier verschiedenen Traditionen (vgl. M 65):

– Von „Brüdern des Herrn" spricht *Paulus* im 1. Korintherbrief (1 Kor 9,5), den er während seiner dritten Missionsreise von Ephesus aus um 52–54 nChr schreibt[82]; auf Jakobus konkret als „Herrenbruder" weist er in Gal 1,19 hin, einem Brief, den er um 54 nChr ebenfalls in Ephesus verfaßt[83].
– Alte, zeitlich nicht mehr exakt zu bestimmende Traditionen liegen den drei

---

[81] *Gnilka*, Markus I, S. 232.
[82] Vgl. *Schelkle*, Paulus, S. 87–97, bes. S. 91.
[83] Vgl. *ders.*, aaO., S. 80–87, bes. S. 83.

*markinischen* Texten (Mk 3,21.31–35; 6,3 a b) zugrunde[84].
– Obwohl *Lukas* „verwandtschaftliche Beziehungen überhaupt für die Christuszugehörigkeit als nicht bedeutsam"[85] erachtet, erwähnt er in Apg 1,14 „Maria" und „die Brüder", was auf historische Verhältnisse und ihre Bezeugung in der Tradition schließen läßt[86].
– „Die Brüder Jesu" erwähnt selbst *Johannes*, der jüngste der vier Evangelisten, in zwei Texten (Joh 2,12; 7,3.5.10)[87]. Daß es sich bei letzterem um eine alte Tradition handelt, zeigt seine inhaltliche Berührung mit Mk 3,21.31ff.

Danach, ob es sich bei den vier namentlich genannten Brüdern Jakobus, Joses, Judas und Simon und den ganz im Dunkeln bleibenden Schwestern um leibliche Geschwister, um Vettern und Cousinen oder aber um Stiefgeschwister aus einer früheren Ehe Josefs handelt, soll hier nach zahlreichen Untersuchungen in der jüngeren Vergangenheit[88] nicht noch einmal gefragt werden; denn „historisch stringent läßt sich weder die eine noch die andere Annahme beweisen"[89]. Für unsere Rückfrage bedeutet es indes nicht wenig zu wissen, daß Jesus in Nazaret „eine nähere Verwandtschaft"[90] hat, daß er in einen „Clan"[91], in eine „Sippe"[92] oder in eine Großfamilie eingebunden ist.

– Wie diese Großfamilie *vor Jesu Auftreten als Wanderprediger,* also in den langen Jahren seiner Kindheit, seiner Jugend und schließlich seines Erwachsenseins, „funktioniert", ob und wie sie zusammenhält und agiert, sagen die Texte nichts, ihr Schweigen ist komplett. Doch wird man durch die zu allen Zeiten und an allen Orten gleichen Konstitutiva eines Lebens in einer genealogisch verbundenen Gemeinschaft zu den Umrissen eines Bildes hingeführt, in dem bisher unbekannte Züge wie Mitverantwortung, Pflicht, Fürsorge, Rücksichtnahme, Begrenzung, Armut und Not viel stärker auszuziehen sind als in der weitverbreiteten Idylle mit Maria, Josef und Jesus als einer kleinen, harmonischen Drei-Personen-Familie. Diese wenig vertrauten Grundlinien finden in den archäologischen Ausgrabungen von Nazaret und Kafarnaum ihre Bestätigung und Veranschaulichung (vgl. M 66).

– Die *Zeit des öffentlichen Wirkens Jesu* skizzieren Mk 3,21.31–35 und Joh 7,5, zwei Texte, die durch die Anstößigkeit ihres Inhalts als authentisch ausgewiesen werden[93]: Im Stil einer Behauptung vermerkt Joh 7,5: „Auch seine Brüder glaubten nicht an ihn." Mk 3,21.31–35 bestätigt nicht nur diese Information, sondern erweitert sie gar um die schockierende Notiz, daß „die Seinen" (Mk 3,21)[94], die wenig später als „seine Mutter und seine Brüder" (Mk 3,31) identifiziert werden, dem „aus seinen Bindungen ausgebro-

---

[84] Vgl. *Gnilka*, Markus I, S. 144–155; *Pesch*, Markus I, S. 209–225.
[85] *Weiser*, Die Apostelgeschichte I, S. 60.
[86] Vgl. *ders.*, aaO., S. 58.
[87] Vgl. *Blank*, Johannes 4/1a, S. 196; *ders.*, Johannes 4/1b, S. 76–82.
[88] Vgl. *Blinzler*, Die Brüder und Schwestern Jesu (SBS 21), Stuttgart 1967; *Pesch*, Markus I, S. 322–324; *Oberlinner*, Historische Überlieferung und christologische Aussage. Zur Frage der ‚Brüder Jesu' in der Synopse (FzB 19), Stuttgart 1975, S. 78–85; *Blank*, Johannes 4/1b, S. 79–81; *Weiser*, aaO. I, S. 59f; *Leroy*, Jesus, S. 57f; *Ernst*, Markus, S. 123–125.
[89] *Gnilka*, Markus I, S. 234f.
[90] *Blank*, Johannes 4/1b, S. 79.
[91] *Pesch*, Markus I, S. 212.
[92] *Ernst*, Markus, S. 170.
[93] Vgl. *Hengel*, Nachfolge und Charisma, S. 71f; *Pesch*, Markus I, S. 212; *Gnilka*, Markus I, S. 148; *Brown* u.a. (Hrsg.), Maria im Neuen Testament, 1981, S. 53–67, bes. S. 55ff. – Zu Joh 7,5 vgl. *Blank*, Johannes 4/1b, S. 79f; *Brown* u.a. (Hrsg.), aaO., S. 143–172, bes. S. 158ff.
[94] „Die Seinen" als Angehörige Jesu versteht eine Mehrheit von Exegeten. Vgl. *Riesenfeld* in: ThWNT V, S. 727; *Grundmann*, Markus, S. 81; *Schmid*, Markus, S. 80; *Schnackenburg*, Markus I, S. 89; *Pesch*, Markus I, S. 212 (dort weitere Literatur).

chene(n) Mitglied"⁹⁵ nachreisen und versuchen, es wieder in ihre Obhut zurückzubringen, weil sie es für „wahnsinnig" (Mk 3, 21)⁹⁶ halten. Was sich an konkreten Erinnerungen hinter letzterem Text verbirgt, ist nicht mehr mit Sicherheit auszumachen. Vielleicht, daß Jesus als „ein ‚gottvoller' Kauz... Ärgernis gab in seinem ungewöhnlichen Verhalten und in seiner seltsamen Fremdheit"⁹⁷, wie Schürmann vermutet; vielleicht auch, daß sein „jede Konvention sprengende(s) Verhalten"⁹⁸ auf die Großfamilie als Skandal wirkte, wie Hengel glaubt; vielleicht aber auch, daß sein unerhörter, in Wort und Tat erhobener Anspruch⁹⁹ als Größenwahn empfunden wurde. Was es auch immer gewesen sein mag, beide Texte zeigen Jesus nicht nur in Distanz zu, sondern auch im Konflikt mit seiner Familie.

Selbst *Maria* wird man hier kaum ausnehmen dürfen (vgl. auf diesem Hintergrund Lk 2, 49 und Joh 2, 4). Der negativen Information von Mk 3, 21.31–35 steht keine, auch nicht die kleinste positive Notiz entgegen, obwohl die Redaktion einer solchen sich im Zusammenhang mit dem Hinweis auf die Jesus begleitenden Frauen (vgl. Lk 8, 1–3; 23, 49.55; Mk 16, 1–8 par) geradezu anbot. Das Schweigen der Texte befremdet vor allem bei Lukas, der trotz einer von Verehrung getragenen Porträtierung Marias in seiner „Vorgeschichte" (Lk 1–2)¹⁰⁰ in äußerster Konsequenz den „marianischen Faden" erst wieder in der Apostelgeschichte (vgl. Apg 1, 14) aufnimmt. So hart die Conclusio aus diesen Beobachtungen auch klingen mag, mit Brown muß man annehmen: „She did not follow Jesus about as a disciple during the ministry."¹⁰¹ „During the ministry" schließt auch die Kreuzigung mit ein. Daß Maria unter dem Kreuz ihres Sohnes in Jerusalem steht, weiß als einziger der vier Evangelisten nur Johannes zu berichten (vgl. Joh 19, 25 diff Mk; Mt und Lk). Bei Johannes aber ist – wie bereits andernorts¹⁰² – „eine deutliche Neigung zu spüren, störende und unangenehme Züge zu unterdrücken"¹⁰³. Historisch zutreffen dürfte daher eher, daß wohl einige Frauen, unter ihnen höchstwahrscheinlich Maria Magdalena, bei der Kreuzigung Jesu dabei sind, daß Maria, die Mutter, aber fehlt¹⁰⁴. Die kirchliche Tradition, die hier anders sieht (vgl. den Hymnus „Stabat mater dolorosa"¹⁰⁵ und „Christi Mutter stand mit Schmerzen"¹⁰⁶), hat eine recht deutliche Textsituation gegen sich.

– Erst *Ostern* bringt die Wende: 1 Kor 9, 5; Gal 1, 19 und Apg 1, 14 zeigen die „Bekehrung" der Familie an¹⁰⁷; nach Gal 2, 9.12; Apg 12, 17; 15, 13; 21, 18 übernimmt Jakobus, der Herrenbruder, gar Verantwortung für die Jerusalemer Urgemeinde¹⁰⁸. – Den Grund für den Wechsel könnte Paulus in 1 Kor 15, 7 andeuten, wo er denselben Jakobus als Erschei-

---

⁹⁵ *Pesch*, Markus I, S. 212.
⁹⁶ Zur Abschwächung in den Textüberlieferungen und Übersetzungen wie zum alttestamentlichen Hintergrund vgl. *Gnilka*, Markus I, S. 148 Anm. 22 und 23.
⁹⁷ *Schürmann*, Gottes Reich, S. 28 f. Vgl. auch S. 29 Anm. 32.
⁹⁸ *Hengel*, aaO., S. 72.
⁹⁹ Vgl. *Schierse*, Christologie, S. 30–46; *Frankemölle*, Jesus – Anspruch und Deutungen, 1979; *Blank*, Der Jesus der Evangelien, 1981 (Lit.).
¹⁰⁰ Vgl. *Schürmann*, Lukas I, S. 40.
¹⁰¹ *Brown*, u. a. (Hrsg.), Mary in the New Testament, S. 284. Vgl. auch *Mahoney*, Die Mutter Jesu im Neuen Testament, in: *Dautzenberg* u. a. (Hrsg.), Die Frau im Urchristentum, S. 92–116.
¹⁰² Vgl. *Blank*, Johannes 4/3 S. 120.
¹⁰³ Ebd. – Für johanneische Redaktion auch *Dauer*, Das Wort des Gekreuzigten an seine Mutter und den Jünger, den er liebte, in: BZ 11(1967), S. 230 233; *Schnackenburg*, Johannesevangelium III, S. 323.
¹⁰⁴ Vgl. *Blank*, Johannes 4/3, S. 119. – Üblicherweise auch ließen die Soldaten die Angehörigen nicht direkt an die Gekreuzigten heran (vgl. *Becker*, Johannes II, S. 590; *Schnackenburg*, Johannesevangelium III, S. 323).
¹⁰⁵ Von *Jacopone da Todi* vor 1306 (vgl. Gotteslob, 1975, S. 555).
¹⁰⁶ Übertragung von „Stabat mater dolorosa" durch Heinrich *Bone* 1847 (vgl. Gotteslob, ebd.).
¹⁰⁷ Vgl. *Weiser*, aaO., S. 58–60.
¹⁰⁸ Vgl. *ders.*, aaO., S. 291; *Schneemelcher*, Das Urchristentum, S. 57 77 und 163.

nungszeugen des Auferstandenen vorstellt[109]. Ob für die übrigen Familienmitglieder ähnliche Erfahrungen vorausgesetzt werden dürfen, muß offenbleiben, da eindeutige Texte fehlen[110].

Um die Ergebnisse in einem für den historischen Jesus erlaubten Zeitraster im Überblick vorzustellen (vgl. M 66):

b) War Jesus verheiratet? – Die Frage, für viele als solche schon provokativ, würde hier nicht gestellt[111], wenn nicht bereits Ben-Chorin sie gestellt und mit dem Anspruch unbezweifelbarer Sicherheit beantwortet hätte: „Ich bin also der Ansicht, daß Jesus von Nazareth, wie jeder Rabbi in Israel, verheiratet war."[112] Sosehr es auch reizt, die Ben-Chorinsche Argumentation im einzelnen zu überprüfen, soll unsere Gegenantwort sich jedoch auf nur drei Beobachtungen konzentrieren, die allein schon beweisen, daß Ben-Chorins These keinesfalls jene Sicherheit beanspruchen kann, mit der der Autor sie vorträgt:

(1) Daß die Ehe im Judentum der Zeitenwende, obwohl sie „für den Mann ein Pflichtgebot"[113] war, dennoch keineswegs die ausschließliche Lebensform darstellt, wie Ben-Chorin glauben machen möchte[114], läßt sich belegen mit Hinweisen auf den für seine Askese bekannten Täufer (vgl. Mk 1,6 parr; 11,7–19 par Lk)[115], die Qumran-Essener[116], die – wie Philo und Josephus bezeugen – in mönchischer Gemeinschaft von etwa 150 vChr–70 nChr am Toten Meer leben, und die Therapeuten, eine gleich asketische Sekte in Alexandrien[117]. Das Ben-Chorinsche „wie jeder Rabbi in Israel" widerlegt z. B. Rabbi Ben Azzai (um 110 nChr), der um der Tora willen unverheiratet bleibt[118]. Was für Rabbi Ben Azzai die Tora, ist für Jesus 100 Jahre zuvor sein „Basileia-Geschick"[119]; es ist für ihn „jedenfalls ein ‚Fund' unendlicher Freude...", die ihn jedenfalls bewog, auf

---

[109] Vgl. *Kremer,* Das älteste Zeugnis von der Auferstehung Christi, S. 74–77; *Wilckens,* Auferstehung, S. 15–24.

[110] Eingeschlossen sein aber könnten die Familienmitglieder in der Gruppe der „500 Brüder zugleich" von 1 Kor 15,6. – Vgl. *Kremer,* aaO., S. 71–74.

[111] Das geringe Interesse an dieser Frage spiegelt sich wider in einer nur bescheidenen Literatur. Vgl. z. B. *Phipps,* Was Jesus married? The distortion of Sexuality in the Christian Tradition, New York – London 1970.

[112] *Ben-Chorin,* Bruder Jesus. Der Nazarener in jüdischer Sicht, S. 105.

[113] *Strack/Billerbeck* II, S. 372 (dort auch Belege); vgl. auch *Schneider* in: ThWNT II, S. 765.

[114] Vgl. *Ben-Chorin,* aaO., S. 104.

[115] Vgl. *Preisker,* Christentum und Ehe in den ersten 3 Jahrhunderten, S. 106; *Jeremias,* Neutestamentliche Theologie I, S. 215; *Braun,* Qumran und das Neue Testament II, S. 14; *Gerstenberger/Schrage,* Frau und Mann, S. 143; *Greeven,* Ehe nach dem Neuen Testament, in: NTS XV (168/69), S. 368.

[116] Vgl. *Braun,* Spätjüdisch-häretischer und frühchristlicher Radikalismus I, S. 84f; *ders.,* Radikalismus II, S. 112 Anm. 3; *Steiner,*

die Ehe zu verzichten und am Ende Großfamilie, Haus und Heimat zu verlassen..."[120].

(2) Ben-Chorin muß zugeben, daß wir „von einer Frau Jesu und von seinen Kindern kein Wort lesen"[121]. In der Tat ist das Schweigen der Evangelien in dieser Frage absolut, nicht der kleinste Hinweis, nicht die entfernteste Anmerkung, die in dieser Richtung auszudeuten wären. Als um so gewichtiger erweist sich von dorther Mk 6,3 b, unser Text, der die Großfamilie in all ihren wichtigen Mitgliedern – Mutter, Brüdern, Schwestern – detailliert auflistet. Hätte es eine Ehefrau Jesu gegeben, würde sie hier kaum fehlen, ob nun auf seiten ihres Ehemannes, ob in der Geschlossenheit der verständnislosen Großfamilie.

(3) Schließlich ist uns in Mt 19,12 ein Logion überliefert, das eine Mehrheit von Exegeten als Jesuslogion einschätzt[122]. In ihm stellt Jesus in einer parallel gestalteten Diktion drei Arten von Eunuchen[123] vor: 1. Eunuchen vom Mutterschoße an, jene, die als Impotente geboren werden; 2. Eunuchen, die – wie oft Sklaven und Kriegsgefangene – von Menschen gewaltsam zu Eunuchen gemacht werden; und 3. Eunuchen, die um des Himmelreiches willen Eunuchen sind, für die die Basileia ein solcher Schatz bedeutet, daß sie auf die Ehe verzichten.
Dominierender Terminus in diesem dreigliedrigen Vers ist das Wort „Eunuch", dreimal in der Form des Substantivs, zweimal als Verb gebraucht. Da Verstümmelung implizierend, hat es keinen guten Klang. Im Judentum ist unter Berufung auf Lev 22,24 die Kastration von Mensch und Tier verboten; nach Dtn 23,2 sind Kastrierte aus der Gemeinde Jahwes ausgeschlossen. „So zieht sich durch das ganze Judentum ein Abscheu vor der Entmannung."[124]
Wo hat dieses Logion „gelebt?" In welcher historischen Situation könnte Jesus es gesprochen haben? – Eine Jüngerbelehrung, wie im V. 10 angedeutet, ist nicht auszuschließen, aber weniger wahrscheinlich. Die fünfmalige Wiederholung des Terminus „Eunuch", die wie ein Kreisen um einen festen Punkt aussieht, legt als historischen Rahmen eher eine Angriffssituation nahe, in der unbekannte Gegner Jesus wegen seines Nichtverheiratetseins mit dem Vorwurf des Eunuchen zu beschimpfen, zu beleidigen, zu attakieren, zu disqualifizieren suchen[125]. Wie auch immer, Jesus greift ein ihm vorgegebenes Stichwort auf und erläutert es in einem dreigliedrigen Logion, in dem er zunächst einmal die dem Judentum geläufige Einteilung aufgreift (V. 12 ab)[126], im dritten Glied dann seine eigene Situation anspricht und mit Hinweis auf die Basileia begründet (V. 12 c). Daß nicht alle diese seine Erklärung akzeptieren werden, deutet er mit der Nachbemerkung in V. 12 d an: „Wer das erfassen kann, der erfasse es!"[127]

---

Warum lebten die Essener asketisch?, in: BZ 15 (1971), S. 9 ff; *Baumbach* in: BHHW I, Sp. 443 f; *Haag*, Handschriftenfunde, S. 29: „Es darf als gesichert gelten, daß die Mönche... zölibatär lebten."
[117] Vgl. *Philo*, De vita contemplativa, S. 68; *Preisker*, Neutestamentliche Zeitgeschichte, S. 257; *ders.*, Christentum und Ehe, S. 98.
[118] *Strack/Billerbeck* I, S. 807; *Schneider*, aaO., S. 765. Auch wenn es sich bei Rabbi Ben Azzai – wie zuzugeben ist – um eine nur seltene Ausnahme handelt, bestätigt sein Beispiel dennoch die grundsätzliche Möglichkeit eines zölibatären Lebens, was für unseren Zusammenhang genügt.
[119] *Schürmann*, Gottes Reich, S. 29.
[120] Ebd.
[121] *Ben-Chorin*, aaO., S. 104.
[122] Vgl. *Bultmann*, Synoptische Tradition, S. 25; *Braun*, Radikalismus II, S. 112 f Anm. 3; *Klostermann*, Matthäusevangelium, S. 155. – Die Echtheit auf den Eunuchenspruch (Mt 19, 12 abc) eingeschränkt sehen *Blinzler*, „Zur Ehe unfähig...", S. 20; *Baltensweiler*, Die Ehe im Neuen Testament, S. 103; *Schweizer*, Matthäus, S. 249 u. a.
[123] Vgl. *Bauer*, Wörterbuch, Sp. 639 f; *Schneider* in: ThWNT II, S. 765 f; *Hahn* in: ThBNT I, S. 93; *Strack/Billerbeck* I, S. 805–807.
[124] *Baltensweiler*, aaO., S. 104.
[125] So auch *Hahn* in: ThBNT I, S. 93; *Blinzler*, aaO., S. 35; *Schweizer*, Matthäus, S. 250; *Baltensweiler*, aaO., S. 109.
[126] Vgl. Hahn, aaO., S.93.
[127] Durch die Annahme von *Blinzler*, aaO., S. 31 ff, daß ursprünglich V. 11 und nicht der jetzige V. 12 d den Eunuchenspruch abschloß, ergibt sich keine Sinnverschiebung.

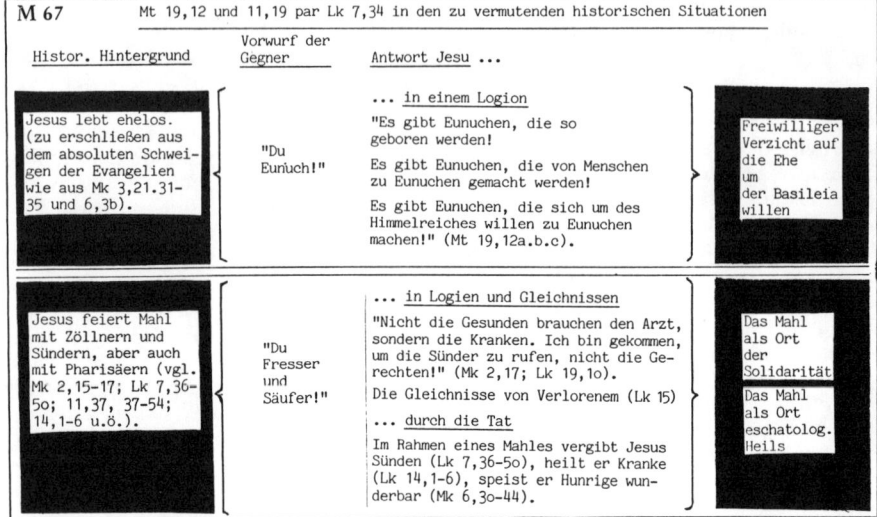

Es ist dies nicht der einzige Vorwurf, den Gegner gegen Jesus erheben. An anderer Stelle nennen sie ihn einen „Fresser und Säufer", weil er in offenbar typischer Weise Mahl feiert – vornehmlich mit Zöllnern und Sündern (Mk 2,15–17; Lk 15,1f; 19,1–10), aber auch mit Pharisäern (Lk 7,36–50; 14,1–24)[128] (vgl. M 67).

Jesus ist – und das geben allein schon obige drei nur kurz skizzierte Beobachtungen zu erkennen – mit an Sicherheit grenzender Wahrscheinlichkeit ehelos gewesen. Es tut weh, zu sehen, wie Ben-Chorin, für Laien undurchschaubar, sein gegenteiliges Ergebnis auf einer teils unsauberen[129], teils kurzschlüssigen[130], teils banalen Argumentation[131] aufbaut, leider nicht nur in dieser Frage[132].

Damit sind die evangelischen Quellen auch schon ausgeschöpft. Was ihnen, insbesondere den zwei positiven Notizen aus Mk 6,3a und b, zu entnehmen ist, veranschaulicht das Leben Jesu in Nazaret eher in seiner Atmosphäre als in konkreten Einzelheiten. Diese Atmosphäre bestätigen ihrerseits die realkundlichen Untersuchungen, die Geographie und die Geschichte Nazarets wie auch die allgemeine soziale Situation des Galiläa der Zeitenwende: Der Bauhandwerker Jesus aus dem kleinen südgaliläischen Bergdorf und seine vielköpfige Großfamilie leben ein armes Leben, ohne daß sich dieses Leben näher konkretisieren ließe.

---

[128] Vgl. hierzu *Bösen*, Jesusmahl – Eucharistisches Mahl – Endzeitmahl, S. 78–106.
[129] Vgl. nur die schlampige, sinnenstellende Wiedergabe von Mt 19 und Mk 10 auf S. 105.
[130] In seiner These z.B., daß Jesus „wie jeder Rabbi in Israel" verheiratet war, wird implizit behauptet: 1. daß jeder Rabbi in Israel verheiratet war; 2. daß Jesus ein Rabbi war. – Beides ist als falsch zurückzuweisen. Zu 1. vgl. oben S. 130; zu 2. vgl. *Hahn*, Hoheitstitel, S. 75;

*Hengel*, Nachfolge, S. 46; *Rengstorf* in: ThWNT II, S. 156 u.a., die deutlich machen können, daß Jesus zu Lebzeiten wohl als Rabbi angesprochen wurde, weil er in einigen Äußerlichkeiten (Schüler, Redeweise) damaligen Schriftgelehrten entsprach, daß er sich von jenen aber in charakteristischen Punkten (kein Lehrhaus, Hinwendung zum Am-ha-arez, Frauen als Jüngerinnen, eigenverantwortete Lehre) unterschied.

## 2.3 Die „Zäsur"

Eine „Zäsur", einen Einschnitt in das Leben vieler Zeitgenossen bringt, wenn wir Josephus und den Evangelien glauben, Johannes der Täufer, ein Prophet von beeindruckender Wirkung. „Die wunderbare Anziehungskraft" (Ant XVIII 5,2) seiner Predigt führt „eine gewaltige Menschenmenge" (ebd.), „ganz Judäa und alle Einwohner Jerusalems" (Mk 1,5) in die Jordansenke hinab (Joh 1,28). Auch für Jesus ist sie offensichtlich Signal, Nazaret zu verlassen.

### 2.3.1 Bei Johannes dem Täufer

Den Zusammenhang Jesu mit dem Täufer zeigen alle vier Evangelien durch eine Fülle von „Täufertexten" an (Mk 2,18–22 parr; 11,27–33 parr; Mt 11,16–19 par Lk; Lk 1–2; Joh 1,6–8.15; 1,19–34; 3,22–30). Dies wird man zunächst einmal als interessant, nicht aber als besonders auffällig registrieren. Stutzig macht erst die Beobachtung, daß tatsächlich alle vier Evangelisten ihre „Frohbotschaft" von und über *Jesus* den Christus (Mk 1,1) mit *Täufer*-Erzählungen *beginnen* (vgl. M 68).

– Die Folge bestimmt *Markus* mit einem Bericht über das Auftreten und die messianische Verkündigung des Johannes (Mk 1,1–6.7–8) und einer drei Verse zählenden Perikope über die Taufe Jesu (Mk 1,9–11).
– Ihm schließen sich *Matthäus* (Mt 3,1–6) und *Lukas*[133] (Lk 3,1–6) an, ergänzen die markinische Vorlage aber jeweils durch eine Bußpredigt aus der Logienquelle Q (Mt 3,7–10 par Lk 3,7–9); Lukas seinerseits fügt des weiteren noch ethische Forderungen, die sog. Standespredigt (Lk 3,10–14), hinzu.
– Über eine starke Täufertradition verfügt auch *Johannes*. Über jenes Material hinaus, das sich mit dem von den Synoptikern überlieferten berührt (vgl. Taufe), kennt er noch anderes (vgl. Täuferzeugnis). – Nahtstelle für alle vier ist die Taufperikope (Mk 1,9–11 par Mt 3,13–17 und Lk 3,21–22; Joh 1,32–34); in ihr verschränkt sich für die Dauer einer Szene die Geschichte des Johannes mit der Geschichte Jesu, um sich dann wieder zu trennen.

---

[131] Aus der Tatsache, daß Jesus in seinen Gleichnissen gerne den Bräutigam als handelnde Figur wählt, schließt *Ben-Chorin*, „daß er selbst eine bräutliche Stunde erlebt hat" (S. 105). Die Bilder der Hochzeit, der Braut und des Bräutigams „passen sehr wenig auf einen ehelosen Jesus, der nichts von Brautnacht und ehelicher Gemeinschaft gewußt haben sollte" (S. 106). Hier übersieht *Ben-Chorin* gänzlich die alttestamentliche Bildwelt mit Braut, Bräutigam, Frau, Gemahl, Hochzeit, Liebe, Treue als zentralen theologischen Begriffen, die fest in der Tradition verankert sind (vgl. z.B. Jes 50,1; 54,4–10; Jer 2,2; 3,8f; Hos 1–3; Ez 16 u.ö.), auf die Jesus zurückgreifen konnte. Nähme man *Ben-Chorins* Conclusio ernst, müßte man katholische Priester fairerweise von Trauansprachen entbinden.
[132] Vgl. beispielsweise nur die Argumentation auf S. 28f, wo *Ben-Chorin* – ausgehend von der historisch völlig wertlosen Pandera-Legende (vgl. *Klausner*, Jesus von Nazareth, S. 22–25; *Strack/Billerbeck* I, S. 36–38) – unter Zuhilfenahme traditionsgeschichtlich offener (vgl. Joh 19,26) und nichtexistierender Texte (Jesus negiert seinen Vater nirgends) – Jesus „ein peinliche(s) Bewußtsein einer illegitimen Abkunft" unterstellt.
[133] *Lukas* und *Johannes* ziehen die Täuferlinie selbst bis in ihre „Einleitungen" hinein aus. – In seiner sog. „Vorgeschichte" Lk 1–2 parallelisiert der dritte Evangelist Jesus mit Johannes in einer Art Diptychon so, daß Jesus in allem als der Überlegene erscheint (überbietender Parallelismus). – Ähnlich verfährt der vierte Evangelist in seinem Prolog Joh 1,1–18. Dadurch, daß er in einen alten Christushymnus Aussagen über den Täufer einfügt (vgl. 1,6–8 und 1,15), erhält auch er ein Gegenüber von Jesus und Johannes, das ihm die Möglichkeit gibt, die Beziehung beider kontrastierend zu bestimmen: Johannes ist der von Gott gesandte Zeuge Jesu, des Logos und Sohnes Gottes.

## Die Verbindung Jesu mit Johannes dem Täufer nach den vier Evangelien

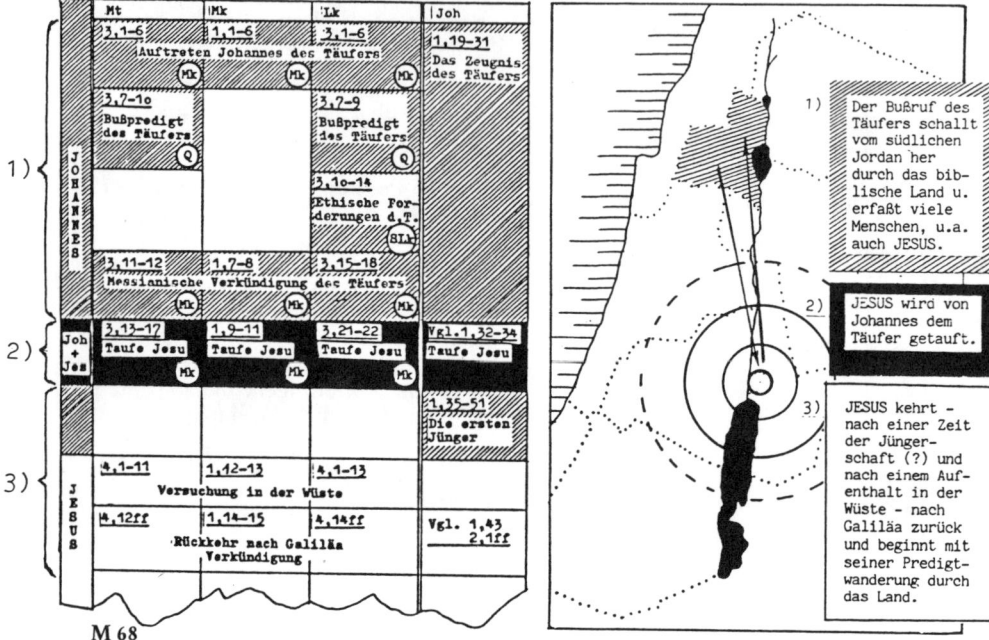

M 68

Dieser „paradoxen" Textsituation wird man am ehesten gerecht, wenn man den Mut findet, sich zu dem Täuferereignis als einem für Jesus entscheidenden Stück Wirklichkeit zu bekennen[134]. Bleibt sie in vielen Details auch nicht mehr rekonstruierbar, ist sie jedoch in diesem einen Punkt gesichert, daß Jesus sich der von Johannes propagierten Bußtaufe unterzieht[135], ehe er – ob früher oder später, ist nicht mehr zu entscheiden[136] – nach Galiläa aufbricht, um mit der Verkündigung seiner Frohbotschaft vom nahegekommenen Reich Gottes zu beginnen (Mk 1, 14 f parr; Joh 1, 43).

---

[134] Zum Verhältnis Jesus-Täufer vgl. *Becker*, Johannes der Täufer und Jesus von Nazareth, 1972; *Blank,* Johannes 1/1 a, S. 118–121; *Holtz*, aaO., S. 55–62; *Leroy*, aaO., S. 59–62; *Merklein*, Jesu Botschaft von der Gottesherrschaft, S. 27–36 (Lit.). – Die Tatsache, daß Paulus – wie Lukas in Apg 18, 24 ff und 19, 1 ff erzählt – noch auf seiner dritten Missionsreise um 55 n Chr im kleinasiatischen Ephesus Johannesjünger trifft, wie auch die andere, daß sich der vierte Evangelist noch um 90–100 n Chr mit dem Täufer scharf auseinandersetzt (vgl. Joh 1, 6–8 und 1, 15), deuten darauf hin, daß die Täuferbewegung alles andere als eine Episode von nur wenigen Jahren gewesen ist: Die Jesusanhänger stehen ein Jahrhundert lang in Konkurrenz mit den Jüngern des Täufers.

[135] Zur Taufe Jesu durch Johannes vgl. *Blank*, Johannes 1/1 a, S. 135; *Schweizer*, Markus, S. 18; *Leroy*, aaO., S. 60,. *Holtz*, aaO., S. 55. – Jesu Taufe durch Johannes stellt für die urchristliche Gemeinde kein geringes Problem dar. Deutliche Spuren der frühchristlichen Diskussion (mit den Täuferjüngern?) finden sich noch in Mt 3, 13–17, wo der Evangelist Jesus selbst in einem Zwiegespräch mit dem Täufer die Notwendigkeit der Taufe begründen läßt.

[136] Während Jesus nach der johanneischen Tradition parallel neben dem Täufer wirkt (Joh 3, 22), beginnt er mit seiner Verkündigung nach Mk 1, 14 erst nach der Gefangennahme des Bußpredigers.

| Profangeschichte | Heilsgeschichte |
|---|---|
| 1. "Im 15. Regierungsjahr des Kaisers Tiberius, | |
| 2a. als Pontius Pilatus Statthalter in Judäa, Herodes Landesherr von Galiläa, sein Bruder Philippus Landesherr von Ituräa und der Landschaft Trachonitis und Lysanias Landesherr von Abilene war, | 3. da erging ein Gotteswort an Johannes, den Sohn des Zacharias, in der Wüste." (Lk 3,1f) |
| b. als Hannas und Kajaphas das Hohepriesteramt innehatten – | |

M 69

### 2.3.2 „Im 15. Regierungsjahr des Kaisers Tiberius" (Lk 3, 1)

Einen Anhaltspunkt für die zeitliche Einordnung des Täufers und damit auch des Wirkbeginns Jesu gibt uns Lukas in Lk 3,1f, einem kunstvollen Synchronismus, der ganz im Geiste kritischer Geschichtsschreibung von Titeln, Personen- und Ländernamen überquillt[137]. Beginnend mit dem Kaiser Tiberius als der politischen Spitze der damaligen Welt, führt er in einer perfekt durchkonstruierten Bewegung (vgl. M 69), die von „oben" nach „unten" und von der Profan- zur Heilsgeschichte verläuft, über die politischen und hierarchischen Größen des Palästina der Zeitenwende zu Johannes dem Täufer hin, konzentriert auf ihn wie in einem Brennglas alle Aufmerksamkeit.

Außer der kompositorischen Sorgfalt von Lk 3,1f, die gut zu der im Prolog Lk 1,1–4 angekündigten „Sorgfalt" (ἀκριβῶς/akribōs) paßt, empfehlen vor allem sprachliche Beobachtungen[138] Lukas als Autor. Was speziell die konkrete Angabe des 15. Regierungsjahres des Kaisers Tiberius am Versanfang (V. 1a) betrifft, darf man insofern zuversichtlich sein, als ihre leichtfertige und unkontrollierte Setzung einer bewußten Irreführung gleichkäme, die aber lukanischer Verpflichtung zur Wahrheit (vgl. Lk 1,1–4) entgegensteht. Im Unterschied zu Lk 3,23 ist die Angabe frei von jeder theologischen Implikation, auch sind keine Gründe für eine Erfindung erkennbar, so daß man mit Schmid in ihr gerne das „einzige genaue Datum in den Evangelien"[139] sehen darf. Freilich bleibt unbekannt, wie und woher sie und die übrigen Angaben dem Evangelisten zukommen, ob aus eigener Berechnung oder einer Quelle[140].

Von besonderem Wert in dieser Fülle von Notizen ist für uns der konkrete Hinweis auf *das 15. Regierungsjahr des Kaisers Tiberius,* ermöglicht er doch eine exaktere Bestimmung. Zwar kommt es aufgrund verschiedener Berechnungsweisen, der syrischen einerseits und der römischen andererer-

---

[137] Stilistisch lehnt sich dieser einzigartige Synchronismus an die alttestamentlichen Berichte und Berufungen von Propheten an (vgl. Hos 1,1; Jer 1,1f; Joel 1,1).
[138] Vgl. *Schürmann,* Lukas I, S. 153. – Für lukanische Redaktion auch *Schneider,* Lukas I, S. 82; *Grundmann,* Lukas, S. 100 u. a.
[139] *Schmid,* Lukas, S. 94.
[140] Kritische Anfrage seitens *Schneider,* aaO., S. 82; *Conzelmann* in: RGG ³III, S. 624.

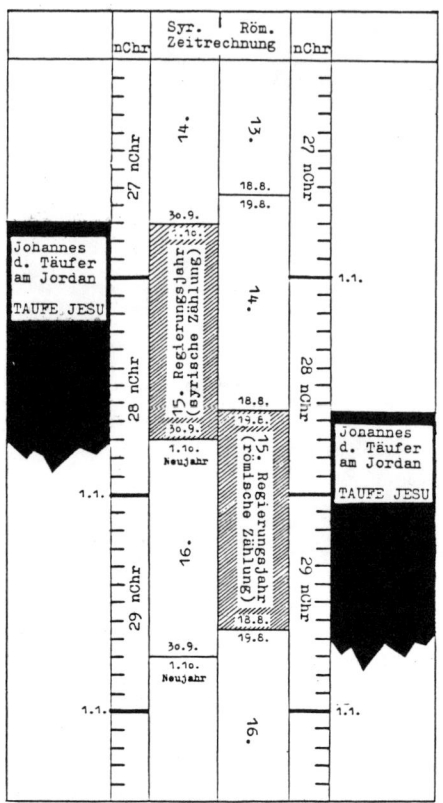

M 70

seits, zu unterschiedlichen Ergebnissen, doch beträgt die Differenz nur ein Jahr[141].

Auszugehen ist jeweils von dem Todesdatum des Tiberius-Vorgängers Augustus, dem 19. August 14 nChr:
– Nach der im Orient gebräuchlichen *syrischen* Zeitrechnung, derzufolge das neue bürgerliche Jahr jeweils am 1. Oktober beginnt, dauert das 1. Regierungsjahr des neuen Kaisers Tiberius nur knapp sechs Wochen, vom 19. August bis zum 30. September 14 nChr nämlich. Mit dem

**Tiberius,** ein wenig geliebter Adoptivsohn des Augustus, besteigt den Thron nach dem Tod des Kaisers im Jahre 14 nChr, regiert aber mit nur wenig Geschick. Die zeitgenössischen Schriftsteller – vorneweg Tacitus und Sueton – wissen nichts Gutes zu berichten. Verbittert überläßt er die Regierungsgeschäfte mehr und mehr seinem berüchtigten Gardepräfekten Sejanus (Sturz und Hinrichtung 31 nChr) und zieht sich 26 nChr menschenscheu und menschenfeindlich auf die Insel Capri zurück, wo er die letzten elf Jahre seines Lebens verbringt. Als er 37 nChr stirbt, ruft das Volk nach dem Zeugnis des Sueton: „Mit Tiberius in den Tiber!" (Sueton, Tiberius, S. 75).

1. Oktober 14 nChr, dem syrischen Neujahrstag, beginnt bereits das 2. Regierungsjahr, das in Lk 3,1 erwähnte 15. am 1. Oktober 27 nChr (vgl. M 70).
– Anders zählen die *Römer*, und ihnen folgen alte Geschichtsschreiber. Ihrer Berechnung nach erstreckt sich das 1. Regierungsjahr des Augustusnachfolgers vom 19. August 14 nChr, dem Todestag des alten Kaisers, bis zum 18. August 15 nChr, über volle zwölf Monate also, das 15. entsprechend vom 19. August 28 nChr bis zum 18. August 29 nChr (vgl. M 70).

Je nachdem also, welcher Zeitrechnung man folgt, beginnt Johannes seine Predigt- und Tauftätigkeit im Jahre 27/28 nChr syrischer oder 28/29 nChr römischer Rechnung. Unter der Voraussetzung seiner Beziehung zum Täufer ergibt sich aus diesem relativ exakten Datum für Jesus, daß er zwischen 27 und 29 nChr an den Jordan kommt, von Johannes getauft wird und anschließend früher oder später, vielleicht nach einer Zeit der Jüngerschaft[142],

---

[141] Vgl. *Dieckmann,* Das fünfzehnte Jahr des Caesar Tiberius, in: Bib 6 (1925), S. 63–67; *Schmid,* Lukas, S. 94; *Schneider,* Lukas I, S. 82 f; *Trilling,* Fragen zur Geschichtlichkeit Jesu, S. 69.
[142] Nach *Blank* (Jesus von Nazareth, S. 35 f) „tut (es) der Würde Jesu keinen Abbruch, wenn

man ihn als den authentischsten Schüler Johannes' des Täufers betrachtet, der seine Botschaft am besten verstand und am radikalsten daraus die Konsequenzen zog, die allerdings einen entscheidenden Schritt über den Täufer hinausführten".

vielleicht auch nach einem Aufenthalt in der Wüste (Mk 1,12f parr), zur Predigtwanderung nach Galiläa aufbricht. Dazu paßt auch in etwa das Jahr 30 nChr als „heute weithin angenommene(s)"[143] Todesdatum; denn nach kritischer Bewertung der geographischen wie der religiös-politischen Verhältnisse ist davon auszugehen, daß Jesus höchstens zwei bis drei Jahre wirkt[144], was der johanneischen Chronologie entspricht[145]. Geht man von 7 bzw. 6 vChr als wahrscheinlichem Geburtsdatum aus[146], ist er zum Zeitpunkt seines Wirkbeginns etwa 35 Jahre alt, angesichts der niedrigen Lebenserwartung damals keinesfalls ein junger Mann mehr. Der Angabe in Lk 3,23, daß Jesus „etwa 30 Jahre" alt ist, als er zum erstenmal öffentlich auftritt, ist „für eine Chronologie des Lebens Jesu nichts zu entnehmen"[147]. Daß Lukas selber die Angabe nicht als exaktes Datum verstanden wissen will, deutet er durch das Beiwort „etwa/ungefähr" (ὡσεί/hōsei) an. Zudem zeigt ein Blick in das Alte Testament (Gen 11,14.18.22; 41,46; 2 Sam 5,4 u.ö.), daß die Zahl 30 wie auch 7, 12, 40 u.a. als theologische Zahl anzusehen ist und ein Idealalter markiert[148].

Die genannten Daten sind – darüber darf kein Zweifel bestehen – nicht zu verifizieren. Andererseits sollte bei aller Skepsis aber auch nicht übersehen werden, daß sie – bei der Bereitschaft ab- und zuzugeben – durchaus als wahrscheinliche Grunddaten eines Zeitrasters angesehen werden dürfen, auf das eine Rückfrage nach dem historischen Jesus kaum ganz verzichten kann.

## 2.4 Von den Nazaretanern abgelehnt

Jesus beginnt seine Predigtwanderung durch Galiläa schwerlich in Nazaret[149], von seiner Rückkehr nach dort im Zuge seines Wirkens berichten aber alle drei Synoptiker – kurz und knapp Markus und Matthäus (Mk 6,1–6a / Mt 13,54–58), ausführlicher und mit dramatischen Akzenten Lukas (Lk 4,16–30)[150]. Johannes kennt die Erzählung zwar nicht, doch könnte man fragen, ob nicht in Joh 4,44, wo der auch den Synoptikern bekannte Spruch vom ungeliebten Propheten (Mk 6,4 parr) überliefert wird, „traditionsgeschichtlich das Rudiment der ‚Verwerfung in Nazaret' erhalten ist, auf die auch 6,42 hinzuweisen scheint"[151].
Wie historisch zuverlässig ist die Szene? – Chancen für eine Antwort, die nach Haenchen allerdings „über eine – im Glücksfall sehr hohe – Wahrscheinlichkeit"[152] nicht hinauskommt, bietet allein ein „früher" Text, der am Anfang des Traditionsprozesses steht, der dem ihn auslösenden Ereignis möglichst nahekommt, der noch unberührt ist von wenigstens der redaktionellen Hand der Evangelisten.

---

[143] *Trilling*, Fragen zur Geschichtlichkeit Jesu, S. 71 (Lit.) – Anders *Jewett*, Paulus-Chronologie, S. 50–56 (Lit.).
[144] Vgl. den Exkurs „In der Spannung zwischen Galiläa und Jerusalem".
[145] Vgl. *Blank*, Johannes 4/1a, S. 33f.
[146] Vgl. *Instinsky*, Das Jahr der Geburt Jesu, 1957; *Trilling*, aaO., S. 71–82; *Leroy*, aaO., S. 51f.
[147] *Rengstorf*, Lukas, S. 60.
[148] Vgl. ebd.
[149] Vgl. den *Exkurs* „Kafarnaum und Jesus", bes. 2.

[150] Zur Nazaretperikope vgl. *Haenchen*, Historie und Verkündigung, S. 158–169; *Rese*, Alttestamentliche Motive in der Christologie des Lukas, S. 143–154; *Schürmann*, Lukas I, S. 225–244; *Reicke*, Jesus in Nazareth, in: Das Wort und die Wörter, S. 47–55; *Schneider*, Lukas I, S. 106f; *Busse*, Das Nazareth-Manifest Jesu. Eine Einführung in das lukanische Jesusbild nach Lk 4,16–30, 1977 (Lit.).
[151] *Schnackenburg*, Johannes I, S. 495.
[152] *Haenchen*, aaO., S. 161.

### Gemeinsamkeiten und Abweichungen in Mk 6,1–6a und Lk 4,16 im Überblick

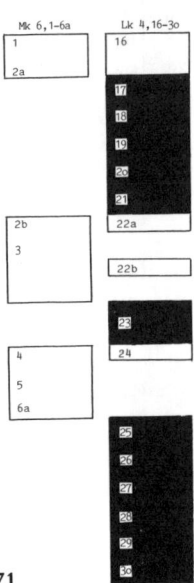

**M 71**

GEMEINSAMKEITEN

1. Übereinstimmung in der Gesamtstruktur
   a) Jesu Auftritt in der Synagoge von Nazaret
      (Mk 6,1f/Lk 4,16)
   b) Verwunderung bei den Zuhörern
      (Mk 6,2b/Lk 4,22)
   c) Sprichwort vom Propheten
      (Mk 6,4/Lk 4,24)
   d) Kein Wunder
      (Mk 6,5a/Lk 4,23)
2. Übereinstimmung im Detail
   a) .. im Vokabular
   b) .. in stilistischen Wendungen

---

ABWEICHUNGEN

1. Doppelt größerer Umfang der lukanischen Perikope:
   Lk 4,16–30: 15 Verse mit ca. 281 Vokabeln/
   Mk 6,1–6a: 5 1/2 Verse mit ca. 125 Vokabeln

2. Sieben gewichtige inhaltliche Differenzen

   (1) Rahmennotizen (V.17 und 2o)
   (2) Kombinierte Prophetenlesung (V.18 u. 19)
   (3) Predigt Jesu (V.21)
   (4) Straffung der Familiennotizen (V.22b)
   (5) Sprichwort vom selbst heilenden Arzt (V.23a)
   (6) Hinweis auf Elija und Elischa (V.25-27)
   (7) Feindliche Reaktion der Nazaretaner (V.28-3o)

3. Veränderte Position der Perikope:

   Nach Lukas beginnt Jesus sein Wirken in Nazaret,
   nach Markus besucht er sein Heimatdorf erst später.

---

## 2.4.1 Auf der Suche nach dem „frühen" Text

Die Suche nach dem „frühen" Text gleicht in vielem einer gefahrvollen Expedition durch einen jahrzehnteweiten, wenig erforschten „Urwald". Zwar hat im letzten Jahrhundert die historisch-kritische Methode das literarische „Dickicht" nicht unwesentlich erhellt, es jedoch noch nicht so weit gelichtet, daß der Erfolg einer „Expedition" garantiert scheint. Als hilfreich haben sich bisher die Traditions- und die Redaktionsgeschichte erwiesen; beide sollen auch hier erprobt werden.

### 2.4.1.1 Drei Erzählungen, aber nur eine Tradition

Daß Matthäus in seiner Erzählung Mt 13,54–58 Markus folgt, braucht unter der Voraussetzung der Zweiquellentheorie nicht ausführlicher bewiesen zu werden; ein Blick auf die Synopse zeigt weitgehende Übereinstimmung zwischen beiden Texten (Mk 6,1–6a: 5 ½ Verse mit ca. 125 Vokabeln / Mt 13,54–58: 5 Verse mit etwa 107 Vokabeln), die matthäischen Differenzen lassen sich leicht als matthäische Redaktion erklären[153].

Als problematisch erweist sich dagegen das Verhältnis von Markus und Lukas: Zahlreiche Gemeinsamkeiten zwischen beiden sprechen dafür, daß der dritte Evangelist den markinischen Text kennt, unübersehbare Differenzen aber stützen den Verdacht auf Unabhängigkeit (vgl. M 71). Diesen doppelten Tatbestand der Berührung einerseits und der Abweichung andererseits bewertend, sieht die exegetische Forschung Lk 4,16–30 a) als eine von Mk 6,1–6a unabhängige Tradition aus lukani-

---

[153] Vgl. *Schweizer*, Matthäus, S. 205: „... dieser Abschnitt (folgt) im wesentlichen nach Markus. Nur kürzt Matthäus..."

schem Sondergut[154]; b) als eine Verschmelzung von Mk 6, 1–6 a mit einer Überlieferungsvariante, die Lukas in einer seiner zahlreichen Sondertraditionen[155] zukommt und c) als eine redaktionelle Erweiterung von Mk 6, 1–6 a durch Lukas[156].

Den Stand der augenblicklichen Diskussion faßt Schneider zusammen: „... die Annahme einer Nebenquelle (ist) überflüssig..., die Wahrscheinlichkeit lukanischer Bearbeitung des Mk groß."[157]

Da einerseits eine einfache Übernahme dieses Ergebnisses als unbefriedigend empfunden werden muß, andererseits seine Verifizierung in einer Einzeluntersuchung hier nicht geleistet werden kann, sollen im folgenden wenigstens die augenfälligsten Erweiterungen und Veränderungen in Lk 4, 16–30 skizziert und auf mögliche Redaktion durch Lukas befragt werden; der größeren Anschaulichkeit wegen wird die Analyse „vor Ort", d. h. unmittelbar am Text, vorgenommen.

a) Untersuchung der 7 inhaltlichen *Differenzen*

| Mk 6, 1–6 a | Lk 4, 16–30 | |
|---|---|---|
| ¹Und er ging weg von dort und kommt in seine Vaterstadt, und es folgen ihm seine Jünger. ²Und als Sabbat war, begann er zu lehren in der Synagoge | ¹⁶Und er ging nach Nazaret, wo er aufgewachsen war, und ging hinein nach seiner Gewohnheit am Tag des Sabbats in die Synagoge und stand auf, vorzulesen. ¹⁷Und übergeben wurde ihm ein Buch des Propheten Jesaja, und da er öffnete das Buch, fand er die Stelle, wo geschrieben war: | (1) V. 17 und V. 20: *Rahmennotizen zum Synagogengottesdienst:* Daß Lukas das Synagogeninstitut und auch den Synagogengottesdienst seiner Zeit kennt[158], geht aus der Apostelgeschichte hervor (vgl. Apg 13, 13 f; 14, 1; 15, 21; 17, 1.10 u. ö., insbesondere 13, 15). Geschickt skizziert er letzteren hier jedoch nur soweit, als er ihn für den Zusammenhang braucht[159]. – Auf Lukas als Verfasser der beiden Verse weisen deutliche Redaktionsspuren hin[160]. |
| | ¹⁸„Geist des Herrn auf mir, dieweil er salbte mich; Frohbotschaft zu künden (den) Armen, gesandt hat er mich, zu predigen Gefangenen Freilassung und Blinden ein Wiedersehn, wegzuschicken Gefolterte in Freilassung, ¹⁹zu predigen ein willkommenes Jahr des Herrn." ²⁰Und er rollte zusammen das Buch, gab es zurück dem Diener, setzte sich. Und aller Augen in der Synagoge waren gerichtet auf ihn. | (2) V. 18–19: *Prophetenlesung/Haftara:* Die Kombination verschiedener Schriftstellen, wie sie hier vorausgesetzt wird (Jes 61,1 + 58,6 LXX + 61,2), „ist von keiner frühjüdischen Ordnung gedeckt"[161], sondern erst spätere Praxis der Urgemeinde. Wie Rese nachweist, wird Lukas vermutlich durch die Q-Stelle Lk 7, 22 f zur Übernahme von Jes 61 als Text für die fingierte Prophetenlesung angeregt[162]. |

---

[154] Nach *Schürmann*, Lukas I, S. 241, findet Lukas Lk 4, 16–30 „in seiner Nicht/Mk-Vorlage in der vorliegenden Ganzheit", wahrscheinlich in Q, vor.
[155] An eine Ergänzung der markinischen Vorlage durch Sondertraditionen denken z. B. *Bultmann*, Synoptische Tradition, S. 30 f;  *Hahn*, Christologische Hoheitstitel, S. 394 ff; *Grundmann*, Lukas, S. 119 (Zusammenstellung der Vertreter dieser Position in: *Schürmann*, Lukas I, S. 241 Anm. 149).
[156] So *Haenchen*, aaO., S. 158 ff; *Schneider*, aaO., S. 106 f; *Busse,* Das Nazaret-Manifest, 1977 (Lit.), u. a. – Nach *Busse* komponiert Lu-

| | | |
|---|---|---|
| | ²¹Er begann aber zu ihnen zu sagen, daß heute sich erfüllt hat die Schrift, diese da, vor euren Ohren. | (3) V. 21: *Predigt Jesu:* Jesus als die Erfüllung alttestamentlicher Verheißung darzustellen entspricht urchristlicher Sehweise, die uns am ausgeprägtesten bei Matthäus (s. sog. „Reflexionszitate") begegnet. Auf Lukas als Redaktor von V. 21 weisen Stil und Vokabular[163] hin. |
| und die Vielen, die zuhörten, gerieten außer sich, indem sie sagten: Woher (kommt) diesem das? und: Welche Weisheit, die diesem gegeben ist! und: Derartige Machttaten, die durch seine Hände geschehen! ³Ist dieser nicht der Zimmermann, der Sohn der Maria, und ein Bruder des Jakobus und Joses und Judas und Simon? Und sind nicht seine Schwestern hier bei uns? Und sie stießen sich an ihm. | ²²Und alle stellten ihm ein (gutes) Zeugnis aus und wunderten sich über die Worte der Gnade, die hervorgingen aus seinem Mund, und sagten: Ist dieser nicht ein Sohn Josefs? | (4) V. 22 b: *Straffung der Familiennotizen:* Lukas reduziert die Fülle der markinischen Angaben zur familiären Situation radikal auf eine einzige. Die Straffung erklärt sich vom Kontext der Erzählung her; Mk 6, 3 verliert viel aufgrund seiner Breite. – Die Wendung „ein Sohn Josefs" kommt dem Evangelisten aus dem benachbarten Lk 3, 23 zu; er zieht sie dem markinischen „Sohn der Maria" vor, da zwei unterschiedliche Angaben auf engem Raum nebeneinander den Leser irritieren. |
| ⁴Und sagte ihnen Jesus, daß nicht ist ein Prophet ungeehrt außer in seiner Vaterstadt und bei seinen Verwandten und in seinem Haus. ⁵Und er konnte dort auch nicht eine Machttat tun, außer daß er ein paar Siechen die Hände auflegte und (sie) heilte. ⁶Und er wunderte sich ob ihres Unglaubens. | ²³Und er sprach zu ihnen: Ganz bestimmt werdet ihr mir dieses Sprichwort sagen: Arzt, heile dich selbst! Was wir gehört haben, daß es geschehen sei an Kafarnaum, (das alles) tue auch hier in deiner Vaterstadt. ²⁴Er sprach aber: Amen, ich sage euch, daß kein Prophet willkommen ist in seiner Vaterstadt. | (5) V. 23 a: Das *Sprichwort* vom sich selbst heilenden Arzt (eine Variante vom ungeliebten Propheten) ist sowohl im jüdischen als auch im griechischen Bereich bekannt[164]; beide sind dem dritten Evangelisten vertraut, so daß die Begründung lukanischer Redaktion nicht schwerfällt. – Die im ganzen Evangelium zu beobachtende, im Prolog Lk 1, 1–4 vorzüglich dokumentierte Bildung des Lukas findet ihre Bestätigung in der unauffälligen Wendung „sicherlich werdet ihr mir sagen", die deutlich den Einfluß hellenistischer Rhetorik zeigt[165]. |

---

kas seine dramatische Episode Lk 4, 16–30 „unter Einfluß der Logienquelle, Mk 1, 14f und 6, 1–6" (S. 113; vgl. auch S. 107–119).

[157] *Schneider,* aaO., S. 107.
[158] Vgl. *Schürmann,* Lukas I, S. 234 Anm. 85; *Busse,* aaO., S. 107–112.
[159] Vgl. *Haenchen,* aaO., S. 162.
[160] Vgl. *Schürmann,* Lukas I, S. 231 Anm. 64; S. 233; *Haenchen,* aaO., S. 168 f.

[161] *Busse,* aaO., S. 109 f: „Das Mischzitat kann in dieser Form nie in einem Synagogengottesdienst verlesen worden sein."
[162] Vgl. *Rese,* aaO., S. 214.
[163] Vgl. *Haenchen,* aaO., S. 168 f; *Schürmann,* Lukas I, S. 231–234.
[164] Belege bei *Grundmann,* Lukas, S. 122.
[165] Vgl. *Haenchen,* aaO., S. 169.

²⁵Wahrheitsgetreu aber sage ich euch, viele Witwen waren in den Tagen (des) Elija in Israel, als verschlossen war der Himmel für drei Jahre und sechs Monate, da eine große Hungersnot kam über das ganze Land, ²⁶und zu keiner von ihnen wurde Elija geschickt, sondern nur nach Sarepta in Sidonien zu einem verwitweten Weib. ²⁷Und viele Aussätzige waren in Israel zur Zeit (des) Elischa, des Propheten, und keiner von ihnen wurde rein, sondern nur Naaman, der Syrer.

²⁸Und erfüllt wurden alle von Wut in der Synagoge, da sie dieses hörten, ²⁹und standen auf und trieben ihn zur Stadt hinaus und führten ihn an den Rand des Berges, auf dem ihre Stadt gebaut war, um ihn hinabzustürzen. ³⁰Er aber, hindurchgehend durch ihre Mitte, zog davon.

(6) V. 25–27: *Hinweis auf Elija und Elischa*, durch den zum Ausdruck gebracht werden soll, daß Gott in der zurückliegenden Geschichte Israels schon manches Mal sein Volk übergangen und sich den Heiden zugewandt hat. Der Gedanke dient vor allem der nachösterlichen Gemeinde als Erklärung für die zu beobachtende Ablehnung Jesu durch die Juden, um die Lukas aus der Apostelgeschichte (Apg 13, 44 ff; 18, 4 ff) weiß. Daß man in der Diskussion auf das Alte Testament zurückgreift, versteht sich von seiner Beweiskraft her. Die alttestamentlichen Schriften aber sind Lukas in der griechischen Übersetzung der Septuaginta (LXX) bestens bekannt[166].

(7) V. 28–30: *Feindliche Reaktion der Nazaretaner – Hoheitliches Verhalten Jesu:* Die Dramatik der drei Verse verrät deutlich die Hand des dritten Evangelisten. – Bei dem Motiv des Herabstürzens vom Berg könnte Lukas auf 2 Chr 25, 12 zurückgreifen. Seine Unkenntnis der Topographie Nazarets läßt ihn allerdings übersehen, daß „das Mirakel, mit dem (er) die Geschichte enden läßt, historisch gesehen unmöglich ist"[167]. – Der hoheitliche Jesus entspricht ganz und gar urgemeindlicher Vorstellung.

b) Die *Voranstellung* der Perikope bei Lukas
Im Unterschied zu Markus verlegt Lukas den Auftritt Jesu in der Synagoge von Nazaret an den Anfang des jesuanischen Wirkens. Daß er damit eine theologische und keine historische Aussage verfolgt, geht aus dem näheren und ferneren Kontext hervor:
– Noch unbestimmt, aber bereits bedrohlich klingt, was der Evangelist dem gerechten und frommen Simeon bei der Darstellung des Kindes im *Tempel* in den Mund legt: „Dieser ist dazu bestimmt, daß in Israel viele durch ihn zu Fall kommen und viele aufgerichtet werden, und er wird ein Zeichen sein, dem widersprochen wird!" (Lk 2, 34).
– Den Ernst dieser Verheißung demonstriert Lukas gleich in der ersten Perikope, mit der er Jesu Wirken eröffnet: Jesu Predigt in der Synagoge von *Nazaret* versetzt alle in Wut; man treibt den Heimgekehrten aus der Stadt hinaus, um ihn den Abhang hinunterzustürzen (Lk 4, 29).
– Was am Anfang in Nazaret noch mißlingt, wird Wirklichkeit am Ende in *Jerusalem:* Auf Betreiben des Hohen Rates (Lk 22, 66 ff) kreuzigen die Römer Jesus mit zwei anderen Verbrechern auf der Schädelhöhe (Lk 23, 33). Damit kommt

---

[166] Vgl. *Kümmel*, Einleitung, S. 105 108.   [167] *Haenchen*, aaO., S. 167.

die in Lk 2,34 eingeleitete und in Lk 4,29 verdichtete Bewegung zu ihrem Höhepunkt. Jesu Leben und Wirken stehen – so möchte Lukas durch diese drei Texte betonen – von Anfang an im Schatten des Kreuzes; der Bogen der Bedrohung spannt sich von Simeons Verheißung über den Mordversuch der Nazaretaner bis hin zur Kreuzigung in Jerusalem.

So lückenhaft dieser Überblick über die wichtigsten lukanischen Erweiterungen und Veränderungen auch ist, er macht dennoch so viel deutlich, daß die gegenwärtig mehrheitlich vertretene These lukanischer Bearbeitung von Mk 6,1–6a eine echte Chance auf Richtigkeit hat. Mit guten Gründen darf Mk 6,1–6a als entscheidende Überlieferung angesehen werden; „der gegenüber Mk stark erweiterte Bericht des Lk ist" – so Haenchen – „ohne geschichtlichen Wert"[168].

### 2.4.1.2 Von Mk 6,1–6a zur vormarkinischen Tradition

Mk 6,1–6a ist nach Gräßer spätestens seit Wellhausen (1844–1918) ein ausgezeichnetes Exerzierfeld für die „Scheidung der Redaktion von der Tradition"[169]. Diese Beobachtung macht Mut, zugleich aber auch mutlos, bestätigt sie doch, daß Markus in und an der Perikope am Werk gesehen wird, daß die Spuren seiner Redaktion allerdings nicht unumstritten sind[170]. Wie bereits bei der traditionsgeschichtlichen Untersuchung oben kann auch hier die Frage nicht im Detail erörtert werden; im Interesse des Überblicks muß es genügen, im Rückgriff auf vorliegende Untersuchungen und ihre Ergebnisse jenen Text zu rekonstruieren, von dem angenommen werden darf, daß er als „früher" Text umlief, bis er von Markus aufgefunden und seinem „Evangelium" eingepaßt wurde.

| Mk 6,1–6a | |
|---|---|
| ¹Und er ging weg von dort und kommt in seine Vaterstadt, und es folgen ihm seine Jünger. | – Als markinische Redaktion unumstritten ist V. 1a; mit ihm stellt Markus die Verbindung zur vorausgehenden Jairusperikope her[171]. – Der ursprüngliche Text wurde vermutlich eingeleitet mit V. 1b: „Und er/Jesus kommt in seine Heimatstadt/nach Nazaret"[172]. – Markinisch hingegen ist wiederum V. 1c; der Evangelist fügt ihn „im Blick auf die nachfolgende Missionserzählung"[173] an. |
| ²Und als Sabbat war, begann er zu lehren in der Synagoge, und die Vielen, die zuhörten, gerieten außer sich, indem sie sagten: Woher (kommt) diesem das? und: Welche Weisheit, die diesem gegeben ist! und: | – V. 2a mit den Stichworten „Sabbat", „Synagoge", „Lehre" und „Außer-sich-Geraten der Menge" wurde zwar offensichtlich von Markus gestaltet (vgl. Mk 1,21f; 4,1; 6,34; 8,31), „im vormarkinischen Bericht muß aber bereits vom Auftritt in der Synagoge die Rede gewesen sein"[174]. – V. 2b klingt überladen, Markus unterstreicht offenbar die Reaktion der Nazaretaner durch Einfügen der Frage nach der Weisheit[175]. Zum Grundbestand dürfte die Frage nach dem Wundertäter gehören, „wobei nicht an einzelne Wunder erinnert wird, sondern an dessen Vollmacht überhaupt"[176]. |

---

[168] *Haenchen*, Der Weg Jesu, S. 219.
[169] *Gräßer*, Jesus in Nazareth (Mk 6,1–6a). Bemerkungen zur Redaktion und Theologie des Markus, in: Text und Situation, 1973, S. 13–49, hier S. 15.
[170] Vgl. *Ernst*, Markus, S. 168: „Die stark voneinander abweichenden Rekonstruktionsversuche... mahnen zur Zurückhaltung."
[171] Vgl. *Gnilka*, Markus I, S. 228; *Pesch*, Markus I, S. 315.
[172] Vgl. *Gnilka*, ebd.; *Mayer* Überlieferungs- und redaktionsgeschichtliche Überlieferungen zu Mk 6,1–6a, S. 188.
[173] *Pesch*, aaO., S. 315; vgl. auch *Gnilka*, aaO., S. 228.
[174] *Gnilka*, aaO., S. 228.
[175] Vgl. *Mayer*, aaO., S. 191f.
[176] Vgl. *ders.*, aaO., S. 194.

Derartige Machttaten, die durch seine Hände geschehen!
³Ist dieser nicht der Zimmermann, der Sohn der Maria, und ein Bruder des Jakobus und Joses und Judas und Simon? Und sind nicht seine Schwestern hier bei uns? Und sie stießen sich an ihm.

– Daß Markus von sich aus V. 3 mit seinen Informationen zu Jesu Beruf und Familie einfügt, ist unwahrscheinlich; glaubhafter klingt, daß sich hier alte, ja älteste Tradition erhalten hat[177].

⁴Und sagte ihnen Jesus, daß nicht ist ein Prophet ungeehrt außer in seiner Vaterstadt und bei seinen Verwandten und in seinem Haus.

– Gehörte der Prophetenspruch V. 4 nach Pesch zum traditionellen Bestand der Erzählung[178], wurde er nach Mayer von einem vormarkinischen Redaktor[179], nach Gnilka erst von Markus in den Text eingefügt[180]. In der Tat sprechen seine Spannung mit V. 6[181], seine durch V. 6a betonte Eigenständigkeit, die eine problemlose Isolierung erlaubt[182], wie auch die Beobachtung, daß er den Duktus der Erzählung stört[183], gegen seine Ursprünglichkeit.

⁵Und er konnte dort auch nicht eine Machttat tun, außer daß er ein paar Siechen die Hände auflegte und (sie) heilte.

– V. 5 zeigt deutliche Spannung: Während V. 5a davon spricht, daß Jesus keine Wunder wirken kann, heilt er nach V. 5b dennoch einige Kranke. Als traditionell ist V. 5a anzusehen, die Einschränkung in V. 5b geht auf das Konto des Markus[184].

⁶ᵃUnd er wunderte sich ob ihres Unglaubens.

– Die vormarkinische Erzählung schloß mit V. 6a; vor allem auch die Wortstatistik spricht gegen eine markinische Redaktion[185].

Demnach hatte der ursprüngliche Text, den Markus in der Tradition vorfindet, etwa folgenden Wortlaut:

1 b: Und er/Jesus kommt in seine Vaterstadt/nach Nazaret.
2 a: Und am Sabbat lehrte er in der Synagoge, und die Vielen, die ihn hörten, sagten:
  b: „Woher kommt diesem das, daß solche Machttaten durch seine Hände geschehen?
3 a: Ist dieser nicht der Bauhandwerker,
  b: der Sohn der Maria, und ein Bruder des Jakobus und Joses und Judas und Simon?
  c: Und sind nicht seine Schwestern hier bei uns?"
  d: Und sie stießen sich an ihm.
5 a: Und er konnte dort auch nicht eine Machttat tun.
6 a: Und er wunderte sich ob ihres Unglaubens.

---

[177] Vgl. *Pesch,* aaO., S. 322; vgl. oben 2.2.2.
[178] Vgl. *ders.,* aaO., S. 321.
[179] Vgl. *Mayer,* aaO., S. 195 f.
[180] Vgl. *Gnilka,* Markus I, S. 228 f.
[181] Vgl. *Haenchen,* Der Weg Jesu, S. 220.
[182] Vgl. *Ernst,* Markus, S. 168. – *Bultmann,* Geschichte, S. 30 f, geht von dem Prophetenspruch in V. 4 als isoliertem Logion aus: „Hier scheint mir ein Musterbeispiel vorzuliegen, wie aus einem freien Logion eine ideale Szene komponiert ist" (S. 30).
[183] Ausführliche Begründung bei *Mayer,* aaO., S. 195.
[184] Vgl. *Gnilka,* aaO., S. 229; *Mayer,* aaO., S. 196; *Pesch,* aaO., S. 321.
[185] Vgl. *Mayer,* aaO., S. 196 Anm. 41.

## 2.4.2 Der „frühe" Text in der historischen Rückfrage

Die „frühe", von redaktionellen Zusätzen „gereinigte" Form von Mk 6, 1–6a ist, wie Gnilka richtig beobachtet, „nicht so ohne weiteres mit den bekannten Erzählformen vergleichbar, sondern sui generis"[186]. Was sie von jenen unterscheidet, ist ihre Nüchternheit, ihre Berichtstruktur[187], ihr profanes, untheologisches Gepräge, kurz ihre Ausrichtung „auf Information, nicht auf Reflexion"[188]. Daß sie so offen den Mißerfolg Jesu zugibt, spricht für ihre Geschichtlichkeit[189]; daß sie in diesem ihrem Kern durch Mk 3, 20–30, ein unabhängiges Zeugnis, gestützt wird, läßt auf einen Erzähler mit historischen Informationen schließen[190]. Im einzelnen sind dies Erinnerungen...

1) an einen *Besuch Jesu in Nazaret* während seiner Predigtwanderung durch Galiläa. Der Hinweis in V. 2b auf ein vorausliegendes Wunderwirken spricht für die markinische Wirkortfolge Kafarnaum-Nazaret[191]; die lukanische Anordnung, nach der Jesus schon zu Beginn in sein Heimatdorf kommt, läßt sich als theologisch motivierte Redaktion erklären (s.o.). Wenn Ben-Chorin aus dem Jesaja-Zitat Jes 61 in Lk 4, 18ff „mit einiger Sicherheit" schließt, daß „dieses erste Auftreten Jesu in seiner Heimatsynagoge... im Sommer erfolgte"[192], übersieht er zum einen, daß Jes 61 mit großer Wahrscheinlichkeit erst vom dritten Evangelisten als Prophetenlesung ausgewählt wird (s.o.), zum anderen, daß es für die Prophetenlesung zur Zeit Jesu wahrscheinlich noch keine Leseordnung gibt, die einen chronologischen Rückschluß erlaubt (vgl. II, 4.1.3.1).

2) den *Synagogengottesdienst am Sabbat* als konkreten Hintergrund des Auftritts Jesu in Nazaret (vgl. II, 4.1.3). Der Ort ist um die Zeitenwende zu klein, als daß in ihm wie in Marktflecken und Städten auch an Montagen und Donnerstagen Gottesdienste angeboten würden (vgl. ebd.). Die Gelegenheit, das Wort zu ergreifen, bietet sich Jesus – wenn wir der lukanischen Darstellung glauben (Lk 4, 16–27), obwohl sie erst später vom Evangelisten redigiert wird (s.o.) – mit der Prophetenlesung[193]. Vielleicht dazu eingeladen, vielleicht aber auch auf eigenen Wunsch hin, liest er die Haftara vor und erläutert sie anschließend in einer Predigt. Keine Frage, daß er sich nicht auf die übliche schriftgelehrte Textauslegung beschränkt, sondern sein zentrales Thema des Reiches Gottes anspricht und soweit wie möglich entfaltet. Auch wenn Lk 4, 21ff seinen „Sitz im Leben" in der theologisch-christologischen Reflexion der nachösterlichen Gemeinde hat, spiegeln die Verse dennoch die grundsätzliche „Methode" der jesuanischen Predigt wider.

3) an den *Eklat,* mit dem Jesu Besuch in Nazaret endet. In entwaffnender Offenheit bekennt der Text: „Und sie stießen sich an ihm" (V. 3d). „Sie" – das sind die Nazaretaner, Männer, Frauen und Kinder, „viele" an der Zahl (V. 2a), die den Zurückgekehrten, von dem man in Galiläa spricht (Lk 4,14), sehen und hören wollen. V. 3bc ist nicht zu entnehmen, ob ebenfalls Maria und seine „Geschwister" anwesend sind. Die Formulierung „hier bei uns" (V. 3c) kann auch nur bedeuten, daß die Familie „im Ort" wohnt[194].

Von Jesu Predigt ist man – wie auch andernorts (Mk 1,22.27) – tief beeindruckt (V. 2b), zugleich aber auch entsetzt. σκανδαλίζομαι/skandalízomai, oben mit „sich stoßen" wiedergegeben, besagt

---

[186] *Gnilka,* aaO., S. 229.
[187] Vgl. *Pesch,* aaO., S. 316.
[188] *Ders.,* ebd. Anm. 1.
[189] Vgl. *Haenchen,* Historie und Verkündigung, S. 161.
[190] Vgl. *Pesch,* aaO., S. 322; *Gnilka,* aaO., S. 229; *Ernst,* Markus, S. 168.
[191] Vgl. den *Exkurs* „Kafarnaum und Jesus", bes. 2.
[192] *Ben-Chorin,* Bruder Jesus, S. 46.
[193] Vgl. zum folgenden den *Exkurs* „Jesus und die Synagoge", bes. 2 und 3.
[194] Vgl. *Pesch,* aaO., S. 318, 319f Anm. 25.

im Kontext, daß man zu Fall kommt, daß man den Glauben verweigert[195]. Der von Jesus in der Predigt erhobene Anspruch der Realisierung und Vergegenwärtigung des Reiches Gottes durch seine und in seiner Person, von dem auch gegen das Schweigen der Texte auszugehen ist, ist zu ungeheuerlich, als daß man ihm glauben könnte. Und überhaupt, wer ist dieser, der ihn erhebt! Man kennt ihn als Bauhandwerker, der jahre-, ja jahrzehntelang im Dorf lebte, dessen Mutter, Brüder und Schwestern ebenfalls keine Fremden sind. Zu der sachlichen Schwierigkeit kommt die persönliche, eine Barriere, die sich aus zeitlichen und örtlichen Concreta aufbaut, die ein späterer Redaktor (s. o.) in dem zeit- und ortlosen Sprichwort vom heimatlich ungeliebten Propheten umschreibt. In diesem Sprichwort trifft Jesus über alle persönliche Integrität hinweg das Schicksal zahlloser vor und nach seiner Zeit.

Die Nazaret-Tradition endet mit Jesu Mißerfolg, kein späterer Text sucht ihn hinwegzudisputieren bzw. zu relativieren. Im Gegenteil, die immer neuen Begründungen bei Markus und Lukas deuten an, daß der „Bruch" zwischen Jesus und seinem Heimatdorf sich bis zum Ende hin durchhält. Eine bittere Wahrheit, die sich mit Hinweis auf mögliche nachösterliche Gemeinderedaktion kaum entschärfen läßt: Zusammen mit Kafarnaum und Chorazin (Mt 11, 21–24 par Lk) hat uns die Tradition in Nazaret einen weiteren galiläischen Ort überliefert, in dem Jesus scheitert – drei Orte des Mißerfolges auf einer Liste, die insgesamt nur vier Namen zählt[196].

---

[195] Vgl. *Pesch*, aaO., S. 319 (Lit.).

[196] Vgl. den Exkurs „Kafarnaum und Jesus", bes. 3 und 4.

# II. Das Land und seine Menschen um die Zeitenwende

## 1. Die ethnische Situation

Die Frage nach der ethnischen Situation im Galiläa der Zeitenwende scheint ohne Problematik, erwecken doch die Evangelien den Eindruck einer festen Verbindung mit dem Judentum. Während seines Wirkens im heimatlichen Norden begegnet Jesus nach ihrer Darstellung Heiden nur gelegentlich (vgl. Mk 5,1–20 parr; 7,24–30 par Mt; 7,31–37; Joh 4,1–26), Zuhörer und Gesprächspartner sind in der Hauptsache die Masse des jüdischen Volkes.

Nun aber haben die Evangelien theologische und nicht historische Interessen; keineswegs ist es daher erlaubt, die von ihnen gespiegelte ethnische Situation zu historisieren, d.h. einfachhin eine jüdische Bevölkerung für Galiläa vorauszusetzen. Die Frage nach dem tatsächlichen „Ist-Stand" ist auf anderem Wege zu sichern. – Doch auf welchem?

Angesichts einer schwierigen Quellensituation empfiehlt es sich, weiter auszunehmen und die ethnische Entwicklung in ihren Hauptphasen von den Anfängen bis zu dem uns interessierenden Zeitpunkt nachzuzeichnen. So eingebettet in einen größeren, übergreifenden Kontext, erhält die Situation um die Zeitenwende ihre Begründung aus einem langen geschichtlichen Prozeß.

Aus Gründen der Übersicht wird auf eine detaillierte Darstellung dieses Prozesses verzichtet. Der Überblick beschränkt sich darauf, die für die Frage wichtigsten „Stationen" zu skizzieren (vgl. M 72); allein der letzten und entscheidenden unter ihnen – dem Galiläa der Zeitenwende – wird größere Aufmerksamkeit gewidmet.

### 1.1 1200 Jahre im Überblick

1) Galiläa ist zu keiner Zeit ein rein jüdisches Gebiet. Die hier im 13./12. Jh vChr siedelnden Stämme Aser, Sebulon, Issachar, Naphtali (vgl. Jos 19,10–39) und später Dan treffen auf Kanaanäer und müssen sich mit ihnen arrangieren[1].

2) Als der Assyrerkönig Tiglatpileser III. (745–727 vChr), von König Ahas gegen den Willen des Propheten Jesaja herbeigerufen, 733 vChr weite Teile des Nordreiches Israel erobert und die Oberschicht der israelitischen Bevölkerung nach Assyrien deportiert, rücken Umsiedler aus Mesopotamien nach und vermischen sich mit den Zurückgebliebenen[2]; „da hatte das Land tatsächlich aufgehört,

---

[1] Vgl. *Alt,* Die Landnahme der Israeliten in Palästina, in: *ders.,* Kleine Schriften I, S. 89–125; *ders.,* Erwägungen über die Landnahme der Israeliten in Palästina, in: *ders.,* Kleine Schriften I, S. 126–175; *Gunneweg,* Geschichte Israels bis Bar Kochba, S. 35; *Dietrich,* Israel und Kanaan, S. 9–20; *Ohler,* Israel, Volk und Land, S. 70–108; *Weippert,* Die Landnahme der israelitischen Stämme in der neueren wissenschaftlichen Diskussion, 1967.

[2] Vgl. *Gunneweg,* aaO., S. 103–106; *Bright,* Geschichte Israels, S. 270–274; *Ehrlich,* Geschichte Israels, S. 59ff.

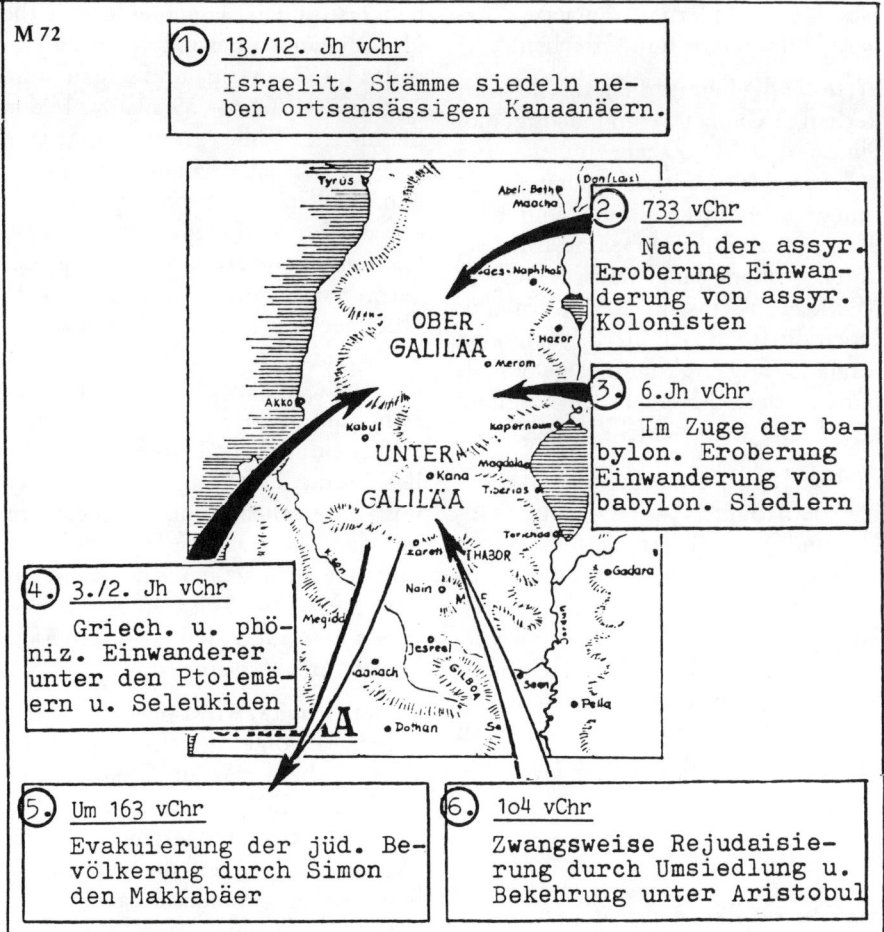

‚israelitisch' zu sein"[3], Galiläa wird zu einem „Bezirk der Heiden" (Jes 8,23)[4]. Diese Verheißung des Propheten Jesaja wird 700 Jahre später der Evangelist Matthäus aufgreifen und mit ihr den Ortswechsel Jesu von Nazaret nach Kafarnaum begründen (vgl. Mt 4,13 ff).

3) Im Zuge der Eroberung des Südreiches Juda durch die Babylonier im 6. Jh vChr dringen auch nach Galiläa aramäische und babylonische Kolonisten vor[5].

4) Unter Ptolemäern und Seleukiden schließlich kommen aus dem Westen Griechen und Phönizier ins Land[6]. Um 200 vChr gibt es in Galiläa ein „unübersehbare(s) Konglomerat von

---

[3] *Kaminka,* Studien zur Geschichte Galiläas, S. 30 f.
[4] Neun Jahre später, 722/721 vChr, wird auch Samaria erobert. Durch die Verbindung der nichtdeportierten Bevölkerung mit assyrischen Kolonisten kommt es zum Mischvolk der Samaritaner (vgl. II, 4.2.2.2.1).
[5] Vgl. *Gunneweg,* aaO., S. 113–120; *Bright,* aaO., S. 330–337; *Ehrlich,* aaO., S. 61–74.
[6] Vgl. *Gunneweg,* aaO., S. 146–151; *Bright,* aaO., S. 436–443; *Ehrlich,* aaO., S. 91–94.

Israeliten, Medern, Aramäern, Arabern, Phöniziern und Griechen"[7].

5) Im 2. Jh vChr ist die jüdische Minderheit in Galiläa so ohnmächtig, daß Simon der Makkabäer ihr um 163 vChr zu Hilfe eilt[8]. Er sammelt die Juden „samt ihren Frauen und Kindern und all ihrer Habe und führt sie unter großem Jubel nach Judäa" (1 Makk 5,23), ins jüdische Kernland. Doch dürfte es sich hierbei um keine totale Zwangsevakuierung gehandelt haben[9]; nach Alt bleibt im Bergland „die breite Unterschicht" zurück[10].

6) Um 104 vChr erobert der Makkabäer Aristobul (104–103 vChr) Galiläa und rejudaisiert es teils durch Zwangsbekehrungen heidnischer Kolonisten (nach Ant XIII 11,3 durch Nötigung zur Beschneidung und Verpflichtung auf das jüdische Gesetz), teils durch Umsiedlung judäischer Juden[11]. Dabei knüpft er vermutlich an noch vorhandene jüdische Elemente an[12].

## 1.2 Die Galiläer zur Zeit Jesu

Hundert Jahre nach dem Eingreifen der Makkabäer hat sich die Situation stabilisiert: Trotz aller Förderung des hellenistischen Elementes durch die Herodianer, insbesondere durch Herodes I. (37–4 vChr) und seinen Sohn Antipas (4 vChr – 39 nChr), bilden heidnische Völkergruppierungen in Galiläa nur eine Minderheit, die in den Großstädten Sepphoris und Tiberias lebt; die Hauptmasse der galiläischen Bevölkerung – so wenigstens vermuten Schürer[13], Alt[14], Oepke[15], Hoehner[15a] u.a. gegen Kaminka[16] – stellen die Juden. Allerdings haben die späte Judaisierung des Landes, seine allseitige Eingrenzung durch ein heidnisch-hellenistisches Umland, seine Trennung vom religiösen und politischen Zentrum Jerusalem mit dazu beigetragen, daß sich hier „ein eigenartiger Typus des jüdischen Volkes"[17] entwickelt. Außer einem eigenen a) *Dialekt* charakterisieren ihn b) *Mut* und *Tapferkeit*.

a) Sein *Dialekt* wirkt platt und ungehobelt. Infolge des Einflusses des Griechischen, das in Galiläa „vielfach" gebraucht wird und „weiten Einfluß"[18] ausübt (Mertens hält es für „wahrscheinlich, daß die meisten Galiläer neben Aramäisch auch Griechisch"[19] sprechen), fehlen ihm oft die echt semitischen Laute, die sog. Kehllaute. So lassen sich im Munde eines Galiläers nach einem von Dal-

---

[7] *Mertens*, Kleines Handbuch der Bibelkunde, S. 442.
[8] Vgl. *Gunneweg*, aaO., S. 156.
[9] Vgl. *Kopp*, Die Heiligen Stätten, S. 88.
[10] Vgl. *Alt*, Galiläische Probleme, S. 411.
[11] Vgl. *Gunneweg*, aaO., S. 161; *Ehrlich*, aaO., S. 118f; *Alt*, aaO., S. 412ff.
[12] Vgl. *Alt*, aaO., S. 422.
[13] Vgl. *Schürer*, Geschichte II, S. 1–26.
[14] Vgl. *Alt*, aaO., S. 429.
[15] Vgl. *Oepke*, Das Bevölkerungsproblem Galiläas, in: Theologisches Literaturblatt 62 (1941), S. 201–205.
[15a] Vgl. Herod Antipas, S. 53f.

[16] Vgl. *Kaminka*, aaO., S. 37. Kaminka sieht seine Vermutung, daß „das judäische Element auch noch zur Zeit des galiläischen Krieges sehr wenig oder gar nicht (sc. in Galiläa) vertreten" (S. 37) ist, dadurch bewiesen, daß sich sowohl Tiberias als auch Sepphoris und Gischala ohne weiteres den Römern ergeben (vgl. Bell III 9,8; IV 2,5; Vita 65). Vgl. zu diesem Argument im Kapitel über Sepphoris I, 5.1.4.
[17] Vgl. *Dalman*, Orte und Wege Jesu, S. 7; *Ben-Sasson*, Geschichte des jüdischen Volkes I, S. 322; *Hoehner*, aaO., S. 56ff.
[18] Vgl. *Dalman*, aaO., S. 7; vgl. *Hoehner*, aaO., S. 61ff. [19] *Mertens*, aaO., S. 442.

man zitierten Beispiel „immar" (= Lamm), „amar" (= Wolle), „chamar" (= Wein) und „ḥamar" (= Esel) nicht voneinander unterscheiden[20]. – Doch ist man nicht nur nachlässig in der Aussprache der Kehllaute, auch mit der Vokalisation nimmt man es nicht besonders genau[21]. Die rabbinische Literatur kennt eine Fülle von Beispielen, die verdeutlichen, daß man Wörter zusammenspricht und ganze Silben verschluckt[22]. Das Ergebnis, das allerdings nur im Hebräischen erkennbar wird, reicht von Sinnunschärfe bis zur Sinnentstellung. So wollte eine galiläische Frau, um ein Beispiel zu geben, sagen: „Meine Freundin, komm, daß ich dir Milch zu essen gebe!" Sie sprach es aber so aus, daß die Angesprochene verstand: „Meine Verworfene, es fresse dich die Löwin!"[23]

Einen Galiläer erkennt man also leicht an seiner Sprache. Im Hof des Hohenpriesters muß Petrus sich nach mehreren Leugnungsversuchen von einer der hohepriesterlichen Mägde sagen lassen: „Deine Mundart verrät dich!" (Mt 26,73; vgl. 14,70 par Lk 22,59). In dem großstädtischen Jerusalem rümpft man über soviel sprachliche Grobheit verächtlich die Nase; für die eingebildete jerusalemische Stadtbevölkerung ist Galiläa eben nur verachtungswürdige Provinz (vgl. Joh 7,52; Apg 2,7)[24].

b) Euphorisch klingt, was Josephus in seiner geographischen Beschreibung Galiläas über die *Tapferkeit* der galiläischen Männer schreibt: Sie halten „jedem feindlichen Angriff stand", sie sind „von Jugend auf mit dem Kampfe vertraut", und „es fehlt ihnen nie an Mut" (Bell III 3,2). Im Hintergrund dieses Urteils des jüdischen Historikers mögen persönliche Erfahrungen mit den Galiläern während seiner Zeit als Gouverneur Galiläas in den Jahren 66/67 nChr wie aber auch das Wissen um ihre Aktivitäten während eines 100jährigen Freiheitskampfes stehen, der mit der Eroberung durch Pompejus im Jahre 63 vChr beginnt und im Jüdischen Krieg von 66–70 nChr seinen Abschluß findet. Keine andere der palästinischen Landschaften leistet in diesem Zeitraum den Herrschenden in Rom und Jerusalem so tapfer Widerstand wie Galiläa (vgl. II, 2.3). Die Freiheitsliebe des Galiläers ist – so der Talmud – grenzenlos, die Ehre schätzt er höher als den Besitz[25].

## 2. Die politische Situation

In der jahrtausendelangen Zeitleiste palästinischer Geschichte gilt unser Interesse jenem kurzen Zeitabschnitt von rund 100 Jahren, in den Jesus einzugliedern ist. Es sind 100 Jahre voll politischer Aktivitäten auf verschiedenen „Bühnen" mit unterschiedlichen Akteuren (vgl. M 73). Für den

---

[20] Vgl. *Dalman*, aaO., S. 82.
[21] Vgl. *Strack/Billerbeck* I, S. 157.
[22] Vgl. *ders.*, aaO., S. 156–159.
[23] Vgl. *ders.*, aaO., S. 157.
[24] Vgl. *Ohler*, Israel, Volk und Land, S. 251:
„Der besondere Dialekt Galiläas war das Zeichen einer anderen Denk- und Lebensart, für die viele Menschen aus Judäa kein Verständnis aufbrachten."
[25] j. Keth. 29$^b$.

**Kaiser Augustus (63 vChr – 14 nChr)**
„In jenen Tagen erließ Kaiser Augustus den Befehl, alle Bewohner des Reiches in Steuerlisten einzutragen ..." (Lk 2,1).

**Kaiser Tiberius (14–37 nChr)**
„Im 15. Regierungsjahr des Kaisers Tiberius ... erging ein Gotteswort an Johannes, den Sohn des Zacharias, in der Wüste" (Lk 3,1 f).

**M 73**     Historischer Überblick

| | Römische KAISER | Legaten in SYRIEN | HERRSCHER in Palästina | OPPOSITION in Palästina |
|---|---|---|---|---|
| 50 | | Sextus Cäsar | | Hiskia aus Gamala |
| 40 | Triumvirat 43–36 | | | |
| 30 | | | HERODES der Große 37–4 | |
| 20 | OKTAVIAN AUGUSTUS –30 bis +14 | | | |
| 10 | | | | |
| 0 | | Varus 6–3 | | |
| –10 | | Quirinius 6–11 | Archelaus –4 bis +6 / Philippus –4 bis +34 / Herodes Antipas –4 bis +39 / Prokuratoren 6–70 / (5.) Prokurator Pontius Pilatus 26–36 | Judas der Galiläer / Jakob / Simon / Menachem / Jair |
| –20 | TIBERIUS 14–37 | | | |
| –30 | | | | |
| –40 | CALIGULA 37–41 | Vitellius 35–39 | Agrippa I. 41–44 | Eleazar |

Zusammenhang sind vor allem von Wichtigkeit *Herodes I.* (47.37 – 4 vChr) und sein Sohn *Herodes Antipas* (4 vChr – 39 nChr). Ihre Herrschaft erstreckt sich über fast 9 Jahrzehnte. Der lange Zeitraum deutet auf eine solide Politik hin; doch der erste Eindruck täuscht, nicht alle sind zufrieden. Unsere Untersuchung darf sich daher nicht auf Herodes I. und Herodes Antipas beschränken, sie muß auch die Opposition, *Hiskia* (um 50 vChr), seinen Sohn *Judas* (um die Zeitenwende) und ihre *Erben*, in den Blick nehmen.

## 2.1 Unter der Herrschaft des Herodes I. (37–4 vChr)

Herodes I. haben unzählige Monographien zum Thema[1], die Literatur füllt Bi-

---

[1] Vgl. *Schürer*, Geschichte I, S. 338–418; *Klausner*, Jesus von Nazareth, S. 179–230; *Reicke*, Neutestamentliche Zeitgeschichte, S. 63–79; *Schäfer*, Geschichte der Juden in der Antike, S. 95–112; *Ben-Sasson*, Geschichte des jüdischen Volkes I, S. 295–303; *Perowne*, Herodes der Große, 1957; *Sandmel*, Herodes. Bildnis eines Tyrannen, 1968; *Schalit*, König Herodes, 1969.

bliotheken. Uns, die wir streng den Blick auf Galiläa gerichtet halten, interessieren in der über 40jährigen politischen Laufbahn des idumäischen Königs (47–4 vChr) verständlicherweise nur jene Aktivitäten, die die Provinz im Norden berühren. Den Schwerpunkten der Herodianischen Karriere folgend, gilt es hier vor allem drei Zeitabschnitte zu durchleuchten, die Zeit des Herodes a) als Statthalter von Galiläa (47–43 vChr), b) als neuernannter König ohne politische Macht (40–37 vChr) und c) als machtsichernder Tyrann (37–4 vChr).

a) Als Herodes im Jahr 47 vChr, von seinem Vater Antipater als Statthalter ernannt (Ant XIV 9,2; Bell I 10,4), nach Galiläa kommt, zählt er erst 25 Jahre. Wie er zu regieren gedenkt, zeigt er gleich zu Beginn: Rücksichtslos, ohne gerichtliche Untersuchung und ohne zuvor das zuständige Synedrium in Jerusalem zu konsultieren, läßt er den „Räuberhauptmann" (ἀρχιληστής/archilaestáes)[2] Hiskia „mit vielen seiner Raubgenossen" (Ant XIV 9,2; Bell I 10,5) ergreifen und eigenmächtig hinrichten. Wegen dieser Überschreitung seiner Machtbefugnisse[3] zur Rechenschaft gezogen, erscheint er zwar in Jerusalem vor dem Synedrium, nicht aber, wie es sich für einen des Mordes Angeklagten geziemt, in schwarzem Trauergewand, sondern in Purpur, mit geschniegeltem Haupthaar und von einer Leibwache umgeben (Ant XIV 9,4; Bell I 10,7)[4]. Als einer der Versammelten, der gerechte und furchtlose Schammai, ihn anzuklagen wagt (Ant XIV 9,4) – die übrigen Ratsmitglieder hat „das unverschämte Auftreten des Idumäers"[5] eingeschüchtert –, flieht Herodes nach Damaskus zu seinem Beschützer und Intimfreund Sextus Cäsar, dem Statthalter von Syrien, um aber später mit einem bewaffneten Heer nach Jerusalem zurückzukehren. Nur mit größter Mühe gelingt es Vater und Bruder, seinen Groll zu beschwichtigen und ihn von einer Strafaktion gegen die Stadt abzuhalten (Ant XIV 9,5; Bell I 10,9).

b) Im Jahre 40 vChr übertragen ihm auf eigene Bitten hin Antonius und Oktavian nach nur einwöchigen Beratungen die Würde des Königs der Juden (Ant XIV 14,4; Bell I 14,4)[6]. Doch ist dies zunächst nur ein Titel ohne Inhalt. Als der neu ernannte König nach seiner Rückkehr aus Rom in Ptolemais an Land geht, fehlt ihm jede militärische Macht, auf die er sich zur Durchsetzung seines römischen Mandates gegenüber dem Hasmonäer Antigonus stützen kann. Er schafft sie sich in „einem nicht unbe-

---

[2] ληστής/ laestáes ist bei Josephus geradezu Terminus technicus für alle Rebellen: vgl. Ant XVI 9,1; XVII 10,5; XX 1,1; Bell II 13,2; 14,1; IV 3,3; V 1,5; Vita 22.
[3] Das Recht der „peinlichen Gerichtsbarkeit" auch in Galiläa lag in Händen des Synedriums. Dadurch, daß Herodes Todesurteile auf eigene Faust verhängt hatte, verstieß er gegen bestehende Ordnungen und machte sich des Todes schuldig. – Vgl. hierzu Schalit, aaO., S. 42 Anm. 137.
[4] Nicht ohne bewaffnete Leibwache vor dem Synedrium aufzutreten, hatte ihm heimlich sein Vater Antipater geraten (Ant XIV 9,4). Offenbar auch wußte Herodes, daß sein intimer Freund Sextus Cäsar König Hyrkan schriftlich aufgefordert hatte, ihn freizusprechen (Ant XIV 9,4; Bell I 10,7).
[5] Schalit, aaO., S. 45.
[6] Schalit (aaO., S. 88) spricht von einer überstürzten Thronerhebung. Ausschlaggebend für die rasche Entscheidung waren politische Überlegungen: Rom brauchte in dem unruhigen Judäa eine feste und tatkräftige Hand, die dazu bereit war, die römischen Interessen durchzusetzen. Eine solche hatte Herodes als Gouverneur von Galiläa gezeigt, daher setzte man auf ihn.

trächtlichen Heer von Fremden und Einheimischen" (Bell I 15, 3; vgl. Ant XIV 15, 1–3) und beginnt sogleich den Kampf. Ehe dieser nach drei Jahren, im Frühjahr 37 vChr, mit der Eroberung Jerusalems zugunsten des Herodes entschieden wird (Ant XIV 16; Bell I 18)[7], wechseln die Kampfplätze in rascher Folge von Norden nach Süden und umgekehrt (Ant IX 15; Bell I 15; 16; 18); besonders zähen Widerstand leistet in dieser Zeit *Galiläa*:

– Einen ersten Anlauf zur Eroberung unternimmt Herodes sogleich nach seiner Landung in Ptolemais. Folgt man Josephus, hat er gleich zu Beginn beträchtlichen Erfolg; nach Ant XIV 15, 1 steht „mit wenigen Ausnahmen bald ganz Galiläa auf seiner Seite". Doch ist diese Nachricht entweder frei erfunden oder stark übertrieben; denn aus dem ganzen Verlauf des Krieges geht hervor, „daß gerade Galiläa derjenige Landesteil (ist), der den Widerstand gegen Herodes bis zu dessen endgültigem Siege"[8] fortsetzt.

– Wie wenig die Landschaft im Norden tatsächlich auf ihren ehemaligen Gouverneur hört, zeigt die Tatsache eines neuerlichen Angriffes am Anfang des Jahres 38 vChr[9]. Da Antigonus Sepphoris mit nur wenigen seiner Leute gesichert hat, gelingt es Herodes, sich ohne große Anstrengung im Herzen Galiläas festzusetzen (Ant XIV 15, 4; Bell I 16, 2). Das Heer der Galiläer schlägt er in einer Entscheidungsschlacht bei dem Dorfe Arbel. Diejenigen, die sich in die Höhlen der umliegenden Felswände zurückziehen (vgl. I, 3.3), überwindet er, indem er Soldaten in großen Kästen von der Spitze der Felsen zu den Höhlenverstecken abseilen läßt (Ant XIV 15, 5; Bell I 16, 4). Gewinner des erbitterten Kampfes ist schließlich der König, ganz Galiläa ist nun in seiner Gewalt. Nachdem er einen seiner Freunde mit Namen Ptolemaios zum Strategen über das eroberte Gebiet eingesetzt hat, wechselt er mit seinen Truppen zum Kampf mit Antigonus nach Samaria (Ant XIV 15, 6).

– Doch kaum hat Herodes den Rücken gekehrt, erheben sich die Galiläer aufs neue, erschlagen Ptolemaios und flüchten in sumpfige, unwegsame Gegenden, von wo aus sie das ganze Land verwüsten. Einen Teil von ihnen läßt der König nach seiner sofortigen Rückkehr hinrichten, einen anderen Teil in den Festungen, in die sie sich zurückgezogen haben, niedermachen. Den Festungen selber erlegt er zur Strafe eine Buße von hundert Talenten auf (Ant XIV 15, 6; Bell I 16, 5).

– Und noch ein viertes Mal in diesen drei Jahren des herodianischen Machtkampfes zeigt Galiläa, daß es jede Gelegenheit zum Widerstand nutzt, mögen die zu erwartenden Strafen auch noch so weh tun. Als der König sich zu Verhandlungen bei Antonius aufhält, fallen die Galiläer – ermutigt durch die Ermordung des königlichen Bruders Josef und die Vernichtung seines Heeres durch Antigonus – von ihren Befehlshabern ab und ertränken des Herodes Parteigänger im See Gennesaret (Ant XIV 15, 10; Bell I 17, 1–2). Wiederum muß der König herbeieilen, um den Brand des galiläischen Aufstandes zu löschen (Ant XIV 15, 11).

c) Fortan, von 37–4 vChr, bleibt Galiläa in den Quellen unerwähnt. Fast scheint es, als habe Herodes es in seinem durch kaiserliche Schenkungen immer größer werdenden Reich (M 74)[10] aus den Augen verloren; doch der Schein trügt.

Herodes regiert – und hier kann die neuere Forschung die ältere nur bestätigen – mit größter Grausamkeit. „Wo nur immer sein Interesse es zu fordern schien", so Schürer, „griff er

---

[7] Antigonus wird gefangengenommen, Antonius übergeben und auf dessen Geheiß hingerichtet (Ant XIV 16, 2.4; Bell I 18, 2–3).
[8] *Schalit*, aaO., S. 90.
[9] Das Datum ist aus der Josephschen Bemerkung zu erschließen, daß Herodes Sepphoris „in heftigem Schneegestöber" erobert (Bell I 16, 2; Ant XIV 15, 4).
[10] *Ben-Sasson*, aaO. I, S. 297.

Das Königreich des Herodes I. (37–4 vChr)  Durch Eroberungen und Schenkungen schafft Herodes ein Reich, das am Ende fast das ganze Kulturland zwischen Damaskus und Ägypten umfaßt. Zu seinem „Stammland" gehören Judäa, Idumäa, Galiläa und Peräa. In den ersten Jahren seiner Regierung, von 37-30 vChr, gelingt es ihm, das ehemalige Philistergebiet im Südwesten, Samaria, Gebiete um Jericho und Landstriche östlich von Peräa und im Osten des Sees Gennesaret zu erobern. Nach 23 vChr erweitert er sein Herrschaftsgebiet nach Norden hin durch Eroberung der Gaulanitis, von Batanea und Trachonitis. – Fluchtmöglichkeiten schafft sich der Tyrann in den Burgen Herodeion und Hyrkania in der judäischen Wüste, Masada im Westen und Machärus im Osten des Toten Meeres. – Mittelpunkt dieses Reiches ist Jerusalem.

mit eherner Hand durch, und mochte es auch Ströme Blutes kosten"[11]. „Grausam und unter Schrecken", im gleichen Sinne Schalit, „hielt der König die Zügel der Herrschaft in der Hand und schrak vor keiner Gewalttat und keinem Blutvergießen zurück, wenn es galt, seine Herrschaft zu si-

---

[11] *Schürer*, aaO. II, S. 376.

chern."[12] In seinem Bemühen um den Thron kann er auf eine starke militärische Macht, einen tüchtigen Beamtenapparat und ein Heer von Agenten zurückgreifen[13]. „Herodes ließ" – so weiß Josephus zu berichten – „alle seine Untertanen aufs schärfste beobachten und nahm ihnen so jede Möglichkeit, ihre Unzufriedenheit mit seinem Regime auszudrücken ... Überall stellte er Spione an ... Überall, in der Stadt und auf den Landstraßen, gab es Leute, die alle Zusammenkünfte zu beobachten hatten" (Ant XV 10, 4).

In diesem perfekt kontrollierten System – so darf man vermuten – ist auch *Galiläa* nicht vergessen. Wenn auch weiter von Jerusalem entfernt, spürt es doch wie das ganze übrige Land die grausame Hand des Tyrannen. Die Quellen schweigen über Galiläa, nicht, weil das Ländchen keinen Grund zur Klage gehabt hätte, sondern weil seiner Klage jeder Raum der Artikulation genommen war.

---

*Herodes I.* erwähnen allein Matthäus und Lukas, allerdings nur in ihren „Vorgeschichten" (Mt 2, 1.3.7.12.13. 15.16.19.22; Lk 1, 5). Beide Evangelisten stimmen darin überein, daß Jesus „zur Zeit des Königs Herodes" (Mt 2, 1; vgl. Lk 1, 5) geboren wird.

---

[12] *Schalit*, aaO., S. 654f. – Zum gleichen Ergebnis kommt auch *Sandmel*, aaO., S. 248: „Machtgier ließ Herodes nach seinem Thron streben, der ihm nicht zustand. Als er ihn erlangt hatte, galt es, ihn zu behaupten. Das zwang ihn, brutal, erbarmungslos und tyrannisch vorzugehen."
[13] Vgl. *Ben-Sasson*, aaO. I, S. 298f.

## 2.2 Als Tetrarchie des Herodes Antipas (4 vChr – 39 nChr)

Nach dem Tode des Herodes im Jahre 4 vChr wird das Erbe, so wie es der König in seinem letzten, im nachhinein von Augustus bestätigten Testament angeordnet hat, an seine Söhne Archelaos (a), Philippus (b) und Herodes Antipas (c) aufgeteilt (Ant XVII 11, 4; Bell II 6, 3)[14].

a) Idumäa, Judäa und Samaria (vgl. M 75), die historisch und religiös bedeutendsten Landesteile, fallen an *Archelaos* (4 vChr – 6 nChr) (Ant XVII 11, 4; Bell II 6, 3), einen Sohn des Herodes und der Samaritanerin Malthake. Entgegen dem Vorschlag seines Vaters billigt Rom ihm zunächst nur den Titel eines „Ethnarchen" (= „Herrscher des Volkes") zu, den Königstitel soll er sich durch eine gute Regierung „verdienen" (Ant XVII 11, 4; Bell II 6, 3). Doch ist seine Herrschaft so grausam und willkürlich, daß Augustus ihm auf die Klagen von Judäern und Samaritanern hin sein Vermögen entzieht und ihn im Jahre 6 nChr nach Vienne im Rhônetal verbannt (Ant XVII 13, 2; Bell II 7, 3). Idumäa, Judäa und Samaria werden zur römischen Provinz erklärt (Ant XVII 13, 5; Bell II 9, 1) und von einem Prokurator (= Statthalter) unter der Oberaufsicht des syrischen Legaten verwaltet[15]. Ihr fünfter ist der durch den Prozeß Jesu bekannt gewordene Pontius Pilatus (26–36 nChr)[16].

---

Der unrühmliche Name des *Archelaos* hat sich allein in der „Vorgeschichte" des Matthäus erhalten. Aus Angst vor seiner Grausamkeit umgeht Josef auf dem Rückweg von Ägypten das heimatliche Betlehem und zieht nach Galiläa weiter, wo er in Nazaret eine neue Heimat findet (vgl. Mt 2, 22)[17].

---

[14] Vgl. *Reicke*, aaO., S. 82ff; *Gunneweg*, Geschichte Israels bis Bar Kochba, S. 168–177; *Dommershausen*, Die Umwelt Jesu, S. 41–45; *Schäfer*, Geschichte der Juden in der Antike, S. 115–119.
[15] Vgl. *Reicke*, aaO., S. 99–102.

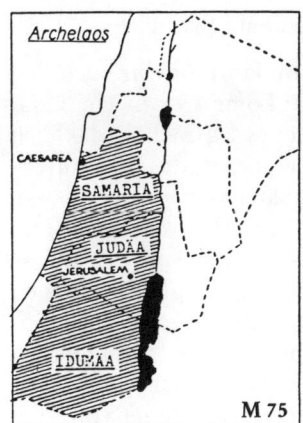 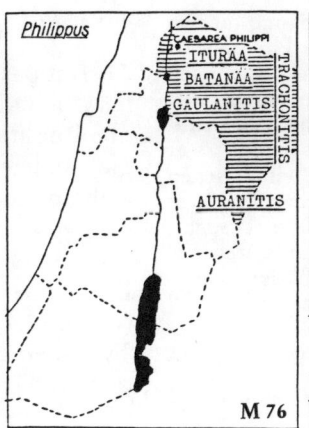 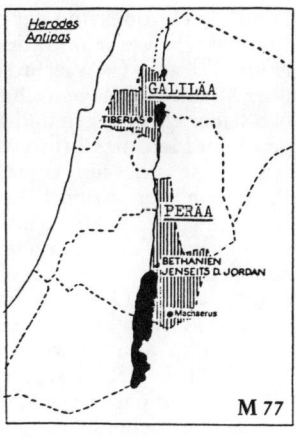

b) Die Gebiete östlich und nördlich des Sees Gennesaret – die Landschaften Trachonitis, Batanäa, Auranitis, Gaulanitis und ein Teil von Ituräa (vgl. M 76) – bilden die Tetrarchie des *Philippus* (4 vChr – 34 nChr) (Ant XVII 11,4; Bell II 6,3), eines Sohnes des Herodes und der Kleopatra von Jerusalem[18]. Trotz ihrer Weite stellt sie das unbedeutendste Drittel des herodianischen Erbes dar. Das Land ist nur dünn besiedelt, die Bevölkerung setzt sich überwiegend aus Syrern und Griechen zusammen[19]. Philippus, von umfassender griechischer Bildung[20], verwaltet sein Erbteil mit kluger Hand; Josephus weiß nichts Negatives über ihn zu berichten (Ant XVIII 4,6). Wie sein Vater liebt er die Baukunst: Er erhebt das alte Paneas als Cäsarea Philippi zu seiner Residenzstadt, Betsaida erneuert er als Julias (Ant XVIII 2,1). Als der Tetrarch im Jahre 34 nChr nach 37jähriger friedlicher Regentschaft stirbt (Ant XVIII 4,6), wird seine Tetrarchie zunächst für einige Jahre der Provinz Syrien eingegliedert, fällt dann aber von 41–44 nChr an Agrippa I. (Ant XVIII 6,10–11; Bell II 9,6).

*Philippus* und sein Land finden sich in den Evangelien in wenigstens vier Bezügen verankert: 1. Den Tetrarchen mit Namen erwähnt allein Lukas in seinem „Synchronismus" Lk 3,1[21]. – 2. Bei Salome, der Frau des Regenten, handelt es sich um jene Tänzerin, die nach Mk 6,17–29 Herodes Antipas so zu begeistern vermag, daß dieser ihr einen Wunsch freigibt: Auf Drängen ihrer Mutter Herodias bittet Salome um das Haupt des Täufers. – 3. In die Umgebung von Cäsarea Philippi, der Landeshauptstadt, lokalisiert die markinische Tradition das Messiasbekenntnis des Petrus (Mk 8,27–30). – 4. Aus Betsaida schließlich kommen Philippus wie auch Simon und Andreas, die zu den Erstberufenen und zu den besonderen Freunden Jesu zählen (vgl. I, 3.3).

c) Galiläa und das jenseits des Jordan liegende Peräa (vgl. M 77) gelangen an *Herodes Antipas* (4 vChr – 39 nChr) (Ant XVII 11,4; Bell II 6,3), einen zweiten

---

[16] Zu Pilatus vgl. Ant XVIII 35,55 bis 64.85–89.117; Bell II 9,2–4; *Philo*, Leg. ad Gaium 38; *Tacitus,* Ann. XV 44. – *Klausner,* Jesus von Nazareth, S. 478–483; *Blinzler,* Der Prozeß Jesu, S. 187–198; *Winter,* On the trial of Jesus, S. 51–61; *Reicke,* aaO., S. 129–131; *Klijn* in: BHHW III, Sp. 1472f (Lit.), Strobel, Die Stunde der Wahrheit, S. 95–106.

[17] Vgl. Exkurs „Nazaret und Jesus", hier 2.1.
[18] Vgl. *Reicke,* aaO., S. 93f; *Schäfer,* aaO., S. 116; *Dommershausen,* aaO., S. 42f.
[19] Vgl. *Schäfer,* aaO., S. 116.
[20] Nach Bell I 31,1 wird Philippus zusammen mit Archelaos in Rom erzogen.
[21] Vgl. Exkurs „Nazaret und Jesus", hier 2.3.

Sohn des Herodes und der Samaritanerin Malthake[22]. Wie sein Bruder Philippus ist er nur Tetrarch (= Vierfürst). Als er nach über 40jähriger Regentschaft auf Betreiben seiner ehrgeizigen und herrschsüchtigen Frau Herodias[23] (ihretwegen löste er seine erste Ehe mit einer nabatäischen Prinzessin des Königs Aretas IV.[24]) in Rom um die Königswürde nachsucht, wird er nach Verleumdungen durch seinen Schwager Agrippa von dem launischen Caligula (37–41 nChr) im Jahre 39 nChr nach Lyon in Gallien verbannt; Herodias folgt ihm freiwillig ins Exil (Ant XVIII 7,1–2; Bell II 9,6).

Herodes Antipas herrscht in Galiläa ein ganzes Menschenleben lang, insgesamt 43 Jahre, nirgends jedoch findet sich seine Regierung bewertet. Mag es auch zutreffen, daß er von den Herodianern „ohne Zweifel den höchsten Rang"[25] einnimmt und „der jüngste und der begabteste Sohn des großen Herodes"[26] ist, so wird damit dennoch nichts Konkretes darüber ausgesagt, wie er seine Tetrarchie verwaltet, ob despotisch oder wohlwollend, ob eigennützig oder selbstlos. Nur wenige Informationen aus Josephus und den neutestamentlichen Schriften erlauben Rückschlüsse, das Bild bleibt lückenhaft.

*Antipas* erwähnt Markus 11mal (3,6; 6,14.16.17.18.20.21.22; 8,14.15 und 12,13), Matthäus 4mal (14,1.3.6 und 22,16), Lukas 13mal (3,1.19; 8,3; 9,1.7.9; 13,31; 23,6.7.8.11.12.15), die Apostelgeschichte 2mal (4,27 und 13,1) – insgesamt also 30mal. Die hohe Zahl der Nennung verschleiert den wahren Informationswert insofern, als sie eine Vielzahl von Texten suggeriert; in Wirklichkeit aber handelt es sich um nur wenige eigenständige Traditionen (vgl. die Kumulierung des Namens in Mk 6; Mt 14 und Lk 9; 23).

### 2.2.1 Mit neuem „Profil"

Als Antipas im Jahre 4 vChr nach Galiläa kommt, kommt er in ein Land ohne politisches „Gesicht", das sich niemandem einprägt, das man durchzieht, ohne später zu wissen, daß man dort gewesen ist. Als Provinz des Herodes I. (37–4 vChr) war das kleine Land, wie wir oben gesehen haben (vgl. II, 2.1), nicht vergessen, für den Tyrannen aber von nur geringem Interesse. Wohl lassen sich noch in einem Turm auf dem Hügel von Sepphoris und vielleicht auch in dem kleinen römischen Theater Spuren herodianischer Baukunst ausmachen (vgl. I, 5.1.3), doch können sich diese mit denen in Samaria, Cäsarea a. M., Jericho oder Jerusalem nicht messen[27]. Offenbar bereitet Varus die Einnahme der Stadt nur wenig Mühe, als er im Jahre 4 vChr anrückt, um römerfeindliche Aktivitäten einer rebellischen Gruppe um Judas Galilaeus zu sanktionieren (Ant XVII 10,9; Bell II 5,1). Die beiden anderen galiläischen Städte, Magdala[28] und Gennesar, profitieren zwar schon seit je von ihrer verkehrsgünstigen Lage an der Via Maris, stehen um die Zeitenwende aber erst am Anfang ihrer Entwicklung. Insgesamt drei Punkte in einer der schönsten Landschaften Palästinas, die bei Regierungsantritt des Antipas aber zu blaß sind, als daß sie einem Land wie Galiläa Profil geben könnten.

Wie dieses farblose „Bild" zu beleben ist, hat der junge Tetrarch von seinem

---

[22] Zu Herodes Antipas vgl. *Schürer*, aaO. I, S. 431–449; *Klausner*, aaO., S. 219 ff; *Reicke*, aaO., S.92 f; *Blinzler*, aaO., S. 208 ff; *Ben-Sasson*, aaO. I, S. 312 ff; *Schäfer*, aaO., S. 116–118; bes. *Hoehner*, Herod Antipas, 1972; *Freyne*, Galilee, S. 68–71.

[23] Vgl. *Dommershausen*, aaO., S. 44.
[24] Vgl. Ant XVIII 5. – Infolge der Scheidung kommt es im Jahre 36 nChr zu einem folgenschweren Krieg mit Aretas IV., in dem der syrische Statthalter Vitellius dem Herodes Antipas zu Hilfe kommen muß.

Vater nicht nur gelernt, sondern auch ererbt; in seinen Adern fließt die väterliche Leidenschaft der Baukunst. Er realisiert sie in Galiläa[29] – und dies ist für Freyne „perhaps politically the most significant action of Antipas"[30] – in wenigstens zwei Großprojekten[31]: Gleich zu Beginn seiner Regierung, vermutlich in den Jahren 3 oder 2 vChr, baut er das im Herzen Untergaliläas gelegene und von vielen Dörfern umgebene *Sepphoris* (Vita 65) wieder auf. Die neue Stadt kann sich sehen lassen (vgl. I, 5.1.3). Gemessen an anderen Städten in Judäa und in der Dekapolis, ist ihr äußerer Glanz zwar bescheiden, keineswegs aber so unauffällig, daß er nicht in die Augen stäche. Als Hauptstadt der Tetrarchie Galiläa und Peräa ist Sepphoris jedenfalls in Rom bekannt.

Einen die Jahrhunderte überdauernden Glanzpunkt aber schafft Antipas mit einer Neugründung „am See Gennesar im schönsten Teil von Galiläa" (Ant XVIII 2,3) in den Jahren 17–22 nChr, die er – in serviler Freundschaft zum römischen Kaiser[32] – *Tiberias* nennt (vgl. I, 3.3). Seitdem Philoteria unter Alexander Jannäus (103–76 vChr) dem Erdboden gleichgemacht wurde, ist Ostgaliläa ohne Verwaltungszentrum. Tiberias füllt diese Lücke, mehr noch, mit der Umsiedlung des Tetrarchen von Sepphoris in die neue Stadt wird es zum Mittelpunkt ganz Galiläas. „Von allen Leistungen des Herodes Antipas erweist sich der Bau von Tiberias als die dauerhafteste; die Stadt existiert noch heute."[33]

Unter modernen Gesichtspunkten erscheinen der Wiederaufbau von Sepphoris und die Neugründung von Tiberias vielleicht als zu wenig an baulicher Maßnahme, um als profilgebend für Galiläa ausgedeutet zu werden. Vergessen werden darf bei solcher Diskussion allerdings nicht, daß es sich bei Galiläa mit seinen 1600 qkm (vgl. I, 2.2) um ein nur kleines Land handelt. Jedenfalls gibt Antipas mit Sepphoris und Tiberias den beiden wichtigsten Landschaften seiner nördlichen Tetrarchie, Untergaliläa und dem Gebiet um den See Gennesaret, einen Mittelpunkt von entscheidender sozialer und kultureller Bedeutung. Allein Obergaliläa, dieses hoch aufragende, zerklüftete und schwerer zugängliche Gebirgsplateau, bleibt weiterhin isoliert.

### 2.2.2 Unter direktem hellenistischem Einfluß

Unter Antipas verändert sich das Bild Galiläas aber nicht nur äußerlich! War das kleine Land zur Zeit der herodianischen Tyrannei (37–4 vChr) dem Einfluß des Hellenismus nur indirekt ausgesetzt, allein durch seine

---

[25] *Ben-Sasson*, aaO. I, S. 312.
[26] *Blinzler*, aaO., S. 208.
[27] Eine ausführliche Darstellung der Bautätigkeit des Herodes I. in: *Schalit*, aaO., S. 328–402: Der königliche Bauherr.
[28] Die neueren Ausgrabungen in Magdala könnten vielleicht mithelfen zu klären, aus welcher Epoche das in Bell II 21,3 erwähnte Hippodrom stammt, aus der Herodianischen, der Antipianischen oder der Josephschen „Epoche".
[29] In dem anderen Teil seiner Tetrarchie, in Peräa, befestigt Antipas Bet-Haran, das er zunächst zu Ehren der Frau des Kaisers Augustus „Livias", nach dem Tod des Kaisers der neuen Kaiserin entsprechend „Julias" nennt.
[30] *Schürer*, aaO. I, S. 433; *Freyne*, aaO., S. 69.
[31] Vgl. *Freyne*, aaO., S. 68 ff 122–134; *Schäfer*, aaO., S. 117; *Ben-Sasson*, aaO. I, S. 313; *Hoehner*, Herod Antipas, S. 83–100.
[32] Vgl. *Gunneweg*, aaO., S. 176.
[33] *Ben-Sasson*, aaO. I, S. 313.

Insellage inmitten hellenistischer Nachbarn und als Durchgangsland (vgl. II, 4), erhält es in Sepphoris und Tiberias, im Herzen zweier Regionen, zwei hellenistische „Stützpunkte" von nicht zu unterschätzender Bedeutung. Bei der Anlage beider Städte beschränkt sich der Tetrarch nicht auf Befestigungsanlagen, beide stattet er vielmehr mit für eine hellenistische Stadt typischen Bauwerken aus: Reste eines *Theaters* wurden in Sepphoris freigelegt (vgl. I, 5); für Tiberias bezeugen die Quellen einen überaus prächtigen, mit Tierbildern dekorierten *Palast*[34] und ein *Stadion* (Bell II 21, 6; III 10, 10; Vita 17, 64)[35]. Daß Antipas Theater und Stadion gezielt zur Verbreitung hellenistischer Kultur genutzt hätte, ist nicht bekannt, letztlich auch uninteressant, wirkten beide Einrichtungen mit ihren Angeboten doch durch sich selber; zumindest Sepphoris lag günstig inmitten von vielen Dörfern (Vita 65). In welcher Richtung sie wirkten, bleibt allerdings nur zu vermuten, ohne daß genauere Angaben möglich wären: Einen Teil der galiläischen Bevölkerung wird die neue Kultur in vielen Spielarten zur Vernachlässigung, einen anderen dagegen zur strengeren Observanz des jüdischen Gesetzes angeregt haben. Ein dritter Teil schließlich dürfte einen neuen Weg versucht haben, eine Art Symbiose aus Judentum und Hellenismus, die der Tetrarch – soweit überhaupt für die Allgemeinheit erkennbar – vorzudemonstrieren schien. Mochte man sich auch über die Echtheit seiner Motivation streiten, ein sicher publiziertes Faktum war, daß er sich zu den jüdischen Festen nach Jerusalem hinauf begab (Ant XVIII 5,3; Lk 23,7), daß er wie sein Vater darauf verzichtete, Münzen mit seinem Bildnis zu prägen[36] (M 78) – und das trotz seiner allseits bekannten Vorliebe für die hellenistische Kultur. Diese und andere Überlegungen[37] lassen mit Freyne vermuten, daß im Galiläa des Antipas, in einem Zeitraum von über vier Jahrzehnten, „a new kind of Galilean Jew emerges, who is at once a man of the hellenistic world *and* a Jew"[38].

### 2.2.3 Von strenger, aber nicht tyrannischer Hand regiert

Antipas' Regierung ist – und hier sehen Filson[39] und Freyne[40] wohl richtig – „(a) period of stability for political life in Galilee"[41]. „He was a good ruler"[42], lautet das zusammenfassende Urteil Hoehners. Unter den Faktoren, die es in einer Rückfrage nach den Gründen zu bedenken gilt[43], dominiert sicherlich das hauptsächlich aus dem Schweigen der

---

[34] Diese Tierbilder verletzen viele Juden und werden im Jüdischen Krieg von Fanatikern zerstört (vgl. *Schürer*, aaO. I, S. 433).
[35] Ganz nach hellenistischem Vorbild auch ist die Stadtverwaltung von Tiberias verfaßt: An der Spitze eines Rates von 600 Mitgliedern stehen ein „Archon" und ein Ausschuß von „Zehn Ersten" (vgl. *Schürer*, aaO. I, S. 433).
[36] Vgl. *Schäfer*, aaO., S. 117; *Freyne*, aaO., S. 69.
[37] Vgl. *Freyne*, aaO., S. 71.
[38] Ebd. – Hervorhebung durch den Autor.

[39] Vgl. *Filson*, Geschichte des Christentums in neutestamentlicher Zeit, S. 38.
[40] Vgl. *Freyne*, aaO., S. 68–71.
[41] *Ders.*, aaO., S. 68.
[42] *Hoehner*, Herod Antipas, S. 264.
[43] So wichtig der soziale Aspekt in diesem Kontext auch ist, für seine Bewertung fehlen leider alle Quellen. Sozial positiv wirkte sich mit Sicherheit des Antipas Bautätigkeit (Wiederaufbau von Sepphoris) aus, die vielen Menschen Arbeit und Brot gab (vgl. *Hoehner*, aaO., S. 65–79).

**Bronzemünze des Herodes Antipas** mit Siegeskranz und Palmzweig (natürliche Größe); die Aufschrift in Griechisch lautet: „Der Tetrarch Herodes – dem Gaius Caesar Germanicus." Die Münze nennt den Namen des Kaisers Caligula, doch fehlt das für Juden anstößige Kaiserbild.

M 78

Quellen zu erschließende Faktum, daß der Tetrarch „viel weniger gewalttätig"[44] regiert als sein Vater. Läßt dieser ehemals, im Jahre 47 vChr, noch als nur 25jähriger Gouverneur von Galiläa den galiläischen „Rebellen" Hiskia kurzerhand, ohne Prozeß, hinrichten (vgl. II, 2.1), sieht Antipas offenbar von Strafaktionen dieser Art ab; Josephus (37–100/110 nChr), fast ein Zeitgenosse des Tetrarchen und durch seine Tätigkeit als jüdischer Truppenführer in Galiläa in den Jahren 66–67 nChr mit den galiläischen Verhältnissen bestens vertraut, weiß nichts zu berichten. Dabei hat sich die Situation nicht geändert; im Gegenteil, dadurch, daß die Opposition sich im Jahre 6 nChr zusammenschließt (Ant XVIII 1,1–6), wird der Widerstand organisiert und verschärft. Antipas begegnet ihm – und hier findet das Schweigen der Quellen seine Bestätigung und Interpretation in Jesu Charakterisierung seines Landesherrn als „Fuchs"[45] (Lk 13,32) – mit Klugheit und diplomatischem Geschick. Was ihm an Schläue nicht vom Vater vererbt wurde[46], lehrt ihn die Erfahrung, konkret das Schicksal seines Bruders Archelaos, der seine Grausamkeit mit der Verbannung büßen muß. Rom reagiert nach dem Tod des Herodes I. (4 vChr) auf Beschwerden sensibler. Was er sich erlauben durfte, wird nicht im gleichen Maße seinen Söhnen zugestanden; ihr „Thron" steht auf weniger festem Fundament.

Doch entspricht Antipas in seinem Bild auch kaum dem eines „düsteren Inquisitors"[47] bzw. eines tyrannischen Herrschers[48], darf er aber ebensowenig als der menschenfreundliche, allein um das Wohlergehen seiner Untertanen besorgte Landesherr angesehen werden. Mangelnde Rücksicht vor religiösen Empfindungen z. B., um die er wohl weiß (Ant XVIII 2,3), dokumentiert die Neugründung von Tiberias auf einem alten Gräberfeld; kühle, machtpolitische Berechnung verrät die Hinrichtung des Täufers[48a]. Den Evangelien nach wird Johannes eingekerkert, weil er den doppelten Ehebruch des Tetrarchen tadelt (Mk 6,17–29 par Mt/Lk). Richtig aber auch mag die Darstellung des Josephus sein, nach der Antipas fürchtet, „es möchte der so gewal-

---

[44] *Reicke*, aaO., S. 92.
[45] Der Talmud nennt den Fuchs „den Listigsten unter den Tieren" (vgl. Berachoth 61[B]).
[46] Vgl. *Schäfer*, aaO., S. 116 f: „Er (Antipas) gilt als der typischste Sohn seines Vaters in dessen negativen Eigenschaften (schlau, ambitiös, prunksüchtig)."
[47] *Blinzler*, aaO., S. 209.
[48] Vgl. *Gunneweg*, aaO., S. 176.
[48a] Vgl. Hoehner, aaO., S. 110–171.

tige Einfluß (des Täufers) auf die Menge einen Aufstand herbeiführen" (Ant XVIII 5, 2); tatsächlich trennt man damals nicht zwischen politischer und religiöser Hoffnung. „Wahrscheinlich spielte beides eine Rolle, überwiegend aber sicher die Gefahr des politischen Aufruhrs."[49]

Antipas' Regierung in Galiläa währt 43 Jahre, ein Menschenleben lang; allein die zügellose Machtsucht seiner Frau Herodias beendet sie vorschnell[50]. Daß sie eine insgesamt ruhige und friedliche Epoche ist[51], hat seinen wichtigsten Grund in dem diplomatischen Geschick des Tetrarchen. Nur weil er zwischen den verschiedenen Interessen hin und her zu balancieren weiß, kann er sich über vier Jahrzehnte an der Macht halten[52].

## 2.3 Die Widerstandskämpfer

Gerne verbindet man mit dem Begriff der galiläischen Widerstandskämpfer[53] jene Gruppe von Aufständischen, die sich im Zuge des von Quirinius erlassenen Zensus im Jahre 6 nChr (vgl. Lk 2, 1)[54] um Judas den Galiläer schart. Übersehen werden dabei Protestaktionen, die ein halbes Jahrhundert zuvor ihren Anfang nehmen. Eine Geschichte des Zelotismus – in welcher Form auch immer – hat demnach nicht nur die ersten 70 Jahre diesseits der Zeitenwende in den Blick zu nehmen, sondern auch die letzten 60 Jahre im 1. vorchristlichen Jahrhundert, insgesamt also etwa 130 Jahre. Eckdaten sind nach vorne hin die Eroberung Palästinas durch Pompejus im Jahre 63 vChr, nach rückwärts die Eroberung Masadas im April 74 nChr durch den römischen General Silva[55].

### 2.3.1 Von Hiskia über Judas und seine Söhne zu Eleazar ben Jair

a) Erstmals konkret begegnen wir galiläischen Opponenten in dem „Räuberhauptmann" *Hiskia* aus Gamala und seiner Truppe, die der junge Herodes gleich zu Beginn seiner Statthalterschaft 47 vChr in Galiläa aufspürt und kurzerhand und ohne Prozeß tötet (Ant XIV 9, 2). Josephus nennt sie verächtlich „Räuber" (Ant XIV 9, 2), in Wirklichkeit aber handelt es sich bei ihnen um patriotische Terroristen, um extreme Nationalisten, die „sich zu jeder Zeit (finden), wenn die Not eines Volkes den Höhepunkt erreicht hat, und es

---

[49] *Schäfer,* aaO., S. 117.
[50] Für *Schürer,* aaO. I, S. 434 f, steht Antipas die letzten zehn Jahre seiner Regierung „fast ganz unter der Gewalt seiner Frau, die für ihn die Ursache einer Reihe unheilvoller Verwicklungen wurde". Vgl. auch Hoehner, aaO., S. 251–263.
[51] Diese Stabilität ist für *Freyne,* aaO., S. 69, „one highly significant aspect of Antipas' reign". Nach Hoehner, aaO., S. 264, beweist die Länge der Regentschaft „his able leadership".
[52] Vgl. *Reicke,* aaO., S. 92.
[53] Zu den galiläischen Widerstandskämpfern vgl. *Hengel,* Die Zeloten. Untersuchungen zur jüdischen Freiheitsbewegung in der Zeit von Herodes I. bis 70 n.Chr., ²1976; *Klausner,* Jesus von Nazareth, S. 179–230; *Leipoldt/Grundmann,* Umwelt, S. 286–291; *Baumbach,* Zeloten und Sikarier, in: ThLZ 10 (1965), Sp. 728–740; *Gunneweg,* aaO., S. 178 f; *Schäfer,* aaO., S. 115 124–127.
[54] Dieser Zensus findet sich erwähnt in der lukanischen „Vorgeschichte" Lk 2,1 f, wird aber von Lukas ganz offensichtlich nicht zu Zwecken der Datierung eingebracht, sondern aus theologischer Überlegung zur Verklammerung der Heilsgeschichte mit der Profangeschichte. – Zur Quiriniusfrage und zum Zensus vgl. *Schürer,* aaO. I, S. 508–543; *Instinsky,* Das Jahr der Geburt Christi, 1957; *Braunert,* Der römische Provinzialzensus und der Schätzungsbericht des Lukas-Evangeliums, in: Historia 6 (1957), S. 192–214; *Trilling,* Fragen zur Geschichtlichkeit Jesu, S. 72–74; *Hengel,* aaO., S. 132–145.
[55] Zum Folgenden vgl. bes. *Hengel,* aaO., S. 319–383.

nicht imstande ist, in offenem Kampfe seine Freiheit zurückzuerobern"[56]. Zwar muß man nach Klausner zugeben, daß diese Rebellen, um ihr Leben zu erhalten, oft auch Unschuldige angreifen und friedliche Dörfer und Karawanen plündern, daß sie auf das Niveau von Räubern herabsinken, übersehen darf man jedoch nicht, daß es der Patriotismus und die Liebe zur Freiheit sind, die sie zum Guerillakrieg treiben[57].

b) Als sich nach dem Tode des Herodes 4 vChr der Zorn über die herodianische Gewaltherrschaft wie ein Vulkan in Unruhen und Aufständen entlädt[58] – nach Josephus ist Judäa zu dieser Zeit „eine wahre Räuberhöhle" (Ant XVII 10,8) –, nutzen auch die galiläischen Rebellen die Gelegenheit. Ihr Anführer ist *Judas* aus Gamala in der Gaulanitis, der Sohn des von Herodes hingerichteten Hiskia, den die Apostelgeschichte als „Judas den Galiläer" (Apg 5,37), Josephus als „streitbaren Schriftgelehrten aus Galiläa" (Bell II 17,8) vorstellt. In dem Bestreben um die Königswürde sammelt er bei Sepphoris „eine Schar verkommener Menschen" (Ant XVII 10,5), überfällt mit ihnen das königliche Arsenal der Stadt und raubt die dort deponierten Waffen und Gelder. Der Nachsatz, daß er Schrecken über das ganze Land bringt, „indem er jeden, der ihm in die Hände fällt, plündert und mit sich fortschleppt" (Ant XVII 10,5), paßt sich zu gut Josephscher Diskriminierung ein, als daß er in Gänze wahr sein könnte; in Wirklichkeit verbergen sich hinter diesen verächtlich als „Räuber" (Ant XVII 10,5.9) abgestempelten Unruhestiftern „radikale sozial-messianische Gruppen"[59], die „im Stile von Freischärlern oder Guerillakämpfern"[60] leben. Die Strafe für die Aktionen des Judas trifft Sepphoris: Truppen des Varus, die herbeigeeilt sind, um die Ordnung in Palästina wiederherzustellen, brennen die Stadt nieder und verkaufen ihre Einwohner in die Sklaverei (Ant XVII 10,9).

c) Daß Judas dieser Strafaktion ohne Schaden entkommt, zeigt sich zehn Jahre später. Denn als der neue Statthalter von Syrien, Quirinius mit Namen, im Jahre 6 nChr zum Zwecke einer exakten Besteuerung eine Volkszählung anordnet, ruft der Galiläer, unterstützt von dem vermutlich jerusalemischen Pharisäer Zadok, zur Opposition auf (Ant XVIII 1,1; XX 5,2; Bell II 8,1). Für Josephus liegt hier der Anfang „einer vierten Philosophenschule" (Ant XVIII 1–6)[61], die sich selber – offensichtlich in bewußtem Rückgriff auf biblische Vorbilder wie das des Pinchas des Eiferers (Num 25,6–13)[62] – den ehren-

---

[56] *Klausner*, aaO., S. 187.
[57] Vgl. ebd.; *Hengel*, aaO., S. 25–35; *Leipoldt/Grundmann*, aaO., S. 288.
[58] Einer der Aufständischen ist Simeon, ein Sklave des verstorbenen Königs. Er wirkt in Transjordanien und ernennt sich selber „im Vertrauen auf seine gute Figur und auf seine Körpergröße" (Bell II 4,2) zum König. – Ein anderer Rebell ist der Schafhirte Athronges. Mit seinen vier Brüdern durchzieht er das Land auf der Suche nach Beute; selbst Juden werden nicht geschont, wenn sie einen materiellen Gewinn versprechen. Auch er setzt sich selbst das Diadem auf (Bell II 4,3 und Ant XVII 10,7).
[59] *Schäfer*, aaO., S. 115.
[60] *Gunneweg*, aaO., S. 178.
[61] Vgl. Kurzcharakteristik der vier jüdischen Religionsparteien in M 81 (S. 166).
[62] Vgl. *Hengel*, aaO., S. 151–181; *Leipoldt/Grundmann*, aaO., S. 287.

vollen Namen ζηλῶται/zaelōtai (hebr. qana'im) = „Eiferer" beilegt, die der jüdische Schriftsteller dagegen häufigst, den diskriminierenden Sprachgebrauch der Römer aufnehmend, λῃσταί/laestaí = „Räuber, Banditen" nennt[63]. Von den römischen Gegnern auch dürfte die Bezeichnung σικάριοι/sikárioi – „Sikarier, Meuchelmörder, Dolchmänner" stammen[64]. Bei letzteren handelt es sich kaum – wie Baumbach vermutet[65] – um eine eigene Partei, sondern eher um „eine besonders aktive Gruppe unter den λῃσταί"[66], um eine „spezielle Spielart der Zeloten"[67], die ihr Operationsfeld nach der erfolgreichen Bekämpfung durch den Prokurator Felix (52–60 nChr) vom Land in die Stadt verlegt. Die neue Situation nutzend, bringt man den Gegner meist im Menschengewimmel mit der im weiten Gewand verborgenen sica, dem kurzen Krummdolch, um (vgl. Sikarier) und entkommt unerkannt (Bell II 13,3). Josephus verwendet σικάριοι/sikárioi zunächst undifferenziert neben λῃσταί/laestaí, später aber dann, als die jüdische Freiheitsbewegung sich zu Beginn des Jüdischen Krieges (66–70 nChr) spaltet, besonders zur Charakterisierung der nach Masada geflüchteten Anhänger des ermordeten Menachem[68].

Über das weitere Schicksal des Judas findet sich einzig eine unscharfe Notiz in Apg 5,37b: „Er kam um, und alle seine Anhänger wurden zerstreut." Daß die Bewegung aber keineswegs, wie der Text zu suggerieren scheint, am Ende ist, sondern von der ganzen Familie in der Art einer Dynastie[69], analog der der Makkabäer (2. Jh vChr), bis zum Jahre 74 nChr

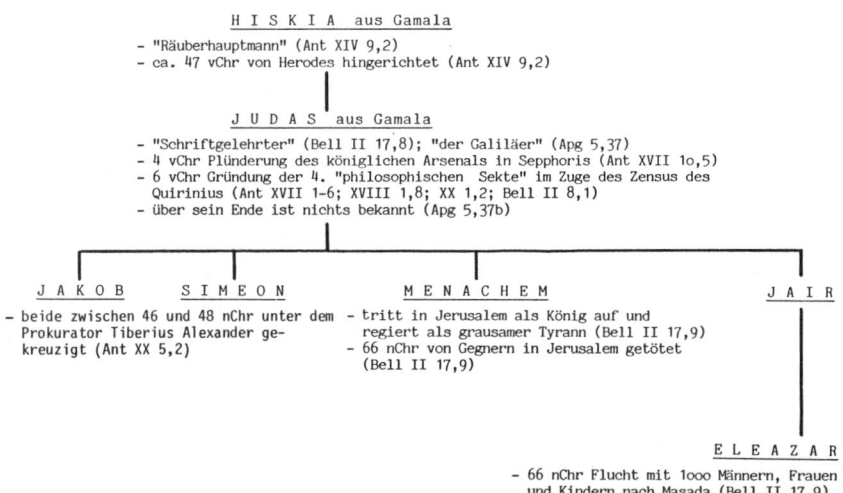

[63] Vgl. *Hengel,* aaO., S. 25–35; *Leipoldt/Grundmann,* ebd.; *Schäfer,* aaO., S. 124.
[64] Vgl. *Hengel,* aaO., S. 47–51.
[65] Vgl. *Baumbach,* aaO., S. 735 f.
[66] *Hengel,* aaO., S. 49.
[67] *Schäfer,* aaO., S. 131.
[68] Vgl. *Hengel,* aaO., S. 49; *Schäfer,* aaO., S. 124 f. – „Sikarier" erwähnt auch die Apostelgeschichte in Apg 21,38.
[69] Vgl. *Hengel,* aaO., S. 338; *Gunneweg,* aaO., S. 178; *Schäfer,* aaO., S. 127.

weitergetragen wird, verdeutlicht das Stemma M 79 (Seite 162).
Zwei der Söhne des Judas, *Jakob* und *Simeon,* werden zwischen 46 und 48 nChr als Rädelsführer einer Revolte von dem Prokurator Tiberius Alexander (46–48 nChr) gekreuzigt (Ant XX 5, 2). – *Menachem,* ein anderer Sohn (Bell II 17, 8), auf den sich die messianischen Hoffnungen vieler richten, wird bei einer Auseinandersetzung mit dem Anführer der Jerusalemer Rebellen im Jahre 66 nChr „unter schrecklichen Foltern ums Leben gebracht" (Bell II 17, 9); zuvor aber regierte er mit königlich-messianischem Anspruch als „ein unerträglicher Tyrann" (ebd.)[70]. – *Eleazar ben Jair* endlich, ein Enkel des Judas Galiläus, entkommt 66 nChr den Häschern seines Onkels Menachem mit etwa tausend Männern, Frauen und Kindern auf die Felsenfestung Masada, wo er acht Jahre als Tyrann herrscht (Bell II 17, 9). Als es dem römischen General Silva gelingt, im April 74 nChr[71] über eine künstlich angelegte Rampe an der Westseite des frei stehenden Felsens (M 80) zu den Freiheitskämpfern vorzudringen, ziehen diese wenige Stunden vor der Erstürmung der Fluchtburg den Freitod der römischen Gefangenschaft vor; allein zwei Frauen und fünf Kinder entgehen in einem unterirdischen Versteck dem freigewählten Massaker (Bell VII 9, 1)[72].

### 2.3.2 Ein radikal-theologisches Programm mit sozial-revolutionärem Zug

„Das tollkühne Unternehmen (sc. des Schriftgelehrten Judas aus Gamala und des Pharisäers Zadok aus Jerusalem) dehnt sich bald ins Ungeheuerliche aus" (Ant XVIII 1, 1). Was „Tausende und Abertausende"[73], unter ihnen viel Jugend (Ant XVIII 1, 1), anzieht und zu gefährlichen Aktivitäten verleitet, die schließlich im Jüdischen Krieg (66–70 nChr) enden, ist ein *radikal-theologisches Programm* mit *sozial-revolutionärem Zug*[74]. Nach Josephus stimmt dieses Programm inhaltlich „in allen Stücken mit dem der Pharisäer" (Ant XVIII 1, 6) überein[75], allein eine grenzenlose Freiheitsliebe unterscheidet es von jenem: Als Herrn und König anerkennt man allein Gott; ehe man sich einem Menschen beugt, nimmt man jede Art von Tod auf sich (Ant XVIII 1, 6)[76]. Kraft dazu gewinnt man in einem eschatologisch-apokalyptischen Zeitverständnis[77]: Man ist überzeugt, daß der neue Äon kurz bevorsteht[78]; die Gegenwart mit ihrer vielfachen wirt-

---

[70] Vgl. *Hengel,* aaO., S. 299–302 365–373.
[71] Zu der Datierung, die von der traditionellen (73 nChr) abweicht, vgl. *Schäfer,* aaO., S. 225 Anm. 469.
[72] Vgl. *Yadin,* Masada. Der letzte Kampf um die Festung des Herodes, 1967.
[73] *Klausner,* aaO., S. 215; vgl. *Hengel,* aaO., S. 319–383.
[74] Vgl. *Hengel,* aaO., S. 146–150; *Schäfer,* aaO., S. 125–127; *Leipoldt/Grundmann,* Umwelt, S. 290.
[75] Im Anschluß an Hippolyt (IX 26) vermuten *Leipoldt/Grundmann,* aaO., S. 287, stärkere essenische Einwirkungen. Nach *Hengel,* aaO., S. 384, geht die zelotische Partei „aus dem radikalen Flügel der Pharisäer hervor", nach *Schäfer,* aaO., S. 125, ist sie „gewissermaßen als deren ‚linker Flügel' anzusehen".
[76] Vgl. *Hengel,* aaO., S. 93–114.
[77] Vgl. *ders.,* aaO., S. 235–318; *Gunneweg,* aaO., S. 178 f; *Leipoldt/Grundmann,* aaO., S. 289.
[78] Vgl. *Hengel,* aaO., S. 150.

**Der Felsen von Masada von Süden her gesehen** Hierher zieht sich eine Gruppe von etwa 1000 Zeloten, Männer, Frauen und Kinder, nach 66 nChr unter Führung *Eleazar ben Jairs* zurück. Von Herodes erstellte Baulichkeiten wie auch das von herodianischen Ingenieuren entwickelte Wasserversorgungssystem kommen ihr zugute und sichern ihr inmitten einer mörderischen Wüste 400 m unter Null ein Überleben über Jahre hin.
Was unmöglich schien, leistet dann aber *Silva,* der General des Titus, des Eroberers von Jerusalem. Über eine von jüdischen Gefangenen künstlich gebaute Rampe an der Westseite des gänzlich frei stehenden Felsens gelingt es ihm, Belagerungsmaschinen auf die Höhe des Felsplateaus emporzuschaffen und die Freiheitskämpfer anzugreifen. Diese ziehen es jedoch vor, sich am Abend vor dem vernichtenden Kampf selber mit Frauen und Kindern umzubringen. Dies geschah im April des Jahres 74 nChr.

schaftlichen und politischen Not zeigt bereits den Umbruch an[79]. Doch will man nicht wie die Pharisäer auf das wunderbare Eingreifen Gottes warten, sondern die Wehen der Endzeit durch eigene Aktivität verkürzen, und sei es mit dem Schwert[80]. Konkrete Feinde sind die Römer und alle, die solchen Radikalismus nicht bejahen (Ant XVIII 1, 1).

Die Masse der Bevölkerung mobilisieren jedoch weniger theologische Überlegungen als *sozial-revolutionäre* Versprechungen, in denen die Hoffnung auf Umsturz der bestehenden Verhältnisse mitschwingt. Die Wirtschaft Palästinas ist seit Herodes I. zerrüttet[81], Hungersnöte wie die von 46–48 nChr verschärfen die wirtschaftliche Situation[82]: Eine Mehr-

---

[79] Vgl. *Leipoldt/Grundmann,* aaO., S. 290.
[80] Vgl. *Hengel,* aaO., S. 127 ff; *Gunneweg,* aaO., S. 179.
[81] Vgl. *Leipoldt/Grundmann,* aaO., S. 290.
[82] Vgl. *Theißen,* Soziologie der Jesusbewegung, S. 37; *Leipoldt/Grundmann,* aaO., S. 290 f.

heit der Bevölkerung lebt unter bzw. hart an der Grenze des Existenzminimums (vgl. II, 3.2). In ihrer Existenz besonders gefährdet ist die breite Schicht der Kleinbauern (vgl. II, 3.2.2). Den Teil der Pächter unter ihnen, die ein Feld königlichen Grundbesitzes bewirtschaften (vgl. II, 3.2.1), trifft der von Quirinius angeordnete Zensus besonders hart durch den mit ihm verbundenen Verkauf der Güter des Archelaos (Ant XVII 13,5). Da es sich hierbei wahrscheinlich um Königsland in Judäa und in der Jesreel-Ebene handelt[83], verlieren sie ihre Existenzgrundlage[84]. Zusammen mit zahlreichen anderen Kleinbauern, die durch Krankheit oder Mißernten ihr Land aufzugeben gezwungen sind, bleibt ihnen als Alternative nur, entweder zu emigrieren oder sich selber und die Familie als Sklaven zu verkaufen (vgl. II, 3.2.3)[85]. Von dort versteht sich, daß Simon ben Giora, einer der späteren Zelotenführer, „den Sklaven Freiheit" (Bell IV 9,3) versprechen kann[86]; daß Sikarier zu Beginn des Krieges das städtische Archiv in Brand stecken, „um so rasch wie möglich die Schuldurkunden zu vernichten und die Eintreibung der Ausstände unmöglich zu machen" (Bell II 17,6), mögen sich solche Versprechungen und Aktivitäten dem eschatologisch-apokalyptischen Grundkonzept des Zelotismus auch nicht einpassen.

## Exkurs:
## Jesus und die Zeloten

Die Frage der Beziehung Jesu zu den Zeloten, in den Evangelien nirgends explizit angesprochen, braucht hier nicht weiter entfaltet zu werden. In welcher Richtung die Antwort zu suchen ist, zeigen die gründlichen Analysen von Hengel[1]. Mit ihm ist gegen Eisler[2], Carmichael[3], Brandon[4] und Lapide[4a], die in phantasiereicher Ausmalung der biblischen Texte Jesus zum zelotischen Anführer einer Truppe bewaffneter Untergrundkämpfer stilisieren, zu betonen, daß Jesus kein Zelot war. Bereits ein nur grober, auf wenige evangelische Texte reduzierter Vergleich der jesuanischen Botschaft mit dem zelotischen Programm (vgl. M 82) zeigt neben einigen Berührungspunkten[5] eine Mehrzahl von solch „schroffen"[6], grundlegenden Unterschieden, daß jeder Harmonisierungsversuch scheitert. Selbst wenn man den Texten größte Gewalt antut, bleibt, daß Jesus in keiner Ecke des Zelotismus, auch nicht an seiner Peripherie[7], „unterzubringen" ist.

Wie dieses Ergebnis, so ist aber auch jenes zuverlässig, daß sich Jesus dem Zelotismus nicht entziehen kann. Für die Zeit seines öffentlichen Wirkens bestätigen dies die Evangelien in teils diskreten, teils deutlichen Anspielungen, Begriffen und Szenen.

---

[83] Vgl. *Schäfer*, aaO., S. 127.  [84] Vgl. ebd.
[85] Vgl. hierzu auch den Exkurs „Jesus und die soziale Wirklichkeit seiner Zeit", hier bes. 2.1; 2.6; 2.11.
[86] Vgl. *Hengel*, aaO., S. 303f.
[1] Vgl. *Hengel*, Die Zeloten, S. 344–348 384–386; ders., War Jesus Revolutionär?, CH 110, 1970; Gewalt und Gewaltlosigkeit, CH 118, 1971.
[2] *Eisler*, ‚Iesus basileus u basileusas', 1928/1930.
[3] *Carmichael*, Leben und Tod des Jesus von Nazareth, 1962.
[4] *Brandon*, Jesus and the Zealots, 1967.
[4a] *Lapide*, Der Rabbi von Nazaret, S. 33f.
[5] Vgl. *Hengel*, aaO., S. 385.
[6] *Hengel*, aaO., S. 345.
[7] Vgl. *ders.*, ebd. Anm. 6.

M 81

## Kurzcharakteristik der vier jüdischen Religionsparteien zur Zeit Jesu[7a]

| NAME – HERKUNFT | GESETZESVERSTÄNDNIS | APOKALYPT. VORSTELLUNG | POLITISCHE HALTUNG |
|---|---|---|---|
| **SADDUZÄER**<br>- unsicher, ob von sadik (gerecht) o. Zadok (david. Hoherpriester)<br>- in ihrer Entstehung umstritten, aber kaum aus zadokin. Dynastie<br>- Partei des priesterlichen Hochadels und der reichen Oberschicht, beim Volke wenig beliebt<br>- Ende: 7o nChr<br>**Quellen:** Josephus, NT | - Anerkennung des Pentateuchs als einzige Autorität<br>- strenge Gesetzesprechung nach den Buchstaben der Tora<br>- konservativ in der Lehre, Ablehnung jeder Neuerung und Interpretation | - totale Ablehnung eschatologisch-apokalyptischer Vorstellungen<br>- Leugnung der Existenz höherer Wesen (Engel)<br>- Leugnung der Auferstehung<br>- keine Messiaserwartung | - Anpassung an die jeweilige politische Kraft<br>- Kollaboration mit den Römern mit dem Ziel des Status quo |
| **PHARISÄER**<br>- evtl. von Peruschim (die Abgesonderten)<br>- entstanden Mitte des 2. Jhs vChr aus dem Zweig der Asidäer, die die Hasmonäer anerkennen<br>- Laienbewegung aus bürgerl. Mittelschicht, beim Volke beliebt<br>- überleben nach 7o nChr als einzige der 4 Parteien, übernehmen die Führung des jüdischen Volkes<br>**Quellen:** Josephus, NT | - Anerkennen außer der Tora auch die mündliche Auslegung (Halacha und Haggada), die das Gesetz an die Zeitverhältnisse anzupassen sucht<br>- peinlich genaue Gesetzeserfüllung (613 Ge- und Verbote), bes. Beachtung des Reinheits-, Sabbats- und Zehntgebots | - offen für eschatologisch-apokalyptische Vorstellungen<br>- Glaube an böse und gute Geister<br>- Glaube an die Auferstehung<br>- messianische Hoffnung<br>- Beschleunigung des Kommens der Gottesherrschaft durch gesetzestreues Leben | - politisch gemäßigt und passiv, solange religiöse Praxis nicht gefährdet<br>- Sympathie für die Zeloten |
| **ESSENER**<br>- evtl. von Chassidim (die Frommen)<br>- entstanden Mitte des 2. Jhs vChr aus Protest gegen verweltlichtes Tempelpriestertum<br>- Hauptgruppe in Qumran in mönchischer Gemeinschaft, andere als Verheiratete im Lande verstreut<br>- Ende: 7o nChr<br>**Quellen:** Philo, Josephus, Plinius d.Ä. | - radikale Gesetzesinterpretation u.-observanz durch ein ordensähnl. Leben (Armut, Ehelosigkeit, Gehorsam)<br>- Bemühen um priesterlich-kultische Reinheit (häufige Waschungen) | - in eschatologischer Naherwartung lebend<br>- Hoffnung auf zwei Messiasse, einen priesterl. und einen königlichen<br>- Hoffnung auf eschatolog. Erneuerung des Jerusalemer Tempelkultes | - politisch indifferent |
| **ZELOTEN**<br>- von zāelos (Eifer) – die Eiferer für Gott und sein Gesetz<br>- entstanden 6 nChr im Zuge des röm. Zensus unter Führung von Judas Galiläus u. Jerusalem. Pharisäer Zadok<br>**Quelle:** Josephus | - wie die Pharisäer um peinlich genaue Gesetzeserfüllung bemüht | - eschatologisch-apokalyptisches Zeitverständnis: Naherwartung und starke messianische Hoffnung<br>- "Wehen" der Endzeit durch eigene, auch gewaltsame Aktivitäten verkürzen | - grenzenlose Freiheitsliebe: Herr und König allein Gott<br>- militante Ablehnung der römischen Herrschaft<br>- sozial-revolutionäres Engagement |

| | ZELOTEN ... | JESUS ... |
|---|---|---|
| Toraverständnis | ... bemühen sich um peinlich genaue Gesetzeserfüllung | ... fordert die Erfüllung des Gesetzes bis auf den kleinsten Buchstaben (Mt 5,18f), ... |
| | | ... betont aber zugleich, daß die Gerechtigkeit der Schriftgelehrten und Pharisäer nicht ausreicht (Mt 5,2o; vgl. 5,21-48). |
| Apokalypt. Vorstellungen | ... sehen in eschatologisch-apokalyptischem Zeitverständnis den neuen Äon unmittelbar bevorstehen und hegen starke messianische Hoffnungen. | ... stellt das Reich Gottes als nahe Größe vor (Mk 9,1; 13,13; Mt 1o,23; Lk 9,27 u.ö.), ... |
| | | ... spricht von ihm aber auch als einer zukünftigen Größe (Mk 13,32; Mt 6,1o par Lk u.ö.). |
| | | ... vermeidet weitgehend apokalyptische Vorstellungen und Beschreibungen. |
| | ... suchen die "Wehen" der Endzeit durch eigene, auch gewaltsame Aktivitäten zu verkürzen. | ... betont, daß allein Gott das Reich Gottes herbeiführen wird (Mk 4,26-29). |
| | | ... lehnt jede Berechnung des Beginns der Heilszeit ab (Mk 13,32; Lk 17,2of). |
| Politische Haltung | ... erkennen in ihrer grenzenlosen Freiheitsliebe allein Gott als ihren Herrn und König an. | ... betont Gottes- und Nächstenliebe als größtes Gebot (Mk 12, 29ff par Mt/Lk), ... |
| | | ... anerkennt aber zugleich in der Entrichtung der kaiserlichen Steuer die kaiserliche Herrschaft (Mk 12,13-17 parr). |
| | ... lehnen die Herrschaft der Römer nicht nur ab, sondern suchen sie gewaltsam zu stürzen. | ... ruft zum Gewaltverzicht (Mt 5,5), zum Ertragen von Unrecht (Mt 5,38ff par Lk), zur Feindesliebe (Mt 5,43-48 par Lk), zur Vergebung (Mt 6,14f par Mk) auf. |
| | | ... verbietet nicht nur das Töten, sondern bereits das Zürnen (Mt 5,21ff). |
| | ... verfolgen ein sozial-revolutionäres Programm mit dem Ziel des Umsturzes bestehender Verhältnisse. | ... bekennt sich zu den Armen, den sozial und religiös Deklassierten (Mk 2,17, vgl. Lk 19,1o; 6,21.25; 16,19ff u.ö.), ... |
| | | ... verfolgt aber kein sozial-revolutionäres Programm. |

M 82

1. Jesus trifft auf den Zelotismus in seinen *Zuhörern*. Ist auch das Bild, das Markus vom Erfolg Jesu in Galiläa zeichnet, stark positiv verzerrt[8], dürfte an ihm historisch dennoch so viel stimmen, daß tatsächlich viele Jesus am Anfang seines galiläischen Wirkens in spontaner Begeisterung zulaufen. Daß sich unter ihnen auch Sympathisanten der Zeloten, ja selbst Zeloten finden, legt sich nicht nur aufgrund allgemeiner Überlegungen nahe, sondern wird auch durch die Beobachtung bestätigt, daß selbst

---

[7a] Vgl. *Schürer*, Geschichte II, S. 447–489 651–680; *Leipoldt/Grundmann*, Umwelt, S. 217–291; *Foerster*, Neutestamentliche Zeitgeschichte, S. 34–50; *Lohse*, Umwelt des Neuen Testaments, S. 51–86; *Reicke*, Neutestamentliche Zeitgeschichte, S. 113–129; *Schubert*, Die jüdischen Religionsparteien in neutestamentlicher Zeit, 1970; *Maier/Schubert*, Die Qumran-Essener (UTB 224), 1979 u.a.

[8] Vgl. *Reploh*, Markus – Lehrer der Gemeinde, S. 36–43.

dem Zwölferkreis, dem Kern „des eschatologischen Gottesvolkes"[9], wenigstens *ein* Widerstandskämpfer zugehört.

– Den Zeloten zuzuzählen ist mit großer Wahrscheinlichkeit *Simon*, den Markus (Mk 3,18) – und in seiner Folge auch Matthäus (Mt 10,4) – als „Simon den Kananäer", Lukas dagegen als „Simon den Zeloten" (Lk 6,15) vorstellt[10]. Mit den Rabbinen ist zu belegen, daß Lukas richtig übersetzt[11]. „‚Kananaios'" – so faßt Cullmann den etymologischen Hintergrund zusammen – „kommt vom semitischen Stamm ‚Kana' = Eifer. ‚Kenana' ist das aramäische Wort für Zelot, wie ‚sicarius' das lateinische Wort für die gleichen Glieder der jüdischen Widerstandspartei ist."[12] Die Übersetzung des markinischen „Kananäer" mit „der Mann aus Kana" oder „der aus Kanaan Kommende" kann demnach nicht überzeugen[13].
Gerne wüßte man über den Zeloten Simon mehr, doch die Evangelien schweigen. Wohl nennt Lukas ihn noch einmal in Apg 1,13, jenseits der Ostergrenze also, als Zehnten der Elf, die sich nach der Himmelfahrt Jesu im Obergemach zu Jerusalem zum Gebet versammeln, doch schließt der Vers „eng an Lk 6,14"[14] an, so daß eine einfache Übertragung der Namensliste aus dem Evangelium in die Apostelgeschichte vorzuliegen scheint, eine historische Ausdeutung somit nicht erlaubt ist.
Das Schicksal Simons des Zeloten bleibt dunkel.

– Gerne den Zeloten zugerechnet wird auch *Judas* Iskariot (Mk 3,19 par Lk 6,16; 14,10)[15]; zur Begründung verweist man auf „Iskariot" als Verstümmelung des lateinischen „sicarius"[16]. Wenn es da nicht noch drei weitere Übersetzungsmöglichkeiten des Beinamens gäbe[17]: 1. Is-Kariot als Mann aus Kariot; 2. Iskariot als Mann des Verrates und 3. Iskariot als Mann der Falschheit. Die Diskussion ist höchst gespalten[18], eine Zuordnung des Judas zu den Zeloten daher problematisch, wenn auch nicht auszuschließen.

2. Jesus ist – wie es scheint – während seines öffentlichen Wirkens mehrfach genötigt, sich mit *Vorstellungen* und *Forderungen* des Zelotismus auseinanderzusetzen, sei es, daß er seine Botschaft von jenen abgrenzen und vor Mißverstehen schützen muß; sei es, daß Zeloten ihn zur Diskussion herausfordern; sei es, daß Gegner ihn als zelotischen Revolutionär entlarven und überführen wollen, um ihn den Römern zur Verurteilung übergeben zu können. Letzteres scheint der Fall in der Zinsgroschenepisode (Mk 12,13–17 par Mt/Lk) zu sein[19], wo davon berichtet wird, daß eine Delegation von Pharisäern und Herodianern Jesus mit einer Fangfrage, „einer der spannungsreichsten Fragen in den Evangelien"[20], in tödliche Enge zu treiben versucht.

---

[9] *Gnilka*, Markus I, S. 143.
[10] Vgl. *Hengel*, Zeloten, S. 73; *Unnik* in: BHHW III, Sp. 1799; *Pesch*, Markus I, S. 207 Anm. 22 (Lit.).
[11] Vgl. *Strack/Billerbeck* I, S. 537.
[12] *Cullmann*, Der Staat im Neuen Testament, S. 10.
[13] Vgl. *Hengel*, Zeloten, S. 72.
[14] *Weiser*, Die Apostelgeschichte I, S. 54.
[15] Zu Judas Iskariot vgl. *B. Gärtner*, Die rätselhaften Termini Nazoräer und Iskariot, 1957; *Cullmann*, Der zwölfte Apostel, in: *ders.*, Vorträge und Aufsätze, S. 214–222; *Unnik* in: BHHW II, Sp. 781; *Strack/Billerbeck* I, S. 537.
[16] Vgl. *Cullmann*, aaO., S. 222.
[17] Vgl. *Pesch*, Markus I, S. 207 Anm. 23.
[18] Einen „Mann der Falschheit" nennt die Gemeinde Judas für seine verräterische Tat nach *Gnilka* (Markus I, S. 141); nach *Pesch* (Markus I, S. 207 Anm. 23) „dürfte die Deutung als Herkunftsbezeichnung am ehesten zutreffen"; für *Cullmann* (aaO., S. 222) ist „‚Iskariot' ... eine leicht semitisierte Form des lateinischen ‚sicarius'".
[19] Zur Zinsgroschenperikope vgl. bes. *Gnilka*, Markus II, S. 150–155; *Pesch*, Markus II, S. 224–229 (Lit.).
[20] *Gnilka*, aaO. II, S. 152.

M 83

**Silberdenar des Kaisers Tiberius (14–37 nChr)** Kaiser Tiberius ließ nur drei Denarformen prägen, von denen die abgebildete die gebräuchlichste und vermutlich jene war, die man Jesus vorzeigte. Die lateinische Umschrift auf der Vorderseite lautet: Ti(berius) Caesar Divi Aug(usti) F(ilius) Augustus. Sie wird ergänzt auf der Rückseite: Pontif(ex) Maxim(us). Titulatur und Bildnisse (s. Text) lassen deutlich neben dem politischen den religiösen Anspruch des römischen Kaisers erkennen. Die Münze mußten fromme Juden, insbesondere zelotisch gesinnte, als eine Provokation empfinden.

Die überlieferungskritische Frage nach der Entstehung der Erzählung beantwortet Bultmann in überraschender Kürze: „An Gemeindebildung zu denken, liegt m. E. kein Grund vor."[21] Im einzelnen sprechen für eine Begebenheit im Leben Jesu nach Pesch „die Nennung der Pharisäer und Herodianer (vgl. 3,6), der berichtende Charakter der Erzählung, die situationsgebundene wie grundsätzliche, mit dem Hauptgebot argumentierende Antwort Jesu"[22]. Goppelt stützt weiter mit der Beobachtung, daß die Antwort Jesu in V. 17 mit Strukturelementen anderer Jesusworte vereinbar ist[23].

Im Mittelpunkt der Szene steht die Kopf- und Grundsteuer, die von der Zelotenpartei mit der Begründung der Knechtschaft und des Götzendienstes[24] abgelehnt, in Judäa und Samaria im Jahre 7 nChr aber eingeführt wird. Darf man sie dem Kaiser zahlen? – Da die Frage für Zeloten kein Diskussionsthema ist, wird man tatsächlich – wie vom Text vorgegeben – an Gegner zu denken haben[25], wenn auch nicht unbedingt in der Gestalt von Pharisäern und Herodianern. Ob Jesus mit Ja oder mit Nein antwortet, beides bringt ihn in folgenreiche Schwierigkeiten: Ein einfaches Ja stempelt ihn zum Götzendiener mit der Konsequenz der theologischen Unglaubwürdigkeit, ein einfaches Nein zum Zeloten, einem von den Römern gesuchten Staatsfeind, der mit dem Tode zu bestrafen ist. Jesus durchschaut das „faule" Spiel und begegnet ihm auf seine Weise – überlegen, kühl und vor allem ganz anders, als die Fragesteller erwarten. Auf die Ebene „non-verbaler Kommunikation"[26] wechselnd, bittet er, ihm einen Denar zu zeigen. Man

---

[21] *Bultmann*, Synoptische Tradition, S. 25.
[22] *Pesch*, aaO. II, S. 228.
[23] Vgl. *Goppelt*, Die Freiheit zur Kaisersteuer, S. 211.
[24] Die Münze mit dem Bildnis des Kaisers und der Göttlichkeit propagierenden Titulatur war für jeden frommen Juden größtes Ärgernis.
[25] Vgl. *Hengel*, Zeloten, S. 246; *Pesch*, aaO. II, S. 228; *Gnilka*, aaO. II, S. 151.
[26] *Pesch*, aaO. II, S. 226.

reicht ihm einen, vermutlich diesen[27] (M 83), der auf der einen Seite das Brustbild des Kaisers Tiberius in olympischer Nacktheit zeigt, geschmückt mit dem Lorbeerkranz, dem Zeichen seiner göttlichen Würde, und umrandet von der Inschrift: „Tiberius Kaiser des göttlichen Augustus erhabener Sohn". „Oberster Priester" ergänzt die Rückseite, in deren Mitte auf einem Götterthron die Kaiserinmutter Livia sitzt, das olympische Langzepter in der Rechten, in der Linken einen Ölzweig, der sie als Inkarnation der himmlischen Pax charakterisiert[28] – „eine Münze, die Macht- und Kultsymbol in einem ist"[29].

„Wessen Bild ist dies und die Aufschrift?", fragt Jesus. „Des Kaisers!" antworten die Gefragten, vielleicht arglos, vielleicht aber auch schon die Schlußfolgerung Jesu ahnend: „So gebt dem Kaiser, was des Kaisers ist, aber[30] Gott, was Gottes ist!" (V. 17). Deutlich liegt das Gewicht des Satzes auf seiner zweiten Hälfte[31], auf Gott. Gott – so betont sie – ist der Entscheidungsmaßstab, auch hier in der Steuerfrage: Im Gehorsam gegen ihn ist die Steuer zu bezahlen. Letztlich handelt es sich bei ihr lediglich um die Rückgabe fremden Eigentums; denn Bildnis und Inschrift weisen den Kaiser als Besitzer aus[32].

Damit sind die Bemühungen der Gegner, Jesus „mit einer politischen Anklage an die Römer ausliefern zu können"[33], gescheitert. Mit seinem Ja zur Steuer anerkennt Jesus die kaiserliche Autorität und distanziert er sich deutlich von den Zeloten und ihrer Politik des gewaltsamen Umsturzes[34].

3. Unter *die ganze Last* des zelotischen Erbes gerät Jesus am Ende seines Wirkens, im Prozeß vor Pilatus (Mk 15, 1–20 parr; Joh 18, 28 bis 19, 16a). Jesu Prozeß stellt einen komplizierten Problemkomplex dar, in dem viele Fragen nicht mehr mit der gewünschten Deutlichkeit zu beantworten sind[35]. Weitgehend überein stimmt man allerdings darin, daß Jesus vor Pilatus als politischer Angeklagter steht[36]; den entscheidenden Punkt der Anklage faßt wohl Markus in seinem kurz gefaßten Titulus „Der König der Juden" (Mk 15, 26 diff Mt 27, 37; Lk 23, 38 und Joh 19, 19), dem „gewissesten historischen Einsatzpunkt"[37], zusammen. Was auch immer an konkreten Einzelmomenten in ihm eingeschlossen liegt[38], die Tatsache, daß kein Jünger mitverhaftet wurde, zeigt nach Gnilka, daß Jesus nicht als politischer Zelot verurteilt worden sein kann[39]. Doch wenn auch

---

[27] Da Kaiser Tiberius (14–37 nChr) eine konservative Münzpolitik betreibt und nur drei Denarformen prägen läßt, von denen zwei nur selten begegnen, handelt es sich bei der Jesus gezeigten wahrscheinlich um die im Text beschriebene.

[28] Zur Beschreibung der Münze vgl. *Stauffer*, Die Botschaft Jesu – damals und heute, S. 100 f; *Grundmann*, Markus, S. 244. [29] Ebd.

[30] Auf den adversativen Charakter des „und" macht *Hengel*, Gewalt und Gewaltlosigkeit, S. 19 f, aufmerksam.

[31] Vgl. *Schweizer*, Markus, S. 139; *Hengel*, Gewalt, S. 19 f.

[32] Vgl. *Schweizer*, aaO., S. 139; *Pesch*, Markus II, S. 227.

[33] *Pesch*, aaO. II, S. 228; so auch *Hengel*, Zeloten, S. 346.

[34] Vgl. *Gnilka*, Markus II, S. 153; *Jeremias*, Theologie I, S. 220.

[35] Zum Prozeß Jesu vgl. bes. *Blinzler*, Der Prozeß Jesu, 1951 ⁴1969; *Strobel*, Die Stunde der Wahrheit. Untersuchungen zum Strafverfahren gegen Jesus, 1980 (Lit.).

[36] Vgl. *Strobel*, aaO., S. 116 ff; *Gnilka*, Markus II, S. 286; *Blank*, Jesus von Nazareth, S. 39; *Holtz*, Jesus aus Nazaret, S. 129; *Trilling*, Fragen zur Geschichtlichkeit Jesu, S. 134 u. a.

[37] *Trilling*, aaO., S. 138, im Anschluß an *Dahl*, Der gekreuzigte Messias, S. 163–169.

[38] Nach *Trilling*, aaO., S. 134, besagt der Titel, daß „Jesus als Aufrührer, der die königliche Messias-Würde in Anspruch nahm, hingerichtet worden ist".

[39] Vgl. *Gnilka*, Markus II, S. 286.

nicht als Zelot, so aber doch mit Wahrscheinlichkeit als ein den Zeloten völkisch Verbundener, als ein mit ihnen Sympathisierender, als ein aufrührerischer Galiläer. Ein Richter vom Schlage des Pilatus machte sich hier nicht die Mühe zur Unterscheidung; „daß Jesus gerade nicht den politischen Umsturz durch eigene, gewaltsame Aktivität im Sinne hatte, das wird er überhaupt nicht wahrgenommen haben"[40]: „Zelotenprozesse" (vgl. Mk 15,6–15 parr; Joh 18,39–40) hatten sein Urteil in ein Vorurteil übergeführt und gefestigt. So gingen in sein Urteil gegen Jesus – bewußt oder unbewußt, gewollt oder ungewollt – in wenigstens vier Jahren (von 26–30 nChr) gewonnene Aversionen und Aggressionen eines Römers gegen die Juden im allgemeinen und die galiläischen Widerstandskämpfer im besonderen ein.

Die Nähe des zelotischen Kontextes in der römischen Phase des Prozesses zeigen selbst die Evangelien noch an, zugegeben in zwei historisch nicht ganz gesicherten, von vielen aber als möglich anerkannten Szenen[41]:

– Alle vier Evangelisten überliefern – die Synoptiker breiter, Johannes merklich kürzer (vgl. Mk 15,6–15 par Mt 27,15–26 / Lk 23,17–25; Joh 18,39–40) – eine Episode, in der das Volk – eine bisher nicht zufriedenstellend belegte Passa-Amnestie nutzend[42] – lauthals schreiend die Freigabe des Barabbas und die Kreuzigung Jesu fordert. Von ersterem weiß Markus zu berichten, daß er zusammen mit anderen Aufrührern (μετὰ τῶν στασιαστῶν / metà tōn stasiastōn) im Gefängnis sitzt, die bei einem Aufstand (ἐν τῇ στάσει / en tāe stásei) einen Mord begangen haben; Johannes stellt lapidar fest: „Barabbas aber war ein λῃστής / laestáes" (Joh 18,40). Beide Angaben ergänzen sich: Die Übersetzung des johanneischen laestáes mit „Zelot" (und nicht mit „krimineller Straßenräuber") empfiehlt die markinische Hintergrundskizze, die in Begriffen wie „Aufrührer" und „Aufstand" deutlich zelotisches Kolorit anzeigt[43]. Eine solche Wiedergabe unterstützt auch Josephus, für den λῃστής / laestáes ein fester Terminus für Widerstandskämpfer ist (Bell II 13,2 f; IV 3,3 ff; Ant XX 8,5 u. ö.).
– Markus (Mk 15,27 par Mt 27,38) berichtet, daß mit Jesus δύο λῃσταί / dýo laestaí gekreuzigt werden, einer zur Rechten und einer zu seiner Linken. Zu vermuten bleibt, daß es sich bei beiden um Mitglieder der in Mk 15,7 erwähnten Gruppe von Aufrührern bzw. Zeloten handelt, deren Anführer Barabbas war[44]. Der begriffliche Unterschied zwischen dem λῃστής/laestáes von Mk 15,27 und dem στασιαστής/stasiastáes von Mk 15,7 liegt vielleicht „in der Diskrepanz zwischen dem offiziellen Todesurteil und dem überlieferten Tatbestand"[45] begründet.

Jesus war – soviel scheint gesichert – kein Zelot, Jesus konnte sich aber – und daran ist ebenfalls nicht zu zweifeln – dem in zwei Jahrzehnten gefestigten Einfluß der Widerstands-

---

[40] *Holtz,* Jesus aus Nazaret, S. 129.
[41] Für historisch möglich halten die Barabbas-Episode *Blinzler,* aaO., S. 317–319; *Strobel,* aaO., S. 120 ff; *Gnilka,* Markus II, S. 304; *Blank,* Johannes 4/3, S. 62–66 u. a. – Das Problem der Kreuzigung Jesu zwischen zwei Schächern skizziert *Blank,* aaO., S. 109: Wenn „auch hier wieder mit dem Einfluß der ‚Schriftsprache' zu rechnen (ist), und zwar mit Jes 53,12", ist „der Tatbestand als solcher ... historisch nicht unmöglich". So auch *Hengel,* aaO., S. 30; *Gnilka,* aaO., S. 318 u. a.
[42] Vgl. *Strobel,* aaO., S. 118 ff; *Gnilka,* Markus II, S. 304 f; *Blank,* Johannes 4/3, S. 62 f 64 f.
[43] Für Barabbas als Haupt einer zelotischen Widerstandsgruppe *Hengel,* aaO., S. 30; *Blank,* Johannes 4/3, S. 66; *Dormeyer,* Die Passion Jesu, S. 196.
[44] So auch *Gnilka,* Markus II, S. 318; *Dormeyer,* aaO., S. 196.
[45] *Dormeyer,* aaO., S. 196.

kämpfer nicht entziehen. Was oben an Berührungen und Beziehungen, an Aus- und Rückwirkungen nur angedeutet werden konnte, gälte es zu präzisieren, zu festigen und im Hinblick auf die Dauer des Wirkens Jesu zu bedenken. Daß sich von hierher vielleicht die oben vermutete Popularitätskurve mit ihrem fast senkrechten Anstieg und ihrem kontinuierlichen Abfall in Richtung Nullmarkierung[46] weiter stützen läßt!

## 3. Die wirtschaftliche und soziale Situation

Die sozio-ökonomischen Verhältnisse im Palästina der Zeitenwende sind weitgehend erforscht, die Informationsfülle ist immens[1]. Aufgabe dieses Kapitels kann es daher nur sein, die Informationen über *Galiläa* zu sichten und ihnen an Material zu entnehmen, was für die Lektüre der Evangelien von Interesse ist.

### 3.1 Die wichtigsten Möglichkeiten der Existenzsicherung

Der Möglichkeiten, in neutestamentlicher Zeit den Lebensunterhalt zu verdienen, gibt es mehrere. Eine Wirtschaftskarte von Palästina (M 84)[2], erstellt für die Zeit von Mischna und Talmud (s. u.)[3], verzeichnet insgesamt 22 wirtschaftlich bedeutsame Einzelpositionen. Um sie durch Zuordnung durchschaubarer zu machen: Zu einem ersten, der Landwirtschaft zugehörigen Block lassen sich 1–8 zusammenfassen, während 9–13 die handwerkliche Praxis registrieren. Eigenbedeutung kommt der Fischerei (14) und dem Hafen (15) als Symbol des Handels zu; ein letzter großer Block schließlich (16–22) vermerkt die Bodenschätze.

Im Hinblick auf *Galiläa* verkürzt sich die Aufstellung allerdings um wenigstens die Hälfte der Positionen (s. Unterstreichungen). Was an Haupterwerbsquellen bleibt, sind neben der *Landwirtschaft* und dem *Fischfang* das *Handwerk* und der *Handel*.

Eine „Wirtschaftspyramide" (M 85), die – obwohl exakte Zahlen fehlen – sich dennoch zum Zwecke größerer Bewußtmachung zu konstruieren lohnt, darf sich, sofern sie die Fischerei als einen typisch galiläischen Wirtschaftszweig nicht übersieht, gerne an Struktur und Aufbau der palästinischen orientieren, die nach Ben-David über einer „breiten landwirtschaftlichen Basis ... eine schmalere Schicht des Handwerks und Gewerbes, des Handels und Transportwesens"[4] zeigt. Was die in dieser Auflistung fehlende Fischindustrie Galiläas betrifft, wird man ihrer Bedeutung sicherlich dadurch gerecht, daß

---

[46] Vgl. Exkurs „Kafarnaum und Jesus", hier bes. 4.
[1] Zur sozio-ökonomischen Situation im Palästina der Zeitenwende vgl. bes. *Leipoldt/Grundmann*, Umwelt, 1966, S. 172–194; *Jeremias*, Jerusalem zur Zeit Jesu, ³1969; *Kreissig*, Die sozialen Zusammenhänge des judäischen Krieges, 1970; *Ben-David*, Talmudische Ökonomie. Die Wirtschaft des jüdischen Palästina zur Zeit der Mischna und des Talmud I, 1974 (Lit.); *Oppenheimer*, The ‚Am ha-aretz. A Study in the Social History of the Jewish People in the Hellenistic-Roman Period, 1977 (Lit.); *Freyne*, Galilee. From Alexander the Great to Hadrian (323 B.C.E. to 135 C.E.). A Study of Second Temple Judaism, 1980 (Lit.).
[2] Entnommen *Ben-David*, aaO., S. 39.
[3] Zur Mischna als Dokument für das 1. nachchristliche Jahrhundert vgl. II, 3.1.1.
[4] *Ben-David*, aaO., S. 23. – Ebenso auch *Lei-*

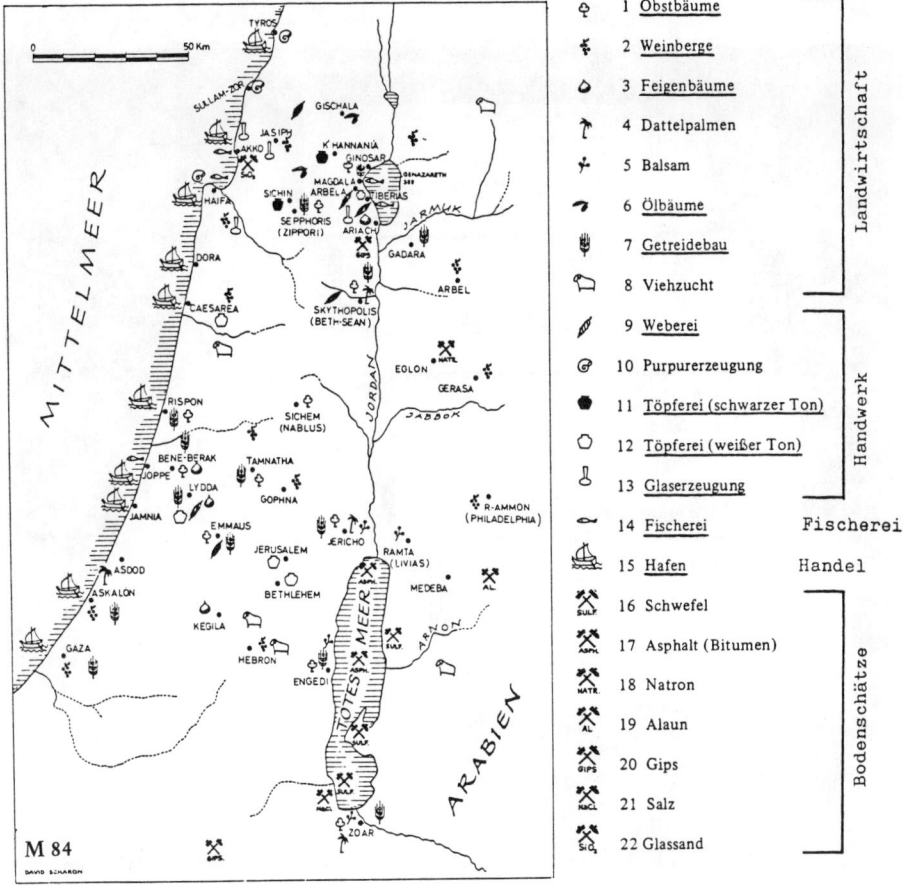

man sie dem überragenden „Basisblock" Landwirtschaft folgen läßt.

### 3.1.1 Die Landwirtschaft als Haupterwerbsquelle

Die Landwirtschaft als Basis des palästinischen Wirtschaftslebens bestätigt Josephus mit einem berühmt gewordenen Text:

„Wir Juden bewohnen weder ein Küstenland, noch haben wir Freude am Handel und dem dadurch begünstigten Verkehr mit den Fremden, sondern unsere Städte liegen weit vom Meer entfernt, und wir beschäftigen uns hauptsächlich mit der Bearbeitung unseres vortrefflichen Akkerbodens" (Contra Apionem I 12).

Mag Josephus hier die wirtschaftliche Situation des zeitgenössischen Palästina auch mit einer gewissen Einäugigkeit skizzieren und die Bedeutung des Handels unterbewerten, so stimmt an seiner Bemerkung dennoch

---

poldt/Grundmann, aaO., S. 180: „Landwirtschaft, Handel und Handwerk sind die Erscheinungsformen der palästinischen Wirtschaft."; Lohse, Umwelt des Neuen Testaments, S. 107: „Die jüdische Bevölkerung des Landes verdiente sich ihren Lebensunterhalt durch Ackerbau, Handwerk und Kleinhandel."

„Wirtschaftspyramide" im Galiläa der Zeitenwende

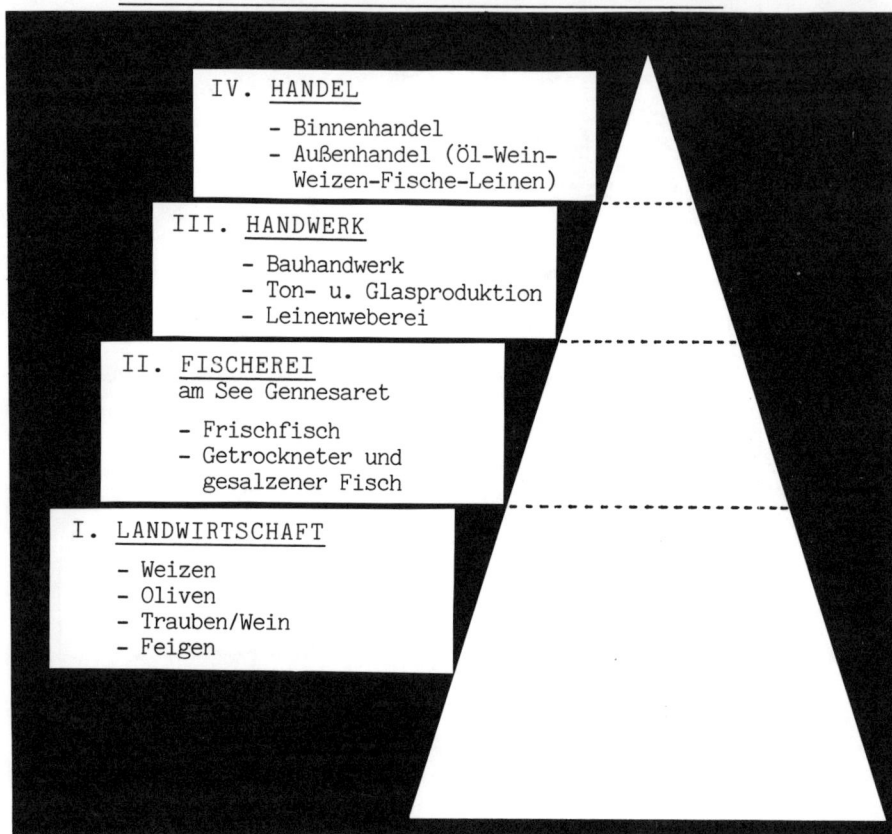

so viel, daß um die Zeitenwende „die große Mehrzahl der Juden in Palästina auf die eine oder andere Weise in der Landwirtschaft tätig"[5] ist. Seit der Nabatäerzeit (ca. 200 vChr) erneut im Aufschwung, entwickelt sich die Landwirtschaft unter der römischen Herrschaft (64 vChr – 340 nChr) derart, daß man von einem goldenen Zeitalter sprechen darf[6]. „In keiner Periode befand sich soviel Land unter dem Pflug wie während des römischen Einflusses."[7] Ihre außerordentliche Bedeutung hat sich denn auch in der Mischna (s. u.) niedergeschlagen: Nicht nur, daß die Ordnung „Sera'im" (= Saaten), die sich mit der Landwirtschaft beschäftigt, als erste die sechs Ordnungen einleitet, auch die sechste und letzte Ordnung, „Okazim" (= Stiele), berührt fast ausschließlich landwirtschaftliche Belange. Insgesamt prägen landwirtschaftliche Anweisungen

---

[5] *Klausner,* Jesus von Nazareth, S. 231; *Ben-David,* aaO., S. 58; *Ben-Sasson,* Geschichte des jüdischen Volkes I, S. 330; *Aharoni,* Das Land der Bibel, S. 14; *Freyne,* Galilee, S. 170–176.

[6] Vgl. *Richter,* Historische Entwicklung, S. 60f; vgl. auch *Karmon,* Israel, S. 38ff.
[7] *Richter,* aaO., S. 61.

und Bestimmungen die Mischna so sehr, daß man den Talmud nach Ben-David den „Kodex eines Agrarvolkes"[8] nennen muß; die Kenntnisse der Gelehrten über Botanik und Bodenbearbeitung, über die Technik des Ackerbaus und der Gartenkultur sind um die Zeitenwende beträchtlich[9].

Die *Mischna*[10], die zusammen mit der Gemara den Talmud bildet, ist nur eindeutig in ihrem Ende zu bestimmen: Die Formulierung des in ihr gesammelten Traditionsstoffes geschieht von ca. 135 bis 230 nChr (als entscheidender Redaktor gilt Rabbi Jehuda ha-Nasi, kurz „Rabbi" genannt). Dieser Traditionsstoff aber – und damit berühren wir die Frage nach dem Beginn der Mischna – reicht zurück bis ins 2. vorchristliche Jahrhundert: Als frühester Gesetzeslehrer wird namentlich Simon der Gerechte, ein Zeitgenosse des Antiochus III. (223–187 vChr), erwähnt; überaus häufig auch finden sich Hillel und Schammai (von ca. 50 vChr – 30 nChr) zitiert. Speziell die in der Mischna referierten wirtschaftlichen Informationen sind alt. Soweit sie nicht direkt aus der prä-tanna'itischen Zeit, also aus der Zeit vor 175 vChr, stammen, haben sie ihren Ursprung in der Erinnerung der Großväter, Väter oder Lehrer der Tanna'im (ca. 175 vChr – 225 nChr). „Die Grundlagen der Wirtschaft des jüdischen Palästina, ihr Gefüge und ihr Aufbau hatten sich ja in den 200 Jahren von der Zeit Simons des Gerechten bis zur ersten Generation der Tanna'im fast nicht geändert"[11].

Daß *Galiläa*, „the relatively more fertile area of Palestine due to natural and climatic factors"[12], seine landwirtschaftlichen Möglichkeiten voll ausschöpft, erfahren wir wiederum aus Josephus. Dreimal, gleich hintereinander, betont er, „daß das *ganze* Land von seinen Bewohnern bebaut ist" (Bell III 3,2), daß „*kein* Teil brachliegt" (Bell III 3,2) und – noch einmal zusammenfassend – daß es „in seiner *ganzen* Ausdehnung kultiviert ist" (Bell III 3,3). Die Josephschen Aussagen werden gestützt durch Bodenuntersuchungen, die ergeben, daß Galiläa um die Zeitenwende zu 97% landwirtschaftlich genutzt wird[13]. Andere Zahlen fehlen, doch mag es realistisch sein, davon auszugehen, daß wenigstens zwei Drittel der galiläischen Bevölkerung sich vom Ackerbau ernährt[14].

3.1.2 Der See Gennesaret – von einmaliger wirtschaftlicher Bedeutung

Eine einzigartige Erwerbsquelle besitzt Galiläa im See Gennesaret, in dem es nach Josephus „allerlei Arten von Fischen (gibt), die an Geschmack und Gestalt von denen anderer Gewässer verschieden sind" (Bell III 10,7). Star unter Karpfen, Barben, Sardinen und 20 weiteren Arten[15] ist zweifellos der echte Petrusfisch, als Angehöriger der Chromiden mit einem Kamm stacheliger Rückenflossen ausgestattet. Berühmt gemacht hat ihn außer seiner Schmackhaftigkeit vor allem auch die Besonderheit,

---

[8] *Ben-David*, aaO., S. 75.
[9] Vgl. *ders.*, aaO., S. 75 f.
[10] Zur Mischna vgl. *Ben-David*, aaO., S. 6–12; *Mayer*, Der babylonische Talmud, S. 33–51; *Maier/Schäfer*, Kleines Lexikon des Judentums, S. 213 f.
[11] *Ben-David*, aaO., S. 7.
[12] *Freyne*, aaO., S. 170.
[13] Vgl. *B. Colomb/Y. Kedar*, Ancient Agriculture in the Galilee Mountains, in: Israel Exploration Journal (IEJ) 21 (1971), S. 136–140.
[14] *Ben-David*, aaO., S. 7, spricht „von der breiten Basis der Kleinbauern".
[15] *Dalman*, Arbeit und Sitte in Palästina VI, S. 343 ff; *Rienecker*, Lexikon zur Bibel, Sp. 404–406; *Vardiman*, Die große Zeitenwende, S. 105–109.

daß er seine Eier wie auch die ausgeschlüpften Jungen im Maul mit sich trägt, von hier ausschwärmen läßt und bei Gefahr wieder aufnimmt. Wird er gefangen, entläßt er seine Jungtiere in einem silbern glänzenden Strahl aus seinem Maul ins Freie.

Der Fischreichtum zieht viele Menschen an, „a sizable part of the population"[16], die sich teils dem Fischfang selbst, teils dem Handel mit Fischen widmen. Auf einer Strecke von nur 21 km drängen sich dicht an dicht vier Städte, von Norden nach Süden neben dem weniger bedeutsamen *Kafarnaum* (vgl. I, 5.2) und dem im Namen des Sees verewigten *Gennesar* die beiden Großstädte *Magdala* und *Tiberias*[17]. Sie alle leben in der Hauptsache vom Fisch. Die Fangtechniken sind zu dieser Zeit schon hochentwickelt, neu sind die Methoden der Konservierung und der Vermarktung[18]. Für Magdala[19], vor der Gründung von Tiberias (ca. 18 nChr) die wichtigste Stadt am See, sind Fischfang und Fischindustrie gar so bedeutsam, daß sie den Namen der Stadt mitbestimmen bzw. prägen: Von den Juden „Magdal" bzw. „Migdal Nunaija" genannt, was soviel wie „Fischturm" bedeutet, rufen die Griechen es in Herleitung von dem griechischen τάριχος / tárichos (= gesalzener Fisch) Tarichéa. Getrocknet und gesalzen, gelangen seine Fische bis nach Rom. Der griechische Geograph Strabon († um 20 nChr in Rom) bemerkt in seinen geographischen Beschreibungen: „Der Fisch aus dem See von Tarichéa, dort selbst in eigenen Fabriken zubereitet und gesalzen, stellt ein vorzügliches Gericht dar" (Geographie XVI, 2).

Die Arbeit auf dem See ist hart und gefährlich. Gefahr entsteht vor allem durch plötzliche, vom Westen bzw. Nordwesten herabfallende Winde, die die Seeoberfläche zu haushohen Wellen aufwühlen können[20] (Mk 4, 37). Gefischt wird meist nachts (Lk 5, 5; Joh 21, 3); ein erfolgreicher Fang ist keineswegs garantiert (Lk 5, 5; Joh 21, 3). Aus den um die Zeitenwende praktizierten Fangtechniken[21] darf man schließen, daß die Fischer „teilweise auf genossenschaftlicher Basis"[22] arbeiten. Außer mit dem „Ánkistron"[23] (Angel) und dem „Amphíblaestron"[24] (rundes Wurfnetz von 3–5 m Durchmesser) fischt man mit dem „Díktyon"[25] und der „Sagáe-

---

[16] *Freyne*, aaO., S. 175.
[17] Betsaida, „Fischhausen", fehlt in der Auflistung, da es außerhalb von Galiläa, in der Tetrarchie des Philippus, liegt.
[18] Vgl. *Freyne*, aaO., S. 174.
[19] Zu Magdala vgl. *Saunders* in: BHHW II, Sp. 1121 (Lit.); *Ben-David*, aaO., S. 156; *Freyne*, aaO., S. 173 f; *Kroll*, aaO., S. 278 ff (Reg.).
[20] Vgl. *Mertens*, Kleines Handbuch der Bibelkunde, S. 444 f; *Gerber* in: BHHW III, Sp.1754.
[21] Zum Fischfang im See Gennesaret vgl. *Dalman*, Arbeit und Sitte in Palästina VI, S. 314 ff; *Edlund* in: BHHW I, Sp. 483; *Baudoz*, La pêche dans le lac au temps de Jésus, in: MB 27 (1983), S. 6 f.

[22] *Ben-Sasson*, aaO. I, S. 333.
[23] „Ánkistron" ist in den Evangelien ein Hapaxlegomenon und kommt nur in der allein von Matthäus tradierten Tempelsteuerperikope (Mt 17, 24–27) vor.
[24] Wie „Ánkistron" ist auch „Amphíblaestron" ein Hapaxlegomenon, das wiederum nur Matthäus kennt: Mt 4, 18.
[25] Während das „Amphíblaestron" sich besonders für ein Fischen in Ufernähe eignet, setzt das „Díktyon" tieferes Wasser voraus. – Das „Díktyon" findet sich in den Evangelien insgesamt 12mal erwähnt: Mt 2mal; Mk 2mal; Lk 4mal und Joh 4mal.

nae"[26]: Bei dem „Díktyon" handelt es sich um eine ca. 15 m lange Netzanlage aus drei verschiedenmaschigen Netzwänden, die – durch Schwimmer (Holzstücke) oben und durch Steine unten gehalten – senkrecht im Wasser stehen, in denen sich die von den Fischern durch Ruderschläge aufgestörten Fische verfangen; die „Sagáenae", ein bis zu 250 m langes und in der Mitte 5 m breites Schleppnetz, muß von wenigstens zwei Booten gezogen werden. Die Arbeit mit dem „Díktyon" wie auch mit der „Sagáenae" erfordert das Zusammenwirken mehrerer Mannschaften. Mit dem Zusammenschluß mehrerer Fischer bzw. Fischerfamilien ist auch deshalb zu rechnen, weil Boote und Netze zu teuer sind, als daß sie von einem einzelnen angeschafft werden können.

In den sonst an realkundlichen Informationen wenig interessierten Evangelien findet sich der See Gennesaret überraschend oft skizziert:
... in seiner *Gefährlichkeit*: Realistisch wird in der Sturmstillungsperikope (Mk 4,35–41 parr) geschildert, wie „sich plötzlich ein heftiger Wirbelsturm erhebt und die Wellen in das Boot schlagen, so daß es sich mit Wasser zu füllen beginnt" (Mk 4,37).

... in seinem *Fischreichtum:* In Lk 5,5 gesteht Petrus, daß er und seine Begleiter „die ganze Nacht gearbeitet und nichts gefangen haben". Wenig später aber, als sie auf das Wort Jesu hin die Netze auswerfen, fangen sie „eine so große Menge Fische, daß ihre Netze zu reißen drohen" (V. 6).
Neben Brot erscheint in den Evangelien Fisch als wichtiges Nahrungsmittel: Nach Mk 6,38 parr speist Jesus die bei ihm ausharrende Menge mit Brot und Fisch; in Joh 21,9 erwartet der Auferstandene frühmorgens die von nächtlichem, erfolglosem Fang zurückkehrenden Jünger am Ufer des „Sees von Tiberias" (V. 1) mit einem „Kohlenfeuer und darauf Fisch und Brot".

... in seinen *Städten*: Genannt werden alle im 1. nachchristlichen Jahrhundert bedeutsamen Städte – am Nordufer (im Osten beginnend) Betsaida (Mk 8,22–26; Mt 11,20ff par Lk; Lk 9,10; Joh 1,44) und Kafarnaum (s. Exkurs), am Westufer Gennesar (Mk 6,53; Mt 14,34), Magdala (Mk 15,40 parr; 15,47 parr; 16,1 parr u.ö.) und Tiberias (Joh 6,1; 21,1), am Ostufer das nicht mehr zu identifizierende Gerasa (Mk 5,1); allein das Südufer bleibt gänzlich unerwähnt.

... in seinen *Menschen:* Aus Fischern des Sees setzt sich der Kern der Jünger Jesu zusammen. Nach der synoptischen Tradition (Mk 1,16–20 parr), die teilweise durch die johanneische bestätigt wird (Joh 1,35–51), gehören Simon Petrus und sein Bruder Andreas, Jakobus und Johannes, ebenfalls ein Brüderpaar, zu den Erstberufenen und zu den von Jesus Bevorzugten[27]. Dem mehrfachen Hinweis auf „Díktya"[28] als Fanggerät der vier (Mk

---

[26] Eine „Sagáenae" erwähnt allein Matthäus: Im Gleichnis vom Fischnetz (Mt 13,47–50) vergleicht Jesus das Himmelreich mit einem solchen Schleppnetz, das man ins Meer wirft, „um Fische aller Art zu fangen" (V. 47).
[27] Vgl. den Exkurs „Kafarnaum und Jesus", hier 3.1.

[28] Da es sich beim „Díktyon" um eine Netzanlage mit drei Netzen handelt, sprechen die Evangelien meist konsequent pluralisch von „Díktya" (= Netze).

> 1,19 par Mt; Lk 5,4.5; Joh 21,6.8.11ab) wie auch aus der kurzen Notiz in Mk 1,20, daß Jakobus und Johannes beim Ruf Jesu in die Nachfolge „ihren Vater Zebedäus mit seinen Tagelöhnern im Boot zurücklassen", ist zu entnehmen, daß man offensichtlich in einem größeren Verbund zusammenarbeitet.

### 3.1.3 Das Handwerk – ein nur bescheidener Wirtschaftsfaktor

In seiner wirtschaftlichen Bedeutung für Palästina und speziell für Galiläa um die Zeitenwende nicht unterzubewerten ist das Handwerk[29]. Begegnet ihm Jesus Sirach im 2. vorchristlichen Jahrhundert noch recht despektierlich, weil „die Weisheit der Schriftgelehrten in Mußestunden erworben wird, und nur wer frei ist von schwerer Arbeit, Weisheit erlangen kann" (Sir 38,24–34), genießt es in neutestamentlicher Zeit und auch später – sieht man von einigen Gewerben[30] ab – hohes Ansehen. Priester und Schriftgelehrte erlernen „zum größten Teil"[31] ein Handwerk.

Um nur zwei der bedeutendsten Rabbinen der Zeitenwende zu nennen:
– Der strenge und rigorose Schammai (ca. 50 vChr – 30 nChr), dessen Lehren in einer Schule (bet Schammai) weitergeführt werden, verdient seinen Lebensunterhalt als Zimmermann[32].
– Sein Gegenspieler Hillel (ca. 30 vChr – 10 nChr), „eine der größten rabbinischen Autoritäten aus der Zeit vor der Zerstörung des Tempels"[33], ist Holzhacker von Beruf[34].

Wie beide betätigen sich viele andere entweder in der Nahrungs- und Genußmittelbranche oder in der Bekleidungsindustrie, in der Gefäßherstellung oder in der Holzverarbeitung, im Bau- oder im Metallgewerbe, im Transport- oder im Luxusgewerbe, im Gesundheitswesen oder als Schreiber[35]. Nach Ben-David werden „rund siebzig verschiedene Handwerksarten und Gewerbe im talmudischen Schrifttum dieser Epoche genannt"[36]. In der Regel geht das Handwerk vom Vater auf den Sohn über. Rabbi Jehuda ha-Nasi, der große und heilige „Rabbi" (um 200 nChr), mahnt: „Wer seinen Sohn kein Handwerk lehrt, lehrt ihn plündern."[37]

> – Nach Mk 6,3a ist *Jesus* Bauhandwerker. Auf dem zeitgeschichtlichen Hintergrund erst wird deutlich, welch ehrenvoller Klang dieser Bezeichnung innewohnt.
> – Auch *Paulus* ist stolz darauf, als Zelttuchmacher (1 Thess 2,9; 1 Kor 4,12; 2 Kor 11,27; Apg 18,3) selbst für sich sorgen zu können und den Gemeinden nicht zur Last zu fallen (1 Kor 9,15.19).

Eigene Bedeutung erringen sich in *Galiläa* das Bauhandwerk, die Leinenweberei, die Töpferei und die Glasherstellung.

---

[29] Zum Handwerk in biblischer Zeit vgl. *Klausner*, aaO., S. 235–238; *Jeremias*, Jerusalem zur Zeit Jesu, S. 1–33; *Kapelrud* in: BHHW II, Sp. 643f; *Ben-David*, aaO., S. 143–182; *Freyne*, aaO., S. 170–176 (Lit.).
[30] Zusammenstellung in: *Jeremias*, aaO., S. 338; vgl. auch *Ben-David*, aaO., S. 180f.
[31] *Jeremias*, aaO., S. 1; vgl. *Ben-David*, aaO., S. 181f.
[32] Vgl. *Ehrlich*, Geschichte Israels, S. 134–137 (vgl. S. 137 den Hinweis auf die Elle).
[33] *Maier/Schäfer*, Kleines Lexikon des Judentums, S. 137.
[34] Vgl. *Klausner*, aaO., S. 236; *Ben-David*, aaO., S. 316.
[35] Vgl. *Ben-David*, aaO., S. 149f.
[36] Ebd.
[37] bab. Qid. 29a.

> Der TÖPFER (nach Sir 38,24f.29-30)
>
> 24 Die Weisheit des Schriftgelehrten wird in Mußestunden erworben,/ und wer frei ist von schwerer Arbeit, kann Weisheit erlangen.
> 25 Wie kann der zur Weisheit gelangen, der den Pflug hält/ und der sich mit dem Ochsenstachel großtut ...
> 29 So auch der TÖPFER, der an seiner Arbeit sitzt/ und mit seinen Füßen die Scheibe dreht.
> Er obliegt mit Sorge seinem Werke,/ und alle seine Bewegungen sind abgemessen.
> 30 Mit seinem Arm formt er den Ton,/ und mit den Füßen macht er dessen Zähigkeit geschmeidig.
> Seine Aufmerksamkeit ist auf die Herstellung der Glasur gerichtet,/ und er ist um das Brennen im Ofen bemüht.

Töpfer an der Drehscheibe

M 86

- Das *Bauhandwerk* profitiert von der Bauleidenschaft des Antipas. Der Wiederaufbau von Sepphoris (ca. 2 vChr – 18/20 nChr) und die Neugründung von Tiberias (ab ca. 18/20 nChr) ziehen Sachverständige für Hoch- und Tiefbau, Stein-, Holz- und Metallhandwerker, Gruben- und Brunnengräber und eine Vielzahl anderer Berufe an[38].
- Während sich Judäa mit seinen Schafen und Ziegen auf die Wollweberei spezialisiert, ist Galiläa für seine *Leinenprodukte* bekannt[39]; galiläisches Leinen genießt Weltruf[40]. Webereien für das geschätzte feine Leinen gibt es in Sepphoris[41] und Magdala[42], grobgesponnene Leinenwaren kommen aus Arbel[43].
- Die Herstellung von *Tonprodukten* konzentriert sich auf die Gegenden mit natürlichen Tonlagern. Schwarze Tonerde macht Kefar Chananina in Obergaliläa und Sichin bei Sepphoris zu Zentren der Töpferkunst, weiße die Hauptstadt Tiberias[44]. Das zeitgenössische Angebot an Tonprodukten ist groß: Y. Brand kann in der talmudischen Literatur 126 verschiedene Geräte nachweisen, von der kleinen Öllampe bis zum großen Faß[45] reichend.
- Tiberias ist außerdem berühmt für seine *Glaswaren*[46]. Spezialisiert hat man sich auf die Fertigung von wertvollen Trinkgläsern, die oben schmal und unten weit sind[47]. – Daß die Glasindustrie in Galiläa Tradition hat, zeigt ein neuerer Fund von insgesamt 80 Gefäßen im obergaliläischen Tel Anafa aus der Mitte des 2. Jhs vChr[48].

Auf die Frage, wie viele Menschen sich im Galiläa der Zeitenwende vom Handwerk ernähren, kann man selbst nicht mit einer Schätzung antworten,

---

[38] Vgl. *Leipoldt/Grundmann*, aaO., S. 181 f; *Ben-David*, aaO., S. 161–168; *Freyne*, aaO., S. 68 f 191.
[39] Vgl. *Leipoldt/Grundmann*, aaO., S. 181; *Klausner*, aaO., S. 237; *Ben-David*, aaO., S. 145 156; *Freyne*, aaO., S. 176.
[40] Vgl. *Ben-David*, aaO., S. 156.
[41] Vgl. *Klausner*, aaO., S. 237.
[42] Vgl. *Ben-David*, aaO., S. 156.
[43] Ebd.
[44] Vgl. *Ben-David*, aaO., S. 156.
[45] *Y. Brand*, Die Tongeräte in der talmudischen Literatur, Jerusalem 1953.
[46] Zur Glaswarenindustrie in Galiläa vgl. *Ben-David*, aaO., S. 160 f; *Freyne*, aaO., S. 174 f.
[47] Vgl. *Ben-David*, aaO., S. 160 f.
[48] Vgl. *Freyne*, aaO., S. 175.

da jegliches Zahlenmaterial fehlt. Gesichert allein scheint, daß ihre Zahl relativ klein[49] ist und weit unter der der Bauern und Fischer liegt.

### 3.1.4 Der Handel – ein nur schmaler Bereich wirtschaftlicher Tätigkeit

„... daß Hausierer in den Landstädten herumziehen!"[50], so lautet eine der zehn Verordnungen, die Esra (um 450 vChr) erläßt, um das Leben der aus dem Exil zurückgekehrten Juden zu regeln. – Rund 300 Jahre später berichtet 1 Makk 1,58 (um 100 vChr entstanden) bereits von monatlichen Markttagen in den Städten. – Um die Zeitenwende hat sich das Bild weiter differenziert, die Urbanisation Palästinas hat den Prozeß beschleunigt: Der *Binnenhandel*[51] floriert; jede größere Stadt besitzt ihren Markt[52] entweder auf einem Platz vor oder in den Mauern, oder aber auch – dem Basar orientalischer Städte vergleichbar – in einem eigenen Marktviertel mit einem Gewirr von Straßen und Gassen, auf die sich das Warenangebot schwerpunktmäßig verteilt. Als Händler[53] agieren drei verschiedene Personengruppen: außer den Bauern der umliegenden Dörfer, die ihre überschüssigen landwirtschaftlichen Produkte gegen andere Waren eintauschen oder auch für Geld verkaufen, ortsansässige Handwerker, die ihre selbstgefertigten Erzeugnisse feilbieten, und ebenfalls ansässige Kaufleute, die als Zwischenhändler fungieren und eingekaufte Waren weiterverkaufen. Oft genannte Marktzentren in Galiläa sind Sepphoris und Tiberias[54]. Offizielle Handelstage[55], an denen die Dörfler in die Marktflecken und Städte ziehen, um einzukaufen und zu verkaufen, sind der Montag und der Donnerstag.

Obwohl Galiläa von der Via Maris als wichtiger Handelsstraße durchzogen wird und über gute Verbindungen sowohl zum Mittelmeer als auch zur Dekapolis verfügt[56], ist sein *Außenhandel*[57] bescheiden. Was an Gütern aus Ost und West importiert wird, bleibt gänzlich im Dunkel[58]; zu den belegten Exporten gehören Öl[59], Weizen[60], Wein[61], Leinen[62] und Fisch vom See Gennesaret[63]. In der Konkurrenz mit den klassischen Handelsnationen, wie den Syrern, den Phöniziern und den Griechen[64], tut sich Israel, vom Ursprung her ein Hirten-

---

[49] Vgl. *Ben-David*, aaO., S. 7.
[50] Zitiert nach *Ben-David*, aaO., S. 184.
[51] Vgl. *Klausner*, aaO., S. 246–257; *Keller* in: BHHW II, Sp. 636 f. (Lit.); *Ben-David*, aaO., S. 183–219; *Freyne*, aaO., S. 155–207 (Lit.).
[52] Vgl. *Klausner*, aaO., S. 249; *Ben-David*, aaO., S. 189 f.
[53] Vgl. *Ben-David*, aaO., S. 189 f.
[54] Vgl. *Klausner*, aaO., S. 249; *Ben-David*, aaO., S. 186.
[55] Vgl. *Klausner*, aaO., S. 248; *Ben-David*, aaO., S. 184.
[56] Vgl. *Ben-David*, aaO., S. 265–285; *Aharoni*, aaO., S. 43–63, bes. S. 62 f.
[57] Vgl. *Klausner*, aaO., S. 248 ff; *Keller*, aaO., Sp. 637; *Ben-David*, aaO., S. 220–264.
[58] Vgl. *Ben-David*, aaO., S. 222–229.
[59] Vgl. Bell II 21,2; *Ben-David*, aaO., S. 230 ff.
[60] Vgl. die Zenon-Papyri, die den Beweis erbringen, daß im Juni des Jahres 261 vChr Weizen aus Galiläa nach Ägypten exportiert wird (vgl. *Ben-David*, aaO., S. 79 230).
[61] Vgl. ebenfalls die Zenon-Papyri; *Ben-David*, aaO., S. 232 ff.
[62] Vgl. *Klausner*, aaO., S. 237.
[63] Vgl. *Strabon*, Geographie XVI, 2.
[64] Vgl. *Klausner*, aaO., S. 245 f; *Keller*, aaO., Sp. 637; *Ben-David*, aaO., S. 183.

und Bauernvolk (Contra Apionem I 12), schwer. Haben die Juden auch in der Zeit von Mischna und Talmud, also auch in dem uns interessierenden Zeitabschnitt, „einen stark differenzierten Handel mit weitreichenden Verbindungen"[65] und erfüllen sie auch „eine wichtige Funktion im Netz der Handelsbeziehungen der hellenistisch-römischen Welt"[66], umfaßt der Handel insgesamt dennoch „nur einen schmalen Bereich wirtschaftlicher Tätigkeit"[67]. Die breite Basis der Kleinbauern trägt neben einer kleinen Zahl von Handwerkern „eine noch kleinere Zahl von Handeltreibenden"[68].

### 3.2 Eine dreistufige „Sozialpyramide"

Die vierfach gegliederte „Wirtschaftspyramide" Galiläas sichert seinen Menschen um die Zeitenwende – wie man meinen könnte – einen ausreichenden Lebensunterhalt; Handwerk und Handel ergänzen nur ein von der Natur reich gesegnetes Land, das in der Landwirtschaft und dem Fischfang ein breites und solides wirtschaftliches Fundament besitzt. Doch der erste Eindruck täuscht! „Aufs Ganze besehen bleibt Palästina ... hinter der Aufgabe zurück, allen seinen Bewohnern Arbeit und Ernährung und damit ein ausreichendes Leben zu geben."[69] Die Zahl derer, die mit ihren Familien sorglos leben können, ist gering; eine Mehrheit quält sich wenig über bzw. unter dem von der Mischna für die Periode bis zum Ende des 2. Jhs nChr errechneten Existenzminimum von jährlich 200 Denaren[70]. Die zu vermutende Sozialpyramide (vgl. M 87) zeigt drei ausgeprägte Schichten[71]: an der Basis in beachtlicher Breite die Masse der Armen unterschiedlicher Couleur, die *Unterschicht* (III); im schmaleren Mittelfeld einen weit strukturierten *Mittelstand* von Kleinhändlern, Handwerkern und vor allem Kleinbauern, der aber in seinem unteren Teil ständig in der Gefahr steht, in die Schicht des besitzlosen „Proletariates"[72] abzusinken (II); und an der Spitze endlich, nur wenig Raum einnehmend, eine Minderheit von Kapitalstarken, die *Oberschicht*, vertreten durch Großgrundbesitzer, Großhändler und Steuerpächter (I).

### 3.2.1 Die vornehme Oberschicht – eine reiche Minderheit

*Großgrundbesitzer*, *Großhändler* und *Steuerpächter* nehmen die Spitze der palästinisch-galiläischen Sozialpyramide des 1. Jhs nChr ein. Drei „Figuren", von denen vor allem die erste und die letzte auf der „Bühne der Evangelien" auftreten und agieren, von dorther für den Zusammenhang allein von größerem Interesse sind[73].

---

[65] *Ben-David*, aaO., S. 183.
[66] Ebd.
[67] Ebd.
[68] Vgl. *ders.*, aaO., S. 7.
[69] *Leipoldt/Grundmann*, aaO., S. 184.
[70] Vgl. *Ben-David*, aaO., S. 293.
[71] Vgl. *Klausner*, aaO., S. 238 ff; *Leipoldt/Grundmann*, aaO., S. 185 ff; *Jeremias*, aaO., S. 101–135; *Ben-David*, aaO., S. 74; *Freyne*, aaO., S. 176–183.

[72] Gegen *Klausner*, aaO., S. 242, empfiehlt es sich, nicht weiter von Proletariat zu sprechen, da der heutige Begriff die damalige Situation der Unterschicht nur zu geringem Teil abdeckt.
[73] Zum Großhändler, der allein in Mt 13,45f vorkommt, vgl. den Exkurs „Die Gleichnisse als Spiegel der sozialen Wirklichkeit", hier bes. 1.8.

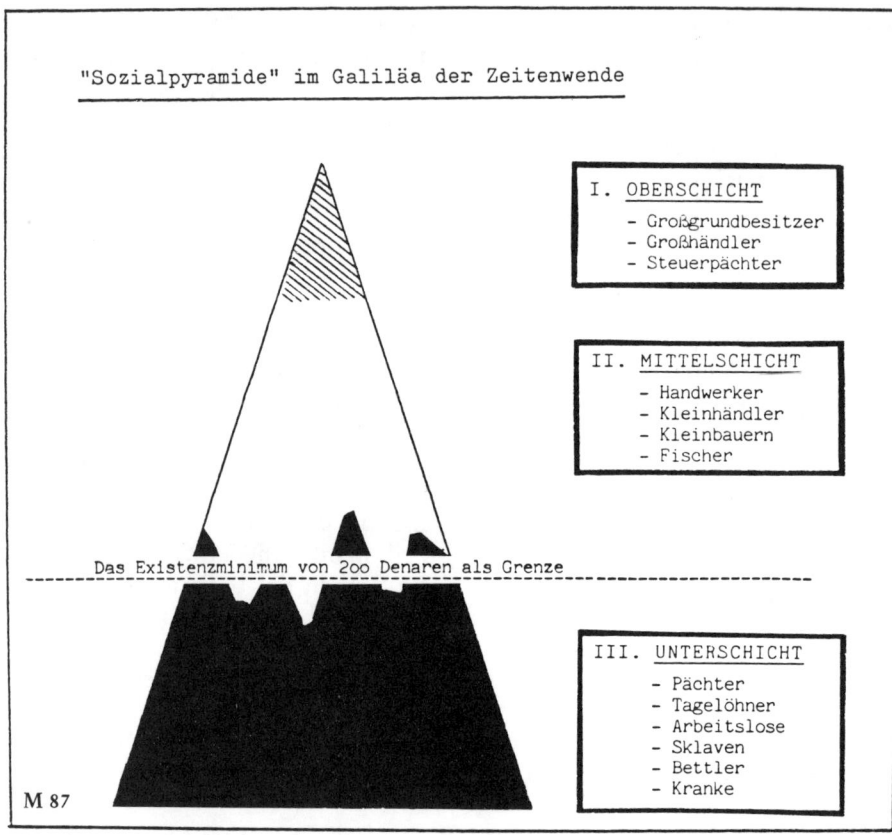

a) Die palästinischen *Steuerpächter*[74] schauen um die Zeitenwende bereits auf 300 Jahre Geschichte zurück[75]: In Palästina von Ptolemaios I. Soter (304–282 vChr) und seinem Nachfolger Philadelphos (282–246 vChr) eingeführt, halten sie sich unter den Seleukiden (201 – ca. 167 vChr), den Makkabäern und Hasmonäern (ca. 167–63 vChr), den Römern und Herodianern (63 vChr – 70 nChr) bis hin zum Jüdischen Krieg (66–70 nChr). In Abgrenzung und zur Unterscheidung von den römischen Großsteuerpächtern (publicani) und ihren Angestellten (portitores), die in Judäa nur für eine kurze Zeitspanne (63–47/44 vChr) auftauchen, sind sie als *hellenistische Kleinpächter* zu präzisieren[76]; ihnen auch – nicht den römischen Großsteuerpächtern – sind die sog. „Zöllner" (τελῶναι/telōnai) der Evangelien (Mk 2,16 parr; Mt 5,46; 10,3; Lk 3,12 u.ö.) zuzurechnen.

---

[74] Zu den palästinischen Steuerpächtern vgl. *Michel* in: ThWNT VIII, S. 88–106; *Fiedler*, Jesus und die Sünder, S. 119ff; *Völkel*, „Freund der Zöllner und Sünder", in: ZNW 69 (1978), S. 1–10; *Schottroff/Stegemann*, Jesus von Nazareth – Hoffnung der Armen, S. 16–24; *Herrenbrück*, Wer waren die ‚Zöllner'?, in: ZNW 72 (1981), S. 178–194.

[75] Vgl. *Herrenbrück*, aaO., S. 189–194.

[76] Vgl. *ders.*, aaO., S. 186f 194.

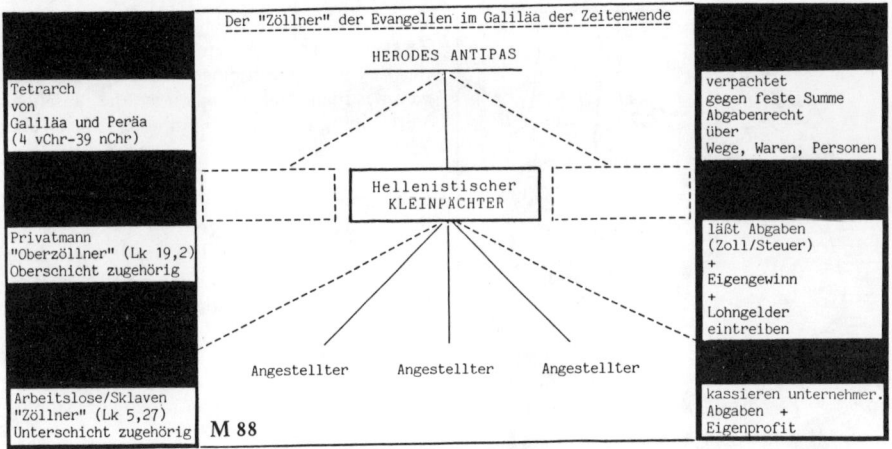

M 88

Als Privatmann, keinesfalls als staatlicher Beamter, pachtet der hellenistische Kleinpächter vom jeweiligen Landesherrn, in Galiläa von Herodes Antipas, gegen eine feste Jahressumme das Steuer- und Zollrecht über eine bestimmte Region oder Kommune, über Waren oder Personen[77]. Mehreinnahmen sind sein Gewinn, den Minderertrag muß er aus der eigenen Tasche ersetzen. Bei der Eintreibung unterstützen ihn Unterbeamte, zuweilen gar Sklaven[78], die ihrerseits wiederum ihren Profit suchen[79]. Da die Höhe der Zölle oft sehr unbestimmt ist[80], ist die Gefahr der Übervorteilung und der Zügellosigkeit groß (Lk 19,8), das Berufsbild entsprechend negativ (Mk 2,16; Lk 19,7)[81]. Doch darf dieses mannigfaltig belastete Image nicht unversehens auf den ganzen Stand übertragen werden[82]: Josephus weiß z. B. im Aufstandsjahr 66 nChr von einem Steuerpächter zu berichten, Johannes von Cäsarea mit Namen, der in seiner Gemeinde sehr einflußreich und angesehen ist (Bell II 14,4f).

Gewöhnlich sind die hellenistischen Kleinpächter – nicht ihre Bediensteten, die im 1. Jh nChr überaus zahlreich sein müssen[83] – reich und gehören der gehobenen Mittelschicht bzw. der Oberschicht an[84].

b) Neben dem Steuereinnehmer ist für den großen russischen Wirtschaftshistoriker Rostovtzeff, der mit seinen „Studien zur Geschichte des römischen Kolonats" (1910) und zur „Gesellschaft und Wirtschaft im Römischen Kaiserreich" (o.J. 1929?) die Grundlagen für eine Wirtschaftsgeschichte Palästinas gelegt hat, „der Typ des wohlhabenden Mannes in Judäa ... der reiche Besitzer von Grund und Boden ..."[85]. Großgrundbesitz[86]

---

[77] Vgl. *Schottroff/Stegemann*, aaO., S. 18 f.
[78] Vgl. *dies.*, aaO., S. 18.
[79] Vgl. *dies.*, aaO., S. 19 f.
[80] Vgl. *Gnilka*, Markus I, S. 106.
[81] Vgl. *Schottroff/Stegemann*, aaO., S. 21 ff; *Freyne*, aaO. S. 183–194.
[82] Vgl. *Herrenbrück*, aaO., S. 188.
[83] Vgl. *Schottroff/Stegemann*, aaO., S. 16.
[84] Vgl. *Herrenbrück*, aaO., S. 194.

[85] *Rostovtzeff*, Gesellschaft und Wirtschaft im Römischen Kaiserreich II, S. 10.
[86] Zum Großgrundbesitz im Palästina der Zeit Jesu vgl. außer *Rostovtzeff* (s.o.) bes. *Herz*, Großgrundbesitz in Palästina im Zeitalter Jesu, in: PJB 24 (1928), S. 98–113; *Alt*, Kleine Schriften II, S. 384–395; *Freyne*, aaO., S. 22–56 (Lit.).

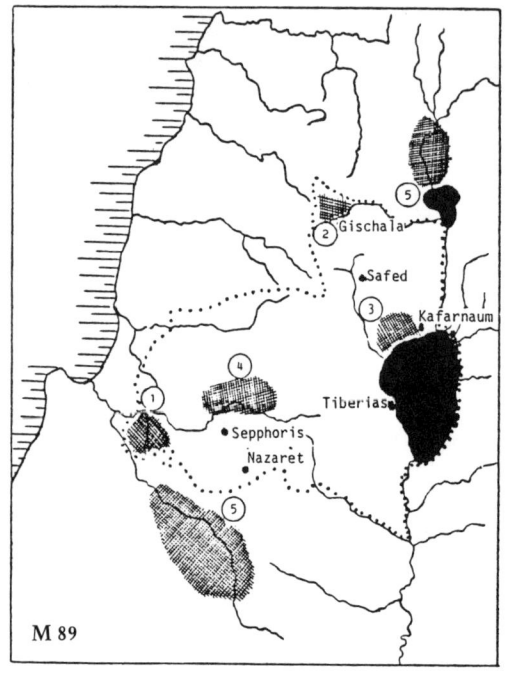

M 89

**Großgrundbesitz in Galiläa zur Zeit Jesu** Zum Zwecke einer stärkeren Bewußtmachung sei die Rekonstruktion einer Karte gewagt, auch wenn es nicht mehr möglich ist, die räumliche Verbreitung des Großgrundbesitzes in Galiläa exakt zu bestimmen.

Großgrundbesitz darf man aller Wahrscheinlichkeit nach voraussetzen
(1) im nordwestlichen Teil der Jesreel-Ebene nahe der Kischon-Enge;
(2) in der Umgebung des obergaliläischen Gischala;
(3) in der Gennesar-Ebene im Nordwesten des Sees Gennesaret;
(4) in der Battof-Ebene nördlich von Sepphoris
(5) und schließlich noch – aber bereits außerhalb der galiläischen Grenzen – im Zentrum der Jesreel-Ebene und im oberen Jordangraben, nördlich des Hule-Sees.

aber gibt es im Palästina der Zeit Jesu – wie Herz in einem Vergleich der in den Zenon-Papyri beschriebenen Situation der Küstenebenen, Judäas, Galiläas und des Ostjordanlandes mit der des ptolemäischen Ägyptens feststellt – „in recht beträchtlichem Ausmaß"[87], offen ist allein seine räumliche Verteilung. Seinen Ursprung hat er in der „Ausbeutungspraxis der Ptolemäer[88] (ca. 301–200 vChr), die spätestens ab etwa 240 vChr von dem jüdischen Priester- und Laienadel mit der Familie der Tobiaden an der Spitze unterstützt wird"[89]. Ausgehend von dem Grundsatz, daß alles Land dem König gehört, siedeln die ptolemäischen Herrscher Kolonisten auf kleineren und mittleren Parzellen an, übereignen größere Territorien Angehörigen und Verwandten, überlassen ganze Ortschaften als Lehen verdienten Mitarbeitern und verkaufen auch fruchtbares Land an wohlhabende Männer, um zu Geld zu kommen[90]. An dieser Situation ändert sich in den nachfolgenden Jahrhunderten nichts. „Ähnlich wie im ptolemäischen Ägypten hat auch im herodianischen Palästina letztlich der König die unbeschränkte Verfügung über Grund und Boden."[91]

In *Galiläa* stellt sich die Situation um die Zeitenwende etwa wie folgt dar (vgl. M 89):

---

[87] *Herz,* aaO., S. 112.
[88] *Schäfer,* Geschichte der Juden in der Antike, S. 37. – Zu den Ptolemäern vgl. *ders.,* aaO., S. 29–41; *Gunneweg,* Geschichte Israels bis Bar Kochba, S. 146–151 (Lit.); *Freyne,* aaO., S. 27–35 (Lit.).
[89] Zu den Tobiaden vgl. *Plöger* in: ZDPV 71 (1955), S. 70–81; *Reicke,* Neutestamentliche Zeitgeschichte, S. 31–41; *Schäfer,* aaO., S. 35–40.
[90] Vgl. *Herz,* aaO., S. 111; *Leipoldt/Grundmann,* aaO., S. 184.
[91] *Herz,* aaO., S. 111.

(1) Latifundien, die der Schwester des Herodianerfürsten Agrippa II., Berenike[92], gehören, gibt es um die Mitte des ersten nachchristlichen Jahrhunderts am Nordwestrand der *Jesreel-Ebene*, in der Kischon-Enge, wo der galiläische Südwesten an das Stadtgebiet von Ptolemais angrenzt. Erwähnt finden sie sich bei Josephus, der in seiner Biographie (Vita 24) davon berichtet, daß in Besara, dem späteren Beth-Shearim[93], die der Königin geschuldeten Naturalabgaben der Umgebung gesammelt und verwaltet werden.
(2) Auf ursprüngliches Königsland im obergaliläischen Gebirge weist die Tatsache hin, daß Dörfer um *Gischala* in der Zeit des großen Aufstandes um 66 nChr ihren Ernteertrag für den Kaiser speichern müssen (vgl. Vita 13)[94].
(3) Nach Jeremias gehören zu den „königlichen" Domänen „wahrscheinlich auch das Nord- und Nord-Westufer des Sees Genezareth"[95]. Dafür spricht, daß dieses Gebiet mit der *Gennesar-Ebene* als Zentrum aufgrund seiner Fruchtbarkeit sicherlich schon früh das Interesse der Herrschenden auf sich zieht und ihre Begehrlichkeit weckt.
(4) Auf das Innere Untergaliläas verweist Papyrus Psi 554 aus dem Zenon-Archiv, das zahlreiche Schriftstücke aus den Jahren 261–258 vChr enthält[96]. Wie ihm zu entnehmen ist, besitzt der Finanzminister von Ptolemaios II. Philadelphos (282–246 vChr), Apollonios mit Namen, in Beth-Anath ein Landgut mit Weizenfeldern und Weinbergen, von dem Weizen nach Ägypten exportiert wird. Beth-Anath aber identifiziert Alt[97] als el-Eb'ene in der *Battof-Ebene* (vgl. I, 4.2.3).
(5) Großgrundbesitz gibt es mit Sicherheit aber auch in der *Jesreel-Ebene* im Süden Galiläas und im *oberen Jordangraben* nördlich des Hule-Sees[98]; beide Territorien liegen aber außerhalb der galiläischen Grenzen.

Damit sind die in den Quellen erwähnten Gebiete identifiziert, unberücksichtigt bleiben notwendig die ungenannten. Aber selbst ohne sie umfaßt der Großgrundbesitz in Galiläa zur Zeit Jesu bereits ausgedehnte Ländereien. Unterschiedslos handelt es sich bei ihnen um fruchtbare, günstig gelegene und einer extensiven Bewirtschaftung entgegenkommende Landstriche in den Ebenen; das weniger fruchtbare Bergland an Hängen und auf Hügelkuppen, meist nur kleinere Parzellen, bleibt den Kleinbauern überlassen[99].
Während jene meist um ihre Existenz bangen müssen (s. u.), lebt „die Aristokratie der großen Landeigentümer, die oft ganze Ortschaften in Händen haben und die zugleich meistens auch Kapitalisten und Großkaufleute sind"[100], in Freuden (Lk 14,16; 16,19) und Luxus (Lk 16,19) meist außerhalb des Landes (Mk 12,1; 13,35; Mt 25,24). Nur gelegentlich reist man zur Inspektion (Mt 25,19; Lk 16,2) oder zur Übernahme des Gewinnes an (Mk 12,2; Mt 25,20.28); denn das Latifundium ist entweder an Bauern verpachtet (Mk 12,1) oder aber wird von einem Verwalter (Mt 20,8; Lk 16,1) mit Sklaven, Landarbeitern und Tagelöhnern

---

[92] Vgl. *Ben-Sasson*, aaO. I, S. 332; *Alt*, aaO. II, S. 389f.
[93] Zur Identifizierung von Besara mit Beth-Shearim vgl. *Alt*, aaO. II, S. 387 Anm. 4.
[94] Vgl. *Alt*, aaO. II, S. 395; *Jeremias*, Die Gleichnisse Jesu, S. 53f.
[95] Vgl. *Jeremias*, ebd.
[96] Zum Zenon-Archiv vgl. *Herz*, aaO., S. 106–109 (hier auch eine Zusammenstellung der in den Papyri genannten palästinischen Orte); *Alt*, aaO. II, S. 395; *Ben-David*, aaO., S. 79.
[97] Identifizierungsvorschlag von *Alt* in: PJB 22 (1926), S. 55 ff.
[98] Vgl. *Alt*, Kleine Schriften II, S. 391 394f; *ders.*, aaO. I, S. 262 Anm. 1.
[99] Vgl. *Herz*, aaO., S. 112; *Ben-Sasson*, aaO. I, S. 332.
[100] *Herz*, aaO., S. 113.

(Mt 13, 24–30; 20, 1–16; Lk 15, 17 u. ö.) bewirtschaftet[101]. Das Bild der Evangelien bestätigen Mischna und Talmud[102]: Der Abstand zwischen der verhältnismäßig kleinen Gruppe der Reichen und der breiten Masse der Armen muß „enorm"[103] gewesen sein.

### 3.2.2 Die breite Mittelschicht

Die Mitte der Sozialpyramide gehört der sozialen Mittelschicht mit den *Handwerkern, Kleinpächtern, Fischern* und *Kleinbauern* als wichtigsten Vertretern[104]. Die einzelnen Gruppen voneinander abzugrenzen ist aufgrund des Mangels an Zahlen nicht mehr möglich. Vermutlich wird man davon ausgehen dürfen, daß Vertreter der vier sich über die ganze Breite der Mittelschicht verteilen, daß unter allen vieren also durchaus Wohlhabende wie auch recht Arme anzutreffen sind. Allein die Situation des Kleinbauerntums läßt sich etwas konkretisieren[105].

*Kleinbauern* meint die Hauptmasse, den Kern des Volkes, der mit der ganzen Familie von 6–9 Personen ein Stück Land von durchschnittlich 8–10 ha bewirtschaftet[106]. Den größten Teil des Ertrages benötigt man für die eigenen Bedürfnisse, den Rest bringt man in die Stadt zum Tausch oder zum Verkauf[107]. Was man insgesamt erwirtschaftet, liegt – und dies gilt „für die große Mehrzahl der Bevölkerung, die ja aus Kleinbauern"[108] besteht – meist an oder nur wenig über dem aus der Mischna zu errechnenden Existenzminimum von 200 Denaren[109]. Dies erhellen bereits zwei Zahlen: Legt man die von Ben-David für eine Einzelperson ermittelten 31 Denare pro Jahr zugrunde[110], benötigt eine siebenköpfige Familie zum Unterhalt, für Nahrungsmittel und Kleidung, etwa 217 Denare. 150 Denare netto aber nur erwirtschaftet ein kleinbäuerlicher Betrieb, der sich auf die Weizenproduktion spezialisiert[111]. Das Defizit ist offensichtlich, mag man mit den Zahlen auch in jeder nur denkbaren Richtung „spielen". 150 Denare reichen gerade aus, um für die Familie einen Mindesttagesverbrauch von 2322 Kalorien sicherzustellen[112], notwendige Anschaffungen wie Kleider, Werkzeug, Hausrat sind bei diesem Mindesteinkommen nicht mehr möglich. Kann das Defizit in guten Jahren abgebaut und verringert werden, vergrößert es sich durch eine schlechte Ernte, durch plötzliche Krankheiten, durch Krieg und Plünderung, durch eine Hungersnot oder andere Schicksalsschläge in solchem Maße, daß man zur Veräußerung des kleinen Besitzes gezwungen ist[113]. Der ehemals selbständige Kleinbauer wird zum Pächter seines eigenen Landes bzw. darf als Tagelöhner auf ihm arbeiten. Ab sofort gehört er zur besitzlosen Schicht der Armen, aus der wieder

---

[101] Vgl. zur Charakterisierung der Großgrundbesitzer nachfolgenden Exkurs „Die Gleichnisse als Spiegel der sozialen Wirklichkeit", bes. 1.2; 1.3; 1.4 und 1.10.
[102] Vgl. *Ben-David,* aaO., S. 313–320.
[103] Vgl. *ders.,* aaO., S. 313.
[104] Vgl. *Leipoldt/Grundmann,* aaO., S. 185; *Klausner,* aaO., S. 238 f; *Ben-David,* aaO.,
[105] Zum palästinischen Kleinbauerntum vgl. *Klausner,* aaO., S. 238 f; *Ben-David,* aaO.
S. 297–299.
[106] Vgl. *Ben-David,* aaO., S. 46.
[107] Vgl. *Klausner,* aaO., S. 239.
[108] *Ben-David,* aaO., S. 301.
[109] Vgl. *ders.,* aaO., S. 291–293.
[110] Vgl. *ders.,* aaO., S. 298.
[111] Vgl. ebd.
[112] Vgl. ebd.
[113] Vgl. *Klausner,* aaO., S. 239; *Ben-David,* aaO., S. 299.

emporzusteigen nur selten gelingt. „Der Bauer jener Zeit", so faßt Ben-David zusammen, „ernährte trotz schwerer Arbeit sich und seine Familie nur kärglich und war trotz größter Sparsamkeit immer dem Elend nah."[114] Da er es aufgrund seiner wirtschaftlichen Not mit der Abführung von Abgaben und Steuern, vor allem dem Zehnten, nicht so genau nimmt, zählen ihn die Gelehrten zum verachtungswürdigen „am-ha-arez"[115].

### 3.2.3 Die soziale Unterschicht – die Armen

Das Fundament der Sozialpyramide bildet ein Heer von Armen aller Schattierungen[116]. Dazu gehören, wiederum in sich gestaffelt, *Pächter, Arbeitslose, Sklaven, Bettler* und *Kranke*. Allen gemeinsam ist, daß sie nichts besitzen als ihre Arbeitskraft[117]. Ein unerschöpfliches „Reservoir", aus dem dieser Basis von erschreckender Breite und Höhe kontinuierlich neue Menschen zufließen, ist die Masse des Kleinbauerntums. Nicht allein, daß zwei Jahre Dürre oder eine Krankheit den galiläischen Bauern zum Tagelöhner machen können; dadurch, daß der kleine Besitz nicht geteilt werden darf, sondern als Ganzes in die Hände des Erstgeborenen übergeht, wartet auf alle jüngeren Söhne das gleiche Los eines existenzlosen Daseins[118]. Solange man Arbeit findet, kann man sich als Tagelöhner einigermaßen ernähren. Für gewöhnlich beträgt der Tagesverdienst einen Denar[119], selten aber übersteigt der Jahreslohn, bedingt durch die Jahreszeiten und die Sabbat- und Festtage, 200 Denare[120]. Dies ist zwar nicht weniger, als die Mehrzahl der Kleinbauern erwirtschaftet, jedoch ist der Tagelöhner, da ohne jeden Besitz, jeder aktuellen Notsituation hilflos ausgeliefert.

– Viele, die Entmutigten und immer wieder Enttäuschten, treibt denn auch die Auswegslosigkeit in die *Resignation*. Man gibt sich zufrieden mit dem täglichen Pondionbrot, das offizielle soziale Einrichtungen dem Armen aushändigen[121]. Da es nur einen Kalorienwert von 1400 hat[122], nimmt die Kraft permanent ab; am Ende kann man sich nur noch mit Stöcken und Stützen fortbewegen und ist untauglich für jede Arbeit. Die Mischna nennt diese Gruppe denn auch „Schwache"[123].

– Ein zweiter Teil, der im 1. vor- und 1. nachchristlichen Jahrhundert mit Zunahme von Armut und Not infolge von Mißwirtschaft[124], von Hungersnöten (25 vChr[125]; 46/48 nChr[126]), von Kriegen und Unruhen (63 vChr; 40–37 vChr; 4 vChr; 6 nChr; 66–70 nChr) wächst, verläßt die palästinische Heimat und *emigriert* ins Ausland, in die Diaspora[127]: Von etwa 7 Mill. Juden leben um die Zeitenwende nach Schätzung von Ben-David etwa 6 Mill. außerhalb Palästinas[128]. Eine Karte

---

[114] *Ben-David,* aaO., S. 299.
[115] Vgl. *ders.,* ebd.; *Oppenheimer,* The 'Am ha-Aretz, bes. S. 208 f.
[116] Zur Unterschicht im Palästina der Zeitenwende vgl. nachfolgenden Exkurs „Die Gleichnisse als Spiegel der sozialen Wirklichkeit", bes. 1.1; 1.6; 1.7; 1.12 und 1.13 (Lit.).
[117] Vgl. *Klausner,* aaO., S. 242.
[118] Vgl. *ders.,* aaO., S. 239; *Leipoldt/Grundmann,* aaO., S. 184.
[119] Vgl. *Ben-David,* aaO., S. 293 294 u. ö.
[120] Vgl. ebd.
[121] Vgl. *ders.,* aaO., S. 306.
[122] Vgl. ebd.
[123] M Pe'a VIII -1- (vgl. *Ben-David,* aaO., S. 306).
[124] Vgl. *Schottroff/Stegemann,* Jesus von Nazareth, S. 28.
[125] Ant XV 9, 1.
[126] Ant XX 2, 5.
[127] Vgl. *Leipoldt/Grundmann,* aaO., S. 184.
[128] Vgl. *Ben-David,* aaO., S. 47.

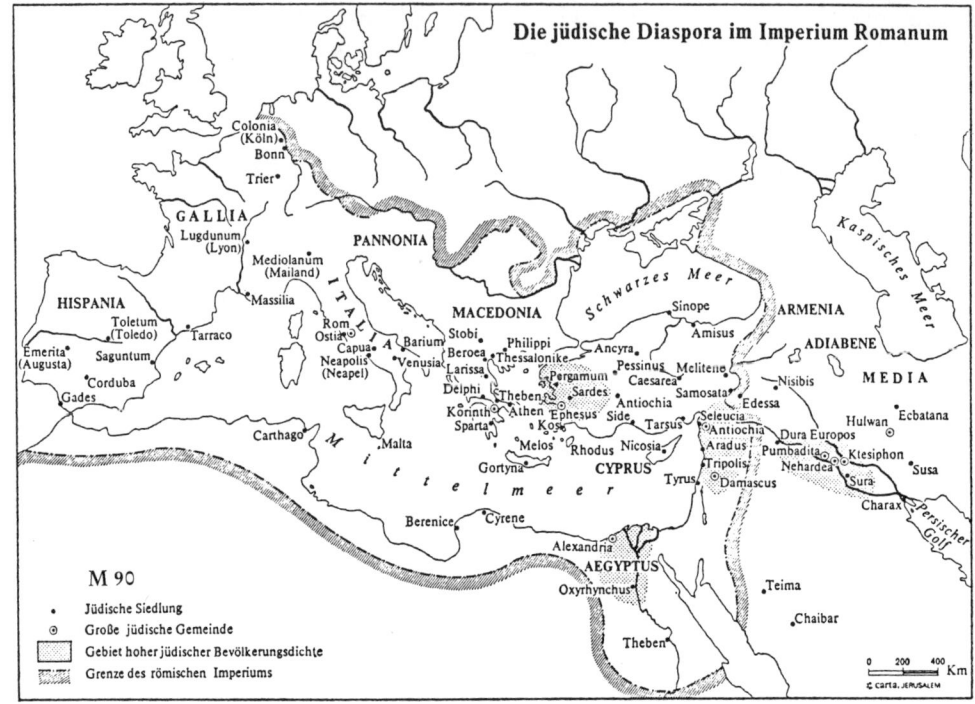

von Ben-Sasson (M 90)[129] zeigt jüdische Gemeinden rings um das Mittelmeer, in allen Provinzen des Römischen Reiches, selbst im fernen Spanien und hoch oben in dem so ganz fremden Gallien (Trier, Bonn, Köln). Gebiete mit hoher jüdischer Bevölkerungsdichte gibt es in Ägypten (Alexandrien), Kleinasien (Ephesus), Syrien (Damaskus und Antiochien) und – außerhalb des Imperium Romanum – in Mesopotamien (Pumbadita, Nehardea, Ktesiphon), weitere Zentren in Korinth und Rom.

– Ein letzter Teil schließlich, im neutestamentlichen Galiläa ein nicht geringer Prozentsatz (vgl. II, 2.3), schließt sich *revolutionären Bewegungen* an, die eine Verbesserung des Status quo versprechen. Ob Hiskia um die Mitte des 1. Jh vChr oder sein Sohn Judas 50 Jahre später, sie brauchen nicht lange nach Anhängern zu rufen. „Aufständische fanden immer Mengen von ‚aporoi', wie Josephus sie nennt, von Menschen in aussichtsloser wirtschaftlicher Lage, die sich am Aufruhr beteiligten."[130] Auch im Hinblick auf Jesu Verkündigung dürfen wir diesen sozialen Hintergrund nicht übersehen. Viele seiner Anhänger erwarten von dem „Rabbi" aus Nazaret ein sozialrevolutionäres Programm. Als er ihnen, die „arm, häufig sogar bettelarm"[131] sind, „nur" von Gott predigt, wenden sie sich enttäuscht ab. Die Thesen vom „Galiläischen Frühling" wie von der „Galiläischen Krise"[132] finden hier einen realistischen Ansatz.

---

[129] Vgl. *Ben-Sasson*, aaO. I, S. 449.
[130] *Schottroff/Stegemann*, aaO., S. 27.
[131] *Ben-David*, aaO., S. 313.
[132] Vgl. *Mußner*, Gab es eine ‚galiläische Krise'?, S. 238–252.

# Exkurs:
# Die Gleichnisse als Spiegel der sozialen Wirklichkeit

Die Gleichnisse Jesu spiegeln – wie von vielen Gleichnisauslegern gesehen[1] – die Welt des palästinischen Menschen der Zeitenwende in ihrer ganzen Breite. Für Dodd, einen englischen Exegeten, ist diese Spiegelung so exakt und so realistisch, daß uns in ihnen „ein einmalig vollständiges und überzeugendes Bild des Lebens in einer kleinen Provinzstadt (zukommt), wahrscheinlich ein vollständigeres Bild vom petit-bourgeois und vom bäuerlichen Leben, als wir es für irgendeine andere Provinz des Imperium Romanum besitzen, mit Ausnahme von Ägypten, wo uns die Papyri zu Hilfe kommen"[2]. Vor einer solchen „Abbild-Spiegelung" warnt zwar neuerdings Flusser mit dem Hinweis, daß der Realismus der Gleichnisse nur scheinbar sei[3], daß die Gleichnisse unwirksam wären, wenn sie nur die Wirklichkeit nachahmen würden[4], daß man bei den Gleichnissen „nicht von Realismus, sondern nur vom Pseudorealismus, von einer stilisierten Auslese von Motiven aus dem wirklichen Leben"[5] sprechen dürfe, doch muß auch er zugeben, daß die klassischen Gleichnisse „ein aus dem realen Leben gebautes Modell"[6], daß „die Spielregeln der Gleichnisse aus bestimmten Situationen des Lebens genommen"[7] sind.

Wenn nun aber „aus dem realen Leben" gebaut und „aus bestimmten Situationen des Lebens genommen", wieweit spiegeln sie dann in concreto die *soziale* Wirklichkeit des Palästina der Zeitenwende? – Wie hier bei der Suche nach einer Antwort methodisch zu verfahren ist, zeigt obige Analyse mit ihrem Rückgriff auf einzelne Personengruppen. Nach entsprechenden, sozialgeschichtlich relevanten Figuren ist auch in den Gleichnissen auszuschauen. Daß sich vielleicht aus den sie umgebenden Situationen ein Bild der sozialen Verhältnisse rekonstruieren läßt, das einen Vergleich mit der oben entworfenen Sozialpyramide (vgl. M 87) erlaubt!

## 1. Eine Vielzahl von „Figuren"

Die Figurenwelt der Gleichnisse, auch die sozialgeschichtlich relevante, ist reich und bunt; sie in ihrer Gänze hier vorzustellen sprengt den vorgegebenen Rahmen. Aus Gründen der Übersicht beschränkt sich unsere Analyse daher auf jene Figuren, die begrifflich faßbar werden, einerlei ob sie in Haupt- oder Nebenrollen auftauchen. Die Häufigkeit der belegenden Gleichnisse (nicht der ausgezählten Begriffe) bestimmt den Verlauf der Untersuchung.

---

[1] Vgl. *Bultmann,* Geschichte, S. 217 f; *Jeremias,* Die Gleichnisse Jesu, S. 9; *Eichholz,* Gleichnisse der Evangelien, S. 12 31 33 u. ö.; *Blank,* Das Reich Gottes; *Schille* in: BHHW I, Sp. 578 (Lit.).
[2] *Dodd,* The Parables of the Kingdom, S. 21.
[3] Vgl. *Flusser,* Die rabbinischen Gleichnisse und der Gleichniserzähler Jesus, S. 32.
[4] Vgl. *ders.,* aaO., S. 34.
[5] *Ders.,* aaO., S. 35.
[6] *Ders.,* aaO., S. 43.
[7] *Ders.,* aaO., S. 45.

## 1.1 Der δοῦλος (doũlos), der Sklave

Überaus häufig, in wenigstens neun Gleichnissen mit etwa 47 Belegen, ist vom „doũlos" die Rede[8]:

1) In dem von allen drei Synoptikern tradierten Gleichnis von den bösen Winzern (Mk 12,1–12 par Mt 21,33–46 / Lk 20,9–19) werden „doũloi" (Mk 12,2.4 / Mt 21,34.35.36 / Lk 20,10–11) ausgesandt, die Pacht für einen Weinberg einzutreiben. Dabei riskieren sie, verprügelt, mißhandelt, beschimpft, ja getötet zu werden.

2) „Ein Mann, der sein Haus verläßt, um auf Reisen zu gehen" (V. 34), überträgt im Gleichnis vom Türhüter (Mk 13,33–37) seinen „doũloi" (V. 34) alle Verantwortung, jedem eine bestimmte Aufgabe.

3) „doũloi" (V. 27f) berichten dem Gutsherrn im matthäischen Gleichnis vom Unkraut unter dem Weizen (Mt 13,24–30) von Unkraut in der aufgehenden Saat und erklären sich bereit, es zu jäten.

4) Im ebenfalls nur von Matthäus überlieferten Gleichnis vom unbarmherzigen Gläubiger (Mt 18,23–35) zeigt sich ein vom König reich beschenkter „doũlos" (V. 23.26.27.28) einem eigenen Schuldner gegenüber gnadenlos, was den König in Wut versetzt und zum Widerruf seines großzügigen Schenkungsaktes veranlaßt.

5) Im Gleichnis vom königlichen Hochzeitsmahl (Mt 22,1–14) bzw. vom großen Festmahl (Lk 14,15–24) fällt es „doũloi" (Mt 22,3.4.6.8.10) bzw. einem „doũlos" (Lk 14,17.21ab.22.23) zu, die Gäste einzuladen und – als diese absagen – auf die Straße zu gehen und dort nach Ersatzgästen zu suchen.

6) Das Matthäus und Lukas aus Q bekannte Gleichnis vom treuen und vom schlechten Knecht (Mt 24,45–51 / Lk 12,42–46) weiß von einem treuen und klugen „doũlos" (Mt 24,45.46.48.50 / Lk 12,37.43.45.46.47), der dem Gesinde zur rechten Zeit zu essen gibt, aber auch von einem schlechten, der seine „sýndouloi" schlägt und mit Trinkern Gelage feiert.

7) Im Gleichnis vom anvertrauten Geld (Mt 25,14–30 / Lk 19,11–27) übergibt ein Mann vor seiner Reise ins Ausland seinen „doũloi" (Mt 25,14.19.21.23.26.30 / Lk 19,13.15. 17.22) Talente (Mt) bzw. Minen (Lk), damit sie mit ihnen „arbeiten". Von der Reise zurück, hält er Abrechnung: Zwei der „doũloi" werden für ihr gewinnbringendes Geschäft gelobt und belohnt, einem dritten bringt seine Ängstlichkeit den Tadel (und nach Matthäus auch die Strafe) seines Herrn ein.

8) Im lukanischen Gleichnis vom verlorenen Sohn (Lk 15,11–32) sorgen sich „doũloi" (V. 22) im Auftrag des überglücklichen Vaters um den Heimgekehrten: Sie ziehen ihm ein Gewand an, stecken ihm einen Ring an die Hand, bekleiden ihn mit Schuhen und schlachten schließlich ein Mastkalb, um die Rückkehr mit einem Festmahl zu feiern (V. 22–24).

9) Im Mittelpunkt des ebenfalls allein von Lukas überlieferten Gleichnisses vom unnützen Knecht (Lk 17,7–10) steht ein „doũlos" (V. 7.9.10), der Feld- und Hausarbeit gleichermaßen verrichten muß (V. 7.8). Für alle seine Dienste darf er keinen Dank erwarten (V. 9.10).

---

[8] Zu „doũlos" vgl. *Rengstorf* in: ThWNT II, S. 264–283; *Tuente* in: ThBNT III, S. 1141–45; *Weiser* in: EWNT I, Sp. 844–852; *Strack/Billerbeck* IV/2, S. 698–744: 26. Exkurs: Das altjüdische Sklavenwesen; *Foerster*, Neutestamentliche Zeitgeschichte, S. 210–214; *Ben-David*, Talmudische Ökonomie. S. 69–72.

„doūlos", in der Septuaginta (LXX) griechisches Äquivalent meist für das hebräische „ebed"[9], bezeichnet in einer zunächst nicht durchschaubaren Bedeutungsvielfalt den „Sklaven", „Diener", „Knecht"[10]. Eine Untersuchung der Wörter des „doul"-Stammes (vgl. „doūlos", „douleía", „douleúō" u. a.) ergibt aber, daß der Akzent bei ihm (im Unterschied zu den Synonyma wie z. B. διακονεῖν / diakoneīn) „auf dem Dienen als Sklave, also auf dem als Beschränkung empfundenen oder zumindest abhängigen Dienst eines Menschen in völliger Bindung an einen Übergeordneten"[11] liegt.

Zur Zeit des Zweiten Tempels (von 515 vChr bis 70 nChr) ist die Sklaverei – gegen die Meinung einiger Autoren[12] – keineswegs abgeschafft, sondern „immer noch verbreitet"[13] und „eine ganz normale Einrichtung"[14]. Allerdings gilt es streng zwischen dem „hebräischen" und „kananäischen" Sklaven, zwischen dem „ebed ibri" und dem „ebed kᵉna'ani", zu unterscheiden[15]. Vier Umstände lassen nach Ben-David einen Juden um die Zeitenwende zum Sklaven werden: 1. Ein Dieb wird zur Bestrafung als Sklave verkauft; 2. Bauern verkaufen sich und die Familie aus wirtschaftlicher Not in die Sklaverei; 3. ein Gläubiger sucht seine Investition dadurch zu retten, daß er seinen Schuldner als Sklaven verkauft, und schließlich 4. Kriegsgefangene werden entweder getötet oder als Sklaven verkauft[16].

Aufs Ganze gesehen, ist die Lage des jüdischen Sklaven besser als die des Lohnarbeiters (s. u.) bzw. Tagelöhners (s. u.). Diesen rechtlich gleichgestellt[17] (denn der Herr darf nur über seine Arbeitskraft, nicht über seine Person verfügen[18], und das auch nur für sechs volle Jahre[19]), ist er jenem gegenüber aufgrund seines festen Dienstverhältnisses sozial gesicherter. Ben-David empfiehlt daher, im Falle des „ebed ibri" richtiger von „Schuldknechtschaft"[20] zu sprechen.

Sklave im Vollsinn des Wortes ist dagegen der „ebed kᵉna'ani". Rechtlich steht er mit den Immobilien auf gleicher Stufe. Obwohl vom talmudischen Gesetz geschützt[21], ist er in Wirklichkeit doch rechtlos und der Willkür seines Besitzers ausgeliefert. In der Behandlung des heidnischen Sklaven verhält sich das altjüdische Volk „nicht viel anders"[22] als die anderen Völker. „Sklaven sind wie das Vieh!"[23] lautet der Slogan, dem auch es folgt.

Wen nun aber haben die Gleichnisse im Blick, wenn sie von „doūlos" sprechen? – Mehrheitlich stimmt man darin überein (vgl. Weiser[24], Rengstorf[25], Tuente[26], Haag[27] u. a.), daß Jesus im „doūlos" seiner Gleichnisse Volksgenossen sieht, die durch Not oder andere Umstände zu Sklaven geworden sind. Seine Skizzierung entspricht durchgehend der zeitgenössischen Wirklichkeit: Nimmt der „doūlos" an einigen wenigen Stellen auch eine hervorgehobene, verantwortungsvolle Position ein (vgl. oben 4., 6. und 7. Gleichnis), bleibt er in der Mehrzahl der Texte aber zu absolutem Gehorsam verpflichtet und der Verfügungsgewalt seines Herrn unterstellt (vgl. oben 1., 2., 5., 8. und 9. Gleichnis). „Die Gleichnisse Jesu sind, was die Verwendung des Komplexes Herr/Sklave betrifft, von unendlicher Nüchternheit."[28]

---

[9] Vgl. *Tuente*, aaO., S. 1141; *Ben-David*, aaO., S. 69.    [10] Vgl. *Weiser*, aaO., Sp. 844.

[11] *Tuente*, aaO., S. 1142.

[12] Vgl. *Ben-David*, aaO., S. 69 377 Anm. 373.

[13] Vgl. ebd.

[14] *Haag* in: Bibel-Lexikon, Sp. 1607.

[15] Vgl. *Strack/Billerbeck* IV/2, S. 698; *Ben-David*, aaO., S. 69 f.

[16] Vgl. *Ben-David*, aaO., S. 70. – Während *Jeremias*, Jerusalem zur Zeit Jesu, S. 347, die Zahl der jüdischen Sklaven im Palästina der Zeitenwende nicht für groß hält, entnimmt *Strack/Billerbeck*, aaO., S. 698, Mt 18,23 ff, „daß der hebräische Sklave in Jesu Tagen unmöglich eine seltene Erscheinung gewesen sein kann".

[17] Vgl. *Strack/Billerbeck* IV/2, S. 709.

[18] Vgl. ebd.    [19] Vgl. *ders.*, aaO., S. 699.

[20] *Ben-David*, aaO., S. 70.

[21] Vgl. *ders.*, aaO., S. 71.

[22] Vgl. *Strack/Billerbeck* IV/2, S. 728.

[23] Vgl. *ders.*, aaO., S. 721 Anm. und S. 729 f.

[24] Vgl. *Weiser* in: EWNT I, Sp. 846.

[25] Vgl. *Rengstorf* in: ThWNT II, S. 273.

[26] Vgl. *Tuente* in: ThBNT III, S. 1142.

[27] Vgl. *Haag*, Bibel-Lexikon, Sp. 1607.

[28] *Rengstorf*, aaO., S. 273.

## 1.2 Der οἰκοδεσπότης (oikodespótaes), der Gutsherr

Ebenfalls um eine von den Gleichnissen bevorzugte Gestalt handelt es sich bei dem „oikodespótaes"[29]: Wenigstens vier Texte[30] enthüllen, wer sich hinter ihm verbirgt:

> 1) Im matthäischen Gleichnis vom Unkraut unter dem Weizen (Mt 13,24–30) wird der „oikodespótaes" als Landbesitzer vorgestellt, der zur Erntezeit, wenn die Arbeit drängt, Schnitter (V. 30) einstellt.
> 2) Weinbergbesitzer ist der „oikodespótaes" im Gleichnis von den Arbeitern im Weinberg (Mt 20, 1–16). Die Tatsache, daß ihm ein Verwalter zur Seite steht (V. 8) und daß er in der Erntezeit nicht genug Arbeitskräfte finden kann, um die drängende Arbeit zu bewältigen, läßt auf einen großen Besitz schließen.
> 3) Vermögend muß auch der „oikodespótaes" des Gleichnisses vom großen Gastmahl (Lk 14,16–24 diff Mt 22,1–10) sein: Er kann es sich leisten, zu einem Festmahl einzuladen; die von dienstbereiten Sklaven (V. 17. 21.22) zu Tisch gebetenen Gäste entschuldigen sich mit für Besitzorientierte typischen Gründen, dem Erwerb eines Ackers (V. 18) bzw. dem Kauf von fünf Ochsengespannen (V. 19) (die dritte Entschuldigung in V. 20, die Heirat, ist wahrscheinlich später hinzugefügt worden)[31].
> 4) Blaß bleibt der „oikodespótaes" von Mt 13,52. Zum bisherigen Bild aber paßt der Hinweis, daß er „aus seinem reichen Vorrat Neues und Altes hervorholt".

Bei „oikodespótaes" handelt es sich um ein spätes, weder in der LXX noch bei Josephus belegtes Wort, das seine Parallele, wenn nicht gar sein Vorbild in dem hebräischen „ba'al habayit" haben dürfte[32]. Während Billerbeck[33], Rengstorf[34] und Bietenhard[35] es mit Haus- und Grundbesitzer im weitesten Sinn übersetzen, differenziert Flusser zwischen biblischer und nichtbiblischer Bedeutung: „Soweit ich sehen konnte, bedeutet das griechische Wort ‚der Hausherr' im Griechischen außerhalb des Neuen Testament ... nur den Herrn des Hauses"[36], in den jüdischen – und damit auch in den jesuanischen – Gleichnissen aber meint es „den Gutsherrn, den ‚Boß'"[37]. Zum „Gutsherrn" paßt in obigen Gleichnissen der Hinweis auf Vermögen und Besitz (Mt 13,24 ff.52; 20,1 ff), der Aspekt des „Bosses" ist in den Sklaven als zu allen Diensten bereite Arbeitskräfte (Mt 13,24 ff; Lk 14,16 ff) angesprochen. Ein Stück konkreten „Gutsherren"-Alltags schildert das Gleichnis vom Festmahl in Lk 14,16 ff.

In der Sozialpyramide hat der „oikodespótaes" seinen Platz in der oberen Hälfte.

## 1.3 Der κύριος (kýrios), der Herr

Zentrale Figur in wenigstens vier Gleichnissen ist der „kýrios"[38]:

> 1) Einen Weinbergbesitzer, der – nachdem er seinen Weinberg verpachtet hat – in ein anderes Land reist, meint „kýrios" im Gleichnis von den bösen Winzern (Mk 12,1–12 par Mt 21,33–46 / Lk 20,9–19).

---

[29] Zu „oikodespótaes" vgl. *Rengstorf,* aaO., S. 48; *Bietenhard* in: ThBNT II, S. 658 f; *Haufe* in: EWNT I, Sp. 697 f; *Bauer,* Griech.-Deutsches Wörterbuch, Sp. 1105.
[30] Zu berücksichtigen gilt es außerdem Mt 24,43 par Lk 12,39 und Lk 13,25.
[31] Vgl. *Linnemann,* Gleichnisse Jesu, S. 90 f.
[32] Vgl. *Rengstorf* in: ThWNT II S. 48; *Flusser,* Die rabbinischen Gleichnisse und der Gleichniserzähler Jesus, S. 48 Anm. 5.
[33] *Strack/Billerbeck* I, S. 667.
[34] Vgl. *Rengstorf,* aaO., S. 48.
[35] Vgl. *Bietenhard,* aaO., S. 659.
[36] *Flusser,* aaO., S. 48 Anm. 5.
[37] *Ders.,* aaO., S. 32.
[38] Zu „kýrios" vgl. *Forster/Quell/Foerster* in: ThWNT III, S. 1038–98; *Bietenhard,* aaO., S. 659–665; *Fitzmyer* in: EWNT II, Sp. 811–820; *Bauer,* aaO., Sp. 907–911.

2) Auf eine Reise außerhalb des Landes geht auch der „kýrios" im Gleichnis vom spät heimkehrenden Hausherrn (Mk 13,33–37 / Lk 12,35–38), nachdem er zuvor alle Verantwortung für sein „Haus" (Mk 13,35) seinen Sklaven übertragen hat.

3) Die gleiche Situation scheint im Gleichnis vom treuen und vom schlechten Knecht (Mt 24,45–51 / Lk 12,42–46) vorausgesetzt, wo der „kýrios" – vor seiner Abreise (?) – einen seiner Sklaven damit beauftragt, das Gesinde pünktlich zu versorgen.

4) „kýrios" wird auch der Mann genannt, der im Gleichnis vom anvertrauten Geld (Mt 25,14–30 / Lk 19,11–27) auf Reisen geht, zuvor aber seinen Sklaven – jedem nach seinen Fähigkeiten – sein Vermögen anvertraut.

„kýrios" findet sich im Neuen Testament insgesamt 719mal, in den Evangelien allein 255mal (Mk 18mal; Mt 80mal; Lk 104mal; Joh 53mal)[39]. Übersetzt wird es in religiöser Verwendung mit „Herr" (als Bezeichnung für Jahwe/Gott und für Jesus)[40], in profaner mit „Herr, Herrscher, Besitzer"[41]. Den Aspekt des „Herrschers" konkretisieren obige vier Gleichnisse in dem Hinweis auf Sklaven (Mk 12,2.4; 13,34; Mt 24,45.46; 25,14.19), den des „Besitzers" in dem deutlichen Verweis auf Besitz und Vermögen (Mk 12,1: Weinberg; Mk 13,34: Haus; Mt 24,47 par Lk: Vermögen; Mt 25,14 par Lk: Vermögen). Von dreien der vier Figuren wird gesagt, daß sie sich zur Reise (ins Ausland) rüsten (Mk 12,1; 13,34; Mt 25,14). Im „kýrios" haben die Gleichnisse demnach einen reichen Großgrundbesitzer im Auge, der selber im Ausland lebt und seine Güter entweder verpachtet oder einem Verwalter anvertraut hat.

Mit dem „oikodespótaes" steht der „kýrios" an der Spitze der palästinischen Sozialpyramide.

## 1.4 Der πλούσιος (ploúsios), der Reiche

Im Mittelpunkt dreier Gleichnisse, die alle dem lukanischen Sondergut zugehören, steht der „ploúsios" bzw. der „ánthrōpos ploúsios"[42].

1) Im Gleichnis vom törichten Reichen[43] (Lk 12,16–21) plant ein „ánthrōpos ploúsios" im Hinblick auf eine bevorstehend gute Ernte den Abriß von alten und den Neubau von größeren Scheunen (V. 18). Die zu erwartenden Getreidemengen werden voraussichtlich für „viele Jahre" (V. 19) ausreichen.

2) Landbesitz auch ist mit dem „ánthrōpos ploúsios" im Gleichnis vom klugen Verwalter (Lk 16,1–8) zu verbinden. Seine Größe verdeutlichen – bei aller Zurückhaltung zur Zahlen in Gleichnissen – die beiden Schuldscheine von Gläubigern, die der von der Entlassung bedrohte Verwalter durch Nachlaß als Freunde zu gewinnen sucht: 100 Bat Öl[44], nach heutiger Maßeinheit 3650 Liter, setzen bei einem durchschnittlichen Ertrag von 25 Litern pro Ölbaum einen Baumbestand von ca. 146 Ölbäumen voraus. Die Zahl gewinnt erst ihr ganzes Gewicht, wenn man bedenkt, daß ein einziger Baum eine ganze Familie ernährt[45]. – 100 Kor Weizen, ebenfalls 3650 Liter oder 550 Zentner, entsprechen dem Ertrag von 42 Hektar Ackerland. Auch ohne hochzurechnen, ist bereits so viel zu erkennen, daß ein beachtlicher Besitz vorausgesetzt wird.

---

[39] Vgl. *Fitzmyer*, aaO., Sp. 812 f.
[40] Vgl. *ders.*, aaO., Sp. 813 f.
[41] Vgl. *Bietenhard*, aaO., S. 659; *Fitzmyer*, aaO., Sp. 811.
[42] Zu „ploúsios" vgl. *Selter* in: ThBNT I, S. 101–104, hier S. 102; *Bauer*, aaO., Sp. 1336; *Hauck/Kasch* in: ThWNT VI, S. 316–330.

[43] *Jülicher*, Die Gleichnisreden Jesu II, S. 609; *Ben-David*, aaO., S. 313 ff.
[44] Zur Umrechnung von Bat und Kor vgl. *Grundmann*, Lukas, S. 318; *Jeremias*, aaO., S. 121 f; *Herz*, Großgrundbesitz in Palästina im Zeitalter Jesu, S. 100.
[45] Vgl. *Bouquet*, Biblischer Alltag, S. 87.

> 3) Recht konkret schildert den Luxus eines „ánthrōpos ploúsios" der Zeit das Gleichnis vom reichen Mann und vom armen Lazarus (Lk 16, 19–31): In Purpur und Byssus, feines Leinen, gekleidet, lebt er Tag für Tag herrlich und in Freuden (V. 19)[46]. Purpurstoff ist eigentlich Fürsten vorbehalten, aus Ägypten importierten Byssus können sich nur die Reichsten leisten. Reichen auch nur ist es finanziell möglich, sich „täglich" (V. 19) „auf herrliche Weise" (V. 19) an festlichen Mahlzeiten mit Freunden zu „erfreuen" (V. 19).

Zu den „ploúsioi" zählen in neutestamentlicher Zeit nur wenige, außer Großgrundbesitzern allein Großhändler und Steuerpächter (vgl. II, 3.2.1). Während der „ánthrōpos ploúsios" in Lk 16, 19–31, dem letzten der drei Gleichnisse, nicht zu identifizieren ist, handelt es sich bei den beiden anderen um Großgrundbesitzer. Besonders typisch ist die Situation in Lk 16, 1–8: Ein einheimischer Verwalter überwacht die Güter des vermutlich im Ausland lebenden Besitzers[47].
Einsam, vom Volk bewundert, beneidet und gehaßt, thronen die „ploúsioi" an der Spitze der Sozialpyramide.

### 1.5 Der οἰκονόμος (oikonómos), der Verwalter

Allein Lukas läßt in zweien seiner Gleichnisse eine Figur auftreten, die sich begrifflich bis heute erhalten hat, den „oikonómos"[48]:

> 1) Im Gleichnis vom treuen und vom schlechten Knecht (Lk 12, 42–46 par Mt 24, 45–51) spricht Jesus von einem eifrigen und zuverlässigen Sklaven, den der Herr – im Falle seiner Bewährung – zum „oikonómos" seines ganzen Vermögens machen wird.
> 2) Aus ganz anderem Holz geschnitzt zeigt sich dagegen der „oikonómos" im Gleichnis vom betrügerischen Verwalter (Lk 16, 1–8). Von seinem Herrn zur Rechenschaft gezogen, fälscht er in der Vorsorge um seine unsichere Zukunft kurzerhand die Schuldscheine zweier Gläubiger, um sie sich so zu Freunden zu machen.

Wie kein anderer der zu untersuchenden Begriffe markiert „oikonómos", allgemeinhin mit Verwalter, Treuhänder, Haushalter übersetzt[49], in beiden Gleichnissen zwei sozial unterschiedliche Positionen:

● Daß es sich bei dem „oikonómos" in Lk 12, 42, unserem ersten Text, um einen Diener aus dem Sklavenstand[50], um „eine Art Obersklaven"[51] handelt, der dem Hausgesinde vorsteht und es entlohnt[52], geht sowohl aus dem lukanischen Text mit seinem Wechsel zwischen „oikonómos" und „doūlos" (vgl. Lk 12, 42.43.45 f) als auch aus dem parallel gebrauchten „doūlos" in Mt 24, 45–51 hervor. Wenn auch mit größerer Kompetenz („mit Eigenverantwortung in einem beschränkten Bereich"[53]) ausgestattet, bleibt er dennoch Sklave und als solcher der sozialen Unterschicht zugehörig.

● Dementgegen meint „oikonómos" im Gleichnis vom betrügerischen Verwalter (Lk 16, 1–8) einen freien Schatzmeister[54] in Diensten eines offensichtlich im Ausland lebenden Großgrundbesitzers[55]. Die Tatsache, daß er die Schuldscheine aufbe-

---

[46] Zur Stelle vgl. *Jülicher,* aaO., S. 617 ff; *Grundmann,* aaO., S. 327.
[47] Vgl. *Grundmann,* aaO., S. 317; *Jeremias,* aaO., S. 121; *Strack/Billerbeck* I, S. 869–875.
[48] Zu „oikonómos" vgl. *Bauer,* aaO., Sp. 1108; *Michel* in: ThWNT V, S. 122–161, bes. S. 152; *Kuhli* in: EWNT II, Sp. 1218–1222.
[49] Vgl. *Bauer,* aaO., Sp. 1108 u. a.
[50] Vgl. *Jülicher,* aaO., S. 147 f 496; *Cranfield* in: BHHW II, Sp. 661; *Michel* in: ThWNT V, S. 152; *Haag,* aaO., Sp. 1845.
[51] *Michel,* aaO., S. 152.
[52] Vgl. *Kuhli* in: EWNT II, Sp. 1219.
[53] Ebd.
[54] Vgl. *Michel,* aaO., S. 152; *Jülicher,* aaO., S. 496.
[55] Vgl. *Grundmann,* aaO., S. 317; *Jeremias,* Die Gleichnisse Jesu, S. 121; *Haag,* aaO., Sp. 1845.

wahrt⁵⁶, erlaubt den Schluß, daß er „nicht nur im internen Bereich die Funktion eines Verwalters versieht, sondern auch nach außen die Stellung eines Handlungsbevollmächtigten einnimmt"⁵⁷. Als gleichsam „rechte Hand" seines Herrn führte er bisher ein angenehmes und leichtes Leben; offenherzig bekennt er von sich selber, daß er zu schwerer Arbeit nicht taugt (V. 3).
Wird man den „oikonómos" nunmehr also sowohl an der Basis als auch an der Spitze der palästinischen Sozialpyramide suchen dürfen? – Die redaktionsgeschichtliche Untersuchung verhilft hier zu einer deutlichen Antwort: Da „oikonómos" in Lk 12,42 mit Sicherheit sekundär ist⁵⁸, ist Lk 16, 1–8 zu folgen: Im „oikonómos" begegnen wir demnach einer Figur, die der sozialen Oberschicht angehört, die ihren Platz in der oberen Hälfte der Sozialpyramide hat.

### 1.6 Der παῖς (paīs), der Sklave

In der deutschen Übersetzung kaum von „doūlos" zu unterscheiden ist „paīs"⁵⁹, das Matthäus und Lukas insgesamt 14mal⁶⁰ schreiben, das Markus dagegen nicht kennt. In den Gleichnissen findet es sich allein bei Lukas, hier aber auch nur zweimal:

> 1) Im Gleichnis vom treuen und schlechten Knecht (Lk 12,35–48 / Mt 24,45–51) wird letzterer als jemand charakterisiert, der „toùs paídas kaì tàs paidískas" schlägt und sich berauscht (V. 45).
> 2) Im Gleichnis vom verlorenen Sohn (Lk 15,11–32) aus dem lukanischen Sondergut ruft der ältere Bruder „héna tōn paídōn" herbei und fragt ihn nach dem Grund des Festlärms im Hause.

Je nach seinem Bezug variiert „paīs" in seiner Bedeutung: Bezüglich des Alters bezeichnet es das Kind, bezüglich der Abstammung den Sohn, bezüglich der sozialen Stellung den Burschen, Diener und Sklaven⁶¹. In der LXX, der griechischen Übersetzung des AT, steht es meist für „ebed"⁶², öfter auch für „na'ar"⁶³; „ebed" aber zeigt in die Richtung von „doūlos". Diesen Bezug und damit die Bedeutung von „Sklave" bestätigt denn auch die Matthäus-Parallele zu Lk 12,45, Mt 24,49: Wahrscheinlich um den Abstand zwischen dem „Verwalter" und der „Dienerschaft" (Lk 12,42) zu markieren⁶⁴, ersetzt Lukas in Lk 12,45 ein wohl ursprüngliches „sýndoulos", das Matthäus bewahrt hat (Mt 24,49)⁶⁵, durch „paīs". – Und im Gleichnis vom verlorenen Sohn, unserem zweiten Text, steht das „héna tōn paídōn" (Lk 15,26) in solcher Nähe zu „toùs doúlous" (Lk 15,22), daß sich zwingend ein Zusammenhang zwischen beiden ergibt. In „paīs" wird man daher alles das impliziert sehen dürfen, was oben zu „doūlos" ausgeführt wurde⁶⁶.

---

⁵⁶ Vgl. *Jeremias*, aaO., S. 122.
⁵⁷ *Kuhli*, aaO., Sp. 1220.
⁵⁸ Vgl. *Schulz*, Q, S. 271.
⁵⁹ Zu „paīs" vgl. *Bauer*, aaO., Sp. 1198f; *Oepke* in: ThWNT V, S. 636–653; *Braumann* in: ThBNT II, S. 778f.
⁶⁰ Nimmt man die Texte aus, in denen sich „paīs" mit „theoū" zu dem Fachterminus „paīs theoū" verbindet (vgl. Mt 12,18; Lk 1,54.69), bleiben folgende 14 Texte übrig: Mt 2,16; 8,6.8.13; 14,2; 17,18; 21,15; Lk 2,43; 7,7; 8,51.54; 9,42; 12,45; 15,26. Johannes überliefert es allein in Joh 4,51.

⁶¹ Vgl. *Bauer*, aaO., Sp. 1199; *Oepke*, aaO., S. 637.
⁶² 341mal von insgesamt 500mal (vgl. *Braumann* in: ThBNT II, S. 778).
⁶³ Vgl. *Oepke*, aaO., S. 637; *Braumann*, aaO., S. 778.
⁶⁴ Vgl. *Jülicher*, aaO., S. 150.
⁶⁵ Vgl. *Schulz*, Q, S. 272.
⁶⁶ Für eine Gleichsetzung von „paīs" mit „doūlos" treten auch *Bauer* (aaO., Sp. 1199) und *Oepke* (aaO., S. 637) ein.

## 1.7 Der πτωχός (ptōchós), der Bettelarme

Relativ häufig in den vier Evangelien[67], in den Gleichnissen insgesamt aber nur zweimal, ist die Rede vom „ptōchós"[68].

1) Im Gleichnis vom großen Gastmahl (Lk 14,16–24 / Mt 22,1–14), einer von beiden Evangelisten überarbeiteten Q-Parabel[69], eröffnen die „ptōchoí" (Lk 14,21) die Reihe der Ersatzgäste. Der vom Hausherr ausgesandte Knecht findet sie „auf den Straßen und Gassen der Stadt" (V. 21), wo sie zusammen mit Krüppeln, Blinden und Lahmen von Vorübergehenden Nahrung erbetteln.

2) Das Gleichnis vom reichen Prasser und vom armen Lazarus (Lk 16,19–31)[70] weiß von einem „ptōchós" (V. 20.22) zu erzählen, der – gelähmt und von lebensgefährlichen Geschwüren bedeckt – nahe am Tor des Palastes eines Reichen seinen Bettelplatz hat und hier auf die Almosen vor allem der Hausbewohner hofft. Gerne würde er seinen Hunger mit jenen Brotfladen stillen, die die Festgäste zum Eintauchen in die Schüssel und zum Reinigen der Hände brauchen und dann unter den Tisch werfen, aber seine Lähmung hindert ihn, sich nach ihnen auszustrecken. Seine Hilflosigkeit ist so groß, daß er ohnmächtig ertragen muß, wie Straßenhunde – für Juden unreine Tiere – seine Wunden halb auffressen. In zwei Versen nur (Lk 14,20.21) „ein Steckbrief des Elends"[71], das Bild eines Menschen, der sich „in jeder Hinsicht, was Gesundheit, Lebensunterhalt und soziale Stellung angeht, in der denkbar erbärmlichsten Situation"[72] befindet.

„ptōchós", in der LXX griechisches Äquivalent für das hebräische 'ani, dal, 'ebjon, rasch und misken[73], bezeichnet in seiner Grundbedeutung, von der auch hier auszugehen ist, den gänzlich sozial Abhängigen[74], den auf fremde Unterstützung Angewiesenen, kurz den Bettelarmen[75]. In neutestamentlicher Zeit zahlreich (vgl. II, 3.2.3), fristen die „ptōchoí" ihr Leben mehrheitlich in der Weise, daß sie – wie die Evangelien andeuten – an den Straßen (Mk 10,46; Lk 14,21; Joh 9,8), vor den Türen der Reichen (Lk 16,20), an den Toren des Tempels (Apg 3,2) um Almosen betteln. Völlig mittellos, oft noch infolge der mangelhaften Ernährung krank, gehören sie zur untersten Schicht der palästinischen Sozialpyramide, sind sie im strikten Sinn des Wortes Randexistenzen der menschlichen Gesellschaft[76].

## 1.8 Der ἔμπορος (émporos), der Großhändler

Handlungsträger im Gleichnis von der kostbaren Perle, das allein Matthäus kennt (Mt 13,45 f), ist ein „émporos".

„émporos"[77] meint – in Abgrenzung von κάπηλος / kápaelos (Krämer, Kleinhändler)[78] – einen Großhändler, den Ben-David als unspezialisierten Fernhändler charakterisiert. Einem heutigen Generalvertreter und -importeur vergleichbar, wird er wegen seines hohen Einkommens im Midrasch mit Fürsten auf eine Stufe gestellt[79].

---

[67] Insgesamt 24mal: Mk 10,21; 12,42.43; 14,5.7; Mt 5,3; 11,5; 19,21; 26,9.11; Lk 4,18; 6,20; 7,22; 14,13.21; 16,20.22; 18,22; 19,8; 21,3; Joh 12,5.6.8; 13,29.
[68] Zu „ptōchós" vgl. *Hauck/Bammel* in: ThWNT VI, S. 885–915; *Esser* in: ThBNT I, S. 39–43; *Bauer,* aaO., Sp. 1444; *Scholz,* Gleichnisaussage und Existenzstruktur, S. 285–294.
[69] Vgl. *Schulz,* Q, S. 398.
[70] Vgl. *Jülicher,* aaO., S. 617–641; *Jeremias,* aaO., S. 123 ff; *Eichholz,* aaO., S. 221–228.
[71] *Eichholz,* aaO., S. 223.
[72] *Jülicher,* aaO., S. 618.
[73] Vgl. *Esser,* aaO., S. 39 f.  [74] Vgl. ebd.
[75] Vgl. *Bauer,* aaO., Sp. 1444; *Ben-David,* aaO., S. 313.
[76] *Bammel* in: ThWNT VI, S. 906.
[77] Vgl. *Bauer,* aaO., Sp. 509; EWNT I, Sp. 1088.
[78] Vgl. ebd.
[79] Vgl. *Ben-David,* aaO., S. 192. – Vgl. darüber hinaus die Kapitel über „Die Spezialisie-

## 1.9 Der δανειστής (daneistáes), der Geldverleiher

> Im Gleichnis von den beiden Schuldnern (Lk 7, 41–43), das sich in der zum lukanischen Sondergut[80] gehörenden Perikope von der Begegnung Jesu mit der Sünderin (Lk 7, 36–50) findet, erzählt Jesus von einem „daneistáes", der zwei zahlungsunfähigen Schuldnern[81] die Schuld nachläßt.

„daneistáes", von Bauer mit „Darlehensgeber, Geldverleiher, Gläubiger"[82] wiedergegeben, meint hier einen gewerbsmäßigen Geldverleiher[83]. Nach Dtn 23, 21 darf ein Jude zwar nicht von Volksgenossen, sondern nur von nichtjüdischen Ausländern Zins nehmen[84], doch werden Kredite „auch vor 2000 Jahren nun einmal nur gegeben, wenn sie sich auf irgendeine Weise"[85] lohnen.
Tatsächlich sind die Bedingungen im „Darlehensgeschäft", das eigentlich kein Geschäft sein darf, in biblischer Zeit hart; die Mißstände verschärfen sich mit der ausgebildeten Geldwirtschaft in der hellenistischen Zeit[86]. „Wer sein Haus mit fremdem Geld erbaut, ist wie einer, der Steine zu seinem Grabhügel zusammenträgt!" prophezeit Jesus Sirach (Sir 21, 8) um 200 vChr.
Im Gleichnis vom unbarmherzigen Gläubiger (Mt 18, 23–35) befiehlt der Darlehensgeber, den Schuldner mit Frau und Kindern und allem, was er besitzt, zu verkaufen, um so die Schuld zu begleichen (V. 25).

Daß ein Gläubiger seinem Schuldner mit Milde und Barmherzigkeit begegnet, ihm sogar – wie in Lk 7, 41 ff – die Schuld erläßt, kommt selten vor; der „daneistáes" aus Lk 7, 41 ist fürwahr „ein ‚weißer Rabe'"[87] unter seinesgleichen.
Innerhalb der palästinischen Sozialpyramide ist der gewerbsmäßige Geldverleiher und Darlehensgeber kaum zu fixieren. Da aber nur verleiht, wer selber genug bzw. im Überfluß hat, bleibt zu vermuten, daß die Gruppe der „daneistáes" sich über die ganze Breite der oberen Pyramidenhälfte verteilt.

## 1.10 Der ἐπίτροπος (epítropos), der Verwalter

> Im Gleichnis vom gütigen Arbeitsherrn (Mt 20, 1–16) bittet der Besitzer des Weinbergs seinen „epítropos", die Arbeiter zusammenzurufen und ihnen den Lohn auszuzahlen (V. 8).

„epítropos"[88], dem „oikonómos" von Lk 16, 1–8 zumindest verwandt, wenn nicht sogar synonym, meint einen Verwalter. Obwohl er nur am Rande in Erscheinung tritt[89], wird aus dem Kontext dennoch soviel deutlich, daß es sich bei ihm (im Unterschied zu Lk 8, 3, wo „epítropos" wahrscheinlich einen Verwalter „für öffentliche oder königliche Güter"[90] bezeichnet) um einen „Verwalter für Privatgüter"[91] handelt.
Bewertet man seine Verantwortung richtig, rangiert der „epítropos" zusammen mit dem „oikonómos" in der oberen Hälfte der palästinischen Sozialpyramide.

---

rung der Händler" und den „Klein- und Großhandel", S. 189–193.
[80] Vgl. *Schneider,* Lukas I, S. 176.
[81] Vgl. *Höhne* in: BHHW III, Sp. 1739; *Rienecker,* Lexikon zur Bibel, Sp. 1258 ff.
[82] Vgl. *Bauer,* aaO., Sp. 339.
[83] Vgl. *Jülicher,* aaO., S. 293.
[84] Vgl. *Strack/Billerbeck* I, S. 348–353. – Im Römischen Reich beträgt der offizielle Zinssatz 12% (vgl. *Höhne* in: BHHW III, Sp. 1739).
[85] *Ben-David,* aaO., S. 193.
[86] Vgl. *Rienecker,* aaO., Sp. 1543.

[87] *Jeremias,* aaO., S. 98.
[88] Zu „epítropos" vgl. *Bauer,* aaO., Sp. 600 f; *Strack/Billerbeck* II, S. 164; EWNT II, Sp. 110.
[89] Daß das Gleichnis den Verwalter nur nebenbei erwähnt und in seiner Position geradezu verzeichnet, erklärt sich von selbst aus seiner besonderen Absicht der Charakterisierung des gütigen Gottes in der Gestalt des gütigen Gutsherrn (vgl. *Jeremias,* aaO., S. 25).
[90] *Strack/Billerbeck* II, S. 164. – Vgl. EWNT II, Sp. 110.
[91] *Strack/Billerbeck* II, S. 164.

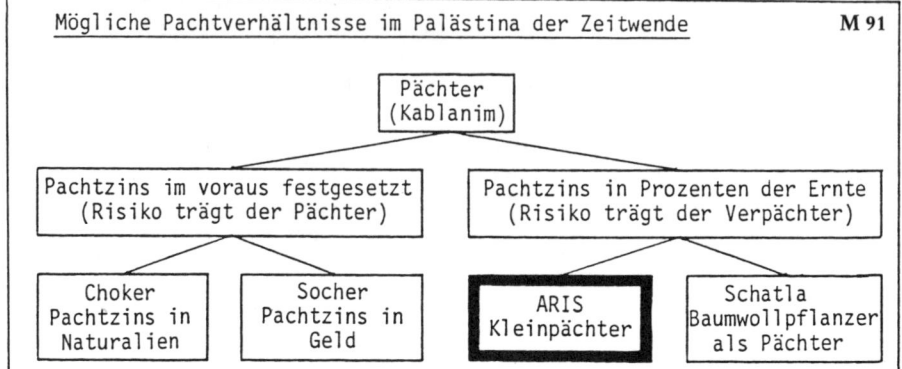

## 1.11 Der γεωργός (geōrgós), der Kleinpächter

> Ein Mann legt einen Weinberg an und verpachtet ihn an „geōrgoí" (Mk 12,1.2ab.7.9 par Mt 21,33.34.35. 38.40.41 / Lk 20,9.10ab.14.16).

„geōrgós"[92] taucht bei den Synoptikern nur hier im viel diskutierten[93] Gleichnis von den bösen Winzern (Mk 12,1–12 parr) auf; aus dem Zusammenhang wie auch aus Parallelen mit hebräischen Texten[94] ergibt sich, daß er mit „Pächter" zu übersetzen ist.
Am weitesten verbreitet ist im Palästina der Zeitenwende, das zwischen zwei Gruppen von Pächtern unterscheidet (vgl. M 91)[95], die Kleinpacht. Verpachtet werden „kleine, manchmal kleinste Bodenflächen..., ja man liest sogar von der Verpachtung einzelner Bäume ohne den dazugehörigen Boden"[96]. Häufig kommt es auch vor, daß man ein Feld mehreren zur Bewirtschaftung überläßt. Der Pächter ist der Aris, ein verarmter Bauer, der nichts als seine Arbeitskraft besitzt. Von den erwirtschafteten Naturalien muß er in der Regel zwei Drittel oder Viertel dem Eigentümer überlassen[97].
„Die Verwendung des Wortes γεωργός in Mt 21,33 ff macht es unzweifelhaft" – so Billerbeck –, „daß das im Gleichnis Jesu vorausgesetzte Pachtverhältnis das von Kolonen אריסין (= Arisin) gewesen ist."[98] Gemeinsam bewirtschaften sie einen offensichtlich mit allerlei Fruchtbäumen bestandenen Weinberg eines im Ausland lebenden Großgrundbesitzers. Als dieser zur Erntezeit vertragsgemäß seine Knechte schickt, um „seinen Anteil an den Früchten des Weinbergs" (Mk 12,2) holen zu lassen, weigern sie sich konstant zu zahlen, mehr noch, sie schlagen, ja töten gar die Abgesandten (V. 3–5). Für Jeremias schildert das Gleichnis „realistisch die revolutionäre Stimmung der galiläischen Bauern gegen die landfremden Großgrundbesitzer, wie sie der in Galiläa

---

[92] Zu „geōrgós" vgl. *Hackenberg* in: EWNT I, Sp. 591 f; *Bauer*, aaO., Sp. 312; *Strack/Billerbeck* I, S. 869–875; *Ben-David*, aaO., S. 61–65.
[93] Vgl. *Jülicher*, aaO., S. 385–406; *Kümmel*, Das Gleichnis von den bösen Weingärtnern, in: Heilsgeschehen und Geschichte, Marburg 1965, S. 207–217; *Jeremias*, aaO., S. 50 f 86 112 f; *Haenchen*, Der Weg Jesu, S. 396–405; *Blank*, Die Sendung des Sohnes. Zur christologischen Bedeutung des Gleichnisses von den bösen Winzern, in: Neues Testament und Kirche (FS für R. Schnackenburg), Freiburg 1974, S. 11–41.
[94] Vgl. *Strack/Billerbeck* I, S. 869.
[95] Zur Einteilung der Pächter vgl. auch *Strack/Billerbeck* I, S. 869 f; *Ben-David*, aaO., S. 60.
[96] *Ders.*, aaO., S. 63.
[97] Vgl. *ders.*, aaO., S. 64: Forderte der Verpächter weniger, kam er um seinen Gewinn, da er als Grundeigentümer die Grundsteuer abführen mußte.
[98] *Strack/Billerbeck* I, S. 871.

beheimatete Zelotismus geweckt hatte"[99]. Als Angehörige der Unterschicht hatte man nichts zu verlieren.

## 1.12 Der θεριστής (theristáes), der Schnitter

> In dem allein von Matthäus tradierten Gleichnis vom Unkraut im Acker (Mt 13, 24–30) weist der Gutsherr das Angebot seiner Knechte, das Unkraut in der jungen Weizensaat auszureißen, mit dem Hinweis zurück, daß er „toīs theristaís" bei der späteren Ernte den Auftrag zur Aussonderung geben werde (V. 30).

Nach Jeremias handelt es sich bei den „theristái" um Schnitter, die in der Erntezeit zu den vorhandenen Knechten eingestellt werden[100]. Werden sie – wie im Gleichnis von den Arbeitern im Weinberg (Mt 20, 1–16), in dem ebenfalls die Situation der Ernte vorausgesetzt wird[101] – als Tagelöhner beschäftigt, beträgt ihr Entgelt ein Denar[102]; die Entlohnung erhöht sich aber bei der Bereitschaft zur Akkordarbeit[103]. Entweder bezahlt man einen für eine bestimmte Leistung (z. B. den Schnitt eines Feldes[104]) vereinbarten Betrag, oder man überläßt einen bestimmten Prozentsatz des geschnittenen Getreides[105]. Da die Erntesaison und damit die Möglichkeit zu höherem Verdienst jedoch nur kurz ist, gelingt es dem Schnitter kaum, das Niveau des besitzlosen, in seiner Existenz stets gefährdeten Tagelöhners zu überwinden und in der Sozialpyramide weiter nach oben zu steigen.

## 1.13 Der μίσθιος (místhios), der Tagelöhner

> Im Gleichnis vom verlorenen Sohn (Lk 15, 11–32) erinnert sich der Verlorene auf dem Tiefpunkt seiner Not, vom Hunger gepeinigt, der vielen „místhioi" (V. 17), die im Hause seines Vaters mehr als genug zu essen haben. Er will zurückkehren und den Vater bitten: „Mache mich zu einem deiner ‚místhioi'" (V. 19.21).

„místhios"[106] (hebr. po'el-jom oder po'el; lat. operarius[107]) meint den Tagelöhner, der zwar im Unterschied zum „doūlos" frei ist, aber wie dieser nichts als seine Arbeitskraft besitzt. Sie vermietet er für einen Tag, eine Nacht, selbst nur für einzelne Stunden[108]. Für den Tageslohn eines Denars[109], teilweise auch mit Beköstigung[110], übernimmt er alle Arbeiten, die ihm angeboten werden. Dtn 24, 15 (vgl. auch Lev 19, 13) empfiehlt dem Arbeitgeber, ihm den schuldigen Lohn noch „am gleichen Tage, ehe die Sonne untergeht", auszuzahlen; „denn er ist arm und verlangt sehnsüchtig danach".

Die bedrückende und hoffnungslose Situation des Tagelöhners skizziert das matthäische Gleichnis von den Arbeitern im Weinberg (Mt 20, 1–16), hier allerdings nicht unter der Bezeichnung des „místhios", sondern unter der des ἐργάτης/ergátaes[111]; die Identität beider Begriffe ist nicht umstritten[112]: In der Hoffnung, einen Arbeitgeber zu finden, begibt sich der Tagelöhner schon früh-

---

[99] *Jeremias*, aaO., S. 53. – Vgl. auch *Hackenberg* in: EWNT I, Sp. 592: „Die im Gleichnis von den bösen Weingärtnern vorausgesetzte Situation dürfte die damaligen Wirtschafts- und Rechtsverhältnisse widerspiegeln ..."
[100] *Jeremias*, aaO., S. 149.
[101] Vgl. *ders.*, aaO., S. 93.
[102] „Dies wird für schwere Arbeit der übliche Tageslohn gewesen sein ...", so *Jülicher*, aaO. II, S. 460.
[103] *Ben-David*, aaO., S. 66.
[104] Belege bei *Ben-David*, aaO., S. 67.
[105] Vgl. ebd.

[106] Zu „místhios" vgl. *Strack/Billerbeck* I, S. 830; *Ben-David*, aaO., S. 65–69; *Daniel-Rops*, Die Umwelt Jesu, S. 148; *Jeremias*, Jerusalem zur Zeit Jesu, S. 126 f.
[107] Vgl. *Ben-David*, aaO., S 65.
[108] Vgl. *Strack/Billerbeck* I, S. 830.
[109] Vgl. *Jülicher*, aaO. II, S. 460.
[110] Vgl. *Jeremias*, aaO., S. 126.
[111] Zu „ergátaes" vgl. *Bauer*, aaO., Sp. 608; ThWNT II, S. 631–653; *Strack/Billerbeck* I, S. 830 ff.
[112] Vgl. *Jülicher*, aaO. I, S. 346; *Jeremias*, aaO., S. 93.

morgens vor Sonnenaufgang zum Markt, dem antiken Umschlagplatz für Waren wie für Menschen. In Erntezeiten, wenn die Arbeit drängt, sind die Aussichten auf Anstellung gut. Ansonsten aber lautet die resignierende Antwort am Abend allzuoft wie im Gleichnis: „Niemand hat uns angeworben!" (V. 7)[113].
Wie bereits in alttestamentlicher Zeit (vgl. Dtn 24,14; Mal 3,5; Sir 7,20 u. ö.) gehört der „místhios" „zu der am schlechtesten gestellten Menschenklasse, ... in der Regel werden die Haussklaven weniger Not gekannt haben als die dem Namen nach freien Lohnarbeiter"[114].

### 1.14 Der τελώνης (telōnaes), der Abgabenpächter oder der Angestellte des Abgabenpächters

> Im Gleichnis vom Pharisäer und Zöllner (Lk 18,9–14), einer der großen Beispielerzählungen des Lukas, stellt Jesus einigen Selbstgerechten im Gegenüber von „pharisaīos" und „telōnaes" ein Beispiel wahrer Gerechtigkeit vor[115].

„telōnaes"[116] bezeichnet in doppelter Bedeutung einen hellenistischen Kleinpächter, der vom jeweiligen Landesherrn gegen eine feste Summe das Zoll- und Steuerrecht über eine bestimmte Region oder Kommune pachtet, *und* seinen Bediensteten bzw. Angestellten, der für Entgelt die jeweiligen Abgaben eintreibt. Während ersterer der gehobenen Mittelschicht oder der Oberschicht angehört, handelt es sich bei letzterem meist um einen Angehörigen der Unterschicht, nicht selten um Arbeitslose und Sklaven.
Zwischen beiden unterscheidet Lukas als einziger der Evangelisten: In Lk 5,27 stellt er – und zwar in Differenz zu Mk 2,14 par Mt – Levi als „telōnaes", in Lk 19,2 Zachäus als reichen „architelōnaes" vor. Diese Beobachtung erlaubt, im telōnaes" von Lk 18,10.11.13 den *Bediensteten* eines Abgabenpächters zu sehen. Auf einen solchen weist auch die historische Wirklichkeit hin: Jesus hat – wie aus der häufigen Verwendung von Zöllner, Zöllner und Sünder, Zollstätte[117] hervorgeht – unzweifelhaft starken Zulauf von „telōnai"[118]. Mehrheitlich dürfte es sich bei ihnen um die sozialschwachen *Angestellten* des hellenistischen Kleinpächters handeln, die im Palästina der Zeitenwende überaus zahlreich[119] sind. Daß Jesus aber auch mit Pachtunternehmern selber zusammentrifft, ist Lk 19,1.10, der Zachäusperikope, zu entnehmen[120].

## 2. Mit der sozialen Wirklichkeit der Zeit vertraut

Unsere Gleichnisanalyse legt wenigstens vierzehn sozialgeschichtlich relevante Figuren frei. Zuzugeben ist freilich, daß eine ganze Reihe von ihnen nur durch einen einzigen Text belegt wird, doch muß man sich hier vor dem naheliegenden Kurzschluß hüten, die Echtheit einer Überlieferung sei an der Zahl der Belegstellen zu messen. Selbst wenn man zugesteht, daß die eine oder andere Figur erst im Laufe eines langen Traditionsprozesses entstanden ist, wird dadurch doch kaum die Zuverlässigkeit der Gesamtüberlieferung in Frage gestellt. Keine der 14 Figuren wird – und auch dies muß man ehrlich zugeben – so deutlich charakteri-

---

[113] Vgl. *Daniel-Rops*, aaO., S. 148; *Jeremias* (Jerusalem zur Zeit Jesu, S. 126) hält die Tagelöhner für „viel zahlreicher als die Sklaven".
[114] *Jülicher*, aaO., S. 346.
[115] Vgl. *Linnemann*, Gleichnisse Jesu, S. 56–62.

[116] Vgl. II, 3.2.1 (Lit.).
[117] Insgesamt ca. 20mal (vgl. Mk 2,14 parr; Mt 10,3; 21,31; Lk 3,12; 15,1 u. ö.).
[118] Vgl. *Schottroff/Stegemann*, aaO., S. 16.
[119] Vgl. ebd.
[120] Vgl. *Grundmann*, Lukas, S. 358 f.

siert, daß der Entwurf eines sozialen „Porträts" möglich wäre, allerdings bleibt aber auch keine in völligem Dunkel. Ausführlichere Hinweise hier, kürzere Bemerkungen dort – zusammengefügt ergibt sich aus der Vielzahl der Einzelinformationen ein Stück konkreten palästinischen Alltags, ein Kapitel antiker Sozialgeschichte, das von Mischna und Talmud bestätigt wird[121]. In einprägsamen Bildern und Szenen erfahren wir von der himmelschreienden Armut des Armen, der Unfreiheit des Sklaven, der Mühe des Tagelöhners, aber auch von dem süßen Leben des Reichen. Kurz, „die Alltagswirklichkeit seiner (sc. Jesu) Zeit scheint in ihrer ganzen – auch sozialen – Breite"[122] in den Gleichnissen auf.

Daß tatsächlich die ganze Breite der sozialen Wirklichkeit getroffen ist, erfährt, wer die in der Analyse freigelegten Figuren ihrem sozialen Rang entsprechend ordnet und die sich ergebende „Hierarchie" der zeitgenössischen Sozialpyramide gegenüberstellt. Gewiß, ein solches Unternehmen hat seine Tücken; denn zum einen sind nicht alle Figuren gleich exakt in ihrem sozialen Rang gezeichnet, zum anderen widersetzt sich die Vielschichtigkeit der Wirklichkeit einer genauen Bestimmung und auch Zuordnung. Dennoch sei, auch unter dem Vorbehalt bloßer Wahrscheinlichkeit, der Versuch einer hierarchisch geordneten Auflistung gewagt.

Weil am einfachsten zuzuordnen, empfiehlt es sich, bei der sozialen Unterschicht anzusetzen (vgl. M 92):

– Zu den Ärmsten der Armen gehören die πτωχοί/ptōchoí, die *Bettelarmen* (14), denen es selbst am Existenznotwendigsten fehlt.

– Ihnen folgen, unter dem doppelten Begriff des δοῦλος/doũlos und des παῖς/paĩs vorgestellt, die *Sklaven* (12/13), und zwar vermutlich hebräischer Prägung, die ihre Arbeitskraft an einen Herrn meist zur Tilgung von Schulden verkauft haben.

– Den Sklaven gegenüber sozial kaum besser gestellt ist der *Tagelöhner*, der μίσ-θιος/místhios (11); denn auch er besitzt nur seine Arbeitskraft, täglich muß er von neuem um Arbeit bangen.

– Tagelöhner ist letztlich auch der *Schnitter*, der θεριστής/theristáes (10). Zwar verdient er in der Erntezeit gut, in den übrigen Zeiten aber muß er sich wie der Tagelöhner mit dem Tageslohn von einem Denar zufriedengeben, sofern er einen Arbeitgeber findet.

– Den bisherigen Figuren, den Sklaven, Tagelöhnern und Schnittern, neben-, kaum überzuordnen ist der τελώνης/telōnaes, der *Angestellte* eines hellenistischen *Abgabenpächters* (9), handelt es sich bei ihm doch meist um Arbeitslose und Sklaven, die oft von der Not allein zu diesem ungeliebten, beim Volke verhaßten Dienst genötigt werden.

– Wenigstens auf ein – wenn auch nur gepachtetes – Stück Land zurückschauen und hoffen kann der γεωργός/geōrgós, der *Kleinpächter* (8). Dennoch erbringt sein ganzes Mühen selten mehr als nur das Existenzminimum.

– In sozial höheren Positionen dagegen dürfen wir aufgrund ihrer größeren Verantwortung den *Aufseher*, den ἐπίτρο-πος/epítropos (7), und den *Verwalter*, den οἰκονόμος/oikonómos (6), vermuten. Sie genauer zu markieren, will aber nicht gelingen.

– Einer exakten Einordnung entzieht sich auch der *Geldverleiher*, der δα-νειστής/daneistáes (5), da das ihm zur Verfügung stehende Kapital unterschiedlichster Größe sein kann. In jedem Falle aber ist er der besitzenden Schicht zuzurechnen.

– Züge von Besitzenden tragen auch die restlichen vier Figuren: der *Großhändler*, der ἔμπορος/émporos (4), der *Herr*,

---

[121] Vgl. *Ben-David*, aaO., S. 291–325.

[122] *Ohler*, Israel, Volk und Land, S. 160.

Das "Figurenfeld" der Gleichnisse - hierarchisch geordnet

| | | |
|---|---|---|
| 1 πλούσιος | /ploúsios | - Reiche (Lk 12,16-21; 16,1-8; 16,19-31) |
| 2 οἰκοδεσπότης | /oikodespótaes | - Gutsherr (13,24-3o; 13,51-53; 2o,1-16; Lk 14,16-24) |
| 3 κύριος | /kýrios | - Herr (Mk 12,1-12 parr; Mk 13,33-37/Lk 12,35-38; Mt 24, 45-51/Lk 12,42-46; Mt 25,14-3o/Lk 19,11-27) |
| 4 ἔμπορος | /émporos | - Großhändler (Mt 13,45f) |
| 5 δανειστής | /daneistáes | - Geldverleiher (Lk 7,41-43) |
| 6 οἰκονόμος | /oikonómos | - Verwalter (Lk 12,42-46 par Mt; Lk 16,1-8) |
| 7 ἐπίτροπος | /epítropos | - Aufseher (Mt 2o,1-16) |
| 8 γεωργός | /geōrgós | - Kleinpächter (Mk 12,1-12 parr) |
| 9 τελώνης | /telṓnaes | - Angestellter eines Abgabenpächters (Lk 18,9-14) |
| 1o θεριστής | /theristáes | - Schnitter (Mt 13,24-3o) |
| 11 μίσθιος | /místhios | - Tagelöhner (Lk 15,11-32; vgl. Mt 2o,1-16) |
| 12 παῖς | /paīs | - Sklave (Lk 12,35-48/Mt 24,45-51; Lk 15,11-32) |
| 13 δοῦλος | /doūlos | - Sklave (Mk 12,1-12 parr; Mk 13,33-37; Mt 13,24-3o; 18, 23-35; Mt 22,1-14/Lk 14,15-24; Mt 24,45-51/Lk 12,42-46; Mt 25,14-3o/Lk 19,11-27; Lk 15,11-32; 17,7-1o) |
| 14 πτωχός M 92 | /ptōchós | - Bettelarme (Lk 14,16-24/Mt 22,1-14; Lk 16,19-31) |

der κύριος/kýrios (3), der *Gutsherr,* der οἰκοδεσπότης/oikodespótaes (2) und letztendlich der *Reiche,* der πλούσιος/ ploúsios (1).
Im Reichen findet die hierarchisch geordnete Reihe auch begrifflich ihr Pendant zum Bettelarmen auf der Gegenseite.

Auch wenn man nicht bereit ist, dieser Einteilung im einzelnen zu folgen und diese oder jene Figur weiter oben oder auch tiefer unten plaziert sehen möchte, wird man ihr jedoch grundsätzlich zustimmen müssen; die möglichen Veränderungen vermögen das Gesamtbild nicht entscheidend zu korrigieren.

Vergleicht man nun dieses hierarchisch geordnete „Figurenfeld" der Gleichnisse mit der zeitgenössischen Sozialpyramide, ist die Übereinstimmung augenfällig (vgl. M 93): Fast alle in der Sozialpyramide aufgelisteten „Typen" finden sich in den Gleichnissen, die Gleichnisse ihrerseits überraschen durch eine unerwartete Figurenvielfalt. Diese läßt sich – in Analogie zur Sozialpyramide – ohne Schwierigkeiten in drei Schichten einteilen: Mag auch die Unterschicht mit sechs Figuren (Nr. 8–14) herausragen, fehlen aber auch nicht die Mittelschicht (Nr. 5–7) und die Oberschicht (Nr. 1–4). Mit Recht darf man daher die Gleichnisse als Spiegel ansehen, in dem der, der tiefer zu schauen vermag, die ganze Sozialstruktur des Palästina der Zeitenwende erkennt.

Und auch dieses scheint – unter Hinweis auf die Breite und Zuverlässigkeit der Textbasis – festzustellen

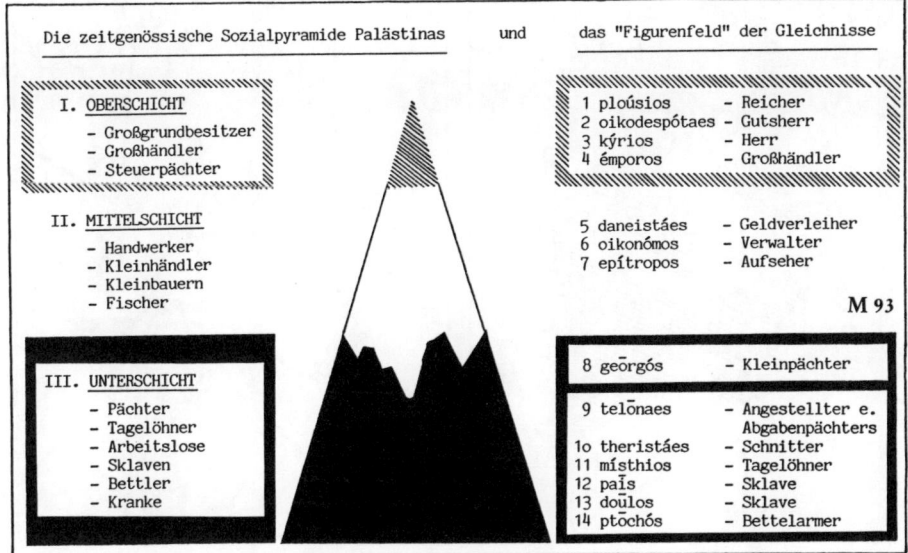

erlaubt: Jesus, als „Bauhandwerker" selber der Schicht der sozial Schwachen zugehörig[123], ist mit der sozialen Wirklichkeit seiner Zeit vertraut; er weiß um die soziale Schichtung innerhalb der palästinischen Gesellschaft, er kennt die zeitgenössische Sozialpyramide in ihrer ganzen Breite. Den Gleichnissen ist mit Mertens zu entnehmen, daß „Jesus, der Meister des Lebens, nicht am öffentlichen Leben vorbeigelebt hat"[124].

## 4. Die religiöse Situation

Wer die Geographie eines Landes beschreibt, orientiert sich an seinen Grenzen, seinen Bergen, seinen Flüssen. Als Unterlagen dienen ihm Karten, Tabellen und Diagramme, die ihrerseits wiederum auf umfangreichem Zahlenmaterial fußen. Jede Aussage ist belegbar, jeder Satz abgesichert.

In welche Verlegenheit gerät dagegen, wer die religiösen Verhältnisse einer Volksgruppe zu beschreiben anzielt! Nicht nur, daß das zur Verfügung stehende Material insgesamt dürftiger und bescheidener ausfällt, es ist darüber hinaus auch unschärfer; denn nichts widerspricht allem Religiösen und allem Fragen nach Religiösem mehr als Zahlen, als Statistiken und Diagramme. Die Antwort wird entsprechend nicht in einer klaren Positionsbestimmung, sondern lediglich in der Angabe von Tendenzen und Strömungen bestehen können. Am Beispiel *Galiläas* wird dies deutlich.

Für eine Bewertung der religiösen Situation in diesem nur kleinen, uns geographisch und chronologisch entzogenen Land sind folgende Beobachtungen von Gewicht[1]:

---

[123] Vgl. *Schottroff/Stegemann*, Jesus von Nazareth – Hoffnung der Armen, ²1981 (Lit.).
[124] *Mertens*, Kleines Handbuch der Bibelkunde, S. 232.

[1] Vgl. zum Folgenden bes. *Meyers*, The Cultural Setting of Galilee, S. 689–693; *Malinowski*, Thorah Tendencies in Galilean Judaism, S. 30–36; *Freyne*, Galilee, S. 261–297; *Riesner*, Jesus als Lehrer, S. 206–208 232.

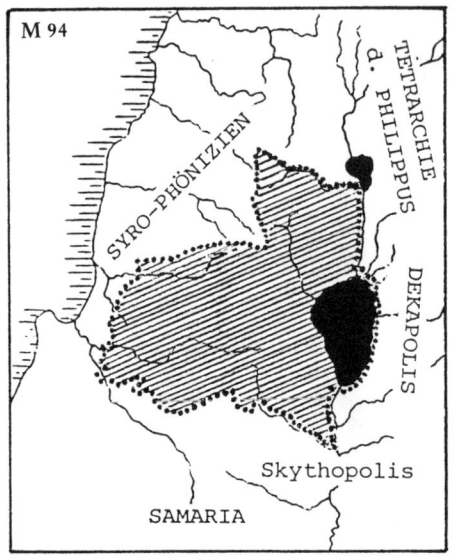
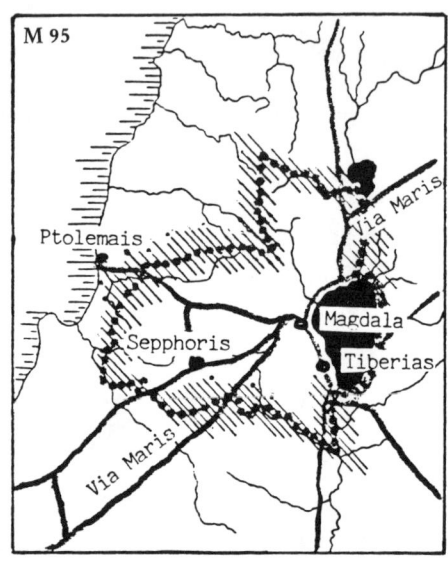

1. Um die Zeitenwende ist Galiläa ganz und gar in ein *heidnisches* bzw. *halbheidnisches Umland* eingebettet[2]: Im Osten schließt sich in der südlichen Hälfte das Gebiet der Dekapolis, in der nördlichen die Tetrarchie des Philippus an. In beiden, mit Sicherheit im Zehnstädtegebiet, überwiegt der heidnische Anteil der Bevölkerung[3]. – Heidnisch orientiert sind auch die Gebiete im Norden und Westen, die sich in den Händen der Phönizier befinden. – Ein heidnischer Riegel auch, Skythopolis und die Jesreel-Ebene, schließt das Land nach Süden hin gegen Jerusalem ab (vgl. M 94).

Zu Kontakten mit dem heidnischen Umland verleitet die Insellage insbesondere die *galiläischen Randgebiete,* die in den Städten der Dekapolis und in den Phöniziern geschätzte Handelspartner finden. Der hellenistische Einfluß reicht bis in den Häuserbau. In Chabulon, einem Grenzort im Westen Untergaliläas, gibt es nach Josephus „Häuser von beachtenswerter Schönheit, ähnlich denen zu Tyrus, Sidon und Berytos" (Bell II 18, 9). – In phönizischem Gebiet auch liegt der für Galiläa günstigste Hafen zum Mittelmeer (vgl. M 95).

Aber nicht nur die galiläischen Außenbezirke stehen in ständiger Beziehung zur heidnischen Umwelt, sondern auch das *Binnenland.* In seiner Funktion als „Brücke" zwischen Osten und Westen wird Galiläa von wichtigen Handelsstraßen, wie z. B. der Via Maris, durchzogen, über die Kaufleute von Mesopotamien zum Mittelmeer nach Ägypten hin wechseln. Städte an der Route, wie Kafarnaum, Magdala, Sepphoris, Kana u. a., werden zu Rastplätzen, an denen es zur Begegnung verschiedenster Welten miteinander kommt. Hausrath macht darauf aufmerksam, daß der starke Karawanenverkehr „nicht nur Ausländer (ansiedelt), sondern ... auch die Eingeborenen selbst als Karawanenführer, Kameltreiber, Spanner und Taglöhner und in hundert andern Beschäftigungen in das heidnische Treiben"[4] hereinzieht.

Als *Zentren heidnisch-hellenistischer Kultur* mit Breitenwirkung sind die galiläischen Großstädte Tiberias, Sepphoris und Magdala anzusehen (vgl. M 95). Nicht allein,

---

[2] Vgl. hierzu *Bauer,* Jesus der Galiläer, S. 93 ff.
[3] Vgl. *Schürer,* Geschichte I, S. 427 f: Die Bevölkerung im Gebiet des Philippus, das kein altes Stammland war, „war eine gemischte; und das nichtjüdische (syrische oder griechische) Element sogar vorwiegend".
[4] *Hausrath,* Neutestamentliche Zeitgeschichte, S. 9.

daß in ihnen auf engem Raum Juden und Heiden nebeneinander wohnen; durch kulturelle Einrichtungen wie Theater (Sepphoris), Rennbahn (Tiberias) und Hippodrom (Magdala) multiplizieren sie hellenistische Ideen in attraktiver Form. „So war der gemeine Mann in Galiläa gegen das Fremde minder empfindlich geworden"[5].

2. Das galiläische Judentum reicht in seinen Wurzeln schwerlich bis zu den ersten Stämmen zurück; ein Großteil seiner Bevölkerung dürfte erst unter den Hasmonäern nach Galiläa eingewandert sein (vgl. II, 1).

Zu diesem *Mangel an Tradition* paßt die Beobachtung Dalmans, daß sich im Galiläa der Zeitenwende bis 70 nChr nur ein einziger Rechtsgelehrter, Nittaj aus Arbel, nachweisen läßt[6]. Noch zur Zeit des Rabbi Akiba († um 135 nChr) ist ein galiläischer Schriftgelehrter eine solche Seltenheit, „daß man einen Jose als ‚Jose den Galiläer' von anderen Grammateis gleichen Namens unterscheiden kann"[7]. Pharisäer gibt es, da zum städtischen Kleinbürgertum gehörig, am ehesten in den Städten östlich und nördlich des Sees Gennesaret – in Tiberias, Magdala, Kafarnaum, Chorazin, Betsaida[8].

3. Über den vielfältigen direkten und indirekten Kontakten Galiläas mit dem Hellenismus wie auch über seinen Mangel an Tradition und Schriftgelehrsamkeit darf aber ein doppeltes nicht übersehen werden: a) daß die Galiläer am *Jerusalemer Tempel als religiösem Zentrum* unbeirrt festhalten[9]; b) daß Galiläa die *Heimat der Widerstandskämpfer* ist (vgl. II, 2.3). Letztere charakterisiert Josephus als Menschen, die in „unüberwindlicher Freiheitsliebe ... Gott allein als Herrn und König anerkennen" (Ant XVIII 1,6) und sich wie die Pharisäer um exakte Erfüllung der Tora bemühen. Die Verbindung mit Jerusalem findet ihren sichtbaren Ausdruck in der Tempelsteuer (vgl. II, 4.2.1) und in der jährlichen Wallfahrt in die Heilige Stadt (vgl. II, 4.2.2). Das Angebot des Hellenismus ist keinesfalls so attraktiv, daß man es gegen Tempel und Gesetz einzutauschen bereit wäre, und die samaritanische Barriere keinesfalls so hoch, daß man sich von der Pilgerreise nach Jerusalem zurückhalten ließe.

Welches Fazit ist nach diesen in sich vielschichtigen Einzelbeobachtungen erlaubt? – Vermutlich wird man in der Diskussion um die Religiosität Galiläas einen doppelten Aspekt berücksichtigen müssen, neben dem der religiösen *Eigenständigkeit* den der *Verbindung* mit Jerusalem. Mit Bauer ist zuzugeben, daß „die enge Verbundenheit mit den Heiden ... sowie die Abgeschlossenheit gegen Jerusalem und Judäa ... dem Judentum Galiläas eine besondere Prägung"[10] gibt, mit Reicke bleibt andererseits zu betonen, „daß in Galiläa die volkstümliche Frömmigkeit zum großen Teil eine jüdisch-gesetzliche"[11] ist. Die These von Vermes[12], nach der man in Galiläa das Gesetz weniger exakt beobachtet als in anderen jüdischen Gegenden, ist demnach ebenso mißverständlich wie die Behauptung von Mayer, der Galiläa „eine Hochburg der Treue zur Tora"[13] nennt. Galiläische Frömmigkeit zur Zeit Jesu ist liberal und traditionell zugleich; man lebt in der Freiheit von, doch mit Blick auf Jerusalem als Zentrum jüdischer Rechtgläubigkeit.

---

[5] *Ders.*, aaO., S. 10.
[6] *Dalman,* aaO., S. 9 f.
[7] *Bauer,* aaO., S. 100.
[8] Vgl. *Freyne,* Galilee, S. 321 f; *Riesner,* aaO., S. 173–178 209.
[9] Vgl. *Riesner,* aaO., S. 209.
[10] *Bauer,* aaO., S. 100.
[11] *Reicke,* Neutestamentliche Zeitgeschichte, S. 88.
[12] Vgl. *Vermes,* Jesus the Jew, S. 52–57.
[13] *Mayer,* Der Anfang des Evangeliums in Galiläa, S. 88.

## 4.1 Die Synagoge als wesentliche Einrichtung für das religiöse Leben Galiläas

Die Situation des Galiläa der Zeitenwende gleicht, obwohl in Palästina gelegen und nur etwa 150 km vom geistig-religiösen Mittelpunkt des Judentums entfernt, der Situation vieler über die ganze antike Welt zerstreuten Diasporagemeinden. Wie sie ist es genötigt, will es den von den Vätern ererbten Glauben bewahren, einen Ersatz zu suchen für den Tempel im fernen Jerusalem, sei es, daß es eine neue geistig-religiöse Einrichtung schafft, sei es, daß es eine bestehende ausbaut und pflegt. Von selbst bietet sich letzteres an, verfügt doch das Judentum in der Synagoge[14] (griech. συναγωγή/ synagōgáe; hebr. bet k'nesset)[15] über eine seit Jahrhunderten, vor allem in der Diaspora bewährte Institution. Tatsächlich wird die Synagoge auch für das religiöse Leben Galiläas eine „wesentliche Einrichtung"[16], ihr gilt unser erstes Interesse.

### 4.1.1 Vom Ursprung bis zur Zeitenwende

Über die Entstehung der Synagoge läßt sich „wenig Sicheres"[17] sagen,

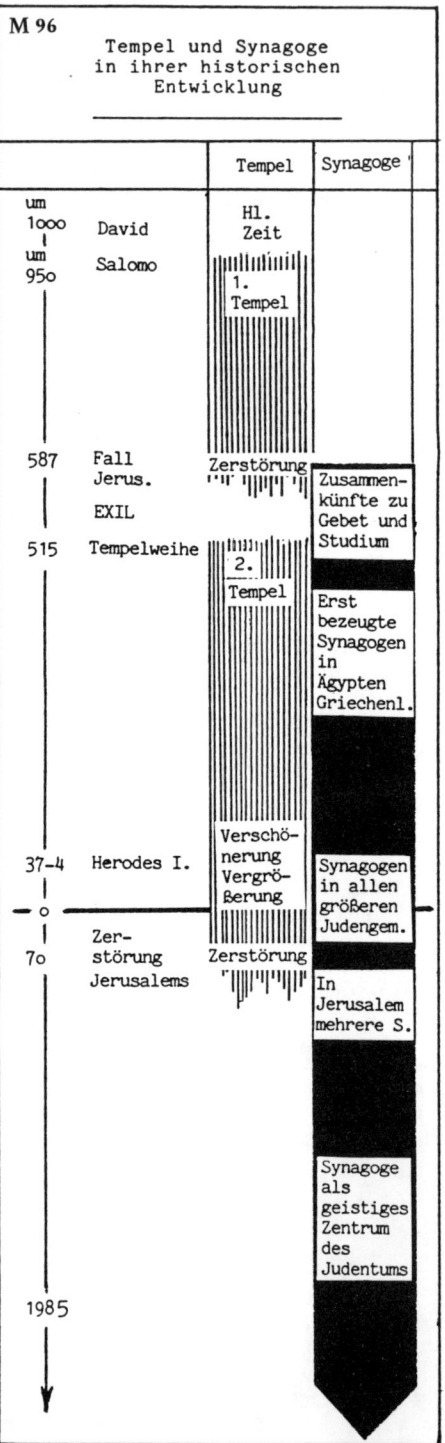

M 96 Tempel und Synagoge in ihrer historischen Entwicklung

[14] Aus der Fülle der Literatur zur antiken Synagoge seien nur einige wenige grundlegende und leichter zugängliche Monographien und Untersuchungen aufgeführt: *Schürer,* Geschichte II, S. 497–544; *Strack/Billerbeck* IV/1, S. 115–152; *Hruby,* Die Synagoge. Geschichtliche Entwicklung einer Institution, Zürich 1971; *Avi-Yonah/Stern,* Encyclopedia of archaeological excavations in the Holy Land IV, S. 1129–1138; *Hüttenmeister/Reeg,* Die antiken Synagogen in Israel I–II, Wiesbaden 1977 (Lit.); *Galling,* Biblisches Reallexikon, S. 327–332; *Lohse,* Umwelt des Neuen Testaments, S. 115–121; *Reicke,* Neutestamentliche Zeitgeschichte, S. 88–92; *Cornfeld/Botterweck,* Die Bibel und ihre Welt II, Sp. 1397–1406.
[15] Neben dem griech. συναγωγή/synagōgáe und dem hebr. bet k'nesset, die beide mit „Haus der Versammlung" zu übersetzen sind, sind in der Diaspora weiter προσευχή/proseýchae (Gebetsstätte), οἶκος/ōikos (Haus) und ἅγιος τόπος / hágios tópos (heiliger Platz) geläufig.
[16] *Reicke,* aaO., S. 88.   [17] *Galling,* aaO., S. 327.

ihre Anfänge liegen im dunkeln, historische Informationen fehlen.
– Älteste Belege sind zwei Inschriften aus *Schedia* in Unter- und Arsinoë in Oberägypten aus der zweiten Hälfte des 3. Jhs vChr[18].
– Eine Synagoge im syrischen *Antiochien* bestätigt für den Anfang des 2. Jhs vChr Josephus (Bell VII 3,3).
– Den ältesten Synagogenbau fand man auf der griechischen Insel *Delos,* datierend aus der Zeit um 100 vChr[19].
– Frühestes Zeugnis für eine Synagoge in Palästina ist die Theodotosinschrift, die 1913 auf dem Ophel in *Jerusalem* gefunden wurde[20]. Sie datiert aus der ersten Hälfte des 1. Jhs nChr; die Synagoge, die sie bezeugt, „kann schon im ersten Jhd. vor Chr. bestanden haben"[21].
Alle literarischen und archäologischen Spuren weisen über Palästina hinaus in die Diaspora, in der Diaspora wird man daher wohl auch den Ursprung der Synagoge suchen müssen[22]. Die Geschichte Judas zeigt den Weg nach Babylon, wo eine Mehrheit von Juden von 587–538 vChr im Exil lebte. Hier in der Fremde, fernab vom Tempel und unter Andersgläubigen, so vermutet man, wuchs „das soziale und religiöse Bedürfnis"[23] nach einer Stätte, an der man sich zum gemeinsamen Gebet und zum Studium der Tora zusammenfinden konnte. Möglicher Treffpunkt könnte das Haus des Propheten gewesen sein (vgl. Ez 8,1; 14,1 und 20,1). Was so in und aus der Not geboren wurde, entwickelte sich nach und nach zu einer festen und organisierten Einrichtung, und zwar in Parallele zu dem seit 515 vChr wiedererbauten Tempel in Jerusalem (vgl. M 96). In dieser Entwicklung kommt vor allem Esra (um 450 vChr) und seinen Zeitgenossen eine wichtige Rolle zu[24]: In einer neu erwachten Begeisterung für Kult und Gesetz um ein vertieftes Verstehen der Schrift bemüht[25], nutzen sie vermutlich die Synagoge als Ort des Studiums. – Keinen Zweifel mehr gibt es nach Avi-Yonah/Stern für die nachfolgende hellenistische Zeit: „In any event, they (the synagogues) certainly existed in the Hellenistic age."[26]
Wie auch immer die Entwicklung in vorchristlicher Zeit im einzelnen verlaufen sein mag, für das uns interessierende 1. Jh nChr bezeugen *Philo* (etwa 15 vChr – 45 nChr)[27], das *Neue Testament* (entstanden zwischen 30 und 100 nChr)[28] und *Josephus* (etwa 37–100/110 nChr)[29], daß „die Synagogen, wo immer Juden lebten, sei

---

[18] Belege in *Strack/Billerbeck* IV/1, S. 115; *Galling*, ebd.
[19] Vgl. *Galling,* aaO., S. 327 und S. 330 (Grundriß). – Eine kurze Beschreibung auch in: *Hruby*, Synagoge, S. 19–22.
[20] Archäologischer Befund und Literatur in: *Hüttenmeister/Reeg*, aaO. I, S. 192–195.
[21] *Hüttenmeister/Reeg*, aaO. I, S. 195.
[22] Eine Zusammenstellung der wichtigsten Theorien über die Entstehung der Synagogen bei *Hruby*, aaO., S. 19–22
[23] *Reicke*, aaO., S. 88.
[24] Esras Bedeutung für die Entwicklung der Synagoge wird allgemein gesehen; umstritten ist lediglich, ob er als Terminus a quo in Frage kommt (vgl. *Cornfeld/Botterweck*, Die Bibel und ihre Welt II, Sp. 1398; *Schürer*, Geschichte II, S. 500f; *Tiele* in: *Hruby*, Synagoge, S. 20).
[25] Vgl. *Reicke*, aaO., S. 13.
[26] Vgl. *Avi-Yonah/Stern*, aaO. IV, S. 1129.
[27] *Philo*, Vita Mosis, II, 27.
[28] Die vier Evangelien und die Apostelgeschichte erwähnen die Synagoge etwa 50mal (eine Zusammenstellung der im Neuen Testament genannten Synagogen in: *Strack/Billerbeck* IV/1, S. 117).
[29] *Josephus*, Contra Apionem II, 17.

es in Palästina oder sonstwo, eine feste Einrichtung waren"[30], daß „sie ... in herodäischer und apostolischer Zeit zwischen Tigris und Tiber in jeder bedeutenden Stadt vorhanden"[31] waren, daß „in den Tagen Jesu in jeder Ortschaft, in der Juden wohnten, auch eine Synagoge gestanden hat"[32]. Hierzu paßt, daß Paulus seine Mission in Kleinasien und Griechenland zwischen 50 und 60 nChr jeweils in der Synagoge beginnt (Apg 13, 5.14 f; 14, 1; 17, 2 u. ö.)[33].

Reicke vermutet, daß die Synagogen ihren Weg nach *Palästina* über die Grenzorte wie Lydda und Cäsarea und über Jerusalem als Wallfahrtsort nehmen, zunächst als „jüdische Heimstätten"[34], später als „städtische Gemeindelokale"[35]. — In *Galiläa* speziell beginnt die Entwicklung im 2. Jh vChr. Den hier landsmannschaftlich organisierten Juden, die nur eine Minderheit innerhalb einer heidnischen Mehrheit darstellen, hilft die Synagoge, das Gesetz lebendig zu erhalten und bis zur Rejudaisierung durch die Hasmonäer am Ende des 2. vorchristlichen Jahrhunderts zu bewahren (vgl. II, 1.1). In dem nun mehrheitlich von Juden besiedelten Land entwickeln sich die Synagogen aus „ursprünglich kolonialen und missionarischen Heimstätten"[36] zu „kommunalen Einrichtungen"[37].

> Die vier Evangelien bestätigen mehrfach, daß *Jesus* die Synagoge als Wirkort nutzt (Mk 4mal; Mt 4mal; Lk 6mal; Joh 2mal). „Er lehrte bzw. er verkündigte in der Synagoge" lautet eine gern und häufig gebrauchte Formel (in 13 von 16 „Synagogentexten").

> Was sich hinter ihr an konkreten Einzelheiten verbirgt, ist im Exkurs über „Jesus und die Synagoge" zu erörtern (s. u.).

### 4.1.2 Die Synagoge des 1. nachchristlichen Jahrhunderts

Nach Hüttenmeister/Reeg, zwei Kennern der Materie, sind in Palästina Synagogen für die Zeit vor der Zerstörung des Tempels (70 nChr) gesichert, „aber wir wissen nicht, wie sie ausgesehen haben"[38]. In der Tat ist die diesbezügliche Quellenlage nicht günstig, die literarische wie die archäologische: Bescheidene *literarische* Hinweise finden sich bisher einzig in der berühmten Theodotosinschrift[39], an *archäologischen* Zeugnissen sind für das 1. Jh nChr bisher lediglich 5 Synagogenruinen (Masada[40], Herodeion[41], Kafarnaum[42], Magdala[43] und Gamla[44]) nachgewiesen; die Masse der Funde[45], teilweise von solcher Qualität, daß Rekonstruktionen im Detail möglich werden[46], datiert aus späterer Zeit, frühestens aus dem 2. Jh nChr[47]. Parallelen zwischen diesen und jenen (vgl. M 97) bestätigen aber das Gesetz von der Kontinuität religiöser Tradition: Masada, Herodeion, Kafarnaum, Magdala und Gamla sind demnach in einen Traditionsfluß eingebettet zu sehen, in dem ihnen Elemente des Synagogenbaus aus früherer Zeit zukommen, in dem sie selber charakte-

---

[30] *Cornfeld/Botterweck*, aaO. II, Sp. 1398.
[31] *Reicke*, aaO., S. 89.
[32] *Lohse*, Umwelt des Neuen Testaments, S. 115.
[33] In Philippi allerdings spricht Paulus zu Frauen, die sich am Sabbat an einer Gebetsstätte am Fluß eingefunden haben (Apg 16, 13).
[34] Vgl. *Reicke*, aaO., S. 89.
[35] Vgl. ebd.

[36] Vgl. ebd.
[37] Vgl. ebd.
[38] *Hüttenmeister/Reeg*, aaO. I, S. VIII.
[39] Vgl. *dies.*, aaO. I, S. 192–195, S. 194 Wiedergabe der Inschrift.
[40] Vgl. *Yadin*, Masada, S. 180–192; *Keel/Küchler*, Orte und Landschaften der Bibel 2, S. 384–386.
[41] Vgl. *Keel/Küchler*, aaO. 2, S. 660.

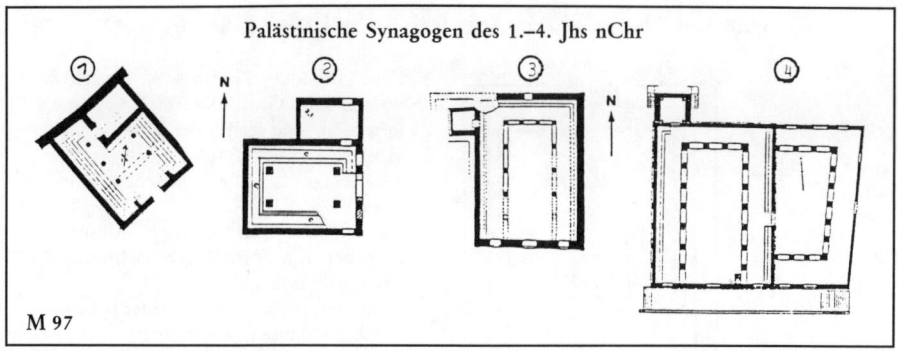

Palästinische Synagogen des 1.–4. Jhs nChr

M 97

Synagoge von *Masada* (1), von den Zeloten nach 66 nChr in den Mauern einer früheren, unter Herodes erbauten (37–4 vChr) neu ausgestaltet.
Synagoge von *Herodeion* (2), in zelotischer Zeit (1. oder/und 2. Jüdischer Krieg, d.h. 66–70 nChr oder 132–135 nChr) als Notsynagoge im Speisesaal der Herodianischen Burg eingerichtet.

Die Synagogen von *Chorazin* (3) und *Kafarnaum* (4), die zum ältesten Typ (2. – Anfang des 4. Jhs nChr) galiläischer Synagogen gehören.

ristische Bauelemente an spätere Zeiten weitergeben. Unter der Voraussetzung vorsichtiger Prüfung scheint es daher erlaubt, in ihren Ruinen nach „Bausteinen" der „jesuanischen" Synagoge auszuschauen und diese mit Blick auf die Masse der Funde aus späterer Zeit zu ergänzen. Da Grabungsberichte aus Magdala und Gamla nicht eingesehen werden konnten, stützt sich unsere Rekonstruktion vor allem auf das über Masada, Herodeion und Kafarnaum Veröffentlichte.

– Da es um die Zeitenwende für den *Bau* von Synagogen keine bindenden Vorschriften gibt, kann „jeder Raum als S. (= Synagoge) gedient haben"[48]. Ursprünglich dürften umgebaute Privathäuser nicht selten sein[49]; die freiwerdenden Nebenräume dienen in Jerusalem als Herberge[50], in Galiläa als Schule[51]. Größere Hallen unterteilen Säulen in Haupt- und Nebenschiffe (vgl. Masada und Kafarnaum 1)[52].
– Masada und die späteren galiläischen Synagogen bezeugen in gleicher Weise die Existenz eines Nebenraumes, auch *Geniza* genannt. Hier bewahrt man die heiligen Schriften auf, die noch im Gebrauch befindlichen wie die unbrauchbar

---

[42] Vgl. I, 5.2.2 (Lit.), zur Unterscheidung von der späteren Synagoge aus dem 4./5. Jh „Kafarnaum 1" genannt.
[43] *Hüttenmeister/Reeg*, aaO. I, S. 316–318; *Manns*, Magdala, in: MB 38 (1985), S. 43f.
[44] Vgl. *dies.*, aaO. I, S. 524.
[45] Vgl. *Hüttenmeister/Reeg*, aaO. I und II, 1977. – Einen Überblick über die Synagogen des 2.–4. Jhs nChr bietet die Synagogenkarte von *Avi-Yonah/Stern*, aaO. IV, S. 1130, die insgesamt 48 Synagogen im palästinischen Raum vermerkt.
[46] Vgl. z. B. die Rekonstruktion der neueren Synagoge von Kafarnaum aus dem 4./5. Jh nChr in: BHHW III, Sp. 1911/12.
[47] Vgl. *Galling*, aaO., S. 331; *Avi-Yonah/Stern*, aaO., S. 1129–33.
[48] *Galling*, aaO., S. 327.
[49] Vgl. *ders.*, aaO., S. 329.
[50] Vgl. die Theodotosinschrift in: *Hüttenmeister/Reeg*, aaO. I, S. 194.
[51] Vgl. die Säulenhallen des Vorhofes der Synagoge von Kafarnaum, die im hochsommerlichen Klima als „Schule" im weitesten Sinn genutzt worden sein dürften.
[52] Vgl. *Galling*, aaO., S. 327.

**Grundriß einer Synagoge zur Zeit Jesu** (Versuch einer Rekonstruktion)

1. Platz für den *Toraschrein*, die *Arche*, während des Gottesdienstes an der nach Jerusalem ausgerichteten Wand.
2. Hölzerne *Estrade*, auf der ein *Lesepult* als Ablage für die biblischen Rollen steht.
3. *Geniza*, in der neben alten Torarollen auch der transportable Toraschrein aufbewahrt wird.
4. *Ehrensitze* für angesehene oder offizielle Persönlichkeiten; unter ihnen die „*Kathedra des Mose*".
5. Umlaufende *Steinbänke* für die Besucher.
6. *Wasserkrüge* am Eingang für die rituelle Reinigung.

gewordenen[53]; hier vergräbt man auch die Asche sakraler Geräte[54].
– Sakraler Mittelpunkt der Synagoge ist der Schrein mit den Torarollen, die sog. *Arche*[55]. Ursprünglich wohl tragbar, wird er vor Sabbatbeginn aus dem Nebenraum oder auch aus einem benachbarten Privathaus in die Synagoge gebracht und zum Zeichen der Verbundenheit mit Jerusalem im Mittelschiff an der der Heiligen Stadt zugewandten Seite aufgestellt[56]. Masada und „Kafarnaum 1" zeigen bereits, was später allgemein üblich sein wird, eine deutliche Ausrichtung nach Jerusalem.
– In der Mitte des Innenraumes steht eine meist hölzerne *Estrade* mit einem für die Vorlesung der Schriftrollen bestimmten Lesepult[57].
– Als Sitzgelegenheit ziehen sich entlang der Seitenwände und auch der Stirnwand treppenartig ansteigende *Steinbänke* hin. Über ihnen wird sich in den galiläischen Synagogen später die Empore für die Frauen erheben. Bis zu dieser Lösung dürften Frauen ihren Platz in einem der Synagoge angeschlossenen Nebenraum oder in einer durch Vorhänge abgeschlossenen Ecke finden[58].
– Für „angesehene oder offizielle Persönlichkeiten"[59], für die Schriftgelehrten und die Ältesten[60] stehen im Halbkreis, vor dem Toraschrein, *Ehrensessel* bereit, vermutlich Lehnstühle mit Seiten- und Rückenlehnen auf erhöhtem Podium[61]. Einen von ihnen nennt man – in übertragen gebrauchter Kennzeichnung „des sukzessiven Charakters des Amtes der Schriftgelehrten"[62] – „*Stuhl*" bzw. „*Kathedra des Mose*"[63]. Während alle drei Synoptiker auf die von den Schriftgelehrten und

---

[53] Bekannt geworden ist die Geniza von Kairo, in der man 1896 überaus wertvolle Handschriftenfragmente (rund 200 000) entdeckte.
[54] In dem Nebenraum der Synagoge von Masada fand man neben hebräisch beschriebenen Ostraka zwei gut erhaltene Fragmente aus Ez 37 und Dtn 33 f. Außerdem lagen im Fußboden versteckt verkohlte Reste von Mobiliar und Geräten (vgl. *Keel/Küchler*, aaO. 2, S. 385).
[55] Vgl. *Galling*, aaO., S. 327.
[56] Vgl. ebd.
[57] Vgl. *ders.*, aaO., S. 329.
[58] Vgl. ebd.
[59] Vgl. *Gnilka*, Markus II, S. 174.
[60] Nach der Tosefta (Tos Meg 4, 21 bei *Strack/Billerbeck* I, S. 915 f) besitzen die Gelehrten eigene Stühle und sitzen nicht beim Volk.
[61] Vgl. *Michaelis* in: ThWNT VI, S. 871 f; *Schrage* in: ThWNT VII, S. 819; *Strack/Billerbeck* I, S. 915 f; *Bernhardt* in: BHHW III, Sp. 1885 f; *Galling*, aaO., S. 329.
[62] *Bernhardt* in: BHHW III, Sp. 1886.
[63] In der Synagoge von Alexandrien sollen es 71 vergoldete Sessel gewesen sein (vgl. *Watzinger*, Denkmäler Palästinas, S. 108).

Pharisäern begehrten „Ehrensitze in den Synagogen" (Mk 12,39; Mt 23,6; Lk 11,43) hinweisen, erwähnt „die Kathedra des Mose" allein Matthäus (Mt 23,2). Wie wir uns letztere vorstellen dürfen, veranschaulicht ein Fund aus der Synagoge von Chorazin (M 99)[64]: In einem vierzeiligen Spruch in Aramäisch auf der Vorderseite des kunstvoll dekorierten Sitzes aus schwarzem Basalt wird der Besucher der Synagoge um ein dankbares Gedenken für „Judan, den Sohn des Ismael" gebeten, „der diese Halle und die Stufen machte"[65].

M 99

Der „Stuhl des Mose" (Mt 23,2) aus der Synagoge von Chorazin (schwarzer Basalt, 56,5 × 73 × 56 cm, 3. Jh nChr).

– Dort, wo nicht ein Fluß oder ein Brunnen Gelegenheit zur rituellen Reinigung bieten, richtet man *„Wasseranlagen"* in Form von rituellen Bädern ( = Mikwes) ein oder stellt wenigstens Wasser in Krügen am Eingang der Synagoge bereit[66].

Mit diesen Informationen sind wir bewußt auf der Grundrißebene geblieben, mit ihnen bewegen wir uns im Rahmen des Wahrscheinlichen. Zu dem über die Fundamente emporwachsenden Synagogenbau wird man nur so viel sagen dürfen, daß jede Gemeinde ihn entsprechend ihrem Besitzstand und im Maße ihres Glaubens ausgestaltet – in seinem Äußeren wie in seinem Inneren. In den Dörfern zumindest dürfte die Synagoge das größte und schönste Gebäude darstellen[67].

– Alle drei Synoptiker überliefern ein Logion, in dem *Jesus* den Schriftgelehrten (Mk), den Pharisäern (Lk), den Schriftgelehrten und den Pharisäern (Mt) vorhält, in den Synagogen die vordersten Sitze zu beanspruchen (Mk 12,39; Mt 23,6; Lk 11,43 vgl. 20,26). Obwohl der Spruch mit den ihn umgebenden Sprüchen „im Rahmen der innerjüdischen Kritik"[68] bleibt und sich in der vorliegenden Form „nicht auf Jesus zurückführen"[69] läßt, ist das in ihm enthaltene Anliegen aber ganz und gar jesuanisch. „Es besteht kein Grund, daran zu zweifeln, daß Jesus nicht nur einmal, sondern wiederholt eine Kritik an jenen einflußreichen Leuten geäußert hat, die ihm die Todfeindschaft dieser Kreise eintrug."[70]

– Im gleichen traditionsgeschichtlichen Licht ist auch der matthäische Hinweis auf „die Kathedra des Mose" in Mt 23,2f zu sehen: „Die Schriftgelehrten und die Pharisäer haben sich auf den Stuhl des Mose gesetzt. Tut und befolgt also alles, was sie euch sagen, aber richtet euch nicht nach dem, was sie tun ...!" Beide Verse stammen, da in dieser Form weder von Jesus noch von Matthäus selbst gebildet (vgl. Mt 15,3ff; 16,11f; 5,21–48 u.ö.), „aus einer Zeit, in der sich die Gemeinde noch mühte, streng innerhalb der jüdischen Gesetzesbeobachtung zu leben"[71]. Daß ihnen Jesusworte zugrunde liegen, ist aber nicht auszuschließen[72].

---

[64] Vgl. *Bernhardt,* aaO., Sp. 1885f.
[65] Vgl. ebd.
[66] Vgl. *Galling,* aaO., S. 331; die Theodotosinschrift spricht von „Wasseranlagen".
[67] Die Wände von „Kafarnaum 1" haben die ungewöhnliche Dicke von 1,20 m, was um so bemerkenswerter erscheint, als das Mauerwerk der „Wohninseln" als erbärmlich bezeichnet werden muß.
[68] *Schulz,* Q, S. 105.
[69] *Gnilka,* Markus II, S. 175.
[70] *Schnackenburg,* Markus II, S. 180. Ebenso *Pesch,* Markus II, S. 259; *Gnilka,* Markus II, S. 175.
[71] *Schweizer,* Matthäus, S. 281.
[72] Vgl. *ders.,* aaO., S. 280.

### 4.1.3 Ein Synagogengottesdienst zur Zeit Jesu

In der Synagoge, dem „Haus der Versammlung", traf man sich zum *Studium der Schrift*, hier hielt man *Gericht*, hier *unterrichtete* man die Kinder im Gesetz. In erster Linie jedoch empfand man sie als *Gebetsstätte*, als einen „mit gewissem Heiligkeitscharakter"[73] versehenen Ort des Gottesdienstes.

#### 4.1.3.1 Skizze seines Verlaufs

Damit ein Gottesdienst[74] stattfinden konnte und heute auch noch kann, mußten bzw. müssen wenigstens zehn Männer anwesend sein; Frauen zählten bzw. zählen teilweise bis heute nicht[75]. Über seinen ordnungsgemäßen Verlauf wachte der Synagogenvorsteher[76] (griech. ἀρχισυνάγωγος/archisynágōgos; hebr. rosch ha k'nesset)[77]. Ihm zur Seite stand der Synagogendiener (griech. ὑπηρέτης/hypaerétaes)[78]. Dort, wo die Mindestzahl von zehn Männern gesichert war, fand in der Regel Gottesdienst an allen Samstagen und an sämtlichen Feier- und Zwischenfeiertagen statt[79]. Am Sabbat versammelte man sich gleich zweimal, am Vormittag gegen 9 Uhr und am Nachmittag gegen 16.30 Uhr, wenn im Tempel zu Jerusalem die beiden Tamidopfer dargebracht wurden[80].
In Marktflecken und Städten gab es darüber hinaus Gottesdienste am 2. und 5. Wochentag (montags und donnerstags)[81]. Mit ihnen sollte Bauern, die seit alters her an diesen beiden Tagen zum Markt in die Stadt kamen, die Möglichkeit gegeben werden, „in der Stadt einmal einem vollen Gottesdienst beizuwohnen, wozu sie in ihren Dörfern vielleicht nur selten Gelegenheit hatten"[82].

Im Aufbau des altjüdischen Synagogengottesdienstes[83] lassen sich deutlich ein vorwiegend *liturgischer* (A) und ein eher *lehrhaft-didaktischer Teil* (B) voneinander unterscheiden[84] (vgl. M 100):

---

[73] *Hruby*, aaO., S. 33.
[74] Vgl. hierzu *Billerbeck*, Ein Synagogengottesdienst in Jesu Tagen, in: ZNW 55 (1964), S. 143–161; *Strack/Billerbeck* IV/1, S. 153–188: Der altjüdische Synagogengottesdienst; *Elbogen*, Der jüdische Gottesdienst in seiner geschichtlichen Entwicklung, Frankfurt ³1931 (reprographischer Nachdruck Hildesheim 1962); *Schäfer*, Der synagogale Gottesdienst, in: *Maier/Schreiner* (Hrsg.), Literatur und Religion des Frühjudentums, S. 391–413; *Lohse*, aaO., S. 117–121; *Reicke*, aaO., S. 90–92; *Petuchowski*, Zur Geschichte der jüdischen Liturgie, in: *Henrix*, Jüdische Liturgie. Geschichte – Struktur – Wesen, S. 13–32.
[75] Zur Hintanstellung der Frau im religiösen und kultischen Bereich vgl. *Leipoldt/Grundmann*, Umwelt, S. 173 ff; *Wagner/Wieser*, Das Bild der Frau in der biblischen Tradition, in: Una Sancta 4 (1980), S. 296–316, bes. S. 298 f.
[76] Vgl. *H. Lietzmann*, Notizen, in: ZNW 20 (1921), S. 171–176, hier S. 171.
[77] Vgl. Mk 5,22.35.36.38; Lk 8,49; 13,14; Apg 13,15; 18,8.
[78] Vgl. Mk 14,54.65; Mt 5,25; 26,58 u.ö.

[79] Vgl. *Billerbeck*, Ein Synagogengottesdienst in Jesu Tagen, S. 144.
[80] Vgl. *ders.*, ebd.
[81] Vgl. jMeg IV, 1 fol. 75a; Soferim X, 1 f. – Vgl. auch *Schäfer*, aaO., S. 392.
[82] *Billerbeck*, aaO., S. 144.
[83] Recht ausführlich beschreibt Philo von Alexandrien (um 20/10 vChr – 40/50 nChr) einen Synagogengottesdienst der Essener, der sich kaum wesentlich vom sonst üblichen Gottesdienst unterschieden haben dürfte: „Der 7. Wochentag nämlich gilt als heilig. An ihm enthalten sie sich der sonstigen Verrichtungen und begeben sich zu geheiligten Orten, welche Synagogen genannt werden. Dort nehmen die Jüngeren zu Füßen der Älteren Platz; und so sitzen sie dann reihenweise, altersmäßig geordnet, mit dem gebührenden Anstand, und sind bereit, die heiligen Worte zu hören. Dann nimmt einer die Bücher und liest vor, ein anderer aber, der zu den Erfahrensten gehört, tritt auf und erklärt, was nicht verstanden wurde" (Quod omnis probus liber sit 12, § 81 f.)
[84] Vgl. *Strack/Billerbeck* IV/1, S. 153.

## A. Der *liturgisch* geprägte Teil

1. Eingeleitet wurde der Sabbatvormittagsgottesdienst mit dem „Höre, Israel" (hebr. Sch$^e$ma), dem aus drei Pentateuchabschnitten – a) Dtn 6,4–9; b) Dtn 11,13–21 und c) Num 15,37–41 – bestehenden Bekenntnis Israels zum *einen* Gott und seinen Geboten (s. u.). Der „mit Bestimmtheit schon vor Jesu Zeit übliche Text"[85] wurde im Gottesdienst von je einer Benediktion am Anfang und am Ende umrahmt[86]. Während diese ein vom Synagogenvorsteher benannter Vorbeter vortrug, rezitierte die Gemeinde gemeinsam das Sch$^e$ma[87].

2. Dem Sch$^e$ma folgte – von einem Vorbeter vorgetragen und von der Gemeinde durch „Amen" bestätigt – „das *Gebet*" (hebr. ha-tefillah), das später (vermutlich 80/90 nChr) aufgrund seiner achtzehn Benediktionen auch *Achtzehngebet* (hebr. Sch$^e$mone-Esre) genannt wurde und bis heute wird (s. u.). In diesem „Gebet", das nach Billerbeck zur Zeit Jesu sechs Bitten umfaßte[88], wurden zwei andere Gebete „eingeschoben": am Anfang (Billerbeck zufolge nach der 3. Benediktion[89]) ein auf den Tag bezogenes *Sabbat- oder Festgebet*[90], am Ende (Billerbeck vermutet zwischen der 5. und 6. Benediktion[91]) der *Aaronitische Priestersegen* (Num 6,24–26). Letzterer durfte nur von einem Priester gesprochen werden, im Falle einer priesterlosen Gemeinde allerdings auch von dem Vorbeter des Achtzehngebetes, aber nur „in referierender Form und ohne Erheben der Hände"[92].

## B. Der *lehrhaft-didaktische* Teil

1. Die *Toralesung*, die Lesung aus den fünf Büchern des Mose (= Pentateuch), mit der der zweite Teil des Gottesdienstes

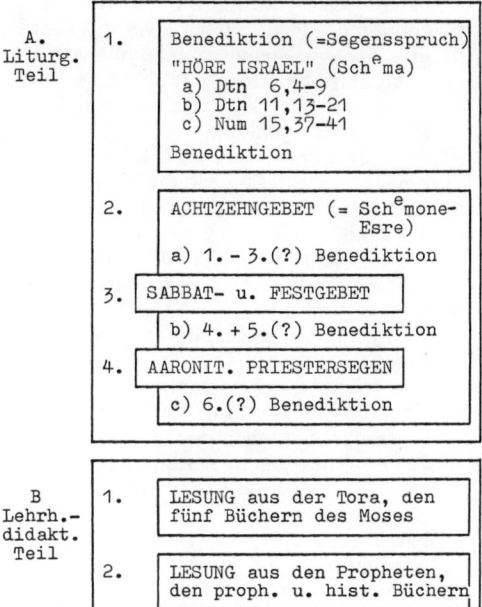

Aufbau eines Synagogengottesdienstes zur Zeit Jesu

| | | |
|---|---|---|
| A. Liturg. Teil | 1. | Benediktion (=Segensspruch) "HÖRE ISRAEL" (Sch$^e$ma) a) Dtn 6,4-9 b) Dtn 11,13-21 c) Num 15,37-41 Benediktion |
| | 2. | ACHTZEHNGEBET (= Sch$^e$mone-Esre) a) 1.-3.(?) Benediktion |
| | 3. | SABBAT- u. FESTGEBET b) 4.+5.(?) Benediktion |
| | 4. | AARONIT. PRIESTERSEGEN c) 6.(?) Benediktion |
| B Lehrh.-didakt. Teil | 1. | LESUNG aus der Tora, den fünf Büchern des Moses |
| | 2. | LESUNG aus den Propheten, den proph. u. hist. Büchern |
| | 3. | PREDIGT |

M 100

begann, war „ohne Zweifel von Anfang an Bestandteil des Synagogengottesdienstes (wenn nicht überhaupt der Kern, um den sich später die Gebete gruppierten)"[93]. Als Vorleser zu fungieren war nicht das Privileg eines Standes[94], wenn auch Priestern und Leviten „um des Friedens willen" das Recht eingeräumt wurde, als erste mit der Lesung zu beginnen[95]; grundsätzlich durfte jedermann[96] diese Aufgabe übernehmen, sofern er lesen konnte.

---

[85] *Mertens*, Kleines Handbuch der Bibelkunde, S. 285f.
[86] Abdruck der beiden Benediktionen bei *Billerbeck*, Ein Synagogengottesdienst in Jesu Tagen, S. 145f, und bei *Petuchowski*, Das „Höre Israel", in: *Henrix* (Hrsg.), aaO., S. 66–76.
[87] Vgl. *Strack/Billerbeck* IV/1, S. 206.
[88] Vgl. *Billerbeck,* Ein Synagogengottesdienst in Jesu Tagen, S. 148.
[89] Vgl. ebd.  [90] Vgl. ebd.  [91] Vgl. ebd.
[92] *Ders.,* aaO., S. 151.
[93] Zum Beweis verweist *Schäfer*, aaO., S. 392, auf Philo (s. o. Philos Gottesdienstbeschreibung), Josephus (Contra Apionem II 17) und das Neue Testament (Apg 15,21; vgl. auch Apg 13,15).  [94] Vgl. *Strack/Billerbeck* IV/1, S. 156.
[95] Vgl. Git 5,8: „Folgende Dinge hat man um des Friedens willen verordnet: Ein Priester liest als erster (aus der Thora) vor, nach ihm ein Levit, nach ihm ein Israelit, des Friedens halber" (vgl. *Strack/Billerbeck* IV/1, S. 158e).
[96] Vgl. mMeg IV,6: „Auch ein Minderjähriger und ein Blinder darf als Übersetzer fungieren" (vgl. *Schäfer,* aaO., S. 398).

Je nach der Wertschätzung des Tages wuchs die Zahl der Lektoren (sabbatnachmittags, montags und donnerstags genügten drei; sabbatvormittags stieg ihre Zahl auf sieben[97]); stets aber mußten es mehrere Personen sein. Da kein Vorleser weniger als drei Verse vorlesen durfte, zählte die sabbatliche Toralektion wenigstens 21 Verse[98]. Da das Hebräische zur Zeit Jesu schon lange keine Volkssprache mehr war[99], wurde der Bibeltext unmittelbar nach dem Vortrag von einem geschulten Dolmetscher (hebr. M$^e$thurgman) in die westaramäische Landessprache übertragen, und zwar Vers für Vers[100]. Die Übersetzung (= Targum) mußte frei und ohne schriftliche Vorlagen erfolgen, was zweifellos gute sprachliche und auch theologische Kenntnisse erforderte[101].

2. Im Sabbatvormittagsgottesdienst der Zeitenwende (nicht in dem des Nachmittags, des Montags und des Donnerstags[102]) folgte der Toralektion unmittelbar eine *Lesung aus den Propheten* (= prophetische und geschichtliche Bücher), Haftara genannt[103]. Das Vorlesen übernahm entweder der letzte der Toralektoren oder ein Freiwilliger aus der Gemeinde[104]. Da die Textfolge noch nicht festgelegt war, konnte der Vorleser (= Maftir) den Abschnitt, den er vortragen wollte, selber bestimmen[105] (Lk 4,16f bestätigt die Situation). Auch hier mußte der hebräische Text von einem Dolmetscher in die aramäische Volkssprache übertragen werden, doch geschah dies nicht, wie bei der Toralesung nach jedem Einzelvers, sondern jeweils nach drei Versen[106].

3. Der Gottesdienst schloß mit einer *Predigt*[107]. Die Möglichkeit, das Wort zu ergreifen, hatte jeder erwachsene männliche Gottesdienstteilnehmer, der sich dazu befähigt fühlte; häufig wird es der Lektor der Prophetenlesung gewesen sein[108] (vgl. Lk 4,20ff).

Bis ins 2. nachchristliche Jahrhundert hinein war die Ansprache recht kurz und kunstlos[109]: In der Regel begnügte sich der Vortragende damit, die Lektion durch ein Gleichnis zu erläutern oder durch andere Schriftworte zu bekräftigen oder ausschmückend zu interpretieren.

Hatte der Prediger geendet, schloß der Synagogendiener unter den Augen der Gemeinde die Prophetenrolle in die Lade ein[110]. Ein besonderer Schlußritus ist nicht bekannt.

*Jesus tritt in der Synagoge vermutlich vornehmlich im Rahmen eines Gottesdienstes auf; Gelegenheit dazu bietet sich in den meisten Dörfern Galiläas am Sabbat (vgl. Lk 13,10; Mk 1,21), in den Marktflecken und Städten zusätzlich noch am Montag und Donnerstag. Da für die tradierenden Gemeinden und Evangelisten von nur geringem Interesse, findet sich dieser Rahmen nirgends ausgemalt. Allein Lukas skizziert ihn in der für Jesus entscheidenden Partie in seiner Nazaret-Perikope (Lk 4,16–30). Obwohl es sich bei dieser Skizze um lukanische Redaktion handelt[111], dürfen wir in ihr dennoch mit Hinweis auf die Beständigkeit liturgischer Formen ein Stück authentischer Jesuswirklichkeit sehen. Es gilt, diesen Teil weiter unten im Exkurs über „Jesus und die Synagoge" zu entfalten.*

---

[97] Vgl. *Strack/Billerbeck* IV/1, S. 157.
[98] Vgl. ebd.
[99] Das Hebräische verhielt sich zum Aramäischen etwa wie das Holländische zum Deutschen, war also nur in einzelnen Vokabeln verständlich.
[100] Vgl. *Schäfer*, aaO., S. 398; *Strack/Billerbeck* IV/1, S.162.
[101] Die schriftlichen Targumim, die uns aus vorchristlicher Zeit zukommen, sind „sicher nicht ohne weiteres mit den in der Synagoge mündlich vorgetragenen Targumim" gleichzusetzen (*Schäfer*, aaO., S. 399).

[102] Vgl. *Billerbeck,* Ein Synagogengottesdienst in Jesu Tagen, S. 156.
[103] Vgl. *Strack/Billerbeck* IV/1, S. 165: „In Jesu Tagen war ihre Verlesung allgemein üblich." – Nach *Schäfer*, aaO., S. 397, steht „der vorchristliche Ursprung der Prophetenlesung außer Frage".
[104] Vgl. dazu *Strack/Billerbeck* IV/1, S. 166; *Reicke*, aaO., S. 91.
[105] Vgl. *Strack/Billerbeck* IV/1, S. 169f; *Schäfer*, aaO., S. 397; *Lohse*, aaO., S. 120; *Reicke*, aaO., S. 91.
[106] Vgl. *Strack/Billerbeck* IV/1, S. 167.

"Sch<sup>e</sup>má Israél Jahwé elohénu Jahwé áchád" : שְׁמַע יִשְׂרָאֵל יְהוָה אֱלֹהֵינוּ יְהוָה אֶחָד׃

1. Dtn 6,4-9

   4 Höre, Israel! Jahwe, unser Gott, ist der einzige Jahwe! 5 Du sollst Jahwe, deinen Gott, lieben aus deinem ganzen Herzen, aus deiner ganzen Seele und mit all deiner Kraft! 6 Und diese Worte, welche ich dir heute anbefehle, sollen in deinem Herzen bleiben! 7 Auch deinen Kindern sollst du sie einschärfen und von ihnen reden, wenn du zu Hause weilst und wenn du auf Reisen bist, wenn du dich hinlegst und wenn du aufstehst. 8 Ja, du sollst sie als Zeichen auf deine Hand binden, sie sollen als Marken auf deiner Stirne sein, 9 und du sollst sie auf die Türpfosten deines Hauses und an deine Tore schreiben!

   – Die Worte Gottes als Zeichen auf Hand und Stirn und an den Türpfosten von Haus und Tor

2. Dtn 11,13-21

   13 Und wenn ihr gegen meine Gebote, die ich euch heute anbefehle, gehorsam seid, indem ihr Jahwe, euren Gott, liebet und ihm von ganzem Herzen und von ganzer Seele dient, 14 werde ich eurem Lande zur rechten Zeit Regen spenden, Frühregen wie Spätregen, so daß du dein Getreide, deinen Most und dein Öl einheimsen kannst. 15 Auch werde ich auf deinem Felde Gras für dein Vieh gedeihen lassen, und du selber wirst dich satt essen können. 16 Nehmt euch aber in acht, daß sich euer Herz nicht betören lasse und ihr abfallet, anderen Göttern dienet und euch vor ihnen niederwerfet! 17 Sonst wird Jahwes Zorn wider euch entbrennen, er wird den Himmel verschließen, so daß kein Regen mehr fällt und der Boden seinen Ertrag nicht mehr gibt, und ihr werdet schnellstens aus dem schönen Lande verschwinden, das Jahwe euch geben will.
   18 Prägt also diese meine Worte eurem Herzen und eurer Seele ein, bindet sie euch als Zeichen an die Hand, ja sie sollen als Marken auf eurer Stirn sein! 19 Lehrt sie eure Kinder, indem du davon redest, wenn du zu Hause weilst und wenn du auf Reisen bist, wenn du dich hinlegst und wenn du aufstehst, 20 schreibe sie auf die Türpfosten deines Hauses und an die Tore, 21 damit ihr und eure Kinder auf dem Boden, den Jahwe euren Vätern zugeschworen hat, ihnen zu geben, so lange lebt, als der Himmel über der Erde steht.

   – Die Worte Gottes als Zeichen auf Hand und Stirn und an den Türpfosten von Haus und Tor

3. Num 15,37-41

   37 Und Jahwe sprach zu Mose also: 38 "Rede zu den Israeliten und sprich zu ihnen: sie sollen sich Quasten an die Zipfel ihrer Kleider machen, sie und ihre Nachkommen, und an jeder Zipfelquaste eine Schnur von blauem Purpur anbringen. 39 Und die Quasten sollen für euch dies bedeuten: wenn ihr sie anseht, sollt ihr euch an all die Gebote Jahwes erinnern, um nach ihnen zu tun und nicht nach den Gelüsten eures Herzens und eurer Augen abzuschweifen, hinter denen ihr in Untreue her sein möchtet.
   40 (Sie sind dazu da), damit ihr daran denkt, nach all meinen Geboten zu tun und so eurem Gotte heilig zu sein. 41 Ich bin Jahwe, euer Gott, der euch aus dem Ägypterlande herausgeführt hat, um euch Gott zu sein, ich, Jahwe, euer Gott."

   – Quasten an den Zipfeln der Kleider zur Erinnerung an die Gebote Gottes

M 101

## 4.1.3.2 Wichtige Einzelelemente

Der Synagogengottesdienst, wie Jesus ihn kannte, war ein Wortgottesdienst; er ist es bis heute geblieben. Vertrauter in seinem zweiten, dem lehrhaften Teil durch seine Parallelen mit dem christlichen Gottesdienst, insbesondere mit dem Wortgottesdienst der katholischen Messe, ist er dagegen weitgehend unbekannt in dem liturgischen Teil, in dessen Mittelpunkt das *Sch<sup>e</sup>ma* und das *Sch<sup>e</sup>mone-Esre* stehen. Über die Frage nach beider Verfaßtheit

---

[107] Vgl. *ders.,* aaO., S. 171–188.
[108] Vgl. *ders.,* aaO., S. 157.
[109] *Ders.,* aaO., S. 158.

[110] *Ders.,* aaO., S. 160f.
[111] Zum Nachweis lukanischer Redaktion vgl. den Exkurs „Nazaret und Jesus", hier bes. 2.4.

zur Zeit Jesu hinaus interessiert insbesondere das Sch<sup>e</sup>ma mit seiner Bestimmung der drei sog. „*Denkzeichen*"[112].

### 4.1.3.2.1 Das Sch<sup>e</sup>ma

Kernstück jüdischer Gebetsfrömmigkeit ist seit alters das Sch<sup>e</sup>ma[113], eher ein Glaubensbekenntnis als ein Gebet. Aus drei Pentateuchabschnitten, näherhin aus a) Dtn 6,4–9; b) Dtn 11,13–21 und c) Num 15,27–41, zusammengesetzt, erhält es seinen Namen vom Anfangswort des ersten Abschnitts, dem „sch<sup>e</sup>ma" (= höre) in Dtn 6,4.

Obwohl vermutlich erst nach 70 nChr genau abgegrenzt[114], war das Sch<sup>e</sup>ma „mit Bestimmtheit"[115] schon um die Zeitenwende im Gebrauch[116]. Beheimatet in der täglichen Liturgie des Tempels[117] und auch im Gottesdienst der Synagoge (s. o.), sollte es bzw. soll es bis heute von allen jüdischen Männern am Morgen und am Abend, bei Lebensgefahr und in der Stunde des Todes[118] rezitiert werden.

Die drei biblischen Abschnitte schärfen vor allem zwei Verpflichtungen ein (vgl. M 101):
1. das Bekenntnis und die Liebe zu Jahwe als dem einen Gott Israels (Dtn 6,4f); die Beobachtung seiner Gebote bewirkt seinen Segen (Dtn 11,14f), die Mißachtung dagegen seinen Zorn (Dtn 11,17);
2. den Gebrauch gewisser „Denkzeichen" auf Arm und Stirn (Dtn 6,8; 11,19) und an den Zipfeln der Kleider (Num 15,38f) zur ständigen Erinnerung an die Gebote Gottes (Num 15,40). „Ich bin Jahwe, euer Gott, der euch aus dem Ägypterland herausgeführt hat, um euch Gott zu sein, ich, Jahwe, euer Gott" (Num 15,40).

> Auf die Frage eines Schriftgelehrten nach dem allererste Gebot (V. 28)[119] leitet *Jesus* seine Antwort (V. 29f) mit den beiden ersten Versen des Sch<sup>e</sup>ma (Dtn 6,4f) ein, beide allerdings in einer Form, die weder dem Text der hebräischen Bibel noch der griechischen Septuaginta entspricht, sondern deutlich den hellenistischen Hintergrund zu erkennen gibt[120]. Der Schriftgelehrte wiederholt wenig später bestätigend die Antwort Jesu (V. 32c.33a), dabei interessanterweise das zu seiner eigentlichen Frage Gesagte verkürzend (vgl. V. 33a mit V. 30), statt dessen aber die Einzigkeit Gottes betonend (vgl. V. 32c mit V. 29), nicht jedoch im Sinne des Sch<sup>e</sup>ma-Bekenntnisses (vgl. Dtn 6,4), sondern eher eines religiös-weltanschaulichen Statements, das in Richtung der hellenistischen Welt mit ihrer Vielgötterei gesprochen zu sein scheint[121]. Zweimal das Sch<sup>e</sup>ma, zweimal sprachlich und inhaltlich stark „verfremdet"; im Munde Jesu (V. 29.30) wie im Munde des Schriftgelehrten (V. 32c.33a) atmet es gleichermaßen hellenistischen Geist (vgl. M 102).

---

[112] *Strack/Billerbeck* IV/1, S. 160f.
[113] Zum Sch<sup>e</sup>ma vgl. *Schürer*, Geschichte II, S. 537f; *Strack/Billerbeck* IV/1, S. 189–207; *Navè*, Höre Israel – Talmudische und liturgische Traditionen über Dt 6,4–9; 11,13–21; Nm 15,37–41, in: *Brocke* u. a. (Hrsg.), Das Vaterunser, S. 56–76.
[114] Vgl. *Lohse*, aaO., S. 117.
[115] *Mertens*, aaO., S. 285f.
[116] Vgl. *Schürer*, aaO. II, S. 528.
[117] Die Mischna, die Sammlung der mündlich überlieferten Lehrsätze aus dem 2. Jh nChr, berichtet in ihren detaillierten Bestimmungen, daß die Priester im Tempel schon das Bekenntnis rezitierten (vgl. *Schürer*, aaO. II, S. 538; *Mayer*, aaO., S. 464 Anm. 27).
[118] Mit dem Sch<sup>e</sup>ma auf den Lippen starben Tausende von Juden in nazistischen Vernichtungslagern.
[119] Zur Frage nach dem Hauptgebot (Mk 12,28–34) vgl. bes. *Gnilka*, Markus II, S. 162–168; *Pesch*, Markus II, S. 236–249 (Lit.).

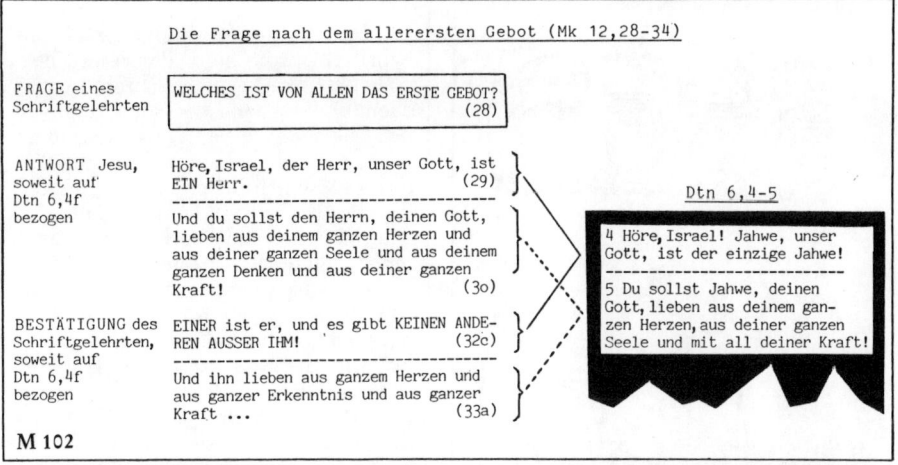

M 102

Gegen Schweizer wird man daher Mk 12,28–34 nicht als „einen Bericht von einem Vorfall"[122] im Leben Jesu, sondern eher mit Gnilka „in der hellenistisch-judenchristlichen Gemeinde"[123], mit Pesch im „hellenistische(n) Judenchristentum"[124] verankert sehen dürfen. Hellenistische Judenchristen erweitern – wie es scheint – das ganz und gar jesuanische Thema der „praktische(n) Orientierung der Gottes- an der Nächstenliebe"[125] um das für sie und ihre Umwelt wichtige Bekenntnis zum Monotheismus, indem sie Dtn 6,4 „umakzentuieren". Für eine Rückfrage nach dem Sch$^e$ma und Jesus ist der Perikope somit nichts zu entnehmen.

a) Die Tefillim – die Gebetsriemen

„Ja, du sollst sie (sc. die Worte des Gesetzes) als Zeichen auf deine Hand binden, sie sollen als Marken auf deiner Stirn sein!" (Dtn 6,8) und „Bindet sie euch als Zeichen an die Hand, ja sie sollen als Marken auf eurer Stirn sein!" (Dtn 11,18). In wörtlichem Verstehen dieser beiden Texte aus dem Sch$^e$ma legte bzw. legt sich der fromme Jude bis heute (ausgenommen sind wiederum Frauen, Kinder und Sklaven) bei jedem Morgengebet (mit Ausnahme am Sabbat und an den Festtagen) die Tefillim (griech. φυλακτήρια/phylaktáeria) oder die Gebetsriemen an[126]. Der Brauch ist alt[127], auch wenn eine exakte Entstehungszeit nicht mehr angegeben werden kann. Seine Praxis um die Zeitenwende bezeugen Schammai (um 30 vChr)[128] wie auch der Fund einer Tefillimkapsel mit verpackten Gebetszetteln in Qumran[129] (vgl. M 103).

---

[120] Vgl. *Gnilka*, aaO., S. 165. – Während Dtn 6,5 (hebr.) von Herz, Seele und Kraft und Dtn (LXX) ebenfalls von Herz, Seele und Kraft spricht, schreibt Markus in Mk 12,30 Herz, Seele, Denken und Kraft.
[121] Vgl. *Pesch*, aaO., S. 239.
[122] *Schweizer*, Markus, S. 143.
[123] *Gnilka*, aaO., S. 167.
[124] *Pesch*, aaO., S. 239.
[125] *Gnilka*, aaO., S. 167.

[126] Zu den Tefillim oder Gebetsriemen vgl. *Strack/Billerbeck* IV, S. 202 227 f 250–276 u. ö.; *Kuhn* in: BHHW I, Sp. 525 f; *ders.*, Phylakterien aus Höhle 4 von Qumran, 1957.
[127] Der älteste Beleg ist der Aristeasbrief (um 100 vChr geschrieben).
[128] Vgl. *Strack/Billerbeck* IV/1, S. 251 f.
[129] Vgl. *Kuhn*, Phylakterien aus Höhle 4 von Qumran, 1957; *Keel/Küchler*, Orte und Landschaften der Bibel 2, S. 465.

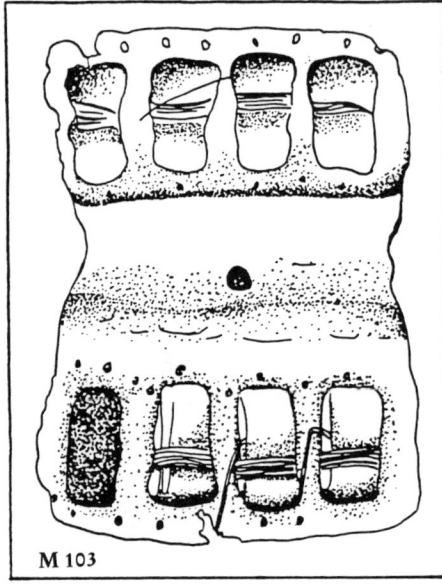

M 103

Die bisher älteste, in Qumran (von ca. 150 vChr bis 70 nChr) gefundene Tefillimkapsel mit zusammengefalteten Gebetszetteln.

Zu unterscheiden gilt es die Arm- und Kopftefillim[130], zwei kleine würfelförmige Kapseln aus der Haut eines reinen Tieres, die erste aus einem Fach, die zweite aus vier Fächern bestehend (vgl. M. 104). Beide dienen zur Aufnahme von vier auf Pergament geschriebenen Abschnitten des mosaischen Gesetzes (Ex 13,1–10; 13,11–16; Dtn 6,4–9 und 11,13–21). Mittels Riemen wird die Armtefilla unter der Kleidung am linken Oberarm, die Kopftefilla auf der Mitte der Stirn direkt unter dem Haarwuchs befestigt (vgl. M 105).

In Mt 23,5 beschuldigt *Jesus* die Schriftgelehrten und Pharisäer, ihre Gebetsriemen besonders breit zu machen, um vor den Menschen, d. h. vor den übrigen Juden, als besonders fromm zu erscheinen. Gegen alle traditionsgeschichtlichen Überlegungen, die stärker die redigierende Hand des Matthäus hier am Werk sehen möchten[131], bleibt zu betonen, daß die in V. 5b ausgesprochene Kritik im Munde Jesu nicht nur möglich, sondern auch wahrscheinlich ist. Tatsächlich sind die Phylakterien „in früherer Zeit lediglich ein Privileg der pharisäisch gerichteten Kreise"[132], „bei der breiten Masse des Volkes"[133] finden sie dagegen keinen Anklang, ja, man darf in der Nichtbeachtung des Tefillimgebotes „eins der Hauptmerkmale (sehen), an denen der Am haarec (Gesetzesunkundige) erkannt"[134] wird. Um in der Frage der Gebetsriemen Jesu Position zu bestimmen, ist es nun keineswegs notwendig, zuvor Jesu Verhältnis zu den Pharisäern als den eifrigen Förderern und begeisterten Verehrern der Phylakterien[135] und dem Am ha-arez als den Gesetzesübertretern zu erörtern, sondern es reicht aus, auf Jesu prinzipielles Gesetzesverständnis hinzuweisen, von dem als gesichert bekannt ist, daß es sich jedem Buchstabengehorsam und jedem Formalismus entschieden widersetzt[136], so mit Sicherheit auch einem wörtlichen Verstehen von Dtn 6,8 und 11,18.

b) Die Mesusa

Ein weiteres „Denkzeichen", das an Gottes Gesetz erinnern soll, fordert das Sch°ma unmittelbar im Anschluß

---

[130] Zur genauen Unterscheidung vgl. *Strack/Billerbeck* IV/1, S. 253–255; *Schürer,* aaO., S. 567 f.
[131] Nach *Schweizer,* Matthäus, S. 281, könnten die Einzelheiten in Mt 23,5b „aus der alltäglichen Beobachtung des Matthäus" stammen.

[132] *Strack/Billerbeck* IV/1, S. 264.
[133] Ebd.
[134] Ebd.
[135] Vgl. ebd.
[136] Vgl. hierzu den Exkurs „Jesus und die Synagoge", hier bes. 3.1.

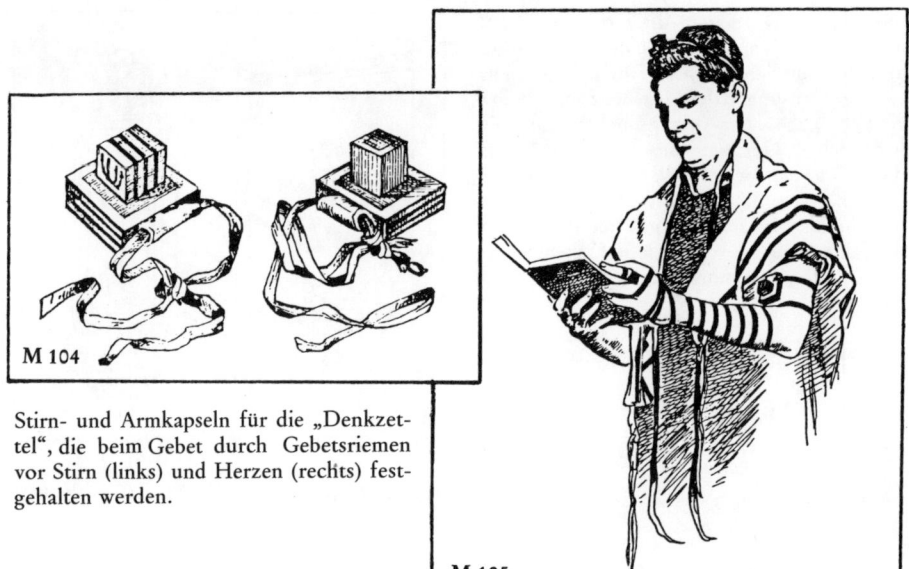

Stirn- und Armkapseln für die „Denkzettel", die beim Gebet durch Gebetsriemen vor Stirn (links) und Herzen (rechts) festgehalten werden.

M 105

an die Bestimmung der Tefillim und wiederum – als wolle es seine Forderung einhämmern, damit sie nur ja nicht überhört und vergessen wird – gleich zweimal: „Du sollst sie (die Worte des Gesetzes) auf die Türpfosten deines Hauses und an deine Tür schreiben!" (Dtn 6,9 und 11,20). Die Aufforderung wörtlich verstehend, bringt der fromme Jude bis heute in der oberen Hälfte des rechten Türpfostens eines Hauses, eines Zimmers und selbst eines Wohnviertels (s. Mea-Schearim in Jerusalem) ein längliches Kästchen, die sog. Mesusa[137], an (M 106). Wie die Arm- und Kopftefillim enthält es ein Pergamentröllchen mit einem 22zeiligen Gesetzestext aus Dtn 6,4–9 und 11,13–21. Das Pergament ist so zusammengerollt, daß der Anfangsbuchstabe des hebräischen Gottesnamens Schaddai (= Allmächtiger)[138] durch eine kleine Öffnung sichtbar wird. Dadurch, daß man beim Eintritt in ein Haus oder ein Zimmer die Mesusa mit der rechten Hand berührt und die Hand anschließend zum Munde führt und küßt, will man seine Verehrung und Verbundenheit mit Gott und seinen Geboten zum Ausdruck bringen[139].

Auch wenn sich im *Neuen Testament* kein Hinweis findet, aus dem hervorgeht, daß man in neutestamentlicher Zeit der Forderung des Sch<sup>e</sup>ma in diesem Punkte entsprach, legt die Erfüllung der schwierigeren Tefillim-Bestimmung eine irgendwie geartete Praxis nahe.

---

[137] Vgl. hierzu *Schürer*, Geschichte II, S. 566 f.
[138] Zu Schaddai vgl. *Eichrodt*, Theologie des Alten Testaments I, S. 112; *Jacob* in: BHHW III, Sp. 168 of (Lit.).

[139] Als Parallele zur Mesusa darf auf den Brauch der Weihwassersegnung im (früheren) katholischen Haus hingewiesen werden.

Die Zeichnung zeigt in ihrer rechten Hälfte ungefähr in Originalgröße eine heute im Gebrauch befindliche Mesusa. Durch die sternenförmige Öffnung in der Mitte wird im Original ein hebr. „Sch", der Anfangsbuchstabe des althebräischen Gottesnamens „Schaddai" (vgl. die hebräische Schrift oberhalb), sichtbar. – Beim Betreten eines Hauses oder eines Zimmers berührt der fromme Jude mit der Rechten das mit heiligen Texten gefüllte Kästchen (vgl. linke Hälfte) und führt anschließend die Hand zum Mund.

M 106

### c) Die Zizijot – die Schaufäden oder Quasten

Die dritte und letzte Forderung des Schᵉma, die Num 15,38f weiter ausführt, faßt an anderer Stelle Dtn 22,12 in apodiktischer Kürze zusammen: „Du sollst dir an den vier Zipfeln deines Oberkleides, mit dem du dich umhüllst, Quasten anbringen."[140] Von dieser Bestimmung betroffen waren ausdrücklich nur die Obergewänder, zur Zeit Jesu verschiedene mantelartige Kleider aus Wolle oder Leinen, mit und ohne Kapuze, weit genug, um sich in der Nacht einzuhüllen und sich vor der Kälte zu schützen[141]. An ihrem Saum – Num 15,37 und Dtn 22,12 sprechen von „Zipfeln" der Kleider – waren vier Quasten anzubringen (vgl. M 107), die man aus vier Fäden, in der Regel aus drei weißen und einem purpurblauen (vgl. Num 15,38), herstellte. Sie sollten den Träger und die ihm Begegnenden „an all die Gebote Jahwes erinnern, um nach ihnen zu tun und nicht nach den Gelüsten des Herzens" (Num 15,39).

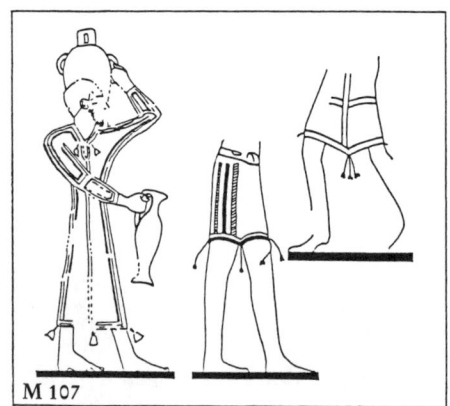
M 107

Quasten am Saum ihrer Gewänder trugen auch nichtjüdische Völker, allein die Juden begründeten sie religiös. Die Abbildung zeigt drei Motive aus der frühen Kunst Ägyptens: links einen Syrer im quastenbesetzten Gewand, der Tribut überbringt; in der Mitte das mit Quasten dekorierte Kleid eines Asiaten, rechts eines Angehörigen der Seevölker.

---

[140] Zu den Schaufäden oder Quasten vgl. Strack/Billerbeck IV/1, S. 277–292; Schürer, aaO. II, S. 566; B. J. Milgrom, Of Hems and Tassels, in: BAR 3 (1983), S. 61–65.

[141] Zur Oberbekleidung in der damaligen Zeit vgl. Strack/Billerbeck IV/1, S. 283; Rienecker, Lexikon zur Bibel, Sp. 776–779; E. E. Vardiman, Die große Zeitenwende. Zwischen Hellenismus und Urchristentum, Wien – Düsseldorf 1978, S. 191–196.

Hat *Jesus* die vom Gesetz vorgeschriebenen vier „Quasten", die sog. „zizijot", an seinem Gewand getragen? – Der Weg der Untersuchung beginnt bei der Septuaginta, die uns mit der Übersetzung von Num 15,38f und Dtn 22,12 ins Griechische das griechische Äquivalent für das hebräische „zizit" liefert: Es lautet an beiden Stellen übereinstimmend κράσπεδον/kráspedon.

κράσπεδον/kráspedon kennen aber auch die drei Synoptiker; sie schreiben es insgesamt fünfmal (Mk 6,56 par Mt 14,36; Mt 9,20 par Lk 8,44 und Mt 23,5)[142]. Vier der fünf Texte (auszunehmen ist Mt 23,5) berichten von Menschen, die in der Hoffnung auf Heilung τὸ κράσπεδον/tò kráspedon des Gewandes Jesu berühren. Selbst wenn man Matthäus gegenüber kritisch ist (für Mt 23,5 vermutet Schweizer, daß der Evangelist eigene Erfahrungen verarbeitet[143]), bleiben noch Mk 6,56 und Lk 8,44. Beiden Evangelisten, Markus wie auch Lukas, war Palästina mit seinem Brauchtum fremd[144], das von ihnen tradierte κράσπεδον/kráspedon kam ihnen wahrscheinlich aus der Tradition zu. Diese aber dürfte gerade in der Überlieferung solcher Details, da nebensächlich, authentisch sein.

Jesus hat demnach – wie es scheint – die von Num 15,38 und von Dtn 22,12 vorgeschriebenen vier „Quasten" an seinem Gewand getragen. Ob und wieweit er allerdings damit dem Gesetz zu genügen suchte, ist eine andere Frage.

### 4.1.3.2.2 Das Sch$^e$mone-Esre

„Das offizielle Gebet der alten Synagoge"[145], welches auch von Frauen, Sklaven und Kindern täglich dreimal – morgens, nachmittags und abends (vgl. M 110) – verrichtet werden mußte, war das Sch$^e$mone-Esre (= Achtzehngebet)[146] (M 108), in der rabbinischen Literatur kurz „das Gebet" (hebr. ha tefillah) genannt[147].
Der ungewöhnliche Name Achtzehngebet erklärt sich aus der Zahl von ursprünglich achtzehn Berakot (= Benediktionen oder Segenssprüche); die Erweiterung auf 19 Benediktionen in der heutigen Fassung[149] hat ihren Grund nicht – wie gerne vermutet wird – in der Hinzufügung des berühmten „Ketzerfluches"[150], sondern in der Teilung der 14. Bitte[151].
In der „Beraka" greift das Sch$^e$mone-Esre auf die klassische Form des jüdischen Gebetes[152] zurück, das als Gespräch des Menschen mit Gott stets drei Momente bedenkt, neben dem des *Bittens* das des *Lobens* und des *Dankens*. In beispielgebender Anordnung beginnt das Achtzehngebet – wie eine Analyse zeigt – mit drei Lobpreisungen der Allmacht und Gnade Gottes (1.–3. Beraka) und endet mit drei Dankspruchen für Gottes Güte (16.–18. Beraka). Menschliche Nöte und Sorgen persönlicher und natio-

---

[142] Unverständlicherweise übersetzt die „Einheitsübersetzung der Heiligen Schrift" allein in Mt 23,5 κράσπεδον/kráspedon mit „Quasten", an allen übrigen Stellen mit „Saum".
[143] Vgl. *Schweizer*, Matthäus, S. 281.
[144] Vgl. *Conzelmann/Lindemann*, Arbeitsbuch zum Neuen Testament, S. 247 264.
[145] *Strack/Billerbeck* I, S. 406.
[146] Zum Sch$^e$mone-Esre vgl. *Schürer*, Geschichte II, S. 538-544; *Strack/Billerbeck* I, S. 406f; *Lohse*, aaO., S. 118f; *Mayer*, Der babylonische Talmud, S. 471ff; *Barta*, Das Achtzehngebet – Eine Betrachtung, in: *Brocke* u.a. (Hrsg.), Das Vaterunser, S. 77–89; *Petuchowski*, Das „Achtzehngebet", in: *Henrix* (Hrsg.), Jüdische Liturgie, S. 77–88.
[147] Vgl. *Schürer*, aaO., S. 539; *Petuchowski*, aaO., S. 82.
[148] *Strack/Billerbeck* II, S. 697.
[149] Abdruck dieser heutigen Fassung in *Schürer*, Geschichte II, S. 539–541.
[150] Vgl. dazu *Petuchowski*, Der Ketzersegen, in: *Brocke* u.a. (Hrsg.), S. 90–101. – *Petuchowski*, aaO., S. 95, verweist auf eine Untersu-

| 1-3 | **M 108** Sch^e monè-Esre - das Achtzehn(bitten)gebet |
|---|---|

"Gelobt seist du, Herr, unser Gott und Gott unserer Väter, Gott Abrahams, Gott Isaaks und Gott Jakobs, großer, starker und furchtbarer Gott, höchster Gott, Eigner von Himmeln und Erde, unser Schild und Schild unserer Väter, unsere Zuversicht Geschlecht um Geschlecht. Gelobt seist du, Herr, Schild Abrahams.
Du bist ein Held, der die Hochmütigen erniedrigt, der stark ist und die Schrecklichen richtet, der ewiglich lebt, der die Toten auferstehen, den Wind wehen und den Tau fallen läßt, der die Lebenden versorgt und die Toten belebt - in einem Augenblick möge für uns das Heil sprossen! Gelobt seist du, Herr, der die Toten belebt.
Heilig bist du, und furchtbar ist dein Name, und es gibt keinen Gott außer dir. Gelobt seist du, Herr, heiliger Gott."

**I. Lobgebet**
Hymische Lobpreisung der Allmacht und Gnade Gottes

---

4-15
Bitten um Erkenntnis (4), Buße (5), Vergebung (6), Erlösung vom Übel (7), um Heilung von aller Krankheit (8), materiellen Segen (9), die Sammlung der Vertriebenen (10), um Gerechtigkeit (11), die Vernichtung der Abtrünnigen (12), um Zuversicht für die Bewährten (13), um Erbarmen für Israel, Jerusalem, den Tempel, das Haus David (14) und um die Erhörung der Gebete (15).

**II. Fürbittgebet**
Zwölf Bitten um Gottes Hilfe in persönlichen und nationalen Sorgen und Nöten.

---

16-18
"Laß es dir wohlgefallen, Herr, unser Gott, und wohne auf Zion, so dienen dir deine Knechte in Jerusalem. Gelobt seist du, Herr, der dir dienen wir in Furcht.
Wir danken dir, du bist der Herr, unser Gott und der Gott unserer Väter, für alle Wohltaten, die Liebe und die Barmherzigkeit, die du uns erwiesen und die du an uns und an unseren Vätern vor uns getan hast. Wenn wir sagten: 'Es wankt unser Fuß', dann stützte uns der Herr. Gelobt seist du, guter Herr, dir gilt es zu danken.
Lege deinen Frieden auf Israel, dein Volk, auf deine Stadt und auf dein Eigentum, und segne uns allesamt. Gelobt seist du, Herr, der Frieden macht."

**III. Dankgebet**
Dank für alle Wohltaten und Bitte um Frieden und Segen

---

naler Art werden in einem mächtigen Block von zwölf Bitten in der Mitte angesprochen (4.–15. Beraka).
Die Problematik der *Entstehung* des „Gebetes" ist komplex und in vielen Einzelfragen ungeklärt, denen hier nicht nachgegangen werden kann.

*Jesus* ist das Sch^e mone-Esre in seinem Umfang von 18 Benediktionen wie auch in seinem dreigliedrigen Aufbau von Lob-, Bitt- und Dankgebet unbekannt. Daß ihm aber wenigstens einzelne, wenn auch nicht mehr exakt zu bestimmende Segenssprüche vertraut gewesen sein müssen, bestätigt das Vaterunser (Mt 6, 9–13/Lk 11, 1–4), in dem uns altes jesuanisches „Sprachgut" zukommt[153]. Eine von Vögtle erarbeitete „Urform", die er für die „von Jesus selbst gesprochene Gebetsanweisung"[154] hält, zeigt in all ihren fünf Bitten, in den zwei Du- wie auch den drei Wir-Bitten, deutliche Berührung mit dem „Achtzehngebet" (vgl. M 109):

---

chung von Heinemann, der zufolge der „Ketzersegen nicht ein zusätzlicher Segensspruch war, sondern eine Erweiterung und eine Tonveränderung eines bereits bestehenden Segensspruches, nämlich dessen, der sich gegen die Separatisten und die Bösen wandte (sc. 12. Beraka)".
[151] Diese 14. Benediktion, die in der palästinischen Fassung die beiden Themen der davidischen Dynastie und des Wiederaufbaus Jerusalems zusammenfaßt, wird in der babylonischen Version in zwei Benediktionen zerteilt.
[152] Vgl. hierzu *Petuchowski*, Das Achtzehngebet, aaO., S. 82 f.
[153] Vgl. die Analyse bei *Schulz*, Q, S. 84–93. – Die Divergenzen der mt und lk Fassung in Umfang und Wortlaut, die man neben starker Übereinstimmung beobachten kann, erklären

| | VATERUNSER<br>in der von Vögtle er-<br>arbeiteten Urform | ACHTZEHNGEBET<br>in einzelnen seiner Bitten<br>nach der palästin. Fassung | KADDISCH<br>in seiner ältesten uns<br>erreichbaren Form |
|---|---|---|---|
| | Vater! | 4. Ben.: ... unser Vater ...<br>6. Ben.: ... unser Vater ... | |
| DU-Bitten | 1. Geheiligt werde dein Name, | 3. Ben.: Heilig bist du und furchtbar dein Name, und kein Gott ist außer dir. Gepriesen seist du, Jahwe, heiliger Gott! | "Verherrlicht und ge-<br>heiligt werde sein<br>großer Name in der<br>Welt, die er nach sei-<br>nem Willen schuf. |
| DU-Bitten | 2. es komme deine Herrschaft! | 11. Ben.: Bringe wieder unsre Richter wie vordem ... und sei König über uns, du allein. Gepriesen seist du, Jahwe, der das Recht liebhat. | Er lasse herrschen<br>seine Königsherrschaft<br>zu euren Lebzeiten und<br>zu euren Tagen und zu<br>Lebzeiten des ganzen<br>Hauses Israel in Eile<br>und Bälde. |
| WIR-Bitten | 3. Unser Brot (ton epiousion) gib uns heute | 9. Ben.: Segne an uns, Jahwe, unser Gott, dieses Jahr zum Guten ... und gib Tau und Regen auf den Erdboden ... Gepriesen seist du, Jahwe, der die Jahre segnet! | |
| WIR-Bitten | 4. und vergib uns unsere Schulden | 6. Ben.: Vergib uns, unser Va-ter, denn wir haben gesündigt gegen dich; tilge unsre Ver-fehlungen vor deine Augen weg. Gepriesen seist du, Jahwe, der viel vergibt! | Gepriesen sei sein<br>großer Name von Ewig-<br>keit zu Ewigkeit." |
| WIR-Bitten | 5. und laß uns nicht in Versuchung geraten! | 7. Ben.: Sieh an unser Elend und führe unsre Sache und erlöse uns um deines Namens willen. Gepriesen seist du, Jahwe, Erlöser Israels! | M 109 |

Doch ehe vorschnell unmittelbare Abhängigkeit[155] geschlußfolgert werden darf, ist darauf hinzuweisen, daß gleiche, z. T. sogar engere Bezüge auch zu anderen jüdischen Gebeten[156], wie z. B. dem Kaddisch[157] (vgl. M 109), gegeben sind. Man wird daher nur sehr vorsichtig vermuten dürfen, daß Jesus das Sch$^e$mone-Esre lediglich in einzelnen seiner Lob-, Bitt- und Danksprüchen kannte. Allzu kühn klingt die Behauptung Léon-Dufours, daß Jesus und die Apostel „die ersten und die letzten drei (sc. Benediktionen) ... rezitiert haben"[158].

sich am ehesten so, daß jeder der beiden Evangelisten die Fassung bietet, die zu seiner Zeit in seiner Gemeinde verwendet wurde. Weitgehend stimmt man darin überein, daß die Lukas-Fassung hinsichtlich des Umfangs, die Matthäus-Fassung dagegen hinsichtlich ihres Wortlautes als ursprünglicher anzusehen ist. – Zum Vaterunser vgl. *Brocke/Petuchowski/Strolz* (Hrsg.), Das Vaterunser. Gemeinsames im Beten von Juden und Christen, ²1980.
[154] *Vögtle,* Das Vaterunser – ein Gebet für Juden und Christen?, S. 168.
[155] Eine solche setzt *Kuhn,* Achtzehngebet und Vaterunser und der Reim, 1950, voraus, wenn er eine Rekonstruktion der Urform des Vaterunsers über die im Hauptteil des Achtzehngebetes beobachtende Endreimstruktur versucht.
[156] Vgl. *Strack/Billerbeck* I, S. 407–422; *Brocke/Petuchowski/Strolz* (Hrsg.), aaO., S. 29–127: Erster Teil: Die Glaubenswelt des Vaterunsers in den wichtigsten jüdischen Gebeten.
[157] Zum Kaddisch vgl. *Graubard,* Das ‚Kaddisch'-Gebet, S. 102–119 (S. 43f Abdruck einer der zahlreichen Kaddisch-Fassungen). Nach *Graubard,* aaO., S. 103f, „ist es nicht zwingend, mit Fiebig das Kaddisch als Vorlage für das Vaterunser anzunehmen, wenngleich das nicht unmöglich wäre".
[158] *Léon-Dufour,* Wörterbuch zum Neuen Testament, S. 71.

## M 110 — Der jüdische Tag

```
-18-  Sonnenuntergang
      1. Nachtwache      Abend
      (Wache am          Abendgebet n. Sonnenuntergang
-21-         Abend)      Sch^e ma Israel + Sch^e mone-Esre
      2. Nachtwache
      (Wache um
-24-  Mitternacht)       Nacht
      3. Nachtwache
      (Wache beim
 -3-  Hahnenschrei)
      4. Nachtwache
      (Wache am
 -6-         Morgen)
      1. Std
      2.
 -9-  3.                 Morgen
      4.                 Morgengebet gegen 9 Uhr
      5.                 Sch^e ma Israel + Sch^e mone-Esre
-12-  6.                 Mittag
      7.
      8.                 Nachmittags- o. Minchagebet
-15-  9.                 gegen 15 Uhr
      10.                Sch^e mone Esre
      11.
-18-  12.                Sonnenuntergang
                         "Ich will vor dem Herrn kla-
                         gen und seufzen,
-21-                         am ABEND,
                             am MORGEN,
                             am MITTAG,
-24-                     und hören wird er auf meine
                         Stimme."          (Ps 55,18)
```

Im 1. und 2. nachchristlichen Jahrhundert steht „die Sitte des dreimaligen täglichen Betens unangefochten fest"[148] (s. S. 221). Exakt festgelegte Gebetsstunden gab es allerdings nicht, der Beter hatte einen größeren Spielraum. Üblich war es, das Morgengebet gegen 9.00 Uhr zu verrichten, das Nachmittags- oder Minchagebet gegen 15.00 Uhr, wenn im Tempel das Abendtamidopfer dargebracht wurde (Num 28, 4; vgl. auch Apg 2, 15 und 3, 1), das Abendsch^e ma meist nach Sonnenuntergang.

Im Unterschied zur römischen und noch heute gültigen Praxis, den Tag von Mitternacht zu Mitternacht zu berechnen, begann der jüdische Tag zur Zeit Jesu (und daran hat sich bis heute im Judentum nichts geändert) nach dem kultischen Mondkalender mit dem Aufgehen des Mondes und dauerte bis zum nächsten Tag abends. Die Stunden vom Sonnenuntergang bis zum Sonnenaufgang waren in vier Nachtwachen zu je drei Stunden eingeteilt. Der eigentliche Tag konnte je nach der Jahreszeit zehn bis vierzehn 60-Minuten-Stunden umfassen, doch zählte man immer nur zwölf Stunden. So kam es, daß im Winter die Stunden kürzer, im Sommer dagegen länger waren.

## Exkurs: Jesus und die Synagoge

Die Frage nach Jesus und der Synagoge hat bisher nur wenige gereizt; die Untersuchungen beschränken sich meist auf ein paar Randbemerkungen „vor Ort"[1], gelegentlich weiten sie sich auch einmal zu einem kleineren Exkurs aus[2]. Was es zu sagen gibt, scheint klar und unproblematisch, darüber hinaus auch weniger wichtig. An Attraktivität gewinnt das Thema erst für den, der sich die Bedeutung des Synagogeninstituts um die Zeitenwende und speziell in Galiläa vergegenwärtigt. Erst jetzt, auf dem durch realkundliche Informationen lebendig gewordenen Zeithintergrund wird deutlich, daß uns in der Synagoge ein Stück Jesuswirklichkeit gegeben ist, das sich näher anzuschauen lohnt, mag es sich dabei auch durchaus um „Randpartien" des zu rekonstruierenden Jesusbildes handeln.

Aus Textgründen muß sich unsere Rückfrage auf die Zeit des öffentlichen Wirkens Jesu beschränken, da nur für sie sich Belege in den Evangelien finden. Für die „vormissionarische" Zeit, die sog. „verborgenen Jahre in Nazaret", ist zwar literarisch eine Synagoge bezeugt (vgl. Mk 6, 2 parr), doch bildet das Faktum der bloßen Existenz kaum ein genügend festes Fundament für historische Rückschlüsse. Selbst wenn man, wie Riesner, zweifellos interessante, aber in sich problematische Texte[3] als Deutungshilfen hinzuzieht, bewegt man sich auf recht schwankendem Boden[4].

---

[1] So in Evangelienkommentaren, Jesusbüchern und Bibellexika.
[2] Vgl. z. B. *Schrage* in: ThWNT VII, S. 830–833.
[3] Vgl. z. B. die Perikope Lk 4, 16–30, einen von Lukas geprägten Text, in dem *Riesner* aber „Spuren genuiner historischer Erinnerung" (Jesus als Lehrer, S. 227) erkennt (vgl. Exkurs „Nazaret und Jesus", hier 2.4.1.1).
[4] Sosehr die Vorstellungen von der Elementarschule in Nazaret (S. 228–232) mit einem be-

# 1. Die Synagoge als Ort des Wirkens Jesu

Seit Bultmann im Rahmen seiner formgeschichtlichen Untersuchungen nachzuweisen versuchte, daß der Osterglaube der urchristlichen Gemeinde „der eigentliche Träger und Gestalter des Evangeliums"[5] sei, ist die Exegese bei der historischen Rückfrage besonders vorsichtig, teilweise sogar übertrieben skeptisch. Peinlich hütet sie sich vor dem Vorwurf voreiliger Schlüsse und falscher Voraussetzungen. Ehe sie sich Einzelzügen zuwendet und auszumalen versucht, sucht sie zunächst einmal den Boden der Tatsächlichkeit zu sichern. Wie fest ist die Beziehung zwischen Jesus und der Synagoge? lautet daher auch die erste Frage, die es hier zu klären gilt. Erst wenn sich wahrscheinlich machen läßt, daß sich in den evangelischen Texten historische Erinnerungen erhalten haben, dürfen wir weiter nach Details fragen.

## 1.1 Ein unbestreitbarer Tatbestand

συναγωγή / synagōgáe schreiben die evangelischen Texte insgesamt etwa 34mal (Mt 9mal; Mk 8mal; Lk 15mal und Joh 2mal). Für unsere Rückfrage sind jedoch nur jene Stellen interessant, in denen der Terminus als Ortsangabe des jesuanischen Wirkens verstanden sein will, letztlich nur neun Texte, die sich allerdings auf alle vier Evangelien verteilen (s. Textüberblick). Im einzelnen schreibt *Markus*, der älteste der vier Evangelisten, „Synagoge" viermal in Rahmenversen (Mk 1,21.23; 1,39; 3,1 und 6,2). Ihm folgen, wie von der Zweiquellentheorie her zu erwarten, weitgehend *Matthäus* und *Lukas* (vgl. in der Textübersicht Nr. 1, 2, 3 und 5), doch tradieren beide über ihre markinische Vorlage hinaus noch drei weitere Texte, Matthäus Mt 9,35, Lukas Lk 4,15 und 13,10. *Johannes* schließlich weiß von einem Auftritt Jesu in der Synagoge in Joh 6,59 und 18,20.

Neun, von allen vier Evangelien bezeugte Texte erwecken den Eindruck zuverlässiger Überlieferung, allerdings nur bei erstem Zusehen. Wie problematisch evangelische Orts- und auch Zeitangaben historisch zu bewerten sind, hat überzeugend die redaktionsgeschichtliche Forschung in den letzten 25 Jahren nachgewiesen. Wahrscheinlich wurden ursprünglich viele neutestamentliche Erzählungen „orts- und zeitlos" überliefert und erst später von den Evangelisten durch Einordnung in das von ihnen entworfene geographische und chronologische Schema (s. Exkurs „In der Spannung zwischen Galiläa und Jerusalem") örtlich und zeitlich „lokalisiert". Orts- und Zeitangaben sind demnach unter historischem Aspekt mit aller Skepsis zu behandeln; im einzelnen ist von Fall zu Fall zu prüfen, ob die jeweilige topographische und chronologische Angabe zum Grundbestand der Überlieferung gehört oder vom Evangelisten eingebracht wurde.

(1) Verwachsen mit der Tradition ist die Ortsangabe „Synagoge" (V. 21 und 23) in dem ersten unserer Texte, der Austreibungsgeschichte Mk 1,21–28 par Lk 4,33. Selbst wenn man mit Schweizer V. 21f als von Markus selbständig formuliert ansieht[6], wird man kaum V. 23 als zur vormarkinischen Tradition gehörig bezweifeln können[7].

(2) Mk 1,39 par Mt 4,23/Lk 4,44, nach Pesch ein „Kurzsummarium"[8], das an Mk 1,21 anschließt und den besonderen Fall ins Allgemeine erhebt, wird nach Gnilka „weitgehend dem Evangelisten zugewie-

---

amteten Elementarlehrer (S. 230), von einem gut sortierten Schriftenstand in der nazarenischen Synagoge (S. 225), von Jesus als dem Vorbeter und Vorleser im Synagogengottesdienst (S. 227) usw. auch gefallen, letztlich bleiben sie unbeweisbare Spekulation.

[5] *Käsemann*, Das Problem des historischen Jesus, S. 188.
[6] Vgl. *Schweizer*, Markus, S. 26; *Trautmann*, Zeichenhafte Handlungen Jesu, S. 297. – Anders dagegen *Gnilka* (Markus I, S. 77) und *Pesch* (Markus I, S. 117), nach denen V. 21b die vormarkinische Austreibungsgeschichte (Mk 1,21b.23–28) einleitet.
[7] Vgl. *Schweizer*, Markus, S. 27; *Gnilka*, Markus I, S. 76; *Pesch*, Markus I, S. 116–119.
[8] *Pesch*, Markus I, S. 138.

|   | Mt | Mk | Lk | Joh |
|---|---|---|---|---|
| 1) |  | *1, 21* (vormk T)<br>Sie kamen nach Kafarnaum. Am folgenden Sabbat ging er in die *Synagoge* und lehrte.<br>*1, 23*<br>In ihrer *Synagoge* saß ein Mann, der von einem unreinen Geist besessen war ... | *4, 33* (mk T)<br>In der *Synagoge* saß ein Mann, der von einem Dämon, einem unreinen Geist, besessen war. |  |
| 2) | *4, 23* (mk T)<br>Er zog in ganz Galiläa umher, lehrte in den *Synagogen*, verkündete vom Reich und heilte im Volk alle Krankheiten und Leiden. | *1, 39* (mk R)<br>Und er zog durch ganz Galiläa, predigte in den *Synagogen* und trieb die Dämonen aus. | *4, 44* (mk T)<br>Und er predigte in den *Synagogen* Judäas. |  |
| 3) | *12, 9* (mk T)<br>Darauf verließ er sie und ging in ihre *Synagoge*. Dort saß ein Mann, dessen Hand verdorrt war. | *3, 1* (vormk T)<br>Als er ein andermal in eine *Synagoge* ging, saß dort ein Mann, dessen Hand verdorrt war. | *6, 6* (mk T)<br>An einem anderen Sabbat ging er in die *Synagoge* und lehrte. Dort saß ein Mann, dessen rechte Hand verdorrt war. |  |
| 4) |  |  | *4, 15* (lk R)<br>Er lehrte in den *Synagogen* und wurde von allen gepriesen. |  |
| 5) | *13, 54* (mk T)<br>Jesus kam in seine Heimatstadt und lehrte die Menschen in der *Synagoge*. | *6, 2* (vormk T)<br>Von dort brach Jesus auf und kam in seine Heimatstadt; seine Jünger begleiteten ihn. Am Sabbat lehrte er in der *Synagoge*. | *4, 16* (mk T)<br>So kam er auch nach Nazaret, wo er aufgewachsen war, und ging, wie gewohnt, am Sabbat in die *Synagoge*. |  |
| 6) | *9, 35* (mt R)<br>Jesus zog durch alle Städte u. Dörfer, lehrte in ihren *Synagogen*, verkündete das Evangelium vom Reich und heilte alle Krankheiten und Leiden. |  |  |  |
| 7) |  |  | *13, 10* (lk T)<br>Am Sabbat lehrte Jesus in einer *Synagoge*. Dort saß eine Frau, die seit 18 Jahren krank war, weil sie von einem Dämon geplagt wurde; ihr Rücken war verkrümmt, und sie konnte nicht mehr aufrecht gehen. |  |
| 8) |  |  |  | *6, 59* (joh R)<br>Diese Worte sprach Jesus, als er in der *Synagoge* von Kafarnaum lehrte. |
| 9) |  |  |  | *18, 20* (joh R)<br>Jesus antwortete dem Hohenpriester: Ich habe offen vor aller Welt gesprochen. Ich habe immer in der *Synagoge* und im Tempel gelehrt, wo alle Juden zusammenkommen. |

sen"⁹. – Wenn Lukas in seiner Parallele zu Mk 1,39 „Galiläa" durch „Judäa" „(im Sinne von ‚Judenland', ‚ganz Palästina')"¹⁰ ersetzt, bringt er dadurch zum Ausdruck, daß Jesus schon bald – nach einer nur kurzen Zeit des Wirkens in der galiläischen Landschaft (vgl. Lk 4,14–15) – das ganze Judenland als „Missionsgebiet" in den Blick nimmt. Dabei liegt für den dritten Evangelisten der Schwerpunkt des Wirkens Jesu auf Judäa; denn Judäa mit dem Tempel in Jerusalem ist das Heilige Land, Galiläa wahrscheinlich nur ein Teil davon (vgl. Apg 10,37)¹¹. Dabei übersieht er offensichtlich in Unkenntnis der geographischen Situation¹², daß beide Landschaften durch Samaria voneinander getrennt werden.

(3) Mk 3,1–6 par Mt 12,9ff/Lk 6,6ff, „ein Mischgebilde von Wundergeschichte, Streitgespräch und biografischem Apoftegma"¹³, dessen Alter nach Gnilka „nicht besonders hoch"¹⁴ anzusetzen ist, hält Roloff dagegen für „eine weitgehend von lebendiger Erinnerung gestaltete Erzählung"¹⁵. „Synagoge" hat Markus nach Trautmann „eventuell" redigiert, „möglicherweise auch ... ursprünglich ... vorgefunden"¹⁶; zur Überlieferung gehörte sie offensichtlich auch für Pesch, nach dem der Evangelist zwar in V. 1 eingreift, dabei aber nicht die Ortsangabe berührt¹⁷.

(4) Lk 4,15, das zum einen erklären will, wie es zu dem sich rasch ausbreitenden Ruf über Jesus (vgl. Lk 4,14) kommt, zum anderen die Funktion hat, den Auftritt Jesu in der Synagoge von Nazaret (Lk 4,16–30) vorzubereiten, entstammt vermutlich der Sache nach Mk 6,2¹⁸ und hat aufgrund solcher Abhängigkeit für unsere Rückfrage keinen eigenen Zeugniswert.

(5) Wenn auch die knappe Inszenierung in Mk 6,1f par Mt 13,54/Lk 4,16 mit den Stichworten ‚Sabbat – Lehre – Synagoge – Zuhörer – Staunen – Frage' an die erste Synagogenerzählung Mk 1,21–28 erinnert¹⁹, so muß nach Gnilka doch bereits im vormarkinischen Bericht „vom Auftritt in der Synagoge die Rede gewesen sein"²⁰. Pesch seinerseits verteidigt diesen Zug als historische Information des Erzählers mit dem Hinweis: „‚Daß Jesus am Sabbat in der Synagoge lehrt', ist nicht erst redaktionelle Vorstellung des Evangelisten, sondern Wissen der Tradition."²¹ Diese überliefert in Mk

---

⁹ *Gnilka,* Markus I, S. 88; ebenso *Ernst,* Markus, S. 72; *Trautmann,* Zeichenhafte Handlungen Jesu, S. 297. – Nach *Pesch* (Markus I, S. 137ff) allerdings hat Markus V. 39 lediglich um die Erwähnung des Exorzismus in V. 39b bereichert; V. 39a zählt für ihn zum alten Traditionskomplex VV. 35–39a, der „historisch zutreffend berichten (dürfte), daß sich Jesus nach seinem aufsehenerregenden charismatischen Heilwirken in Kafarnaum vor der wundersüchtigen Menge zurückgezogen hat" (S. 139).    ¹⁰ *Schneider,* Lukas I, S. 118.
¹¹ Vgl. *Grundmann,* Lukas, S. 126. – Nach *Conzelmann* (Mitte der Zeit, S. 35) hat Galiläa für Lukas „nicht als *Landschaft* grundsätzliche Bedeutung (vgl. dagegen Mt 4,14ff), sondern nur um der ‚Galiläer' willen. Die lokale Größe, die an sich selber eine solche Bedeutung trägt, ist vielmehr *Judäa,* speziell Jerusalem als Ort des Tempels." – Zu Galiläa bzw. Galiläa–Judäa im Lukasevangelium vgl. *M. Völkel,* Der Anfang Jesu in Galiläa, in: ZNW 64 (1973), S. 222–232; *Lohmeyer,* Galiläa und Jerusalem, bes. S. 41–45; *Conzelmann,* Mitte der Zeit, S. 21ff.

¹² *Conzelmann,* Mitte der Zeit, S. 15: „Eine genaue Ortskunde hat Lukas – das ist deutlich – nicht ..."; S. 58: „Stellen wie 17,11 legen ... die Frage nahe, ob Lukas nicht ein unzutreffendes Bild vom Lande hatte." – *Kümmel,* Einleitung, S. 110: „Der Verf. des Lk hat offensichtlich von der Geographie Palästinas keine zutreffende Vorstellung."
¹³ *Gnilka,* Markus I, S. 125.
¹⁴ Ebd.
¹⁵ *Roloff,* Kerygma, S. 64.
¹⁶ *Trautmann,* Zeichenhafte Handlungen Jesu, S. 297.
¹⁷ *Pesch,* Markus I, S. 188.
¹⁸ Vgl. *Schneider,* Lukas I, S. 105.
¹⁹ Vgl. *Ernst,* Markus, S. 168; *Gnilka,* Markus I, S. 228.
²⁰ *Gnilka,* Markus I, S. 228.
²¹ *Pesch,* Markus I, S. 316. – *B. Mayer* (Überlieferungs- und redaktionsgeschichtliche Überlegungen zu Mk 6,1–6a, in: BZ [NF] 22 [1978], S. 187–198) erkennt „die Feststellung" Peschs zwar an, weist aber Mk 6,2a aufgrund stilistischer Beobachtungen der markinischen Redaktion zu (vgl. S. 189f).

6,1–6a eine Erzählung biographisch-apophthegmatischen, auch apologetischen Charakters, deren Erzählziel auf Information, nicht auf Reflexion gerichtet ist[22].

(6) Für den allein von Matthäus überlieferten Vers Mt 9,35 ergibt sich aus der Beobachtung, daß fast wörtliche Übereinstimmung mit Mt 4,23 par Mk 1,39 besteht (s. o.), die Wahrscheinlichkeit späterer matthäischer Redaktion.

(7) Nicht redaktionelle Zutat des Evangelisten kann nach Schrage die Formulierung „in einer der Synagogen" aus Lk 13,10 sein, weil sich „die Notiz ... empfindlich mit dem fiktiven Reisebericht durch Samarien"[23] stößt. Für eine Verwurzelung der Wendung in der Lukas vorgegebenen Tradition spricht des weiteren V. 14a mit der Erwähnung des „Synagogenvorstehers", der nach Roloff „mit großer Wahrscheinlichkeit"[24] als ursprüngliches Element zur Erzählung dazugehörte.

(8) Die große Rede über das Himmelsbrot (Joh 6,22–59) beschließt Johannes mit dem Hinweis auf die Synagoge von Kafarnaum als Ort der Lehre (Joh 6,59). Folgt man Schnackenburg, öffnet der Evangelist mit ihr „sicher den Blick für die Auseinandersetzung seiner Gemeinde mit der ‚Synagoge', dem Judentum seiner Zeit"[25]. Joh 6,59 will demnach weniger als Reminiszenz aus der Zeit des irdischen Jesus als der johanneischen Gruppe am Ende des 1. Jhs nChr gesehen werden.

(9) Joh 18,19f, die Frage des Hohenpriesters und die Antwort Jesu, lassen sich nach Schnackenburg „als eine Einheit verstehen, die vom Evangelisten aus seiner Intention inhaltlich gestaltet ist"[26]. Wichtiges Anliegen nämlich ist ihm zu betonen – vermutlich auch, um jüdischen Vorwürfen seiner Zeit zu begegnen –, daß Jesus öffentlich, vor aller Welt und an für alle zugänglichen Plätzen wie dem Tempel und den Synagogen lehrte. Zwar wird öfter auch vermutet, die Antwort Jesu in Joh 18,20b hänge traditionsgeschichtlich mit der an die verhaftende Rotte Mk 14,49 zusammen, doch erfordern „die aufgezeigte johanneische Intention und sprachliche Prägung ... keinen solchen Rückgriff, sondern lassen eher an eine freie Bildung des Evangelisten denken"[27].

Auf dem Hintergrund obiger Einzeluntersuchungen, nach denen die Ortsangabe „Synagoge" in wenigstens vier von neun Texten zum traditionellen Grundbestand der Überlieferung gehört (vgl. in der Übersicht Text Nr. 1, 3, 5 und 7), ist Jesu Wirken in der Synagoge „ein unbestreitbarer Tatbestand"[28]; „die historische Zuverlässigkeit dieser Angabe ist nicht zu bezweifeln"[29]. Namentlich nennen die Evangelien allein die Synagogen von Nazaret und Kafarnaum, doch stehen sie für viele andere. Daß die Tradition gerade ihre Namen bewahrte, darf nicht verwundern, reizten doch besonders Nazaret als Wohnort (s. o.) und Kafarnaum als Wirkzentrum (s. o.) die Erinnerung. Ob Jesus außer galiläischen auch judäische Synagogen besuchte, ist nicht mehr zu entscheiden, weder positiv noch negativ. Lk 4,44, der einzige Text mit einem entsprechenden Hinweis, ist – da von Lukas in Abänderung seiner Vorlage Mk 1,39 in theologischer Absicht redigiert (vgl. Analyse von Text Nr. 2) – ohne jeden historischen Quellenwert.

---

[22] Vgl. *Pesch*, Markus I, S. 316, dort auch Anm. 1.
[23] *Schrage* in: ThWNT VII, S. 830.
[24] *Roloff*, Kerygma, S. 68.
[25] *Schnackenburg*, Johannes II, S. 96.
[26] Ders., aaO., S. 268.
[27] Ders., aaO., S. 269. – Ebenso auch *Becker*, Johannes II, S. 553: „Die Feststellung (sc. in Joh 18,20) ist vielmehr ähnlich grundsätzlich und global wie in Mk 14,49, wobei schon wegen des ganz anderen Kontextes traditionsgeschichtlicher Einfluß nicht in Frage kommt."
[28] *Pesch*, Markus I, S. 125.
[29] *Schrage* in: ThWNT VII, S. 830.

## 1.2 Nur ein Wirkort neben anderen

Im Unterschied zu seinem Lehrer Johannes, der mit seiner Predigt nur die erreicht, die zu ihm in die Wüste des vermutlich mittleren Jordangrabens zwischen See Gennesaret im Norden und Totem Meer im Süden (vgl. Joh 1,28; 10,40; 3,23)[30] hinausgepilgert kommen (Mk 1,5 parr; Joh 1,19), praktiziert Jesus eine offensive Methode: Einem Wanderprediger[31] gleich durchzieht er lehrend und heilend Städte, Dörfer und Weiler (vgl. Mk 1,38 f; 6,6b.55 f) und spricht die Menschen dort an, wo er sie antrifft[32]:

– Mehrmals (vgl. Mk 3,7–11 parr; 4,1 par Mt; 5,21; Mt 13,1; Lk 5,3) erwähnen die Evangelien das *Ufer des Sees Gennesaret* als Versammlungs- und Predigtort. Damit die Menge ihn nicht erdrückt (Mk 3,9), zieht Jesus sich zeitweise auf ein Boot als Kanzel zurück (Mk 3,9; Mt 13,2; Lk 5,2). Die Originalität dieses Erzählzuges spricht für seine Echtheit.

– An zahlreichen Stellen der Evangelien ist davon die Rede, daß Jesus auf einen *Berg* steigt und lehrt (vgl. Mk 3,13; Mt 5,1; 8,1; 15,29; Lk 6,12; Joh 6,3). Wieweit sich hier im einzelnen geschichtliche Erinnerungen erhalten haben, ist kaum mehr sicher auszumachen, handelt es sich bei dem Berg doch um ein religionsgeschichtlich, insbesondere auch alttestamentlich bedeutsames Motiv, das zur redaktionellen Verarbeitung einlud[33]. Für den jedoch, der Galiläa mit seinen vielen kleinen und großen Hügeln kennt (vgl. I, 3.1), ist es nur zu verständlich, daß Jesus auf dem Gipfel eines Berges rastet und die Gelegenheit zur Unterweisung nutzt (vgl. Mk 3,13; Mt 15,29).

– Auf *Straßen* und *Plätze* als Wirkorte Jesu weist ein altes Wort bei Lukas hin, mit dem Jesusanhänger am Ende der Zeit durch die enge Tür des Gottesreiches einzudringen suchen: „Wir haben doch mit dir gegessen und getrunken, und du hast auf unseren Straßen (ἐν ταῖς πλατείαις / en taîs plateíais) gelehrt" (Lk 13,26). Obwohl der Vers lukanisches Gepräge zeigt[34], hat Lukas nach Schulz nur „leicht eingegriffen"[35]. Wie auch immer der Anteil lukanischer Redaktion bestimmt

---

[30] *Flusser* (Jesus, S. 31) ist zwar darin zuzustimmen, „daß wir keine verläßlichen Nachrichten über die Gegend der Tätigkeit des Täufers besitzen", wie auch darin, „daß der Wüstenprophet (wahrscheinlich) öfters seinen Ort gewechselt hat", recht willkürlich jedoch scheint dagegen seine Vermutung, „daß Jesus durch Johannes nicht weit von dem nördlichen Einfluß des Jordan in den See Genezareth getauft wurde".

[31] Vgl. dazu *Hengel*, Nachfolge und Charisma. Eine exegetisch-religionsgeschichtliche Studie zu Mt 8,21 f und Jesu Ruf in die Nachfolge, Berlin 1968; *Theißen*, Soziologie der Jesusbewegung, bes. S. 14–21; ders., Wanderradikalismus, in: ZThK 70 (1973), S. 245–271, bes. S. 261. Nach *Klausner,* Jesus von Nazareth, S. 347, war „ein solcher wandernder galiläischer ‚Rabbi' und Prediger ... eine alltägliche Erscheinung". – Zu Mk 2,23–26 bemerkt *Pesch,* Markus I, S. 183: „Daß Jesus und seine Jünger arme Wanderprediger waren ..., ... läßt sich ... als zutreffende Voraussetzung bestätigen."

[32] Von der eigentlich notwendigen literarkritischen Analyse der im folgenden aufgelisteten Verkündigungsorte kann hier abgesehen werden, da sowohl das Ufer als auch der Berg und das Privathaus mehrfach bezeugt und damit historisch gesichert sind.

[33] Kein Zweifel dagegen besteht, daß Matthäus „den Berg" als theologischen Ort versteht. Um nur einige wenige Stellen zu nennen: Gleich zu Beginn des Evangeliums nimmt der Satan Jesus mit auf einen hohen Berg, um ihm alle Reiche der Welt mit ihrer Pracht zu zeigen (Mt 4,8), doch ohne Erfolg. Auf einem Berg erscheint am Ende der Auferstandene den Elfen als Menschensohn, dem alle Macht gegeben ist im Himmel und auf Erden (Mt 28,16–20). – Zu einem großartigen Höhepunkt gestaltet Matthäus den Eingang zur Bergpredigt: Gleich Mose lehrt Jesus das Volk von einem Berg aus (Mt 5,1 f).

[34] Vgl. *Bösen,* Das Mahlmotiv bei Lukas, S. 323–329.

[35] *Schulz,* Q. Die Spruchquelle der Evangelisten, S. 425 f.

wird, der Hinweis auf Jesu Mahltätigkeit, die nicht bestritten werden kann, bezeugt, daß das Logion alte Traditionen bewahrt. – Im Freien zu lehren war in der damaligen Zeit übrigens nicht ungewöhnlich: Von dem großen Rabbi Jochanan ben Zakkai († um 80 nChr) wird erzählt, daß er im Schatten des Tempels zu sitzen pflegte und den ganzen Tag hindurch öffentlich lehrte[36]; in den Straßen Tiberias predigte um 110 nChr ein Schriftgelehrter namens Ben Azzai[37].

– Selbst das *Privathaus* nutzt Jesus als „Predigtort": Vom Besuch beim Zöllner Levi in Kafarnaum (Mk 2,13–17) wie auch beim Oberzöllner Zachäus in Jericho (Lk 19,1–17) hat die Erinnerung jenes für fromme Ohren so provokative Logion bewahrt, in dem Jesus gerade den Sündern und Verlorenen Gottes besondere Fürsorge zusagt (Mk 2,17; Lk 19,10). In Lk 7,36–50 erteilt Jesus seinem Gastgeber, dem Pharisäer Simon, eine Lektion über die Liebe als Sünden vergebende Kraft (Lk 7,47f).

Das Bild, das sich aus traditionellen, in den Grundbestand von Perikopen eingeschmolzenen Situationsangaben erheben läßt, ist bunt und abwechslungsreich. Es zeigt Jesus auf den verschiedensten Schauplätzen – am See, auf dem Berg, im Haus, auf Straßen und Plätzen, nicht zu vergessen natürlich auch in der Synagoge. Die Auflistung gibt keine zeitliche Abfolge und keine Priorität zu erkennen, die Synagoge erscheint in Konkurrenz mit anderen Wirkorten als nur ein Wirkort unter vielen. Ganz offensichtlich darf die Bindung Jesu an die Synagoge nicht zu eng gesehen werden[38]. „Die Vorstellung, Jesus habe nur in den Synagogen gepredigt, müssen wir" – so Haenchen – „als falsch aufgeben. Jesus hat keineswegs immer eine Woche gewartet, bis er wieder zu Wort kam, sondern er hat zu den Menschen gesprochen da, wo er sie fand."[39]

Zum bevorzugten Anknüpfungspunkt wird die Synagoge erst später für die Glaubensboten in der Diaspora, für Paulus beispielsweise, der seine Mission nach dem Zeugnis des Lukas in der Apostelgeschichte jeweils in einer Synagoge beginnt (Apg 13,14; 14,1; 17,1.10; 18,4 u.ö.)[40]

### 1.3 Ein früh gefährdeter Wirkort

Unter der Vielzahl der von Jesus genutzten Wirkorte war die Synagoge zweifelsohne der gefährdetste. Als offizieller Versammlungsort einer Gemeinde mit verantwortlichen Autoritäten öffnete sie sich ihm bereitwillig in Zeiten allgemeiner Sympathie, im Maße zunehmender Skepsis und Ablehnung dagegen verschloß sie ihm ihre Tore. Auf Ablehnung und Widerstand aber scheint Jesus – wenn Exegeten wie Mußner[41], Polag[42] und auch Schürmann[43] richtig sehen – schon früh gestoßen zu sein (vgl. Exkurs „Kafarnaum und Jesus"):

---

[36] Vgl. *Strack/Billerbeck* II, S. 157.
[37] Vgl. ebd.
[38] Vgl. *Schrage*, aaO., S. 831; *Gnilka*, Markus I, S. 89.
[39] *Haenchen*, Der Weg Jesu, S. 93.
[40] Vgl. *Bornkamm*, Paulus, bes. S. 68–103.
[41] *Mußner*, Der ‚historische' Jesus, in: *ders.*, Praesentia Salutis. Gesammelte Studien zu Fragen und Themen des Neuen Testamentes, Düsseldorf 1967, S. 67–80; *ders.*, Gab es eine ‚galiläische Krise'?, in: *P. Hoffmann* (Hrsg.), Orientierung an Jesus. Zur Theologie der Synoptiker, Freiburg 1973, S. 238–252; *ders.*, Methodologie der Frage nach dem historischen Jesus, in: *K. Kertelge* (Hrsg.), Rückfrage nach Jesus, München 1974, S. 118–147.
[42] *Polag*, Die Christologie der Logienquelle, Masch. Diss., Trier 1968.
[43] *Schürmann*, Gottes Reich – Jesu Geschick, Freiburg 1983.

In Abweichung von den Synoptikern, die vor allem den Eindruck erwecken[44], „als ob Jesus mit seinem eschatologischen Entscheidungsruf umherzog, bis er schließlich einen entscheidenden Versuch in Jerusalem wagte und scheiterte"[45], liegt für Mußner „der eigentliche ‚Bruch' im Leben Jesu ... nicht zwischen Karfreitag und Ostern, also zwischen Tod und Auferstehung, sondern wesentlich früher"[46].

Was Mußner 1967 aufgrund allgemeiner Beobachtungen noch vorsichtig in einer Fußnote vermutet[47], 1973 aber dann weiter ausführt[48], bestätigt 1968 Polag durch seine Untersuchungen über „Die Christologie der Logienquelle"[49]. Deutlich lassen sich danach in den Sprüchen von Q zwei Ebenen unterscheiden, die beim Sprechenden, bei Jesus also, zwei unterschiedliche Situationen vorauszusetzen scheinen: „a) die Situation des Auftretens, der wiederholten Verkündigung der anfänglichen Botschaft, b) die Situation der Ablehnung von seiten der überwiegenden Mehrheit des Volkes"[50]. Von dorther scheint für die vorösterliche Situation Jesu der Schluß erlaubt: „Die Ablehnung durch das Volk ist bereits vor dem Tod in Jerusalem ein Tatbestand ..."[51]

Schürmann seinerseits folgt Mußner und Polag zwar nicht in ihrer These, ermöglicht sie aber wenigstens mit seiner Feststellung der „geschichtliche(n) Erfolglosigkeit der Basileia-Verkündigung Jesu"[52], zu der ihn außer der häufigen Rede Jesu von den „Kleinen" (Mk 11,11; Lk 12,32; Mt 12,16 u. ö.) und den „Geburtswehen" der ankommenden Basileia (Mt 11,12f par Lk 16,16) vor allem jene Gleichnisse veranlassen, die das Trotzdem des Kommens der Basileia betonen (Mk 4,33ff parr; Lk 13,20 par; Mk 4,2b–9 parr u. a.). Bedingt durch die der Basileia anhaftende „Niedrigkeitsgestalt"[53] erfuhr Jesus „täglich, wie wenig Erfolg seiner Verkündigung beschieden war"[54]; Basileia-Auftrag und Erfolglosigkeit mußte er wohl „von Anfang an"[55] zusammendenken. Jesus scheiterte mit seiner Verkündigung „nicht erst mit der Exekution durch Pilatus"[56].

Treffen diese Vermutungen der Ablehnung bzw. der Erfolglosigkeit zu[57], resultiert aus ihnen für Jesu Verkündigungsmethode: Die Synagoge als Wirkraum stand Jesus nicht zu allen Zeiten seines Auftretens in gleichem Maße offen. Mag man auch von Dorf zu Dorf unterschiedlich verfahren sein, hier ganz im Banne offizieller Kritik, dort stärker unter dem Eindruck des mit Vollmacht lehrenden „Rabbis aus Nazaret", grundsätzlich ist davon auszugehen, daß das öffentliche Gemeindehaus Jesus schon früh und in breiter Front als Ort der Predigt verwehrt wurde.

In diesem Zusammenhang gilt es auch jene Texte der Evangelien kurz anzusprechen, in denen Jesus selber auf Feindseligkeiten von seiten des Synagogeninstituts hinweist. Aus traditionsgeschichtlichen Gründen empfiehlt es sich, zwischen den *Synoptikern* (a) und *Johannes* (b) zu differenzieren.

a) „Einen polemischen Akzent"[58] überliefern *Markus*, *Matthäus* und *Lukas* in fol-

---

[44] Die Vorstellung von einem überaus erfolgreichen Wirken Jesu in Galiläa sucht Markus in den Kapiteln 1–9 seines Evangeliums durch nicht weniger als 24 geradezu euphorische Texte dem Leser einzuhämmern. – Vgl. die Textzusammenstellung in: *Mußner*, Gab es eine ‚galiläische Krise'?, S. 239–242.
[45] *Polag*, aaO., S. 19.
[46] *Mußner*, Der ‚historische' Jesus, S. 77 Anm. 23.   [47] Ebd.
[48] Vgl. ders., Gab es eine ‚galiläische Krise'?, S. 238–252.   [49] *Polag*, aaO., 1968.

[50] *Ders.*, aaO., S. 106.   [51] Ebd.
[52] *Schürmann*, Gottes Reich, S. 48.
[53] *Ders.*, aaO., S. 49.
[54] *Ders.*, aaO., S. 48.
[55] *Ders.*, aaO., S. 49.
[56] *Ders.*, aaO., S. 33.
[57] Mit der These von Mußner und Polag setzt sich *L. Oberlinner*, Todeserwartung und Todesgewißheit Jesu. Zum Problem einer historischen Begründung, Stuttgart 1980, S. 93–103, kritisch auseinander.
[58] *Schrage* in: ThWNT VII, S. 832.

| Mt | Mk | Lk |
|---|---|---|
| <u>10,17</u><br>Nehmt euch aber vor den Menschen in acht! Denn sie werden euch vor die Gerichte bringen und in ihren <u>Synagogen</u> auspeitschen. | <u>13,9</u><br>Ihr aber, macht euch darauf gefaßt: Man wird euch um meinetwillen vor die Gerichte bringen, in den <u>Synagogen</u> mißhandeln und vor Statthalter und Könige stellen, damit ihr vor ihnen Zeugnis ablegt. | <u>21,12</u><br>Aber bevor das alles geschieht, wird man euch festnehmen und euch verfolgen. Man wird euch um meines Namens willen den Gerichten der <u>Synagogen</u> übergeben, ins Gefängnis werfen und vor Könige und Statthalter bringen. |
| <u>23,34</u><br>Darum hört: Ich sende Propheten, Weise und Schriftgelehrte zu euch; ihr aber werdet einige von ihnen töten, ja sogar kreuzigen, andere in euren <u>Synagogen</u> auspeitschen und von Stadt zu Stadt verfolgen. | | |
| | | <u>12,11</u><br>Wenn man euch vor die Gerichte der <u>Synagogen</u> und vor die Herrscher und Machthaber schleppt, dann macht euch keine Sorgen, wie ihr euch verteidigen oder was ihr sagen sollt. |

genden fünf Texten, die sich – wie ein synoptischer Vergleich deutlich macht – auf drei Quellen verteilen:
– Das Logion *Mk 13,9*, an das sich Mt 10,17 und Lk 21,12 anlehnen, gehört zu dem relativ selbständigen Zwischenstück Mk 13,9–13[59]. In seinem Grundbestand enthält dieses nach Ernst „eine traditionelle, gemeindebezogene Sammlung von Jesuslogien"[60], die Markus den zeitgeschichtlichen Bedrängnissen anpaßt. „Die bedrohliche Situation des beginnenden jüdischen Krieges hat den aktuellen Hintergrund abgegeben."[61] In dieser Zeit sich verschärfender Wirren werden die Anhänger Jesu den lokalen jüdischen Gerichten (συνέδρια/synédria) übergeben und in den Synagogen, „die vielleicht als Sitzungsraum des Gerichtes dienten"[62], ausgepeitscht. Ihr Bekenntnis zu Jesus als dem Messias und ihre Passivität in Kriegsvorbereitungen und in Kampfhandlungen rückt sie für viele, vor allem für die kriegsbegeisterten Zeloten, in das Licht „potentieller Verräter, nicht nur des jüdischen Volkes, sondern auch der politisch-messianischen Sache"[63].

– *Mt 23,34*, der zweite Text, findet sich in der matthäischen Rede gegen die Schriftgelehrten und Pharisäer (Mt 23,1–39). „Zweifellos geht die Rede ... auf die sammelnde Tätigkeit des Matthäus zurück, was natürlich nicht ausschließt, daß Jesusworte ... darin verwendet werden."[64] In V. 34b speziell spiegeln sich christliche Erfahrungen. Daß der Evangelist hier mit „*eurer* Synagoge" „die wohl schärfste Di-

---

[59] Vgl. *Ernst*, Markus, S. 368.
[60] Vgl. *ders.*, aaO., S. 375.
[61] *Ders.*, aaO., S. 368.
[62] *Ders.*, aaO., S. 376.
[63] *Blank*, Johannes 4/1b, S. 202.
[64] *Schweizer*, Matthäus, S. 280.

> **9,22**
> Das sagten seine Eltern, weil sie sich vor den Juden fürchteten; denn die Juden hatten schon beschlossen, jeden, der ihn als den Messias bekenne, aus der Synagoge auszustoßen.
>
> **12,42**
> Dennoch kamen sogar von den führenden Männern viele zum Glauben an ihn; aber wegen der Pharisäer bekannten sie es nicht offen, um nicht aus der Synagoge ausgestoßen zu werden.
>
> **16,2**
> Sie werden euch aus der Synagoge ausstoßen, ja es kommt die Stunde, in der jeder, der euch tötet, meint, Gott einen heiligen Dienst zu leisten.

stanzierung von der Synagoge"[65] ausspricht, muß als Reaktion auf harte Strafmaßnahmen des Judentums gegen das Judenchristentum angesehen werden. Die junge christliche Gemeinde scheint tatsächlich mit Tod, Kreuzigung, Geißelung und Verfolgung bedroht worden zu sein, wofür uns allerdings historische Belege fehlen.

– *Lk 12, 11* entnimmt der dritte Evangelist der Logienquelle Q[66]. Auch bei diesem Vers handelt es sich – wie bereits bei den vorausgehenden Texten – um ein Einzelwort, das erst später mit anderen zu einer zusammenhängenden Rede (vgl. Lk 12,1–12) zusammengestellt wird. Im Unterschied zu Mk 13,9 und Mt 23,34b hat das Anklageforum sich geweitet: Zu den Instanzen, vor denen die Jesusanhänger sich zu verantworten haben, treten neben die jüdischen Synagogen die heidnischen Behörden (ἀρχαί/archaí) und Machthaber (ἐξουσίαι/exousíai). Die hier reflektierte Situation, die von Verfolgungen sowohl durch das Judentum (vgl. Apg 8,1ff; 22,19ff) als auch durch das Heidentum (vgl. Apg 18,12ff; 19,29ff) weiß, ist deutlich die einer Kirche, die die Grenzen Palästinas überschritten hat. Lukas formuliert den Vers vom Standort eines heidnischen „Auslandsbeobachters" aus.

b) Den Höhepunkt der von Jahrzehnt zu Jahrzehnt wachsenden Spannung zeigen uns drei *johanneische* Texte[67] an:
Die für den Zusammenhang wichtige Vokabel, die sich allein bei Johannes, und zwar nur hier findet, lautet in dreimaliger Übereinstimmung ἀποσυνάγωγος/aposynágōgos (= aus der Synagoge ausschließen). Was im letzten der Texte, Joh 16,2, im Munde Jesu noch futurisch klingt, hat in Joh 9,22 und 12,42 bereits den Charakter eines Faktums: Aus der jüdischen Glaubensgemeinschaft ausgeschlossen ist, wer sich zu Jesus als dem Messias bekennt. Im Unterschied zum Synagogenbann, der zeitlich begrenzt und eine Besserungsstrafe ist, bedeutet der hier angesprochene Ausschluß endgültige Trennung, nach Schnackenburg „eine Ausstoßung aus der jüdischen Religionsgemeinschaft mit schwerwiegenden persönlichen und gesellschaftlichen Folgen"[68].

*Um das Ergebnis zusammenzufassen:* Alle sechs evangelischen Texte, in denen Feindseligkeiten der Synagoge gegen Jesusjünger vorhergesagt werden, weisen zurück in ein späteres Stadium der Entwicklung des Verhältnisses zwischen Judentum und Christentum, bei keinem der vier als Jesusworte ausgewiesenen Logien

---

[65] *Schrage* in: ThWNT VII, S. 832.
[66] Vgl. *Schneider*, Lukas II, S. 277.
[67] Vgl. zu den drei Texten *Blank*, Johannes 4/1b, S. 200ff 333f; ders., Johannes 4/2, S. 169ff.
[68] *Schnackenburg*, Johannes II, S. 317.

(Mk 13,9 parr; Mt 23,34; Lk 12,11 und Joh 16,2) dürfte es sich um authentische Jesusworte handeln. Ausgeschlossen wird damit jedoch nicht, daß in ihnen jesuanische Elemente enthalten sein können. Zum „Hort der Verfolgung"[69] wird die Synagoge demnach nicht für Jesus, sondern erst für die nachösterliche Gemeinde. Allerdings nimmt bereits mit Jesus mehr oder weniger deutlich seinen Anfang, was später gegen Ende des Jahrhunderts mit Ausschluß endet.

## 2. Ein authentischer Hintergrund

Eine für unsere historische Rückfrage interessante Perikope ist die Nazareterzählung, allerdings nicht in der markinischen (Mk 6,1–6a), sondern in der lukanischen Fassung (Lk 4,16–30). Lukas hat den Text – wie oben gezeigt[70] – weitgehend selber gestaltet, so daß es kaum erlaubt ist, zum einen die in Lk 4,21–27 referierte Predigt als Predigt des historischen Jesus auszugeben, zum anderen die in Lk 4,28f beschriebene feindliche Reaktion der Nazaretaner als historischen Mordversuch vorzustellen[71]. Anders jedoch stellt sich das Problem bei der Frage nach dem äußeren Rahmen des Auftritts Jesu. Liturgisch-kultische Formen pflegen sich nur selten und – wenn einmal – nur langsam zu ändern, gottesdienstliche Strukturen haben weltweit beharrenden Charakter. Mit guter Begründung wird man daher die lukanischen Informationen über den Synagogengottesdienst, die nach Busse „insgesamt gesehen" durch „die anderen Quellen, die über die Synagogeninstitution aus jener frühen Zeit erhalten sind"[72], bestätigt werden, in die vorösterliche Zeit reprojizieren und in ihnen über alle traditions- und redaktionsgeschichtlichen Überlegungen hinweg ein Stück Jesuswirklichkeit von historischer Relevanz erkennen dürfen; in Lk 4,16f.20f tut sich, leider mit drei flüchtigen Pinselstrichen nur angedeutet, eine Szene mit authentischen Zügen auf:

– In dem vorauszusetzenden Sabbatvormittags- oder Festgottesdienst[73] kommt für Jesus der Augenblick seines Auftritts mit der Prophetenlektion, der sog. „Haftara", die sich unmittelbar an die Toralesung anschließt (vgl. M 111). Um dem Synagogendiener (vgl. V. 20) anzuzeigen, daß er bereit ist, die prophetische Lesung zu übernehmen – „im allgemeinen scheint man sich" (aufgrund der geringeren Wertschätzung der prophetischen Bücher) „zu dem Amt des Maphtir (Vorleser der Prophetenperikope) nicht besonders gedrängt zu haben"[74] –, erhebt sich Jesus (vgl. V. 16) und tritt in die Mitte ans Lesepult[75].
– Da der Maftir in der Auswahl des Textes noch freie Hand hat[76] – als einziges soll der prophetische Text „inhaltlich der vorher verlesenen Pentateuchparasche irgendwie verwandt sein"[77] –, sucht Jesus in der bereits aufliegenden[78] oder erst vom Synagogendiener dargereichten (V. 17a) Schriftrolle[79] einen geeigneten Abschnitt (V. 17b) und liest ihn ste-

---

[69] *Schrage* in: ThWNT VII, S. 832.
[70] Den Einzelnachweis lk Redaktion wie auch Literaturhinweise siehe im Exkurs „Nazaret und Jesus", hier bes. 2.4.1.1.
[71] *Haenchen,* Der Weg Jesu, S. 219.
[72] *Busse,* Das Nazareth-Manifest Jesu, S. 108. – „Technisch" – so *Reicke,* Neutestamentliche Zeitgeschichte, S. 91 – „entspricht diese Nazarethszene dem üblichen Verlauf des Synagogengottesdienstes ..."
[73] Die in Lk 4,16–30 erwähnte Prophetenlesung entfällt z.B. im Sabbatnachmittagsgottesdienst (vgl. *Billerbeck,* Ein Synagogengottesdienst in Jesu Tagen, S. 156).
[74] *Strack/Billerbeck* IV/1, S. 166.
[75] Vgl. *Billerbeck,* Ein Synagogengottesdienst in Jesu Tagen, S. 156.

Der Synagogengottesdienst zur Zeit Jesu — Jesus in der Synagoge zu Nazaret (Lk 4,16-30)

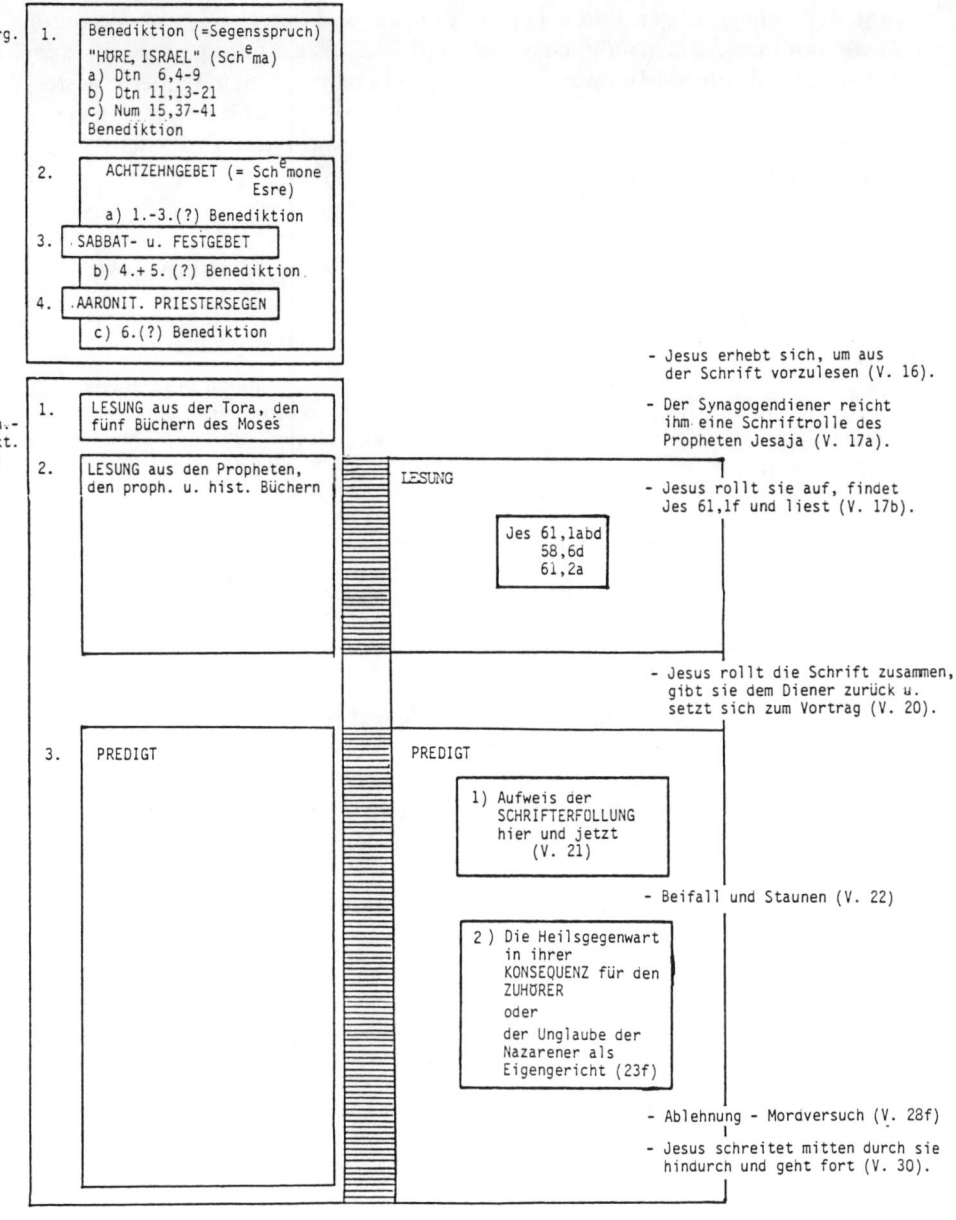

---

[76] Vgl. *Strack/Billerbeck* IV/1, S. 170.
[77] Vgl. *ders.*, ebd.
[78] Vgl. *Billerbeck,* Ein Synagogengottesdienst in Jesu Tagen, S. 155.
[79] Lukas spricht in den Versen 17 und 20 fälschlicherweise von τὸ βιβλίον/tò biblíon (= Buch). Nach Sifre Dtn 160 (105 b) ist für den liturgischen Dienst die Rollenform der Tora und der Propheten vorgeschrieben.

hend[80] vor. In der Regel umfaßt eine Haftara 21 Verse[81], doch „ist auch die Länge der von Jesus gewählten Haftara von nur zwei Versen möglich, obwohl sie das absolute Minimum darstellt"[82].

– Nach der Übersetzung des Textes durch einen Dolmetscher[83] reicht Jesus die Rolle dem Synagogendiener zurück und setzt sich zur Predigt[84] (vgl. V. 20). Zu predigen „war jedem männlichen Gemeindeglied gestattet"[85], auswärtige Gäste bat man gerne „um ein Wort des Zuspruchs" (vgl. Apg 13, 15)[86].

## 3. Die Lehre als Schwerpunkt des synagogalen Wirkens Jesu

Jesu Tun in der Synagoge umschreiben die Evangelien stereotyp und allzu kurz mit der Formel „er lehrte" bzw. „er verkündete", ersteres 11mal[87], letzteres 4mal[88]. Deutlich liegt der Akzent auf διδάσκειν/didáskein; κηρύσσειν/kaerýssein, das Markus – und in Anlehnung an ihn auch Lukas – in formaler und inhaltlicher Parallele zu διδάσκειν/didáskein verwendet (vgl. Mk 1, 39 mit 6, 2; Lk 4, 44 mit 4, 15), erhält allein bei Matthäus einen eigenen Inhalt: Durch eine parallelisierende Konstruktion in Mt 4, 23 und 9, 35 will der erste Evangelist offensichtlich zum Ausdruck bringen, „daß Jesus zuerst in ‚ihren'... Synagogen das zum Gottesdienst versammelte Israel lehrt und erst dann ‚an den Straßen' (22, 9 f) seine besondere Botschaft verkündigt"[89]. „Lehren in den Synagogen" gilt es demnach nach Matthäus vom „Verkündigen des Evangeliums vom Reiche Gottes" zu unterscheiden.

### 3.1 Ein doppelter Akzent

Lehre als entscheidendes Stichwort des synagogalen Wirkens Jesu signalisiert einen weiten Hintergrund mit Themen wie Reich Gottes, Gesetz, Gott als Abba, ethische Forderungen... Dieser Hintergrund kann hier nicht nur nicht ausgelotet, er kann nicht einmal auch nur skizziert werden. Im Interesse des Überblicks sollen lediglich zwei für den Zusammenhang wichtige Akzente angesprochen werden.

a) Als Hauptzweck der Sabbatversammlung in der Synagoge nennt Josephus, unser wichtigster Informant in Sachen Judentum um die Zeitenwende, das Gesetz: „An jedem siebten Tag uns aller sonstigen Geschäfte zu enthalten, zur Anhörung des Ge-

---

[80] Vgl. Joma VII,1; Sota VII,7.
[81] Vgl. *Strack/Billerbeck* IV/1, S. 167.
[82] *Busse*, Das Nazareth-Manifest Jesu, S. 111.
[83] Vgl. *Strack/Billerbeck* IV/1, S. 167.
[84] Vgl. Sota IX,15.
[85] *Lohse*, Umwelt des Neuen Testaments, S. 120.
[86] In Apg 13,15 lassen die Gemeindevorsteher von Antiochia in Pisidien nach der Lesung aus dem Gesetz und den Propheten Paulus und seine Begleiter bitten: „Brüder, wenn ihr ein Wort des Zuspruchs für das Volk zu sagen habt, so redet!"
[87] In Verbindung mit Jesu Synagogenbesuch schreibt Markus „lehren" in Mk 1, 21.22; 6, 1; Matthäus in Mt 4, 23; 7, 28; 9, 35 und 13, 54; Lukas in Lk 4, 15; 4, 31; 6, 6 und 13, 10; Johannes in Joh 6, 59 und 18, 20. – Insgesamt erwähnen die vier Evangelien das διδάσκειν/didáskein Jesu etwa 40mal. Dem entspricht der häufige evangelische Gebrauch διδάσκαλος/ didáskalos als Jesustitel (etwa 41mal). Mit 29mal zählt διδάσκαλε/ didáskale zu den am meisten gebrauchten Anreden Jesu.
[88] Vgl. Mk 1, 39 par Lk 4, 44 / Mt 4, 23; Mt 9, 35. – Traditionsgeschichtlich verläuft die Linie von Markus zu Lukas und Matthäus; letzterer übernimmt das Verb aus Mt 4, 23 nach 9, 35, was aufgrund der wörtlichen Übereinstimmung beider Texte nicht zweifelhaft ist.
[89] *Schweizer*, Matthäus, S. 43, allerdings fragend.

setzes zusammenzukommen und dasselbe gründlich zu erlernen" (Contra Apionem II, 17), hat Mose als Verpflichtung auferlegt[90]. Hat Jesus bei seinen Auftritten in der Synagoge dieser Forderung der *Gesetzesauslegung* entsprochen? – Die Texte schweigen, eine Antwort ist nur indirekt zu erschließen.

„Jesus und das Gesetz" ist ein viel diskutiertes, schwieriges Thema, das unterschiedlichst beantwortet wird[91]. Trilling schließt seinen Überblick über die Diskussion 1966 mit dem resignierenden Satz, der auch heute nach 20 Jahren weiterer Forschung noch gültig ist: „Zusammenfassend kann man sagen, daß es kaum gelingen dürfte, die Stellung des ‚geschichtlichen Jesus' zum Gesetz einigermaßen genau zu erfassen."[92] Sosehr dieses Ergebnis auch enttäuscht, unseren Zusammenhang berührt es nicht, da unsere Frage nach Jesu Gesetzesauslegung in der Synagoge eine eher formale Aspekt anvisiert. Ihr dient stärker die Beobachtung, die auch ohne exakte Textanalyse nicht anzuzweifeln ist, daß Jesus tatsächlich das Gesetz diskutiert, und das ganz offensichtlich in großer Breite:

– Spuren dieser Diskussion haben sich in Texten wie in Mk 7,1–23; 10,2–12; 12,28–34; Mt 5,21–58; 22,34–40 u. ö. erhalten.

– Verstärkt werden sie durch die Beobachtung, daß häufig Schriftgelehrte und Pharisäer als Gesprächspartner Jesu vorgestellt werden (vgl. Mk 2,6.16; 11,18.27; 12,28 u. ö.)[93]. Trotz des urgemeindlichen Interesses an ihnen als Statisten wird man sie kaum in ihrer Gesamtheit von der historischen Ebene entfernen dürfen[94].

– Indirekt schließlich bezeugt Jesu Kompetenz in Gesetzesfragen, ob nur in der schriftlich fixierten Tora oder auch der mündlichen Halacha kann dahingestellt bleiben, die häufige Anrede als „Rabbi"[95]; sein griechisches Äquivalent διδάσκαλος/didáskalos gehört mit κύριος/kýrios zu den häufigsten Jesustiteln in den Evangelien[96]. Unter historischen Gesichtspunkten wird man ihm nur gerecht, wenn man mit Hahn davon ausgeht, daß Jesus „zu seinen Lebzeiten sicher mit ‚Rabbi' angesprochen"[97] wurde. Sein Auftreten mit Jüngern im Gefolge und seine Lehrform des Streitgesprächs, des Dialogs als Lehrgespräch, der Sprüche und der Gleichnisse glich äußerlich dem von Schriftgelehrten so sehr[98], daß „das Verständnis Jesu als Lehrer ... sich den Zeitgenossen gleichsam von selber aufdrängte"[99].

---

[90] In Wirklichkeit gab es Lehrvorträge am Sabbat erst seit Esra Soferim X, nach Dtn 31,10 ff sollte die Vorlesung der Tora nur alle sieben Jahre stattfinden. – Wie eng aber um die Zeitenwende der Aspekt des Lehrens mit der Synagoge verbunden war, geht auch aus der Tatsache hervor, daß Philo die Synagoge als „Lehrhäuser" bezeichnet (vgl. Vita Mosis III,27).

[91] Vgl. zur Diskussion *Trilling*, Fragen zur Geschichtlichkeit Jesu, S. 82–96; *Gutbrod* in: ThWNT IV, S. 1051–57; *Berger*, Die Gesetzesauslegung Jesu. Ihr historischer Hintergrund im Judentum und im Alten Testament, I: Markus und Parallelen (WMANT 40), Neukirchen 1972; *Broer*, Freiheit vom Gesetz und Radikalisierung des Gesetzes. Ein Beitrag zur Theologie des Evangelisten Matthäus (SBS 98), Stuttgart 1980; *Schrage*, Ethik des Neuen Testaments (GNT 4), Göttingen 1982 (Lit.).

[92] *Trilling*, aaO., S. 94.

[93] Vgl. *Ernst*, Das Evangelium nach Markus, S. 90–93; *Gnilka*, Markus I, S. 79 107–109.

[94] Vgl. *Riesner*, Jesus als Lehrer, S. 209.

[95] „Rabbi" findet sich im Munde der Jünger (Mk 9,5; 11,21; 14,45 u. ö.), eines Mannes aus dem Volk (Mk 10,51), der Menge (Joh 6,25), des Natanael (Joh 1,49), des Nikodemus (Joh 3,2) u. a.

[96] Vgl. *Rengstorf* in: ThWNT II, S. 154; *Hahn*, Christologische Hoheitstitel, S. 48–95; *Hengel*, Nachfolge und Charisma, S. 46–55; *Riesner*, aaO., S. 239 ff 246–276 (Lit.).

[97] *Hahn*, aaO., S. 75; so auch *Hengel*, aaO., S. 46.

[98] *Hahn*, aaO., S. 75 f.

[99] *Blank*, Der Jesus des Evangeliums, S. 98.

Doch ist auch nicht zu leugnen, daß Jesus über das Gesetz – unter welchen äußeren Bedingungen auch immer – diskutiert hat, berechtigt diese Tatsache als solche zunächst einmal noch keineswegs dazu, diese Diskussion – gegen das Schweigen der evangelischen Texte – auch im Raum der Synagoge lokalisiert zu sehen, es sei denn, man kann sowohl das Schweigen der Evangelien erklären als auch positive Gründe für die Synagoge als Forum jesuanischer Gesetzesinterpretation aufzeigen.

– Was ersteres betrifft, ist nach dem, was im Zusammenhang mit Kafarnaum, Nazaret und auch der Synagoge gesagt wurde, so viel deutlich, daß evangelische Orts- und Zeitangaben für Historiker problematisch bleiben: Die Evangelisten denken und schreiben unter theologischem Vorzeichen; der von ihnen tradierte chronologische und geographische Katalog gibt die historische Wirklichkeit nicht nur stark verkürzt, sondern z.T. auch falsch wieder. Um hier nur die für den Zusammenhang wichtige Verkürzung mit einem Beispiel zu belegen: Geht man mit Jeremias davon aus, daß wir in der matthäischen Bergpredigt (Mt 5–7) „eine Zusammenstellung von ursprünglich isolierten Aussprüchen Jesu"[100] vor uns haben, die jeder für sich entweder „die Zusammenfassung etwa einer Predigt Jesu oder die Quintessenz eines Lehrgesprächs ... oder das Resultat eines Streitgesprächs mit seinen Gegnern"[101] ist, werden allein in Mt 5–7 – der Zahl der Texteinheiten entsprechend – möglicherweise bis zu 30 verschiedene „Sitze im Leben" des historischen Jesus unter dem „Berg" als Rahmen (Mt 5,1)[102] zusammengefaßt. Das Schweigen der evangelischen Texte besagt demnach wenig; für die historische Jesuswirklichkeit ist ein weit größeres Spektrum an Ortsangaben vorauszusetzen, als in den Evangelien erkennbar.

– Dafür, daß Jesus auch in der Synagoge das Gesetz ausgelegt und diskutiert hat, sprechen positiv wenigstens zwei Überlegungen:
• Zum einen der – wie von Josephus bezeugt – auf das Gesetz ausgerichtete synagogale Gottesdienst. Wollte Jesus nicht vorschnell ein Redeverbot riskieren, mußte er in damals üblicher Manier (vgl. II, 4.1.3.1) seine Predigt an die Tora- oder Prophetenlesung anknüpfen.
• Zum anderen die grundsätzlich am Gesetz orientierte Frömmigkeit auch der Galiläer (vgl. II, 4). Eventuelle Gleichgültigkeit, Laxheit, Desinteresse verwandelten sich spätestens in dem Augenblick ins Gegenteil, wenn Jesus mit seiner Botschaft vom Reiche Gottes begann. Sollte er sie doch vortragen; am Ende aber wollte man wissen, in welchem Verhältnis sie zur Tora stand, wo sie ihren Platz hatte. Wie Jesus vermutlich die vom Synagogengottesdienst geforderte Predigt über das Gesetz auf seine Basileia-Botschaft zulaufen ließ, zwangen die Gegner ihn in umgekehrter Richtung, seine Basileia-Botschaft im Kontext des Gesetzes zu erläutern.

Fassen wir zusammen: Trotz des Fehlens expliziter Informationen in den Evangelien scheint es mehr als wahrscheinlich, daß Jesus auch im Rahmen seiner synagogalen Verkündigung das Gesetz ausgelegt hat, ob bejahend oder ablehnend, entschärfend oder radikalisierend kann hier offenbleiben. Konkrete Einzelheiten zum Wann und Wie seines Auftretens dürfte splitterhaft Lk 4,16f.20f wiedergeben (vgl. oben 2).

b) Konnte sich Jesus in der Synagoge der Gesetzesdiskussion auch kaum entziehen, bleibt seine Lehrtätigkeit

---

[100] *Jeremias*, Die Bergpredigt, in: *ders.*, Abba. Studien zur neutestamentlichen Theologie und Zeitgeschichte, S. 171–189, hier S. 179. – So auch *Schnackenburg*, Die Bergpredigt, in: *ders.* (Hrsg.), Die Bergpredigt. Utopische Vision oder Handlungsanweisung?, S. 16ff.
[101] *Jeremias*, aaO., S. 180.

[102] Vgl. *Bultmann*, Synoptische Tradition, S. 355 358; *Strecker*, Der Weg der Gerechtigkeit. Untersuchungen zur Theologie des Matthäus, S. 98; *Bornkamm/Barth/Held*, Überlieferung und Auslegung im Matthäusevangelium, S. 289.

dort doch „keineswegs auf die bloße Exegese des Gesetzes"[103] beschränkt. In welcher Richtung das stereotype ἐδίδασκεν/edídasken noch weiter aufzufüllen ist, zeigt Markus an, wenn er gleich zu Beginn des Evangeliums Jesus die Sätze in den Mund legt: „Die Zeit ist erfüllt, das Reich Gottes ist nahe. Kehrt um, und glaubt an das Evangelium!" (Mk 1,15)[104]. Unabhängig davon, ob der markinische Vers als „programmatische Zusammenfassung der Verkündigung Jesu"[105] oder nur als eröffnender Heroldsruf[106] anzusehen ist, er trifft ins Herz des jesuanischen Denkens. Wie die Synoptiker vielfach bestätigen, steht im Mittelpunkt der Predigt Jesu die *eschatologische Gottesherrschaft*, ihre Nähe, ihr Anbruch[107]. Zu ihr führt notwendig jede seiner Gesetzesauslegungen hin, in ihr erhellendes Licht bewegt sich wie von selbst jede seiner Betrachtungen über die Tora. Zuhörer, die zu folgen bereit sind, konstatieren erschreckt: „Hier wird mit Vollmacht *eine ganz neue Lehre* verkündet!" (Mk 1,27; vgl. auch 1,22; 6,2; 11,18b).

### 3.2 „Eine Lehre in Vollmacht" (Mk 1,27)

Über den inhaltlichen Aspekt hinaus enthält der Ausruf in Mk 1,27, den Pesch[108] der Redaktion, Gnilka[109] dagegen in der Folge von Theißen[110] der Tradition zuweist, noch eine zweite wichtige Spitze, die durch Mk 1,22 par Mt 7,29/Lk 4,32 bestätigt wird: Jesus lehrt „wie einer, der Vollmacht hat, nicht wie die Schriftgelehrten" (Mk 1,22).

Wie *jene* lehren, überliefern in unzähligen Beispielen Talmud und Midrasch[111]: „Rabbi X hat im Namen von Rabbi Y gesagt: ...", lautet eine immer wiederkehrende Einleitungsformel (vgl. M 112).

Sie verdeutlicht in aller Kürze: Der Schriftgelehrte spricht nicht im eigenen Namen. Im Wissen darum, daß er in einem langen, bis auf Mose zurückreichenden Traditionsprozeß steht, beruft er sich jeweils auf die Autorität eines alten Lehrers, der sich seinerseits in früheren Autoritäten festmacht. Des Schriftgelehrten Autorität ist daher stets – und hier liegt der für den Zusammenhang wichtige und entscheidende Gesichtspunkt – eine abgeleitete, sein Wissen um Gott entstammt nicht eigener Gotteserfahrung, sondern der Tradition aus wenigstens zweiter Hand[112].

Nicht so *Jesus*! In der positiven Bestimmung der Evangelien lehrt er „in Vollmacht" (κατ'ἐξουσίαν/kat'exousían). Nach Haenchen ist damit ein Sprechen „aus seiner eigenen Gewiß-

---

[103] *Rengstorf* in: ThWNT II, S. 142; ebenso auch *Schrage* in: ThWNT VII, S. 831; *Pesch*, Markus I, S. 120.
[104] Zu Mk 1,14f vgl. *Mußner*, Reichgottesverkündigung, S. 260; *Schnackenburg*, Gottes Herrschaft, S. 96f; *Reploh*, Markus, S. 13ff.
[105] *Merklein*, Handlungsprinzip, S. 17–20. Zur Diskussion vgl. *Schürmann*, Gottes Reich – Jesu Geschick, S. 39 Anm. 66.
[106] *Mußner*, Gab es eine ‚galiläische Krise'?, S. 242.
[107] Aus der Fülle der Literatur zur Thematik seien nur zwei neuere Titel genannt: *H. Merklein*, Jesu Botschaft von der Gottesherrschaft. Eine Skizze (SBS 111), Stuttgart 1983; *H. Schürmann*, Gottes Reich – Jesu Geschick. Jesu ureigener Tod im Licht seiner Basileia-Verkündigung, Freiburg 1983.
[108] Vgl. *Pesch*, Markus I, S. 119–124.
[109] Vgl. *Gnilka*, Markus I, S. 77.
[110] Vgl. *Theißen*, Urchristliche Wundergeschichten, S. 165.
[111] Leicht zugänglich im vierbändigen Kommentar zum NT von *Strack/Billerbeck*.

| RABBINEN | PROPHETEN | JESUS |
|---|---|---|
| "Rabbi Jochanan hat im Namen des Rabbi Schimon ben Jehuda gesagt: '..........!'" | כֹּה אָמַר יְהוָה "So spricht Jahwe: '..........!'" נְאֻם־יְהוָה׃ "Spruch Jahwes: '..........!'" | ἐγὼ δὲ λέγω ὑμῖν "Ich aber sage euch: '..........!'" |
| M 112 | M 113 | M 114 |

heit heraus ..., aus seinem eigenen Verstehen Gottes und des göttlichen Willens"[113] gemeint, nach Ernst ein Lehren „mit einer einzigartigen, von keinem menschlichen Prediger einholbaren Autorität"[114], für Schelkle „aus eigener Macht"[115]. „Immer ist die Wirklichkeit Gottes und die Autorität seines Willens" – so Bornkamm – „unmittelbar da"[116], niemals muß sie erst im gelehrten Disput erworben und durch Rückverweis auf eine Autoritätskette legitimiert werden. Jesus spricht und argumentiert von sicherem Standpunkt aus, seine Rede trägt die Züge des nicht diskutierbaren „So und so ist es!" an sich.

Dem, der genau hinzuhören vermochte, enthüllte diesen Anspruch auf Eigenverantwortung, Souveränität und Unmittelbarkeit in der Lehre diskret und offen zugleich das autoritative, für jüdische Ohren provozierende „Ich aber sage euch!"[117] (M 114). Nach dem „„abgedroschene(n)' Gerede der Schriftgelehrten"[118] erinnerte die mit ihm eingeleitete Rede an die *Propheten*[119] (M 113). Daß sie über diese sogar hinausging, mögen viele intuitiv gespürt, viele aber auch durch einen

---

[112] Vgl. zum Vorausgehenden *Haenchen*, Der Weg Jesu, S. 86 f; *Gnilka*, Markus I, S. 79 f.
[113] *Haenchen*, aaO., S. 86.
[114] *Ernst*, Markus, S. 74.
[115] *Schelkle*, Jesus – Lehrer und Prophet, S. 301.
[116] *Bornkamm*, Jesus von Nazareth, S. 52.
[117] Das sog. emphatische „ἐγώ / egó" findet sich in ungewöhnlicher Häufung im synoptischen wie im johanneischen Material. Am markantesten begegnet es in den sechs Antithesen (Mt 5,21–48) in der Gegenüberstellung „Ihr habt gehört, daß den Alten gesagt wurde ... Ich aber sage euch!" Aus der Flut der Untersuchungen hier nur einige wenige Beiträge: *Käsemann*, Das Problem des historischen Jesus, in: ders., Exegetische Versuche und Besinnungen, S. 206 f; *Jeremias*, Neutestamentliche Theologie I, S. 240 ff; *Lohse*, „Ich aber sage euch ..." (Mt 5,21–48), in: ders. (Hrsg.), Der Ruf Jesu und die Antwort der Gemeinde, S. 189–203; *Broer*, Freiheit vom Gesetz und Radikalisierung des Gesetzes, S. 75–113; *Merklein*, Die Gottesherrschaft als Handlungsprinzip, S. 253–260 267; *ders.*, Jesu Botschaft von der Gottesherrschaft, S. 93–111 (bei Broer und Merklein weitere Literatur). – Vgl. auch nachfolgende Diskussion mit Ben-Chorin.
[118] *Ernst*, Markus, S. 63.
[119] Auf die Nähe zur Prophetenrede machen aufmerksam *Ernst*, aaO., S. 63; *Haenchen*, aaO., S. 86; *Klausner*, Jesus von Nazareth,

Vergleich des prophetischen „So spricht Jahwe" bzw. „Spruch Jahwes"[120] mit dem jesuanischen „Ich aber sage euch!" erkannt haben. Aus ihr geht nach Rengstorf „für die, die zu hören verstehen", hervor, daß Jesus „unmittelbar neben Gott tritt, nicht als sein Mund"[121].

In seinem weitverbreiteten Jesus-Buch „Bruder Jesus. Der Nazarener in jüdischer Sicht"[122] gibt Ben-Chorin wohl zu, daß Jesus „offenbar in einer stärkeren Vollmacht interpretierte, als andere das gewagt haben"[123], daß „Interpretationen mit dem Leitwort: ‚Ich aber sage euch ...' seiner Exegese die besondere Note und Nuance"[124] gaben, doch scheint es ihm „abwegig, hier einen Bruch mit der Tradition des Judentums sehen zu wollen, wie es christliche Theologen bis auf den heutigen Tag taten und tun, in dem offenbaren Bestreben, die Gestalt Jesu zu isolieren, um dadurch doch wieder zum Begriff des ‚erhöhten Herrn' zu gelangen"[125]. Die „Überbetonung"[126] der jesuanischen Vollmacht in den Evangelien ist „wohl als kerygmatische Tradition aufzufassen"[127]; auch darf man „die Vollmacht, die sich die Pharisäer zusprachen, nicht unterschätzen"[128], verstanden sie sich doch – und ihnen ist Jesus am ehesten zuzurechnen[129] – „im Bewußtsein der auf Mose zurückgehenden Sukzession" als „bevollmächtigte Träger der Offenbarung"[130].

Daß Ben-Chorin nicht anders argumentieren kann, versteht, wer sich seinen jüdischen Standpunkt vergegenwärtigt. Für das Judentum ist und bleibt Jesus – trotz ernsthaften Bemühens in den letzten Jahrzehnten um ein gerechtes, ja wohlwollendes Urteil[131] – ein Mensch, „wohl ein außergewöhnlicher und besonders tugendhafter"[132], „ein Mann von großer Eigenart, ein Mann, in dem sich Weisheit des Denkens, Kraft des Hoffens und eine Anmut des Wesens miteinander vereinten"[133], aber immer ein Mensch. Jede die menschliche Ebene übersteigende Sehweise wird zurückgewiesen, jeder christologische Ansatz im Keim erstickt.

Was Ben-Chorin an Argumenten für seine relativierende Interpretation der jesuanischen ἐξουσία/exousía, in der nach Bornkamm „das ganze Geheimnis der Person und Wirkung Jesu"[134] eingeschlossen liegt, vorbringt, kann nicht überzeugen:

(1) Im Hinweis auf die *kerygmatische Tradition* als möglichen Grund für die Überbetonung der Vollmacht Jesu in den Evangelien greift er geschickt die These Bultmanns[135] von der nachösterlichen, vom Kerygma getragenen Entstehung der Evangelien auf und macht sie sich zunutze. Daß der evangelische Traditionsprozeß aber ganz und gar nicht so

---

S. 360: „In der Regel sprach er wie die alten Propheten, die sich auf kein: ‚wie es geschrieben steht' und: ‚wie es heißt' bezogen."

[120] Diese für Propheten typische Redeweise findet sich in den nur neun Kapiteln des Propheten Amos, des ältesten Schriftpropheten Israels, nicht weniger als 40mal (vgl. z. B. 1,3.6.9.11; 2,1.4; 3,12; 4,5.6.8 u. ö.).

[121] *Rengstorf* in: ThWNT II, S. 158.

[122] München ⁷1984 (41.–46. Tausend).

[123] *Ders.*, aaO., S. 14.

[124] *Ders.*, aaO., S. 15. – Später, im Kapitel über die Bergpredigt, betont Ben-Chorin, daß die Formel „Ich aber sage euch" ihrerseits „in einer legitimen Lehrtradition" (S. 67) steht und „im Talmud und Midrasch verstreut vorliegt" (ebd.), doch verzichtet er interessanterweise auf die Angabe von Beispielen und Belegen.

[125] *Ders.*, aaO., S. 15.

[126] *Ders.*, aaO., S. 19.    [127] *Ders.*, ebd.

[128] Ebd.

[129] *Ders.*, aaO., S. 22.

[130] *Ders.*, aaO., S. 20.

[131] In seinem 1976 herausgegebenen Buch „Ist das nicht Josephs Sohn?" macht *Lapide* (S. 42) darauf aufmerksam, daß seit der Staatsgründung Israels 1948 in Israel nicht weniger als 187 hebräische Bücher, Forschungen, Gedichte, Schauspiele, Monographien, Dissertationen und Aufsätze über Jesus erschienen sind, die die Presseberichte über eine ‚Jesuswelle' in der Literatur des heutigen Judenstaates rechtfertigen.

[132] *Gradwohl*, Das neue Jesus-Verständnis bei jüdischen Denkern der Gegenwart, S. 309.

[133] *Leo Baeck*, zit. bei *Gradwohl*, aaO., S. 309.

[134] *Bornkamm*, Jesus von Nazareth, S. 54.

[135] Zur Zielrichtung der formgeschichtlichen Methode vgl. *Käsemann*, Das Problem des historischen Jesus, aaO., S. 188.

einäugig durch die kerygmatische Brille gesehen werden darf, sondern in der Mehrzahl seiner Texte auf einer historischen, den irdischen Jesus berührenden Schicht aufruht, ist spätestens seit Käsemanns berühmtem Aufsatz über „Das Problem des historischen Jesus"[136] deutlich und inzwischen weitgehender Konsens[137]. Es vereinfacht demnach die Textsituation in unzulässiger Weise, wer vorschnell alle implizit-christologischen Züge im evangelischen Jesusbild dem Kerygma zuweist, ohne sie auf ihre historische Relevanz in den Texten zu überprüfen. In der Frage der „Vollmacht" Jesu macht Bornkamm mit ausdrücklichem und mehrfachem Hinweis auf den legendären Charakter einzelner Jesuserzählungen[138] darauf aufmerksam, daß, „wenn irgend etwas, ... diese Unmittelbarkeit zu dem Bild des geschichtlichen Jesus"[139] gehört, weil es sich bei ihr um einen Zug handelt, der sich in den Texten durchhält und immer wiederkehrt, in den zahlreichen Lehr- und Streitgesprächen wie in der Begegnung mit Hilfesuchenden und im Umgang mit seinen Jüngern[140]. – Im gleichen Sinne auch äußert sich Pesch, wenn er – wohl wissend um die Spannung zwischen Kerygma und Historie – zu Mk 1, 21–28 zusammenfassend bemerkt: „Die christologisch intendierten Darstellungen werden die Vollmacht des Wortes Jesu, sein überragendes, befreiendes Charisma zutreffend festgehalten haben."[141]

(2) Der andere Hinweis Ben-Chorins auf die nicht zu unterschätzende *Vollmacht der Pharisäer* um die Zeitenwende als Argument gegen Jesu einzigartigen Vollmachtsanspruch, wie er nach christlicher Exegese vor allem in der antithetischen Formel „Ihr habt gehört, daß den Alten gesagt wurde ...! – Ich aber sage euch ...!" (Mt 5, 21–48)[142] zum Ausdruck kommt, kann so lange nicht überzeugen, bis nicht wirklich einschlägige, sich nicht nur formal berührende Parallelen zu Mt 5, 21–48 vorgelegt werden können; bei dem von Billerbeck[143] und Lohse[144] im Spätjudentum aufgespürten Material handelt es sich – wie Goppelt richtig sieht – um „allenfalls indirekte jüdische Analogien"[145]: Das in der schriftgelehrten Diskussion verwendete „Ihr habt gehört" will im Sinne von „Ihr habt als Tradition empfangen" verstanden werden[146], das antithetisch gebrauchte „Ich aber sage: ...!" hat die Funktion, „eine der herkömmlichen entgegengesetzte Auffassung bei der Gesetzesauslegung einzuführen"[147]. Über diesen technischen Sinn geht die antithetische Formel Jesu in Mt 5, 21–48 weit hinaus. Im Kontext mit dem thetischen „Ihr habt gehört, daß den Alten gesagt wurde: ...!" will sein „Ich aber sage euch!" keinen Diskussionsbeitrag einleiten, sondern seine Weisung vom alttestamentlichen Gesetz abheben; im Unterschied zu der pharisäischen Verwendung verleiht es seiner Rede einen die Autorität des Mose und der Tora übersteigenden Anspruch[148], keineswegs nur eine „besondere Note und Nuance"[149], wie Ben-Chorin glauben machen will.

---

[136] In: Exegetische Versuche und Besinnungen, 1953, S. 187–214.
[137] Vgl. *Kertelge* (Hrsg.), Rückfrage nach Jesus. Zur Methodik und Bedeutung der Frage nach dem historischen Jesus, 1974.
[138] Vgl. *Bornkamm,* aaO., S. 53 f.
[139] Ders., aaO., S. 52.
[140] Vgl. ders., aaO., S. 53 f.
[141] *Pesch,* Markus I, S. 126.
[142] Zur Literatur s. o. Anm. 117.
[143] Vgl. *Strack/Billerbeck* I, S. 253.
[144] *Lohse,* „Ich aber sage euch", in: ders. (Hrsg.), Der Ruf Jesu und die Antwort der Gemeinde, S. 189–203.
[145] *Goppelt,* Theologie des Neuen Testaments, S. 150.
[146] Vgl. *Strack/Billerbeck* I, S. 253.
[147] *Goppelt,* aaO., S. 150 Anm. 15.
[148] Vgl. *Hengel,* Nachfolge und Charisma, S. 78; *Frankemölle,* Jesus – Anspruch und Deutungen, S. 88 ff.
[149] *Ben-Chorin,* Bruder Jesus, S. 15.

## 4. Konkretisierung des Wortes durch die Tat

Daß Jesus die Gelegenheit des Synagogengottesdienstes zur Verkündigung seiner Reich-Gottes-Botschaft nutzte, steht außer Zweifel. Doch hat er in der Synagoge auch – wie eine summarische Notiz (Mk 1,39) und drei ausführliche Einzelerzählungen (Mk 1,21–28; 3,1–6 und Lk 13,10–17) berichten – *Wunder gewirkt?*

Der neutestamentliche Wunderkomplex ist von eigener Problematik, die es hier nicht im einzelnen zu erörtern gilt. Für den Zusammenhang genügt das Urteil Schierses, das von der exegetischen Forschung heute weitgehend anerkannt wird: „Die große Zahl der evangelischen Wunderberichte wäre unerklärlich, wenn nicht entsprechende Vorgänge im Leben Jesu dahinterstünden. Ein von allem Wunderbaren befreiter Jesus ist unhistorisch."[150] Und um die Konkretisierung Blanks noch hinzuzufügen: „Im einzelnen dürfte an den Dämonenaustreibungen und an den Krankenheilungen durch Jesus kaum zu zweifeln sein."[151]

Als Orte des Geschehens nennen die Evangelien u.a. die Straße (Mk 5,24–34 parr; 10,46–52 parr), das Privathaus (Mk 1,29–31 parr; 1,32–34; 2,1–12 par Lk u.ö.), das Ufer des Sees (Mk 5,1–20 parr) und auch die Synagoge (Mk 1,21–28; 3,1–6 und Lk 13,10–17).

Im Falle des uns interessierenden Synagogenrahmens hat die literarkritische Analyse (s.o.) ergeben, daß in dreien der vier relevanten Texte – und zwar in Mk 1,21ff; 3,1ff und Lk 13,10ff – die Ortsangabe vermutlich zur ursprünglichen Erzählung dazugehörte und nicht erst später nachgetragen wurde; allein die summarische Notiz Mk 1,39 dürfte auf das Konto des Evangelisten zu verbuchen sein. Der Überlegung, das Stichwort „Sabbat" in diesen drei offenbar alten Perikopen könnte auf einer früheren oder auch späteren Traditionsstufe „Synagoge" nach sich gezogen haben[152], ist entgegenzuhalten, daß nirgends ein Motiv zu erkennen ist, das Tradenten zu einem solchen Vorgehen angeregt haben könnte. Daß Sabbatheilungen nicht nur und nicht notwendig im Kontext der Synagoge gesehen wurden, zeigt das Lukasevangelium in seinem Sondergut (vgl. Lk 14,1–6) wie auch die johanneische Tradition (vgl. Joh 5,1ff und 9,1ff).

Dieses positive Ergebnis der *literarkritischen Analyse* stützt seinerseits der *realkundliche Hintergrund* insofern, als er das von den Evangelien geschilderte „Szenarium" als möglich vorstellt. Zum einen hatten damals Kranke, ja selbst Aussätzige[153], tatsächlich Zugang zur Synagoge und ihren Gottesdiensten, zum anderen verwehrte keinesfalls eine besondere Heiligkeit der Synagoge ein wundertätiges Wirken; als „Haus der Versammlung" stand sie der Gemeinde nicht nur zum Gebet offen, sondern auch zum Studium, zur Diskussion, zur Feier, ja selbst zu Richterspruch und Vollzug der Geißelstrafe[154] (vgl. Mk 13,9; Apg 22,19; Mt 10,17; 23,34 u.ö.). Die Tatsache, daß rabbinische Wundererzählungen von kei-

---

[150] *Schierse*, Warum glauben?, S. 230.
[151] *Blank*, Jesus von Nazareth, S.71.
[152] Vgl. hierzu *Schrage* in: ThWNT VII, S. 829, insbesondere auch Anm. 212.
[153] Um Aussätzigen die Teilnahme am Synagogengottesdienst zu ermöglichen, errichtete man – wie aus N$^e$g 13,12 zu entnehmen – besondere Verschläge: „Will (ein Aussätziger) in die Synagoge gehn, so macht man für ihn ein Abteil von zehn Handbreiten Höhe und von vier Ellen im Geviert. Er muß zuerst eintreten und zuletzt hinausgehen." – Vgl. *Strack/Billerbeck* IV, S. 140 754.
[154] Vgl. hierzu *Schrage*, aaO., S. 829.

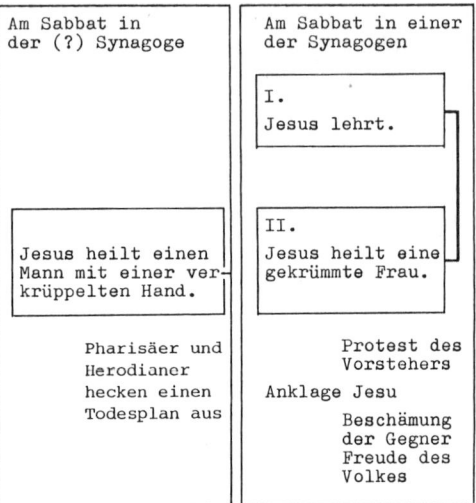

M 115

ner Synagogenheilung wissen[155], verwundert zwar, ist aber nicht als Gegenargument zu werten.
Das entscheidende Argument jedoch dafür, daß Jesus auch in der Synagoge Dämonen ausgetrieben und Kranke geheilt hat, ist in der *Vollmächtigkeit jesuanischer Rede* zu suchen. Wie der Aufriß unserer vier Texte beispielhaft zeigt (vgl. M 115), rücken bei Jesus – und zwar nicht nur auf der späteren, von den Evangelisten verstärkt ausgezogenen theologischen[156], sondern auch auf der historischen Ebene – Wort und Tat so eng zusammen, daß sie zu einer Einheit verschmelzen: Jesus lehrt in solcher Vollmacht, „daß etwas geschieht ... Sein Wort ist Tat"[157]; wie das Wort Jahwes kehrt auch sein Wort nicht leer zurück, ohne vollbracht zu haben, wozu es ausgesandt wurde (vgl. Jes 55, 11). Jesu „Rede in Vollmacht" ist – wie oben aufgezeigt – eigenverantwortete, selbstmächtige Rede; sie ist aber auch – und es sollte dieser Aspekt nicht zugunsten des ersten vernachlässigt werden – *durch die Tat ausgewiesene und bekräftigte* Rede. Will man nicht inkonsequent sein, wird man solch vollmächtige Rede im Wirken Jesu nicht begrenzen dürfen, weder lokal noch zeitlich. Wo und wann immer Jesus seine Botschaft vom Reiche Gottes vorträgt, spricht er vollmächtig, und zwar vollmächtig in doppeltem Sinn. Mit Recht wird man daher vermuten dürfen, daß er tatsächlich auch in der Synagoge Dämonen ausgetrieben und Kranke geheilt hat. Für Schrage besteht denn auch – trotz der nicht geschichtlichen Ebene „die Identität von Verkündigung und Lehre" (*Pesch*, Markus I, S. 139 Anm. 5) Jesu betont.

[155] Vgl. *ders., aaO.*, S. 829 Anm. 211, der sich auf Schwartzmann beruft: „healing is never associated with the synagogue".
[156] Markus trifft also nur die historische Wirklichkeit, wenn er seinerseits auf der redaktions-

[157] *Schweizer*, Markus, S. 27.

mehr bis ins letzte zu klärenden Textsituation – „keine Veranlassung, die Möglichkeiten von Heilungen (sc. in der Synagoge) generell zu bestreiten"[158].

## 4.2 In Verbindung mit Jerusalem ...

Obwohl in Palästina, in nur geringer Entfernung von Jerusalem gelegen, gleicht das Galiläa der Zeitenwende in seiner „Inselsituation" den über die ganze heidnische Welt zerstreuten jüdischen Kolonien. Wie diese ist es genötigt, im Kampf und in der Konkurrenz mit mannigfaltigen Kräften einen eigenen Weg zu finden[1], wie diese aber auch sucht es die Rückverbindung mit seiner geistigen und religiösen Mitte, mit dem Tempel in Jerusalem. Der verbindenden Klammern gibt es mehrere[2], zwei von ihnen, die *Tempelsteuer* und die *Wallfahrt* in die Heilige Stadt, seien im Hinblick auf Galiläa näher in den Blick genommen.

### 4.2.1 ... durch die Tempelsteuer

Biblische Grundlage für die Tempelsteuer[3] ist Ex 30, 11–16[4], wo Jahwe zu Mose sagt:

> 12 „Wenn du die Gesamtzahl der Israeliten bei ihrer Musterung aufnimmst, so soll jeder Jahwe ein Lösegeld für sein Leben geben, damit bei ihrer Musterung keine Heimsuchung über sie kommt.
> 13 Und dies soll jeder, welcher der Musterung unterliegt, entrichten: einen halben Schekel nach dem Gewicht des Heiligtums, den Schekel zu zwanzig Gera, einen halben Schekel als Abgabe an Jahwe.
> 14 Jeder, welcher der Musterung unterliegt, von zwanzig Jahren an und darüber, soll die Abgabe für Jahwe entrichten.
> 15 Der Reiche soll nicht mehr und der Arme nicht weniger geben als einen halben Schekel, wenn ihr die Abgabe an Jahwe zur Lösung eures Lebens entrichtet.
> 16 Erhebe das Lösegeld von den Israeliten und verwende es für den Dienst am Offenbarungszelt. Es soll den Israeliten zum gnädigen Gedenken bei Jahwe dienen und eurem Leben Sühnung erwirken."

Was in V. 12 mit „Lösegeld" umschrieben wird, meint eine Art „Kopfsteuer", die in Unterscheidung vom Zehnten und von sonstigen Steuern dem Tempel bis zu seiner Zerstörung im Jahre 70 nChr zufließt. Zu ihr verpflichtet ist jeder (männliche) Israelit mit Vollendung des 20. Lebensjahres (V. 14), ob arm oder reich (V. 15); entrichtet wird sie häufig aber auch von Jugendlichen ab dem 13. Lebensjahr, von Frauen, Proselyten und auch jüdischen Freigelassenen[5].

Daß auch das Diasporajudentum dieses Gesetz beobachtet, bestätigt Josephus mit dem Hinweis, daß „alle Juden des Erdkreises und alle Verehrer des wahren Gottes"[6] sowohl in Asien wie in Europa seit langen Zeiten" (Ant XIV 7, 2) einen ungeheuren Reichtum im Tempel zu Jerusalem anhäufen. Als besonders freigebig ist

---

[158] *Schrage*, aaO., S. 829 Anm. 212.
[1] Zu einigen besonderen Festen der alexandrinischen Juden wie zum jüdischen Tempel von Leontopolis vgl. *Schürer*, Geschichte III, S. 144.
[2] Vgl. hierzu *ders.*, aaO., S. 135–149.
[3] Zur Tempelsteuer vgl. *Schürer*, aaO. III, S. 135–149; *Volz*, Altertümer, S. 149f; *Corn-* feld/Botterweck, Die Bibel und ihre Welt II, Sp. 1378; *Ben-David*, Talmudische Ökonomie, S. 252ff.
[4] Vgl. *Noth*, Das 2. Buch Mose. Exodus, S. 193f.
[5] Vgl. *Ben-David*, aaO., S. 252.
[6] Vermutlich Umschreibung für Proselyten und Gottesfürchtige.

das babylonische Judentum bekannt[7]; an weiteren Orten, an denen Tempelgelder eingesammelt werden, nennen die Quellen Ephesus, Sardes, Zyrene, Apamea, Laodizea, Pergamon u. a.[8] Zu entrichten ist pro Mann und pro Jahr ein halber Silberschekel, der in griechischer Währung einer Doppel- oder Didrachme, in römischer zwei Silberdenaren entspricht[9]. Aus Reinheitsgründen nimmt die Tempelkasse die Steuer nur in althebräischer (= tyrischer) Währung an[10]. Vor der Einzahlung müssen daher die Pilger ihre Landeswährung in kultisch reines und materiell wertvolles „Tempelgeld" umtauschen[11]. Dazu besteht Gelegenheit im äußeren Vorhof, dem Vorhof der Heiden, wo die Geldwechsler (vgl. Mt 21,12 und Joh 2,15) ihre Tische aufgestellt haben[12]. So fließt kontinuierlich, Jahr für Jahr, nicht immer ohne Protest der Gastländer[13], ein gewaltiges Kapital „hochwertigen Silbergeldes"[14] aus der ganzen Welt in die unterirdischen Schatzkammern des Tempels[15], ohne daß dafür eine Gegenleistung erbracht wird.

V. 16a bestimmt diese Abgabe „für den Dienst im Offenbarungszelt", das seit Salomo durch den Tempel ersetzt wird. Der Tempel aber ist um die Zeitenwende – wirtschaftlich betrachtet – ein Großunternehmen, „eine Art Depositenbank"[16], von der „in erster Linie die Priesterschaft"[17] profitiert, allerdings weniger die einfachen Priester vom Lande, die turnusgemäß Woche für Woche ausgetauscht werden[18]; „den Löwenanteil"[19] erhalten „die Jerusalemer vornehmen Priesterkreise"[20].

Der Vorwurf Ben-Davids, dieses Geld komme der Wirtschaft Palästinas „nur in geringem Maße zugute"[21], stimmt in dieser Direktheit nicht. In Wirklichkeit lassen sich für die Zeit von 20 vChr bis 64 nChr wenigstens zwei kostenintensive und Arbeitsplätze schaffende Projekte ausmachen, die aus dem Tempelschatz finanziert werden:

1. Von 19–9 vChr baut Herodes I. unter riesigen Kosten den wenig ansehnlichen Tempel des Serubbabel (Einweihung um 515 vChr) zu einem der prächtigsten Bauten seiner Zeit um und sichert so 10000 Arbeitern und Handwerkern für zehn Jahre ihren Lebensunterhalt. – Und selbst noch nach der Einweihung des Neubaus im Jahre 9 vChr finden bis zur endgültigen Fertigstellung im Jahre 64 nChr Hunderte von Bauhandwerkern hier Arbeit[22].

---

[7] Nach *Philo,* Legatio ad Gaium XXXI, 216, senden die Juden, die in Babylon und anderen Satrapien wohnen, jährlich „geweihte Festgeschenke, Gold und Silber in Mengen, als Kollekte aus dem Erstlingsopfer gesammelt, zum Tempel".
[8] Vgl. *Ben-David,* aaO., S. 254.
[9] Ebd.
[10] Vgl. M Schekalim II, 4. – Mit ein Grund für diese Bestimmung dürfte aber auch die Tatsache gewesen sein, daß die tyrische Währung ein hochwertiges Silber garantierte.
[11] Vgl. *Ben-David,* aaO., S. 252.
[12] Vgl. *Mazar,* Berg des Herrn, S. 116f.
[13] Vgl. *Schürer,* aaO. III, S. 148.
[14] *Ben-David,* aaO., S. 254.
[15] Vgl. *Mazar,* aaO., S. 112 119; *A. Schwarz,* Die Schatzkammer des Tempels zu Jerusalem, in: MGWJ 63 (1919), S. 227–252; *V. Tcherikover,* Hellenistic Civilisation and the Jews, Philadelphia 1961, S. 155ff.
[16] *Maier,* Tempel und Tempelkult, S. 373 (Lit.).
[17] *Ders.,* aaO., S. 374.
[18] Vgl. *Lohse,* Umwelt des Neuen Testaments, S. 111f; *Safrai,* Das jüdische Volk im Zeitalter des Zweiten Tempels, S. 59.
[19] *Maier,* aaO., S. 374.
[20] Ebd.
[21] *Ben-David,* aaO., S. 254.
[22] Vgl. *Rüger* in: BHHW III, Sp. 1940–47; *Mazar,* aaO., S. 105ff.

2. In den Jahren 26–36 nChr ruft der durch den Prozeß Jesu bekannt gewordene Prokurator Pontius Pilatus Unruhen im Volke dadurch hervor, „daß er den Tempelschatz, Korban genannt, zur Anlage einer Wasserleitung verwendet, die 400 Stadien lang werden sollte" (Bell II 9, 4)[23].

Dem Geber soll diese Gabe – und dies betont V. 16 b nicht ohne Grund am Ende des Gebotes – „zum gnädigen Gedenken bei Jahwe" dienen und Sühne erwirken.

Gelegenheit zur Überbringung bieten der Judenschaft der Diaspora und des Umlandes von Jerusalem die Wallfahrten (s. u.). Verhinderte vertrauen ihre Abgabe Freunden und Bekannten an[24]. – Eine andere, ebenfalls häufig gepflegte Form der Einsammlung und Ablieferung beschreibt Philo aus Alexandrien (ca. 15 vChr – 45 nChr), offenbar aus eigener Erfahrung:

„Fast in jeder Stadt gibt es eine Kasse für die heiligen Gelder, an welche die Abgaben entrichtet werden. Mit der Überbringung der Gelder werden zu bestimmten Zeiten Männer nach dem Adel des Geschlechtes betraut. Aus jeder Stadt werden die Edelsten gewählt, um die Hoffnung eines jeden unversehrt hinaufzubringen"[25].

Nachdem wenigstens für wichtige Bezirke der Diaspora die exakte Beobachtung des Tempelsteuergesetzes gesichert scheint, darf man vermuten, daß auch *Galiläa* nicht abseits steht, daß auch die Landschaft im Norden über die Tempelsteuer mit dem Tempel in Jerusalem verbunden ist. Dazu paßt, daß in Mt 17, 24 Steuereinnehmer Jesus in Kafarnaum aufsuchen, um nachzuhören, ob er zur Zahlung der Tempelsteuer bereit sei, doch darf diese Stelle schwerlich als Beleg herangezogen werden, da sie stark von Matthäus geprägt und in ihrer historischen Substanz, näherhin in ihrer Lokalisierung in Galiläa, nicht mehr zu sichern ist[26].

4.2.2 ... durch die Wallfahrten

„Am engsten wurde das Band zwischen der Diaspora und dem Mutterland geknüpft" – so resumiert Schürer am Ende seiner Darstellung über das religiöse Leben der Diasporajuden – „durch die regelmäßigen Festreisen der Juden aus allen Weltgegenden nach Jerusalem."[27] Im Tempel erleben sie sich, „sonst im Leben durch vielerlei gespalten"[28], als Einheit, hier erfahren sie über alle sprachlichen und kulturellen Differenzen hinweg die Zusammengehörigkeit zu einem Volk. Der Tempel ist „die Klammer, die die jüdische Bevölkerung Palästinas"[29] zusammenhält.

Obwohl schon unter Joschija (um 620 vChr) mit der Kultzentralisation begründet[30], entfaltet sich das Wallfahrtswesen[31] aber erst unter den

---

[23] Reste dieser Wasserleitung haben sich bis heute erhalten (vgl. *Grollenberg,* Bildatlas zur Bibel, S. 115 Karte 33).
[24] Vgl. *Safrai,* Die Wallfahrt im Zeitalter des Zweiten Tempels, S. 55.
[25] *Philo,* De monarchia lib. II § 3, Man. II, 224.
[26] Vgl. *Schweizer,* Matthäus, S. 231 f; *Grundmann,* Matthäus, S. 409 f.
[27] *Schürer,* Geschichte III, S. 149.
[28] *Volz,* Altertümer, S. 93.
[29] *Ben-Sasson,* Geschichte des jüdischen Volkes I, S. 322.
[30] Vgl. *Deissler,* Wallfahrt, in: LThK 10, Sp. 942.
[31] Zur Wallfahrt vgl. *Schürer,* aaO. III, S. 149 ff; *Deissler,* aaO., Sp. 942; *Kötting,* Peregrinatio Religiosa. Wallfahrten in der Antike und das Pilgerwesen in der alten Kirche, Münster ²1980; *Safrai,* aaO.; *Casson,* Reisen in der Alten Welt, München 1976.

Hasmonäern (2. Jh vChr); die Quellen führen zurück in die Regierungszeit des Johannes Hyrkanus (135–104 vChr)[32]. Seine Blüte um die Zeitenwende bezeugt der jüdische Gelehrte Philo aus Alexandrien (um 15 vChr bis 45 nChr):

„Viele Tausende aus viel tausend Städten wallfahrten zu jedem Fest nach dem Tempel, die einen zu Lande, die anderen zur See, aus Osten und Westen, Norden und Süden ..."[33]

Diese Notiz, die auf exakte Zahlen verzichtet, konkretisiert Josephus: In seiner Berechnung der Festpilger und der Einwohner Jerusalems kommt er auf nicht weniger als 2,7 Millionen (vgl. Bell VI 9, 3), eine Zahl, die indiskutabel ist[34]. Uns genügt indes die Aussage, die die Übertreibung in ihrem Kern enthält und die sich mit der Notiz von Philo deckt, daß die Zahl der Jerusalem-Wallfahrer im 1. nachchristlichen Jahrhundert groß ist. Um zu demonstrieren, mit welch farbenprächtigem Bild man beispielsweise beim Wochenfest im Mai/Juni rechnen durfte, würde man allzugern auf die Schilderung des Pfingstereignisses in Apg 2, 9–11 mit ihrer Aufzählung von 15 verschiedenen Nationalitäten verweisen. Allein, die hier vorgestellte „Völkerliste" mit teils politischen, teils geographischen Namen ist von Lukas unter Verwendung vorgeformten Materials gestaltet und dürfte ohne historischen Quellenwert sein[35].

Dafür, daß man auch in *Galiläa* dem Wallfahrtsgebot nachkommt, gibt es nur wenige, aber ausreichende Belege:

– Eine feste Gewohnheit bestätigt Josephus mit seinem Hinweis, daß die Galiläer „für gewöhnlich" den Höhenweg durch Samaria nehmen, „wenn sie zu den Festen nach der Heiligen Stadt ziehen" (Ant XX 6,1).
– Eine feste Gewohnheit auch zeigt Lk 2, 41–52 an. Selbst wenn man der Perikope in der historischen Frage kritisch gegenübersteht, wird man ihr dennoch so viel an Wirklichkeit zugestehen müssen, daß sie kaum redigiert worden wäre, wenn es den Brauch der Wallfahrt von Galiläa nach Jerusalem damals nicht gegeben hätte (vgl. Exkurs „Nazaret und Jesus", Kap. 2.2.1).
– Und schließlich noch: Obwohl die Evangelien in ihren chronologischen und geographischen Angaben stark differieren, stimmen sie doch in der Wallfahrt Jesu zum Passafest, seinem Todespassa, überein (vgl. Exkurs „In der Spannung zwischen Galiläa und Jerusalem").

### 4.2.2.1 Die Verpflichtung

Die Verpflichtung zur Wallfahrt erwächst aus drei überlieferungsgeschichtlich schwierigen Texten[36], in denen aber – teilweise dreifach bezeugt – alte Traditionen enthalten sein dürften (s. S. 249):

In den unterschiedlich langen und auch sprachlich-stilistisch voneinander differierenden Texten braucht man nicht lange nach dem zu suchen, was den Schreibern wichtig ist: Jeweils an exponierter Stelle – einmal

---

[32] Vgl. *Safrai*, aaO., S. 20.
[33] *Philo*, De monarchia lib. II, § 1, Man. II, 223.
[34] Nach Angaben von *Ben-David* (Talmudische Ökonomie, S. 47) zählte die Gesamtjudenheit vor 70 nChr insgesamt ca. 7 Millionen; davon lebten in Palästina nur 1–1,25 Millionen, das sind 16,5%.
[35] Vgl. *Weiser*, Die Apostelgeschichte I, S. 75–88, hier bes. S. 80f.
[36] Vgl. *Noth*, Das 2. Buch Mose. Exodus, S. 154–157 217f; *von Rad*, Das 5. Buch Mose. Deuteronomium, S. 81.

| Exodus 23 | Exodus 34 | Deuteronomium 16 |
|---|---|---|
| ¹⁴ *Dreimal im Jahr sollst du mir ein Fest feiern.* ¹⁵ *Das Fest der ungesäuerten Brote* sollst du halten. Sieben Tage lang sollst du ungesäuerte Brote essen, wie ich dir zur Zeit des Monats Abib befohlen habe; denn in ihm bist du aus Ägypten ausgezogen. Man soll aber nicht mit leeren Händen vor meinem Angesicht erscheinen. ¹⁶ Ferner *das Fest der Ernte,* der Erstlinge des Ertrags deiner Aussaat, mit der du das Feld bestellt hast, und *das Fest der Lese* am Ende des Jahres, wenn du deine Früchte vom Feld eingeholt hast. ¹⁷ *Dreimal im Jahre sollen alle deine männlichen Personen vor dem Herrn Jahwe erscheinen.* | ¹⁸ *Das Fest der ungesäuerten Brote* sollst du halten. Sieben Tage lang sollst du ungesäuerte Brote essen, wie ich dir geboten habe zur Zeit des Monats Abib. Denn im Monat Abib bist du aus Ägypten ausgezogen. ¹⁹Alle Erstgeburt gehört mir: alles Männliche, aller Erstlingswurf von Rind und Schaf. ²⁰Den Erstlingswurf vom Esel sollst du mit einem Schaf auslösen; wenn du ihn nicht auslösen willst, sollst du ihm das Genick brechen. Jeden Erstgeborenen von deinen Söhnen sollst du auslösen. Vor mir sollst du nicht mit leeren Händen erscheinen. ²¹Sechs Tage sollst du arbeiten, am siebten Tag aber sollst du ruhen, selbst in der Zeit des Pflügens und Erntens sollst du ruhen. ²²Auch *das Wochenfest* sollst du feiern zur Zeit der Erstlinge der Weizenernte und *das Fest der Lese* an der Wende des Jahres. ²³ *Dreimal im Jahr soll alles Männliche unter euch vor dem Herrn Jahwe, dem Gott Israels, erscheinen.* | ¹⁶ *Dreimal im Jahr soll alles, was bei dir männlich ist, das Angesicht Jahwes, deines Gottes, schauen* an der Stätte, welche er erwählt: *am Feste der ungesäuerten Brote, am Wochenfeste und am Laubhüttenfeste.* Niemand darf aber das Angesicht Jahwes mit leeren Händen schauen; ¹⁷jeder (bringe), was er geben kann je nach dem Segen Jahwes, deines Gottes, den er dir verlieh. |

am Anfang (Dtn 16,16) und zweimal am Ende des Abschnitts (Ex 23,17 und 34,23) – und in einer scharfen, verpflichtenden Diktion betonen sie in einer gleichlautenden Formulierung, die verrät, daß eine irgendwie geartete Abhängigkeit besteht[37]: „Dreimal im Jahr sollen alle deine männlichen Personen vor Jahwe erscheinen!" (Ex 23,14; vgl. Ex 34,23; Dtn 16,16). Das konkrete *Wann* und *Wie* erläutern die jeweiligen Begleitverse, breiter und ausführlicher die der beiden Exodus-Texte (Ex 23,14–16; 34,18–22), kurz und präzise dagegen Dtn 16,16b.17: „Am Fest der ungesäuerten Brote, am Wochenfest und am Laubhüttenfest" und „nicht mit leeren Händen ..."

---

[37] Die traditionsgeschichtliche Frage ist schwierig; für den Zusammenhang genügt es zu wissen, daß hinter den Texten alte Traditionen stehen (vgl. *Noth,* Das zweite Buch Mose. Exodus, 154ff 217; *v. Rad,* Das fünfte Buch Mose. Deuteronomium, S. 81f; *Westermann,* Theologie des Alten Testaments in Grundzügen, S. 172).

| | | | |
|---|---|---|---|
| 1. NISAN März/Apr | 1. Wallfahrtsfest (15.-22.N.) PASSA 14.N.: Schlachtung d.P-Lammes 15.N.(abends): Passanacht 15.N.(morgens)-22.N.: Festwoche der ungesäuerten Brote<br>- Frühlingsfest<br>- Erinnerung an den Exodus | vgl.<br>Mk 14,1ff<br>par Mt/Lk<br>Mk 14,12<br>parr<br>Joh 2,13. 23; 6,4; 11,55; 12,1 | |
| 2. IJJAR Apr/Mai | | | |
| 3. SIWAN Mai/Juni | 2. Wallfahrtsf. (5o Tage n. P.) WOCHENFEST (Schawuoth)<br>- Fest des Kornschnitts<br>- Gedächtnis der Übergabe der Tora an Mose am Sinai | vgl. Apg 2 | |
| 4. TAMMUZ Juni/Juli | | | |
| 5. AV Juli/Aug | | | |
| 6. ELUL Aug/Sept | | | |
| 7. TISCHRI Sept/Okt | JOM KIPPUR (7.T.)<br>- Versöhnungstag | vgl. Joh 1,29 | |
| | 3. Wallfahrtsfest (13.-19.T.) LAUBHÜTTENFEST (Sukkoth)<br>- Erntedankfest<br>- Erinnerung an das Wohnen in Hütten in der Wüste | Joh 7,2 | |
| | 1. - 7. FESTTAG: Zeremonie d. Wasserschöpfens i. Siloahteich und des -ausgießens im Tempel | vgl. Joh 7,37f | |
| (Mar) 8. CHESCHWAN Okt/Nov | | | |
| 9. KISLEW Nov/Dez | TEMPELWEIHFEST (Chanukka)(25.)<br>- Erinnerung a.d. Wiedereinweihung des Tempels durch Judas Makkabäus 165 vChr | Joh 1o,22 | |
| 1o. TEBET Dez/Jan | | | |
| 11. SCHEBAT Jan/Febr | | | |
| 12. ADAR Febr/März | | | **M 116** |

### Der jüdische Festkalender mit für das Neue Testament wichtigen Festen[38]

In neutestamentlicher Zeit sind zwei Kalender im Gebrauch, der lunisolare Kalender des offiziellen Jerusalems (s. Aufriß) und der solare Kalender priesterlich-sadduzäischer Kreise, dem u. a. die Qumran-Essener folgen (durch die Funde von Qumran im Original greifbar). Während ersterer, verantwortet von einem eigenen Kalenderrat, die religiösen Feste mit Hilfe von Neulichtbeobachtungen und zyklischen Berechnungen für jedes Jahr neu bestimmt, fallen nach letzterem alle Festtage immer gleichbleibend auf denselben Tag (das Passamahl z. B. findet regelmäßig an einem Dienstagabend statt). Zur Ausbildung des dazu notwendigen idealen Sonnenjahres muß man nach ca. 7 Jahren eine Woche, in 28 Jahren insgesamt 5 Wochen einschieben.

Im Unterschied zum religiösen Jahr, das mit dem Nisan im Frühjahr beginnt, fängt das bürgerliche Jahr mit dem Tischri im Herbst an.

## 4.2.2.1.1 „Dreimal im Jahr"

Bei allen drei „Wallfahrtsfesten"[37a] (vgl. M 116), an denen der fromme Jude „vor dem Herrn Jahwe" (Ex 23,17; 34,23) erscheinen soll, handelt es sich um ursprüngliche Naturfeste (vgl. Ex 23,16f par 34), die die israelitischen Stämme teils aus der Wüste mitbringen (Passafest), teils in ihrem neuen Siedlungsgebiet vorfinden (Fest der ungesäuerten Brote; Wochenfest und Laubhüttenfest). Das mit ihnen verbundene Brauchtum übernimmt Israel, nicht aber ohne ihm durch die *Verbindung mit der eigenen Heilsgeschichte* eine neue Bedeutung zu geben.

– Eine doppelte Wurzel haben wahrscheinlich, wie bereits aus dem Doppelnamen zu ersehen[39], das *Passafest* und das *Fest der ungesäuerten Brote,* das Israel 14

---

[37a] Zu den Festen vgl. *Leipoldt/Grundmann,* Umwelt, S. 194–204; *Cornfeld/Botterweck,* Die Bibel und ihre Welt I, Sp. 533–548; *Strack/Billerbeck* IV/1, S. 41–76: Das Passamahl; II, S. 597–602: Pfingsten; II, S. 774–812: Das Laubhüttenfest; *Sevenster,* Passa, in: BHHW III, Sp. 1396–98 (Lit.); *Aalen,* Pfingsten, in: BHHW III, Sp. 1440f (Lit.); *ders.,* Laubhüttenfest, in: BHHW II, Sp. 1052f (Lit.).
[38] Zum jüdischen Kalender vgl. *Strobel* in: BHHW IV, Sp. 2211–28 (zahlreiche Lit.). – Auf die Bedeutung des priesterlich-sadduzäischen Kalenders für Jesu Abendmahl macht erstmals die französische Historikerin *Annie Jaubert* aufmerksam (vgl. La Date de la Cène, Paris 1957; Jésus et le calendrier de Qumrân, in: NTST 7 [1960/61], S. 1–30). Zur Diskussion s. Lit. bei *Strobel.*
[39] Alle drei alttestamentlichen Texte sprechen vom Fest der ungesäuerten Brote, keiner erwähnt das Passa. – Richtig dagegen unterscheidet Markus in Mk 14,1 („vor dem Passa und dem Fest der ungesäuerten Brote"); Lukas beweist demgegenüber seine Unkenntnis, wenn er von dem „Fest der ungesäuerten Brote" spricht, „das Passa genannt wird" (Lk 22,1).

Tage nach dem ersten Frühjahrsmond vom 15.–22. Nisan (März/April) feiert. Während das Passafest wohl auf ein Frühjahrsfest wandernder Hirten mit einem Erstlingsopfer der Herden zurückgeht, hat das Fest der ungesäuerten Brote seinen Grund in einem Frühlingsfest kanaanäischer Bauern, bei dem man acht Tage lang nur ungesäuertes Brot aß. Beide miteinander verbindend, macht Israel sie zum Gedenktag an seinen Exodus aus Ägypten (Ex 12 f).

– Ähnlich verläuft die Entwicklung beim zweiten Wallfahrtsfest, dem *Wochenfest* (Schawuoth), das man 50 Tage (s. πεντηκόστη / pentaekóstae = Pfingsten) nach dem Passafest (Mai/Juni) feiert. Ursprünglich wie das Fest der ungesäuerten Brote ein bäuerliches Fest aus dem kanaanäischen Raum am Ende der Getreideernte, setzt Israel es in Beziehung zur Gesetzgebung und zum Bundesschluß am Sinai (Ex 19 ff).

– „Das heiligste und höchste israelitische Fest" nennt Josephus (Ant VIII 4,1) das *Laubhüttenfest* (Sukkoth) im Monat Tischri (September/Oktober). Ehemals ein herbstliches Erntedankfest der Kanaanäer, bei dem man am Ende der Weinlese in den Erntehütten feierte, gedenkt Israel an ihm seines Wohnens in Hütten während der Wüstenwanderung (vgl. Ex 16 f).

Zu diesen drei Festen im Jahr fordert das Gesetz die Wallfahrt nach Jerusalem, die Wirklichkeit aber zwingt zur Korrektur.[40] So sind zur exakten Befolgung nur jene verpflichtet, die in einem engeren „Gürtel" von „einer Tagereise" um die Stadt leben[41]. Wer weiter entfernt wohnt, entspricht der Gesetzesforderung bereits mit *einer* Wallfahrt im Jahr; von den Gläubigen in der Diaspora erwartet man, daß sie *gelegentlich,* wenigstens aber einmal in ihrem Leben, die Heilige Stadt besuchen[42].

Für *Galiläa* speziell trifft die Bestimmung der einmaligen Jahreswallfahrt zu (vgl. Lk 2,41[43]). Eine dreimalige Verpflichtung war aus ökonomischen und militärischen Gründen nicht zu verantworten, da sie das Land – bei einer Reisezeit von 10–14 Tagen pro Wallfahrt (s. u.) – für 5–6 Wochen von allen Männern entleert hätte[44].

4.2.2.1.2 „... alle deine Männer"

Einheitlich betonen die drei Texte, daß allein die Männer zur Wallfahrt verpflichtet sind. Wie überhaupt die Männer das religiöse Leben Israels tragen und bestimmen – sei es im Tempel, sei es in der Synagoge, sei es zu Hause! Als Mann geboren zu sein kommt in Israel einer göttlichen Erwählung gleich[45].

Zum Mann wird der jüdische Junge mit dem 13. Lebensjahr, dem Eintritt der Geschlechtsreife[46]. Von diesem Zeitpunkt an ist er wie die älteren Männer zur Beobachtung aller Gebote verpflichtet. Vorausgeht dieser Zeit der Verpflichtung eine Zeit der Gewöhnung, in der der Junge durch allmähliche Einübung auf die spätere Erfüllung der Gebote vorbereitet werden soll[47].

An das *Wallfahrtgebot* soll der Junge schon erstaunlich früh gewöhnt werden – nach der Schule des strengeren Schammai, sobald er auf den Schultern des Va-

---

[40] *Ben-Chorin* (Bruder Jesus, S. 115) spricht von einem idealtypischen Gesetz, „das wohl nie voll realisiert werden konnte".
[41] Vgl. hierzu die Einheitsübersetzung der Heiligen Schrift, S. 149.
[42] Vgl. *Cornfeld/Botterweck,* Die Bibel und ihre Welt II, Sp. 1487; *Vollebregt,* Wallfahrt, in: *Haag,* Bibel-Lexikon, Sp. 1868.

[43] Auf Lk 2,41 als indirekten Hinweis für eine einzige Wallfahrt im Jahr macht *Vollebregt,* Wallfahrt, Sp. 1868, aufmerksam.
[44] Vgl. *Ben-Chorin,* aaO., S. 115.
[45] Vgl. *Leipoldt/Grundmann,* aaO., S. 172 ff.
[46] *Strack/Billerbeck* II, S. 145–147.
[47] Vgl. *ders.,* aaO. II, S. 144 ff.

ters den Tempelberg hinaufreiten kann; nach der Schule des liberaleren Hillel dagegen erst, sobald er imstande ist, an der Hand des Vaters den Tempelberg hinaufzusteigen[48]. In den Wallfahrtskarawanen reisen demnach stets Buben mit. Dies auch ist die Situation, die Lk 2, 41ff voraussetzt: Maria und Josef nehmen den zwölfjährigen Jesus nach Jerusalem mit, um ihn in das Wallfahrtsgebot *einzuüben*, „die *gesetzliche Pflicht*, an den Wallfahrtsfesten in Jerus. zu erscheinen, trat für Jesum erst ein Jahr später ein"[49].

Obwohl Frauen, Kinder, Alte und Kranke von der Verpflichtung zur Wallfahrt frei sind[50], geht doch oft die ganze Familie auf die Reise[51], so daß die Dörfer entvölkert zurückbleiben. Von Lydda berichtet Josephus, daß Cestius, der Befehlshaber der römischen Truppen, nur fünfzig Bewohner in der Stadt findet, „da sich alle wegen des Laubhüttenfestes nach Jerusalem begeben hatten" (Bell II 19, 1). Selbst auf dem Höhepunkt des Jüdischen Krieges schreckt man nicht vor den zu erwartenden Gefahren zurück. Obwohl die Römer schon die Stadt belagern, werden nach Bell V 3, 1 noch einmal die Tore geöffnet, um die Pilger einzulassen.

### 4.2.2.2 Auf dem Weg von Galiläa nach Jerusalem

Die Entfernung von Galiläa nach Jerusalem beträgt je nach Ausgangspunkt nur 100–170 km, eine Distanz, die nicht mit der anderer Wallfahrtsdistanzen wie etwa der von Mesopotamien, Griechenland oder Italien zu vergleichen ist, die aber dennoch ihre ganz spezifischen Schwierigkeiten in sich birgt. Im Zusammenhang interessieren vor allem zwei Fragen, die nach den möglichen *Reisewegen* wie die nach den *Bedingungen unterwegs*.

### 4.2.2.2.1 Die Reiserouten

Dem galiläischen Jerusalempilger bieten sich um die Zeitenwende drei Wege an[52]: ein *östlicher* durch das Jordantal, ein *westlicher* entlang der Küste und ein *mittlerer* über die Höhe des westjordanischen Gebirges (vgl. M 117).

– Die *östliche* Route[53] empfiehlt sich vor allem den Pilgern aus den Städten am West- und Ostufer des Sees Gennesaret. Über die Straße am See entlang, vorbei an Magdala und Tiberias, erreichen sie auf einer Landstraße zweiter Ordnung, die westlich des Jordan durch das Stadtgebiet von Skythopolis und durch Samaria verläuft, endlich das jüdische Jericho im Süden. Die Stadt ist aber auch Ziel einer Ostroute[54], die – sich dicht am Fuß des ostjordanischen Gebirges haltend – im nördlichen Teil die Gebiete von Hippos, Gadara und Pella[55], im südlichen das jüdische Peräa, die andere Hälfte der Tetrarchie des Antipas[56], passiert. Dadurch, daß beide Routen von Norden bis Süden hin durch einen von hohen Randbergen abgeschlossenen Grabenbruch, den tiefsten der Welt, verlaufen, leiden sie unter einem mörderischen Klima. Sie als Reiseweg wählen daher auch nur solche, die besondere Gründe

---

[48] Vgl. ders., aaO. II, S. 146.
[49] Ders., aaO. II, S. 147.
[50] Vgl. aaO. II, S. 141f 146.
[51] Vgl. Lk 2,41.43.48, wo ausdrücklich „die Eltern Jesu" erwähnt werden.
[52] Zu den Straßen im Altertum vgl. *Colpe* in: BHHW III, Sp. 1880–82; *Ben-David*, aaO., S. 265–271; *Dalman*, Orte und Wege Jesu, S. 222–256; *Aharoni*, Das Land der Bibel, S. 43–63, bes. S. 62f.

[53] Vgl. zum östlichen Weg *Dalman*, aaO., S. 249–256.
[54] Vgl. ders., aaO., S. 253.
[55] Pella ist wie Hippos und Gadara eine hellenistische Stadt der Dekapolis. In sie und ihr Gebiet zieht sich die jerusalemische Urgemeinde zu Beginn des Jüdischen Krieges (66–70 nChr) zurück und bleibt so verschont.
[56] Peräa beschreibt Josephus in Bell III 3, 3 als ein rauhes und unbewohntes Wüstenland.

haben, sei es, daß sie Samaria umgehen, Peräa oder Jericho besuchen wollen, sei es, daß sie einen „Schleichweg"[57] suchen, weil sie in den Städten nicht gesehen werden wollen.

Von Jericho bis Jerusalem beträgt die Entfernung nur noch etwa 30 km, 30 km aber, die doppelt mühsam sind. Da Jericho 250 m unter Null, Jerusalem dagegen rund 760 m über Null liegt, gilt es auf kurzer Distanz einen Höhenunterschied von 1200 m zu überwinden (s. Querschnitt M 118[58]).

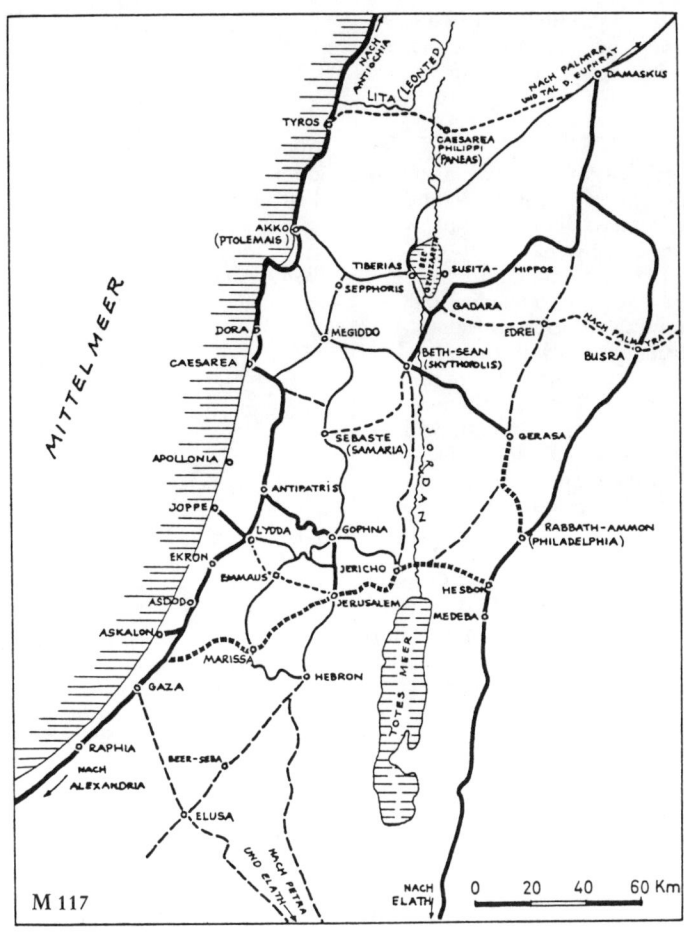

**Die wichtigsten Straßen und Wege im Palästina der Zeitenwende (nach Ben-David)**
Bei aller Unsicherheit im Detail (vgl. anhand von M 34 und M 49 vor allem die Unterschiede im galiläischen Norden) hilft die Karte, die Wege der Pilger aus dem Norden nachzugehen. Einzig im Osten scheint sie ergänzungsbedürftig. Zusätzlich zu der eingezeichneten Route auf dem Westufer des Jordan ist von einer zweiten im Ostjordanland auszugehen. Auf ihr gelangte man in die Dekapolis und – in südlicher Richtung – nach Peräa, die zweite Hälfte der Tetrarchie des Antipas.

---

[57] *Dalman,* Orte und Wege, S. 250.

[58] Nach *Wright/Filson/Schlatter,* Kleiner historischer Bibelatlas.

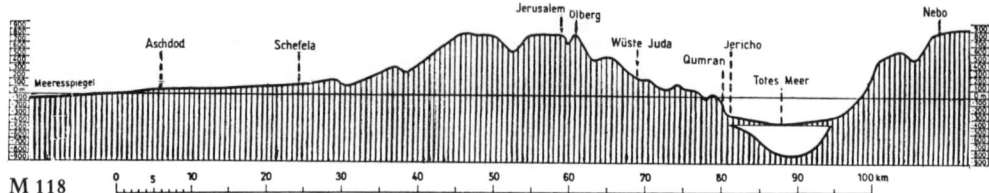

Querschnitt durch das südliche Palästina auf dem Breitengrad von Jerusalem, auf dem deutlich wird, wie das judäische Bergland von Westen her allmählich ansteigt, nach Osten hin dagegen steil abfällt, auf einer Strecke von 30 km etwa 1200 m.

> Nach dem Zeugnis der synoptischen Tradition (vgl. Mk 10 parr) zieht *Jesus* zum Todespassa über diesen Weg durch die Jordansenke nach Jerusalem, einen Grund nennen die Evangelien nicht. Möglich erscheint, daß er noch einmal in die Gegend seines Anfangs zurückkehren will; denn in „Betanien, auf der anderen Seite des Jordan" (Joh 1,28), hatte Johannes ihn getauft. Vielleicht aber auch will er nur mit den Jüngern alleine sein, was zur Wallfahrtszeit nur auf diesem einsamen Wüstenweg möglich ist.

– Um eine Straße ganz anderer Ordnung handelt es sich bei der *westlichen* Route[59]. In ihrem nördlichen Teil (von Sepphoris bis Megiddo) eine zweifellos wichtige, aber untergeordnete Provinzstraße, gehört sie in ihrem mittleren Teil von dem Knotenpunkt Megiddo bis zu dem von Herodes erbauten Antipatris zur ältesten und wichtigsten Handelsstraße des alten Palästina[60], der Via Maris, die, nachdem sie den Karmel überquert hat, in geringer Entfernung zum westjordanischen Bergland durch die bereits von Jesaja (Jes 35,2) gepriesene Scharon-Ebene verläuft. Im Unterschied zu den meisten anderen ist sie ausgebaut, entweder mit Basalt- oder Kalkblöcken gepflastert (M 119[61]) oder mit Kies belegt. Eine erste Möglichkeit, in südöstlicher Richtung nach Jerusalem abzubiegen, bietet sich in Antipatris, eine zweite, weiter südlich, in Lydda. Beide Abzweigungen folgen beim Anstieg

**Römerstraße bei Aleppo.** Sie war 6 m breit und mit behauenen Kalksteinblöcken gepflastert.

günstigen, von der Natur geschaffenen Tälern, ehe sie auf der Wasserscheide in die Höhenstraße einmünden.

– Die überragende Bedeutung des *Höhenweges*[62] durch das Bergland von Samaria und Judäa für die galiläischen Pilger

---

[59] Vgl. hierzu *Dalman*, aaO., S. 235–249.
[60] Vgl. *Ben-David*, aaO., S. 267; vgl. auch *Neef*, Die mutatio Betthar. Eine römische Straßenstation zwischen Caesarea und Antipatris, in: ZDPV 97/1 (1981), S. 74–80; *Hengel*, Der Historiker Lukas und die Geographie Palästinas, in: ZDPV 99 (1983), S. 147–183, bes. S. 173 ff: 6. Antipatris und die Straße von Jerusalem nach Cäsarea.
[61] Aus BHHW III, Sp. 1881 f.
[62] Zum Höhenweg vgl. *Dalman*, aaO., S. 222–235.

|            | Die Feindschaft zwischen Samaritern und Juden im geschichtlichen Überblick |
|---|---|
| 721 vChr: | Eroberung Samarias durch Sargon II. – Wegführung eines Großteils der heimischen Bevölkerung nach Mesopotamien – Vermischung der Zurückgebliebenen mit den assyrischen Kolonisten: jüdisch-heidnisches Mischvolk der Samariter |
|  | Verehrung Jahwes und assyrischer Götter (vgl. 2 Kön 17, 25–34) |
| um 530 vChr: | Das Angebot der Samariter, beim Wiederaufbau des Tempels in Jerusalem zu helfen, wird von Serubbabel abgelehnt (Esra 4, 1 ff). Jerusalemer Kultgemeinde schließt die Samariter wegen Unreinheit aus |
|  | Beginn eines religiösen Schismas |
| um 350 vChr: | Bau eines eigenen Tempels auf dem Berg Garizim beim Sichem – Beschränkung auf den Pentateuch als einziges religiöses Schriftwerk – zunehmende Entfremdung |

Rekonstruktion des samaritischen Tempels

| 107 vChr: | Zerstörung des samaritischen Tempels durch Johannes Hyrkanus – endgültiger Bruch |
|---|---|
| Zeit Jesu: | Offene Feindschaft (vgl. Lk 9, 52 f; Mt 10,5; Joh 4, 9 f) – Der Berg Garizim dient den Samaritern als Kultstätte (vgl. Joh 4, 20). – Der Haß auf jüdischer Seite ist so groß, daß man die Samariter im Synagogengottesdienst öffentlich verflucht und Gott darum bittet, er möge ihnen keinen Anteil am ewigen Leben schenken. – Die Samariter ihrerseits rächen sich dadurch, daß sie in den Jahren 6–9 nChr einen jüdischen Passagottesdienst dadurch verunmöglichen, daß sie den Tempelplatz durch das Ausstreuen menschlicher Gebeine verunreinigen (vgl. z. B. Ant XX 6, 1 und Bell II 12, 3). |
| M 120 |  |

bestätigt Josephus mit der Bemerkung, daß die Galiläer „die Gewohnheit hatten, wenn sie zu den Festen nach der Heiligen Stadt zogen, ihren Weg durch das Land der Samariter zu nehmen" (Ant XX 6, 1). Diese Route, die östlich von Megiddo beginnt und – dem Höhenzug des westjordanischen Gebirges folgend – an Sebaste, der ehemaligen Hauptstadt des Nordreiches Israel, vorbei über Gophna und Jerusalem nach Hebron führt, ist nicht nur die kürzeste der drei Wallfahrtsrouten, sondern auch die sicherste und bequemste. Nach Josephus erreicht man auf ihr Jerusalem von Galiläa aus in drei Tagen (Vita 52). Dadurch, daß sie stets durch bewohntes Gebiet führt, bietet sie Schutz vor Räuberbanden und erleichtert Verpflegung und Unterkunft[63]; da sie der Höhe folgt, ist sie auch klimatisch günstiger als die beiden „Parallelen" im Westen und Osten.

Ein Hindernis allerdings – vor allem für torafromme Juden, die die Gefahr der Verunreinigung fürchten – stellen die Samariter dar, deren Gebiet man nicht nur passieren, sondern auch als Rastplatz für mindestens eine Nacht nutzen muß. Der gegenseitige Haß ist in sieben Jahrhunderten gewachsen (s. geschichtlichen Überblick M 120) und so tief, daß es gelegentlich zu handgreiflichen Belästigungen kommt.

> Seinen Niederschlag hat dieser Haß auch in den *Evangelien* gefunden:
> – Lukas berichtet davon, daß man Boten Jesu, die in einem samaritischen Dorf eine Unterkunft besorgen sollen, zurückweist (vgl. Lk 9, 52).
> – In Joh 4, 9 fragt eine Samariterin Jesus bei seiner Rast am Jakobsbrunnen entsetzt: „Wie kannst du als Jude von mir, einer samaritischen Frau, zu trinken begehren?" Zur Erklärung fügt der Evangelist hinzu: „Die Juden verkehren nämlich nicht mit den Samaritern."
> – Während Markus Samaria nie erwähnt, empfiehlt der matthäische Jesus den ausziehenden Jüngern, „keine Stadt der Samariter" (Mt 10, 5) zu betreten. Da dieses Wort schwerlich aus dem Munde Jesu stammt, sondern auf spätere Redaktion zurückgeht[64], zeigt es, daß sich der Haß – trotz Jesu eindringlicher Aufrufe zur Feindesliebe (vgl. Mt 5, 44; Lk 6, 27.35; 10) – bis zum Ende des 1. nachchristlichen Jahrhunderts erhalten hat.

Der Höhenweg hat bis in die Gegenwart hinein seine Brisanz bewahrt. Wer ihn heute von Norden nach Süden oder in umgekehrter Richtung befährt, begegnet im palästinensischen Westbankgebiet, dem ehemaligen Samaria, dem gleichen Haß wie vor 1900 Jahren – geändert hat sich allein der Name der Bevölkerung.

#### 4.2.2.2.2 Unterwegs

a) Innerhalb Palästinas reist man um die Zeitenwende in *Reisegesellschaften, Pilgergruppen* oder *Karawanen*[65]. Ein solcher Zusammenschluß ist notwendig, da „die Landstraßen, die Jerusalem mit anderen Teilen des Landes (verbinden), nicht mehr sicher"[66] sind[67]. Unter den Reisenden sind für Räuber und Wegelagerer insbesondere die Pilger begehrtes Ziel, da von ihnen bekannt ist, daß sie außer Geld für Verpflegung und Einkäufe in Jerusalem die vorgeschriebene Tempelsteuer (vgl. II, 4.2.1) und den zweiten Zehnten mit sich führen[68] (M 121).

b) Meist reist man *zu Fuß*, was als besonders verdienstvoll gilt, zuweilen auch auf einem *Esel*, selten dagegen in einem *Wagen*[69]. Je größer die Reisegruppe, um so langsamer ist das Tempo. Nach Josephus (Vita 52) legt ein eilig Reisender die 100 km von der Südgrenze Galiläas bis Jerusalem in drei Tagen zurück, was eine durchschnittliche Tagesleistung von 35 km

---

[63] Den Charakter eines „Straßenbrunnens" (vgl. *Dalman*, aaO., S. 229), an dem man auf der Reise nach Jerusalem haltmacht und rastet, ist der Jakobsbrunnen am Taleinschnitt von Ebal (dem Berg des Fluches) und Garizim (dem Berg des Segens). Mit seinem Namen verbindet man die Erinnerung an den Patriarchen Jakob, der auf seinem Rückweg von Mesopotamien in dieses Tal zwischen Ebal und Garizim kommt (vgl. Gen 33, 18 ff), hier ein Stück Land kauft, seine Zelte darauf aufschlägt und einen tiefen Brunnen gräbt (die Angaben schwanken zwischen 32 und 50 m).
[64] *Schweizer*, Matthäus, S. 152.
[65] Vgl. *Strack/Billerbeck* II, S. 148. – Nach Lk 2, 44 setzte sich eine solche „Reisegesellschaft" (ἡ συνοδία / hae synodía) aus „Verwandten und Bekannten" zusammen.
[66] *Ben-Sasson*, Geschichte des jüdischen Volkes I, S. 334.

M 121

**Judäische Wüste**
zwischen Jericho und Jerusalem. Auf die unsicheren Reiseverhältnisse spielt Jesus im Gleichnis vom barmherzigen Samariter (Lk 10, 30–35) an. Schauplatz der Szene ist die berühmt-berüchtigte Wüstenstraße von Jerusalem nach Jericho, die mit ihren zerklüfteten Felsen, ihren Wadis und Höhlen Räubern gute Versteckmöglichkeiten bietet. Einem arabischen Sprichwort zufolge geht man bekleidet zum Toten Meer und zur Jericho-Steppe hinunter und kehrt nackt zurück.

ergibt. Angaben im Talmud[70] schwanken zwischen 24 km und 64 km pro Tag. Eine Hochleistung von 64 km ist allerdings nur in der kühleren Jahreszeit möglich, wenn man wenigstens 10–12 Stunden unterwegs sein kann; in den heißen Sommermonaten, die nur in den frühen Morgen- und den späten Abendstunden zu reisen erlauben, muß man sich nach Ben-David mit 12–13 km zufriedengeben[71]. Unter Berücksichtigung beider Extreme läßt sich für eine Pilgergruppe zum Passafest, im klimatisch günstigen Frühling also, allerdings mit Frauen und Kindern im Gefolge, eine Tagesleistung von 20–30 km vermuten. Das bedeutet für die Reisegesellschaft aus Nazaret z. B., das von Jerusalem ca. 135 km entfernt liegt, wenigstens vier Tage angestrengten Wanderns mit drei Übernachtungen.

c) Die *Strapazen* einer solchen Reise, selbst wenn man nur aus dem nahen Galiläa und nicht aus dem fernen Mesopotamien, Griechenland oder Italien anreist, sind groß. Zu den täglichen Mühen, die die Wanderung auf steinigen und staubigen Straßen[72] mit sich bringt, kommen Hunger und Durst, Hitze und Regen, Unbequemlichkeiten vor allem in nur provisorischen Nachtquartieren; denn die wenigen Herbergen (vgl. Lk 10, 34), die man voraussetzen darf, können dem Ansturm zu den Wallfahrtszeiten nicht genügen. Bei einer geschätzten Bevölkerung Galiläas von 200 000–300 000 ist damit zu rechnen, daß Tausende unterwegs sind.

---

[67] Zu ihnen gehören auch der zuletzt beschriebene Höhenweg von Galiläa durch Samaria nach Judäa wie die östliche Route über Jericho (vgl. *Ben-Sasson*, aaO., S. 334).
[68] Vgl. *Lohse*, Umwelt des Neuen Testaments, S. 82 182; *Jeremias*, Jerusalem zur Zeit Jesu, S. 67.
[69] In einem Wagen reist beispielsweise der Kämmerer der Königin Kandake aus Äthiopien (vgl. Apg 8, 27 f). – Zu den Verkehrsmitteln in alter Zeit vgl. *Ben-David*, aaO., S. 269 f;

*Galling*, Biblisches Reallexikon, S. 356.
[70] Vgl. TJ Berachoth I–1–2 c; TB Pesachim 94.
[71] Vgl. *Ben-David*, aaO., S. 266.
[72] Ehe die Römer aus militärischen Gründen das Straßennetz durch Abtragen von Hügeln, Zuschütten von Mulden und Wegschaffen von Steinen, durch die Pflasterung von Wegen und durch die Errichtung von dauerhaften Brücken ausbauen (begonnen etwa 6 vChr), sind die Wege in schlechtem Zustand (vgl. *Ben-David*, aaO., S. 265 f).

d) Die körperlichen und seelischen Strapazen aber sind überlagert von einer *heiteren und fröhlichen Grundstimmung*. In der Rückerinnerung an frühere Wallfahrten, an denen er noch teilnehmen konnte, entsinnt sich der Beter von Ps 42: „Das Herz geht mir über, wenn ich daran denke, wie ich zum Hause Gottes zog in festlicher Schar, mit Jubel und Dank in feierlicher Menge" (V. 5). Im gleichen Sinne bekennt ein anderer in Ps 122,1: „Voll Freude war ich, da sie mir sagten: ‚Wir ziehen zum Hause des Herrn!'"

Jubel, Dank und Freude finden ihren Ausdruck in Gebet und Gesang. In den Psalmen 120–134 enthält der alttestamentliche Psalter eine Gruppe von Liedern und Gebeten, die man nach Kraus „ein ‚Wallfahrtsliederbuch' nennen könnte"[73]. Während Ps 132 auf seinen Gebrauch bei der Prozession zum Tempelberg hinweist, läßt Ps 122 vermuten, daß „der ganze Vorgang der Wallfahrt zu bedenken sein wird"[74]. Munteres Geschwätz und frohes Lachen wechseln demnach mit Gebet und Psalmengesang.

### 4.2.2.3 Am Ziel

Während die Pilger, die den Weg über Jericho gewählt haben, fast bis zum letzten Augenblick auf den Anblick der Stadt warten müssen, treten die aus nördlicher Richtung Ankommenden schon früh in den Horizont Jerusalems ein. Aber ob vom Ölberg im Osten oder von der „Späherhöhe" im Norden[75], von beiden höher gelegenen Punkten aus bietet sich dem Betrachter ein überwältigendes Panorama: die auf zwei Bergzungen hochgebaute Stadt, umgeben von einer starken Mauer (vgl. Ps 122,2f), im Innern angefüllt mit einem Gewirr von Häusern, Palästen und Hochbauten (vgl. Ps 48,13f), aus denen die Burg Antonia im Nordosten und der Herodespalast im Westen als Glanzstücke herausragen[76] (M 122).

Alles überstrahlender Mittelpunkt aber ist der ebenfalls von Herodes I. erweiterte und erneuerte *Tempel*[77] im Osten der Stadt (M 123). Unter all den vielen Baulichkeiten, die der halbheidnische König in der Zeit seiner Regierung von 37–4 vChr hat errichten lassen[78], kommt ihm der erste Rang zu. Seine Einzigartigkeit veranlaßt einen Rabbiner in Babylon zu der Bemerkung: „Wer den Tempel des Herodes nicht gesehen hat, hat niemals ein wirklich schönes Bauwerk kennengelernt"[79] (vgl. Mk 13,1). Doch ist es nicht der äußere Glanz

---

[73] *Kraus*, Psalmen I, S. XXI. – Vgl. *Seybold*, Die Wallfahrtspsalmen. Studien zur Entstehungsgeschichte von Psalm 120–134, 1978.
[74] *Kraus*, aaO., S. XXII.
[75] Heute bekannt unter dem Namen „Skopus" im Norden der Stadt. – Vgl. Bell II 19,4.6 und V 3,2; Ant XI 8,5: „... man kann nämlich von hier aus ganz Jerusalem nebst dem Tempel überblicken."
[76] Zum herodianischen Jerusalem vgl. *Wilkinson*, Jerusalem as Jesus knew it, London 1978; *Avigad*, Discovering Jerusalem, Jerusalem 1980; *Murphy-O'Connor*, Das Heilige Land, S. 31–146; *Otto*, Jerusalem, S. 127–173.
[77] Zum Herodianischen Tempel vgl. *Rüger* in: BHHW III, Sp. 1940–47; *Mazar*, Der Berg des Herrn, S. 99–119; *Ben-Dov*, The Dig at the Temple Mount, Jerusalem 1982 (hebr.).
[78] Seiner Baulust frönt Herodes I. im Neubau bzw. Wiederaufbau von Samaria, Cäsarea am Meer, Banjas (späteres Cäsarea Philippi) und Jericho; in der Errichtung der Festungen Alexandria, Dok, Herodeion, Hyrkania, Machaerus, Masada; in der glanzvollen Ausgestaltung der Hauptstadt Jerusalem mit einem römischen Theater und einem Hippodrom, der Burg Antonia, einem Palast und zuletzt dem Tempel.
[79] Zit. nach *Mazar*, aaO., S. 105.

## Jerusalem zur Zeit Jesu

Das Jerusalem der Zeit Jesu breitet sich, auf allen vier Seiten von einer Mauer umgeben (die nördliche Mauer, die den Teich Betesda und das Grab Jesu einschließt, stammt aus späterer Zeit) auf zwei nordsüdlich verlaufenden Bergzungen aus. Zugang ermöglichen sieben Tore, Tal-, Garten- und Efraim-Tor im Westen, Fisch- und Schaftor im Norden, Quell- und Goldenes Tor im Osten.

Mittelpunkt der Stadt ist der Tempel des Herodes mit seinem riesigen Vorhof der Heiden und der Burg Antonia im Nordwesten. Von der Oberstadt mit ihren Palästen trennt ihn das Käsemachertal (Tyropoion), zur Zeit Jesu sicherlich um einiges tiefer als heute; der Müll der Jahrhunderte hat es so weit angefüllt, daß nur Eingeweihte es noch ausmachen können. Von den im Plan ausgewiesenen Palästen ist einzig der Palast des Herodes in seiner Lage gesichert. Doch liegen aller Wahrscheinlichkeit nach auch der Hasmonäer- und der Kajaphas-Palast hier

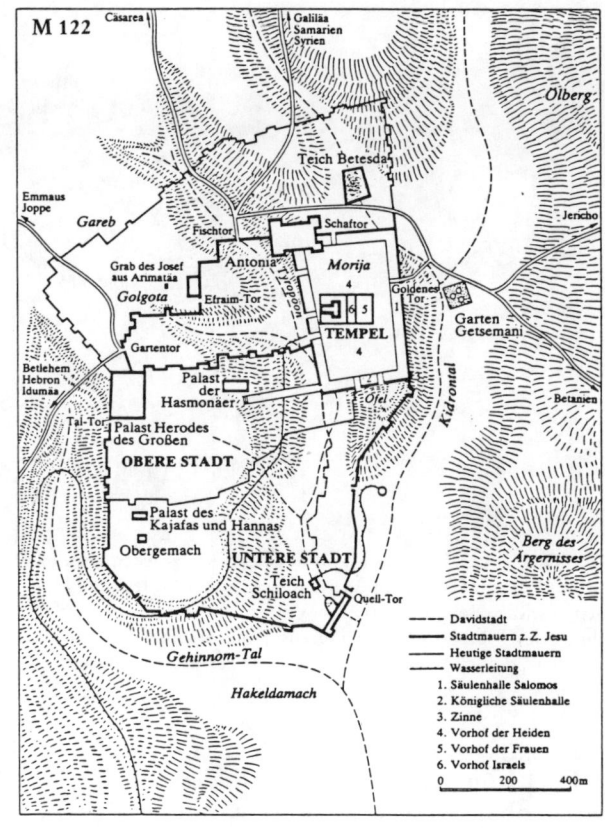

M 122

in der Oberen Stadt, da die Unterstadt von der ärmeren Bevölkerung bewohnt wird. Alle unsere Aufmerksamkeit richtet sich auf jene Punkte im Stadtplan, die mit Jesus zu verbinden sind: Historisch gesichert scheinen nur zwei, der Garten Getsemani am Ölberg im Osten und die Hinrichtungsstätte Golgota mit dem benachbarten Grab des Josef von Arimathäa im Westen der Stadt, beide außerhalb der Stadtmauer gelegen. Umstritten sind dagegen die Lage des Kajaphaspalastes und der Aufenthaltsort des Pilatus, die beide für den Prozeß Jesu von Bedeutung sind. Was Pilatus anbetrifft, residierte er eher im Herodespalast als in der Burg Antonia.

des Heiligtums, der den heiligen Berg für Millionen in Palästina wie in der Diaspora zum „Mittelpunkt der ganzen Welt" (Ps 48,3) macht. Die entscheidende Triebkraft, die alljährlich Tausende unter Mißachtung von Strapazen und Gefahren in Jerusalem zusammenführt, ist vielmehr der Glaube Israels an den Tempel als „die Stätte der göttlichen Gegenwart"[80], als das „Haus" (Ps 42,5; 55,15; 84,11; 135,2), die „Wohnung" (Ps 74,2; 84,1; 132,7.13), die „Wohnstatt" (Ps 76,3) des „Deus praesens"[81], auch wenn man sich mit Salomo durchaus bewußt ist, daß „die Himmel und der Himmel der Himmel" ihn nicht zu fassen vermö-

---

[80] *Safrai*, Das jüdische Volk im Zeitalter des Zweiten Tempels, S. 59.

[81] *Kraus*, aaO. I, S. XLIII u. ö.

M 123

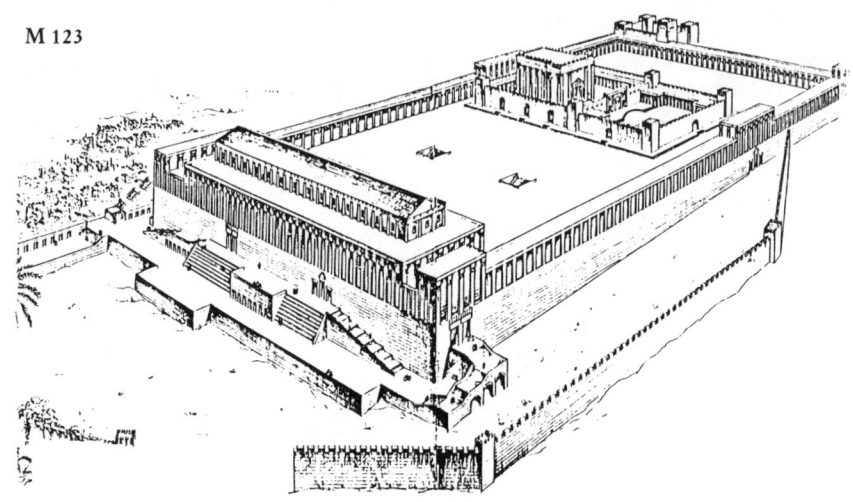

**Der Tempel des Herodes I. von Südosten her gesehen:** In der Mitte des riesigen Plateaus erhebt sich auf einem etwa zehn Meter aufragenden Podest das Heiligtum mit seinen Vorhöfen für Juden. Heiden stehen der riesige Vorhof und die umlaufenden Säulenhallen offen. Zur Überwachung des Tempels und der hier zusammenströmenden jüdischen und heidnischen Menschenmassen dient die im Nordwesten von Herodes ausgebaute und nach seinem Freund benannte Burg Antonia.

gen, „geschweige denn dieser Tempel" (1 Kön 8,27). Viele empfinden wie der Beter von Ps 84: „Ein einziger Tag in den Vorhöfen deines Heiligtums ist besser als tausend andere" (Ps 84,11; vgl. V. 3).

a) „Vor Jahwe, dem Gott Israels" (Ex 34,23)
So ist denn auch das erste Ziel, dem man zustrebt, aus welcher der vier Himmelsrichtungen man auch anreist, der Tempel. Bei „Flötenspiel, ... unter Pauken und Zithern und mit Reigen" zieht man hinauf „zum Berg des Herrn, zu Israels Felsen" (Jes 30,29.32b). Das prophetische Bild ergänzt die Mischna: „Und der Ochse geht vor ihnen her, und seine Hörner sind mit Gold überzogen, und ein Kranz aus Ölbaumzweigen ist auf seinem Kopfe, und die Flöte gibt vor ihnen den Ton an"[82], den Ton zum großen Hallel, den Psalmen 113–118, mit denen man in die Stadt einzieht[83].
Den Heranziehenden antworten aus dem Innern des Tempelbezirkes die Priester[84] mit den letzten Versen von Ps 118[85]:

„Hosianna! (= Ach, Herr, bring doch Hilfe!)
Gesegnet sei, der kommt im Namen des Herrn!
Wir segnen euch vom Hause des Herrn her ...
Mit Zweigen in den Händen
schließt euch zusammen zum Reigen,
bis zu den Hörnern des Altars ziehet hinan!" (Ps 118,25–27).

b) Auf Quartiersuche
Erst nach dem Besuch im Tempel macht man sich in der überfüllten Stadt[86] auf Quartiersuche. Dabei können die *galiläischen* Pilger, die alljährlich wenigstens

---

[82] Bikkurim 3,3.
[83] Vgl. *Lohse* in: ThWNT IX, S. 682–684; Strack/Billerbeck I, S. 845.
[84] Vgl. *Gnilka*, Markus II, S. 118.

[85] Nach *Strack/Billerbeck* I, S. 845, ist der Hosiannaruf „jedermann in Israel" geläufig, selbst im Munde von Kindern ist er nicht ungewöhnlich (vgl. Mt 21,15).

einmal anreisen, vermutlich auf feste Kontakte zurückgreifen. Aus der als „gesichertes historisches Datum"[87] anzusehenden Tatsache, daß Jesus in Betanien[88] bei offenbar guten Freunden[89] zu übernachten pflegte, schließt Jeremias, „daß das Standquartier der galiläischen Pilger im Osten lag"[90]. Für auswärtige Wallfahrer, die niemanden kennen, bei dem sie bleiben können, gibt es öffentliche Herbergen und Hospize[91], doch können sie dem Ansturm der Massen in diesen Tagen nicht genügen. Ein Großteil von ihnen muß daher im Freien übernachten.

c) Tage voller Geschäftigkeit
Die Tage vor dem Fest sind angefüllt mit vielerlei Aktivitäten:
– Um den Bedürfnissen der Festbesucher entgegenzukommen, beginnt drei Wochen vor dem Passafest der große Passamarkt[92].
– Diejenigen, die sich im Laufe des Jahres verunreinigten, suchen sich durch den Vollzug der vorgeschriebenen Reinigungsriten (vgl. Num 9,6–13; 2 Chr 30,15–19) zu heiligen[93].
– Schließlich erfordert jedes der drei Wallfahrtsfeste spezifische Festvorbereitungen[94].

d) Die Festfeier
Das Fest selber begeht man in der vorgeschriebenen Fröhlichkeit (vgl. Dtn 16,14; Ant XVII 9,3). „Fröhlich sein" (hebr. שמח śmḥ), im alten Israel „ein fester Terminus für die Feier kultischer Feste"[95] (vgl. Lev 23,40; Dtn 12,12.18; 14,26; 16,11; 27,7 u. ö.), meint „die sich spontan und elementar äußernde Freude"[96], die in Freudensprüngen, Aufstampfen mit den Füßen und Händeklatschen, in Tanz, Musik und Freudengeschrei ihren Ausdruck sucht. Sie gehört (bis heute) so unabdingbar zu jüdischen Festen hinzu, daß die Rabbinen später gar von der „Pflicht" zur Festfreude sprechen[97].

4.2.2.4 Die Rückkehr

Das Passa zusammen mit dem Fest der ungesäuerten Brote dauert acht Tage[98], das Wochenfest einen Tag[99], das Laubhüttenfest sieben Tage[100]. Ob die Wallfahrer das ganze Fest oder nur einzelne Tage in Jerusalem verbringen mußten, um der Wallfahrtspflicht zu genügen, läßt sich nicht mehr entscheiden[101]. Aus der mangelnden Übereinstimmung der dazu vorliegenden Meinungen darf man schließen, „daß die Frage überhaupt nicht fest geregelt war: man wird es den einzelnen Festbesuchern überlassen haben, die Dauer ihres Aufenthalts in Jerus. selbst zu bestimmen."[102]

---

[86] Nach Berechnungen von *Jeremias* kommen zum Passafest zu 25000–30000 Einwohnern etwa 85000–125000 Festpilger hinzu (vgl. Jerusalem zur Zeit Jesu, S. 89–98). – Zur Einwohnerzahl von Jerusalem um die Zeitenwende vgl. *Otto*, Jerusalem, S. 148; *Broshi*, La population de l'ancienne Jérusalem, in: RB (1975), S. 5–14; *Mazar*, aaO., S. 188 ff.
[87] *Pesch*, Markus II, S. 187.
[88] Zu Betanien vgl. *Bagatti*, Béthanie, in: DBS VI, Sp. 695–699; *Kroll*, Auf den Spuren Jesu, bes. S. 371 ff 376 f 403 f; *Saller*, Excavations at Bethany, Jerusalem 1957.
[89] Mit Betanien und dort ansässigen Menschen verbinden Jesus mehrere evangelische Traditionen: die markinische Tradition (Mk 11,11 par Mt 21,7; 14,3 par Mt 26,6), das lukanische Sondergut (Lk 10,38–42; vgl. Joh 11) und die Semaia-Quelle des Johannes (Joh 11).
[90] *Jeremias*, Jerusalem zur Zeit Jesu, S. 70.
[91] Vgl. *Ben-David*, aaO., S. 251; *Mazar*, aaO., S. 190.
[92] Vgl. *Jeremias*, aaO., S. 51.
[93] Vgl. *Strack/Billerbeck* IV/1, S. 47.
[94] Vgl. *ders.*, aaO. IV/1, S. 41–76; *ders.*, aaO. II, S. 597–601; *ders.*, aaO. II, S. 774–812; *Grundmann*, Umwelt, S. 199–205.
[95] *Jenni/Westermann* (Hrsg.), Theologisches Handwörterbuch zum Alten Testament II, Sp. 828–835, hier Sp. 831.
[96] *Dies.*, aaO., Sp. 829.
[97] Vgl. *Strack/Billerbeck*, aaO. II, S. 143 f.
[98] Vgl. *ders.*, aaO. I, S. 987 f.
[99] Vgl. *ders.*, aaO. II, S. 601 f.
[100] Vgl. *ders.*, aaO. II, S. 774.
[101] Vgl. *ders.*, aaO. II, S. 147.
[102] *Ders.*, aaO. II, S. 148.

# Exkurs:
# In der Spannung zwischen Galiläa und Jerusalem
# – Galiläa und Jerusalem im Markus-Evangelium

Nach *Markus* spielt Jesu „Geschichte" im wesentlichen auf zwei Schauplätzen[1]: in *Galiläa* und in *Jerusalem* (vgl. Textaufriß M 124).

Der literarische Raum, den der Evangelist *Galiläa* schenkt, erstreckt sich von 1,14 – 9,50. – Ihm steht auf der Gegenseite ein bescheidener Komplex von sechs Kapiteln mit *Jerusalem* als Ort des Geschehens gegenüber (11,1 – 16,8). – Die Überleitung zwischen beiden Polen stellt Kapitel 10 her[2], das Jesus auf der Wanderung in

| | | | |
|---|---|---|---|
| I. | 1 | Rückkehr nach Galiläa – Berufung der ersten Jünger – In der Synagoge von Kafarnaum ... | GALILÄA Kafarnaum |
| | 2 | Heilung eines Gelähmten – Berufung des Levi und Mahl mit den Zöllnern – Fastenfrage ... | Kafarnaum |
| | 3 | Heilung eines Mannes am Sabbat – Wahl der Zwölf – Jesus und seine Angehörigen ... | |
| | 4 | Gleichnisse vom Reich Gottes | Am Ufer des Sees |
| | 5 | Heilung des Besessenen von Gerasa – Auferweckung der Tochter des Jairus ... | DEKAPOLIS GALILÄA |
| | 6 | Ablehnung in Nazaret – Aussendung der Zwölf – Enthauptung des Täufers – Speisung der 5000 ... | Nazaret Gennesaret |
| | 7 | Erhörung der Bitte einer heidnischen Frau – Heilung eines Taubstummen ... | Tyrus/Sidon DEKAPOLIS |
| | 8 | Speisung der 4000 ... – Heilung e. Blinden b. Betsaida – Messiasbekenntnis – 1. Leidensvorhersage | Betsaida Cäsarea Philippi |
| | 9 | Verklärung – Heilung eines besessenen Jungen – 2. Leidensvorhersage – Rangstreit der Jünger ... | GALILÄA Kafarnaum |
| | 10 | Von der Ehescheidung – Segnung der Kinder ... – 3. Leidensvorhersage – Heilung e. Blinden b. Jericho | JUDÄA u. d. Gebiet jens.d.Jord. – Jericho |
| II. | 11 | Einzug in Jerusalem – Tempelreinigung – Vom Glauben – Frage nach der Vollmacht Jesu ... | JERUSALEM |
| | 12 | Gleichnis von den bösen Winzern – Frage nach der kaiserl. Steuer – Zur Auferstehung der Toten ... | JERUSALEM |
| | 13 | Rede über die Endzeit | JERUSALEM |
| | 14 | Salbung in Betanien – Verrat durch Judas – Abendmahl – Gang zum Ölberg – Gefangennahme ... | JERUSALEM |
| | 15 | Verhandlung vor Pilatus – Verspottung d. die Soldaten – Kreuzigung – Tod Jesu – Begräbnis Jesu | JERUSALEM |
| | 16 | Botschaft des Engels im leeren Grab | JERUSALEM |

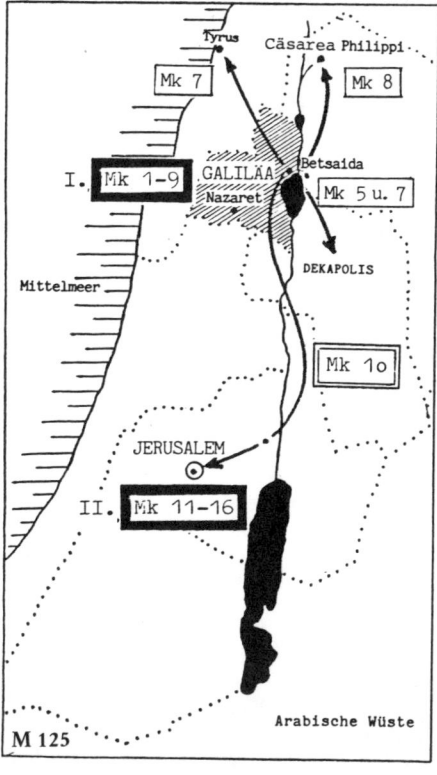

M 125

---

[1] So *Marxsen*, Der Evangelist Markus, S. 34; *Kertelge*, Die Epiphanie Jesu im Evangelium, in: *J. Schreiner* (Hrsg.), Gestalt und Anspruch des Neuen Testaments, S. 168; *Preuß*, Galiläa im Markusevangelium, S. 50.

[2] Vgl. *Marxsen*, aaO., S. 34; *Kertelge*, aaO., S. 168; *Reploh,* Markus, S. 173 178 f. – Anders *Preuß*, aaO., S. 50. Nach ihm erstreckt sich der Überleitungsteil zwischen 8,27b – 10,52.

Judäa/Peräa (vgl. 10,1.17.32) zeigt. Daß die Reise Jerusalem zum Ziel hat, wird spätestens in 10,33 deutlich, wo Markus Jesus den Zwölfen sagen läßt: „Wir gehen jetzt nach Jerusalem hinauf ..."

So überzeugend sich dieser Markus-Aufriß auf einer Palästinakarte (M 125) auch ausnimmt, er darf nicht historisch als der äußere Verlauf der „Geschichte" Jesu verstanden werden. Dagegen spricht nicht nur die Einsicht der Formgeschichte, daß die älteste Jesusüberlieferung „‚Perikopen'-Überlieferung"[3] mit wenig exakten chronologischen und topographischen Angaben war, sondern neben Beobachtungen im Evangelium selber[4] auch das völlig anders strukturierte *Johannesevangelium* (M 126).

Am greifbarsten wird der Unterschied zwischen Johannes und den Synoptikern besonders in puncto „Jerusalem". Während Markus und mit ihm Matthäus und Lukas nur von *einer* Reise Jesu in die Heilige Stadt berichten, weiß der vierte Evangelist von wenigstens vier Besuchen. Anlaß sind das Passafest (Joh 2,13ff und 12,9ff), das Laubhüttenfest (Joh 7,2ff) und ein nicht zu identifizierendes „Fest der Juden" (Joh 5,1). Des weiteren ist Jesu Anwesenheit beim Tempelweihfest vorausgesetzt (Joh 10,22ff). Damit erweist sich das Fest als ein „äußerst beliebte(s) Motiv"[5] des Evangelisten, mit dessen Hilfe er in seinem ausgeprägten Bemühen um Chronologisierung und Historisierung[6] versucht, „dem Aufbau seines Evangeliums das Aussehen einer historischen Erzählung zu geben"[7]. Vor einer unbefangenen historischen Auswertung ist daher zu warnen. – Die „Zwischenräume" zwischen den einzelnen Reisen nach Jerusalem füllt Johannes mit Traditionen, die in Peräa, Galiläa, Samaria und Judäa spielen. Sein Interesse an dem Wo der Jesusereignisse ist so ausgeprägt, daß zu jeder Perikope „ein ganz bestimmter geographischer Ort"[8] gehört. Sinn und Bedeutung dieses Interesses zu hinterfragen ist hier nicht der Ort[9].

Daß der geographische Aufriß des Evangeliums redaktionelles Werk des Markus ist, ist inzwischen gesichertes Ergebnis der Redaktionsgeschichte[10]. In der von der Tradition offengelassenen Frage der Chronologie und Topographie bietet sich ihm die Möglichkeit eines theologischen Eigenentwurfs. Seine „grobe Aufteilung (sc. des Evangeliums) auf zwei geographische Bereiche hat einen tieferen Sinn"[11].

---

[3] *Schmidt*, Der Rahmen der Geschichte Jesu, S. V.
[4] Bekannte in Betanien (14,3) wie auch der Ausspruch Jesu, daß er täglich im Tempel gelehrt habe (vgl. 14,49), sind Hinweise dafür, daß Jesus sich öfter oder auch länger in Jerusalem aufgehalten hat. – Vgl. *Lohmeyer*, Galiläa und Jerusalem, S. 28; *Marxsen*, aaO., S. 34.
[5] *Schulz*, Johannes, S. 49.
[6] Vgl. *ders.*, aaO., S. 45 47 65.

[7] *Ders.*, aaO., S. 49.
[8] *Kundsin*, Topologische Überlieferungsstoffe im Johannes-Evangelium, S. 13.
[9] Vgl. *ders.*, ebd.; *Schnackenburg*, Johannes I und II; *Blank*, Johannes 4/1a, S. 32ff; *Rissi*, Der Aufbau des vierten Evangeliums, in: New Testament Studies 29 (1983), S. 48–54.
[10] „Dieser Aufriß" bemerkt *Marxsen*, „ist von Markus geschaffen" (aaO., S. 34).
[11] *Kertelge*, aaO., S. 168.

| Joh | | |
|---|---|---|
| 1,19-51 | Bei dem Täufer in Betanien jenseits des Jordan - Taufe - erste Jünger - Aufbruch nach Galiläa | PERÄA |
| 2,1-11<br>2,12 | Zur Hochzeit in Kana in Galiläa<br>Nach Kafarnaum hinab | GALILÄA |
| 2,13-22<br>3,1-21 | Zum Passafest nach Jerusalem hinauf - Tempelaustreibung<br>Gespräch mit Nikodemus | 1. Reise nach Jerusalem / PASSA |
| 3,22-36 | Aufenthalt und Taufe in der Landschaft Judäa - (Johannes tauft in Änon bei Salim) | JUDÄA |
| 4,3-42 | Auf dem Weg nach Galiläa Rast in einer Stadt der Samariter mit Namen Sychar - Gespräch am Jakobsbrunnen - 2tägiger Aufh. | SAMARIA |
| 4,43-54 | Weggang nach Galiläa - Ankunft in Kana - Fernheilung des Sohnes des königl. Beamten | GALILÄA |
| 5,1<br>5,2-16<br>5,17-47 | Reise zum "Fest der Juden" (?) nach Jerus.<br>Heilung eines Kranken am Betesdateich<br>Offenbarungsreden | 2. Reise nach Jerusalem |
| 6,1-15<br>6,4<br>6,17-71<br>7,1 | Zum jenseitigen Ufer des galiläischen Meeres - wunderbare Speisung<br>Erwähnung eines Passafestes<br>Rückfahrt der Jünger nach Kafarnaum - Seewandel Jesu - Eucharist. Predigt i.d.Syn.<br>Wanderung in Galiläa umher | GALILÄA / PASSA |
| 7,2-13<br>7,14-10,21 | Reise zum Laubhüttenfest nach Jerusalem<br>Streitgespräche mit den Juden Offenbarungsrede - Begegnung mit der Ehebrecherin - Heilung eines Blindgeborenen | 3. Reise nach Jerusalem |
| 10,22-39 | Zum Tempelweihfest in Jerusalem | |
| 10,40-42 | Jenseits des Jordan, wo Johannes sich aufgehalten und getauft hatte | PERÄA |
| 11,7<br>11,8-44<br>11,45ff | Nach Betanien bei Jerusalem<br>Auferweckung des Lazarus<br>Todesbeschluß des Synedriums | JUDÄA |
| 11,54<br>12,1-8 | Rückzug in eine Gegend nahe der Wüste - in eine Stadt mit Namen Efraim<br>Rückkehr nach Betanien sechs Tage vor dem Passa - Salbung durch Maria | |
| 12,9-19<br>Kap. 13-20<br><br><br>Kap. 21 | Einzug in Jerusalem<br>Wirken in Jerusalem - Offenbarungsreden<br>Passion<br>Tod<br>Auferstehung - Erscheinungen<br>Erscheinung am See Tiberias | 4. Reise nach Jerusalem / PASSA |

**M 126**

**Aufriß des Johannesevangeliums** Der Aufriß berücksichtigt nicht das Problem der Reihenfolge der Kapitel 5–7. Inhaltliche Beobachtungen lassen es als möglich erscheinen, daß Joh 6 (wunderbare Speisung, Seewandel und eucharistische Rede in Kafarnaum) sich ursprünglich an Joh 4 (Jesus in Kana in Galiläa) anschloß, Joh 5 (2. Reise nach Jerusalem) mit Joh 7 (3. Reise nach Jerusalem) eine Einheit bildete. Trifft dies zu, verringert sich die Zahl der johanneischen Jerusalemreisen Jesu womöglich von vier auf drei.

## 1. Galiläa – die Heimat des Evangeliums

Sein Interesse an der nördlichen Landschaft bekundet Markus dadurch, daß er zum einen – wie Untersuchungen von Marxsen[12] und Preuß[13] ergeben – von zwölf „Galiläa-Stellen" elf selber einträgt (vgl. M 127)[14], zum anderen – einer Analyse von Preuß zufolge – selbst nicht-galiläischen Traditionsstoff nach Galiläa verlegt[15]. Sein auf der ganzen Breite des Evangeliums aufruhendes Galiläa-Bild zeigt folgende Konturen:

I. Galiläa (Mk 1–9)

① *1, 9* (mk Redaktion)     M 127
② *1, 14* (mk Redaktion)
③ *1, 16* (mk Redaktion)
④ *1, 28* (mk Redaktion)
⑤ *1, 39* (mk Redaktion)
⑥ *3, 7* (mk Redaktion)
⑦ *6, 21* (vormk Tradition)
⑧ *7, 31* (mk Redaktion)
⑨ *9, 30* (mk Redaktion)

Mk 10: Auf dem Weg nach Jerusalem

II. Jerusalem (Mk 11–16)

⑩ *14, 28* (mk Redaktion)
⑪ *15, 41* (mk Redaktion)
⑫ *16, 7* (mk Redaktion)

„Galiläa" – im Markusevangelium „Galiläa" findet sich im Markusevangelium insgesamt zwölfmal. Die Texte verteilen sich – wie die Übersicht deutlich macht – über die ganze Breite des Evangeliums; neun gehören dem „Galiläa-Block I" zu, drei dem „Jerusalem-Block II". Nach dem Urteil der Redaktionsgeschichte gehen elf der zwölf Texte auf Markus als Redaktor zurück, was auf sein übergroßes Interesse an Galiläa hinweist.

---

[12] *Marxsen*, aaO., S. 35–61.
[13] *Preuß*, aaO., S. 49.
[14] Zu einer anderen Bewertung kommt *Dormeyer* (Die Passion Jesu, S. 112 Anmerkung 307): 1,9t.14r.16r.28.39r; 3,7r; 6,21t; 7,31r; 9,30r; 14,28; 15,41; 16,7.
[15] Dazu gehören 6,34–45; 6,47–53; 7,24–30; 7,31b–37; 8,1–10; 8,22–27a.

(1) – (2) Nach seiner Rückkehr vom Täufer eröffnet Jesus in *Galiläa* seine Reich-Gottes-Verkündigung[16] (1, 14).

(3) Spontan schließen sich ihm schon gleich zu Beginn „am See von *Galiläa*" Jünger an (1, 16ff); darunter finden sich auch, wie aus 15, 41 zu entnehmen, galiläische Frauen, die ihm die Treue bis zum Kreuz bewahren werden (vgl. 15, 40.47; 16, 1 ff).

(4) Obwohl Jesus erst ein einziges Mal in der Synagoge gelehrt und erst einen Mann von einem unreinen Geist befreit hat (1, 21–27), verbreitet sich sein Ruf „rasch im ganzen Gebiet von *Galiläa*" (1, 28).

(5) Daß er dieses dann predigend und heilend durchzieht, berichtet wenig später die Sammelnotiz 1, 39. – Den Aspekt des Heilens erläutert der Evangelist durch einen umfangreichen Wunderkatalog (s. Zusammenstellung M 128): Von den 17 referierten Wundererzählungen spielen 16 innerhalb der galiläischen Periode mit Kafarnaum als Zentrum, einzig die Heilung des blinden Bartimäus (10, 46–52) ereignet sich außerhalb, nämlich auf dem Wege nach Jerusalem[17].

(6) Von Kafarnaum aus verbreitet sich Jesu Ruf in ganz *Galiläa* (1, 28), von *Galiläa* geht er weit über die Grenzen hinaus. Denn zu Jesus an den See Gennesaret kommen nach 3, 7 „viele" Galiläer, „in Scharen" gar reisen die Menschen aus dem südlichen Judäa, Jerusalem und Idumäa, aus den Gebieten östlich des Jordan und aus der Gegend von Tyrus und Sidon im Westen an.

(7) – (8) Das in 3, 7 genannte Ausland besucht Jesus ab Kapitel 5: Eine erste Reise führt ihn in die Dekapolis nach Osten (5, 1)[18], eine zweite nach Syrophönizien im Westen (7, 24–30) und „auf einem unglaublich abgekürzten Weg"[19] zurück in die Dekapolis (7, 31)[20], eine dritte in das halbheidnische Gebiet des Philippus im Norden (6, 45; 8, 22 f.27 ff). Damit erreicht die sich langsam, in konzentrischen Kreisen ausweitende Bewegung (Kafarnaum – Galiläa – Galiläa als Sammelpunkt für die Bewohner der umliegenden Provinzen – das heidnische/halbheidnische Ausland) ihre größte Ausdehnung.

(9) – (12) Die galiläische Periode beendet Markus mit dem Hinweis, daß Jesus und seine Jünger „durch *Galiläa*" hindurchziehen (9, 30), zu ergänzen bleibt in Richtung Jerusalem. Doch ist damit Galiläa nicht endgültig aus den Augen verloren: Auf seine nachösterliche Bedeutung macht Markus durch zwei Logien[21] aufmerksam, deren erstes er Jesus auf dem Gang zum Ölberg (14, 28), deren zweites er dem Verkündigungsengel am leeren Grab (16, 7) in den Mund legt.

---

[16] Dem galiläischen *Kerygma* steht nach *Lohmeyer* (aaO., S. 30) die jerusalemische *Lehre* gegenüber. – Zu „verkündigen" im Markusevangelium vgl. *Pesch*, Markus I, S. 105; *Gnilka*, Markus I, S. 65 88 u. ö.
[17] Für die traditionsgeschichtliche Frage ist die Beobachtung *Kertelges* (Wunder, S. 185) interessant, daß die meisten Wundererzählungen galiläisches Kolorit tragen.
[18] Gegen *Schreibers* These, daß Markus „offensichtlich auch die Dekapolis und die phönizischen Küstenstädte Tyrus und Sidon" zu Galiläa rechnet (Die Christologie des Markusevangeliums, in: ZThK 58 [1961], S. 171), spricht Mk 5, 19 f, wo klar zwischen den beiden, der Dekapolis und dem Westufer, getrennt wird. – Vgl. *Kertelge*, Wunder, S. 108 f.
[19] *Kertelge*, aaO., S. 143.
[20] Die Reise ins umliegende Ausland bewertet *Kertelge* (aaO., S. 144 Anmerkung 596) zusammenfassend: „Mehr als einen Abstecher stellt die Wanderung Jesu ins Heidenland nicht dar. Von einer Missionsreise kann daher kaum die Rede sein ... Jedoch kann nicht bezweifelt werden, daß Markus darauf Wert legt, daß Jesus heidnisches Gebiet berührt hat."

I.

1. Mk 1,21-28: Heilung eines Besessenen — Kafarnaum
2. Mk 1,29-31: Heilung der Schwiegermutter des Petrus — Kafarnaum
3. Mk 1,4o-45: Heilung eines Aussätzigen
4. Mk 2, 1-12: Heilung eines Gelähmten — Kafarnaum
5. Mk 3, 1- 6: Heilung einer abgestorbenen Hand
6. Mk 4,35-41: Stillung des Seesturms — See Gennesaret
7. Mk 5, 1-2o: Heilung des Besessenen von Gerasa — Gerasa
8. Mk 5,25-34: Heilung einer blutflüssigen Frau — Kafarnaum
9. Mk 5,22-43: Erweckung der Jairustochter — Kafarnaum
1o. Mk 6,32-44: Speisung der Fünftausend
11. Mk 6,45-52: Wandel über dem See — See Gennesaret
12. Mk 7,24-3o: Heilung eines syrophönizischen Mädchens — Tyrus
13. Mk 7,31-37: Heilung eines Taubstummen — Dekapolis
14. Mk 8, 1-1o: Speisung der Viertausend
15. Mk 8,22-26: Heilung des Blinden von Betsaida — Betsaida
16. Mk 9,14-29: Heilung eines besessenen Knaben

17. Mk 1o,46-52: Heilung des blinden Bartimäus — Jericho

II.

M 128

**Der markinische Wunderkatalog.** Das Markusevangelium überliefert die stattliche Zahl von 17 Wundererzählungen (abgesehen wird von der dubiosen Verfluchung des Feigenbaumes in Mk 11,12–14.20–26 par Mt, nicht aufgelistet sind auch die markinischen Summarien: Mk 1,52–54; 3,7–12; 6,5–6; 6,53–56). Sechzehn der Wunderperikopen verteilt der Evangelist über den ganzen „Galiläa-Block I" (Mk 1–9), die 17., die Heilung des blinden Bartimäus (Mk 10, 46–52), bringt er im „Verbindungskapitel 10" unter. In Jerusalem wirkt der markinische Jesus (im Unterschied zu dem johanneischen: vgl. Joh 5; 9 und 11) keine Wunder (II.); hier beschränkt er sich auf sein Wort – in der Jüngerbelehrung (Mk 13), in der Hauptsache aber in der Auseinandersetzung mit den Pharisäern, Sadduzäern und Hohenpriestern (Mk 11 und 12).

Wir fragten nach dem *Galiläa-Bild* des Evangelisten. Am Ende der Analyse der von ihm selbst gesetzten „Markierungspunkte" läßt es sich hinsichtlich seiner Komposition als eine abgeschlossene Raum- und Zeit-

---

[21] Für eine markinische Redaktion der beiden Logien 14,28 und 16,7 *Marxsen,* aaO., S. 47–61; *Dormeyer,* Die Passion Jesu, S. 112 f 224 ff; *Gnilka,* Markus II, S. 252 338. – Anders *Lohmeyer,* aaO. S. 34; *Pesch,* Markus II, S. 534 f. Die Ansicht der redaktionellen Einfügung nennt *Pesch* ein „weitverbreitete(s) literarkritische(s) (Fehl-)Urteil" (Markus II, S. 382).

einheit²² (Gnilka spricht von der „Verkündigungsprovinz Jesu"²³), in seiner Farbgebung als insgesamt hell und freundlich charakterisieren²⁴: Jesus begeistert mit der Frohbotschaft von der angebrochenen Gottesherrschaft (1, 15) die Massen Galiläas und des Umlandes²⁵. „Die Menge" erwähnt Markus in den Kapiteln 2–9 nicht weniger als 26mal gegenüber 7mal in den Kapiteln 11–16; in den 26 Texten wechselt das einfache ὄχλος/óchlos (2, 4; 3, 20.32 u. ö.) mit πᾶς ὁ ὄχλος / pās ho óchlos (2, 13; 4, 1; 9, 15), ὄχλος πολύς / óchlos polýs (5, 21.24; 6, 34; 9, 14) und ὄχλος πλεῖστος / óchlos pleīstos (4, 1). Die Landschaft im Norden ist für Markus, kurzformelhaft zusammengefaßt, „Heimat des Evangeliums"²⁶ oder „das Land des ‚Evangeliums Gottes'"²⁷.

## 2. Jerusalem – die Stadt der Feindschaft

Galiläa gegenüber stellt Markus *Jerusalem*. Jesus besucht die Stadt nach markinischem Konzept nur einmal, und zwar zum Passafest. Der Aufenthalt in ihr währt nur wenige Tage, nach dem vom Evangelisten geschaffenen Wochenschema von Sonntag (Einzug) bis Freitag (Kreuzigung)²⁸, und dann auch nur jeweils vom Morgen bis zum Abend; für die Nacht zieht sich Jesus mit den Jüngern nach Betanien zurück²⁹ (11, 11.19). Sieht man von der Tempelreinigung (11, 15–19) und der Verfluchung des unfruchtbaren Feigenbaumes (11, 12–14.20–25) ab, sind die Tage in ihrem ersten Teil (Kapitel 11–13) mit *Sprüchen* und *Reden* (11, 27–33: Frage nach der Vollmacht; Kapitel 12: Jerusalemer Streitgespräche; Kapitel 13: Apokalyptische Rede) angefüllt; ein Heilandswirken wird nicht berichtet. Jesu Diskussionspartner sind die Offiziellen des Judentums: „die Hohenpriester, die Schriftgelehrten und die Ältesten" (11, 27), „einige Pharisäer und einige Anhänger des Herodes" (12, 13), zuletzt schließlich die jüdische Aristokratie, „die Sadduzäer" (12, 18). – Das Volk (ὄχλος/óchlos) wird nur am Rande erwähnt: Nach 11, 18 ist die Menge von Jesu Lehre beeindruckt; 12, 37b bemerkt gar, daß ὁ πολὺς ὄχλος / ho polỳs óchlos Jesus gerne (ἡδέως/haedéōs) hört.

---

²² Vgl. *Lohmeyer*, aaO., S. 28.
²³ *Gnilka*, Markus I, S. 89.
²⁴ *Kertelge* (Die Epiphanie Jesu im Evangelium, S. 168) macht darauf aufmerksam, daß eine Charakterisierung Galiläas wie auch Jerusalems „nur aus den großen Linien des Markusevangeliums" hervorgeht.
²⁵ Vgl. *Reploh*, Markus – Lehrer der Gemeinde, S. 36–43; *Mußner*, Gab es eine ‚galiläische Krise'?, S. 240: „Markus schildert das galiläische Wirken Jesu als eine gewaltige Bewegung, die das ganze Volk bis über die Grenzen Galiläas hinaus erfaßt."
²⁶ *Gnilka*, Markus II, S. 343.
²⁷ *Mußner*, aaO., S. 241. Im Hintergrund steht offenbar *Lohmeyers* Formulierung von Galiläa als dem „heilige(n) Land des Evangeliums" (aaO., S. 29).
²⁸ Vgl. *Conzelmann/Lindemann*, Arbeitsbuch zum Neuen Testament, S. 244.
²⁹ Vgl. *Gnilka*, Markus II, S. 130: „Wenn sich Jesus am Abend wieder aus der Hauptstadt zurückzieht, ist die Distanz gegen Jerusalem erneut zum Ausdruck gebracht."

Doch 15,13 bereits ist alle Sympathie vergessen: „Kreuzige ihn!" lautet dort die Forderung der Massen[30].

Vom ersten Augenblick an ist die Atmosphäre in der Stadt gereizt; die Spannung wächst von Tag zu Tag:
- 11,27–30 befragt man Jesus nach seiner Vollmacht;
- 12,13 sucht man ihn in eine Falle zu locken;
- 12,18–27 möchte man ihn in einen theologischen Streit verwickeln (vgl. V. 28);
- 14,1 endlich, auf dem Höhepunkt der Spannungskurve, hält man nach einer Möglichkeit Ausschau, ihn „mit einer List zu überwältigen, um ihn zu töten". Die Möglichkeit findet sich: Die beiden letzten Tage in Jerusalem stehen im Zeichen der Verhaftung (14,43–52), der Verurteilung (15,1–15), der Kreuzigung (15,20b–32) und des Todes Jesu (15,37–41).

Das Bild, das Markus von *Jerusalem* in den Kapiteln 11–15 breit ausmalt, ist düster: In den wenigen Tagen seines Aufenthaltes dort sieht sich Jesus einer breiten Front von Feindlichkeiten gegenüber, die zielstrebig seinen Tod betreibt. Lohmeyer charakterisiert die Stadt daher als einen „Herd der Feindschaft"[31], für Kertelge ist sie „Symbol der letzten Verhärtung gegen Jesus"[32], für Reploh „Ort des Leidens und Kreuzes Jesu"[33].

Doch überstrahlt diese feindliche Dunkelheit am Ende das Licht der Auferweckung. „Er ist auferstanden!" (16,6) lautet der entscheidende Vers, mit dem das Evangelium schließt. Die Stadt der geballten Feindschaft wird zu dem Ort, an dem Gott selber Jesus und sein Werk bestätigt[34].

## 3. Von Galiläa hinauf nach Jerusalem ...

Markus strukturiert sein „Evangelium" – darüber besteht weitgehender Konsens – um „Galiläa" und „Jerusalem" wie um zwei Pole, der eine hell und licht, der andere dunkel und düster. Strömen Jesus hier die Menschen des In- und Auslandes in Scharen zu, fordern sie dort in gleicher Menge lautstark seinen Tod. Der Gegensatz kann nicht größer sein. Wie gelingt es ihn zu überbrücken?

Markus bemüht sich um eine doppelte Verbindung beider „Blöcke", um eine *äußere* und eine *innere*. Die *äußere* fällt nur kurz und knapp aus: Allein Kapitel 10 zeigt Jesus auf dem Weg von Galiläa nach Jerusalem. Erst Lukas wird die „Passage" zu einem großartigen „Reisebericht" ausgestalten, der von Lk 9,51 bis 19,27 reicht, also mehr als zehn Kapitel des Evangeliums umfaßt. – Viel Geschick und

---

[30] Der Jubel beim Einzug wird Jesus nicht von den Jerusalemern, sondern von ihn begleitenden galiläischen Pilgern entgegengebracht. Mk 11,9 differenziert deutlich zwischen Vorhergehenden und Nachfolgenden.
[31] *Lohmeyer,* aaO., S. 32.
[32] *Kertelge,* Die Epiphanie Jesu im Evangelium, S. 168.
[33] *Reploh,* aaO., S. 225.
[34] Vgl. *Frankemölle,* Jesus – Anspruch und Deutungen, S. 168–175 (hier besonders das Kapitel „Die Auferweckung als überbietende Bestätigung Jesu", S. 172ff).

**I.**

**Mk 1–9**

**GALILÄA**
– Heimat des Evangeliums

> **1. Leidensvorhersage:** "Dann begann er, sie darüber zu belehren, der Menschensohn müsse vieles erleiden und von den Ältesten, den Hohenpriestern und den Schriftgelehrten verworfen werden; er werde getötet, aber nach drei Tagen werde er auferstehen" (Mk 8,31).

> **2. Leidensvorhersage:** "Der Menschensohn wird den Menschen ausgeliefert, und sie werden ihn töten; doch drei Tage nach seinem Tod wird er auferstehen" (Mk 9,31).

**Mk 1o: Auf dem Weg nach J.**

> **3. Leidensvorhersage:** "Wir gehen jetzt nach Jerusalem hinauf; dort wird der Menschensohn den Hohenpriestern und den Schriftgelehrten ausgeliefert; sie werden ihn zum Tod verurteilen und den Heiden übergeben; sie werden ihn verspotten, anspucken, geißeln und töten. Aber nach drei Tagen wird er auferstehen" (Mk 1o,33f).

**II.**

**Mk 11–15**

**JERUSALEM**
– Stadt der Feindschaft
und des Leidens

**Mk 16: Stadt d. Auferstehung**

**Eine doppelte Verbindung zwischen Galiläa und Jerusalem**
Markus verbindet das helle und lichte *Galiläa* mit dem dunklen und düsteren *Jerusalem* äußerlich und innerlich:
– Um den Übergang von Galiläa nach Jerusalem zu mildern, fügt der Evangelist zwischen beide große „Blöcke" Mk 1–9 und Mk 11–16 zur *äußeren* Verbindung Kapitel 10 ein, in dem er Jesus auf der Reise von Norden nach Süden zeigt.
– Die *innere* Verbindung leistet Markus durch drei Leidensvorhersagen, deren erste zwei er Jesus noch während seines Wirkens in Galiläa, im weiten „Vorfeld" also, in den Mund legt. Den Leser auf Jerusalem als Ziel macht er noch einmal kurz vor der Ankunft in der Heiligen Stadt in Kapitel 10 aufmerksam.

feinstes Gespür verrät dagegen die *innere* Anbindung. Markus leistet sie in der Weise, daß er dem „Jerusalem-Block" (Kapitel 11–15.16) in auffälliger Wiederholung und bereits aus der Ferne drei Leidensvorankündigungen (8,31; 9,31 und 10,32–34)[35] vorausschickt. Vor allem die letzte, Mk 10,32–34, wirkt aufgrund zahlreicher Einzelheiten wie ein Kompendium der bevorstehenden Passion[36]. Dadurch, daß der Evangelist sie Jesus „auf dem Weg hinauf nach Jerusalem" (10,32) in den Mund legt, charakterisiert er ihn als den „bewußt voran ins Leiden Schreitende(n)"[37]. Die Passion verliert damit den Charakter eines unberechenbaren Schicksals, das Jesus blind überfällt; im Gegenteil, Jesus geht ihr wohlvorbereitet und gefestigt entgegen[38]. Was ihn treibt, vermerkt am deutlichsten die erste „Leidensvorhersage" Mk 8,31, die in alter Formulierung davon spricht, daß der Menschensohn vieles leiden „*muß*" (δεῖ/deĩ). Wer ihm dieses „Muß" auferlegt, wird zwar nicht ausdrücklich gesagt, der Zusammenhang aber weist auf Gott hin[39]. Dem Willen Gottes, seinem Heilsplan, entsprechen Jesu Leiden und Sterben; mehr noch, erst in der Passion vollendet sich das in Galiläa begonnene Werk, am Kreuz in Jerusalem erst gelangt das jesuanische Wirken zu seiner eigentlichen Erfüllung[40]. Bestätigen wird Gott es am Ende dadurch, daß er Jesus nicht im Tode läßt, sondern ihn zu neuem Leben auferweckt (16,1–8).

## 4. ... und zurück nach Galiläa

„Er ist auferstanden!" teilt der Verkündigungsengel den galiläischen Frauen, die gekommen sind, den Leichnam nach palästinischer Sitte einzubalsamieren, in der ersten Hälfte seiner Botschaft mit (Mk 16,6). „Sagt seinen Jüngern, vor allem Petrus: Er geht euch nach *Galiläa* voraus; dort werdet ihr ihn sehen!", fährt er befehlend und zugleich verheißend in der zweiten Hälfte fort (V. 7).
Wenn redaktionsgeschichtliche Analysen hier richtig sehen, wurde Vers 7 später von Markus nachgetragen (s.o.), die ursprüngliche Osterbotschaft beschränkte sich demnach auf Vers 6. Daß der Evangelist mit seiner Erweiterung allerdings nicht nur einen mageren Text auffüllen will, sondern eine eigene Akzentuierung verfolgt, gibt er u.a. durch 14,28 zu erkennen, wo er 16,7 bereits aus der Ferne ankündigt (s. die sprachliche und inhaltliche Übereinstimmung). Doch in welcher Richtung ist hier zu suchen? Nähern wir uns V.7, dem viel umrätselten Logion[41], auf dem

---

[35] Vgl. *Reploh*, aaO., S. 100-111. – Von den drei Leidensankündigungen halten heute zahlreiche Forscher 9,31, andere 8,31 für die traditionsgeschichtlich älteste Form (vgl. *Gnilka*, Markus II, S. 12 53).
[36] Für markinische Redaktion der dritten Leidensvorhersage (10,32–34) *Gnilka*, Markus II, S. 96; *Schweizer*, Markus, S. 123; *Hahn*, Christologische Hoheitstitel, S. 47 u.a.
[37] *Schweizer*, Markus, S. 123.
[38] Vgl. *Reploh*, aaO., S. 110.
[39] In der zweiten und dritten Leidensweissagung wird das Handeln Gottes jeweils im passivischen „er wird ausgeliefert" angedeutet.
[40] Vgl. *Kertelge*, Die Epiphanie Jesu im Evangelium, S. 168f.
[41] Vgl. *Kertelge*, Wunder, S. 196.

Weg einer kontrastierenden Betrachtung, die einmal von der „Kurzfassung" Mk 16, 1–6.8, das andere Mal von einer durch Markus ergänzten „Langfassung", Mk 16, 1–8, ausgeht!

– Sieht man einmal konsequent von 16,7 und dem ebenfalls von dem zweiten Evangelisten redigierten 14,28 ab, präsentiert sich das Evangelium als eine in sich geschlossene „Geschichte" Jesu, die in *Galiläa* beginnt und in *Jerusalem* endet. Daß ihr „Held" am Ende auferweckt wird, zeigt zwar Bedeutsames an, bleibt in seiner Konsequenz aber dunkel. In der Tat bildet die Auferstehung, der Höhepunkt der jesuanischen Existenz, mit ihrer siebenzeiligen Groberzählung die schwächste „Passage" in der 661 Versen zählenden Darstellung des Evangeliums. In lediglich einem einzigen lapidaren Satz wird die Botschaft verkündet, ohne daß auf eine Möglichkeit der Überprüfung und Bestätigung hingewiesen wird. Indirekte Zeugen sind allein drei Frauen, die aber mit Schrecken und Entsetzen vom Grab fliehen (vgl. V. 8), den Auferweckten haben auch sie nicht gesehen. So hat das Evangelium sein in 1, 1 angekündigtes Ziel der Frohbotschaft von Jesus als dem Messias und Sohn Gottes nur halb erreicht. Was fehlt, ist die tatsächliche Offenbarung des Auferstandenen, der in seiner Erdenzeit vom Geheimnis umhüllt gewesen ist (s. Messiasgeheimnis)[41a].

– Der Mangel, unter dem 16, 1–6.8 leidet und den Markus offensichtlich spürt, ist bedeutsam und gewichtig. Der Evangelist beseitigt ihn auf geniale Weise durch die Einfügung von Vers 7. Der Auftrag zur Rückkehr nach Galiläa „reißt" den Horizont jenseits des ursprünglichen Galiläa-Jerusalem-Rahmens auf und lenkt den Blick in die nahe Zukunft; die mit ihm verbundene Verheißung, daß die Jünger im Norden Jesus als Auferweckten „sehen" werden, kommt eben dem Wunsche nach Bezeugung entgegen, dem in der Markus vorgegebenen Fassung Mk 16, 1–6.8 nicht entsprochen wurde, dem die späteren Evangelien mit Einzelberichten Rechnung tragen werden. Auch wenn hier nur (vielleicht in Ermangelung konkreter Erscheinungserzählungen?) summarisch und zudem nur in Vorankündigung vom „Sehen" Jesu die Rede ist, so eignet der Verheißung nach markinischem Verständnis dennoch dieselbe Beweiskraft wie einer Erscheinung, hat doch der vorösterliche Jesus selbst auf seine spätere Begegnung in Galiläa hingewiesen (14, 28) und wird dieses sein Versprechen doch nach Ostern durch einen Engel Gottes bestätigt (16,7). 16,7 redigiert der Evangelist demnach – wenn nicht alles täuscht – im Gespür für die Schwäche einer „unbezeugten" und „unbeglaubigten", nur auf dem Wort des Engels fußenden Osterbotschaft; 16,7 kommt demnach offensichtlich die Funktion und die Bedeutung eines (vielleicht auf allgemeinen Erinnerungen basierenden) Summariums zu, das Matthäus, Lukas und Johannes später durch einzelne Erscheinungsberichte ersetzen werden.

Doch aufgrund welcher Überlegungen greift Markus gerade auf *Galiläa* zurück, um eine solch bedeutsame Schwäche seiner Grabeserzählung und der Auferstehungsbotschaft zu mindern? Stehen im Hintergrund seines redaktionellen Eingriffs vielleicht Erinnerungen an galiläische Protophanien[42] oder gar missionsgeschichtliche Informationen von Galiläa als frühchristlichem Missionszentrum[43]? Oder aber sind es „nur" theologische Überlegungen, die den Evangelisten bewegen?

Die markinische Hochschätzung der Landschaft im Norden (Gnilka spricht gar von dem markinischen „Galiläa-Konzept"[44]), die durch mehrere Einzeluntersuchungen be-

---

[41a] Vgl. *Gnilka*, Markus I, S. 167–170 (Lit.).
[42] Zur Frage der Protophanien in Galiläa vgl. *Kasting*, Die Anfänge der urchristlichen Mission, S. 82–86; S. 85 Anmerkung 24 die Auflistung einer Vielzahl von Forschern als Befürwortern galiläischer Ersterscheinungen.
[43] Vgl. *Kasting*, aaO., S. 89–95.
[44] *Gnilka*, Markus I, S. 71.

stätigt wurde⁴⁵, hat in der Diskussion der letzten Jahre die verschiedensten Erklärungen gefunden:

– Eine „terra christiana" mit einem „populus christianus", die das Zentrum einer mit Jerusalem konkurrierenden galiläischen Urgemeinde bildet, ist Galiläa für Lohmeyer, der 1936 die Diskussion eröffnet⁴⁶.
– Sie vertieft Marxsen mit redaktionsgeschichtlichen Analysen, die das markinische Interesse bestätigen. Nach ihm ist Galiläa „der Ort, wo er (Jesus) gewirkt hat, wo er – in der Verkündigung verborgen – jetzt wirkt, wo er bei der Parusie wirken wird"⁴⁷. Mk 3,7–12 scheint darauf hinzudeuten, daß die Gemeinden sich zum See Gennesaret als dem Ort der Parusie des erhöhten Herrn auszurichten beginnen⁴⁸.
– Für Schreiber symbolisiert Galiläa das Heidenchristentum; denn Mk 5–7 ist zu entnehmen, daß der Evangelist „offensichtlich auch die Dekapolis und die phönizischen Küstenstädte Tyrus und Sidon"⁴⁹ als Galiläa zugehörig versteht⁵⁰.
– Preuß, der das Interesse des Evangelisten ganz auf Galiläa konzentriert sieht, deutet die galiläische Periode als „klassische Periode", die „zum Modell der folgenden universalen (13,10; 14,9) Missionsperiode"⁵¹ wird.
– Nach Kasting ist „der Schluß unausweichlich, daß die Bevorzugung Galiläas durch Markus ihren Grund weniger in einer hintergründigen theologischen Konzeption als in der Geschichte selbst hat"⁵². Galiläa muß als Urheimat des Christentums angesehen werden. Hier haben sich die ersten christlichen Gemeinden gebildet, von hier aus breitete es sich nicht nur nach Jerusalem, sondern auch nach Damaskus aus.
– Und für Schenke schließlich ist Galiläa „das Land der Wirksamkeit des verborgenen Gottessohnes"⁵³, das seine Bedeutsamkeit aber erst von Jerusalem her erhält, weil das Wirken Jesu von dorther erst als Wirken Gottes erkannt werden kann.

Sechs verschiedene Erklärungen, die trotz aller Scharfsinnigkeit nicht so überzeugend sind, daß ihnen nicht eine siebte hinzugefügt werden dürfte: „Galiläa" steht – wie wir oben gesehen haben – nach markinischem Verständnis für „Heimat des Evangeliums", für frohmachende Verheißungen und lebensrettende Taten, für realisierte Reich-Gottes-Botschaft. Weit mehr als „Jerusalem", die Stadt der Feindschaft, trifft denn auch „Galiläa" die Katastrophe des Karfreitags. Für es ist Jesu Tod nicht nur das Ende eines Propheten, sondern auch das Ende einer freimachenden Botschaft.

Nun aber läßt Gott Jesus nicht im Tod (Mk 16,6); den zu neuem Leben Erweckten können die Jünger in „Galiläa" sehen (Mk 16,7). Man muß nach all dem, was wir von „Galiläa" gesagt haben, noch fragen, warum

---

⁴⁵ Vgl. z. B. *Marxsen*, Der Evangelist Markus, S. 33–77, bes. S. 60: „Überspitzt ließe es sich wohl so ausdrücken: Mk will nicht zum Ausdruck bringen: Jesus hat in Galiläa gewirkt, sondern umgekehrt: wo Jesus gewirkt hat, da ist Galiläa." – *Preuß*, Galiläa im Markusevangelium, S. 40ff: Nicht nur die Erwähnung Galiläas geht durchweg auf den Evangelisten zurück, sondern selbst nichtgaliläischen Traditionsstoff verlegt er nach dort. – *Kasting*, aaO., S. 92ff.
⁴⁶ Vgl. *Lohmeyer*, Galiläa und Jerusalem, S. 28f.
⁴⁷ Vgl. *Marxsen*, aaO., S. 60.
⁴⁸ Vgl. *ders.*, aaO., S. 33–70.
⁴⁹ *Schreiber*, Die Christologie des Markusevangeliums, S. 172.
⁵⁰ Vgl. *ders.*, aaO., S. 172ff.
⁵¹ *Preuß*, aaO., S. 183f.
⁵² Vgl. *Kasting*, Die Anfänge der urchristlichen Mission, S. 89–95.
⁵³ Vgl. *Schenke*, Studien zur Passionsgeschichte des Markus, S. 454.

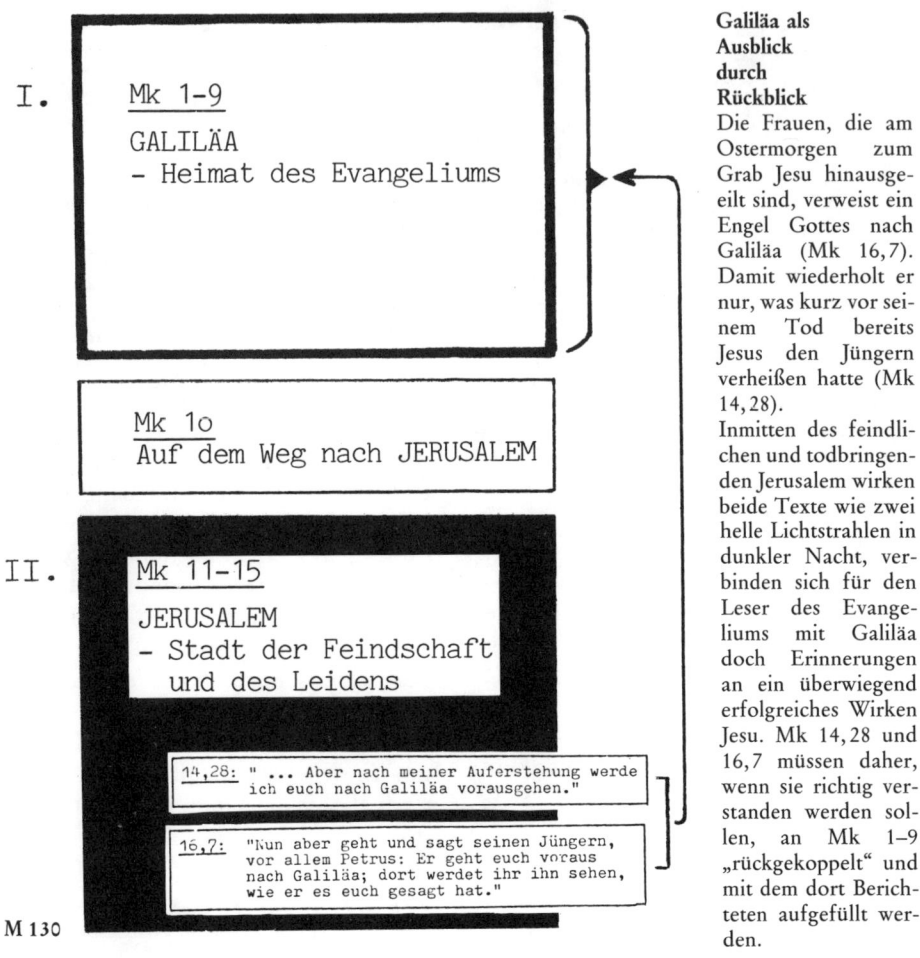

M 130

gerade hier? – Jesus wählt nach Markus die Landschaft im Norden als Erscheinungsort kaum, weil sie Heimat bzw. vertraute Umgebung ist. Er kehrt vielmehr hierher zurück, um als Auferweckter, d. h. als von Gott Legitimierter, sein Heilandswirken zu bestätigen, um sinnenfällig zu dokumentieren, daß vorösterliche Rede und Wundertat nicht nur kurze Episoden waren, sondern tatsächlich – wie immer wieder von ihm behauptet – von Gott getragen wurden und von nun an in die Zukunft hinein getragen werden. Die Tatsache der Erscheinung gerade in „Galiläa" versteht sich als von Gott gesetzte Unterschrift unter eine umfassende Wort- und Tatverkündigung, die den Neubeginn göttlichen Heilshandelns in und an der Welt anzeigt. Markus kann sich in Mk 16,7 mit einem kurzen Rückverweis begnügen, weil er „Galiläa" vorweg in den Kapiteln 1–9 mit detailliertem Inhalt gefüllt hat. Erst im Rückblick auf Mk 1–9 nimmt der Leser wahr, welcher Ausblick ihm in Mk 16,7 gegeben ist.

# Literatur

Zu fast allen der oben angesprochenen Themenbereiche gibt es eine Flut von Literaturhinweisen. Aus Gründen der Überschaubarkeit beschränkt sich nachfolgendes Literaturverzeichnis auf mehrfach zitierte Titel; Lexikonartikel wie auch die meisten der Zeitschriftenbeiträge werden allein in den jeweiligen Anmerkungen notiert.

*Abel, F. M.,* Géographie de la Palestine, Bd. I und II, Géographie physique et historique, Paris 1933.
*Aharoni, Y.,* Das Land der Bibel. Eine historische Geographie, Neukirchen 1984.
*Aharoni, Y. / Avi-Yonah, M.,* The modern Bible Atlas (Revised edition), London 1979.
*Albright, W. F.,* Archäologie in Palästina, Einsiedeln 1962.
*Alt, A.,* Kleine Schriften zur Geschichte des Volkes Israel, Bd. I, München [4]1968; Bd. II, München [4]1978.
*Andresen, C.,* u. a. (Hrsg.), Lexikon der Alten Welt, Zürich und Stuttgart 1965.
*Aron, R.,* Die verborgenen Jahre Jesu (dtv-TB 876), München 1973.
*Atlas of Israel.* Cartography. Physical Geography Human and Economic Geography History, Jerusalem – Amsterdam 1970.
*Avigad, N.,* Antike Synagogen in Galiläa, Jerusalem 1968.
–, Discovering Jerusalem, Nashville 1983.
*Avi-Yonah, M.,* Geschichte der Juden im Zeitalter des Talmud. In den Tagen von Rom und Byzanz, Berlin 1962.
*Avi-Yonah, M. / Stern, E.,* Encyclopedia of Archaeological Excavations in the Holy Land, Bd. IV, Jerusalem 1978.

*Bagatti, B.,* Excavations in Nazareth, Jerusalem 1969.
–, Capharnaum, la ville de Pierre, in: MB 27 (1983), S. 8–16.
*Baltensweiler, H.,* Die Ehe im Neuen Testament. Exegetische Untersuchungen über Ehe, Ehelosigkeit und Ehescheidung, Zürich und Stuttgart 1967.
*Baly, D.,* Geographisches Handbuch zur Bibel, Neukirchen-Vluyn 1966.
*Balz, H. / Schneider, G.* (Hrsg.), Exegetisches Wörterbuch zum Neuen Testament, Bd. I, Stuttgart 1980; Bd. II, Stuttgart 1981.
*Bammel, E. / Moule, C. F. D.* (Hrsg.), Jesus and the Politics of His Day, Cambridge 1984.
*Bardtke, H.,* Bibel, Spaten und Geschichte, Göttingen [2]1971.
*Barrett, C. K.,* Die Umwelt des Neuen Testaments, Tübingen 1959.
*Barta, J.,* Das Achtzehngebet – Eine Betrachtung, in: M. Brocke, J. J. Petuchowski und W. Strolz (Hrsg.), Das Vaterunser. Gemeinsames im Beten von Juden und Christen, Freiburg [2]1980, S. 77–89.
*Baudoz, J. F.,* La pêche dans le lac au temps de Jésus, in: MB 27 (1983), S. 6f.
*Bauer, L.,* Volksleben im Lande der Bibel, Leipzig 1903.
*Bauer, W.,* Griechisch-Deutsches Wörterbuch zu den Schriften des Neuen Testamentes und der übrigen urchristlichen Literatur, Berlin [6]1958.
–, Jesus der Galiläer, in: G. Strecker, Aufsätze und kleine Schriften, Tübingen 1967, S. 91–108.
*Baumbach, G.,* Zeloten und Sikarier, in: ThLZ 90 (1965), Sp. 727–740.
–, Die Zeloten. Ihre geschichtliche und religionspolitische Bedeutung, in: Bibel und Liturgie 41 (1968), S. 2–25.
–, Jesus von Nazareth im Licht der jüdischen Gruppenbildung, Berlin 1971.

*Becker, J.,* Johannes der Täufer und Jesus von Nazareth, Neukirchen 1972.
–, Das Evangelium nach Johannes. Kapitel 1–10 (GTB 505), Gütersloh und Würzburg 1979; Kapitel 11–21 (GTB 506), Gütersloh und Würzburg 1981.
*Ben-Chorin, S.,* Das Jesusbild im modernen Judentum, in: W. P. Eckert / E. L. Ehrlich, Judenhaß – Schuld der Christen? Versuch eines Gesprächs, Essen 1964, S. 139–172.
–, Bruder Jesus. Der Nazarener in jüdischer Sicht (dtv/List TB 1253), München [7]1984.
*Ben-David, A.,* Talmudische Ökonomie. Die Wirtschaft des jüdischen Palästina zur Zeit der Mischna und des Talmud, Bd. I, Hildesheim 1974.
*Ben-Sasson, H. H.* (Hrsg.), Geschichte des jüdischen Volkes, Bd. I: Von den Anfängen bis zum 7. Jahrhundert, München 1978.
*Berger, K.,* Die Gesetzesauslegung Jesu. Ihr historischer Hintergrund im Judentum und im Alten Testament, I. Markus und Parallelen, Neukirchen 1972.
*Bertram, G. / Klauser, Th.,* Galilaea, in: Th. Klauser (Hrsg.), Reallexikon für Antike und Christentum. Sachwörterbuch zur Auseinandersetzung des Christentums mit der Antiken Welt, Bd. VIII, Stuttgart 1972, Sp. 796–821.
*Billerbeck, P.,* Ein Synagogengottesdienst in Jesu Tagen, in: ZNW 55 (1964), S. 143–161.
*Blank, J.,* Das Reich Gottes. Die Gleichnisse Jesu I und II, in: Lebendige Kirche, Freiburg 1962.
–, Jesus von Nazareth. Geschichte und Relevanz, Freiburg [5]1978.
–, Der Jesus des Evangeliums. Entwürfe zur biblischen Christologie, München 1981.
–, Das Evangelium nach Johannes. 1. Teil a, Düsseldorf 1981; 1. Teil b, Düsseldorf 1981; 2. Teil, Düsseldorf 1977; 3. Teil, Düsseldorf 1977.
*Blinzler, J.,* Der Prozeß Jesu, Regensburg [4]1969.
–, Die Brüder und Schwestern Jesu (SBS 21), Stuttgart 1967.
*Bohlen, L.,* Die Bedeutung der Fischerei im Altertum, Diss., Hamburg 1936.
*Bornkamm, G.,* Jesus von Nazareth (Urban-TB 19), Stuttgart [8]1968.
*Bösen, W.,* Das Mahlmotiv bei Lukas. Studien zum lukanischen Mahlverständnis unter besonderer Berücksichtigung von Lk 22, 14–20, Masch. Diss., Saarbrücken 1976.
–, Jesusmahl – Eucharistisches Mahl – Endzeitmahl. Ein Beitrag zur Theologie des Lukas (SBS 97), Stuttgart 1980.
*Bouquet, A. C.,* Biblischer Alltag. Zeit des Neuen Testaments, München o. J.
*Brandon, S. G. F.,* Jesus and the Zealots. A Study of the Political Factor in Primitive Christianity, Manchester 1967.
*Braun, H.,* Spätjüdisch-häretischer und frühchristlicher Radikalismus. Jesus von Nazareth und die essenische Qumransekte, Bd. I: Das Spätjudentum, Tübingen [2]1969; Bd. II: Die Synoptiker, Tübingen [2]1969.
*Braunert, H.,* Der römische Provinzialzensus und der Schätzungsbericht des Lukas-Evangeliums, in: Historia 6 (1957), S. 192–214.
*Bright, J.,* Geschichte Israels. Von den Anfängen bis zur Schwelle des Neuen Bundes, Düsseldorf 1966.
*Broer, I.,* Freiheit vom Gesetz und Radikalisierung des Gesetzes. Ein Beitrag zur Theologie des Evangelisten Matthäus (SBS 98), Stuttgart 1980.
*Broshi, M.,* La Population de l'Ancienne Jérusalem, in: RB 82 (1975), S. 5–14.
*Brown, R. E.,* u. a. (Hrsg.), Mary in the New Testament. A Collaborative Assessment by Protestant and Roman Catholic Scholars, London 1978.
*Brückner, M.,* Das fünfte Evangelium (Das Heilige Land), Tübingen 1910.
*Brunot, A.,* Nazareth an 1, in: MB 16 (1980), S. 41.
*Büchler, A.,* Die Priester und der Kultus im letzten Jahrzehnt des jerusalemischen Tempels, Wien 1895.
–, Der galiläische 'am-ha 'areṣ des Zweiten Jahrhunderts. Beiträge zur inneren Ge-

schichte des palästinischen Judentums in den ersten zwei Jahrhunderten, Hildesheim 1968.
*Buhl, F.*, Geographie des Alten Palästina, Freiburg und Leipzig 1896.
*Bultmann, R.*, Die Geschichte der synoptischen Tradition, Göttingen ⁸1970.
*Busse, U.*, Das Nazareth-Manifest Jesu. Eine Einführung in das lukanische Jesusbild nach Lk 4,16–30 (SBS 91), Stuttgart 1978.

*Carmichael, J.*, Leben und Tod des Jesus von Nazareth, München ²1965.
*Casson, L.*, Reisen in der Alten Welt, München 1976.
*Coenen, L.*, u. a. (Hrsg.), Theologisches Begriffslexikon zum Neuen Testament, Bd. 1, Wuppertal 1967; Bd. 2, Wuppertal 1969; Bd. 3, Wuppertal ³1972.
*Conzelmann, H.*, Die Mitte der Zeit. Studien zur Theologie des Lukas, Tübingen ⁵1964.
*Corbo, V.*, Resti della sinagoga del primo secolo a Cafarnao, in: G. C. Bottini, Studia Hierosolymitana III, Jerusalem 1982, S. 313–357.
*Cornfeld, G. / Botterweck, G. J.* (Hrsg.), Die Bibel und ihre Welt. Eine Enzyklopädie zur Heiligen Schrift. Bilder – Daten – Fakten, A–J, Bergisch-Gladbach 1969; K–Z, Bergisch-Gladbach 1969.
*Cullmann, O.*, Der Staat im Neuen Testament, Tübingen 1956.
–, Jesus und die Revolutionäre seiner Zeit, Tübingen ²1970.
–, Der zwölfte Apostel, in: K. Fröhlich (Hrsg.), Vorträge und Aufsätze 1925–1962, Tübingen 1966, S. 214–222.
–, Die Bedeutung der Zelotenbewegung für das Neue Testament, in: ebd., S. 292–302.

*Dalman, G.*, Jesus – Jeschua. Die drei Sprachen Jesu, Leipzig 1922 (Darmstadt 1967).
–, Orte und Wege Jesu, Bd. 1, Gütersloh ³1924.
–, Arbeit und Sitte in Palästina, Bd. I–VII, Gütersloh 1928–1942 (Hildesheim 1964).
*Daniel-Rops, H.* (Hrsg.), Die Apokryphen Evangelien des Neuen Testamentes, Zürich 1956.
–, Die Umwelt Jesu. Der Alltag in Palästina vor 2000 Jahren (dtv-TB 1597), Stuttgart 1980.
*Dauer, A.*, Das Wort des Gekreuzigten an seine Mutter und den Jünger, den er liebte. Eine traditionsgeschichtliche und theologische Untersuchung zu Joh 19,25–27, in: BZ 11 (1967), S. 222–238, und BZ 12 (1968), S. 80–93.
*Dietrich, W.*, Israel und Kanaan. Vom Ringen zweier Gesellschaftssysteme (SBS 94), Stuttgart 1979.
*Dignath, W.*, Die lukanische Vorgeschichte, Gütersloh 1971.
*Dodd, C. H.*, The Parables of the Kingdom, London ³1961.
*Dommershausen, W.*, Die Umwelt Jesu. Politik und Kultur in neutestamentlicher Zeit, Freiburg ²1980.
*Donner, H.*, Einführung in die Biblische Landes- und Altertumskunde, Darmstadt 1976.
–, Pilgerfahrt ins Heilige Land. Die ältesten Berichte christlicher Palästinapilger (4.–7. Jahrhundert), Stuttgart 1979.
*Dormeyer, D.*, Die Passion Jesu als Verhaltensmodell. Literarische und theologische Analyse der Traditions- und Redaktionsgeschichte der Markuspassion, Münster 1974.
–, Der Sinn des Leidens Jesu. Historisch-kritische und textpragmatische Analysen zur Markuspassion (SBS 96), Stuttgart 1979.

*Ehrlich, E. L.,* Geschichte Israels von den Anfängen bis zur Zerstörung des Tempels (70 n. Chr.), Berlin 1970.
*Eichholz, G.,* Gleichnisse der Evangelien. Form, Überlieferung, Auslegung, Neukirchen-Vluyn 1971.
*Eichrodt, W.,* Theologie des Alten Testaments, Teil I, Stuttgart ⁶1959.
*Eisler, E.,* IHSOYS BASILEYS OY BASILEYSAS, 2 Bde, Heidelberg 1929/30.
*Elbogen, I.,* Der jüdische Gottesdienst in seiner geschichtlichen Entwicklung, Frankfurt a. M. ³1931 (Nachdruck Hildesheim 1962).
*Ernst, J.,* Das Evangelium nach Lukas, Regensburg 1977.
–, Das Evangelium nach Markus, Regensburg 1981.

*Finkel, A.,* The Pharisees and the Teacher of Nazareth, Leiden 1974.
*Filson, F.,* Geschichte des Christentums in neutestamentlicher Zeit, Düsseldorf 1967.
*Flusser, D.,* Jesus in Selbstzeugnissen und Bilddokumenten, Reinbek b. Hamburg ⁹1978.
–, Die rabbinischen Gleichnisse und der Gleichniserzähler Jesus, Bern 1981.
*Foerster, W.,* Neutestamentliche Zeitgeschichte, Hamburg 1968.
*Fohrer, G.,* Geschichte Israels. Von den Anfängen bis zur Gegenwart (UTB 708), Heidelberg ²1979.
*Frankemölle, H.,* Jesus – Anspruch und Deutungen (Topos-TB 88), Mainz 1979.
*Freyne, S.,* Galilee from Alexander the Great to Hadrian (323 B.C.E. to 135 C.E.). A Study of Second Temple Judaism, Notre Dame / Indiana 1980.

*Galling, K.,* Biblisches Reallexikon, Tübingen 1977.
*Gärtner, B.,* Die rätselhaften Termini Nazoräer und Iskariot, Uppsala 1959.
*Georgi, O.,* Die heiligen Stätten nach Originalzeichnungen nach der Natur, Leipzig o. J. (um 1850).
*Gerstenberger, E. S. / Schrage, W.,* Frau und Mann (Urban-TB 1013), Stuttgart 1980.
*Gilbert, M.,* Jewish History Atlas, London 1978.
*Gnilka, J.,* War Jesus Revolutionär?, in: BuL 12 (1971), S. 67–78.
–, Das Evangelium nach Markus, 1. Teilband: Mk 1–8, 26, Zürich und Neukirchen-Vluyn 1978; 2. Teilband: Mk 8, 27–16, 20, Zürich und Neukirchen-Vluyn 1979.
*Golamb, B. / Kedar, J.,* Ancient Agriculture in the Galilean Mountains, in: IEJ 3 (1953), S. 94–98.
*Goppelt, L.,* Theologie des Neuen Testaments (UTB 850), Göttingen ³1981.
–, Die Freiheit zur Kaisersteuer, in: ders., Christologie und Ethik, München 1968, S. 208–219.
*Gradwohl, R.,* Das neue Jesus-Verständnis bei jüdischen Denkern der Gegenwart, in: Freiburger Zeitschrift für Philosophie und Theologie 20 (1973), S. 306–326.
*Gräßer, E.,* Jesus in Nazareth (Mk 6, 1–6 a). Bemerkungen zur Redaktion und Theologie des Markus, in: ders., Text und Situation, Gütersloh 1973, S. 13–49.
*Graubard, B.,* Das ‚Kaddisch'-Gebet, in: M. Brocke, J. J. Petuchowski und W. Strolz (Hrsg.), Das Vaterunser. Gemeinsames im Beten von Juden und Christen, Freiburg ²1980, S. 102–119.
*Greeven, H.,* Ehe nach dem Neuen Testament, in: NTS XV (1968–1969), S. 365–388.
*Grollenberg, L. H.,* Bildatlas zur Bibel, Gütersloh ³1959.
*Groß, H.,* Kleine Bibelkunde zum Alten Testament, München 1967.
*Grundmann, W.,* Jesus der Galiläer und das Judentum, Leipzig 1941.
–, Das Evangelium nach Lukas, Berlin ⁶1971.
–, Das Evangelium nach Matthäus, Berlin ⁴1975.
–, Das Evangelium nach Markus, Berlin ⁷1977.
*Gunneweg, A. H. J.,* Geschichte Israels bis Bar Kochba, Stuttgart ²1976.

*Guthe, H.*, Galiläa, in: Herzog / Hauck (Hrsg.), Real-Encyklopädie für Theologie und Kirche, Bd. VI, ³1890, S. 336–344.
–, Galiläa, in: E. C. A. Riehm (Hrsg.), Handwörterbuch des Biblischen Altertums, Bd. I, Bielefeld und Leipzig ²1893.

*Haag, H.*, Vom alten zum neuen Pascha. Geschichte und Theologie des Osterfestes (SBS 49), Stuttgart 1971.
–, Das Land der Bibel, Aschaffenburg 1976.
*Haenchen, E.*, Der Weg Jesu. Eine Erklärung des Markus-Evangeliums und der kanonischen Parallelen, Berlin ²1968.
–, Historie und Verkündigung bei Markus und Lukas, in: ders., Die Bibel und wir. Gesammelte Aufsätze, Bd. II, Tübingen 1968, S. 156–181.
*Hahn, F.*, Christologische Hoheitstitel. Ihre Geschichte im frühen Christentum, Göttingen ⁴1974.
*Hausrath, K.*, Neutestamentliche Zeitgeschichte. Erster Theil: Die Zeit Jesu, Heidelberg 1868.
*Heichelheim, F. M.*, Wirtschaftsgeschichte des Altertums, 2 Bde, Leiden 1938 (Nachdruck 1969).
*Hengel, M.*, Nachfolge und Charisma. Eine exegetisch-religionsgeschichtliche Studie zu Mt 8,21f. und Jesu Ruf in die Nachfolge, Berlin 1968.
–, Die Zeloten. Untersuchungen zur jüdischen Freiheitsbewegung in der Zeit von Herodes I. bis 70 n.Chr., Leiden ²1976.
–, War Jesus Revolutionär? (CwH 110), Stuttgart ³1971.
–, Gewalt und Gewaltlosigkeit. Zur Politischen Theologie in Neutestamentlicher Zeit (CwH 118), Stuttgart 1971.
–, Proseuche und Synagoge. Jüdische Gemeinde, Gotteshaus und Gottesdienst in der Diaspora und in Palästina, in: G. Jeremias u.a., Tradition und Glaube (FS für K. G. Kuhn), Göttingen 1971, S. 157–184.
–, Eigentum und Reichtum in der frühen Kirche. Aspekte einer frühchristlichen Sozialgeschichte, Stuttgart 1973.
–, Der Historiker Lukas und die Geographie Palästinas in der Apostelgeschichte, in: ZDPV 99 (1983), S. 147–183.
*Herrenbrück, F.*, Wer waren die ‚Zöllner'?, in: ZNW 72 (1981), S. 178–194.
*Herz, J.*, Großgrundbesitz in Palästina im Zeitalter Jesu, in: PJB 24 (1928), S. 98–113.
*Hoehner, H. W.*, Herod Antipas, Cambridge 1972.
*Hoffmann, P.*, Studien zur Theologie der Logienquelle, Münster 1972.
*Hölscher, G.*, Landes- und Volkskunde Palästinas, Leipzig 1907.
*Holtz, T.*, Jesus aus Nazaret. Was wissen wir von ihm?, Zürich 1981.
*Hooper, J.*, Bible Atlas. The Land and People of the Bible, London 1978.
*Hruby, K.*, Die Synagoge. Geschichtliche Entwicklung einer Institution, Zürich 1971.
*Hüttenmeister, F. / Reeg, G.*, Die antiken Synagogen in Israel. Teil 1: Die jüdischen Synagogen, Lehrhäuser und Gerichtshöfe, Wiesbaden 1977; Teil 2: Die samaritanischen Synagogen, Wiesbaden 1977.

*Instinsky, H. U.*, Das Jahr der Geburt Christi, München 1957.
*Irmscher, J.* (Hrsg.), Lexikon der Antike, Wiesbaden 1977.

*Jaubert, A.*, La Date de la Cène, Paris 1957.
*Jenni, E.* (Hrsg.), Theologisches Handwörterbuch zum Alten Testament, Bd. I, München ²1971; Bd. II, München 1976.
*Jeremias, J.*, Die Einwohnerzahl Jerusalems zur Zeit Jesu, in: ZDPV 56 (1943), S. 24–31.

–, ABBA. Studien zur neutestamentlichen Theologie und Zeitgeschichte, Göttingen 1966.
–, Die Abendmahlsworte Jesu, Göttingen ⁴1967.
–, Jerusalem zur Zeit Jesu. Eine kulturgeschichtliche Untersuchung zur neutestamentlichen Zeitgeschichte, Göttingen ³1969.
–, Die Gleichnisse Jesu (Siebenstern-TB 43), München ³1969.
–, Neutestamentliche Theologie, Bd. I: Die Verkündigung Jesu, Gütersloh ²1973.
*Jewett, R.,* Paulus-Chronologie. Ein Versuch, München 1982.
*Johnson, S. E.,* Jesus and First Century Galilee, in: In Memoriam E. Lohmeyer, Stuttgart 1951, S. 73–88.
*Jonge, H. de,* Sonship, Wisdom, Infancy: Luke II. 41–51a, in: NTS 24 (1978), S. 317–354.
*Josephus, F.,* Jüdische Altertümer. Übersetzt von H. Clementz, Bd. I, Gütersloh o.J.
–, Des Flavius Josephus kleinere Schriften (Selbstbiographie – Gegen Apion – Über die Makkabäer), Übersetzt und mit Anmerkungen versehen von H. Clementz, Halle a.d.S. o.J.
–, Geschichte des Jüdischen Krieges. Übersetzt von H. Clementz, Dreieich 1977.
*Jülicher, A.,* Die Gleichnisreden Jesu I/II, Tübingen 1910 (Nachdruck Darmstadt 1969).

*Kaminka, A.,* Studien zur Geschichte Galiläas, Berlin 1890.
*Karmon, Y.,* ISRAEL. Eine geographische Landeskunde, Darmstadt 1983.
*Karnetzki, M.,* Die galiläische Redaktion im Markusevangelium, in: ZNW 52 (1961), S. 238–272.
*Käsemann, E.,* Das Problem des historischen Jesus, in: ders., Exegetische Versuche und Besinnungen I, Göttingen 1960, S. 187–214.
*Kasting, H.,* Die Anfänge der urchristlichen Mission, München 1969.
*Keel, O. / Küchler, M.,* Orte und Landschaften der Bibel. Ein Handbuch und Studienreiseführer zum Heiligen Land, Bd. 1: Geographisch-geschichtliche Landeskunde, Zürich und Göttingen 1984; Bd. 2: Der Süden, Zürich und Göttingen 1982.
*Kempinski, A. / Avi-Yonah, M.,* Syrien – Palästina, Bd. I, München 1978; Bd. II, Genf 1978.
*Kenyon, K. M.,* Die Bibel im Licht der Archäologie, Düsseldorf 1980.
*Kertelge, K.,* Die Epiphanie Jesu im Evangelium (Markus), in: J. Schreiner (Hrsg.), Gestalt und Anspruch des Neuen Testaments, Würzburg 1969, S. 153–172.
–, Die Wunder Jesu im Markusevangelium. Eine redaktionsgeschichtliche Untersuchung, München 1970.
–, (Hrsg.), Rückfrage nach Jesus. Zur Methodik und Bedeutung der Frage nach dem historischen Jesus, Freiburg 1974.
*Kippenberg, H. G. / Wewers, G. A.,* Textbuch zur neutestamentlichen Zeitgeschichte, Göttingen 1979.
*Klaiber, W.,* Archäologie und Neues Testament, in: ZNW 72 (1981), S. 195–215.
*Klausner, J.,* Jesus von Nazareth. Seine Zeit, sein Leben und seine Lehre, Jerusalem ³1952.
*Klein, S.,* Beiträge zur Geographie und Geschichte Galiläas, Leipzig 1909.
–, Neue Beiträge zur Geschichte und Geographie Galiläas, Wien 1923.
*Klostermann, E.,* Das Matthäusevangelium, Tübingen ⁴1971.
*Knörzer, W.,* Wir haben seinen Stern gesehen. Die Kindheitsevangelien nach Lukas und Matthäus, Stuttgart ²1968.
*Koch, K.,* Die Profeten I. Assyrische Zeit (Urban-TB 280), Stuttgart 1978; II. Babylonisch-persische Zeit (Urban-TB 281), Stuttgart 1980.

*Koeppel, R.,* Palästina. Die Landschaft in Karten und Bildern, Tübingen 1930.
*Kohl, H. / Watzinger, C.,* Die antiken Synagogen in Galilaea, Leipzig 1916.
*Kopp, C.,* Die Heiligen Stätten der Evangelien, Regensburg ²1964.
*Kraus, H. J.,* Psalmen, I. Teilband, Neukirchen-Vluyn ²1961.
*Krauss, S.,* Synagogale Altertümer, Berlin und Wien 1922 (Nachdruck Hildesheim 1966).
*Kreissig, H.,* Die sozialen Zusammenhänge des judäischen Krieges. Klassen und Klassenkampf im Palästina des 1. Jahrhunderts, Berlin 1970.
*Kremer, J.,* Das älteste Zeugnis von der Auferstehung Christi (SBS 17), Stuttgart ³1970.
*Kroll, G.,* Auf den Spuren Jesu, Stuttgart 1979.
*Kuhn, K. G.,* Achtzehngebet und Vaterunser und der Reim, Tübingen 1950.
*Kümmel, W. G.,* Einleitung in das Neue Testament, Heidelberg ¹⁷1973.
*Kundsin, K.,* Topologische Überlieferungsstoffe im Johannes-Evangelium. Eine Untersuchung, Göttingen 1925.
*Künzl, H.,* Die archäologischen Funde aus der Zeit des Frühjudentums und ihre religionsgeschichtliche Bedeutung, in: J. Maier / J. Schreiner (Hrsg.), Literatur und Religion des Frühjudentums. Eine Einführung, Würzburg und Gütersloh 1973, S. 414–437.

*Lang, F. G.,* „Über Sidon mitten ins Gebiet der Dekapolis". Geographie und Theologie in Markus 7,31, in: ZDPV 94 (1978), S. 145–160.
*Laurentin, R.,* Jésus au temple, Paris 1966.
–, Struktur und Theologie der lukanischen Kindheitsgeschichte, Stuttgart 1967.
*Lebreton, J.,* Jesus Christus. Leben und Lehre, Colmar 1972.
*Leipoldt, J. / Grundmann, W.,* Umwelt des Urchristentums, I. Darstellung des neutestamentlichen Zeitalters, Berlin ⁵1966.
*Léon-Dufour, X.-L.,* Wörterbuch zum Neuen Testament, München 1977.
*Leroy, H.,* Jesus. Überlieferung und Deutung, Darmstadt 1978.
*Linnemann, E.,* Gleichnisse Jesu. Einführung und Auslegung (VR 1445), Göttingen ⁶1975.
*Livio, J. B.,* Les fouilles chez les religieuses de Nazareth, in: MB 16 (1980), S. 28–36.
*Loffreda, S.,* Ein Besuch in Kapharnaum, Jerusalem 1976.
–, Nazareth à l'époque évangelique, in: MB 16 (1980), S. 10–15.
–, Ceramica ellenistico-romana nel sottosuolo della sinagoga di Cafarnao, in: G. C. Bottini, Studia Hierosolymitana III, Jerusalem 1982, S. 273–312.
*Lohmeyer, E.,* Galiläa und Jerusalem, Göttingen 1936.
*Lohse, E.,* Umwelt des Neuen Testaments, Göttingen ³1977.
*Löning, K.,* Lukas – Theologie der von Gott geführten Heilsgeschichte (Lk, Apg), in: J. Schreiner (Hrsg.), Gestalt und Anspruch des Neuen Testaments, Würzburg 1969, S. 200–228.
*Lüthi, K.,* Das Problem des Judas Iskarioth, in: EvTh 16 (1956), S. 98–114.

*Mahoney, R.,* Die Mutter Jesu im Neuen Testament, in: Dautzenberg u. a. (Hrsg.), Die Frau im Urchristentum, S. 92–116.
*Maier, J. / Schäfer, P.,* Kleines Lexikon des Judentums (bkg 16), Stuttgart – Konstanz 1981.
*Maier, J. / Schubert, K.,* Die Qumran-Essener. Texte der Schriftrollen und Lebensbild der Gemeinde (UTB 224), Tübingen 1979.
*Marxen, W.,* Der Evangelist Markus. Studien zur Redaktionsgeschichte des Evangeliums, Göttingen ²1959.
–, Einleitung in das Neue Testament. Eine Einführung in ihre Probleme, Gütersloh ²1964.

*Mayer, B.*, Überlieferungs- und redaktionsgeschichtliche Überlegungen zu Mk 6,1a, in: BZ (NF) 22 (1978), S. 187–198.
*Mayer, R.*, Der babylonische Talmud, München ⁴1963.
–, Der Anfang des Evangeliums in Galiläa, in: BuK 2 (1981), S. 213–221.
*Mazar, B.*, Der Berg des Herrn. Neue Ausgrabungen in Jerusalem, Bergisch-Gladbach 1979.
*Meeks, W. A.*, Galilee and Jerusalem in the Fourth Gospel, in: JBL 85 (1966), S. 159–169.
*Merill, T.*, Galilee in the Time of Christ, London 1885.
*Merkel, H.*, War Jesus ein Revolutionär? Die jüdische Widerstandsbewegung zur Zeit Jesu, in: BuK 26 (1971), S. 44–47.
*Merklein, H.*, Die Gottesherrschaft als Handlungsprinzip. Untersuchung zur Ethik Jesu, Würzburg ²1981.
–, Jesu Botschaft von der Gottesherrschaft. Eine Skizze (SBS 111), Stuttgart 1983.
*Mertens, H. A.*, Kleines Handbuch der Bibelkunde, Düsseldorf 1969.
*Meyer, R.*, Der Prophet aus Galiläa. Studien zum Jesusbild der drei ersten Evangelien, Leipzig 1940 (Nachdruck Darmstadt 1970).
–, Der Am ha-Ares. Ein Beitrag zur Religionssoziologie Palästinas im ersten und zweiten Jahrhundert, in: Judaica 3 (1947), S. 169–199.
*Meyers, E. M.*, Antike Synagogen in Galiläa. Ihr religiöser und kultureller Hintergrund, in: Antike Welt 1 (1981), S. 33–44.
*Milgrom, J.*, Of Hems and Tassels. Rank, Authority and Holiness were expressed in Antiquity by Fringes on Garments, in: BAR 3 (1983), S. 61–65.
*Murphy-O'Connor, J.*, Das Heilige Land. Ein archäologischer Führer, München 1981.
*Mußner, F.*, Der „historische" Jesu, in: ders., Praesentia salutis. Gesammelte Studien zu Fragen und Themen des Neuen Testamentes, Düsseldorf 1967, S. 67–80.
–, Gab es eine ‚galiläische Krise'?, in: P. Hoffmann (Hrsg.), Orientierung an Jesus. Zur Theologie der Synoptiker, Freiburg 1973, S. 238–252.

*Navè, P.*, Höre Israel – Talmudische und liturgische Traditionen über Dt 6,4–9; 11,13–21; Nm 15,37–41, in: M. Brocke, J. J. Petuchowski und W. Strolz (Hrsg.), Das Vaterunser. Gemeinsames im Beten von Juden und Christen, Freiburg ²1980, S. 56–76.
*Neef, H.-D.*, Die mutatio Betthar. Eine römische Straßenstation zwischen Caesarea und Antipatris, in: ZDPV 97/1 (1981), S. 74–80.
*Negenman, J. H.*, Großer Bildatlas zur Bibel, Gütersloh 1969.
*Negev, A.* (Hrsg.), Archäologisches Lexikon zur Bibel, München 1972.
–, Archaeology in the Land of the Bible, Tel Aviv 1976.
*Nellessen, E.*, Das Kind und seine Mutter. Struktur und Verkündigung des 2. Kapitels im Matthäusevangelium (SBS 39), Stuttgart 1969.
*Noth, M.*, Die Welt des Alten Testaments. Einführung in die Grenzgebiete der Alttestamentlichen Wissenschaft, Berlin ⁴1962 (Nachdruck 1974).

*Oberlinner, L.*, Historische Überlieferung und christologische Aussage. Zur Frage der ‚Brüder Jesu' in der Synopse, Stuttgart 1975.
–, Todeserwartung und Todesgewißheit Jesu. Zum Problem einer historischen Begründung, Stuttgart 1980.
*Oehler, W.*, Die Ortschaften und Grenzen Galiläas nach Josephus, in: ZDPV 28 (1905), S. 1–26 und S. 49–74.
*Oepke, A.*, Das Bevölkerungsproblem Galiläas, in: ThLB 62 (1941), S. 201–205.

*Ohler, A.,* Israel, Volk und Land. Zur Geschichte der wechselseitigen Beziehungen zwischen Israel und seinem Land in alttestamentlicher Zeit, Stuttgart 1979.
*Oppenheimer, A.,* The 'Am Ha-Aretz. A Study in the Social History of the Jewish People in the Hellenistic-Roman Period, Leiden 1977.
*Orni, E. / Efrat, E.,* Geography of Israel, New York ³1971.
*Otto, E.,* Jerusalem – die Geschichte der Heiligen Stadt. Von den Anfängen bis zur Kreuzfahrerzeit (Urban-TB 308), Stuttgart 1980.

*Pax, W.,* Die heiligen Stätten. Auf den Spuren Jesu, Tel Aviv 1970.
*Perowne, S.,* Herodes der Große, Stuttgart 1957.
*Pesch, R.,* ‚Kind, warum hast du so an uns getan?' (Lk 2,48), in: BZ 12 (1968), S. 245–248.
–, Das Markusevangelium. 1. Teil: Einleitung und Kommentar zu Kap. 1,1 – 8,26, Freiburg ³1980; 2. Teil: Einleitung und Kommentar zu Kap. 8,27 – 16,20, Freiburg ²1980.
*Petuchowski, J.,* Der Ketzersegen, in: M. Brocke, J. J. Petuchowski und W. Strolz (Hrsg.), Das Vaterunser. Gemeinsames im Beten von Juden und Christen, Freiburg ²1980, S. 90–101.
–, Das „Höre Israel", in: H. H. Henrix (Hrsg.), Jüdische Liturgie. Geschichte – Struktur – Wesen, Freiburg 1979, S. 66–76.
–, Das ‚Achtzehngebet', in: ebd., S. 77–88.
*Phipps, W. E.,* Was Jesus married? The distortion of Sexuality in the Christian Tradition, New York – Evanstan – London 1970.
*Pixner, B.,* „Wo lag Betsaida?", in: Das Heilige Land 2/3 (1982), S. 25–31.
*Polag, A.,* Die Christologie der Logienquelle, Masch. Diss., Trier 1968.
–, Fragmenta Q. Textheft zur Logienquelle, Neukirchen-Vluyn ²1982.
*Preisker, H.,* Christentum und Ehe in den ersten 3 Jahrhunderten. Eine Studie zur Kulturgeschichte der Alten Welt, Berlin 1926 (Nachdruck 1979).
–, Neutestamentliche Zeitgeschichte, Berlin 1937.
*Preuß, H. R.,* Galiläa im Markus-Evangelium, Masch. Diss., Göttingen 1966.

*Reicke, B.,* Neutestamentliche Zeitgeschichte. Die biblische Welt 500 v. – 100 n. Chr., Berlin ²1968.
*Reicke, B. / Rost, L.* (Hrsg.), Biblisch-Historisches Handwörterbuch, Bd. I, Göttingen 1962; Bd. II, Göttingen 1964; Bd. III, Göttingen 1966; Bd. IV, Göttingen 1979.
*Rengstorf, K.-H.,* Das Evangelium nach Lukas, Göttingen ¹⁴1969.
*Reploh, K. G.,* Markus – Lehrer der Gemeinde. Eine redaktionsgeschichtliche Studie zu den Jüngerperikopen des Markus-Evangeliums, Stuttgart 1969.
*Rese, M.,* Alttestamentliche Motive in der Christologie des Lukas, Gütersloh 1969.
*Richter, W.,* Historische Entwicklung und junger Wandel der Agrarlandschaft Israels, dargestellt insbesondere am Beispiel Nordgaliläas, Wiesbaden 1969.
*Rienecker, F.* (Hrsg.), Lexikon zur Bibel, Wuppertal ⁷1980.
*Riesner, R.,* Jesus als Lehrer. Eine Untersuchung zum Ursprung der Evangelien-Überlieferung, Tübingen 1981.
–, Die Synagoge von Kafarnaum, in: BuK 3 (1984), S. 136–138.
*Rihbany, M. A.,* Morgenländische Sitten im Leben Jesu, Basel ³1927.
*Rissi, M.,* Der Aufbau des vierten Evangeliums, in: NTS 29 (1983), S. 48–54.
*Roloff, J.,* Das Kerygma und der irdische Jesus. Historische Motive in den Jesus-Erzählungen der Evangelien, Göttingen 1970.
*Rostovtzeff, M. I.,* Gesellschaft und Wirtschaft im Römischen Kaiserreich, 2 Bde, Leipzig o. J. (1929?).

–, Die hellenistische Welt, Gesellschaft und Wirtschaft, Darmstadt 1955.
*Rowley, H. H.* (Hrsg.), Atlas zur Bibel, Wuppertal ⁸1980.
*Rüger, H. P.*, Miszellen ΝΑΖΑΡΕΘ/ΝΑΖΑΡΑ ΝΑΖΑΡΗΝΟΣ/ΝΑΖΩΡΑΙΟΣ, in: ZNW 72 (1981), S. 257–263.

*Safrai, S.*, Das jüdische Volk im Zeitalter des Zweiten Tempels, Neukirchen-Vluyn 1978.
–, Die Wallfahrt im Zeitalter des Zweiten Tempels, Neukirchen-Vluyn 1981.
*Saller, S.*, Second Revised Catalogue of the Ancient Synagogues of the Holy Land, Jerusalem 1972.
*Sandmel, S.*, Herodes. Bildnis eines Tyrannen, Mainz 1968.
*Schäfer, P.*, Der synagogale Gottesdienst, in: J. Maier / J. Schreiner (Hrsg.), Literatur und Religion des Frühjudentums. Eine Einführung, Würzburg und Gütersloh 1973, S. 391–413.
–, Geschichte der Juden in der Antike. Die Juden Palästinas von Alexander dem Großen bis zur arabischen Eroberung, Stuttgart 1983.
*Schalit, A.*, König Herodes. Der Mann und sein Werk, Berlin 1969.
*Schelkle, K. H.*, Die Kindheitsgeschichte Jesu, in: ders., Wort und Schrift, Düsseldorf 1966.
–, Jesus – Lehrer und Prophet, in: P. Hoffmann (Hrsg.), Orientierung an Jesus. Zur Theologie der Synoptiker, Freiburg 1973, S. 300–308.
–, Paulus. Leben – Briefe – Theologie, Darmstadt 1981.
*Schenke, L.*, Studien zur Passionsgeschichte des Markus. Tradition und Redaktion in Mk 14,1–42, Würzburg 1971.
*Schierse, F. J.*, Christologie, Düsseldorf 1979.
*Schille, G.*, Die Topographie des Markusevangeliums, ihre Hintergründe und ihre Einordnung, in: ZDPV 73 (1957), S. 133–160.
*Schlatter, A.*, Das Evangelium nach Matthaeus. Seine Sprache, sein Ziel, seine Selbstaendigkeit, Stuttgart 1929, ⁶1963.
*Schmid, J.*, Das Evangelium nach Lukas, Regensburg ⁴1960.
–, Das Evangelium nach Markus, Regensburg ⁵1963.
*Schmidt, K. L.*, Der Rahmen der Geschichte Jesu. Literarkritische Untersuchungen zur ältesten Jesusüberlieferung, Darmstadt 1964.
*Schmithals, W.*, Das Evangelium nach Markus. Kapitel 1–9 (GTB 503), Gütersloh – Würzburg 1979.
*Schnackenburg, R.*, Gottes Herrschaft und Reich. Eine Biblisch-Theologische Studie, Freiburg ⁴1965.
–, Das Johannesevangelium. I. Teil: Einleitung und Kommentar zu Kap. 1–4, Freiburg 1965; II. Teil: Kommentar zu Kap. 5–12, Freiburg 1971; III. Teil: Kommentar zu Kap. 13–21, Freiburg ³1979.
–, (Hrsg.), Die Bergpredigt. Utopische Vision oder Handlungsanweisung?, Düsseldorf 1982.
*Schneider, G.*, Das Evangelium nach Lukas. Kapitel 1–10 (GTB 500), Gütersloh und Würzburg 1977; Kapitel 11–24 (GTB 501), Gütersloh und Würzburg 1977.
*Schneemelcher, W.*, Das Urchristentum (Urban-TB 336), Stuttgart 1981.
*Schniewind, J.*, Das Evangelium nach Matthäus, Göttingen ¹¹1964.
*Scholz, G.*, Gleichnisaussage und Existenzstruktur. Das Gleichnis der neueren Hermeneutik unter besonderer Berücksichtigung der christlichen Existenzstruktur in den Gleichnissen des lukanischen Sonderguts, Frankfurt 1983.
*Schottroff, L. / Stegemann, W.*, Jesus von Nazareth – Hoffnung der Armen (Urban-TB 639), Stuttgart ²1981.

*Schrage, W.,* Ethik des Neuen Testaments, Göttingen 1982.
*Schreiber, J.,* Die Christologie des Markusevangeliums, in: ZThK 58 (1961), S. 154–183.
*Schrenk, G.,* Galiläa zur Zeit Jesu. Das Land und seine Leute, Basel 1941.
*Schroeder, H.-H.,* Eltern und Kinder in der Verkündigung Jesu. Eine hermeneutische und exegetische Untersuchung, Hamburg-Bergstedt 1972.
*Schubert, K.,* Die jüdischen Religionsparteien in neutestamentlicher Zeit (SBS 43), Stuttgart 1970.
*Schulz, S.,* Q. Die Spruchquelle der Evangelisten, Zürich 1972.
–, Das Evangelium nach Johannes, Göttingen 1975.
*Schürer, E.,* Geschichte des jüdischen Volkes im Zeitalter Jesu Christi, Bd. I–III, Leipzig 1901 (Nachdruck Hildesheim 1970).
*Schürmann, H.,* Das Lukasevangelium. Erster Teil: Kommentar zu Kap. 1,1 – 9,50, Freiburg 1969.
–, Eschatologie und Liebesdienst in der Verkündigung Jesu, in: Ursprung und Gestalt. Erörterungen und Besinnungen zum Neuen Testament, Düsseldorf 1970, S. 279–298.
–, Gottes Reich – Jesu Geschick. Jesu ureigener Tod im Licht seiner Basileia-Verkündigung, Freiburg 1983.
*Schwank, B.,* Das Theater von Sepphoris und die Jugendjahre Jesu, in: erbe und auftrag 52 (1976), S. 199–206.
*Schweizer, E.,* Das Evangelium nach Markus, Göttingen 1968.
–, Das Evangelium nach Matthäus, Göttingen 1976.
–, Das Evangelium nach Lukas, Göttingen 1982.
*Schwöbel, V.,* Die Verkehrswege und Ansiedlungen Galiläas in ihrer Abhängigkeit von den natürlichen Bedingungen, in: ZDPV 27 (1904), S. 1–151.
*Seybold, K.,* Die Wallfahrtspsalmen. Studien zur Entstehungsgeschichte von Psalm 120–134, Neukirchen-Vluyn 1978.
*Shanks, H.,* Judaism in Stone. The Archaeology of Ancient Synagogues, New York – London 1979.
*Simon, M.,* Die jüdischen sekten zur zeit christi, Einsiedeln 1964.
*Stauffer, E.,* Jesus. Gestalt und Geschichte, Bern 1957.
–, Die Botschaft Jesu – damals und heute, Bern 1959.
*Strack, H. L. / Billerbeck, P.,* Kommentar zum Neuen Testament aus Talmud und Midrasch, Bd. 1: Das Evangelium nach Matthäus, München ⁷1978; Bd. 2: Das Evangelium nach Markus, Lukas und Johannes und die Apostelgeschichte, München ⁷1978; Bd. 3: Die Briefe des Neuen Testaments und die Offenbarung Johannis, München ⁶1975; Bd. 4: Exkurse zu einzelnen Stellen des Neuen Testaments, München ⁶1975 (im Werk zitiert: *Strack/Billerbeck,* mit Band- und Seitenzahl).
*Strange, J. F. / Shanks, H.,* Has the House where Jesus Stayed in Capernaum Been Found?, in: BAR 8 (1982), S. 26–37; 9 (1983), S. 24–31.
*Strobel, A.,* Die Stunde der Wahrheit. Untersuchungen zum Strafverfahren gegen Jesus, Tübingen 1980.

*Theißen, G.,* Wanderradikalismus, in: ZThK 70 (1973), S. 245–271.
–, Soziologie der Jesusbewegung. Ein Beitrag zur Entstehungsgeschichte des Urchristentums, München 1977.
–, Studien zur Soziologie des Urchristentums, Tübingen 1979.
*Thomsen, P.,* Loca sancta, Hildesheim 1966.
*Tobler, T.,* Nazareth in Palästina, Berlin 1868.

*Trautmann, M.,* Zeichenhafte Handlungen Jesu. Ein Beitrag zur Frage nach dem geschichtlichen Jesus, Würzburg 1980.
*Trilling, W.,* Fragen zur Geschichtlichkeit Jesu, Düsseldorf ²1967.

*Van Gangh, J. M.,* La Galilée dans l'Évangile de Marc: un Lieu Theologique?, in: RB 79 (1972), S. 59–76.
*Vaux, R. de,* Das Alte Testament und seine Lebensordnungen, Bd. I: Fortleben des Nomadentums. Gestalt des Familienlebens. Einrichtungen und Gesetze des Volkes, Freiburg ²1964; Bd. II: Heer und Kriegswesen. Die religiösen Lebensordnungen, Freiburg 1960.
*Vermes, G.,* Jesus the Jew, London 1973.
*Viaud, P.,* Nazareth et ses deux églises de l'Annonciation et de Saint-Joseph, Paris 1910.
*Vilnay, Z.,* The New Israel Atlas. Bible to present Day, Jerusalem 1968.
–, The Guide to Israel, Jerusalem 1977.
*Vögtle, A.,* Die Genealogie Mt 1,2–16 und die matthäische Kindheitsgeschichte, in: Das Evangelium und die Evangelien. Beiträge zur Evangelienforschung, Düsseldorf 1971.
–, Das Vaterunser – ein Gebet für Juden und Christen?, in: M. Brocke, J. J. Petuchowski und W. Strolz (Hrsg.), Das Vaterunser. Gemeinsames im Beten von Juden und Christen, Freiburg ²1980, S. 165–195.
*Völkel, M.,* Der Anfang Jesu in Galiläa. Bemerkungen zum Gebrauch und zur Funktion Galiläas in den lukanischen Schriften, in: ZNW 64 (1973), S. 222–232.
*Volz, P. D.,* Die biblischen Altertümer, Stuttgart 1925.

*Wagner, G. / Wieser, I.,* Das Bild der Frau in der biblischen Tradition, in: Una Sancta 4 (1980), S. 296–316.
*Wanke, J.,* Die Emmauserzählung. Eine redaktionsgeschichtliche Untersuchung zu Lk 24,13–35, Leipzig 1973.
*Waterman, L.,* Preliminary Report of the University of Michigan Excavations at Sepphoris, Palestine, in: 1931, Ann Arbor 1937.
*Watzinger, C.,* Denkmäler Palästinas. Eine Einführung in die Archäologie des Heiligen Landes. Von den Anfängen bis zum Ende der israelitischen Königszeit, Bd. I, Leipzig 1933; Bd. II, Leipzig 1935.
*Weippert, M.,* Die Landnahme der israelitischen Stämme in der neueren wissenschaftlichen Diskussion, Göttingen 1967.
*Weiser, A.,* Die Apostelgeschichte. Kap. 1–12 (GTB 507), Gütersloh und Würzburg 1981.
*Westermann, C.,* Theologie des Alten Testaments in Grundzügen, Göttingen 1978.
*Wilckens, U.,* Auferstehung. Das biblische Auferstehungszeugnis historisch untersucht und erklärt (GTB 80), Berlin 1974.
*Wilkinson, J.,* Jerusalem as Jesus knew it. Archaeology as Evidence, London 1978.
*Winter, P.,* On the Trial of Jesus, Berlin 1961.
*Wright, G. E.,* Biblische Archäologie, 1958.
*Wright, G. E. / Filson, F. V. / Schlatter, Th.* (Hrsg.), Kleiner historischer Bibelatlas, Stuttgart ⁶1978.

*Yadin, Y.,* Masada. Der letzte Kampf um die Festung des Herodes, Hamburg 1967.

*Zeitlin, S.,* Who were the Galileans? New Light on Josephus' Activities in Galilee, in: JQR 64 (1973/74), S. 189–203.

# Abkürzungen der zitierten Lexika und Zeitschriften

| | |
|---|---|
| BA | The Biblical Archaeologist |
| BAR | Biblical Archaeology Review |
| BHHW | Biblisch-Historisches Handwörterbuch |
| BTS | Bible et Terre Sainte |
| BuK | Bibel und Kirche |
| BuL | Bibel und Leben |
| BZ (NF) | Biblische Zeitschrift (Neue Folge) |
| DBS | Dictionnaire de la Bible, Supplément |
| EJ | Encyclopaedia Judaica |
| EvTh | Evangelische Theologie |
| EWNT | Exegetisches Wörterbuch zum Neuen Testament |
| GuL | Geist und Leben |
| IEJ | Israel Exploration Journal |
| JBL | Journal of Biblical Literature |
| LA | Liber Annuus |
| LThK | Lexikon für Theologie und Kirche |
| MB | Le Monde de la Bible |
| NTS | New Testament Studies |
| PJB | Palästina Jahrbuch |
| RB | Revue Biblique |
| RGG | Die Religion in Geschichte und Gegenwart |
| ThBNT | Theologisches Begriffslexikon zum Neuen Testament |
| ThLB | Theologisches Literatur Blatt |
| ThLZ | Theologische Literaturzeitung |
| ThWNT | Theologisches Wörterbuch zum Neuen Testament |
| VOGEL | Vogel, E. K., Bibliography of Holy Land Sites, 1971 |
| ZDPV | Zeitschrift des Deutschen Palästina-Vereins |
| ZNW | Zeitschrift für die Neutestamentliche Wissenschaft |
| ZThK | Zeitschrift für Theologie und Kirche |

# MEDIENNACHWEIS

Eigenentwürfe außer M 39 (Andreae); 36.37 (Avi-Yonah/Stern); 84.117 (Ben-David); 123 (Ben-Dov); 32.78.99.119 (BHHW); 74.90 (Ben-Sasson); 4.22 (Blaschke); 86 (Bouquet); 56 (Dalman); 73.83.105 (Haag); 103 (Keel/Küchler); 54 (Kettler); 6.16.17.18.23.24.35.41.43.55.57.80.121 (Köllner); 13.33.42.54 (Kroll); 122 (Léon-Dufour); 104 (Mertens); 107 (Milgrom); 38 (Papaioannou); 73 (Schweizer – Schulbibel); 64 (Schumacher); 106 (Timm); 118 (Wright/Filson/Schlatter).

Vom gleichen Autor bereits im Verlag Herder erschienen:

Vom Jesusmahl
zur Messe heute

Schülerheft
und Lehrerkommentar
Sekundarstufe I / Klasse 7/8

„Die Veröffentlichung ist didaktisch sehr gut aufgebaut, durch viele Illustrationen verdeutlicht und theologisch gut durchdacht. Wie der Titel sagt, wird der Werdegang der heutigen Messe vorgelegt. Durch die Rückbesinnung auf die Anfänge wird das Wesen derselben für den Schüler faßbar, und es werden spätere Überlagerungen leichter erkannt. Die Bedeutung der Eucharistie für uns heute bildet den Abschluß" (Die Anregung).

„Dieses Modell ist anspruchsvoll, was die Ziele anbelangt, die der Autor sich gesteckt hat. Erfolgversprechend ist es für den Lehrer und seinen Unterricht, denn Gestaltung und Durchführung stehen auf einem sehr hohen Niveau. Fundament dafür sind ein grundsolides exegetisches und theologiegeschichtliches Wissen des Autors, verbunden mit der jahrelangen Erfahrung eines Praktikers" (Anzeiger für die Seelsorge).

**Schülerheft:** 32 Seiten mit zahlreichen Abbildungen, Paperback. ISBN 3-451-19298-5

**Lehrerkommentar:** 112 Seiten mit zahlreichen Abbildungen, Paperback. ISBN 3-451-19299-3

Verlag Herder Freiburg · Basel · Wien